遼寧省第二批珍貴古籍名録圖録

第二册

《遼寧省第二批珍貴古籍名録圖録》編委會　編

國家圖書館出版社

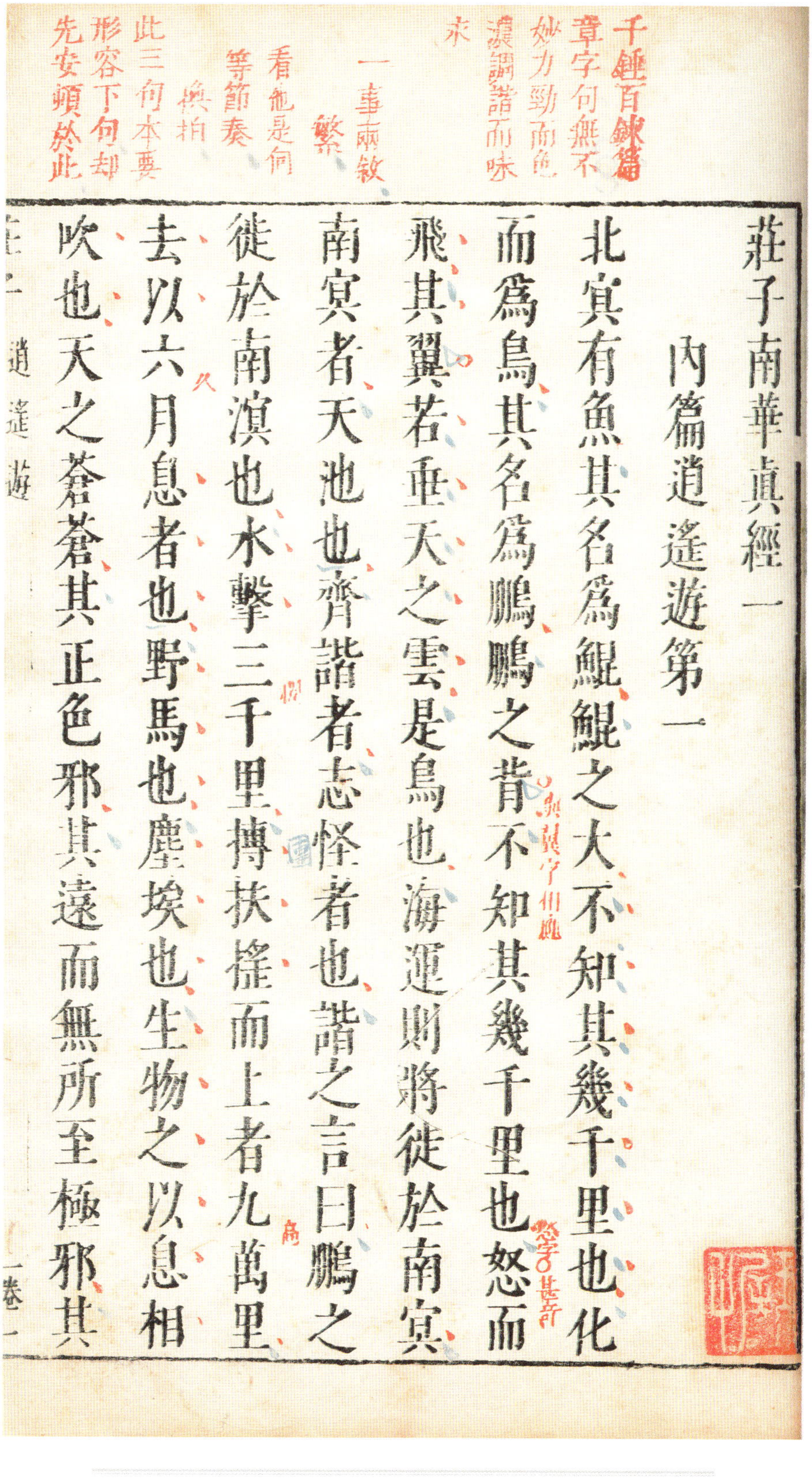
千鍾百鍊篇章字句無不妙力勁而色濃調諧而味永
一筆兩敘繁
看他是何等節奏
換拍
此三句本要形容下句却先安頓於此

莊子南華真經一
內篇逍遙遊第一
北冥有魚其名爲鯤鯤之大不知其幾千里也化
而爲鳥其名爲鵬鵬之背不知其幾千里也怒而
飛其翼若垂天之雲是鳥也海運則將徙於南冥
南冥者天池也齊諧者志怪者也諧之言曰鵬之
徙於南溟也水擊三千里搏扶搖而上者九萬里
去以六月息者也野馬也塵埃也生物之以息相
吹也天之蒼蒼其正色邪其遠而無所至極邪其

莊子 逍遙遊 卷一 一

20249　莊子南華真經四卷　（唐）陸德明音義　明閔齊伋刻朱墨套印三子合刊本　遼寧大學圖書館

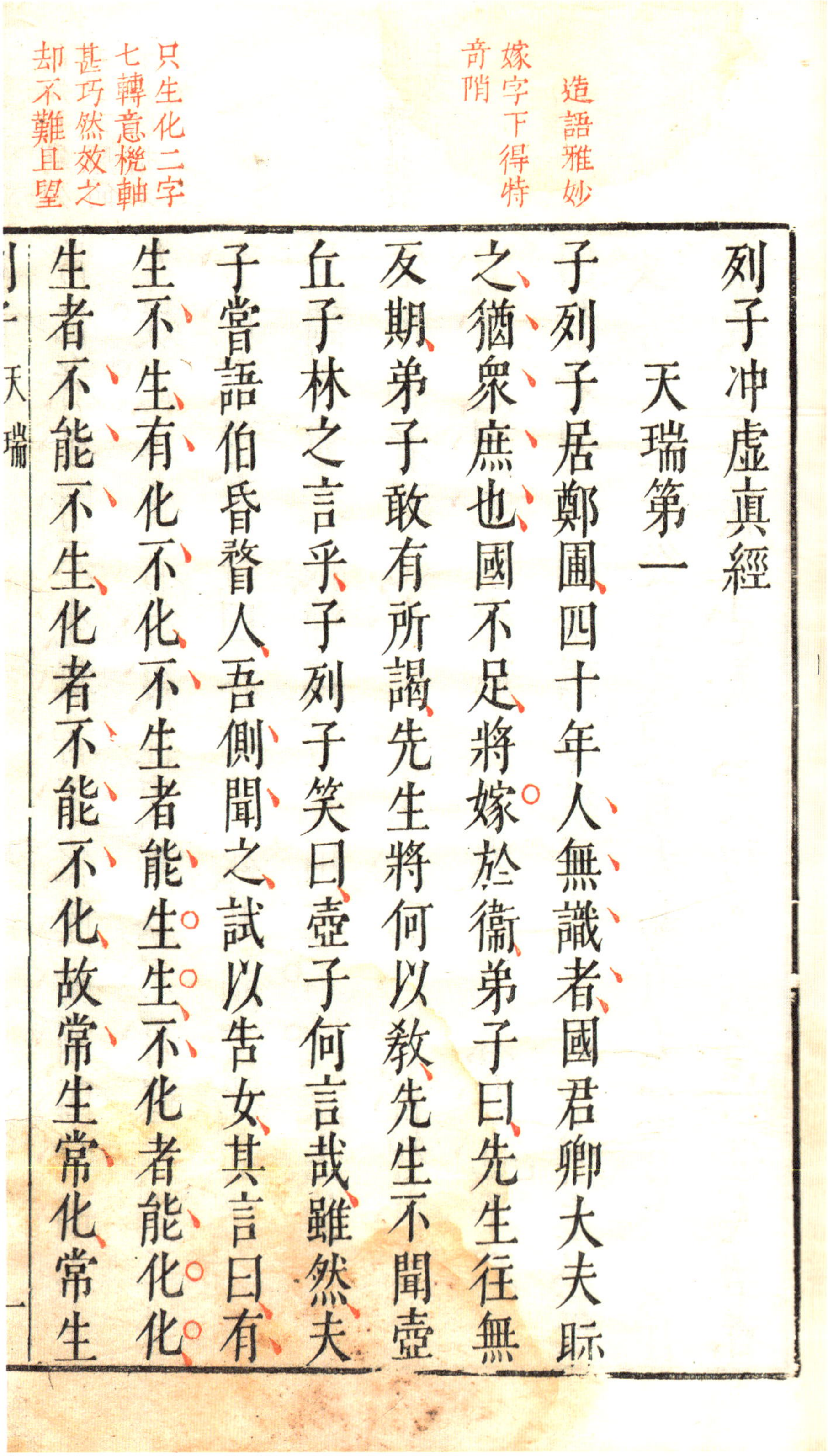
造語雅妙
嫁字下得特
奇俏
只生化二字
七轉意機軸
甚巧然效之
却不難且望

列子沖虛眞經
天瑞第一
子列子居鄭圃四十年人無識者國君卿大夫眂
之猶衆庶也國不足將嫁於衞弟子曰先生往無
反期弟子敢有所謁先生將何以教先生不聞壺
丘子林之言乎子列子笑曰壺子何言哉雖然夫
子嘗語伯昏瞀人吾側聞之試以告女其言曰有
生不生有化不化不生者能生生不化者能化化
生者不能不生化者不能不化故常生常化常生

列子　天瑞　一

20250　列子沖虛真經八卷音義一卷　明萬曆刻朱墨套印三子合刊本　大連圖書館

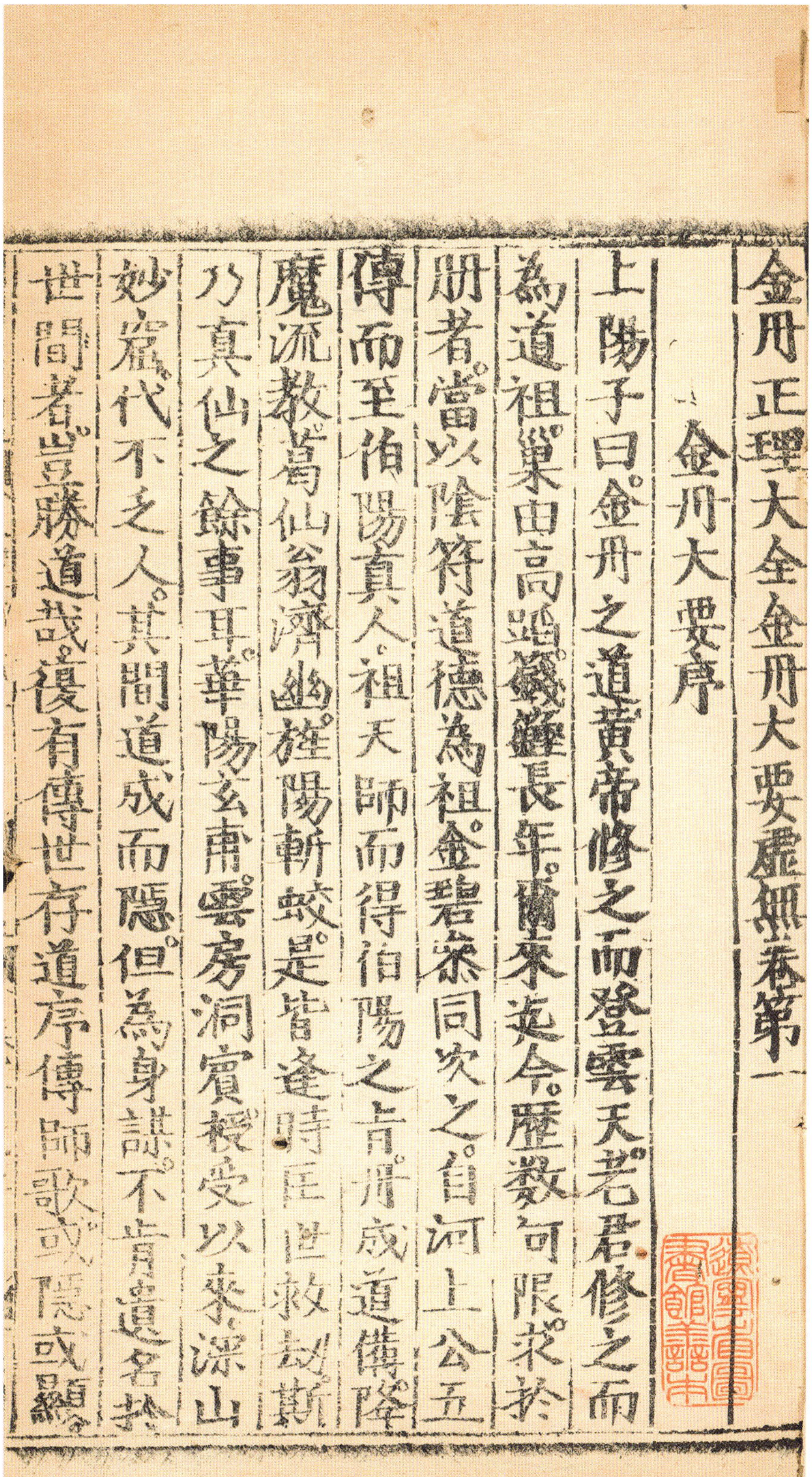
金丹正理大全金丹大要虛無卷第一
金丹大要序
上陽子曰金丹之道黃帝修之而登雲天老君修之而
為道祖巢由高蹈籛鏗長年南來延命歷數可限求於
冊者當以陰符道德為祖金碧參同次之自河上公丘
傳而至伯陽真人祖天師而得伯陽之旨丹成道備降
魔流教葛仙翁濟幽旌陽斬蛟是皆逢時匡世救劫斯
乃真仙之餘事耳華陽玄甫雲房洞賓授受以來深山
妙窟代不乏人其間道成而隱但為身謀不肯遺名於
世間者豈勝道哉復有傳世存道序傳師歌或隱或顯

20251　金丹正理大全四十二卷　明嘉靖十七年（1538）周藩刻本　遼寧省圖書館

存二十一卷（金丹大要十卷、金碧古文龍虎上經三卷、周易參同契通真意三卷、周易參同契解三卷、周易參同契分章注上卷、金丹四百字内外注解一卷）

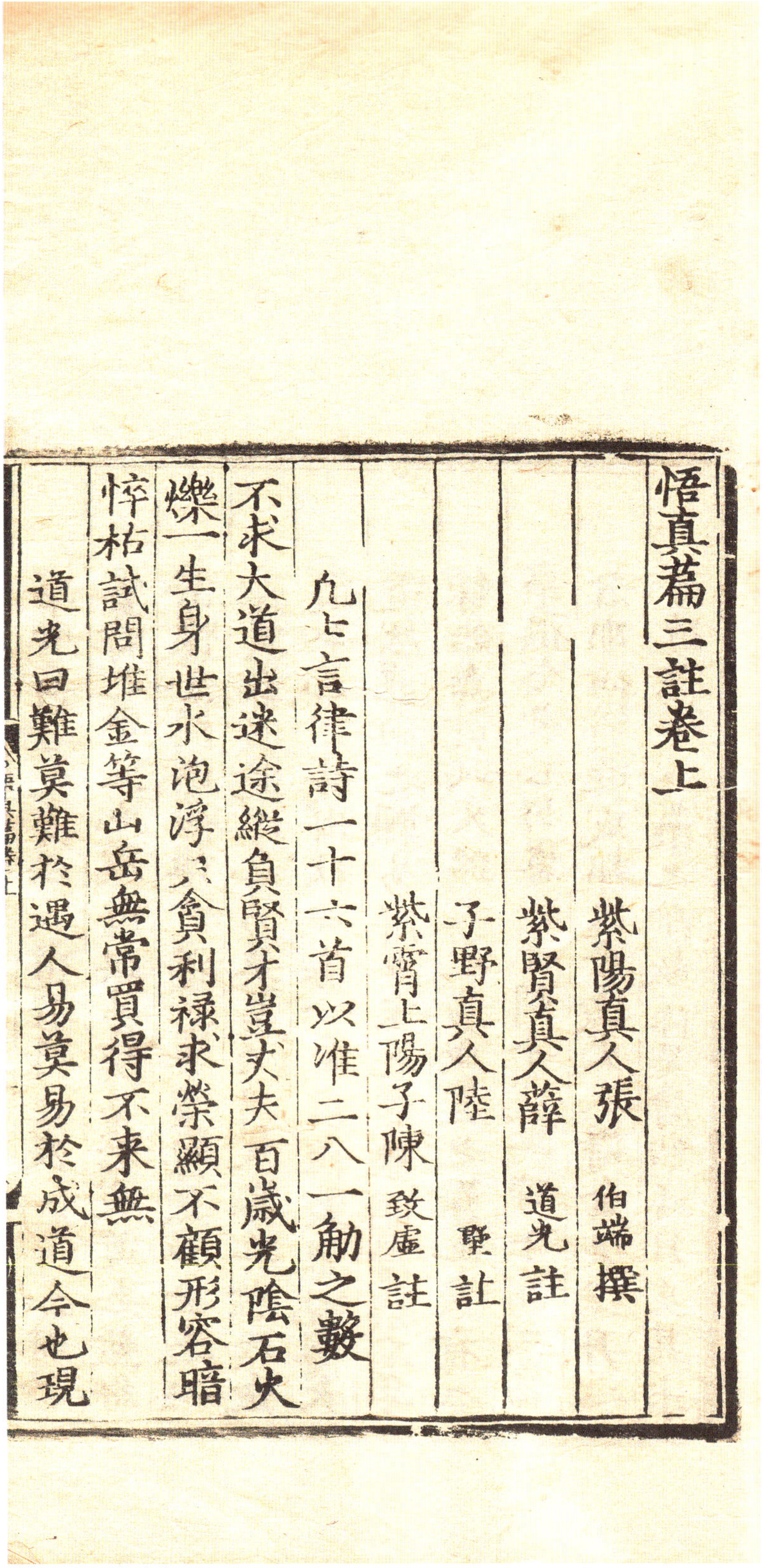

悟真篇三註卷上

紫陽真人張　伯端撰
紫賢真人薛　道光註
子野真人陸　墅註
紫霄上陽子陳　致虛註

凡七言律詩一十六首以准二八一觔之數

不求大道出迷途縱負賢才豈丈夫百歲光陰石火爍一生身世水泡浮只貪利祿求榮顯不顧形容暗悴枯試問堆金等山岳無常買得不來無

道光曰難莫難於遇人易莫易於成道今也現

20252　悟真篇三註三卷　（宋）張伯端撰　（宋）薛道光　陸墅　（元）陳致虛注　明刻本　大連圖書館

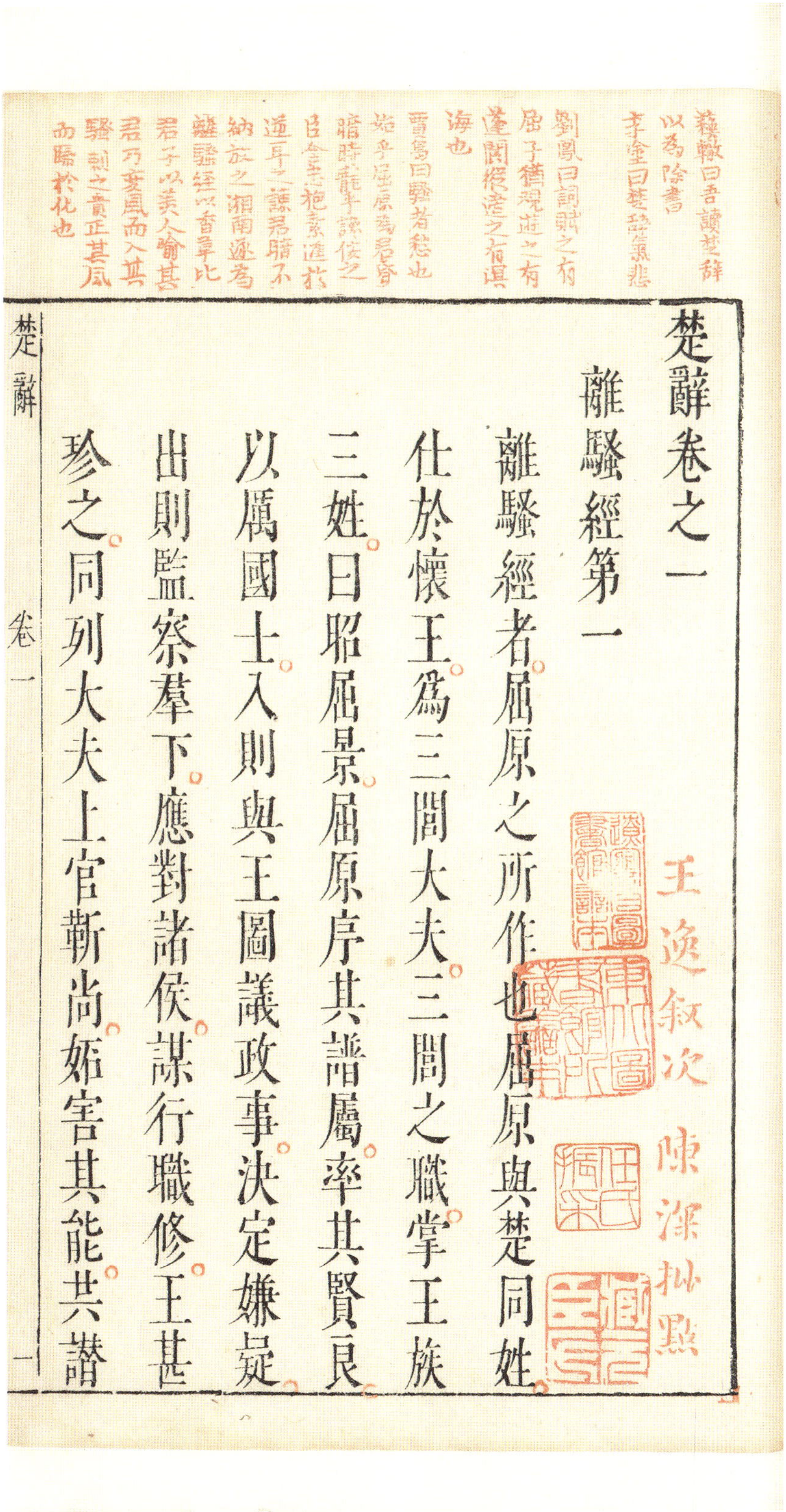

楚辭卷之一
離騷經第一
王逸叙次　陳深批點
離騷經者屈原之所作也屈原與楚同姓
仕於懷王爲三閭大夫三閭之職掌王族
三姓曰昭屈景屈原序其譜屬率其賢良
以厲國士入則與王圖議政事決定嫌疑
出則監察羣下應對諸侯謀行職修王甚
珍之同列大夫上官靳尚妬害其能共譖
楚辭　卷一　一

20253　楚辭十七卷　（宋）洪興祖　（明）劉鳳等評　（明）陳深批點　**附録一卷**　明萬曆二十八年（1600）凌毓枏刻朱墨套印本　遼寧省圖書館

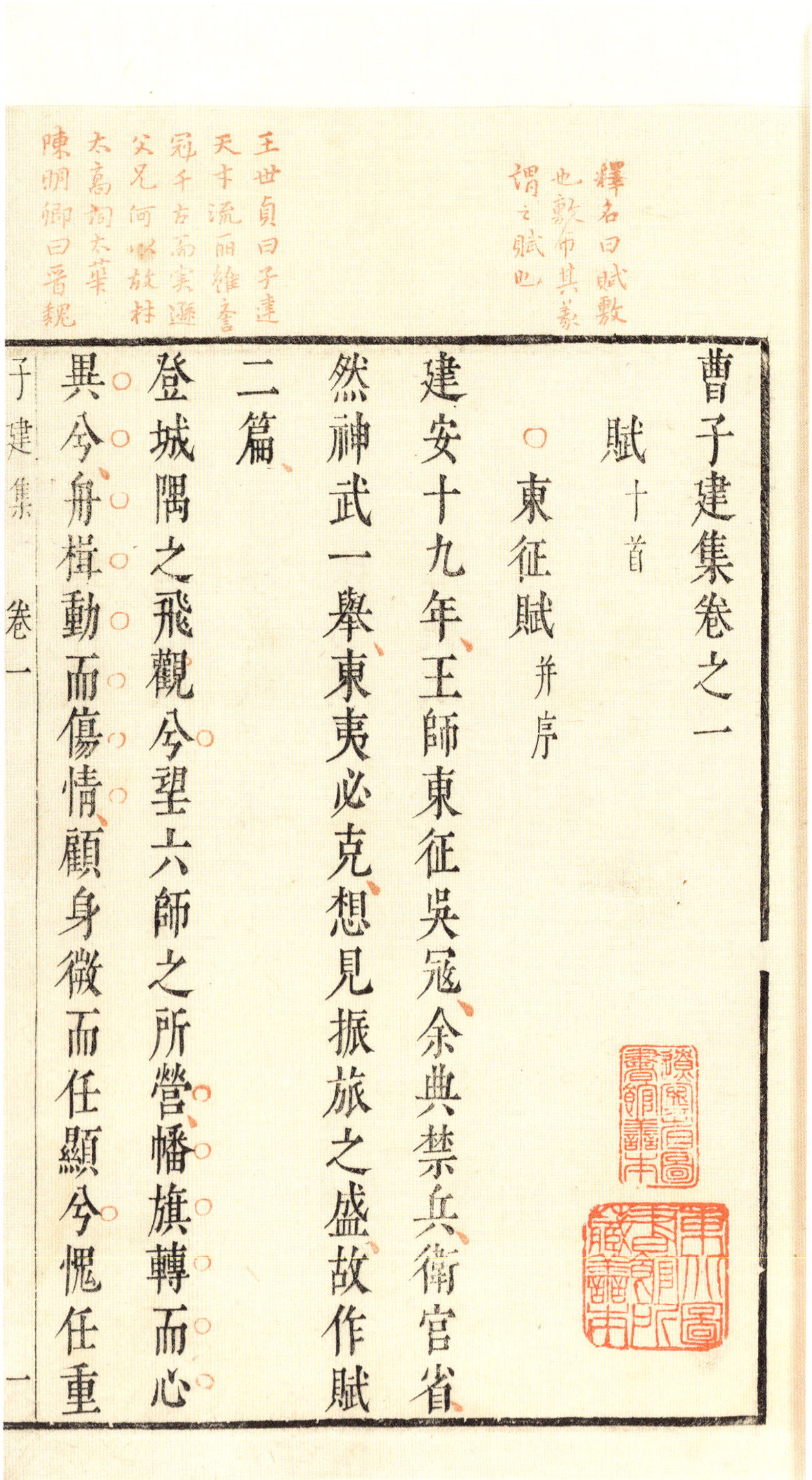
釋名曰賦敷也敷布其義謂之賦也

王世貞曰子建天才流麗雖譽冠千古而實遜父兄何以故材太高詞太華

陳明卿曰晉魏

曹子建集卷之一

賦十首

東征賦并序

建安十九年王師東征吳寇余典禁兵衛宫省然神武一舉東夷必克想見振旅之盛故作賦二篇

登城隅之飛觀兮望六師之所營幡旗轉而心異兮舟楫動而傷情顧身微而任顯兮愧任重

子建集　卷一　一

20254　曹子建集十卷　（三國魏）曹植撰　（明）李夢陽　王世貞等評

明天啓元年（1621）凌性德刻朱墨套印本　遼寧省圖書館

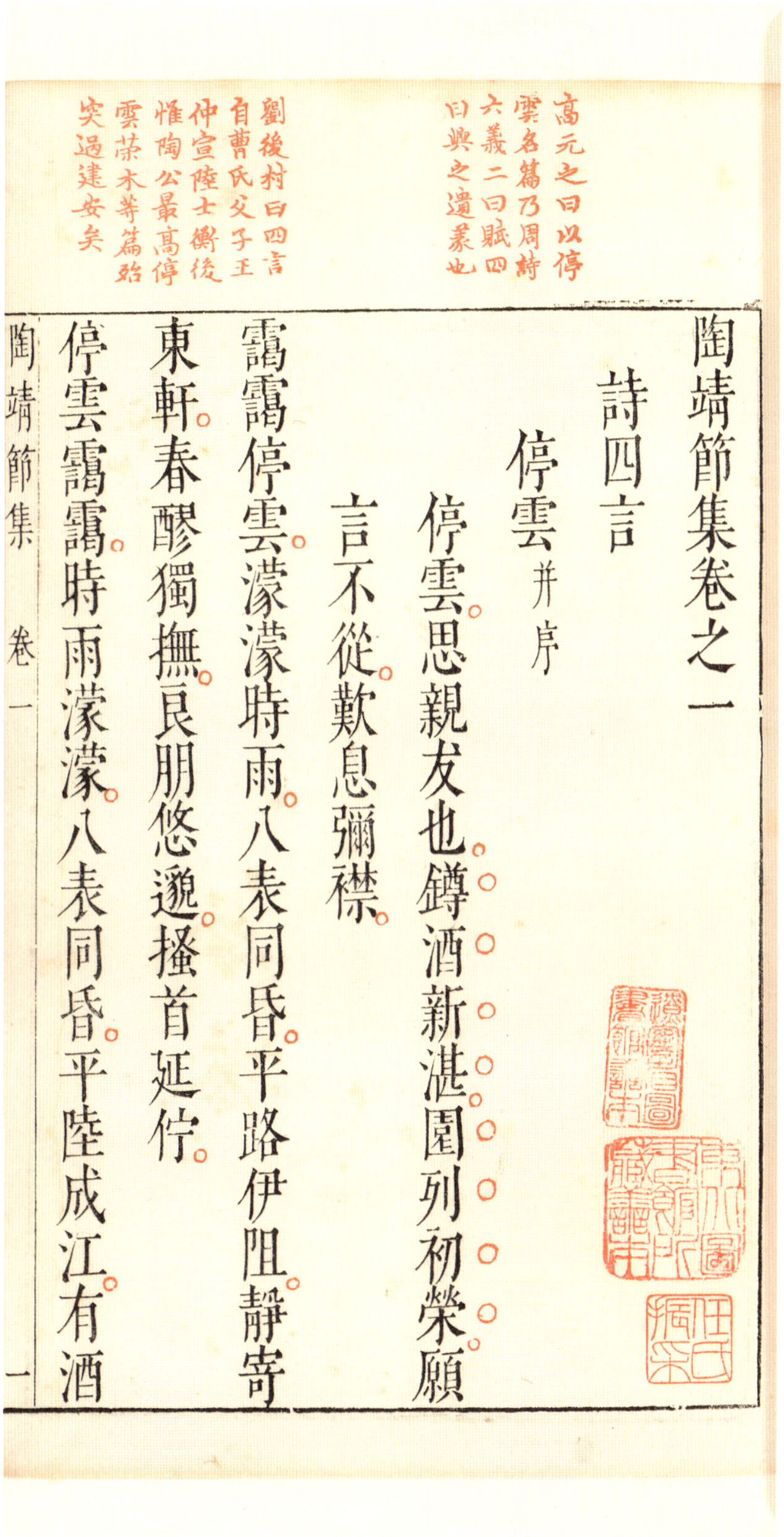
高元之曰以停
雲名篇乃周詩
六義二曰賦四
曰興之遺義也
劉後村曰四言
自曹氏父子王
仲宣陸士衡後
惟陶公最高停
雲榮木等篇殆
突過建安矣
陶靖節集卷之一
詩四言
停雲并序
停雲思親友也罇酒新湛園列初榮願
言不從歎息彌襟
靄靄停雲濛濛時雨八表同昏平路伊阻靜寄
東軒春醪獨撫良朋悠邈搔首延佇
停雲靄靄時雨濛濛八表同昏平陸成江有酒
陶靖節集 卷一 一

20255 陶靖節集八卷 （晉）陶潛撰 （明）凌濛初輯評 **總論一卷附録一卷** 明凌濛初刻朱墨套印本 遼寧省圖書館

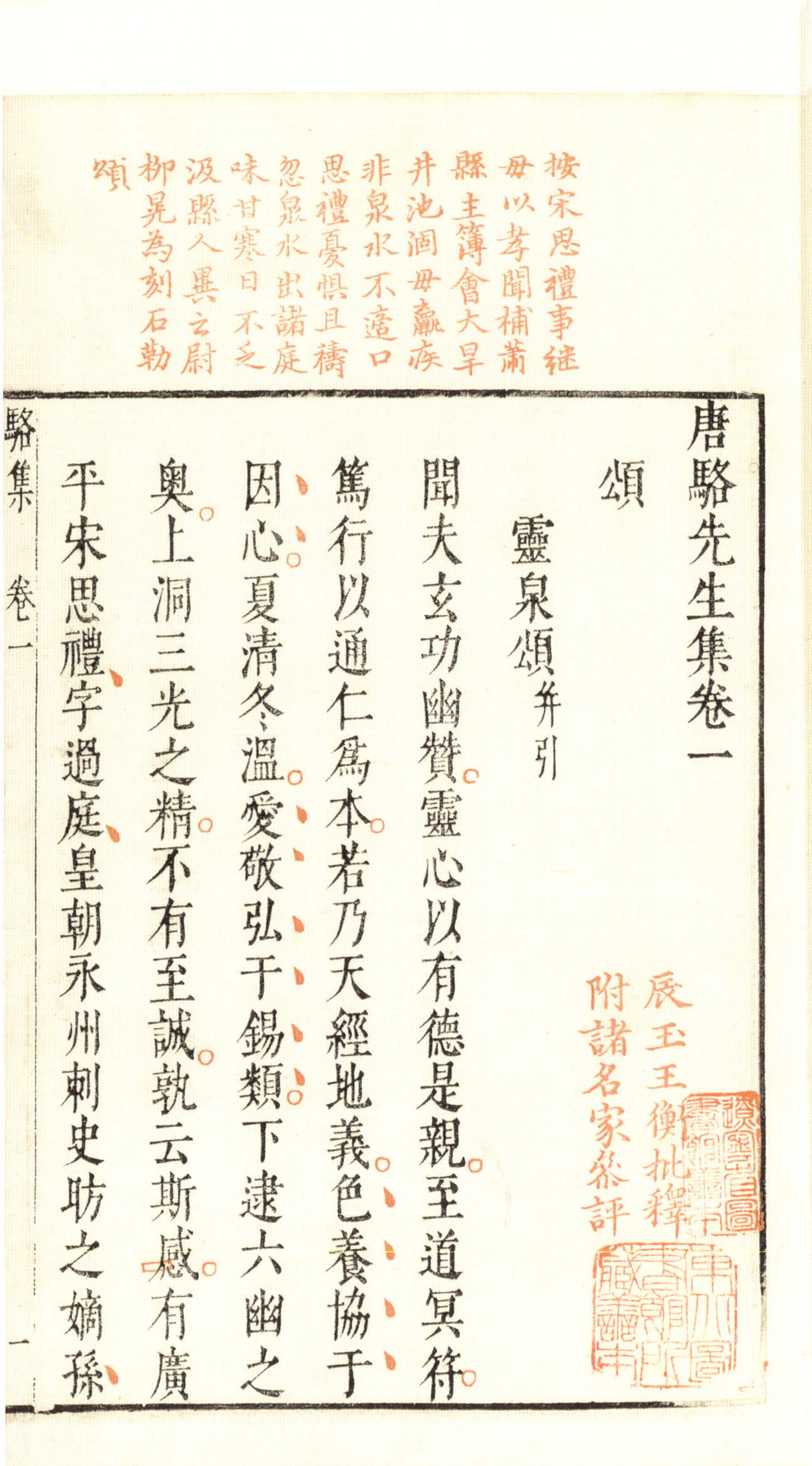
按宋思禮事繼母以孝聞補蕭縣主簿會大旱井池涸母羸疾非泉水不適口思禮憂懼且禱忽泉水出諸庭味甘寒日不乏汲縣入異之尉柳晃爲刻石勒頌

辰玉王衡批釋
附諸名家叅評

唐駱先生集卷一

頌

靈泉頌并引

聞夫玄功幽贊靈心以有德是親至道冥符篤行以通仁爲本若乃天經地義色養協于因心夏凊冬溫愛敬弘于錫類下逮六幽之奥上洞三光之精不有至誠孰云斯感有廣平宋思禮字過庭皇朝永州刺史昉之嫡孫

駱集　卷一　一

20256　唐駱先生集八卷　（唐）駱賓王撰　（明）王衡等評釋　**附錄一卷**　明凌毓柟刻朱墨套印本　遼寧省圖書館

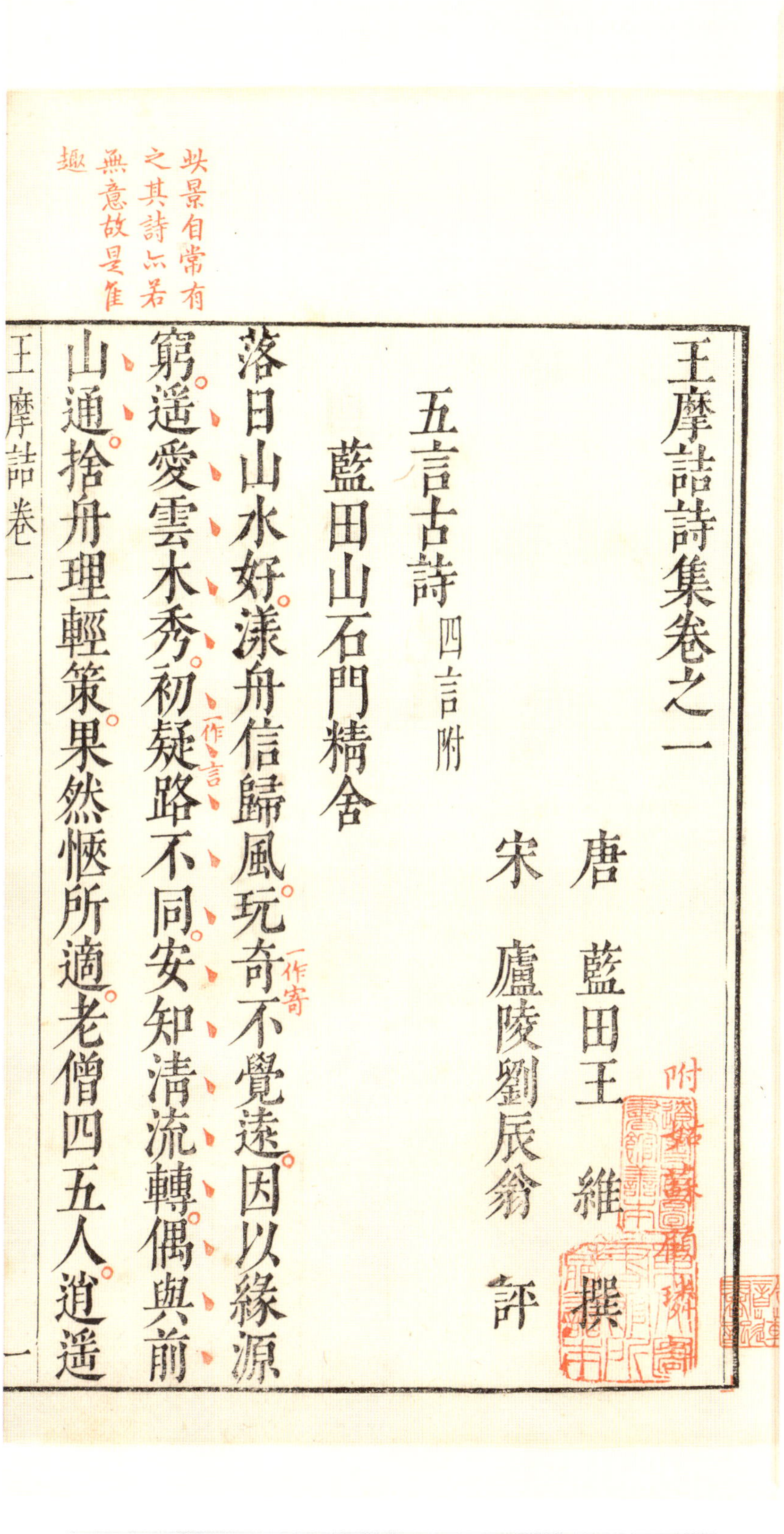
此景自常有之其詩亦若無意故是雋趣

王摩詰詩集卷之一

唐 藍田王 維 撰

宋 廬陵劉辰翁 評

五言古詩 四言附

藍田山石門精舍

落日山水好漾舟信歸風玩奇（一作寄）不覺遠因以緣源窮遙愛雲木秀初疑（一作言）路不同安知清流轉偶與前山通捨舟理輕策果然愜所適老僧四五人逍遥

王摩詰卷一 一

20257 王摩詰詩集七卷 （唐）王維撰 （宋）劉辰翁評 明凌濛初刻朱墨套印本 遼寧省圖書館

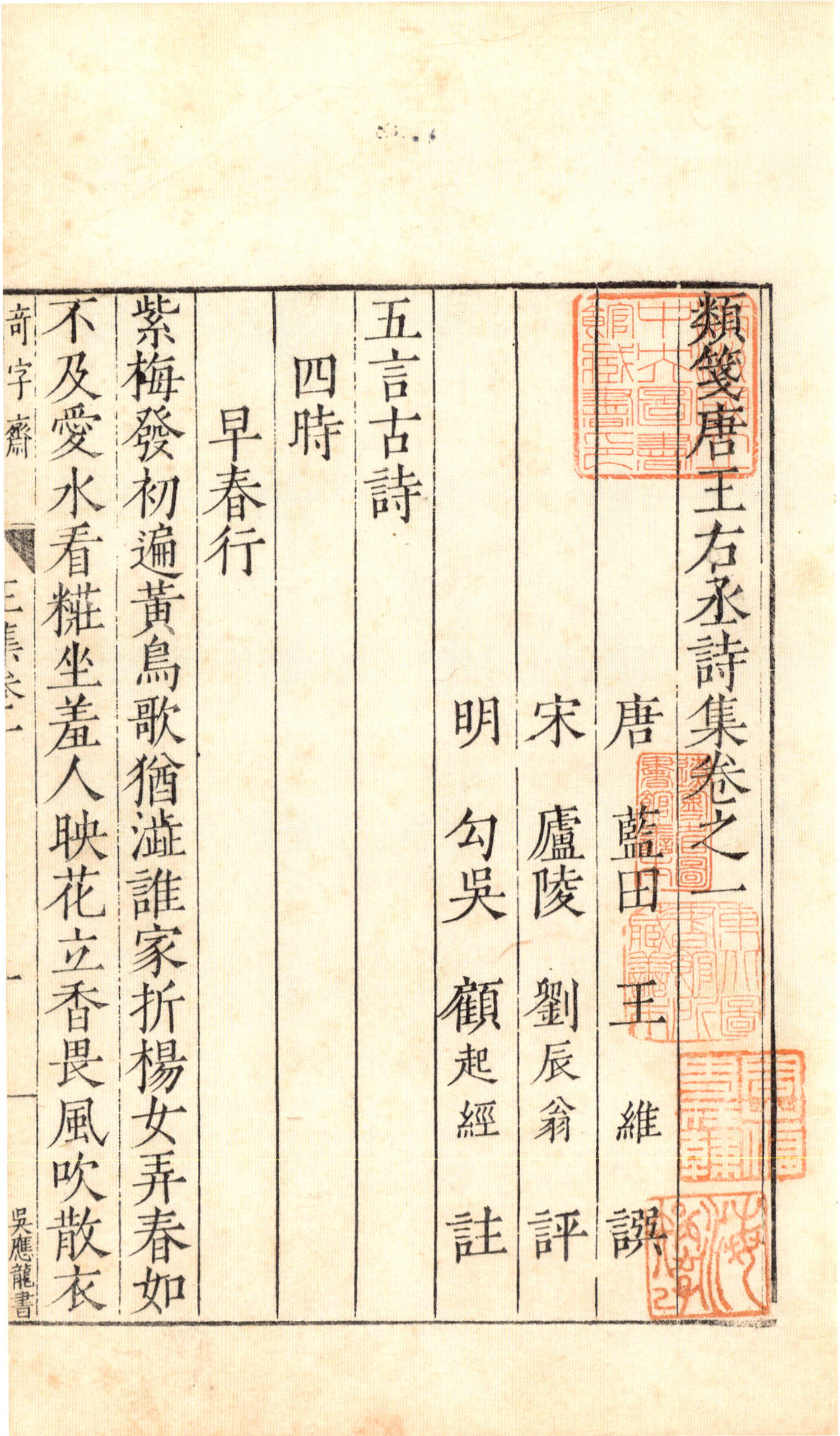
類箋唐王右丞詩集卷之一
唐　藍田　王　維　譔
宋　廬陵　劉辰翁　評
明　句吳　顧起經　註
五言古詩
四時
早春行
紫梅發初遍黃鳥歌猶澁誰家折楊女弄春如
不及愛水看粧坐羞人映花立香畏風吹散衣
奇字齋　王集卷之一　一　吳應龍書

20258　類箋唐王右丞詩集十卷　（唐）王維撰　（明）顧起經注　**文集四卷集外編一卷**　（唐）王維撰　（明）顧起經輯　**年譜一卷**　（明）顧起經撰　**唐諸家同咏集一卷贈題集一卷歷朝諸家評王右丞詩畫抄一卷**　（明）顧起經輯　明嘉靖三十五年（1556）顧氏奇字齋刻本　遼寧省圖書館

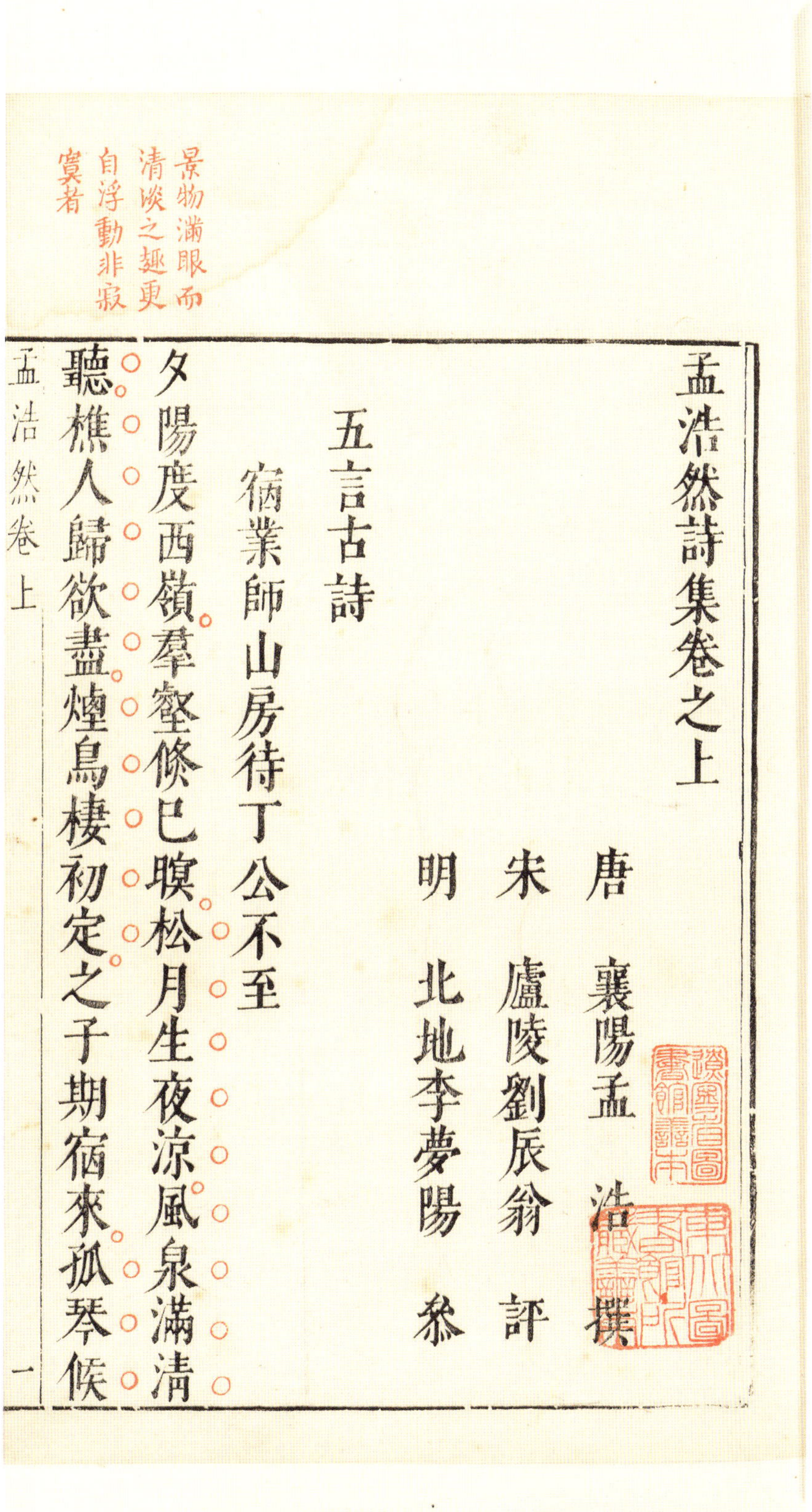
孟浩然詩集卷之上
唐　襄陽孟　浩　撰
宋　廬陵劉辰翁　評
明　北地李夢陽　叅
五言古詩
宿業師山房待丁公不至
夕陽度西嶺羣壑倏已暝松月生夜涼風泉滿清
聽樵人歸欲盡煙鳥棲初定之子期宿來孤琴候
景物滿眼而清淡之趣更自浮動非寂寞者
孟浩然卷上　一

20259　孟浩然詩集二卷　（唐）孟浩然撰　（宋）劉辰翁評　（明）李夢陽評　明凌濛初刻朱墨套印本　遼寧省圖書館

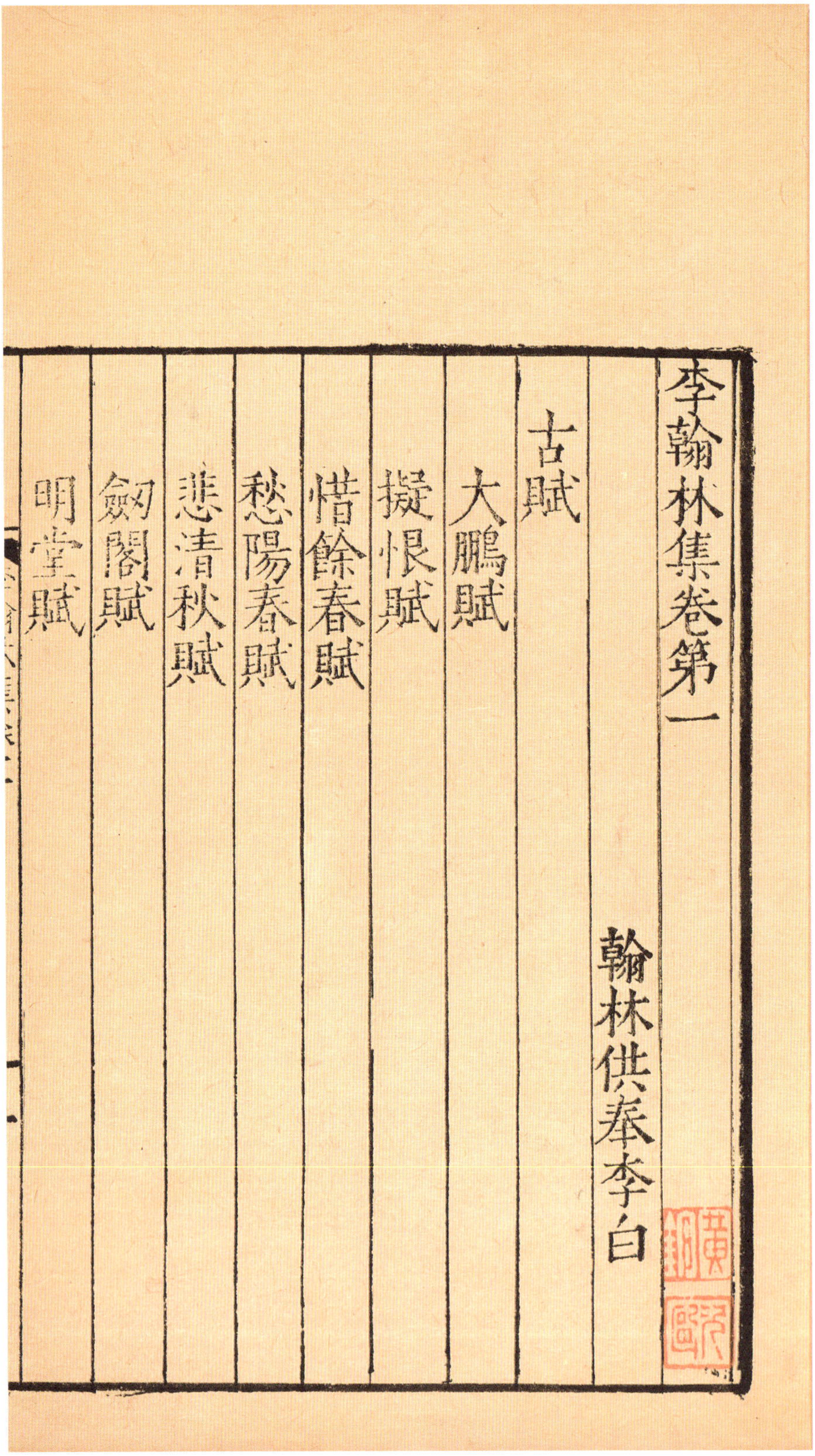
李翰林集卷第一
翰林供奉李白
古賦
大鵬賦
擬恨賦
惜餘春賦
愁陽春賦
悲清秋賦
劍閣賦
明堂賦

20260　李翰林集十卷　（唐）李白撰　明正德十四年（1519）陸元大刻清嘉慶八年（1803）淵雅堂重修本　遼寧省圖書館

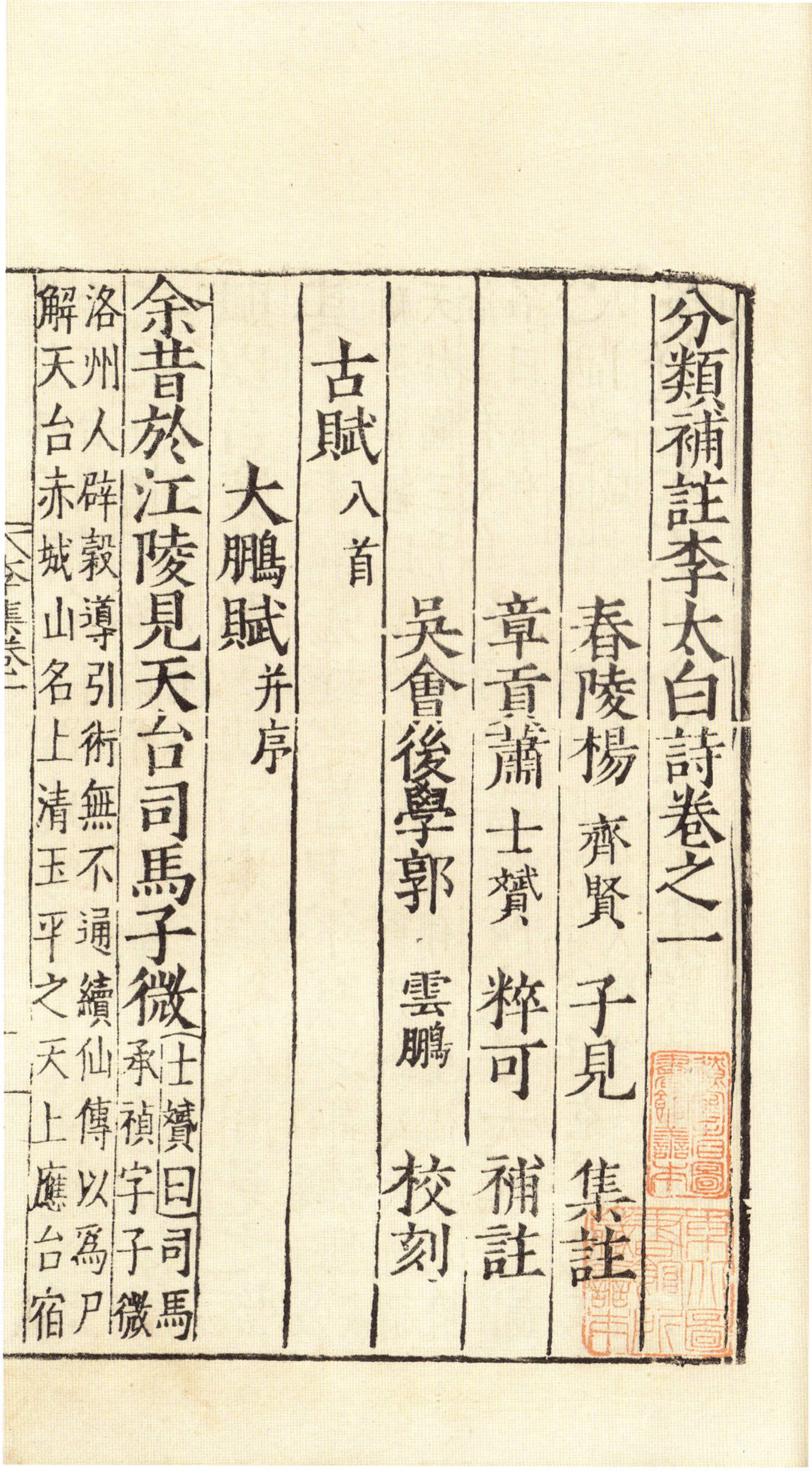
分類補註李太白詩卷之一
春陵楊　齊賢　子見　集註
章貢蕭　士贇　粹可　補註
吳會後學郭　雲鵬　校刻
古賦八首
大鵬賦并序
余昔於江陵見天台司馬子微（士贇曰）司馬承禎字子微洛州人辟穀導引術無不通續仙傳以爲尸解天台赤城山名上清玉平之天上應台宿

20261　分類補註李太白詩二十五卷（唐）李白撰　（宋）楊齊賢集注　（元）蕭士贇補注　**分類編次李太白文五卷**（唐）李白撰　明嘉靖二十二年（1543）郭雲鵬寶善堂刻本　遼寧省圖書館

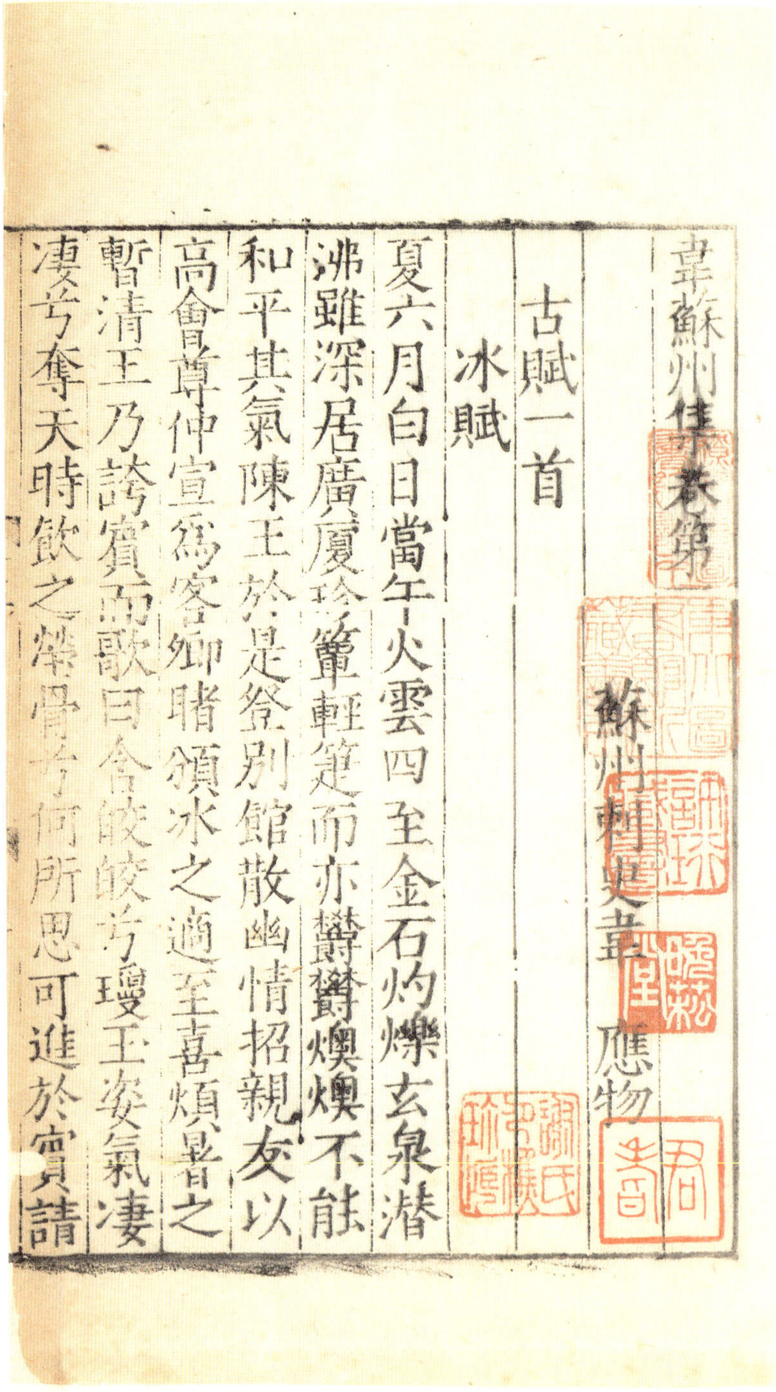
韋蘇州集卷第一
蘇州刺史韋應物
古賦一首
冰賦
夏六月白日當午火雲四至金石灼爍玄泉潛
沸雖深居廣廈珍簟輕筵而亦鬱鬱燠燠不能
和平其氣陳王於是登別館散幽情招親友以
高會尊仲宣爲客卿睹頒冰之適至喜煩暑之
暫清王乃誇賓而歌曰含皎皎兮瓊玉姿氣凄
凄兮奪天時飲之滌骨兮何所思可進於賓請

20262　韋蘇州集十卷拾遺一卷　（唐）韋應物撰　明嘉靖二十年（1541）
維陽周桃村刻本　許孟題記　遼寧省圖書館

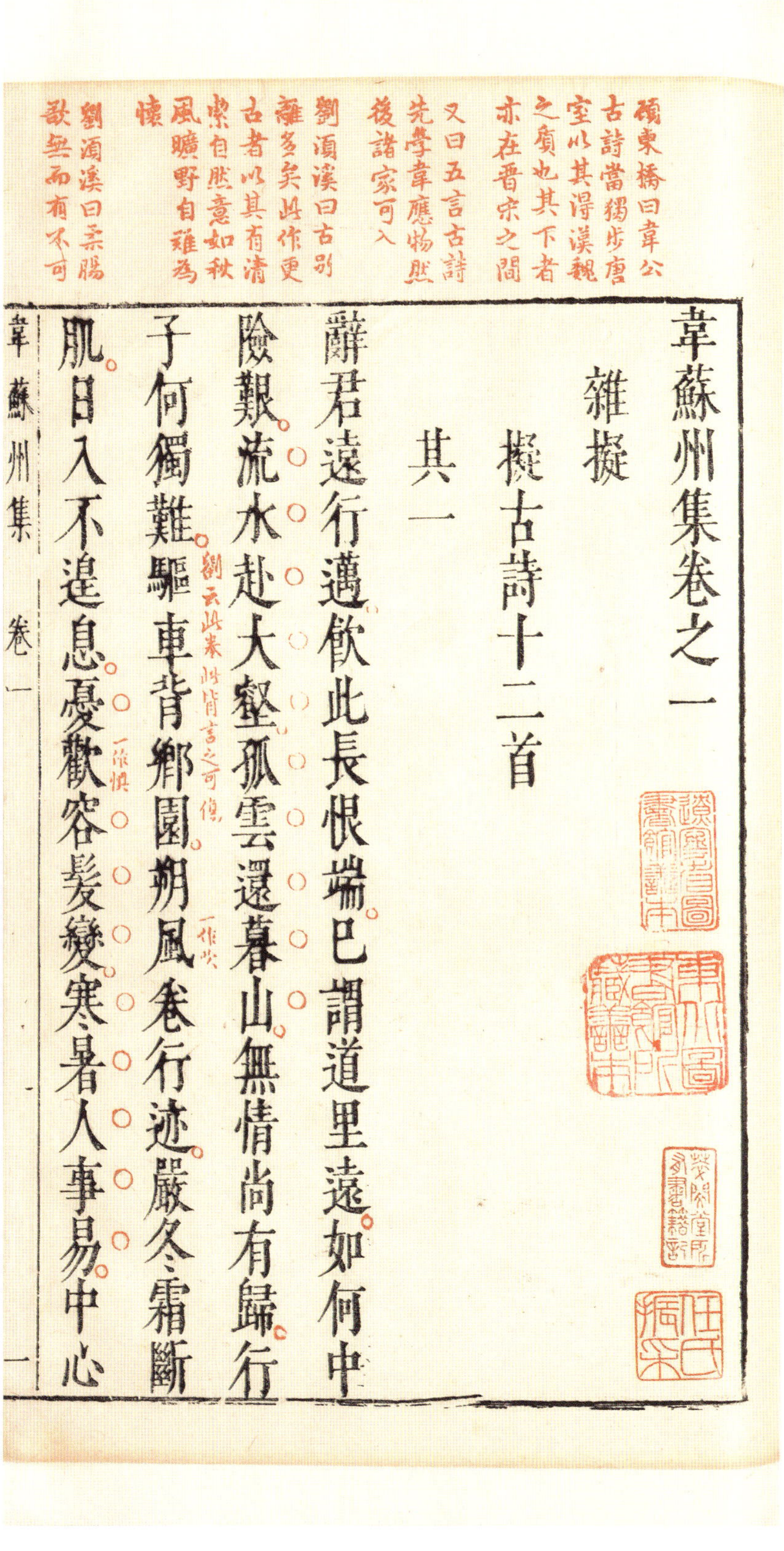
顧東橋曰韋公古詩當獨步唐室以其得漢魏之質也其下者亦在晉宋之間
又曰五言古詩先學韋應物然後諸家可入
劉須溪曰古别離多矣此作更古者以其有清思自然意如秋風曠野自難為懷
劉須溪曰柔腸欲無而有不可
韋蘇州集卷之一
雜擬
擬古詩十二首
其一
辭君遠行邁飲此長恨端已謂道里遠如何中
險艱流水赴大壑孤雲還暮山無情尚有歸行
子何獨難驅車背鄉園朔風卷行迹嚴冬霜斷
肌日入不遑息憂歡容髮變寒暑人事易中心
劉云此來此背言之可傷
一作慎
一作吹
韋蘇州集 卷一 一

20263 韋蘇州集十卷拾遺一卷總論一卷 （唐）韋應物撰　明凌濛初刻朱墨套印本　遼寧省圖書館

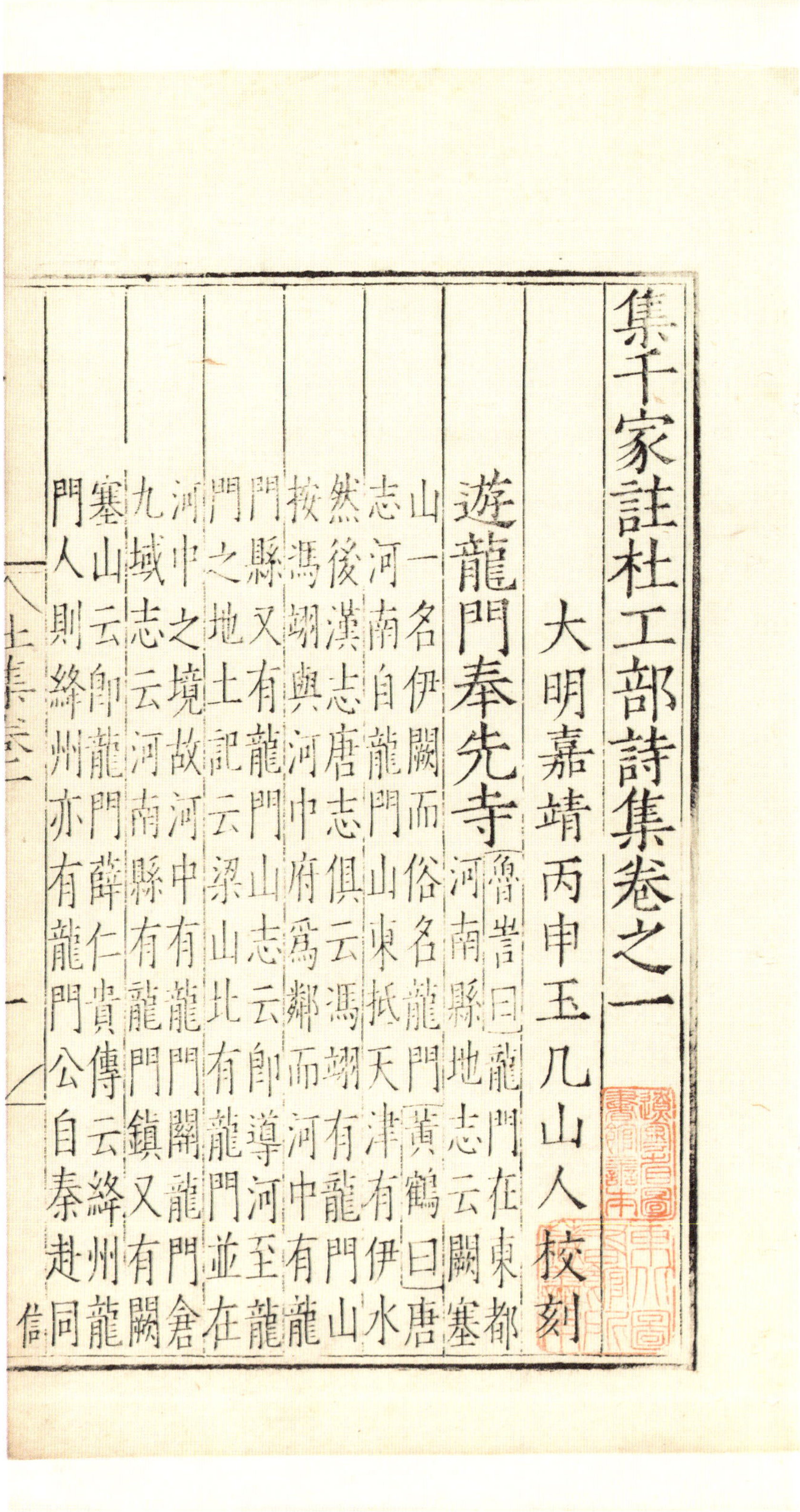

集千家註杜工部詩集卷之一
大明嘉靖丙申玉几山人校刻
遊龍門奉先寺 魯訔曰龍門在東都河南縣地志云闕塞山一名伊闕而俗名龍門黄鶴曰唐志河南自龍門山東抵天津有伊水然後漢志唐志俱云馮翊有龍門山按馮翊與河中府爲鄰而河中有龍門縣又有龍門山志云即導河至龍門之地土記云梁山北有龍門並在河中之境故河中有龍門關龍門倉九域志云河南縣有龍門鎮又有闕塞山云即龍門薛仁貴傳云絳州龍門人則絳州亦有龍門公自秦赴同

杜集卷之一　一

20264　集千家註杜工部詩集二十卷文集二卷　（唐）杜甫撰　（宋）黄鶴補注　**附録一卷**　明嘉靖十五年（1536）玉几山人刻本　遼寧省圖書館

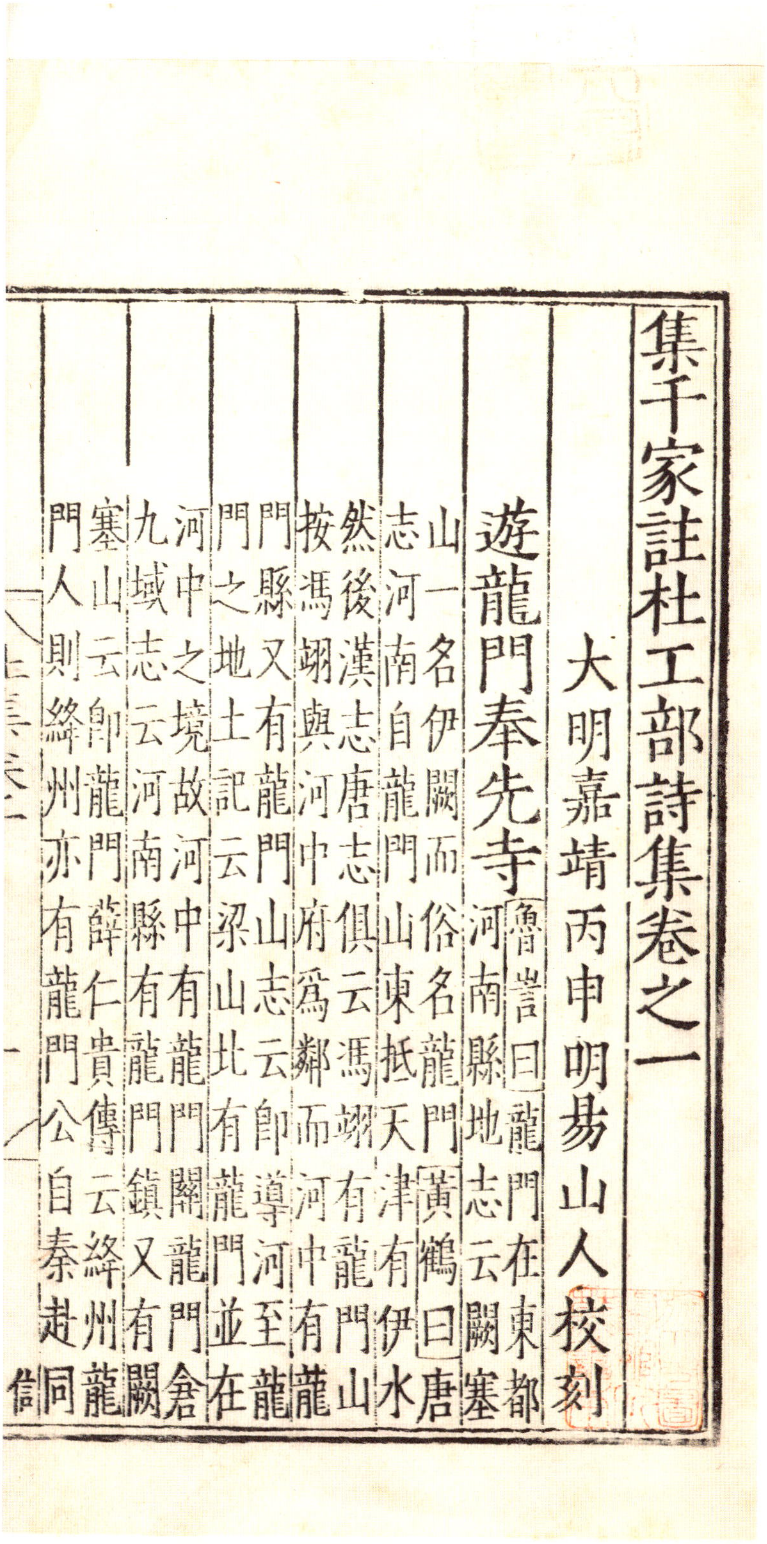
集千家註杜工部詩集卷之一
大明嘉靖丙申明易山人校刻
遊龍門奉先寺[魯訔曰]龍門在東都河南縣地志云闕塞山一名伊闕而俗名龍門[黃鶴曰]唐志河南自龍門山東抵天津有伊水然後漢志唐志俱云馮翊有龍門山按馮翊與河中府爲鄰而河中有龍門縣又有龍門山志云即導河至龍門之地土記云梁山北有龍門並在河中之境故河中有龍門闕龍門倉九域志云河南縣有龍門鎮又有闕塞山云即龍門薛仁貴傳云絳州龍門人則絳州亦有龍門公自秦赴同
杜集卷之一　一

20265　集千家註杜工部詩集二十卷文集二卷　（唐）杜甫撰　（宋）黄鶴補注　**附録一卷**　明嘉靖十五年（1536）玉几山人刻明易山人印本　大連圖書館

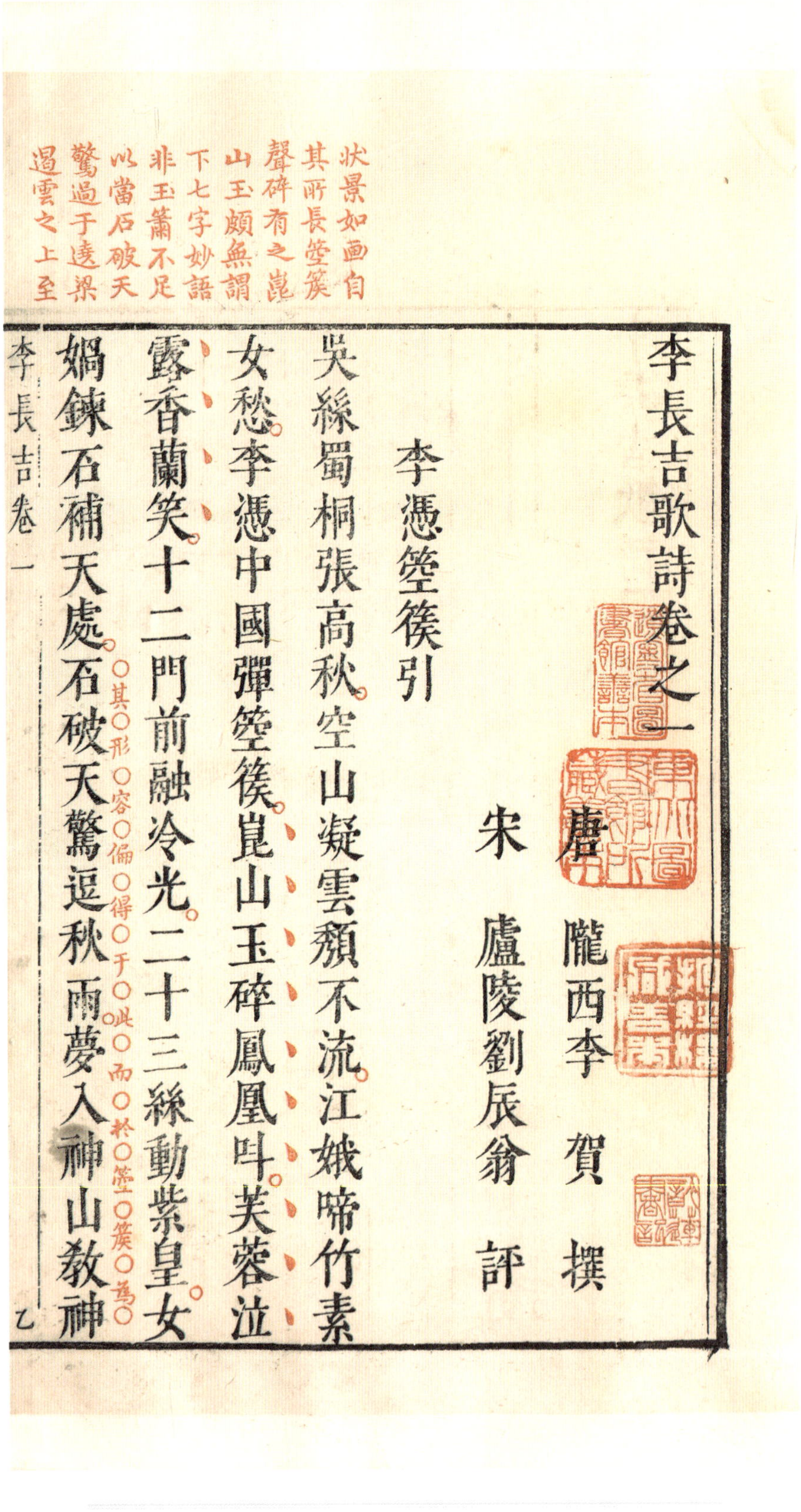
狀景如画自其所長箜篌聲碎有之崑山玉頗無謂下七字妙語非玉簫不足以當石破天驚過于遠渠遏雲之上至

李長吉歌詩卷之一

唐　隴西李　賀　撰

宋　廬陵劉辰翁　評

李憑箜篌引

吳絲蜀桐張高秋空山凝雲頽不流江娥啼竹素女愁李憑中國彈箜篌崑山玉碎鳳凰叫芙蓉泣露香蘭笑十二門前融冷光二十三絲動紫皇女媧鍊石補天處石破天驚逗秋雨夢入神山教神

其形容偏得于此而於箜篌爲

李長吉卷一　乙

20266　李長吉歌詩四卷外詩集一卷　（唐）李賀撰　（宋）劉辰翁評

明凌濛初刻朱墨套印本　遼寧省圖書館

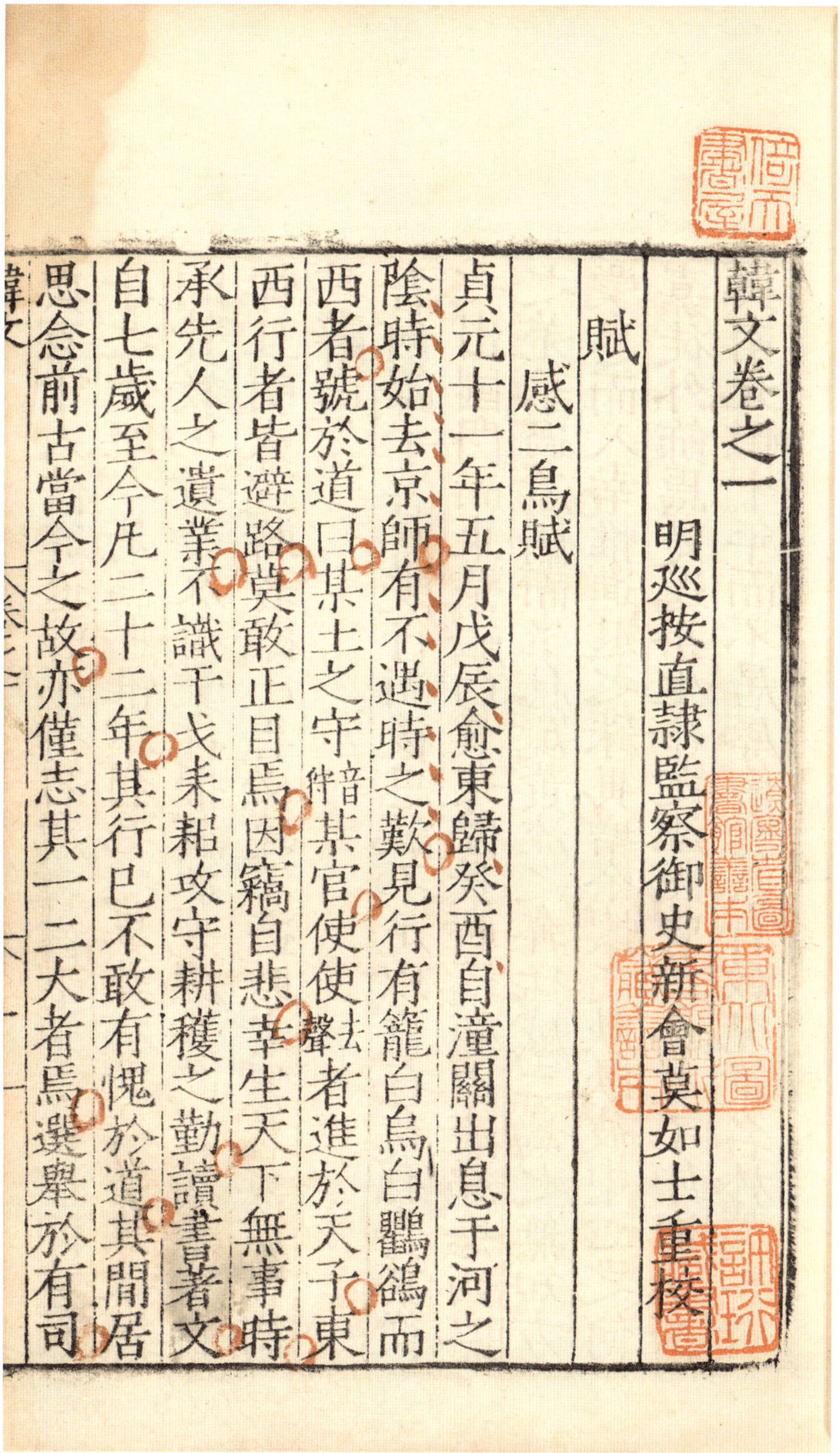
韓文卷之一
明巡按直隸監察御史新會莫如士重校
賦
感二鳥賦
貞元十一年五月戊辰愈東歸癸酉自潼關出息于河之
陰時始去京師有不遇時之歎見行有籠白烏白鸜鵒而
西者號於道曰某土之守音狩某官使使去聲者進於天子東
西行者皆避路莫敢正目焉因竊自悲幸生天下無事時
承先人之遺業不識干戈耒耜攻守耕穫之勤讀書著文
自七歲至今凡二十二年其行已不敢有愧於道其閒居
思念前古當今之故亦僅志其一二大者焉選舉於有司

20267　韓文四十卷外集十卷遺集一卷集傳一卷　（唐）韓愈撰　（明）莫如士重校　明嘉靖三十五年（1556）莫如士刻韓柳文本　遼寧省圖書館

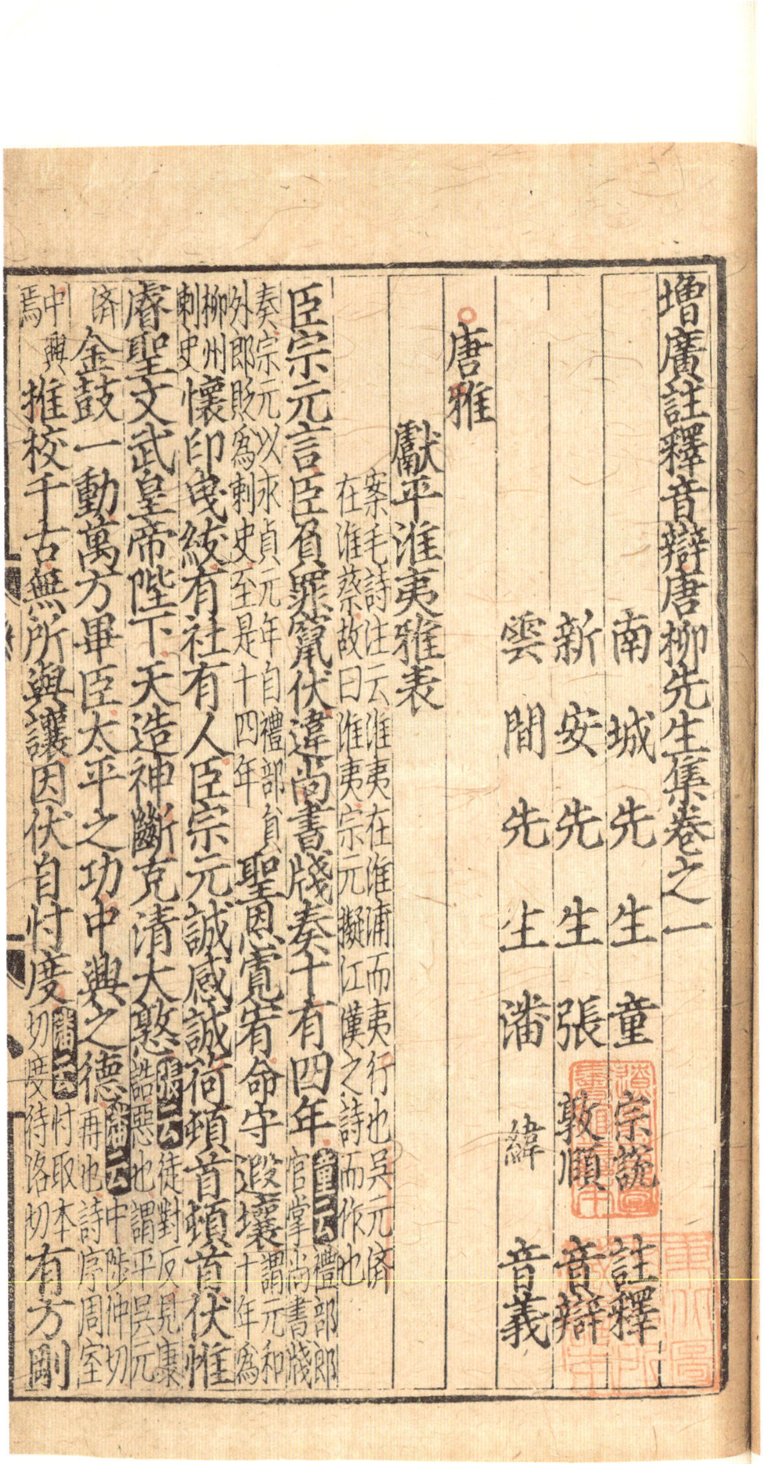
增廣註釋音辯唐柳先生集卷之一
南城先生童宗說註釋
新安先生張敦頤音辯
雲間先生潘緯音義
唐雅
獻平淮夷雅表 案毛詩注云淮夷在淮浦而夷行也吴元濟在淮蔡故曰淮夷宗元擬江漢之詩而作也
臣宗元言臣負罪竄伏違尚書牋奏十有四年 童云禮部郎官掌尚書牋奏宗元以永貞元年自禮部員外郎貶爲刺史至是十四年 聖恩寛宥命守遐壤 謂元和十年爲柳州刺史 懷印曳紱有社有人臣宗元誠感誠荷頓首頓首伏惟
睿聖文武皇帝陛下天造神斷克清大憝 張云徒對反見康誥惡也謂平吴元濟 金鼓一動萬方畢臣太平之功中興之德 潘云中陟仲切冊也詩序周室中興焉 推校千古無所與讓因伏自忖度 潘云忖取本切度待洛切 有方剛

20268　增廣註釋音辯唐柳先生集四十三卷別集二卷外集二卷
（唐）柳宗元撰　（宋）童宗說注釋　（宋）張敦頤音辯　（宋）潘緯音義　**年譜一卷附錄一卷**　明初刻本　遼寧省圖書館
存四十五卷（柳先生集四十三卷、別集二卷）

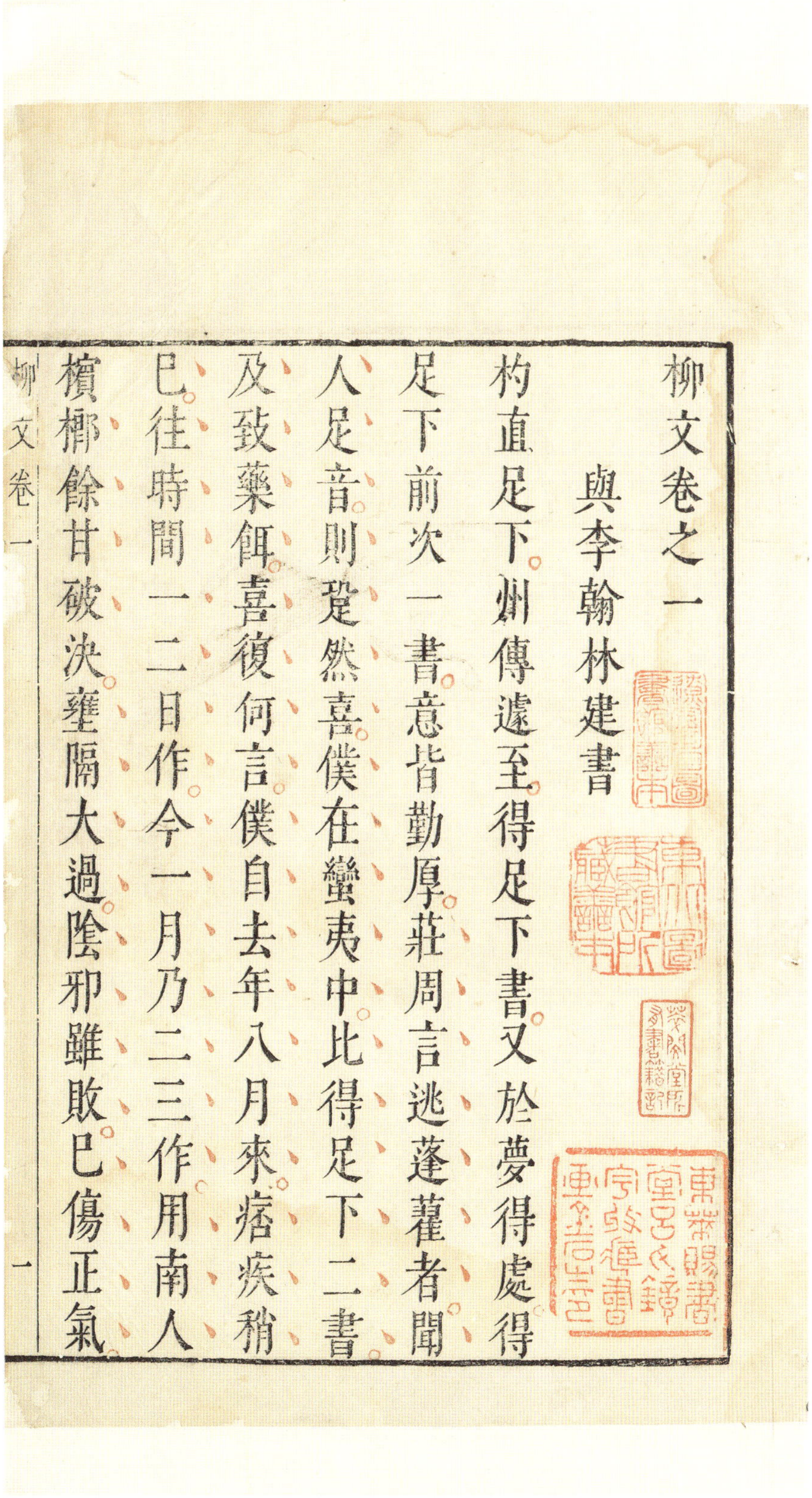
柳文卷之一
與李翰林建書
杓直足下州傳遽至得足下書又於夢得處得足下前次一書意皆勤厚莊周言逃蓬藋者聞人足音則跫然喜僕在蠻夷中比得足下二書及致藥餌喜復何言僕自去年八月來痞疾稍已往時間一二日作今一月乃二三作用南人檳榔餘甘破決壅隔大過陰邪雖敗已傷正氣
柳文卷一　一

20269　柳文七卷　（唐）柳宗元撰　（明）茅坤評　明刻朱墨套印本　遼寧省圖書館

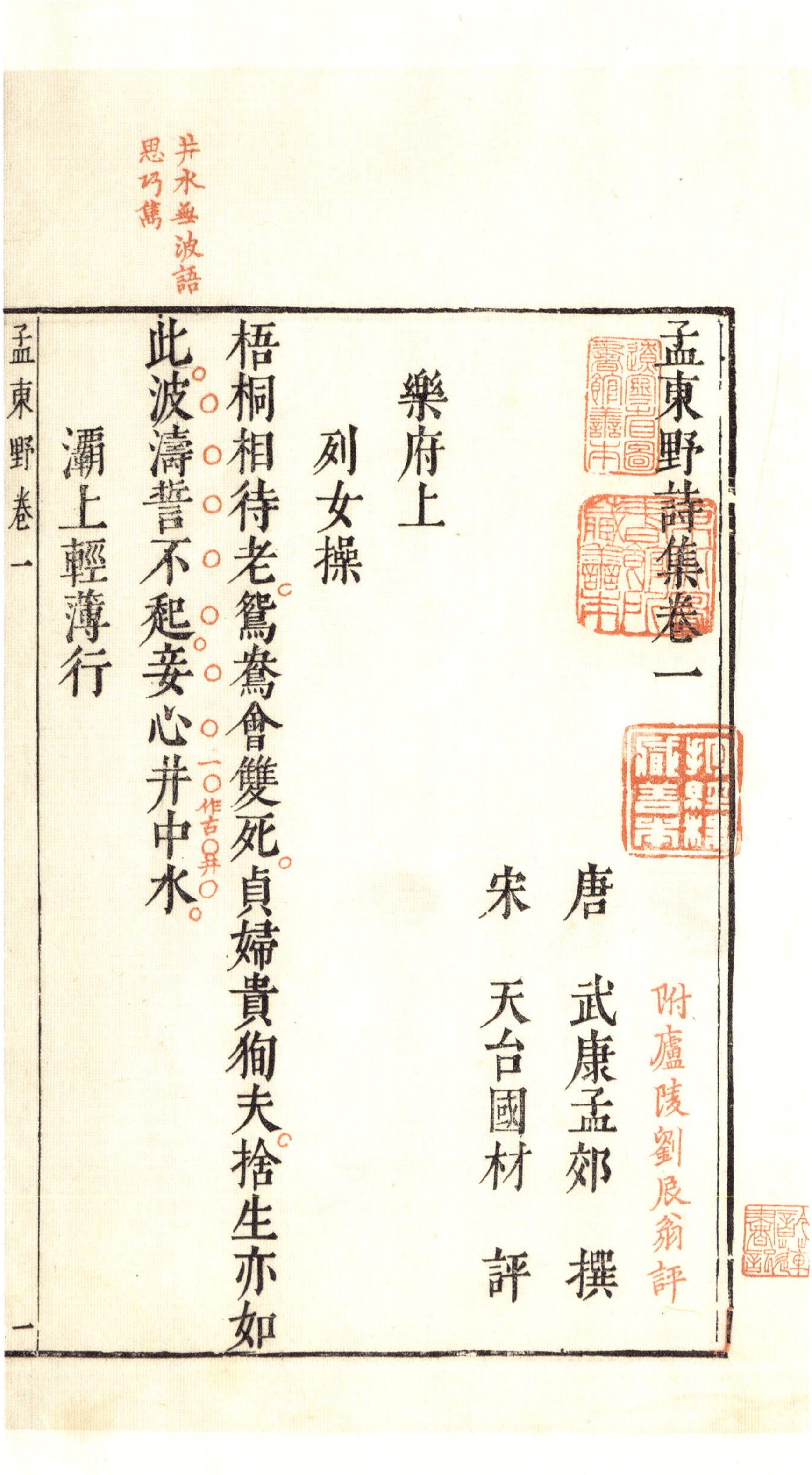

20270　孟東野詩集十卷　（唐）孟郊撰　（宋）國材　劉辰翁評　明凌濛初刻朱墨套印本　遼寧省圖書館

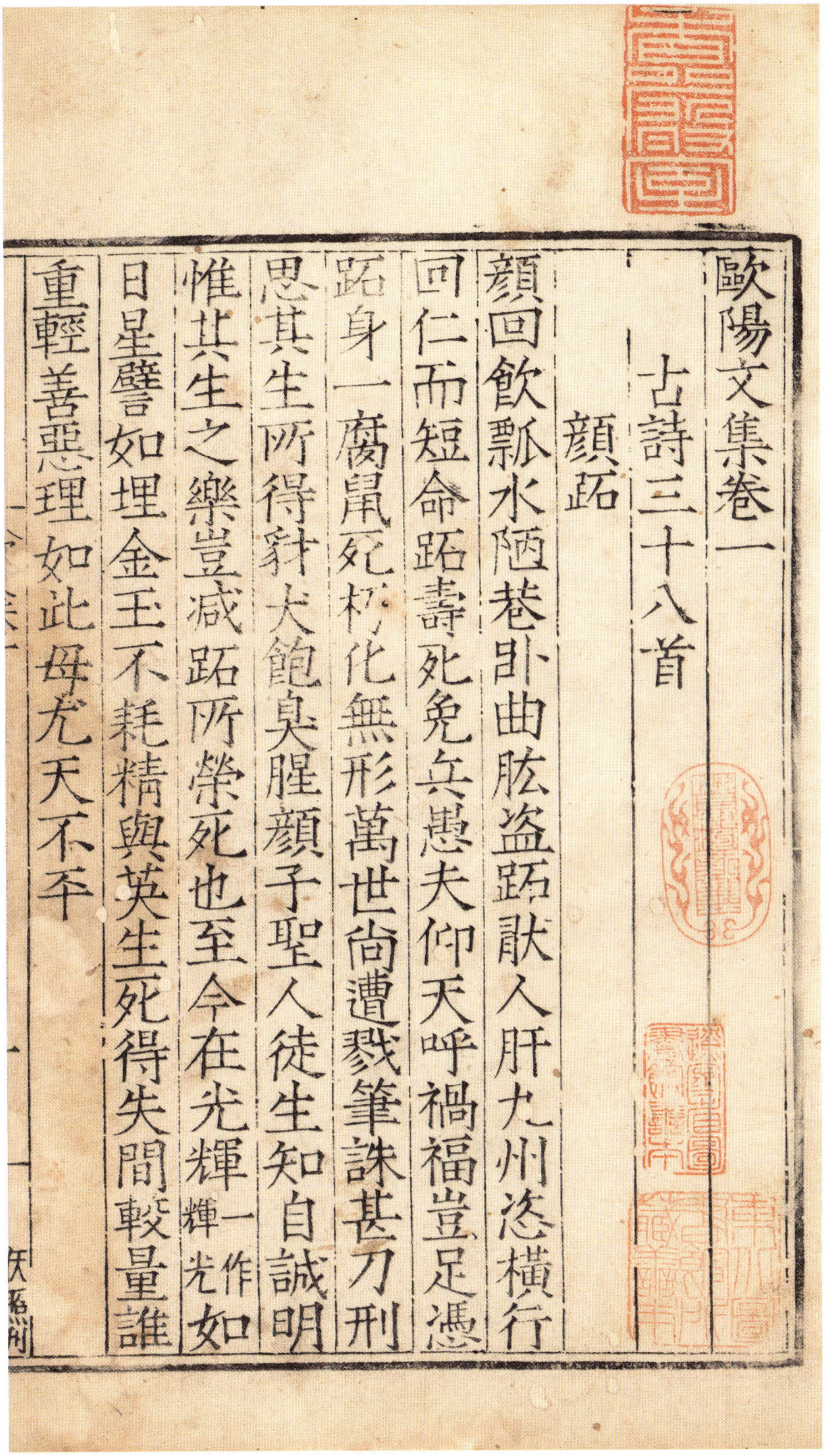

歐陽文集卷一

古詩三十八首

顏跖

顏回飲瓢水陋巷卧曲肱盜跖飫人肝九州恣横行回仁而短命跖壽死免兵愚夫仰天呼禍福豈足憑跖身一腐鼠死朽化無形萬世尚遭戮筆誅甚刀刑思其生所得豺犬飽臭腥顏子聖人徒生知自誠明惟其生之樂豈減跖所榮死也至今在光輝（輝一作光）如日星譬如埋金玉不耗精與英生死得失間較量誰重輕善惡理如此毋尤天不平

20271　歐陽文集五十卷　（宋）歐陽修撰　**年譜一卷**　（宋）胡柯撰

明嘉靖二十二年（1543）李冕刻本　遼寧省圖書館

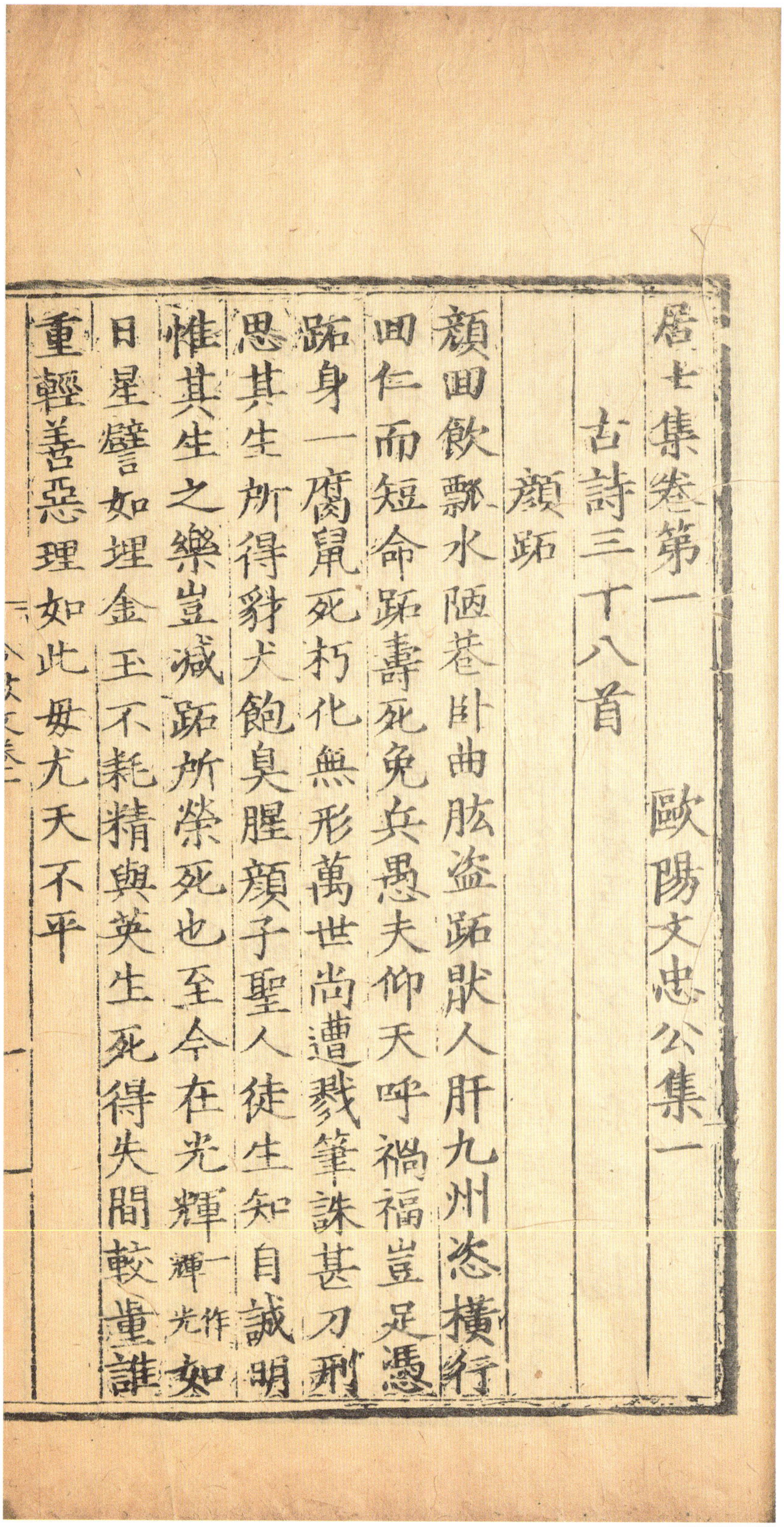

居士集卷第一　歐陽文忠公集一

古詩三十八首

顔跖

顔回飲瓢水陋巷卧曲肱盜跖厭人肝九州恣横行回仁而短命跖壽死免兵愚夫仰天呼禍福豈足憑跖身一腐鼠死朽化無形萬世尚遭戮筆誅甚刀刑思其生所得豺犬飽臭腥顔子聖人徒生知自誠明惟其生之樂豈減跖所榮死也至今在光輝一作煇光如日星譬如埋金玉不耗精與英生死得失間較量誰重輕善惡理如此毋尤天不平

20272　歐陽文忠公集一百五十三卷　（宋）歐陽修撰　**年譜一卷**　（宋）胡柯撰　**附録六卷**　明正德七年（1512）劉喬刻嘉靖十六年（1537）季本、詹治修三十九年（1560）何遷遞修本　遼寧省圖書館

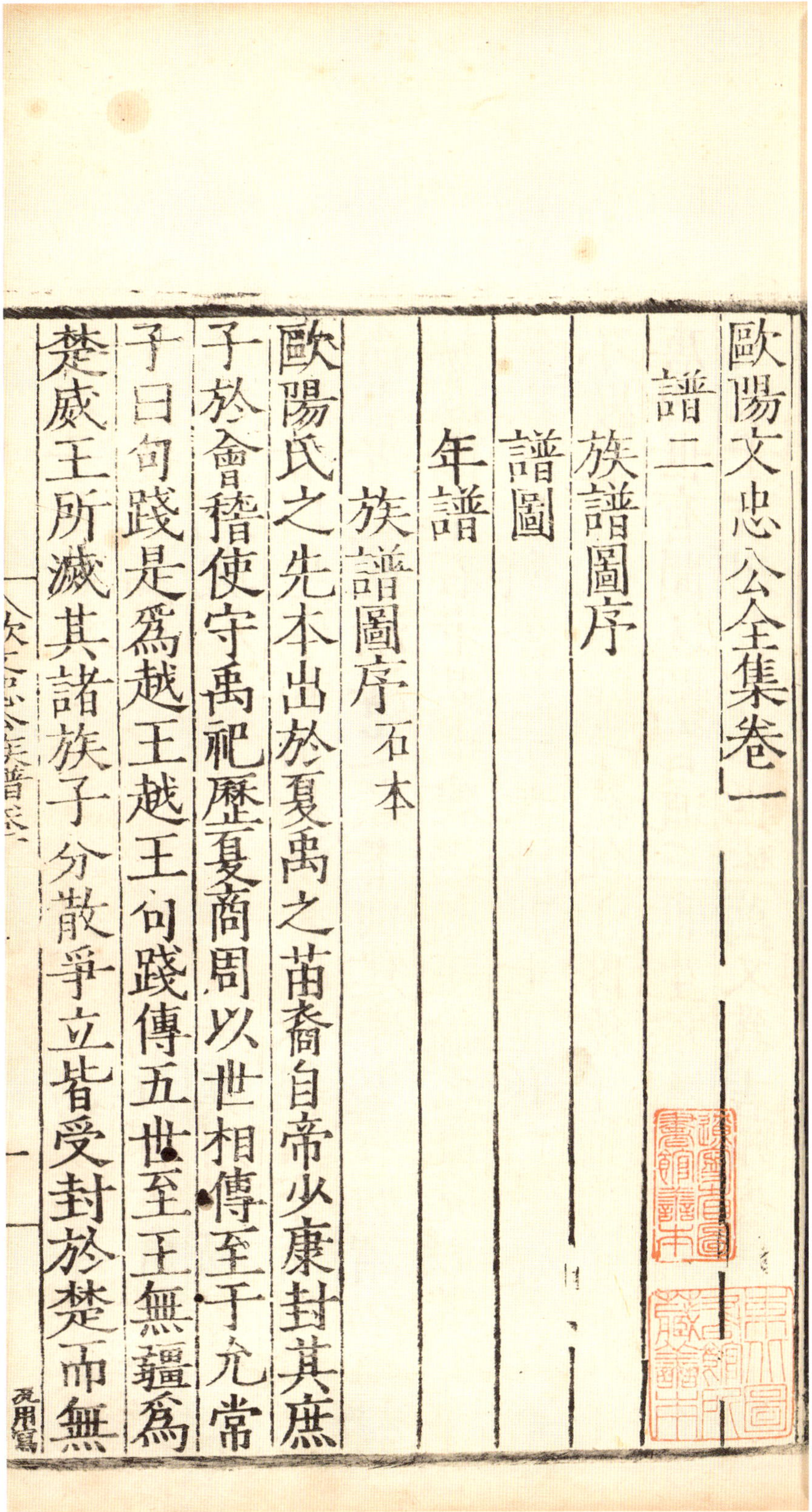

歐陽文忠公全集卷一

譜二

族譜圖序

譜圖

年譜

族譜圖序 石本

歐陽氏之先本出於夏禹之苗裔自帝少康封其庶子於會稽使守禹祀歷夏商周以世相傳至于允常子曰句踐是爲越王越王句踐傳五世至王無彊爲楚威王所滅其諸族子分散爭立皆受封於楚而無

歐文忠公族譜圖 一

夏用寫

20273　歐陽文忠公全集一百三十五卷　（宋）歐陽修撰　明嘉靖三十四年（1555）陳珊刻本　遼寧省圖書館

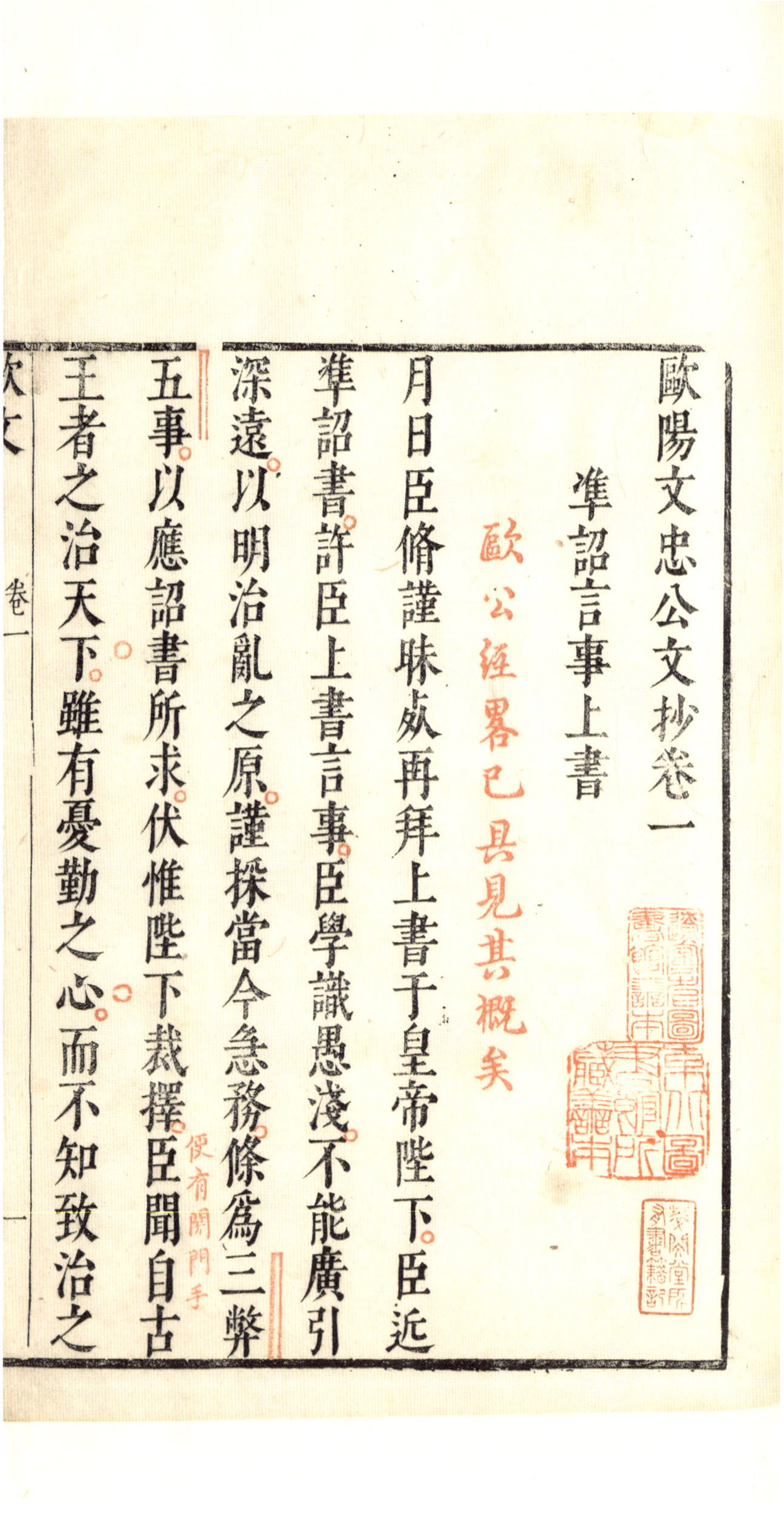

歐陽文忠公文抄卷一

準詔言事上書

歐公經畧已具見其槩矣

月日臣脩謹昧死再拜上書于皇帝陛下臣近準詔書許臣上書言事臣學識愚淺不能廣引深遠以明治亂之原謹採當今急務條爲三弊五事以應詔書所求伏惟陛下裁擇臣聞自古王者之治天下雖有憂勤之心而不知致治之

便有關門手

歐文　卷一　一

20274　歐陽文忠公文抄十卷　（宋）歐陽修撰　（明）茅坤評　明刻朱墨套印本　遼寧省圖書館

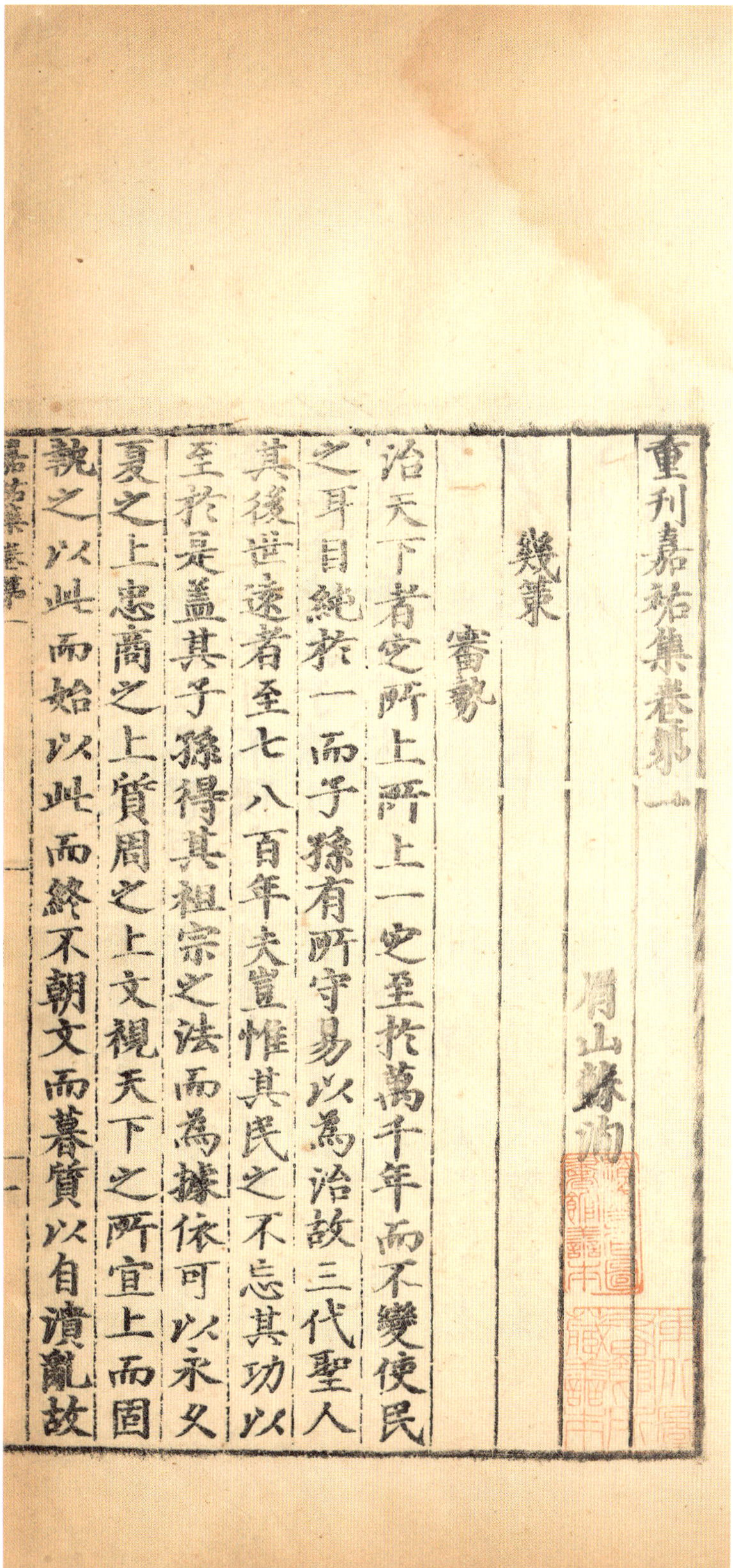
重刊嘉祐集卷第一　　眉山蘇洵
幾策
審勢
治天下者定所上所上一定至於萬千年而不變使民
之耳目純於一而子孫有所守易以為治故三代聖人
其後世遠者至七八百年夫豈惟其民之不忘其功以
至於是蓋其子孫得其祖宗之法而為據依可以永久
夏之上忠商之上質周之上文視天下之所宜上而固
執之以此而始以此而終不朝文而暮質以自潰亂故
嘉祐集卷第一

20275　重刊嘉祐集十五卷　（宋）蘇洵撰　明嘉靖十一年（1532）太原府刻本　遼寧省圖書館

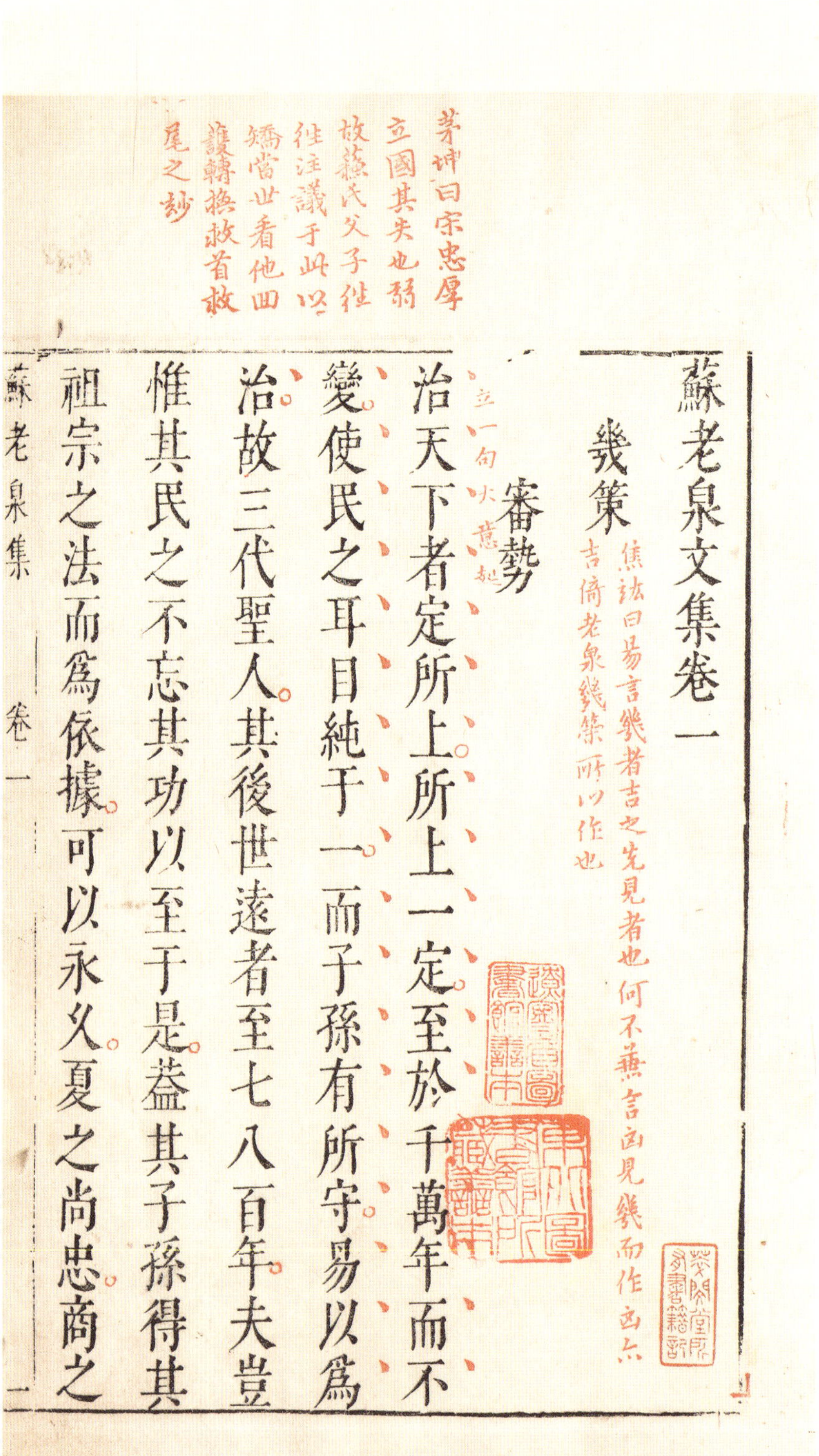

茅坤曰宋忠厚立國其失也弱故蘇氏父子往往注議于此以矯當世看他四護轉換救首救尾之妙

蘇老泉文集卷一

幾策　焦竑曰易言幾者吉之先見者也何不兼言凶見幾而作凶亦吉倚老泉幾策所以作也

審勢　立一句大意起

治天下者定所上所上一定至於千萬年而不變使民之耳目純于一而子孫有所守易以爲治故三代聖人其後世遠者至七八百年夫豈惟其民之不忘其功以至于是蓋其子孫得其祖宗之法而爲依據可以永久夏之尚忠商之

蘇老泉集　卷一　一

20276　蘇老泉文集十三卷　（宋）蘇洵撰　（明）茅坤　焦竑等評　明凌濛初刻朱墨套印本　遼寧省圖書館

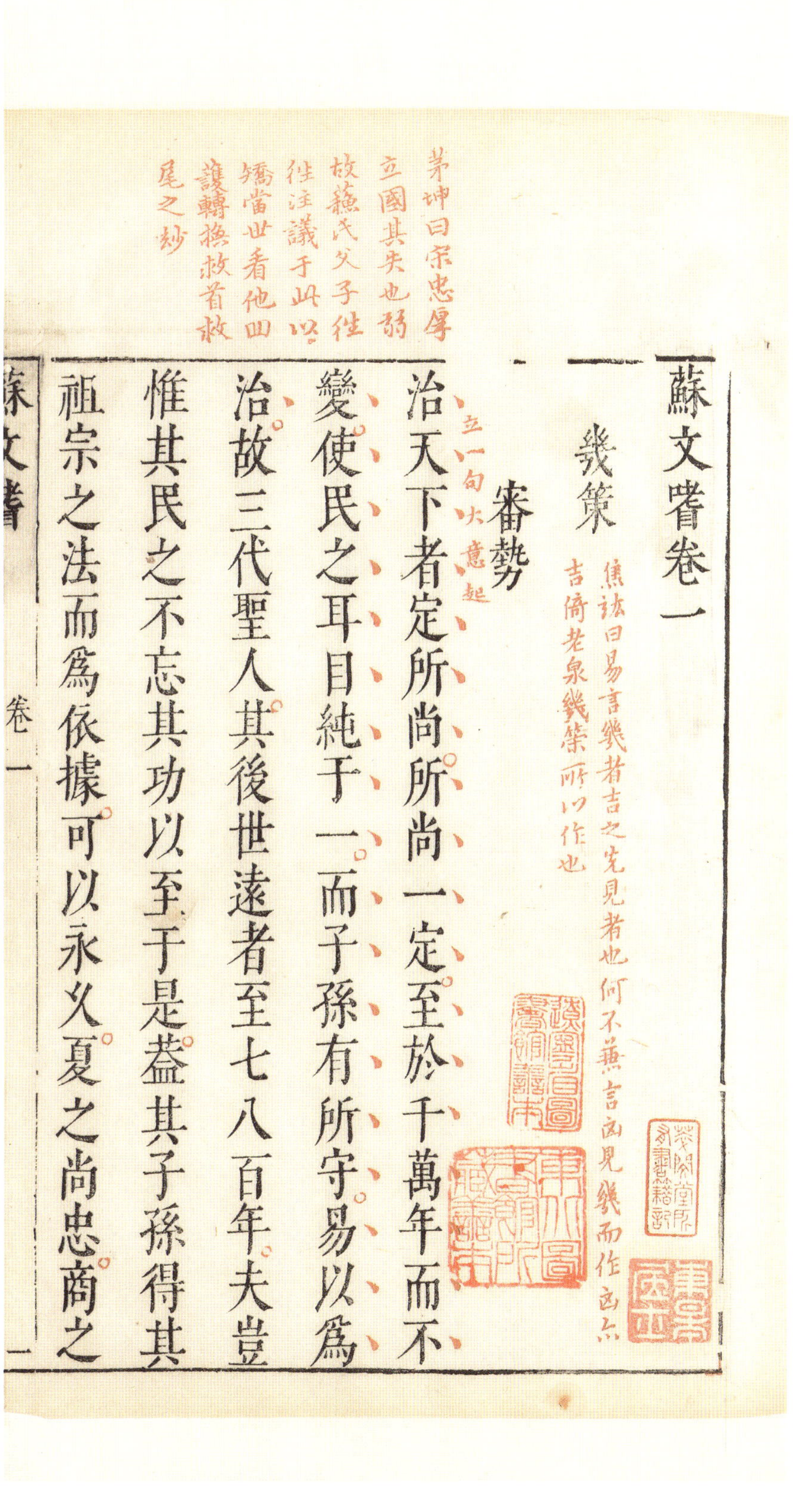

茅坤曰宋忠厚立國其失也弱故蘇氏父子往往注議于此以矯當世看他回護轉換救首救尾之妙

蘇文嗜卷一

幾策

焦竑曰易言幾者吉之先見者也何不兼言凶見幾而作凶亦吉倚老泉幾策所以作也

審勢

立一句大意起

治天下者定所尚所尚一定至於千萬年而不
變使民之耳目純于一而子孫有所守易以為
治故三代聖人其後世遠者至七八百年夫豈
惟其民之不忘其功以至于是蓋其子孫得其
祖宗之法而為依據可以永久夏之尚忠商之

蘇文嗜 卷一 一

20277 蘇文嗜六卷 （宋）蘇洵撰 （明）茅坤等評 明凌雲刻三色套印本

遼寧省圖書館

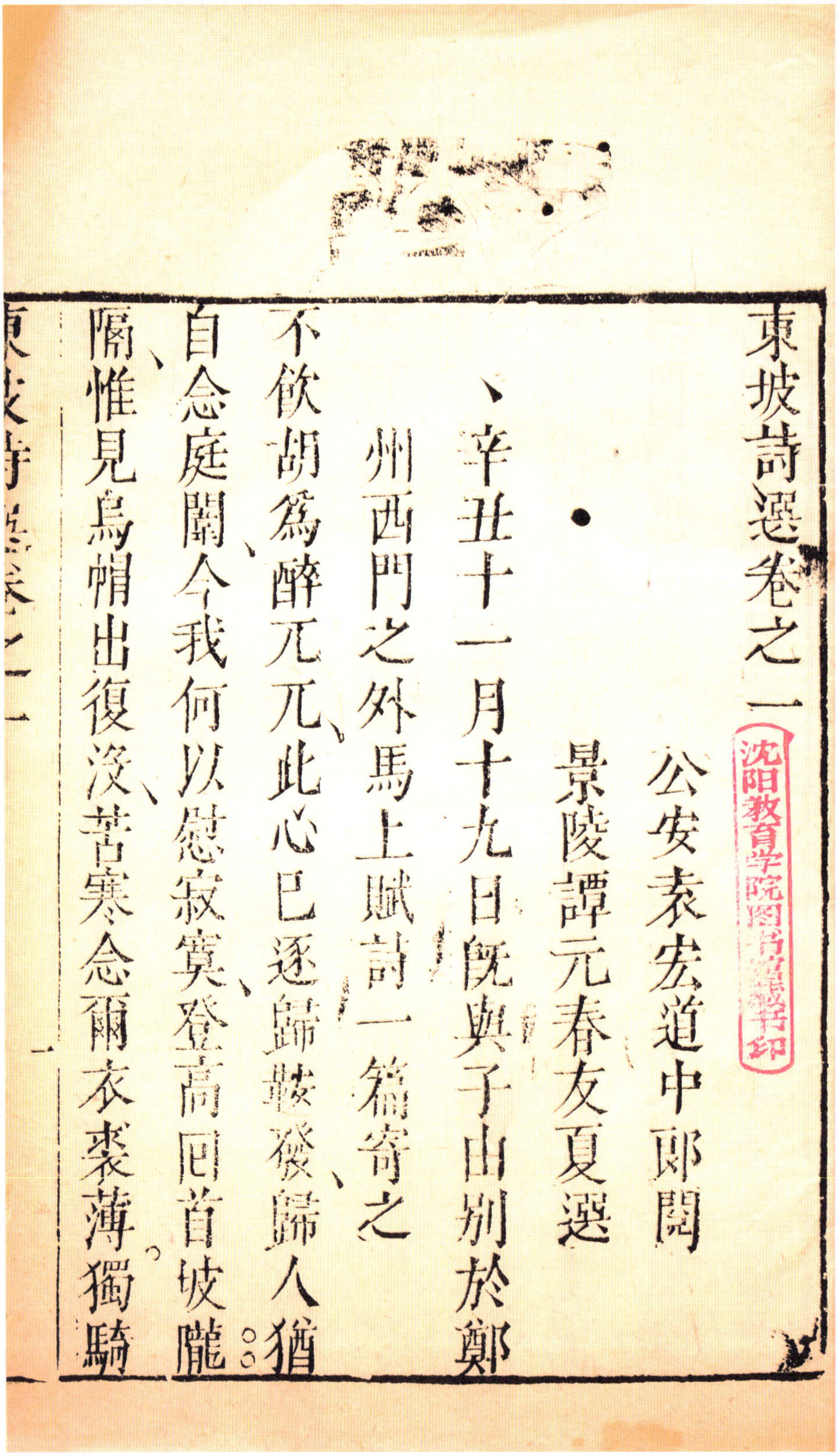
東坡詩選卷之一
公安袁宏道中郎閲
景陵譚元春友夏選
辛丑十一月十九日既與子由别於鄭
州西門之外馬上賦詩一篇寄之
不飲胡爲醉兀兀此心已逐歸鞍發歸人猶
自念庭闈今我何以慰寂寞登高回首坡隴
隔惟見烏帽出復沒苦寒念爾衣裘薄獨騎

20278 東坡詩選十二卷 （宋）蘇軾撰 （明）譚元春輯 明末文盛堂刻本 瀋陽大學圖書館

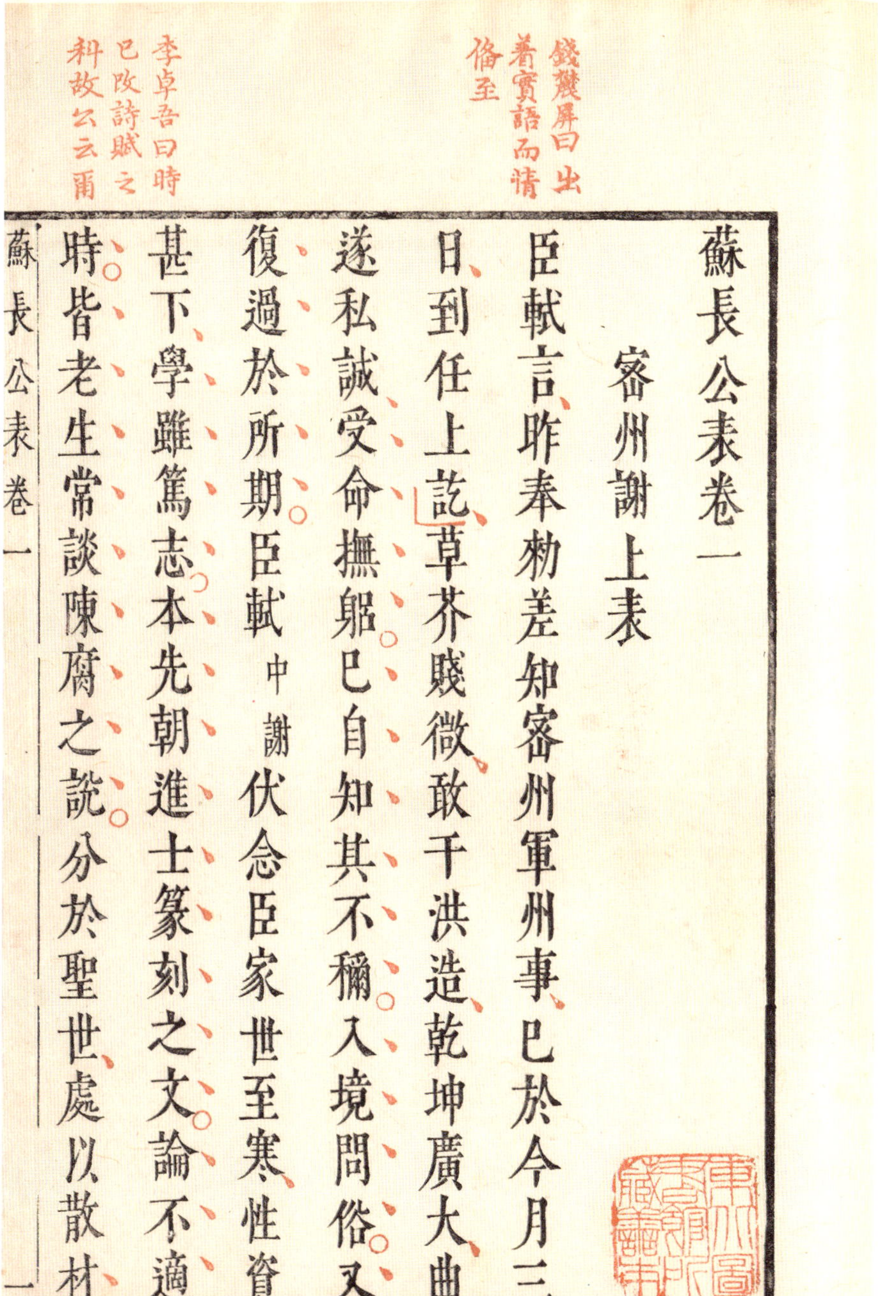
錢欑屏曰出着實語而情倫至
李卓吾曰時已改詩賦之科故公云爾
蘇長公表卷一
密州謝上表
臣軾言昨奉勑差知密州軍州事已於今月三
日到任上訖草芥賤微敢干洪造乾坤廣大曲
遂私誠受命撫躬已自知其不稱入境問俗又
復過於所期臣軾中謝伏念臣家世至寒性貧
甚下學雖篤志本先朝進士篆刻之文論不適
時皆老生常談陳腐之説分於聖世處以散材
蘇長公表卷一　一

20279　蘇長公表啓五卷　（宋）蘇軾撰　（明）李贄等評　（明）錢櫝輯

明凌濛初刻朱墨套印本　遼寧省圖書館

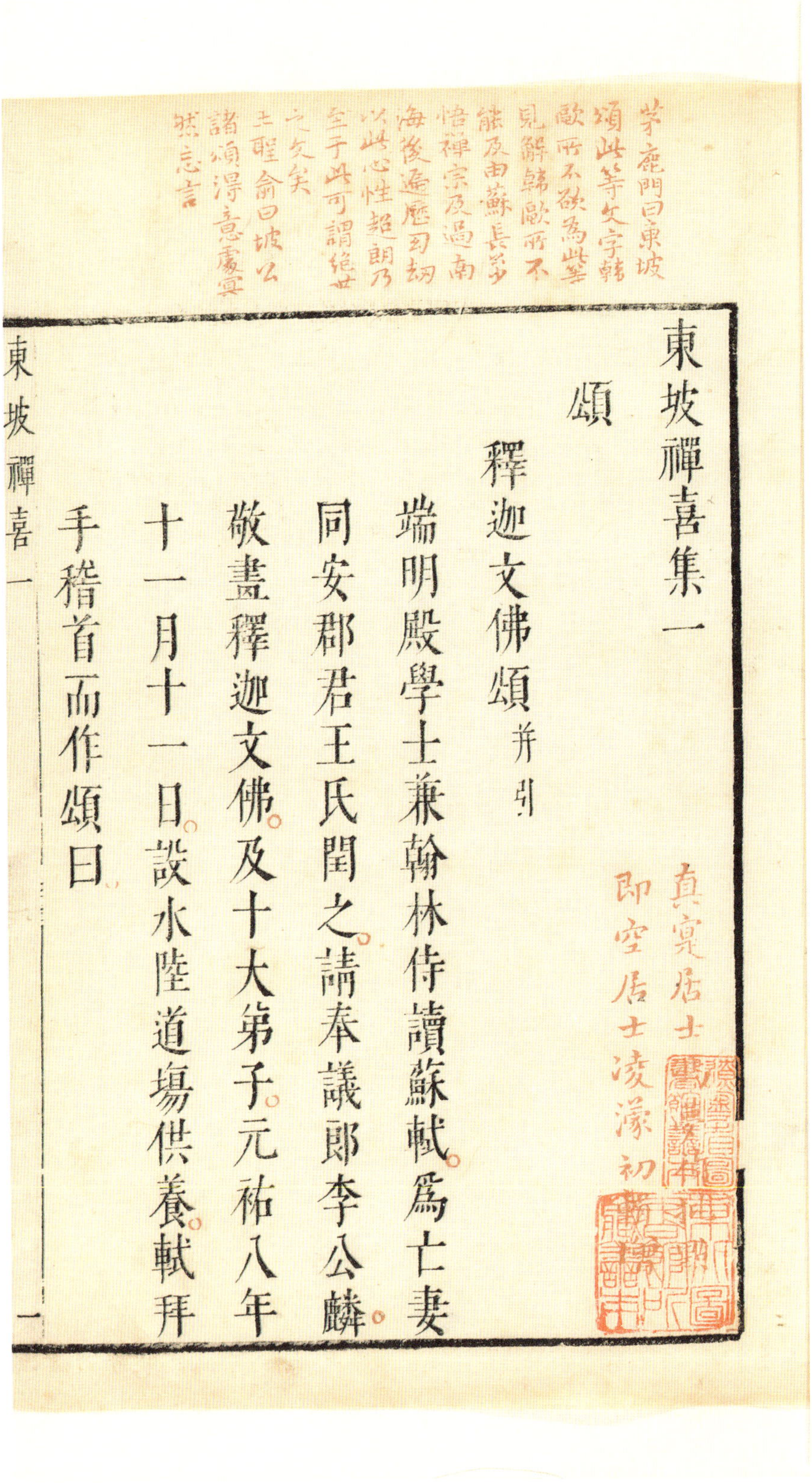
茅鹿門曰東坡頌此等文字韓歐所不欲爲然見解韓歐所不能及由蘇長公悟禪宗及過南海後遍歷幻劫以此心性超朗乃至于此可謂絕世之文矣
王聖俞曰坡公諸頌得意處實然忘言

東坡禪喜集一

真寔居士
即空居士凌濛初

頌

釋迦文佛頌并引

端明殿學士兼翰林侍讀蘇軾。爲亡妻同安郡君王氏閏之。請奉議郎李公麟。敬畫釋迦文佛。及十大弟子。元祐八年十一月十一日。設水陸道場供養。軾拜手稽首而作頌曰。

東坡禪喜　一　一

20280　東坡禪喜集十四卷　（宋）蘇軾撰　（明）馮夢禎批點　（明）凌濛初輯　明天啓元年（1621）凌濛初刻朱墨套印本　遼寧省圖書館

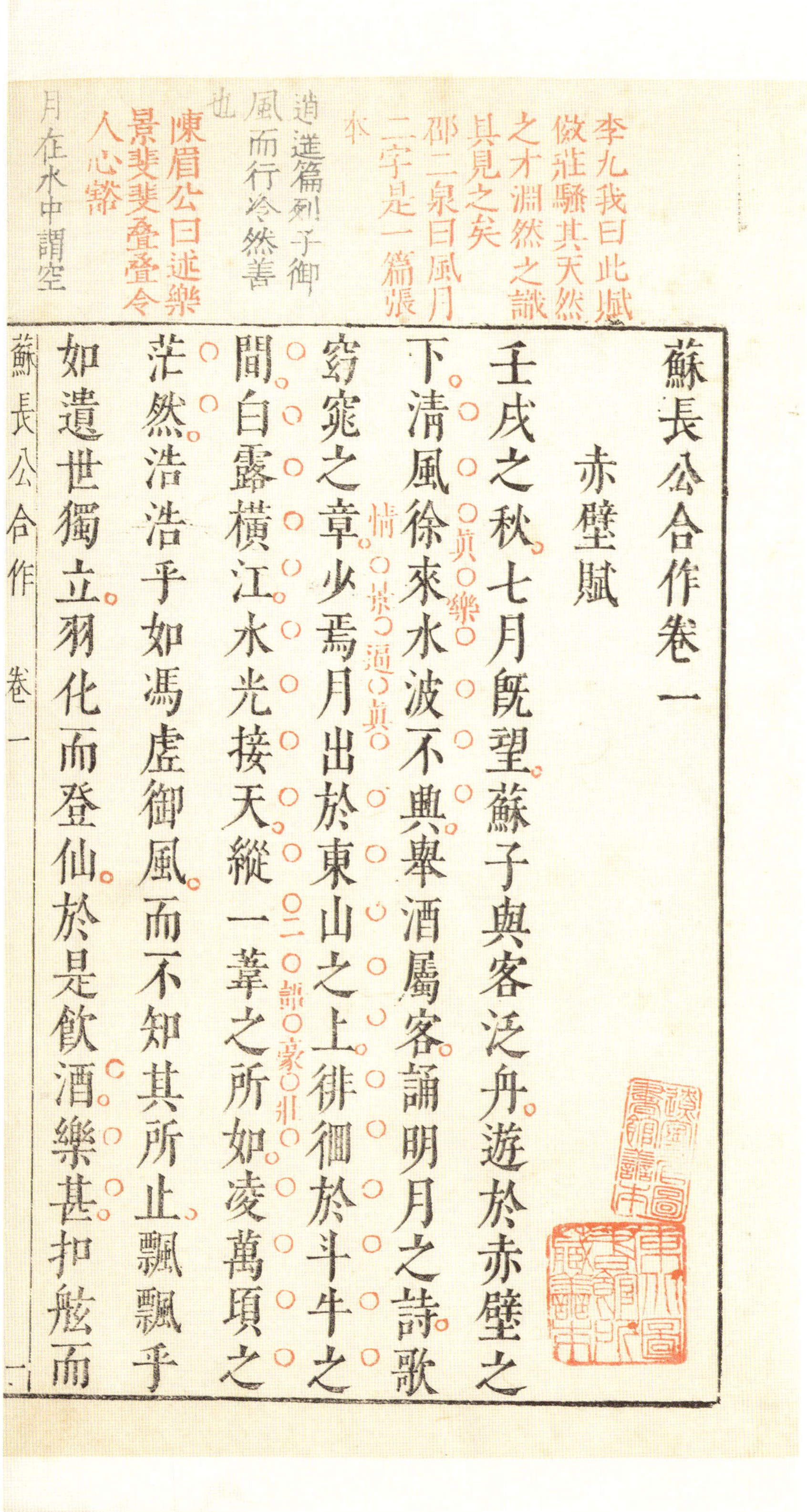
李九我曰此賦做莊騷其天然之才淵然之識具見之矣
邵二泉曰風月二字是一篇張本
逍遥篇列子御風而行泠然善也
陳眉公曰逝樂景斐斐疊疊令人心豁
月在水中謂空

蘇長公合作卷一
赤壁賦
壬戌之秋七月既望蘇子與客泛舟遊於赤壁之
下清風徐來水波不興舉酒屬客誦明月之詩歌
窈窕之章少焉月出於東山之上徘徊於斗牛之
間白露横江水光接天縱一葦之所如凌萬頃之
茫然浩浩乎如馮虚御風而不知其所止飄飄乎
如遺世獨立羽化而登仙於是飲酒樂甚扣舷而

眞樂
情景逼眞
二語豪壯

蘇長公合作　卷一　一

20281　蘇長公合作八卷補二卷　（宋）蘇軾撰　（明）鄭圭輯　**附錄一卷**　明萬曆四十八年（1620）凌啓康刻三色套印本　遼寧省圖書館

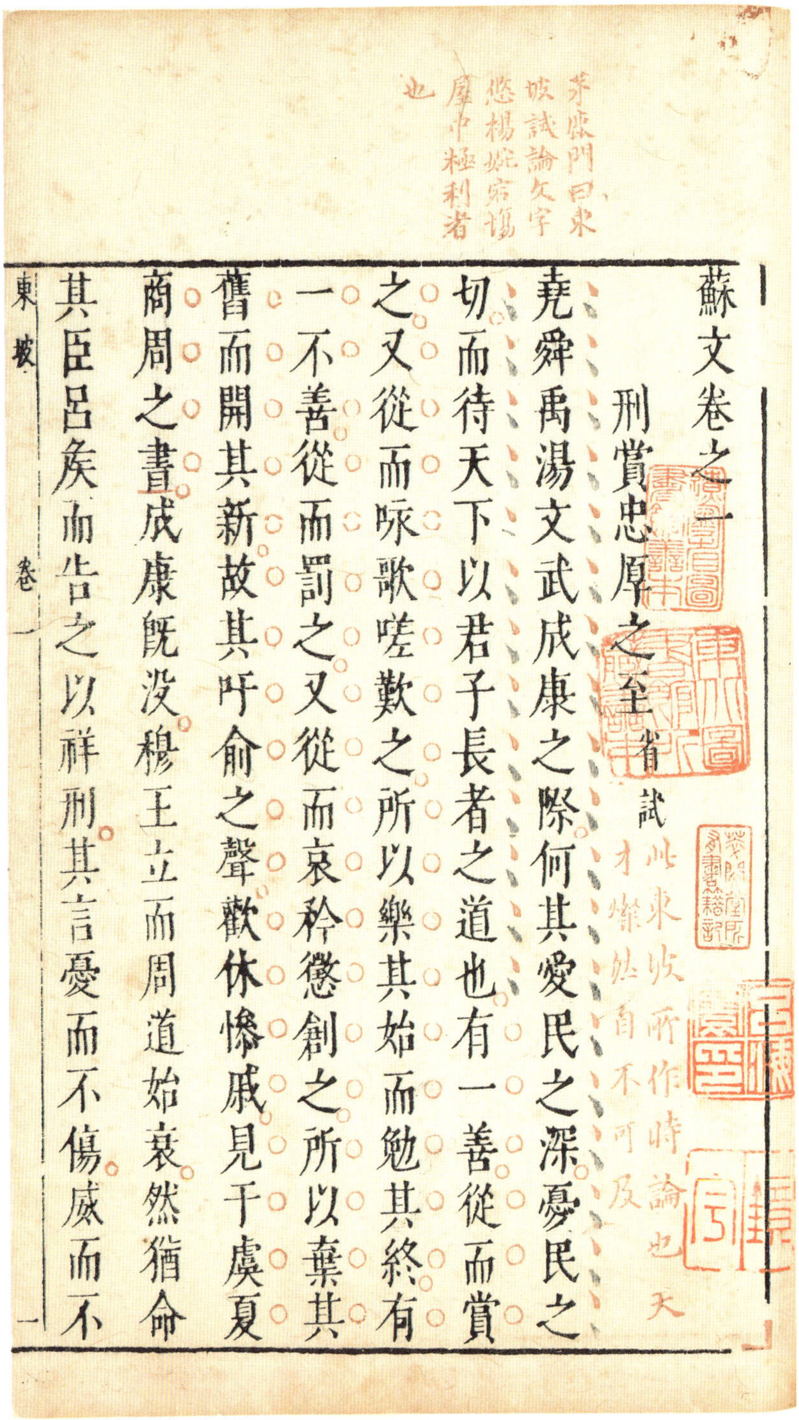
茅鹿門曰東坡試論文字悠揚婉宕鐫摩中極利者也
蘇文卷之一
刑賞忠厚之至 省試
此東坡所作時論也大才燦然自不可及
堯舜禹湯文武成康之際何其愛民之深憂民之
切而待天下以君子長者之道也有一善從而賞
之又從而咏歌嗟歎之所以樂其始而勉其終有
一不善從而罰之又從而哀矜懲創之所以棄其
舊而開其新故其吁俞之聲歡休慘戚見于虞夏
商周之書成康既沒穆王立而周道始衰然猶命
其臣呂侯而告之以祥刑其言憂而不傷威而不
東坡 卷一 一

20282　蘇文六卷　（宋）蘇軾撰　（明）茅坤等評　明閔爾容刻三色套印本

遼寧省圖書館

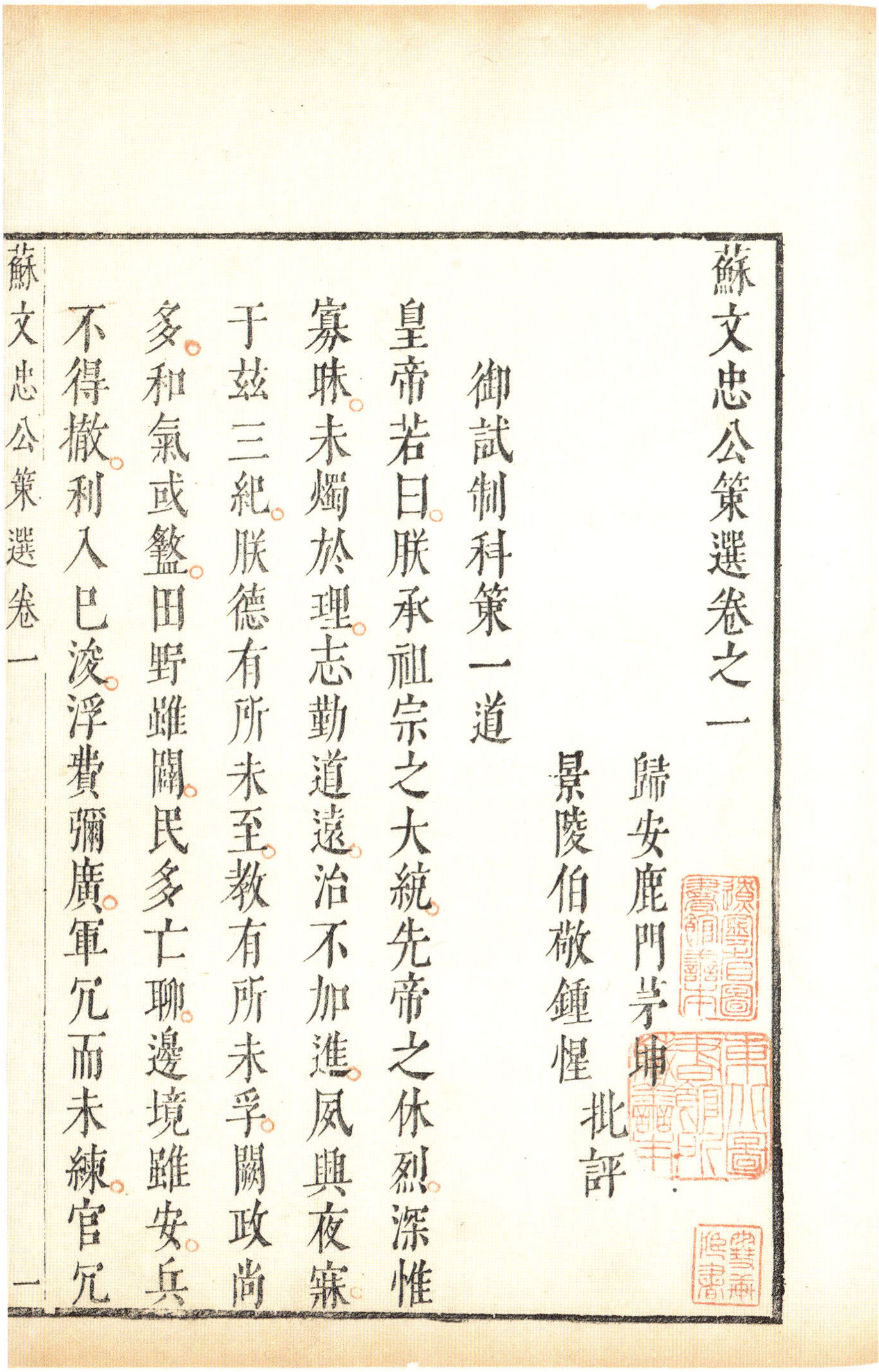
蘇文忠公策選卷之一
歸安鹿門茅坤　批評
景陵伯敬鍾惺
御試制科策一道
皇帝若曰朕承祖宗之大統先帝之休烈深惟
寡昧未燭於理志勤道遠治不加進夙興夜寐
于茲三紀朕德有所未至教有所未孚闕政尚
多和氣或盭田野雖闢民多亡聊邊境雖安兵
不得撤利入已浚浮費彌廣軍冗而未練官冗
蘇文忠公策選卷一　一

20283　蘇文忠公策選十二卷　（宋）蘇軾撰　（明）茅坤　鍾惺評
明天啓元年（1621）刻三色套印本　遼寧省圖書館

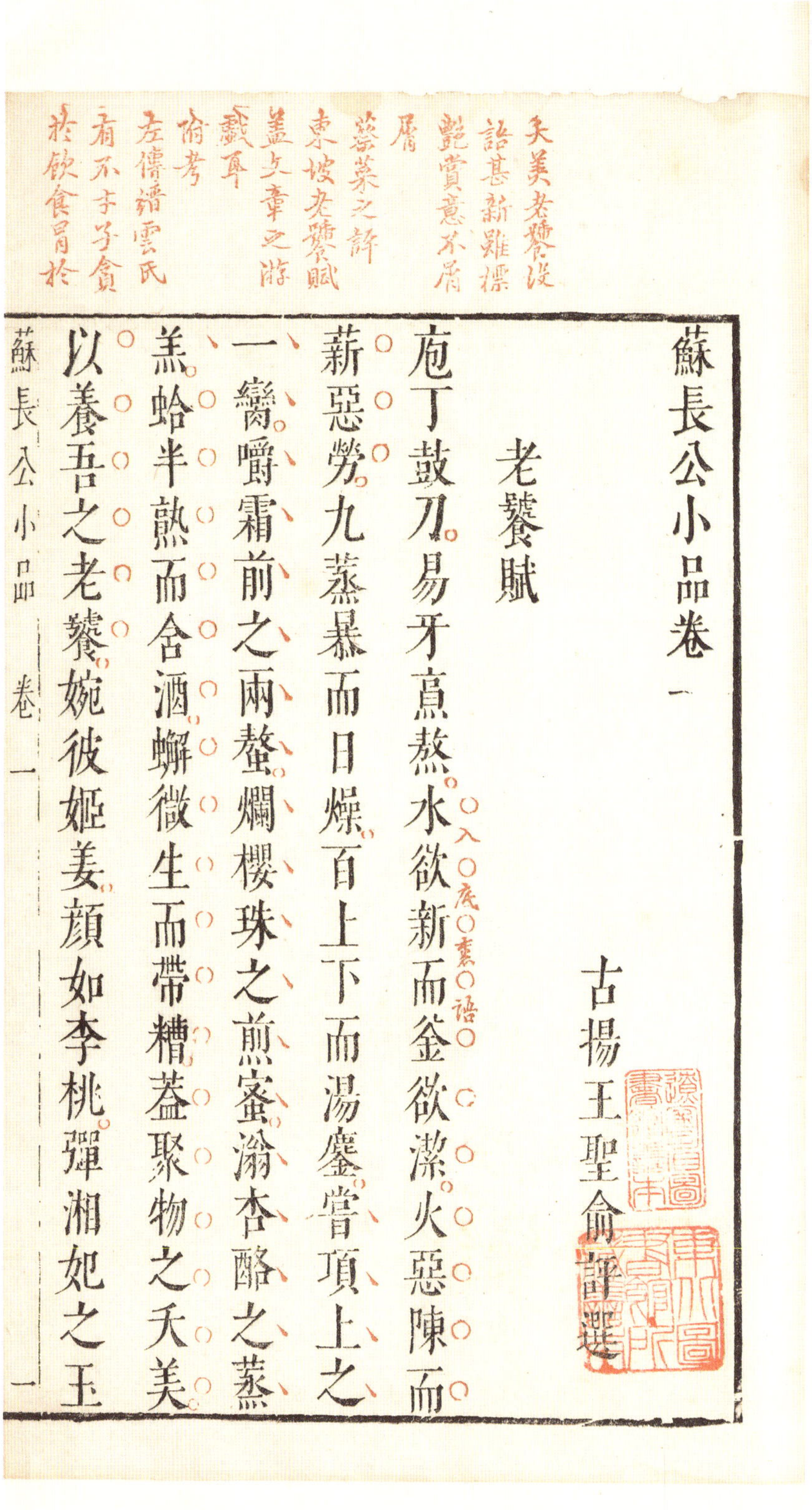
夭美老饕設語甚新雖標艷賞意不屑層
蔡葉之評東坡老饕賦蓋文章之游戲耳
俞考左傳縉雲氏有不才子貪於飲食冒於

蘇長公小品卷一

老饕賦

古揚王聖俞評選

庖丁鼓刀易牙烹熬水欲新而釜欲潔火惡陳而薪惡勞九蒸暴而日燥百上下而湯鏖嘗項上之一臠嚼霜前之兩螯爛櫻珠之煎蜜滃杏酪之蒸羔蛤半熟而含酒蟹微生而帶糟蓋聚物之夭美以養吾之老饕婉彼姬姜顏如李桃彈湘妃之玉

入庶羹語

蘇長公小品 卷一 一

20284　蘇長公小品四卷　（宋）蘇軾撰　（明）王納諫輯并評　明凌啓康刻朱墨套印本　遼寧省圖書館

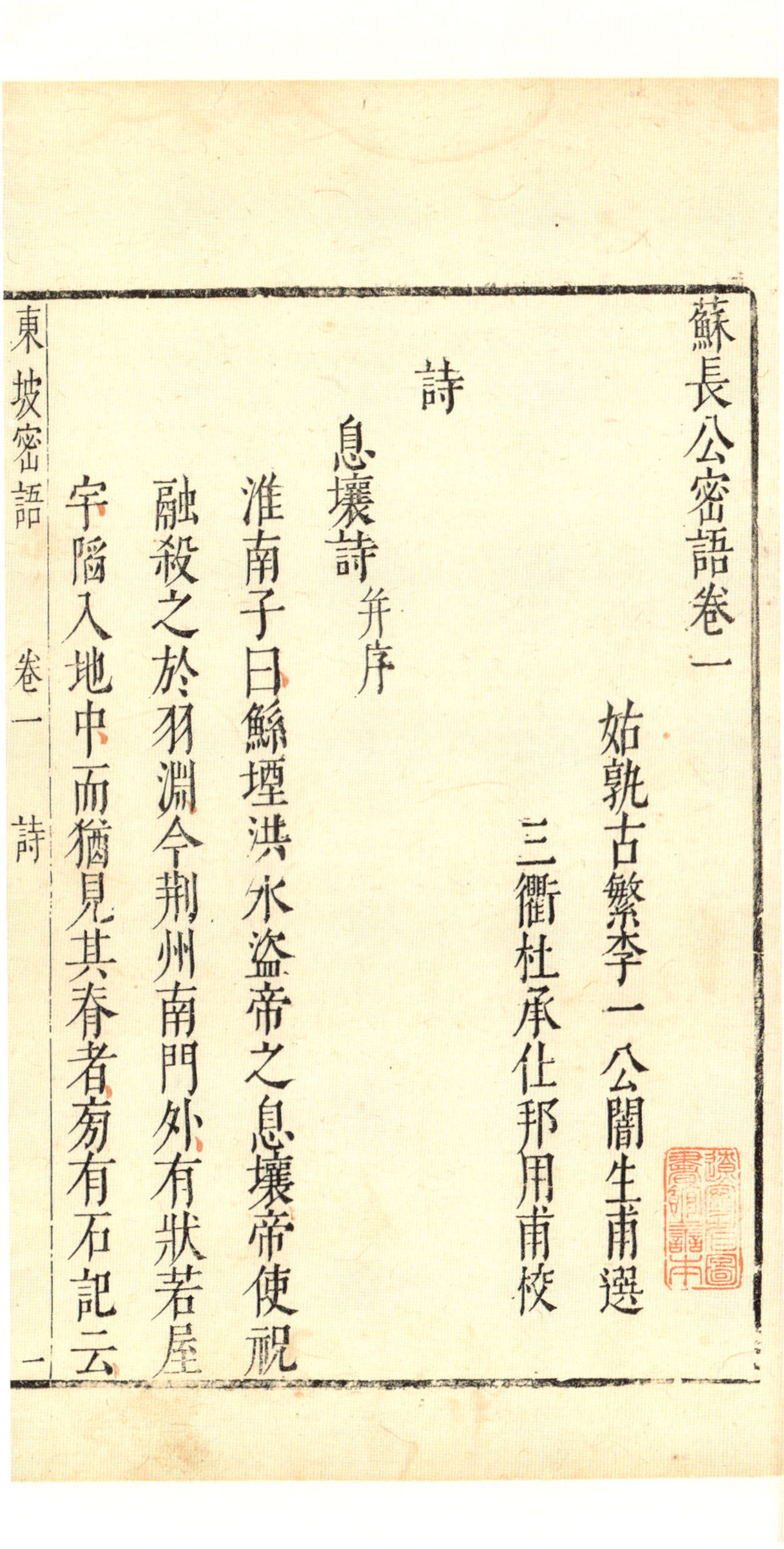
蘇長公密語卷一

姑孰古繁李一公闇生甫選

三衢杜承仕邦用甫校

詩

息壤詩并序

淮南子曰鯀堙洪水盜帝之息壤帝使祝融殺之於羽淵今荆州南門外有狀若屋宇陷入地中而猶見其脊者旁有石記云

東坡密語 卷一 詩 一

20285 蘇長公密語十六卷 （宋）蘇軾撰 （明）李一公輯 **首一卷**

明天啓元年（1621）刻朱墨套印本 遼寧省圖書館

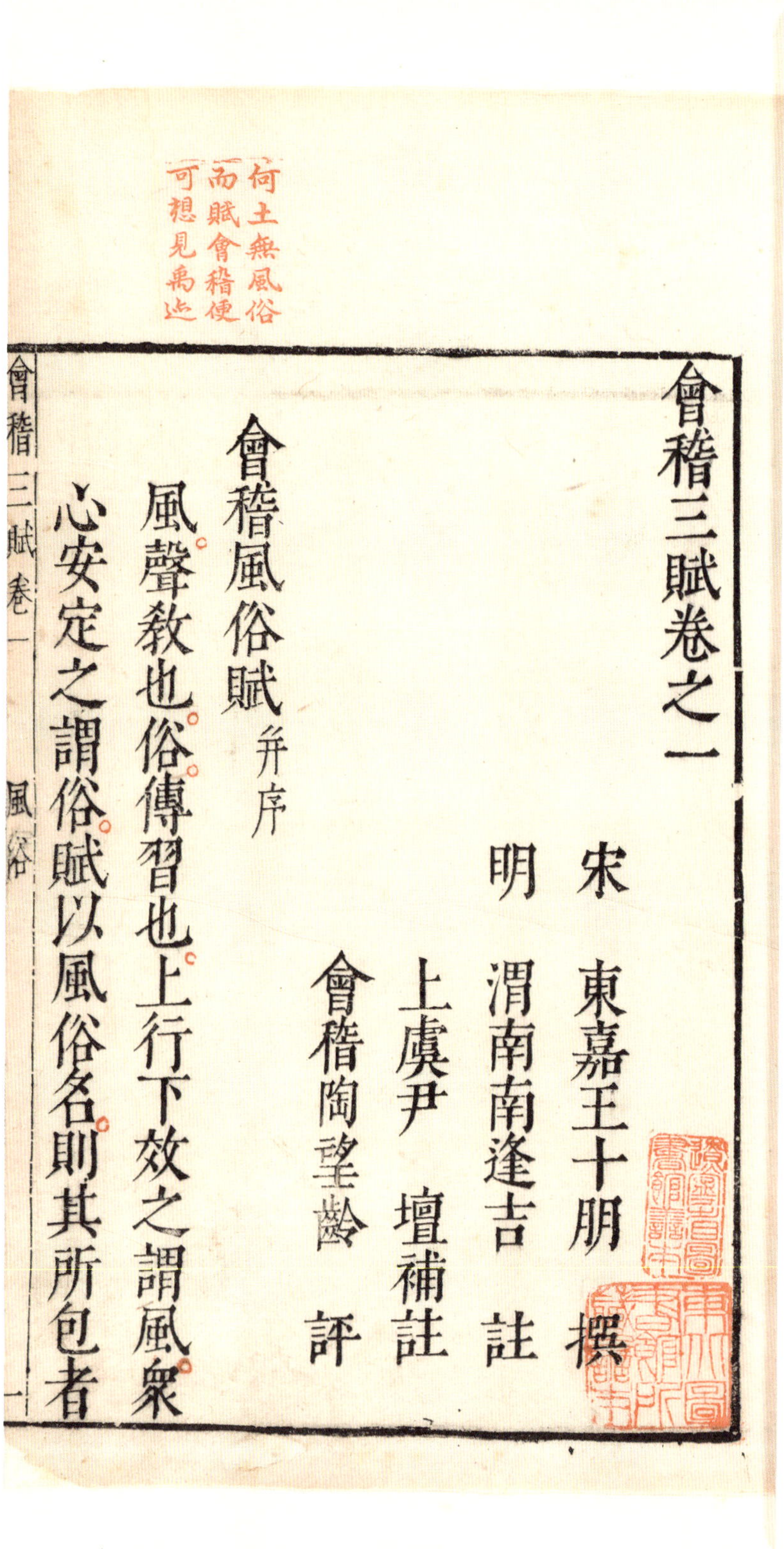
何土無風俗而賦會稽便可想見禹迹

會稽三賦卷之一

宋　東嘉王十朋　撰

明　渭南南逢吉　註

上虞尹　壇補註

會稽陶望齡　評

會稽風俗賦并序

風聲教也俗傳習也上行下效之謂風衆心安定之謂俗賦以風俗名則其所包者

會稽三賦卷一　風俗　一

20286　會稽三賦四卷　（宋）王十朋撰　（明）南逢吉注　（明）尹壇補注　（明）陶望齡評　明天啓元年（1621）凌弘憲刻朱墨套印本　遼寧省圖書館

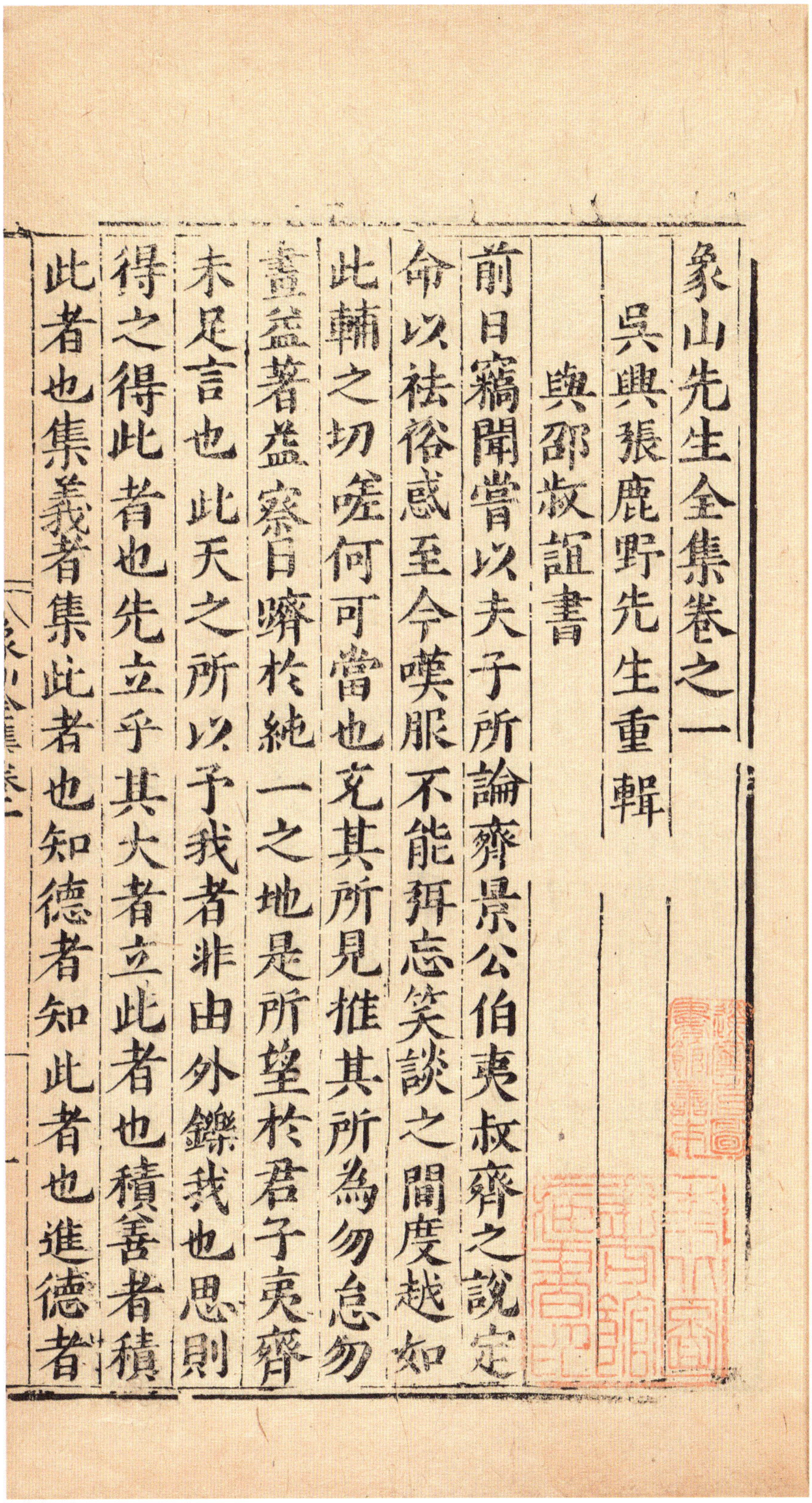

象山先生全集卷之一
吳興張鹿野先生重輯
與邵叔誼書
前日竊聞嘗以夫子所論齊景公伯夷叔齊之說定
命以祛俗惑至今嘆服不能弭忘笑談之間度越如
此輔之切磋何可當也充其所見推其所為勿怠勿
晝益著益察日躋於純一之地是所望於君子夷齊
未足言也此天之所以予我者非由外鑠我也思則
得之得此者也先立乎其大者立此者也積善者積
此者也集義者集此者也知德者知此者也進德者

20287　象山先生全集三十六卷（宋）陸九淵撰　**附梭山先生家制一卷**（宋）陸九韶撰　**附少湖徐先生學則辯一卷**（明）徐階撰　明嘉靖四十年（1561）何遷刻清順治十一年（1654）補刻本　遼寧省圖書館

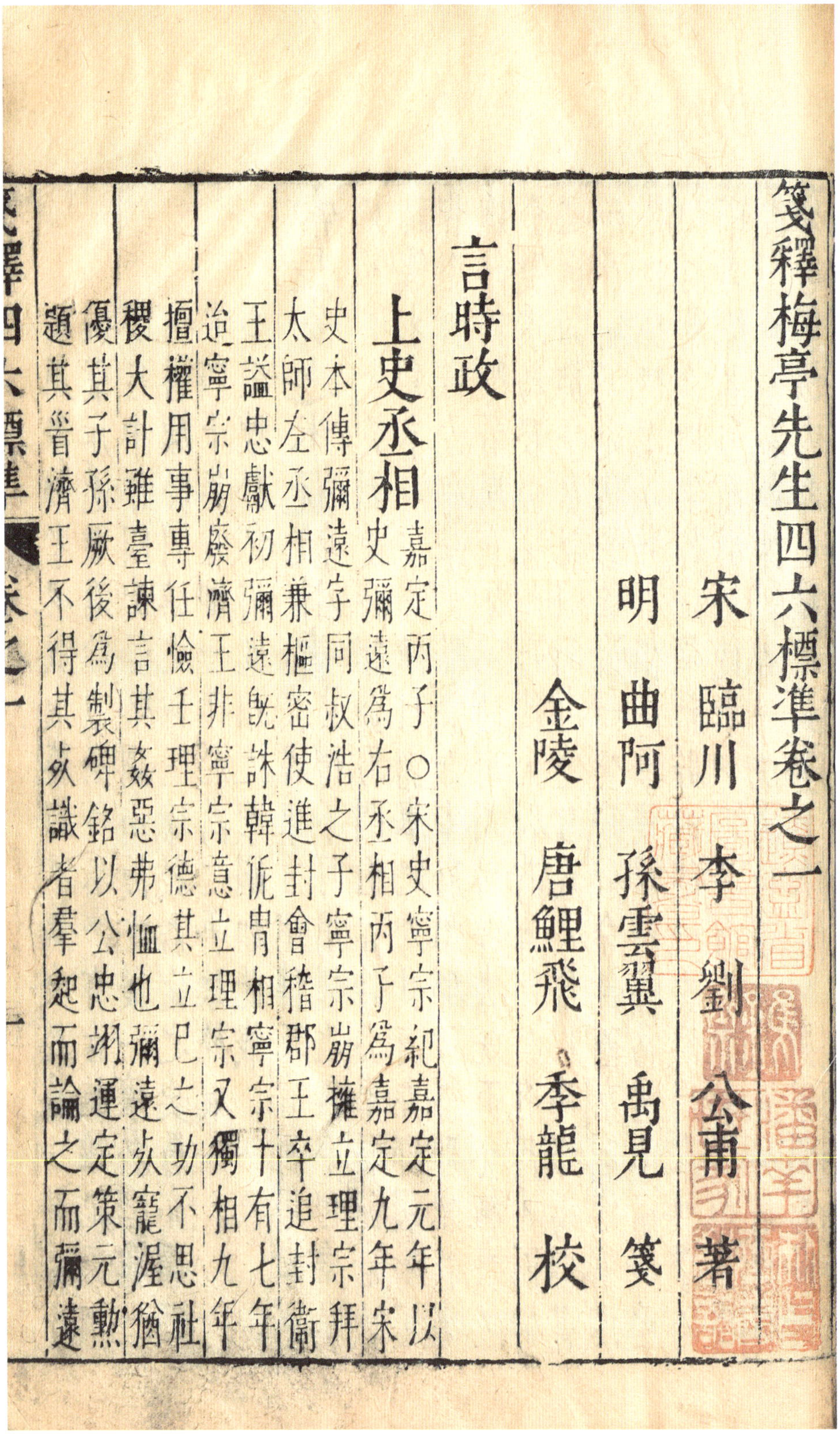
箋釋梅亭先生四六標準卷之一
宋　臨川　李　劉　公甫　著
明　曲阿　孫雲翼　禹見　箋
金陵　唐鯉飛　季龍　校
言時政
上史丞相　嘉定丙子○宋史寧宗紀嘉定元年以史彌遠爲右丞相丙子爲嘉定九年宋史本傳彌遠字同叔浩之子寧宗崩擁立理宗拜太師左丞相兼樞密使進封會稽郡王卒追封衛王謚忠獻初彌遠既誅韓侂冑相寧宗十有七年迨寧宗崩廢濟王非寧宗意立理宗又獨相九年擅權用事專任憸壬理宗德其立已之功不思社稷大計雖臺諫言其姦惡弗恤也彌遠死寵渥猶優其子孫厥後爲製碑銘以公忠翊運定策元勲題其首濟王不得其死識者羣起而論之而彌遠
箋釋四六標準　卷之一　一

20288　箋釋梅亭先生四六標準四十卷目錄一卷　（宋）李劉撰
（明）孫雲翼箋　明萬曆四十四年（1616）唐鯉飛刻本　遼寧省圖書館

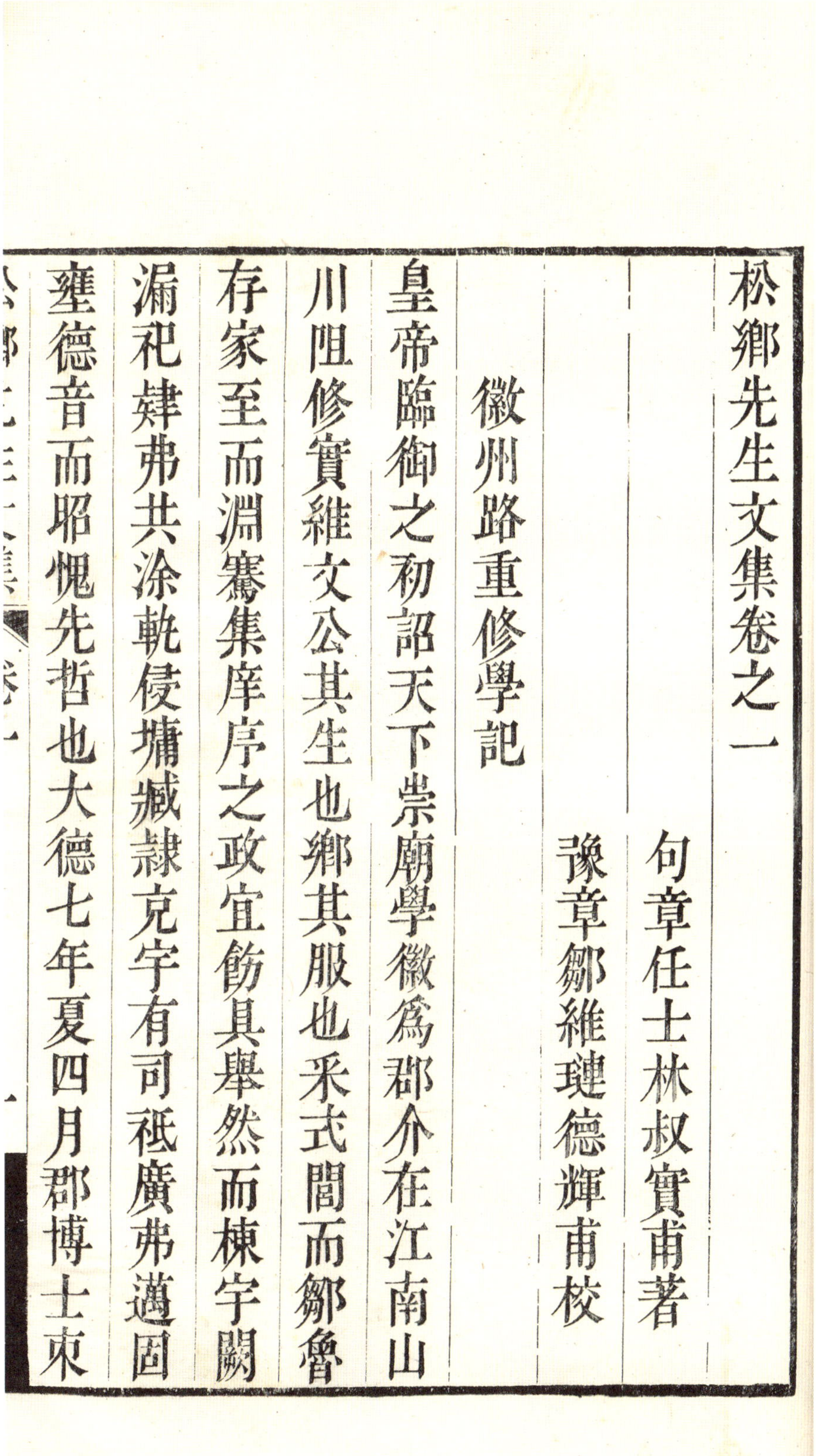

松鄉先生文集卷之一

句章任士林叔實甫著

豫章鄒維璉德輝甫校

徽州路重修學記

皇帝臨御之初詔天下崇廟學徽爲郡介在江南山川阻修實維文公其生也鄉其服也釆式閭而鄒魯存家至而淵騫集庠序之政宜飭具舉然而棟宇闕漏祀肆弗共涂軏侵墉臧隸克宇有司秖廣弗邁固壅德音而耶愧先哲也大德七年夏四月郡博士束

20289　松鄉先生文集十卷　（元）任士林撰　明泰昌元年（1620）刻本　大連圖書館

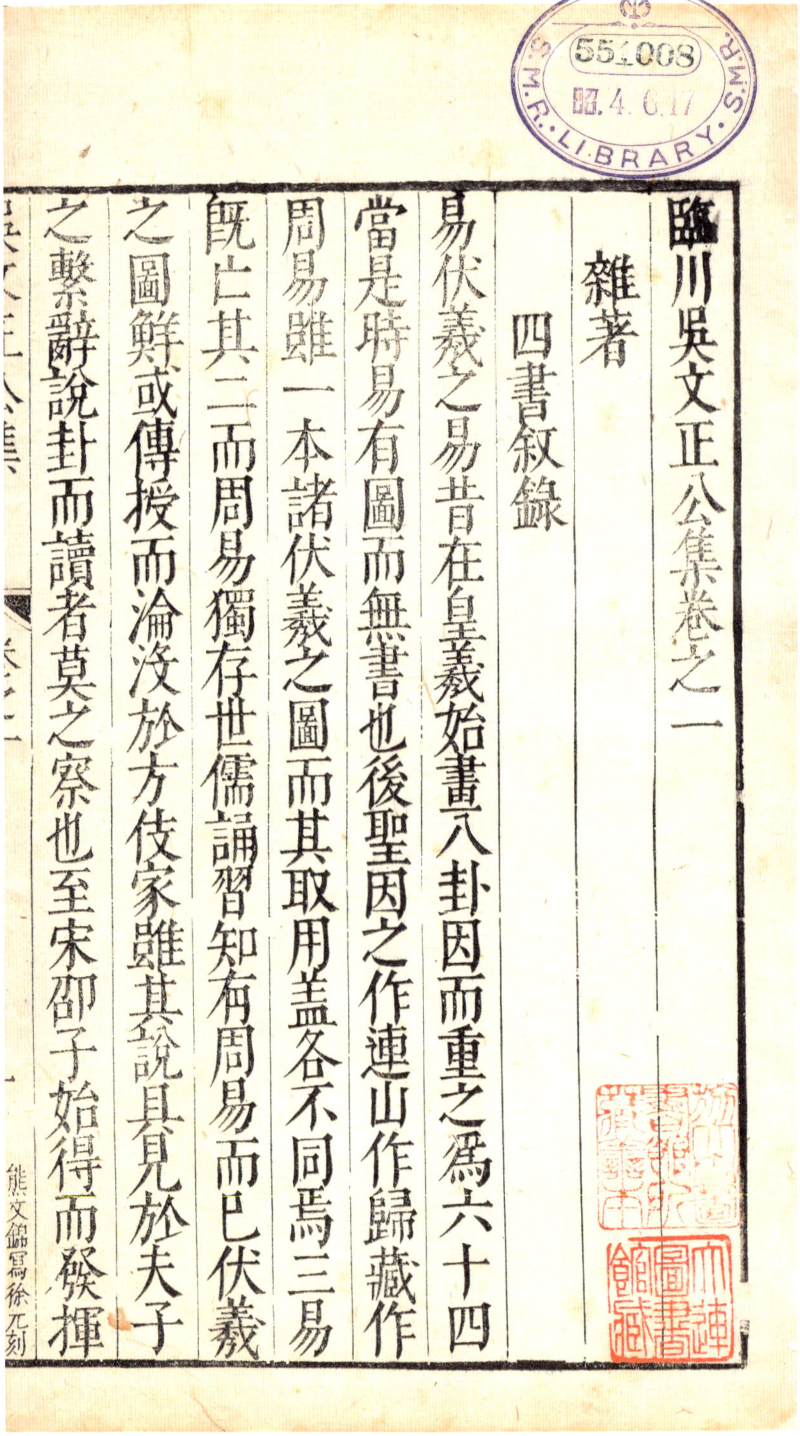
S.M.R. LIBRARY S.M.R.
551008
昭.4.6.17
臨川吳文正公集卷之一
雜著
四書叙錄
易伏羲之易昔在皇羲始畫八卦因而重之爲六十四
當是時易有圖而無書也後聖因之作連山作歸藏作
周易雖一本諸伏羲之圖而其取用蓋各不同焉三易
旣亡其二而周易獨存世儒誦習知有周易而已伏羲
之圖鮮或傳授而淪没於方伎家雖其說具見於夫子
之繫辭說卦而讀者莫之察也至宋邵子始得而發揮
熊文錦寫徐元刻
大連圖書館藏

20290　臨川吳文正公集四十九卷　（元）吳澄撰　明萬曆四十年（1612）刻本　大連圖書館

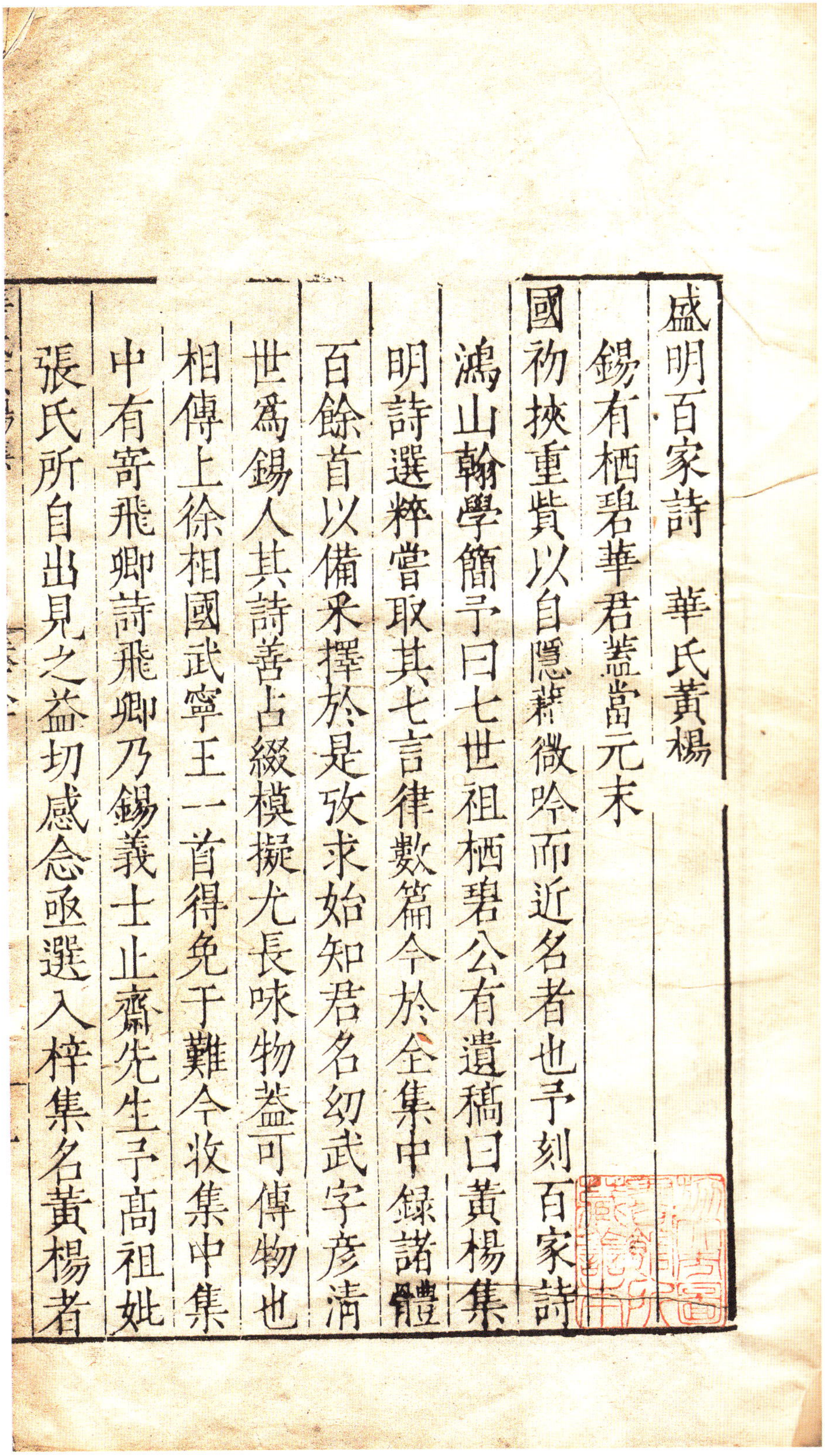
盛明百家詩　華氏黃楊
錫有栖碧華君蓋當元末
國初挾重貲以自隱蔣微吟而近名者也予刻百家詩
鴻山翰學簡予曰七世祖栖碧公有遺稿曰黃楊集
明詩選粹嘗取其七言律數篇今於全集中録諸體
百餘首以備釆擇於是攷求始知君名幼武字彥清
世爲錫人其詩善占綴模擬尤長味物蓋可傳物也
相傳上徐相國武寧王一首得免于難今收集中集
中有寄飛卿詩飛卿乃錫義士止齋先生予高祖妣
張氏所自出見之益切感念亟選入梓集名黃楊者

20291　華氏黃楊集不分卷　（明）華幼武撰　明隆慶二年（1568）刻盛名百家詩本　大連圖書館

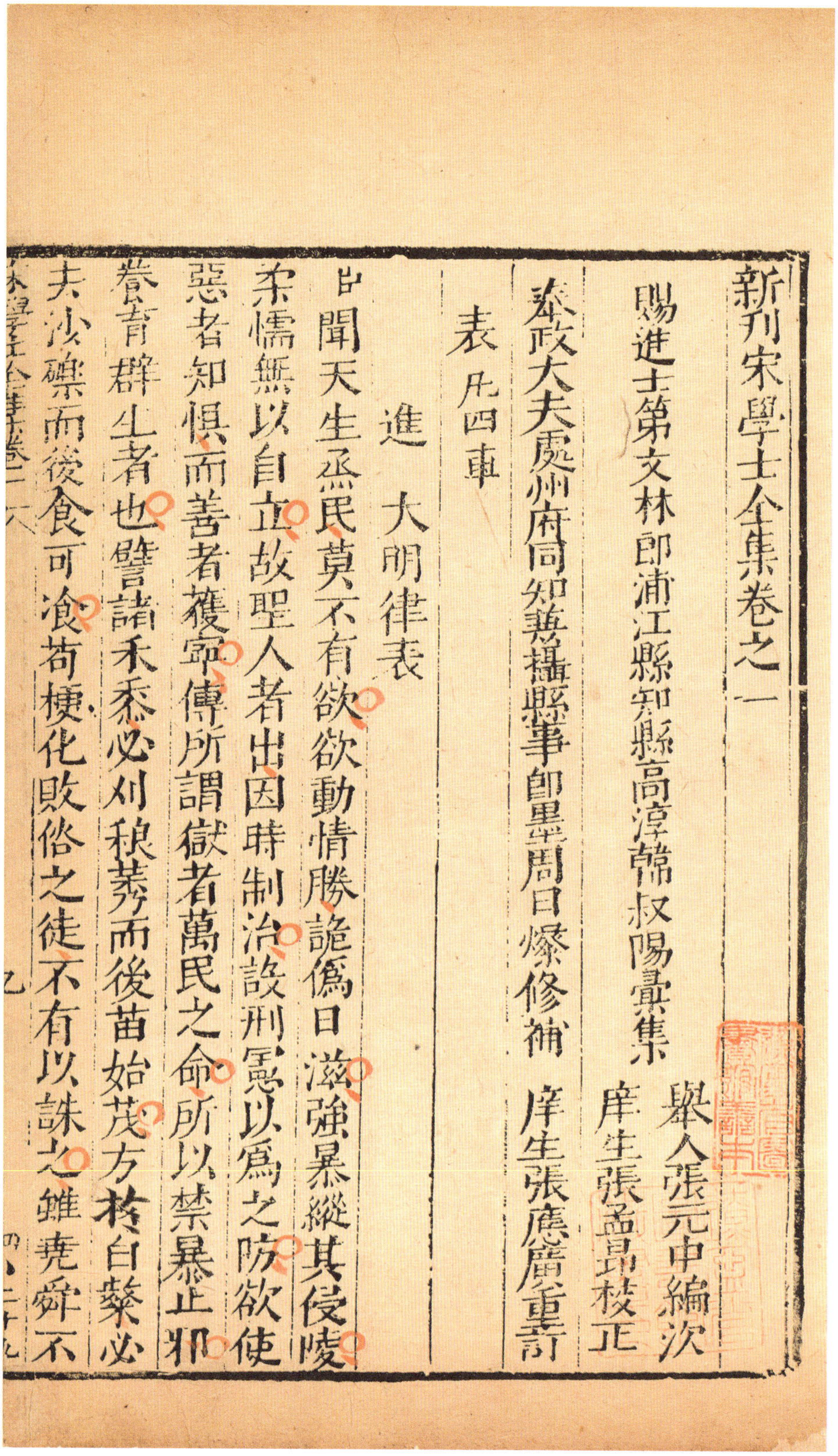
新刊宋學士全集卷之一
賜進士第文林郎浦江縣知縣高淳韓叔陽彙集　舉人張元中編次
庠生張孟昂校正
奉政大夫處州府同知蕪湖縣事即墨周日燦修補　庠生張應鷹重訂
表凡四車
進　大明律表
臣聞天生烝民莫不有欲欲動情勝詭僞日滋強暴縱其侵陵
柔懦無以自立故聖人者出因時制治設刑憲以爲之防欲使
惡者知懼而善者獲寧傳所謂獄者萬民之命所以禁暴止邪
養育群生者也譬諸禾黍必刈稂莠而後苗始茂方秫白粲必
去沙礫而後食可飡苟梗化敗俗之徒不有以誅之雖堯舜不

20292　新刊宋學士全集三十三卷（明）宋濂撰　明嘉靖三十年（1551）韓叔陽刻崇禎、清順治遞修本　遼寧省圖書館

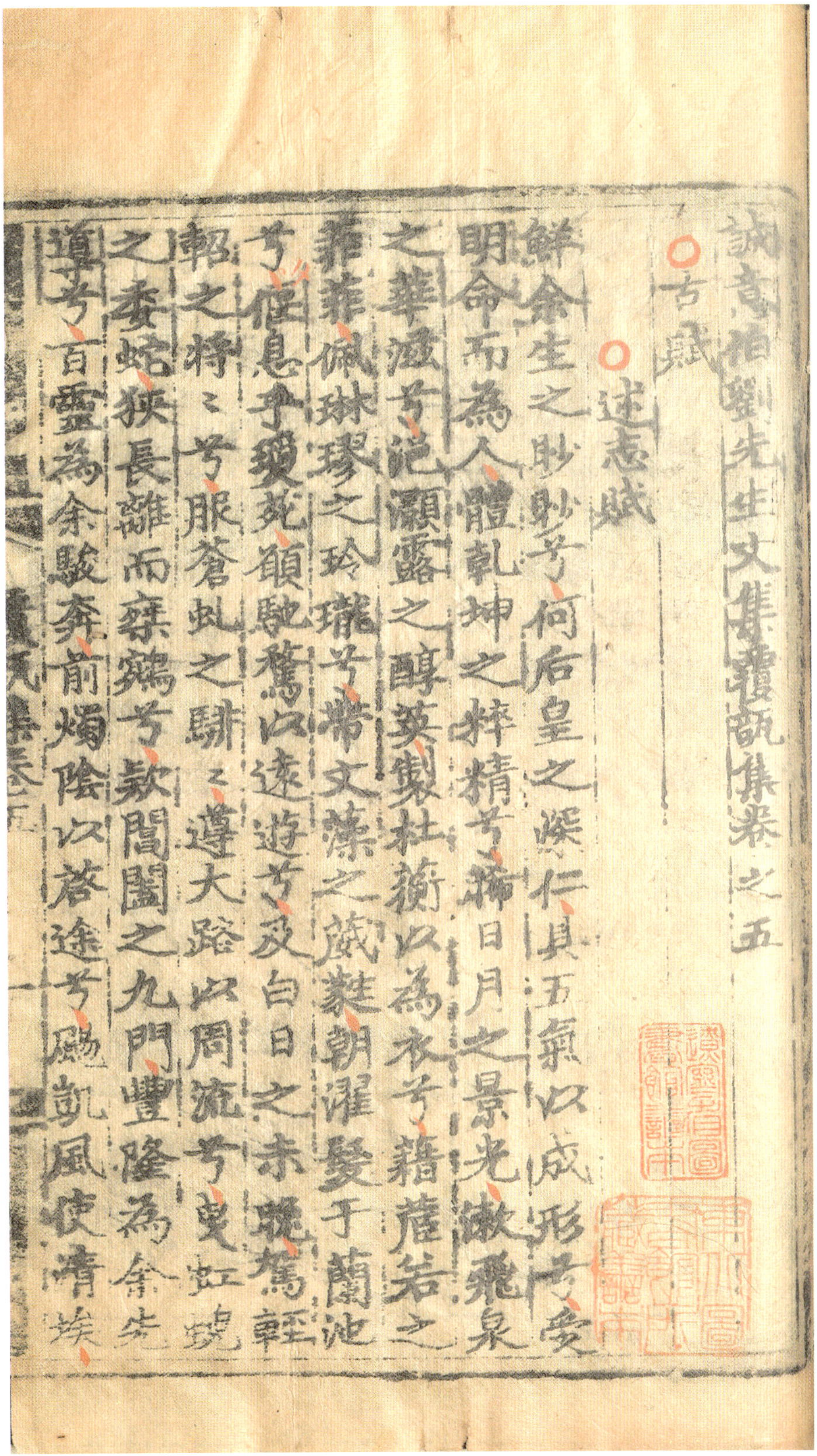
誠意伯劉先生文集覆瓿集卷之五
古賦
述志賦
鮮余生之眇眇兮何后皇之深仁具五氣以成形兮受
明命而為人體乾坤之粹精兮稟日月之景光漱飛泉
之華滋兮挹沆瀣之醇英製杜蘅以為衣兮籍蘼若之
菲菲佩琳璆之玲瓏兮帶文藻之葳蕤朝濯髮于蘭池
兮偃息乎瓊苑頓馳騖以遠遊兮及白日之未晚駕輕
軺之特特兮服蒼虬之騑騑遵大路以周流兮曳虹蜺
之委蛇挾長離而棄鵷兮款閶闔之九門豐隆為余先
道兮百靈為余驂奔前燭陰以啓途兮飈凱風使清埃

20293　誠意伯劉先生文集二十卷　（明）劉基撰　明成化六年（1470）

戴用、張僖刻本　遼寧省圖書館

存十六卷（五至二十）

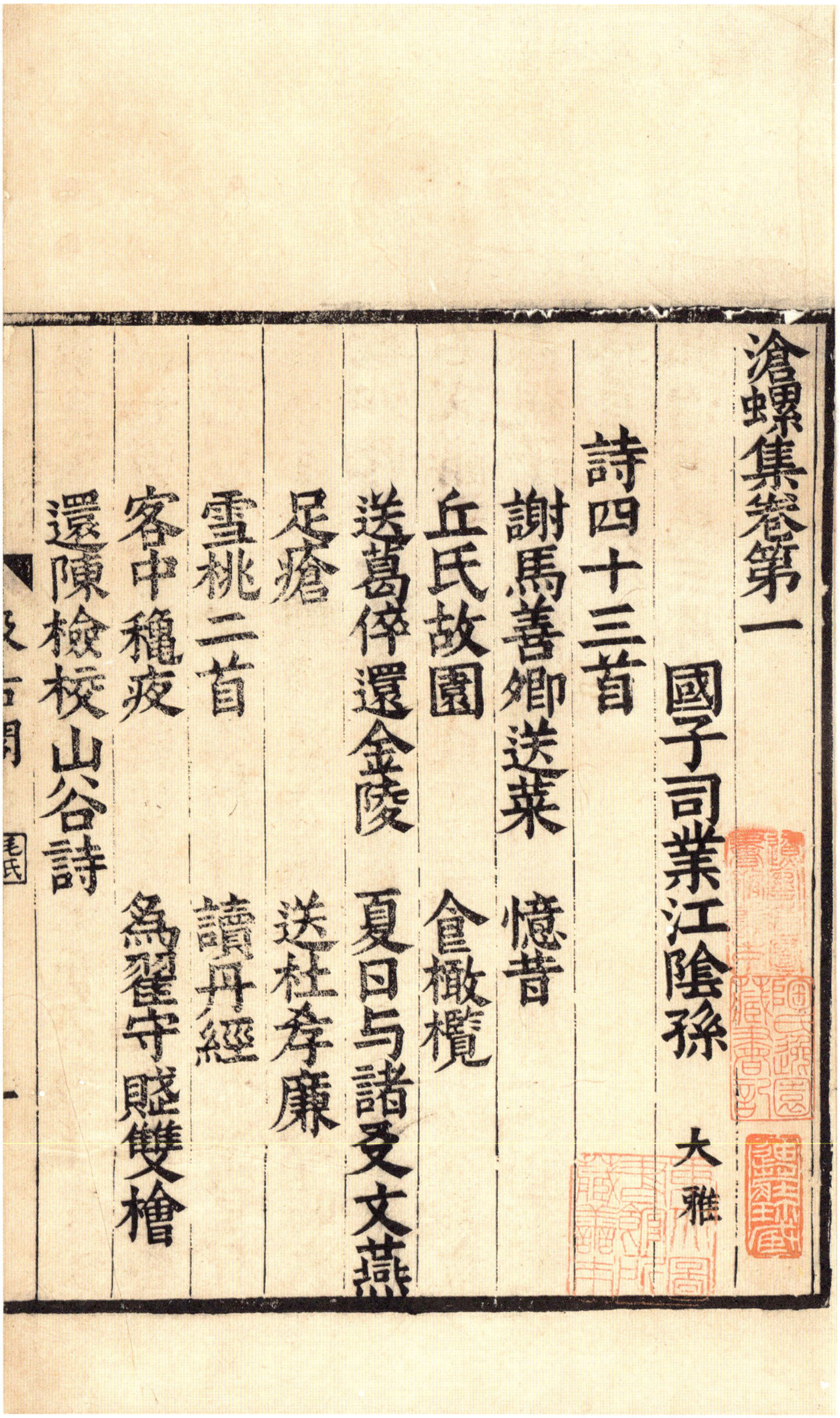
滄螺集卷第一
國子司業江陰孫 大雅
詩四十三首
謝馬善卿送菜 憶昔
丘氏故園 食橄欖
送葛倅還金陵 夏日与諸友文燕
足瘡 送杜存廉
雪桃二首 讀丹經
客中穐疫 為翟守賦雙檜
還陳檢校山谷詩

20294 滄螺集六卷 （明）孫作撰 明毛氏汲古閣刻本 遼寧省圖書館

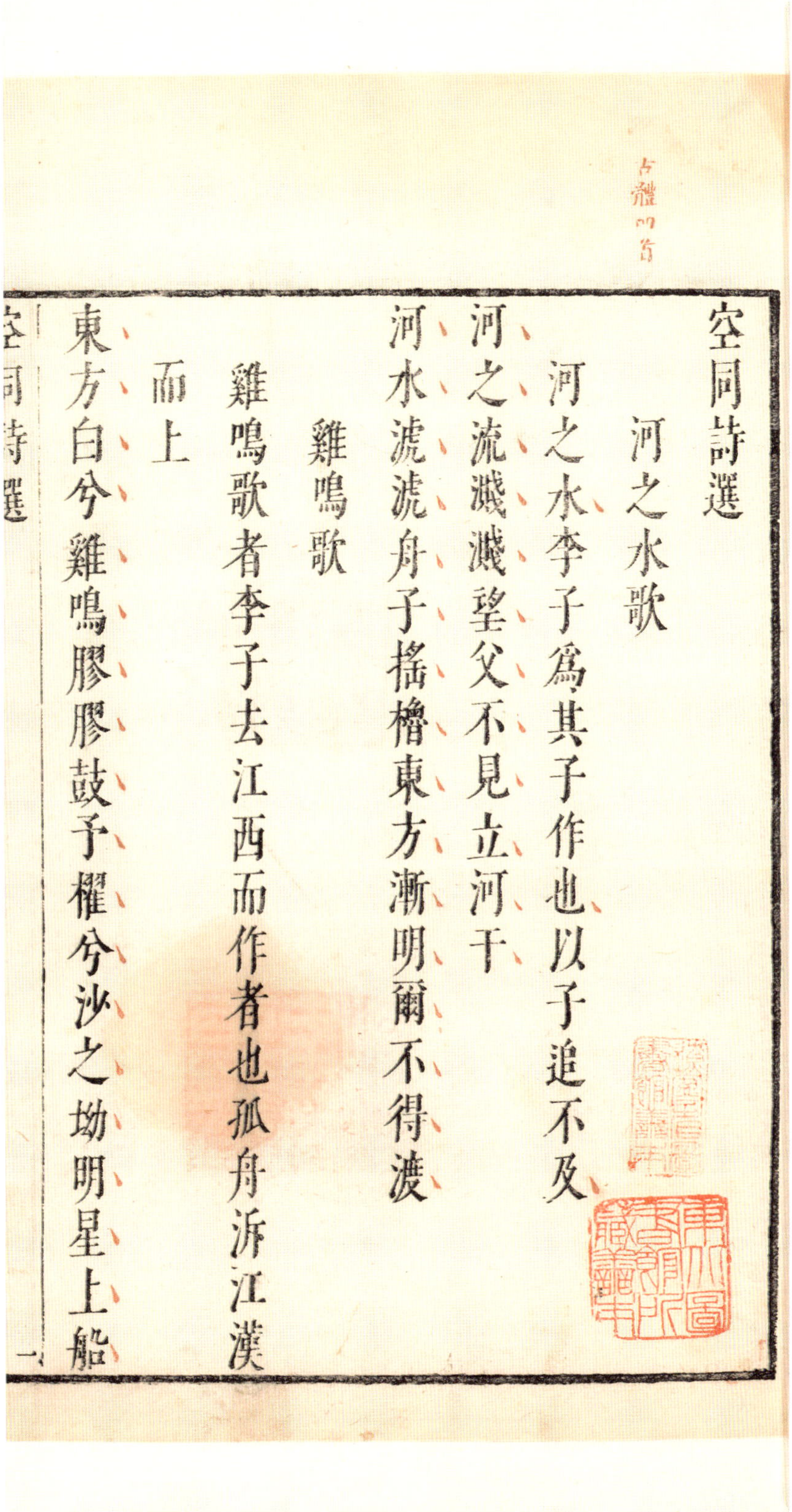

空同詩選

河之水歌

河之水李子爲其子作也以子追不及

河之流濊濊望父不見立河干

河水淲淲舟子搖櫓東方漸明爾不得渡

雞鳴歌

雞鳴歌者李子去江西而作者也孤舟泝江漢

而上

東方白兮雞鳴膠膠鼓予櫂兮沙之坳明星上船

空同詩選　一

20295　空同詩選一卷　（明）李夢陽撰　（明）楊慎評　明閔齊伋刻朱墨套印本　遼寧省圖書館

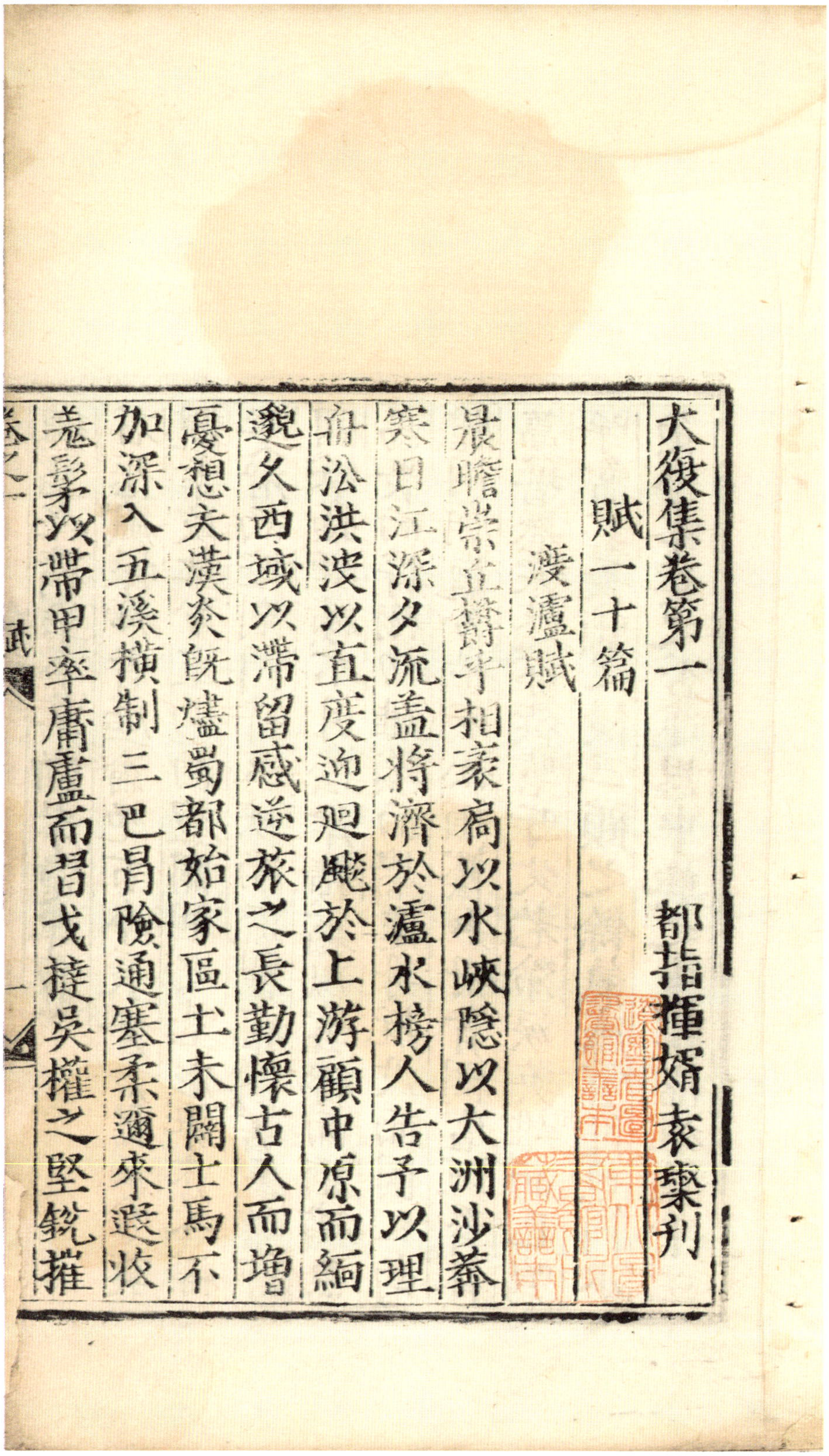

大復集卷第一　　都指揮婿袁褧刊

賦一十篇

渡瀘賦

晨瞻崇岦巋乎相袤高以水峽隘以大洲沙莽
寒日江深夕流盡將濟於瀘水榜人告予以理
舟沿洪波以直度迴廻飈於上游顧中原而緬
邈夂西域以滯留感逆旅之長勤懷古人而增
憂想夫漢炎既燼蜀都始家區土未闢士馬不
加深入五溪橫制三巴胃險通塞柔邇來遐收
羌髳以帶甲率肅盧而習戈鏦吳權之堅銳摧

卷之一　賦　一

20296　大復集三十七卷　（明）何景明撰　**附録一卷**　明嘉靖三十四年（1555）袁褧刻本　遼寧省圖書館

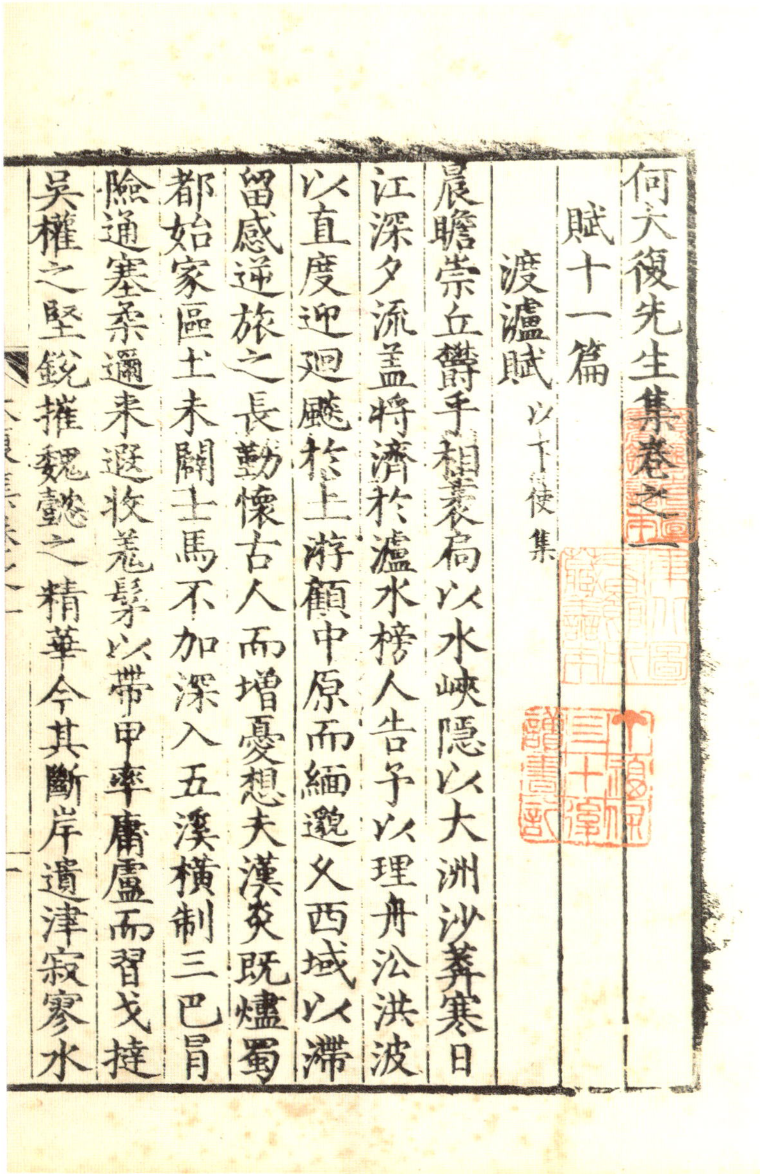

何大復先生集卷之一
賦十一篇
渡瀘賦 以下使集
晨瞻崇丘欝乎相袤侷以水峽隱以大洲沙莽寒日
江深夕流盖將濟於瀘水榜人告予以理舟沿洪波
以直度迎廻飈於上游顧中原而緬邈乂西域以滯
留感逆旅之長勤懐古人而增憂想夫漢炎既燼蜀
都始家區土未闢士馬不加深入五溪横制三巴冐
險通塞柔邇来遐收羗髳以帶甲率庸盧而習戈撻
吴權之堅鋭摧魏懿之精華今其斷岸遺津寂寥水

20297 何大復先生集三十八卷 （明）何景明撰 **附録一卷** 明刻本

遼寧省圖書館

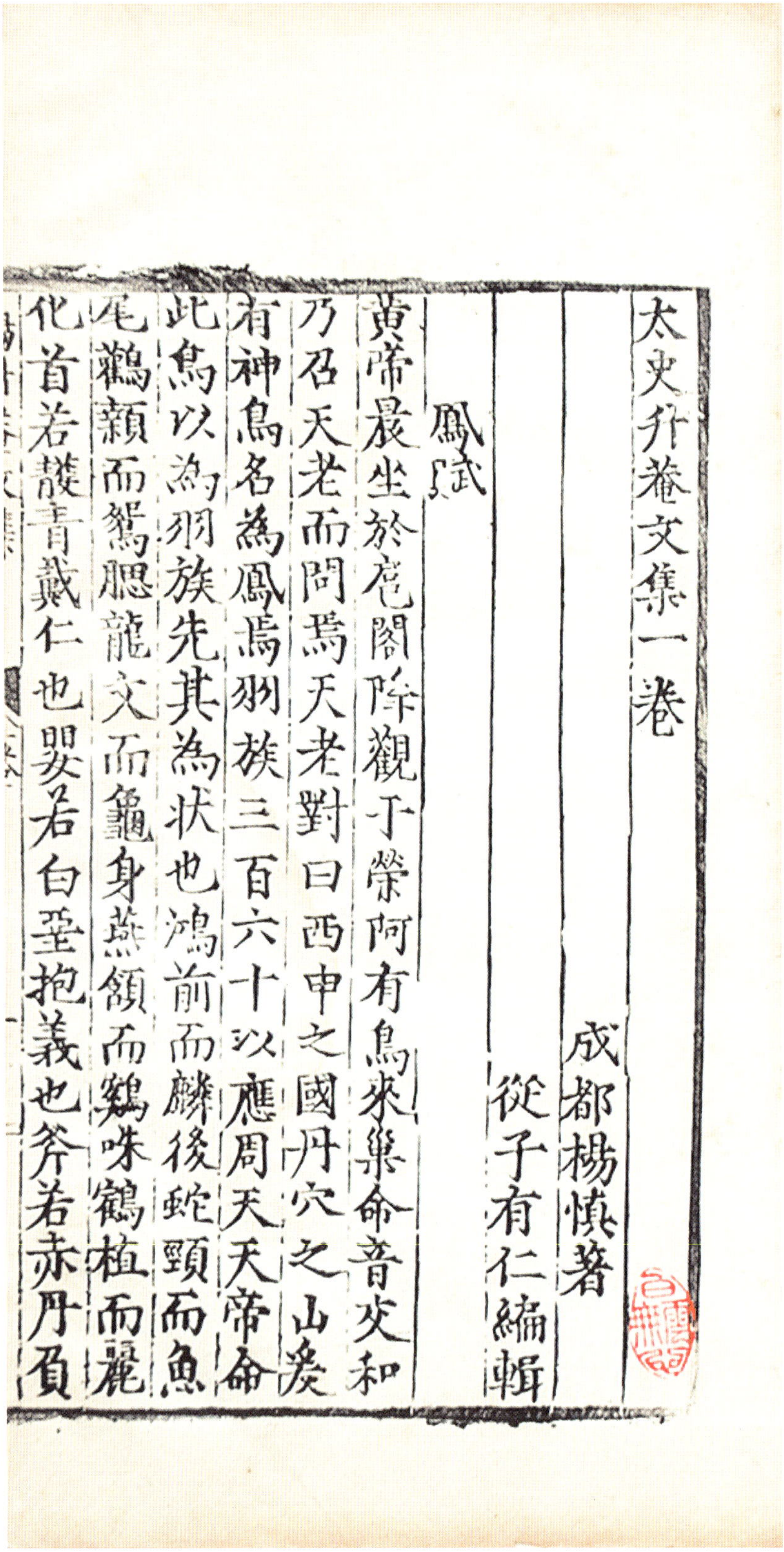
太史升菴文集一卷

成都楊慎著

從子有仁編輯

鳳賦

黃帝晨坐於扆閣降觀于榮阿有鳥來巢命音史和乃召天老而問焉天老對曰西申之國丹穴之山爰有神鳥名為鳳焉羽族三百六十以應周天天帝命此鳥以為羽族先其為狀也鴻前而麟後蛇頸而魚尾鸛顙而鴛腮龍文而龜身燕頷而鷄喙鶴植而麗化首若䕶青戴仁也嬰若白至抱義也脊若赤丹負

20298　太史升庵文集八十一卷（明）楊慎撰　明萬曆十年（1582）刻本（有補抄）　魯迅美術學院圖書館

存六十六卷（一至五十、六十六至八十一）

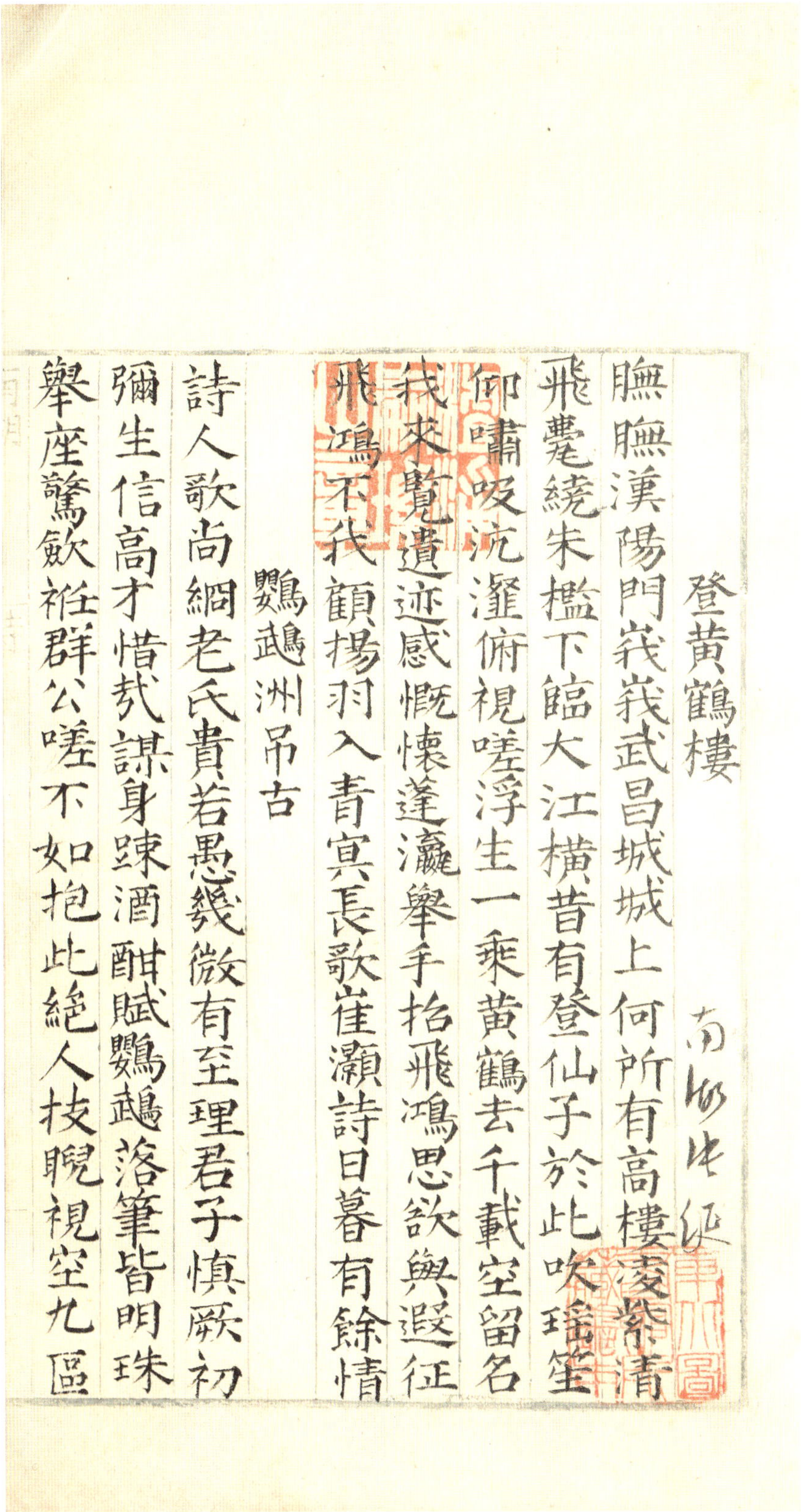

登黃鶴樓　南湖生綖

膴膴漢陽門峩峩武昌城城上何所有高樓淩紫清
飛甍繞朱檻下臨大江橫昔有登仙子於此吹瑤笙
仰嘯吸沆瀣俯視嗟浮生一乘黃鶴去千載空留名
我來覽遺迹感慨懷蓬瀛舉手揖飛鴻思欲與遐征
飛鴻不我顧揚羽入青冥長歌崔灝詩日暮有餘情

鸚鵡洲吊古

詩人歌尚絅老氏貴若愚幾微有至理君子慎厥初
彌生信高才惜哉謀身踈酒酣賦鸚鵡落筆皆明珠
舉座驚歛衽群公嗟不如抱此絶人技睨視空九區

20299　南湖詩一卷　（明）張綖撰　明抄本　遼寧省圖書館

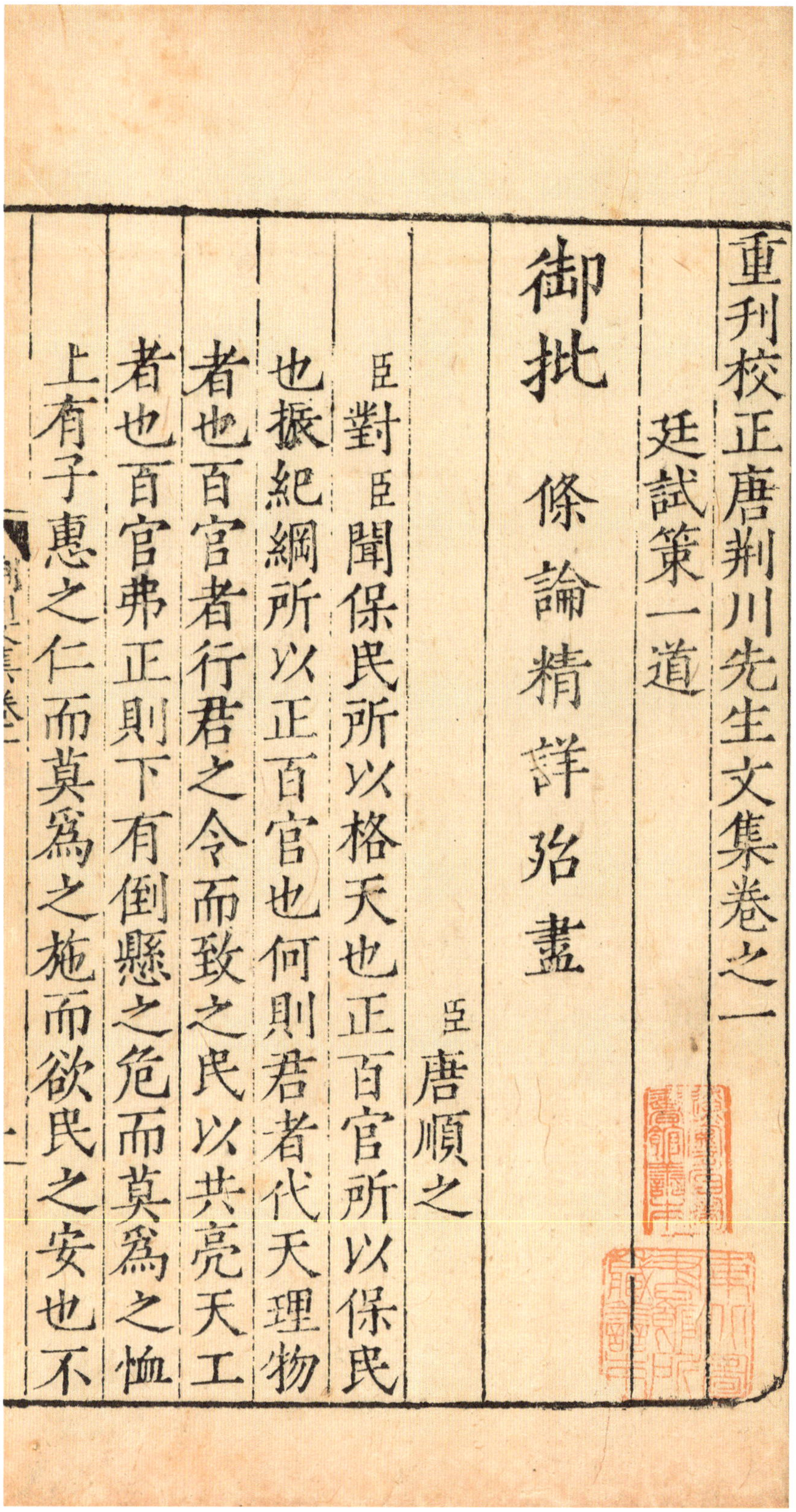
重刊校正唐荊川先生文集卷之一
廷試策一道
御批 條論精詳殆盡
臣唐順之
臣對臣聞保民所以格天也正百官所以保民
也振紀綱所以正百官也何則君者代天理物
者也百官者行君之令而致之民以共亮天工
者也百官弗正則下有倒懸之危而莫爲之恤
上有子惠之仁而莫爲之施而欲民之安也不

20300　重刊校正唐荊川先生文集十二卷　（明）唐順之撰　明嘉靖三十二年（1553）葉氏寶山堂刻本　遼寧省圖書館

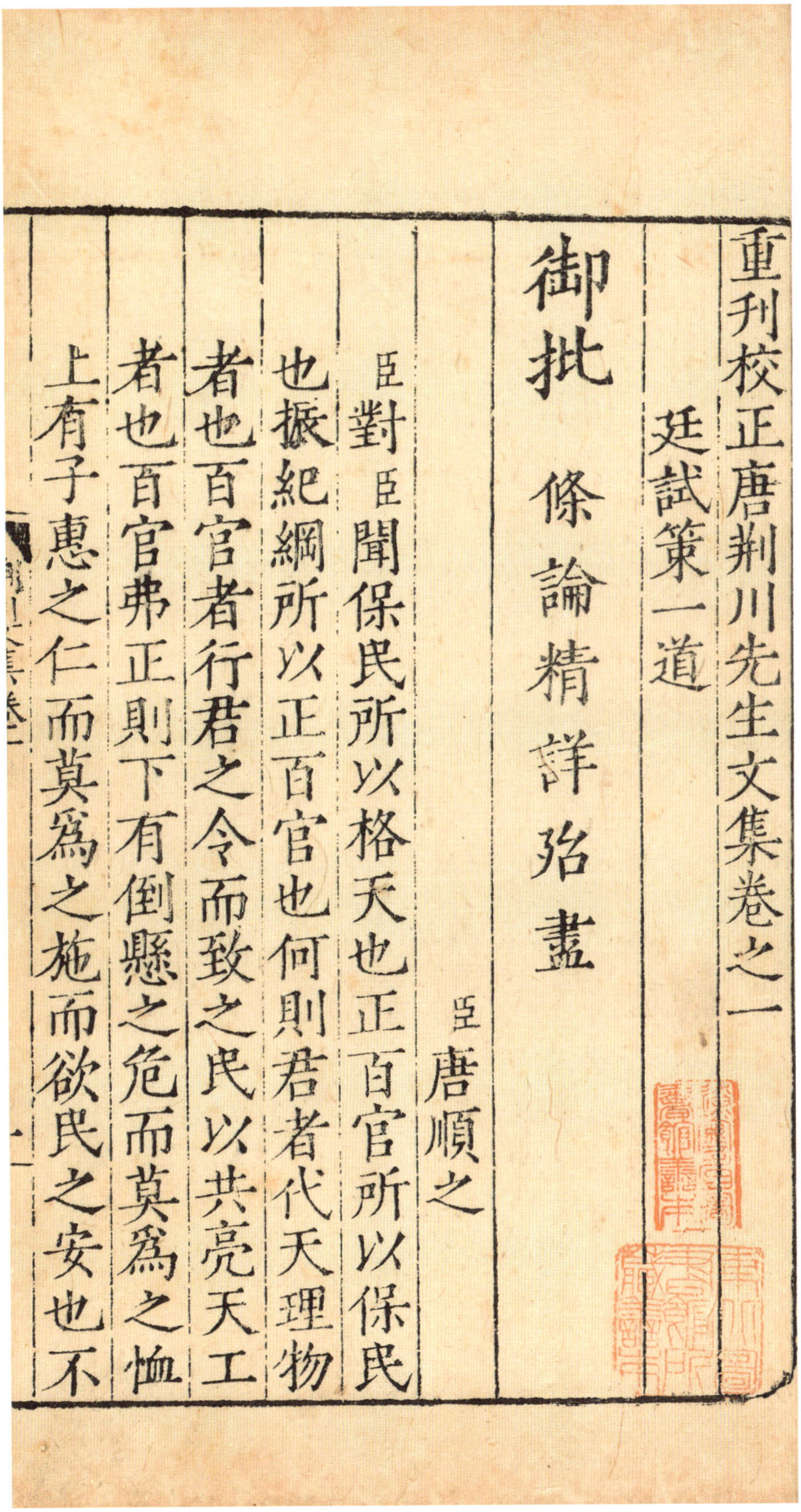
重刊校正唐荆川先生文集卷之一
廷試策一道
御批 條論精詳殆盡
臣唐順之
臣對臣聞保民所以格天也正百官所以保民
也振紀綱所以正百官也何則君者代天理物
者也百官者行君之令而致之民以共亮天工
者也百官弗正則下有倒懸之危而莫爲之恤
上有子惠之仁而莫爲之施而欲民之安也不

20301　重刊校正唐荆川先生文集十二卷　（明）唐順之撰　明嘉靖三十二年（1553）葉氏寶山堂刻本　遼寧省圖書館

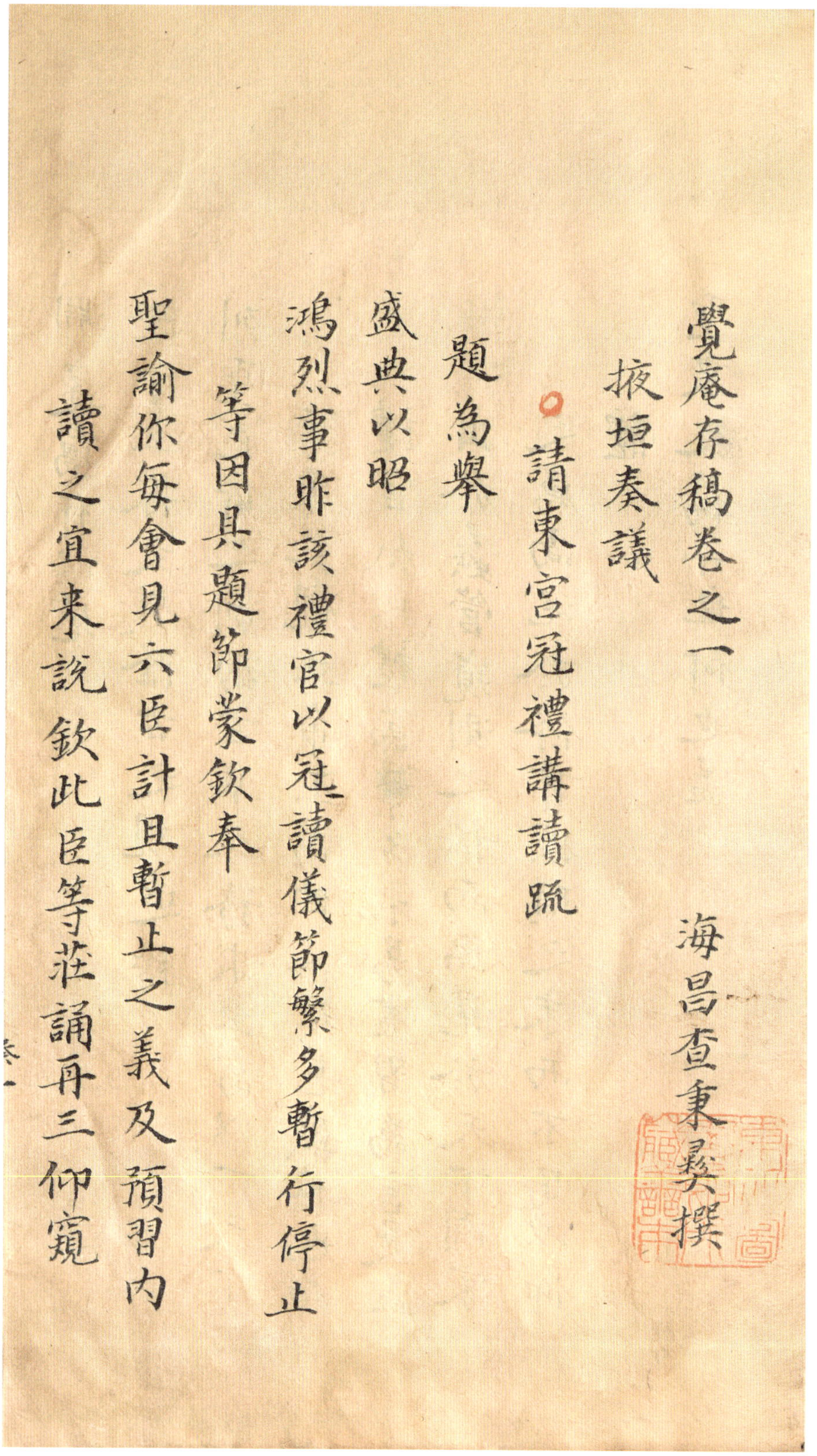
覺庵存稿卷之一
海昌查秉彝撰
掖垣奏議
請東宮冠禮講讀疏
題為舉
盛典以昭
鴻烈事昨該禮官以冠讀儀節繁多暫行停止
等因具題節蒙欽奉
聖諭你每會見六臣計且暫止之義及預習內
讀之宜來說欽此臣等莊誦再三仰窺

20302　覺庵存稿四卷　（明）查秉彝撰　明抄本　遼寧省圖書館

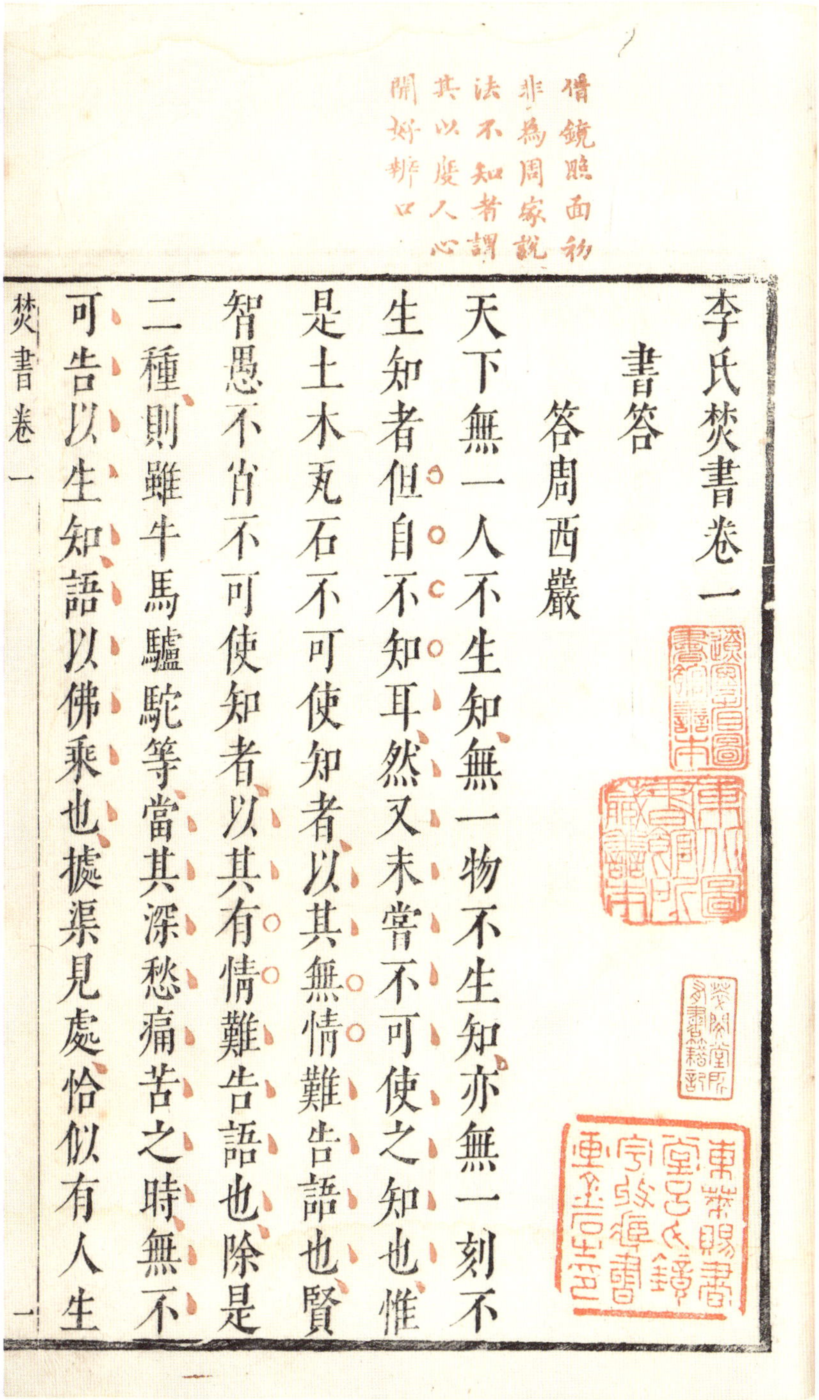
借鏡照面初非為周家說法不知者謂其以度人心開妍媸口

李氏焚書卷一
書答
答周西巖
天下無一人不生知無一物不生知亦無一刻不
生知者但自不知耳然又未嘗不可使之知也惟
是土木瓦石不可使知者以其無情難告語也賢
智愚不肖不可使知者以其有情難告語也除是
二種則雖牛馬驢駝等當其深愁痛苦之時無不
可告以生知語以佛乘也據渠見處恰似有人生

焚書卷一　　一

20303　李氏焚書六卷　（明）李贄撰　明刻朱墨套印本　遼寧省圖書館

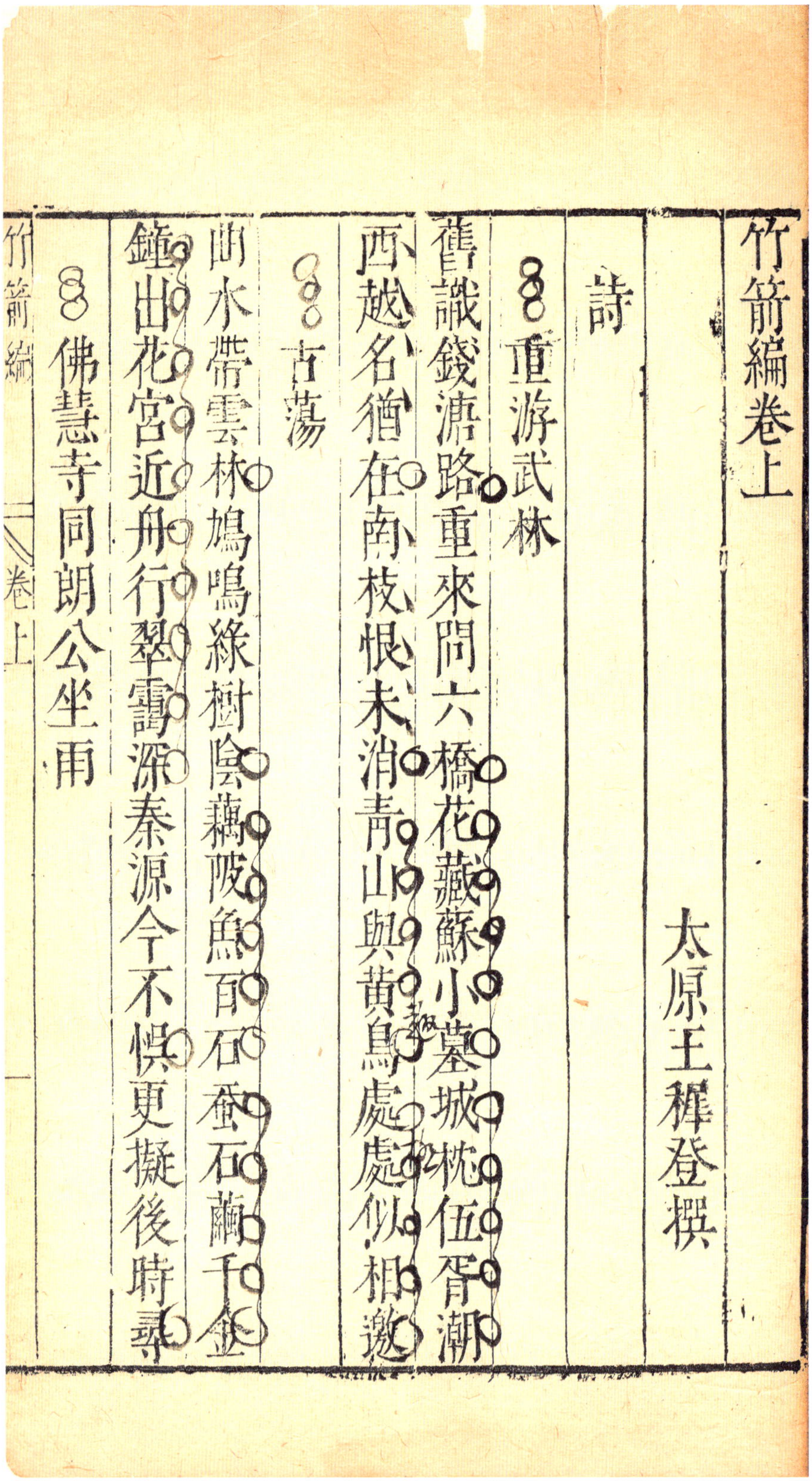
竹箭編卷上
太原王穉登撰
詩
重游武林
舊識錢塘路重來問六橋花藏蘇小墓城枕伍胥潮西越名猶在南枝恨未消青山與黄鳥處處似相邀
古蕩
曲水帶雲林鳩鳴綠樹陰藕陂魚百石蚕石繭千金鐘出花宮近舟行翠靄深秦源今不悞更擬後時尋
佛慧寺同朗公坐雨
竹箭編　卷上

20304　竹箭編二卷　（明）王穉登撰　明萬曆八年（1580）屠隆青浦縣齋刻本　大連圖書館

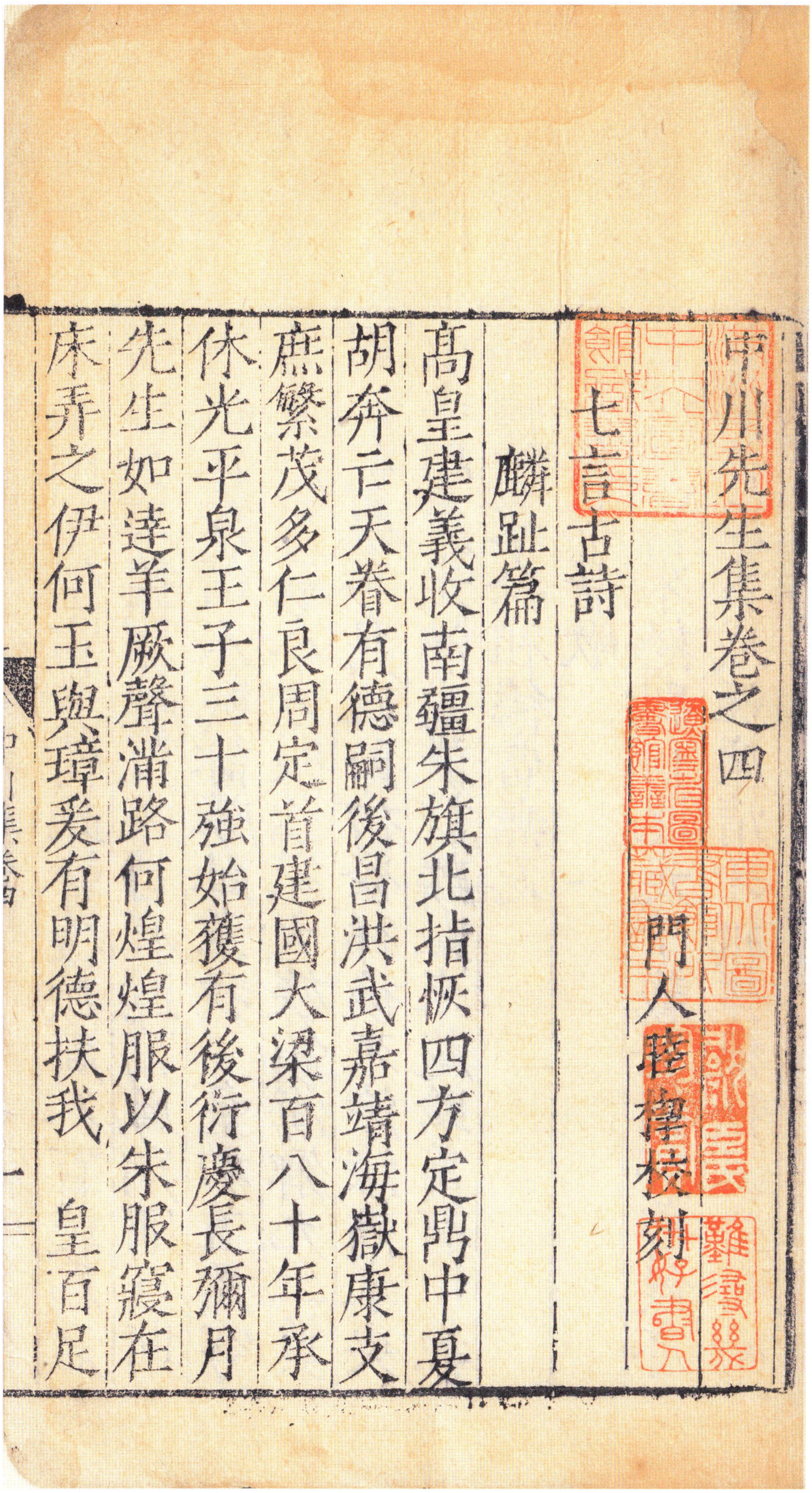

中川先生集卷之四　　門人睦㮮校刻

七言古詩

麟趾篇

高皇建義收南疆朱旗北指悏四方定鼎中夏
胡奔亡天眷有德嗣後昌洪武嘉靖海嶽康支
庶繁茂多仁良周定首建國大梁百八十年承
休光平泉王子三十强始獲有後衍慶長彌月
先生如達羊厥聲湍路何煌煌服以朱服寢在
床弄之伊何玉與璋爰有明德扶我　皇百足

20305　中川先生集□□卷　（明）王教撰　明萬曆朱睦㮮刻本　遼寧省圖書館

存四卷（四至七）

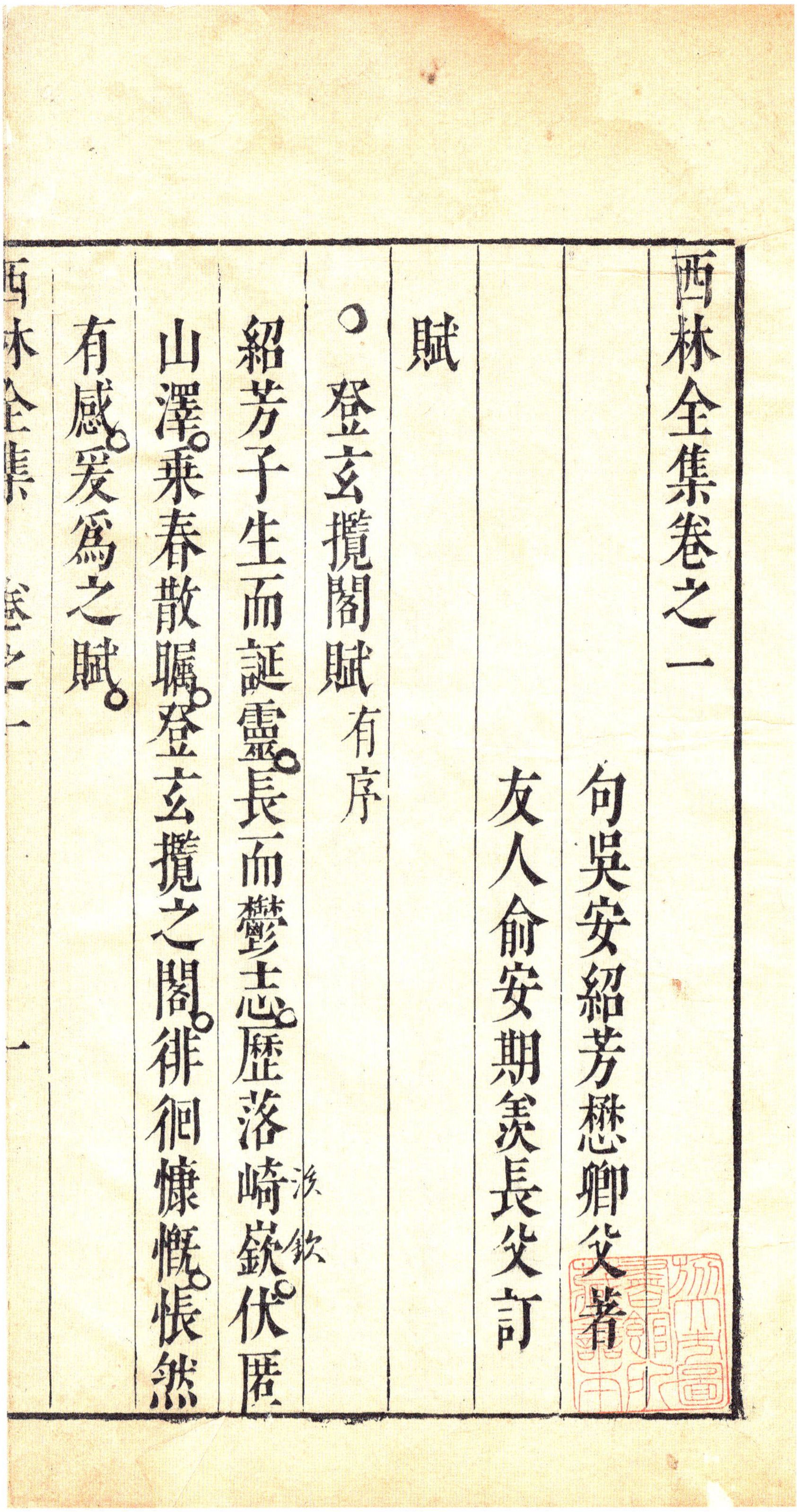
西林全集卷之一
句吳安紹芳懋卿父著
友人俞安期羨長父訂
賦
○登玄攬閣賦有序
紹芳子生而誕靈長而鬱志歷落崎嶔伏匿
山澤乘春散矚登玄攬之閣徘徊慷慨悵然
有感爰爲之賦
西林全集　卷之一　一

20306　西林全集二十卷目錄二卷　（明）安紹芳撰　**附錄一卷**　明萬曆四十七年（1619）刻清康熙印本　大連圖書館

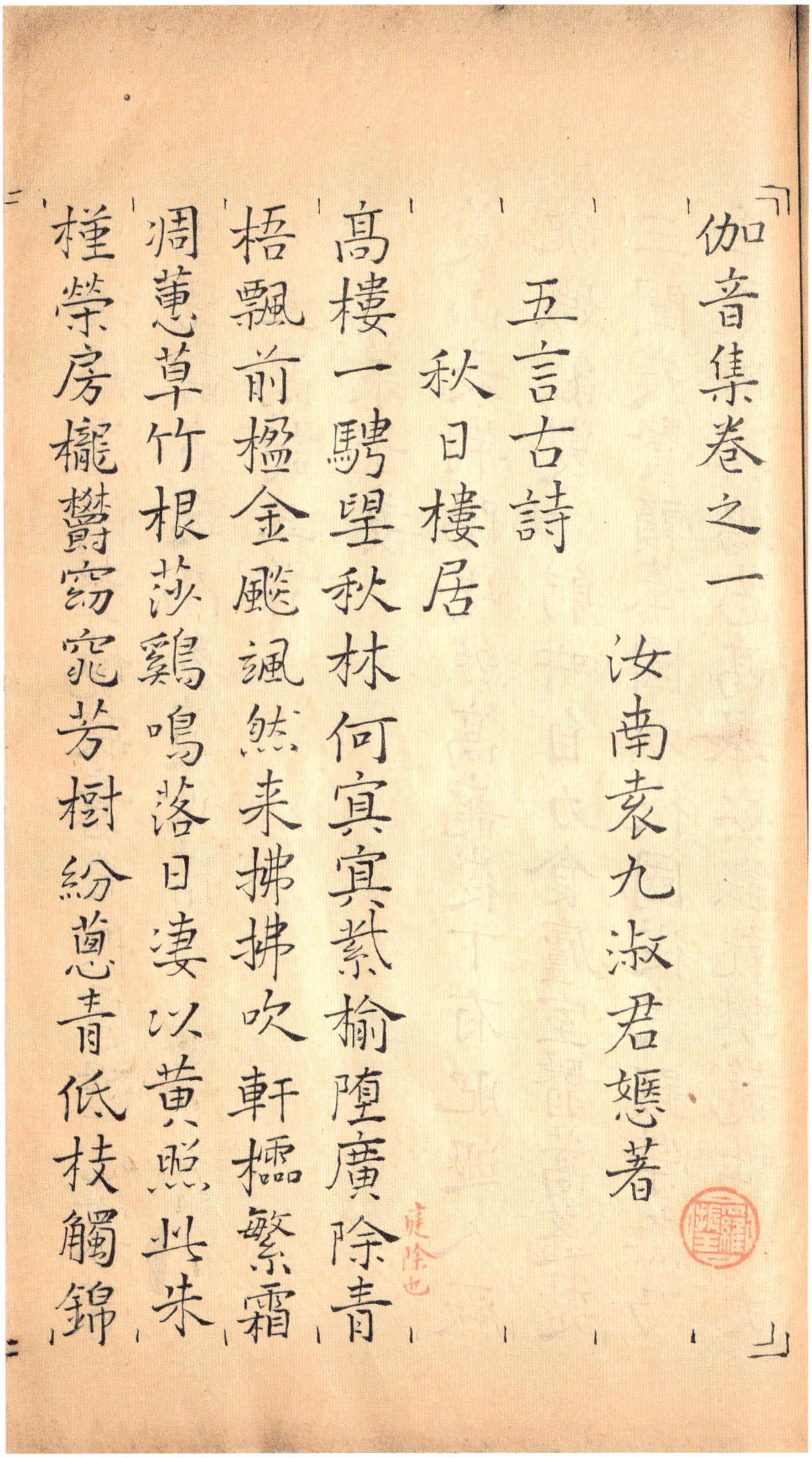
伽音集卷之一
汝南袁九淑君嫕著
五言古詩
秋日樓居
高樓一騁望秋林何冥冥紫榆墮廣除青
梧飄前楹金飈颯然来拂拂吹軒櫺繁霜
凋蕙草竹根莎雞鳴落日淒以黄照此朱
槿榮房櫳鬱窈窕芳樹紛蒨青低枝觸錦

20307 **伽音集六卷** （明）袁九淑撰 **附録一卷** （明）錢良胤撰 明抄本 遼寧省圖書館

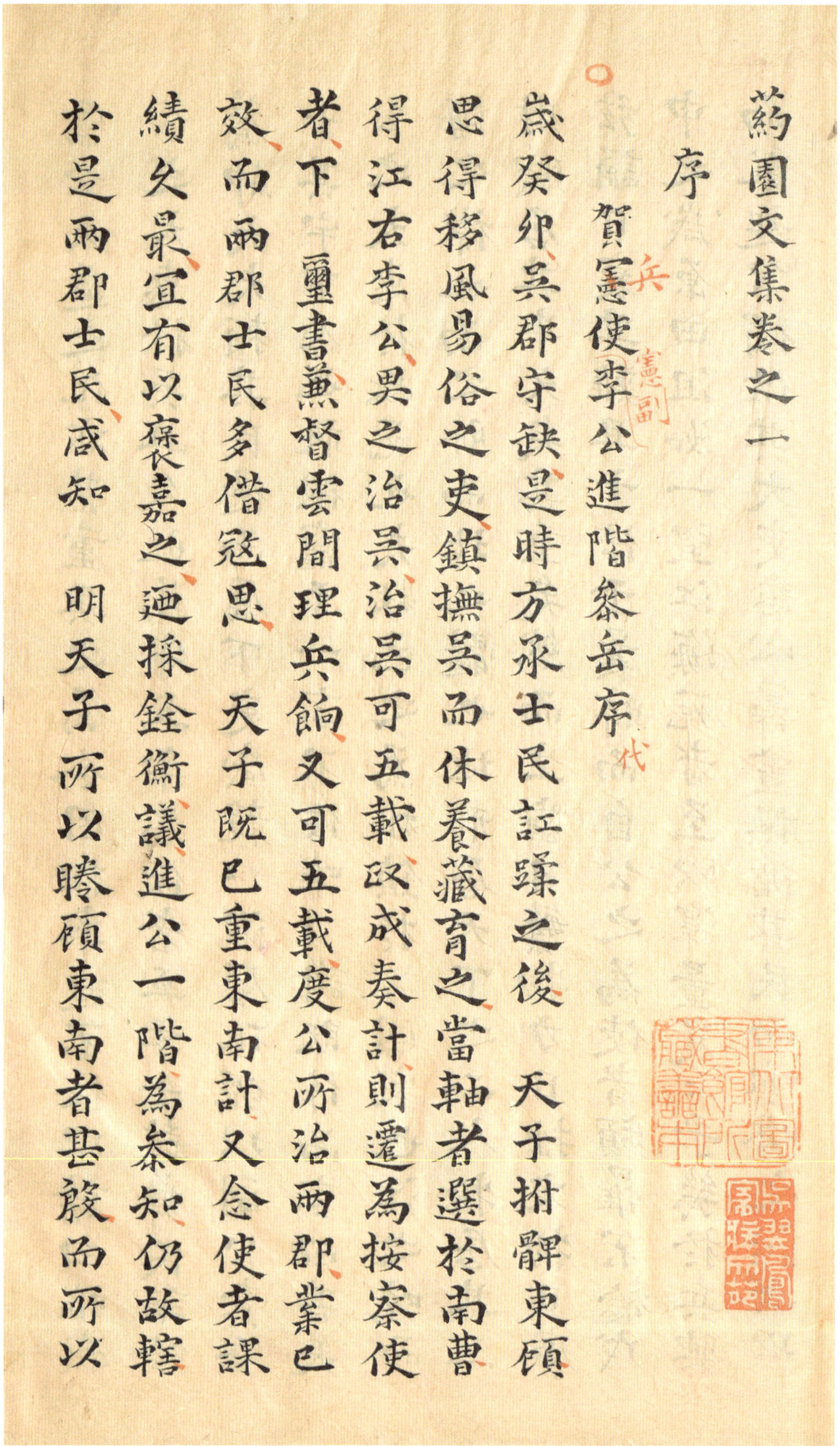

葯園文集卷之一

序

賀憲使李公進階叅岳序

歲癸卯吳郡守鈇是時方承士民訌蹂之後　天子拊髀東顧思得移風易俗之吏鎮撫吳而休養藏育之當軸者選於南曹得江右李公畀之治吳治吳可五載政成奏計則遷爲按察使者下　璽書兼督雲間理兵餉又可五載度公所治兩郡業已效而兩郡士民多借寇思　天子既已重東南計又念使者課績久最宜有以褒嘉之迺採銓衡議進公一階爲叅知仍故轄於是兩郡士民咸知　明天子所以睠顧東南者甚殷而所以

20308　葯園文集二十七卷　（明）文震孟撰　稿本　吴翌鳳跋　遼寧省圖書館

存二十二卷（一至十七、二十一至二十二、二十五至二十七）

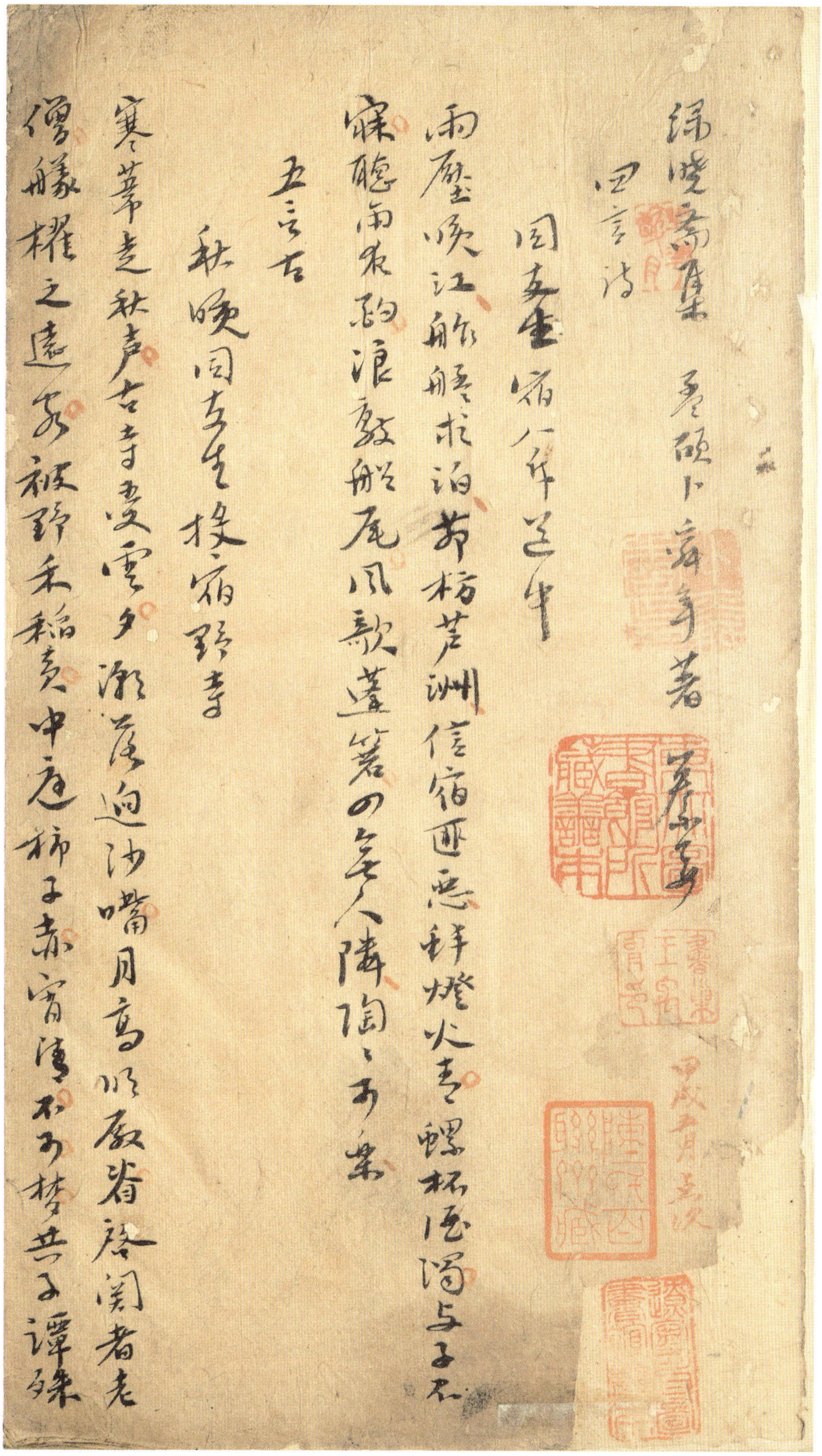

20309　綠曉齋集一卷　（明）卜舜年撰　稿本　王昶跋　**詩來一卷附錄一卷**　（明）卜舜年輯　明末抄本　遼寧省圖書館

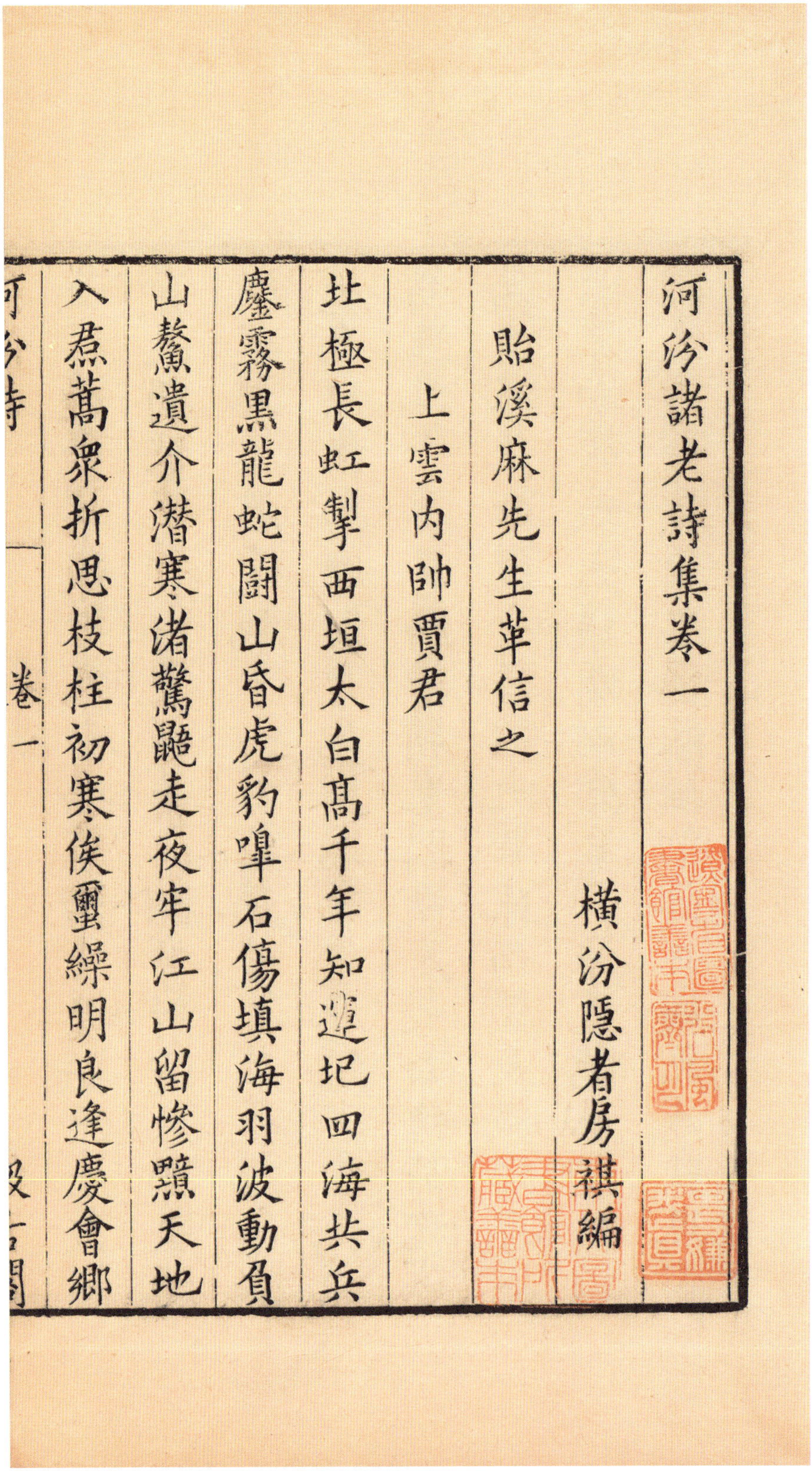
河汾諸老詩集卷一

橫汾隱者房祺編

貽溪麻先生革信之

上雲内帥賈君

北極長虹掣西垣太白高千年知遲圮回海共兵鏖霧黑龍蛇鬬山昏虎豹嗥石傷填海羽波動負山鰲遺介潛寒渚驚鼉走夜牢江山留慘黷天地入炰萬衆折恩枝柱初寒侯璽繅明良逢慶會鄉

河汾詩　卷一　汲古閣

20310　詩詞雜俎二十五卷　（明）毛晉編　明天啓、崇禎間毛氏汲古閣刻本　遼寧省圖書館

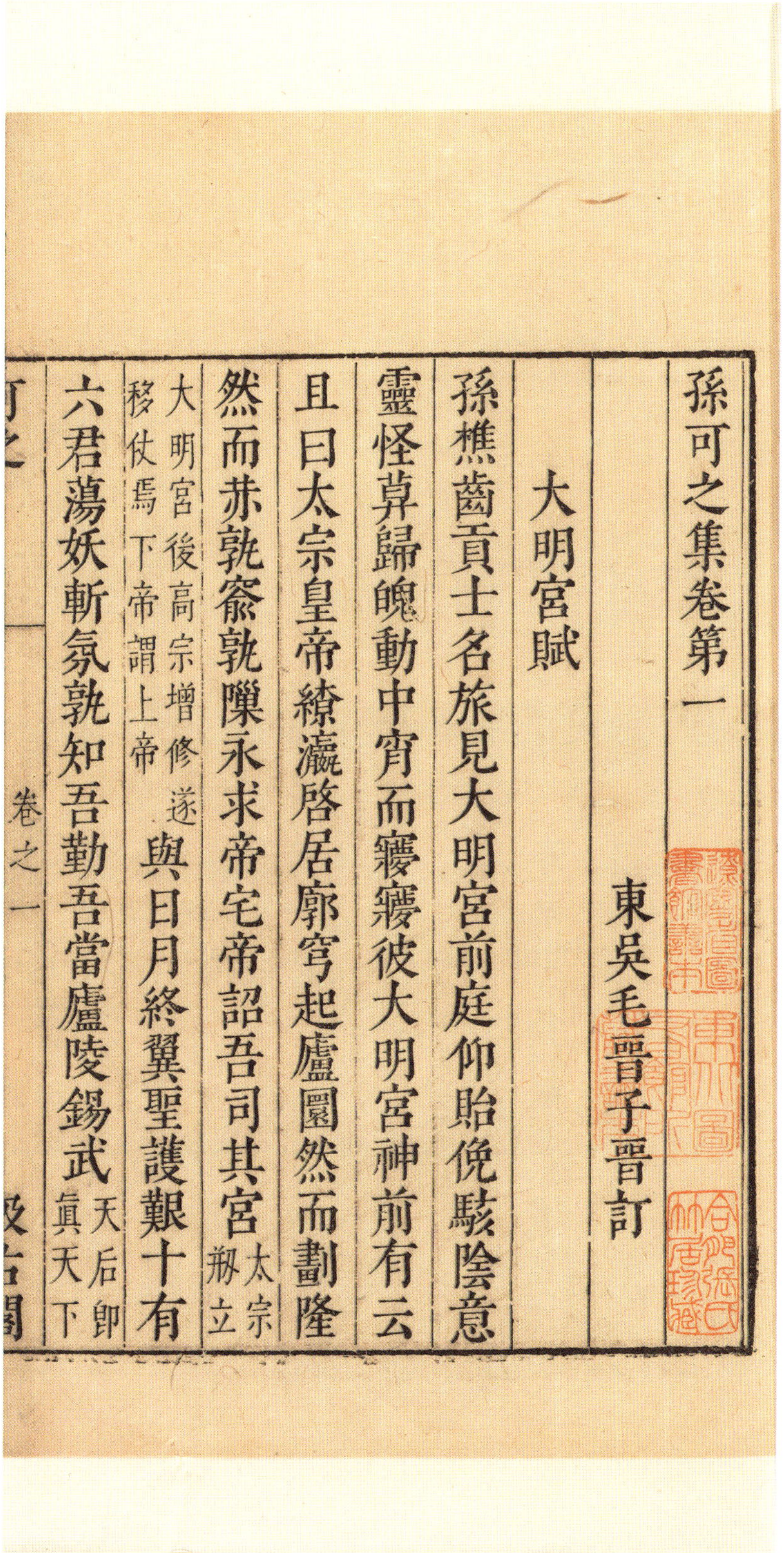
孫可之集卷第一
東吳毛晉子晉訂
大明宮賦
孫樵齒貢士名旅見大明宮前庭仰貽俛駭陰意
靈怪葺歸魄動中宵而寤寤彼大明宮神前有云
且曰太宗皇帝繚瀛啓居廓穹起廬圜然而劃隆
然而恭孰寮孰檃永求帝宅帝詔吾司其宮太宗剏立大明宮後高宗增修遂移仗焉下帝謂上帝
與日月終翼聖護艱十有
六君蕩妖斬氛孰知吾勤吾當廬陵錫武天后即眞天下
可之　卷之一　汲古閣

20311　三唐人文集三十四卷　（明）毛晋編　明末毛氏汲古閣刻本　遼寧省圖書館

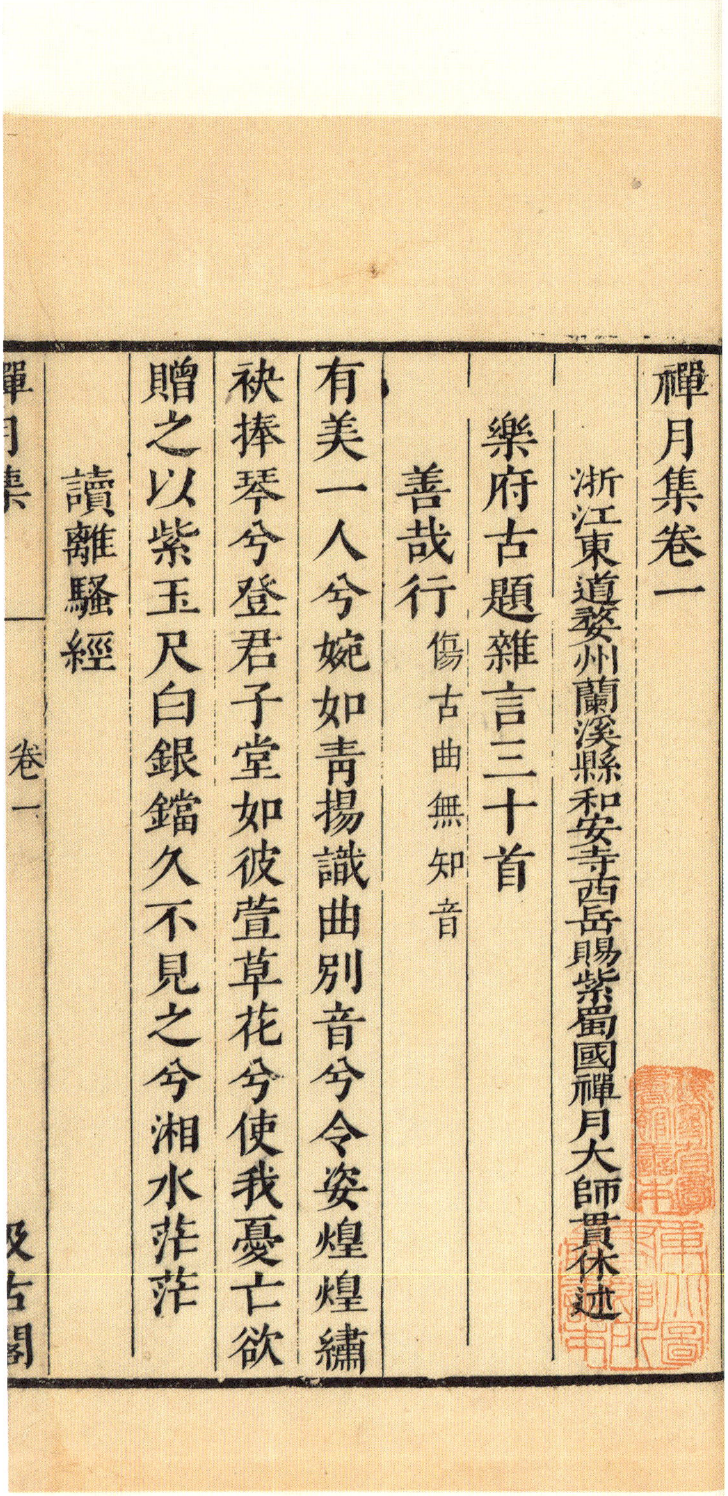

禪月集卷一
浙江東道婺州蘭溪縣和安寺西岳賜紫蜀國禪月大師貫休述
樂府古題雜言三十首
善哉行 傷古曲無知音
有美一人兮婉如青揚識曲別音兮令姿煌煌繡
袂捧琴兮登君子堂如彼萱草花兮使我憂亡欲
贈之以紫玉尺白銀鐺久不見之兮湘水茫茫
讀離騷經
禪月集 卷一 汲古閣

20312 唐三高僧詩集四十七卷 （明）毛晋編 明末毛氏汲古閣刻本

遼寧省圖書館

缺八卷（杼山集二至四、杼山集目録六至十）

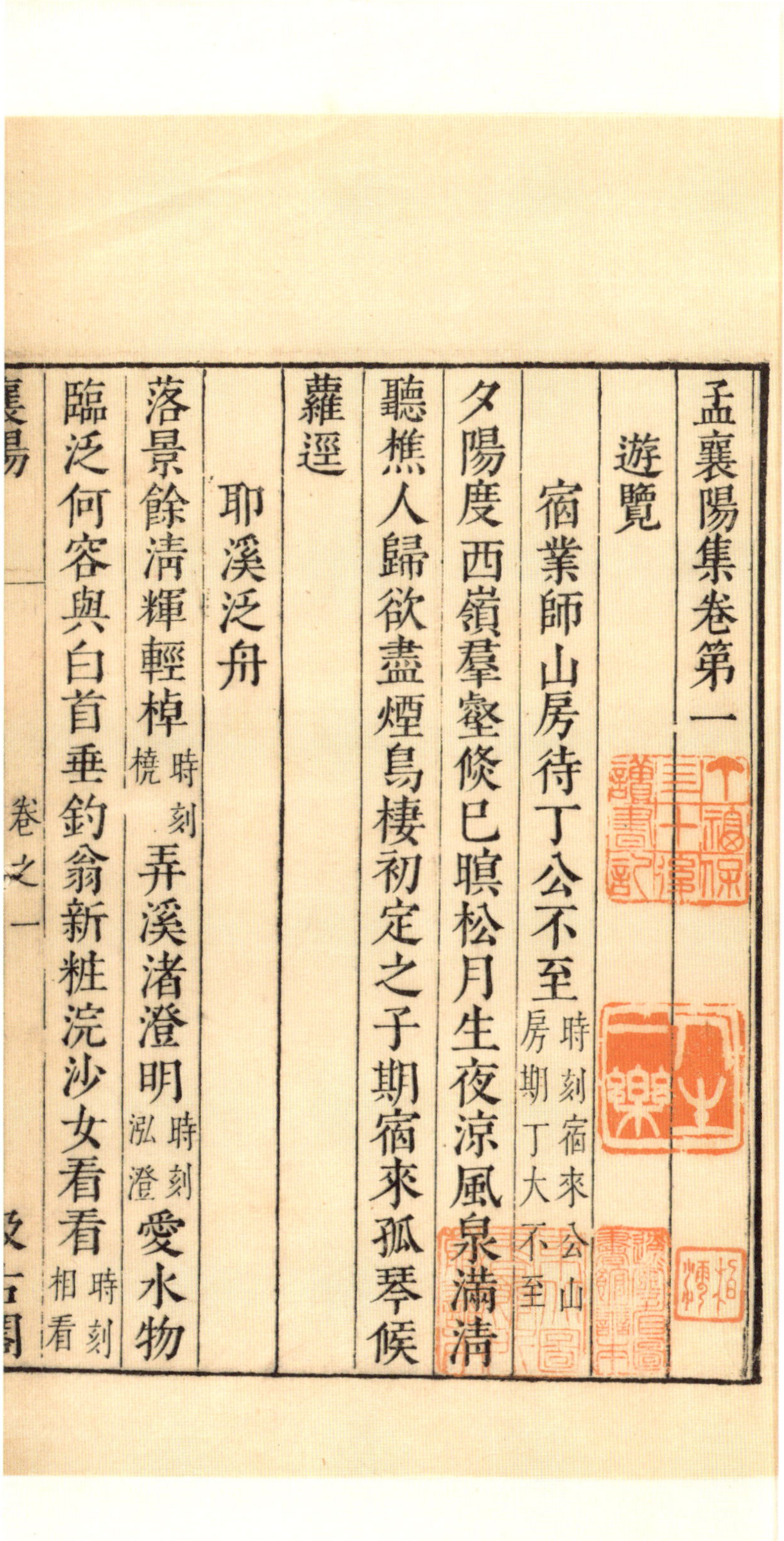
孟襄陽集卷第一
遊覽
宿業師山房待丁公不至時刻宿來公山房期丁大不至
夕陽度西嶺羣壑倏巳暝松月生夜涼風泉滿清
聽樵人歸欲盡煙鳥棲初定之子期宿來孤琴候
蘿逕
耶溪泛舟
落景餘清輝輕棹時刻橈弄溪渚澄明時刻泓澄愛水物
臨泛何容與白首垂釣翁新粧浣沙女看看時刻相看
襄陽　卷之一　汲古閣

20313　五唐人詩集二十六卷　（明）毛晉編　明末毛氏汲古閣刻本　遼寧省圖書館

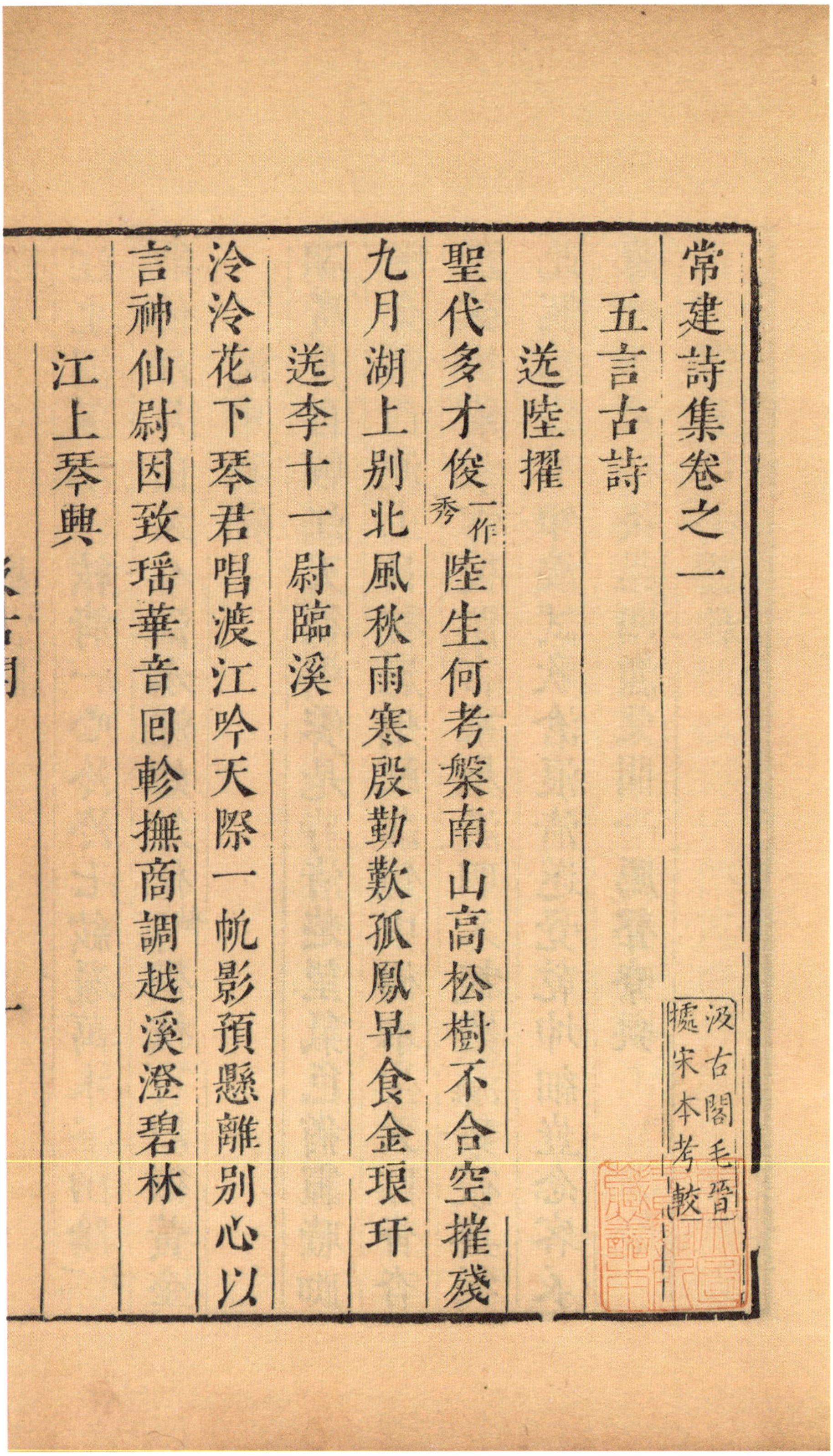
常建詩集卷之一
五言古詩
送陸擢
聖代多才俊一作秀陸生何考槃南山高松樹不合空摧殘
九月湖上別北風秋雨寒殷勤數孤鳳早食金琅玕
送李十一尉臨溪
泠泠花下琴君唱渡江吟天際一帆影預懸離別心以
言神仙尉因致瑤華音回軫撫商調越溪澄碧林
江上琴興
汲古閣毛晉
據宋本考較

20314　唐人六集四十二卷　（明）毛晉輯　明崇禎毛氏汲古閣刻本　遼寧省圖書館

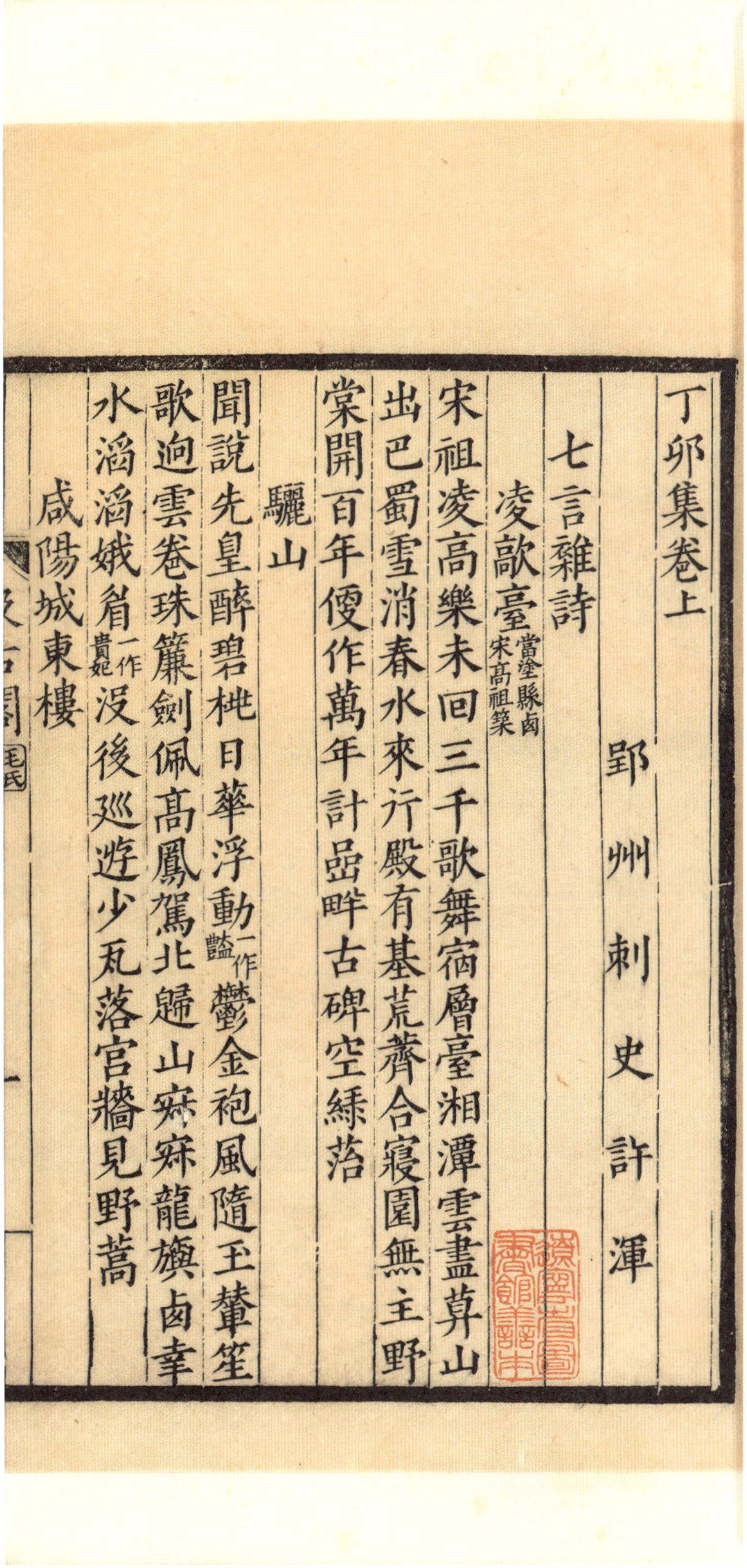
丁卯集卷上
郢州刺史許渾
七言雜詩
凌歊臺(當塗縣南宋高祖築)
宋祖凌高樂未回三千歌舞宿層臺湘潭雲盡暮山
出巴蜀雪消春水來行殿有基荒薺合寢園無主野
棠開百年便作萬年計嵒畔古碑空緑落
驪山
聞說先皇醉碧桃日華浮動(一作豔)鬱金袍風隨玉輦笙
歌迥雲卷珠簾劍佩高鳳駕北歸山寂寂龍旗南幸
水滔滔娥眉(一作貴妃)沒後巡遊少瓦落宮牆見野蒿
咸陽城東樓
[汲古閣 / 毛氏]

20315　唐人八家詩四十二卷　（明）毛晉編　明崇禎十二年（1639）毛氏汲古閣刻本　遼寧省圖書館

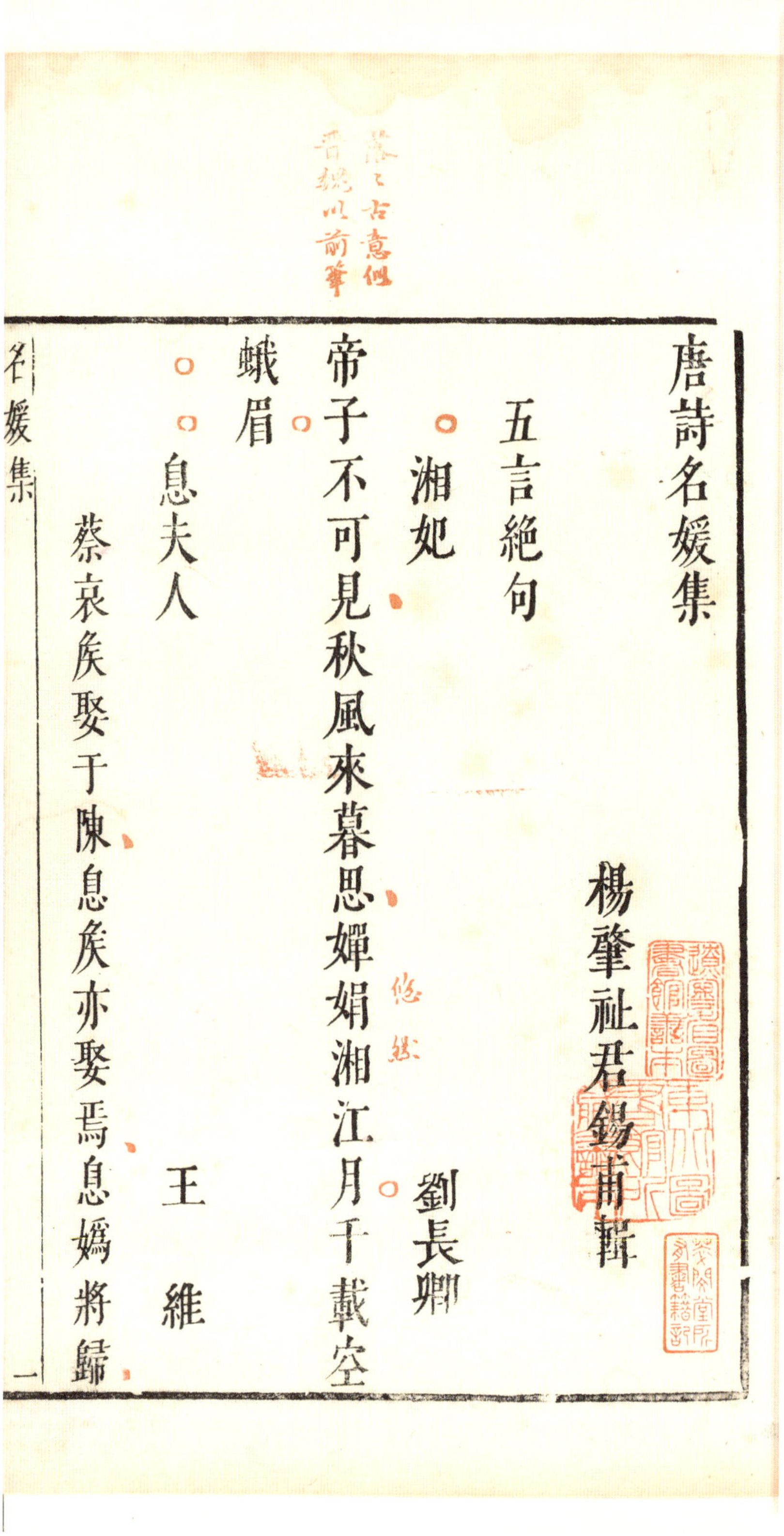

唐詩名媛集

楊肇祉君錫甫輯

五言絕句

湘妃　劉長卿

帝子不可見秋風來暮思嬋娟湘江月千載空
蛾眉

息夫人　王維

蔡哀侯娶于陳息侯亦娶焉息嬀將歸

名媛集　一

20316　唐詩艷逸品四卷　（明）楊肇祉編　明天啓元年（1621）閔一栻刻朱墨套印本　遼寧省圖書館

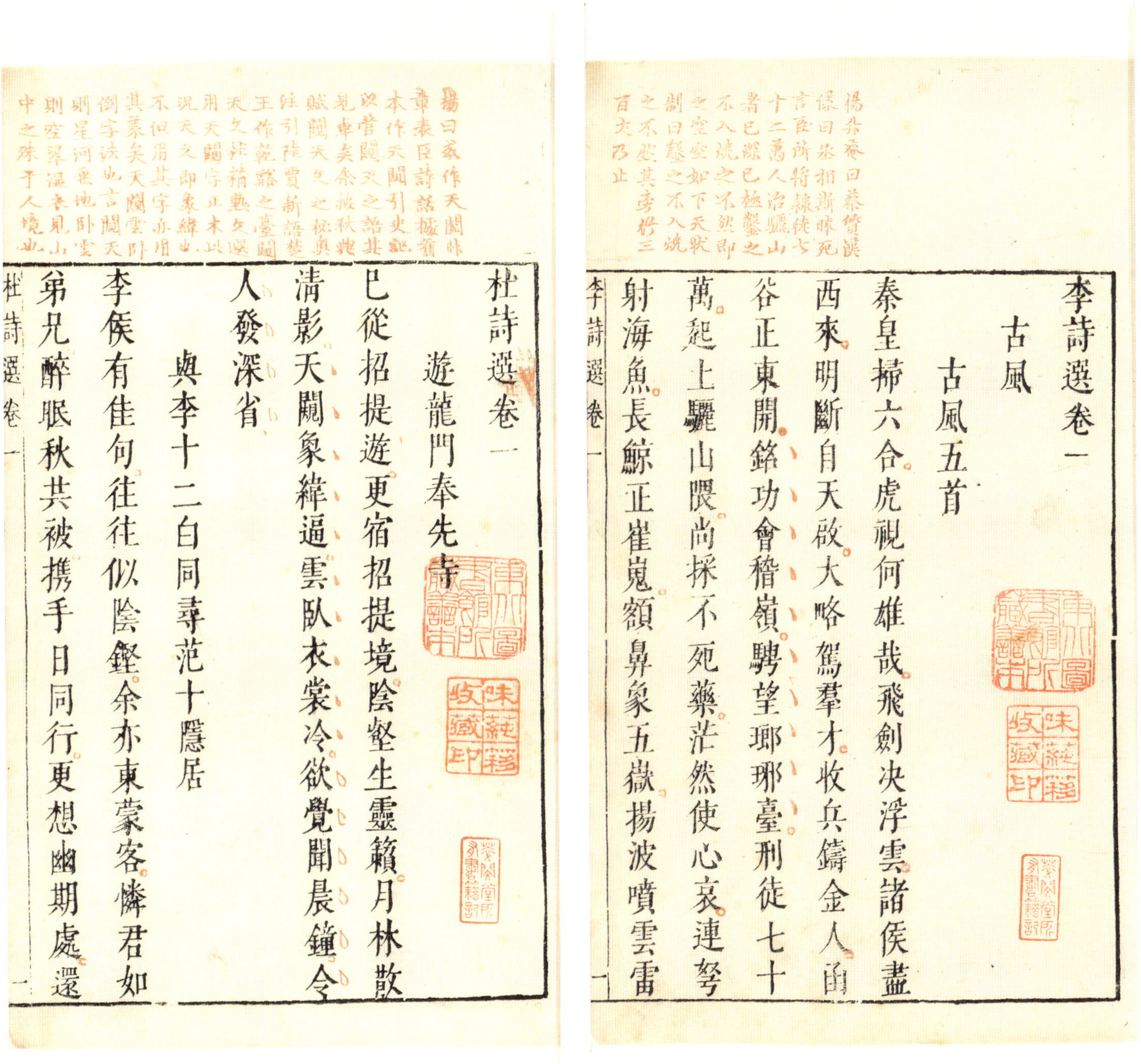
李詩選卷一
古風
古風五首
秦皇掃六合虎視何雄哉飛劍决浮雲諸侯盡西來明斷自天啟大略駕羣才收兵鑄金人函谷正東開銘功會稽嶺騁望瑯琊臺刑徒七十萬起土驪山隈尚採不死藥茫然使心哀連弩射海魚長鯨正崔嵬額鼻象五嶽揚波噴雲雷

杜詩選卷一
遊龍門奉先寺
已從招提遊更宿招提境陰壑生靈籟月林散清影天闕象緯逼雲臥衣裳冷欲覺聞晨鐘令人發深省
與李十二白同尋范十隱居
李侯有佳句往往似陰鏗余亦東蒙客憐君如弟兄醉眠秋共被攜手日同行更想幽期處還

20317　李杜詩選十一卷　（明）張含選　（明）楊慎等評　明刻朱墨套印本　遼寧省圖書館

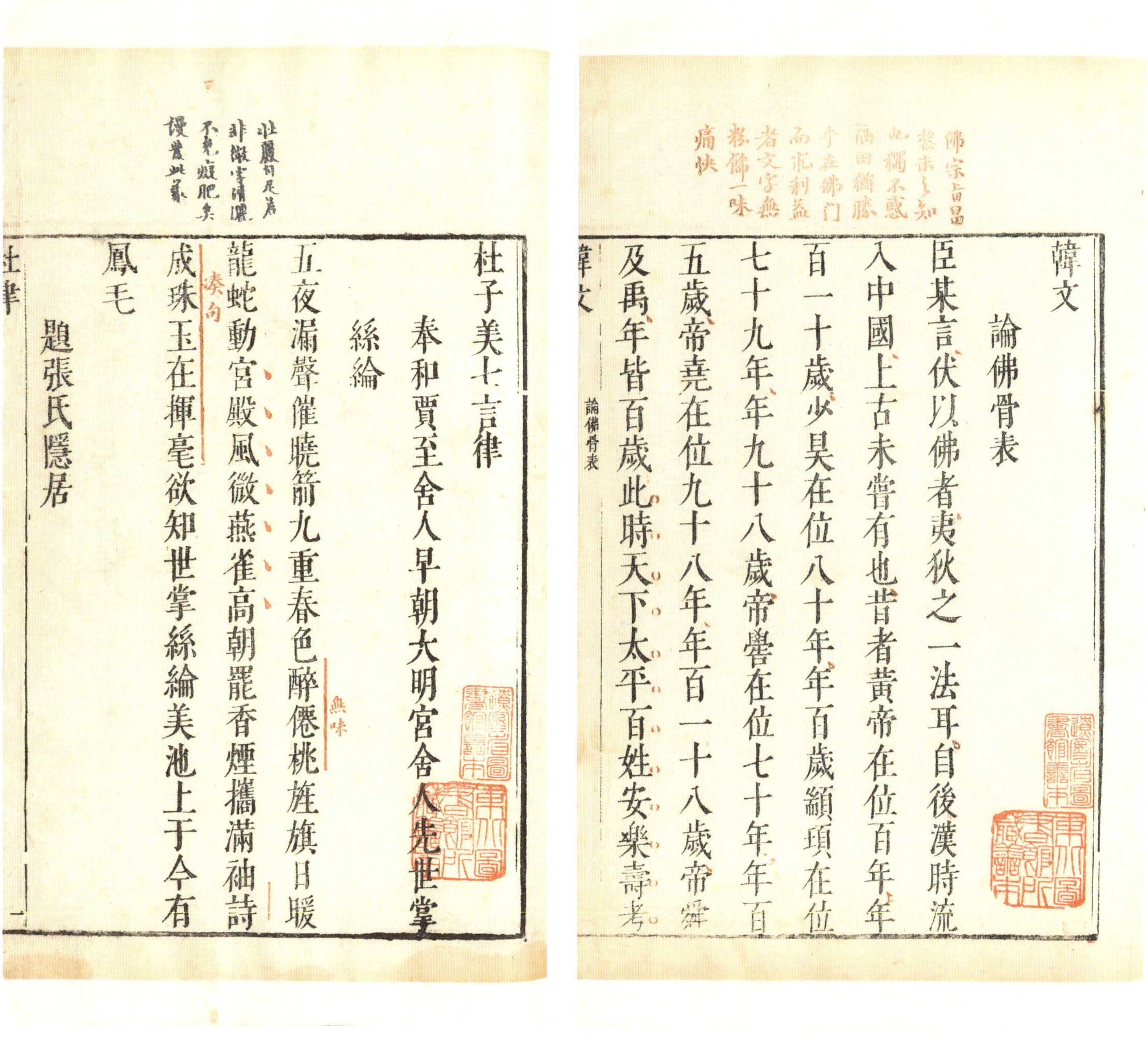

韓文
論佛骨表
臣某言伏以佛者夷狄之一法耳自後漢時流
入中國上古未嘗有也昔者黃帝在位百年年
百一十歲少昊在位八十年年百歲顓頊在位
七十九年年九十八歲帝嚳在位七十年年百
五歲帝堯在位九十八年年百一十八歲帝舜
及禹年皆百歲此時天下太平百姓安樂壽考

杜子美七言律
奉和賈至舍人早朝大明宮舍人先世掌
絲綸
五夜漏聲催曉箭九重春色醉僊桃旌旗日暖
龍蛇動宮殿風微燕雀高朝罷香煙攜滿袖詩
成珠玉在揮毫欲知世掌絲綸美池上于今有
鳳毛
題張氏隱居

20318　韓文杜律二卷　（明）郭正域編　明閔齊伋刻朱墨套印本　遼寧省圖書館

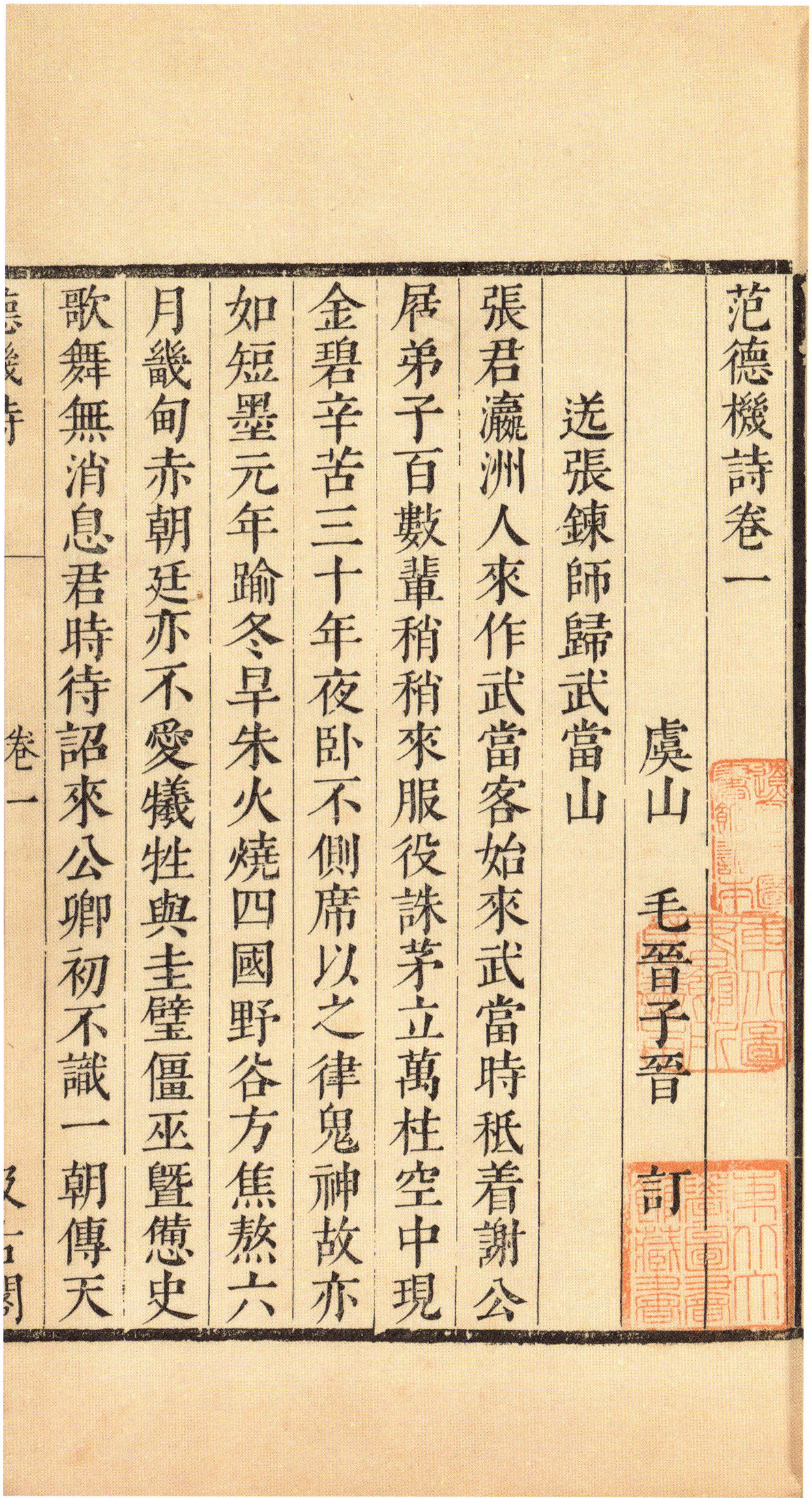
范德機詩卷一
虞山　毛晉子晉　訂
送張鍊師歸武當山
張君瀛洲人來作武當客始來武當時秪着謝公
屐弟子百數輩稍稍來服役誅茅立萬柱空中現
金碧辛苦三十年夜卧不側席以之律鬼神故亦
如短墨元年踰冬旱朱火燒四國野谷方焦熬六
月畿甸赤朝廷亦不愛犧牲與圭璧偃巫暨憊史
歌舞無消息君時待詔來公卿初不識一朝傳天
范德機詩　卷一　汲古閣

20319　元詩四大家二十七卷　（明）毛晉編　明崇禎毛氏汲古閣刻本　遼寧省圖書館

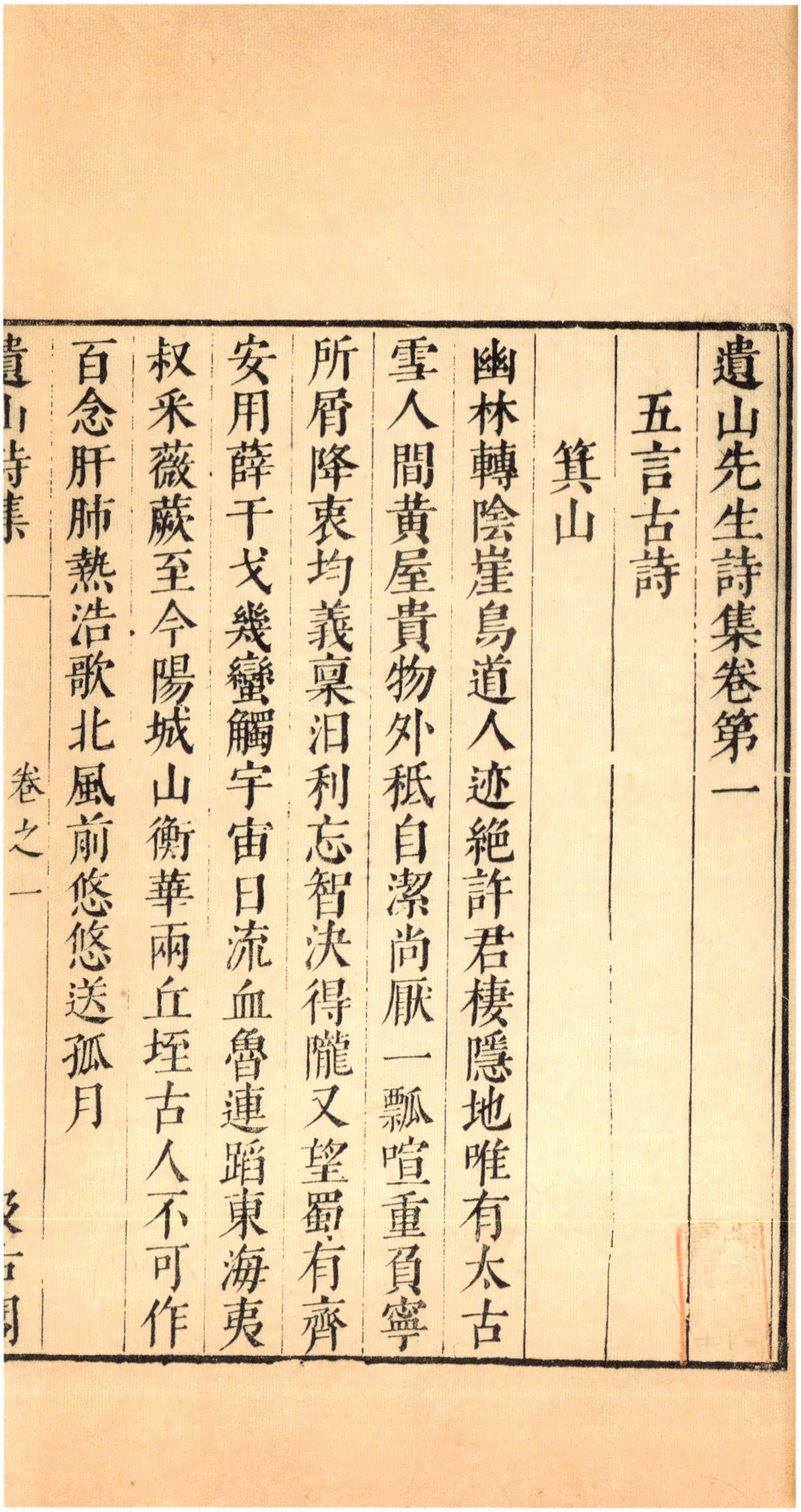

遺山先生詩集卷第一

五言古詩

箕山

幽林轉陰崖鳥道人迹絶許君棲隱地唯有太古
雪人間黃屋貴物外秖自潔尚厭一瓢喧重負寧
所屑降衷均義稟汨利忘智決得隴又望蜀有齊
安用薛干戈幾蠻觸宇宙日流血魯連蹈東海夷
叔采薇蕨至今陽城山衡華兩丘垤古人不可作
百念肝肺熱浩歌北風前悠悠送孤月

遺山詩集　卷之一

20320　元人集十種六十二卷　（明）毛晉編　明崇禎十一年（1638）毛氏汲古閣刻清初增刻本　遼寧省圖書館

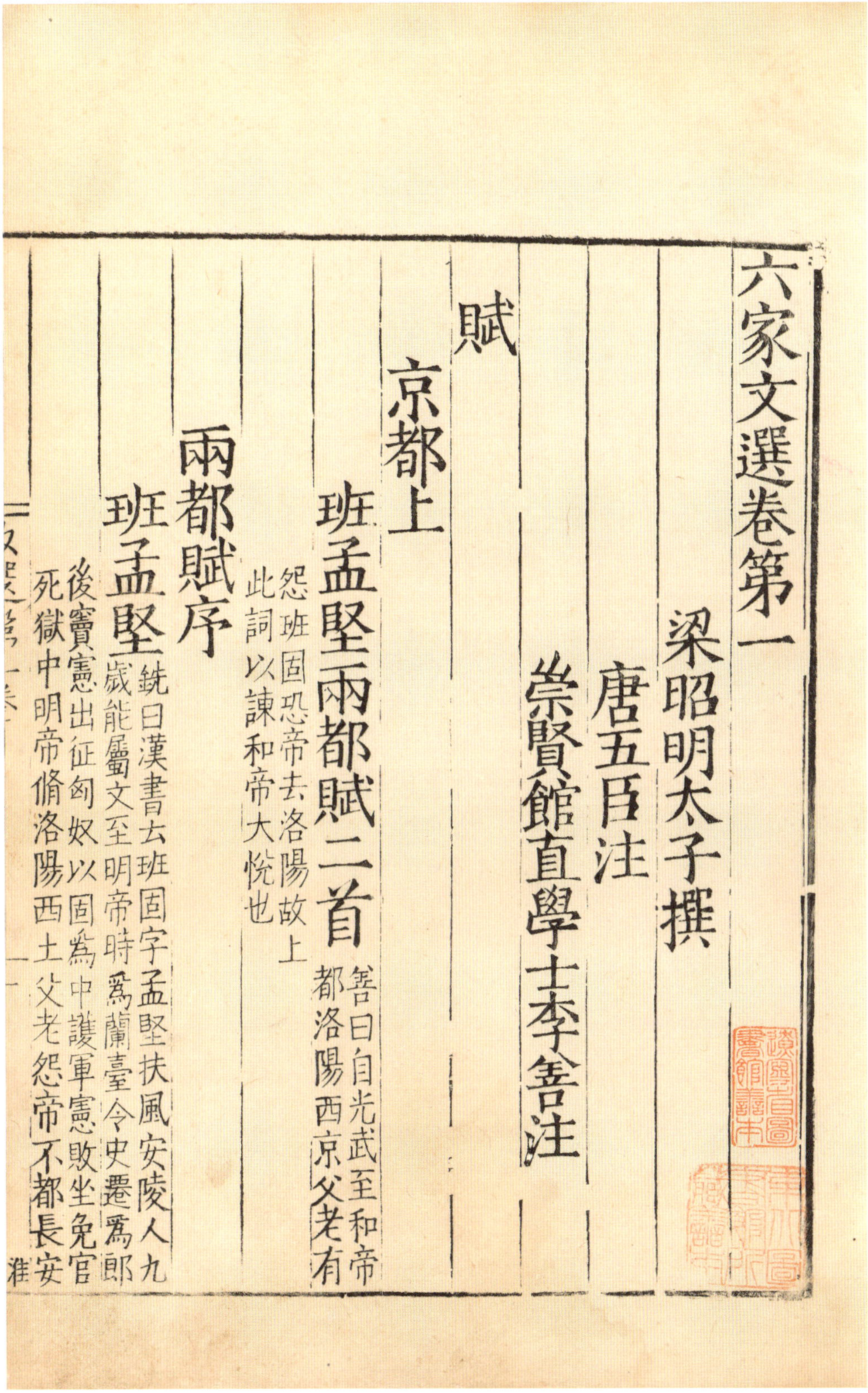
六家文選卷第一
梁昭明太子撰
唐五臣注
崇賢館直學士李善注
賦
京都上
班孟堅兩都賦二首 善曰自光武至和帝都洛陽西京父老有怨班固恐帝去洛陽故上此詞以諫和帝大悅也
兩都賦序
班孟堅 銑曰漢書云班固字孟堅扶風安陵人九歲能屬文至明帝時爲蘭臺令史遷爲郎後竇憲出征匈奴以固爲中護軍憲敗坐免官死獄中明帝偁洛陽西土父老怨帝不都長安

20321　六家文選六十卷　（南朝梁）蕭統輯　（唐）李善 吕延濟 劉良 張銑 吕向 李周翰注　明嘉靖十三年至二十八年（1534－1549）袁褧嘉趣堂刻本
遼寧省圖書館

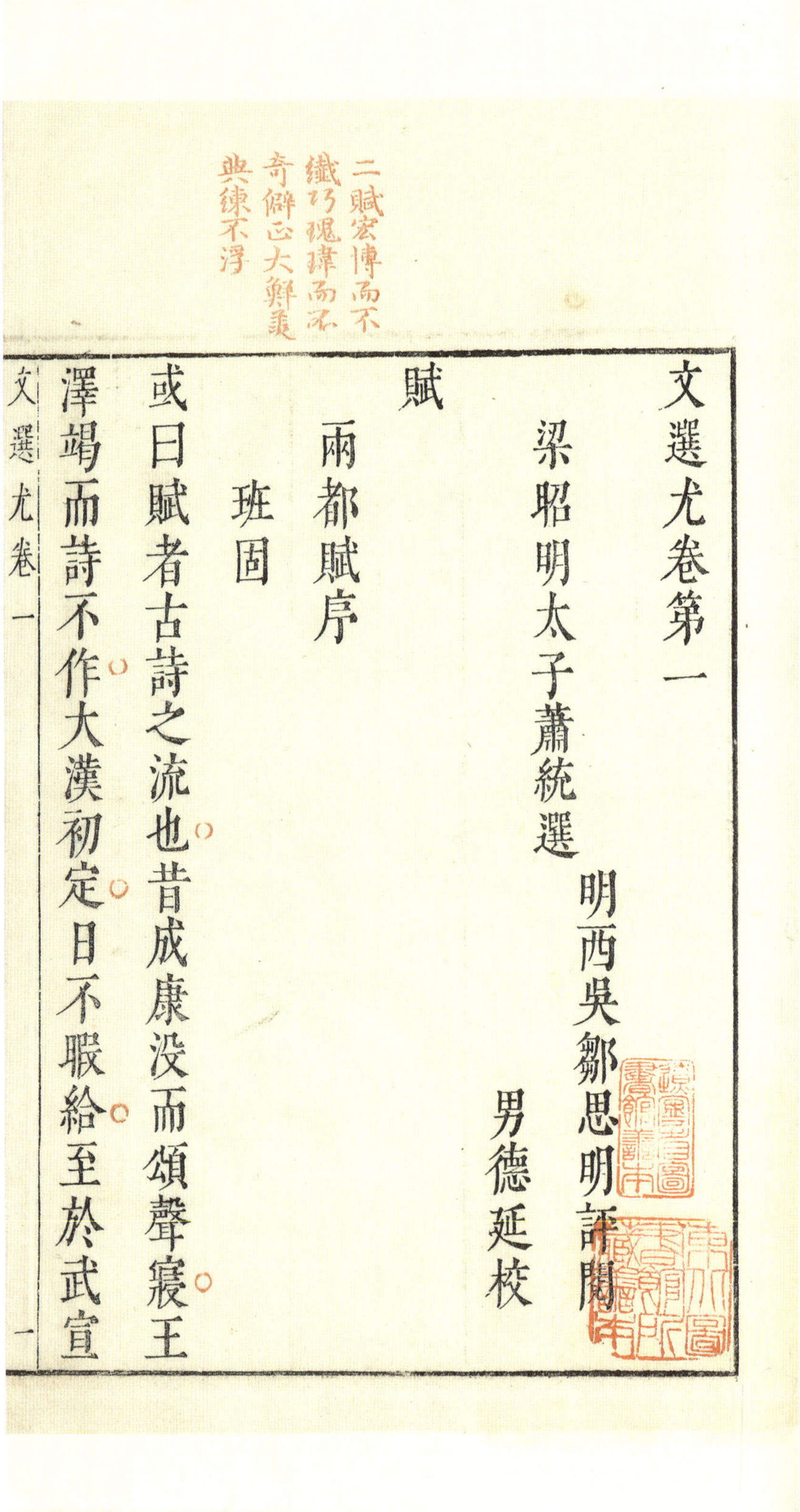
二賦宏博而不纖巧瑰瑋而不奇僻正大鮮美典練不浮

文選尤卷第一

梁昭明太子蕭統選

明西吳鄒思明評閱

男德延校

賦

兩都賦序

班固

或曰賦者古詩之流也昔成康沒而頌聲寢王澤竭而詩不作大漢初定日不暇給至於武宣

文選尤卷一　一

20322　文選尤十四卷　（南朝梁）蕭統輯　（明）鄒思明删訂　明天啓二年（1622）刻三色套印本　遼寧省圖書館

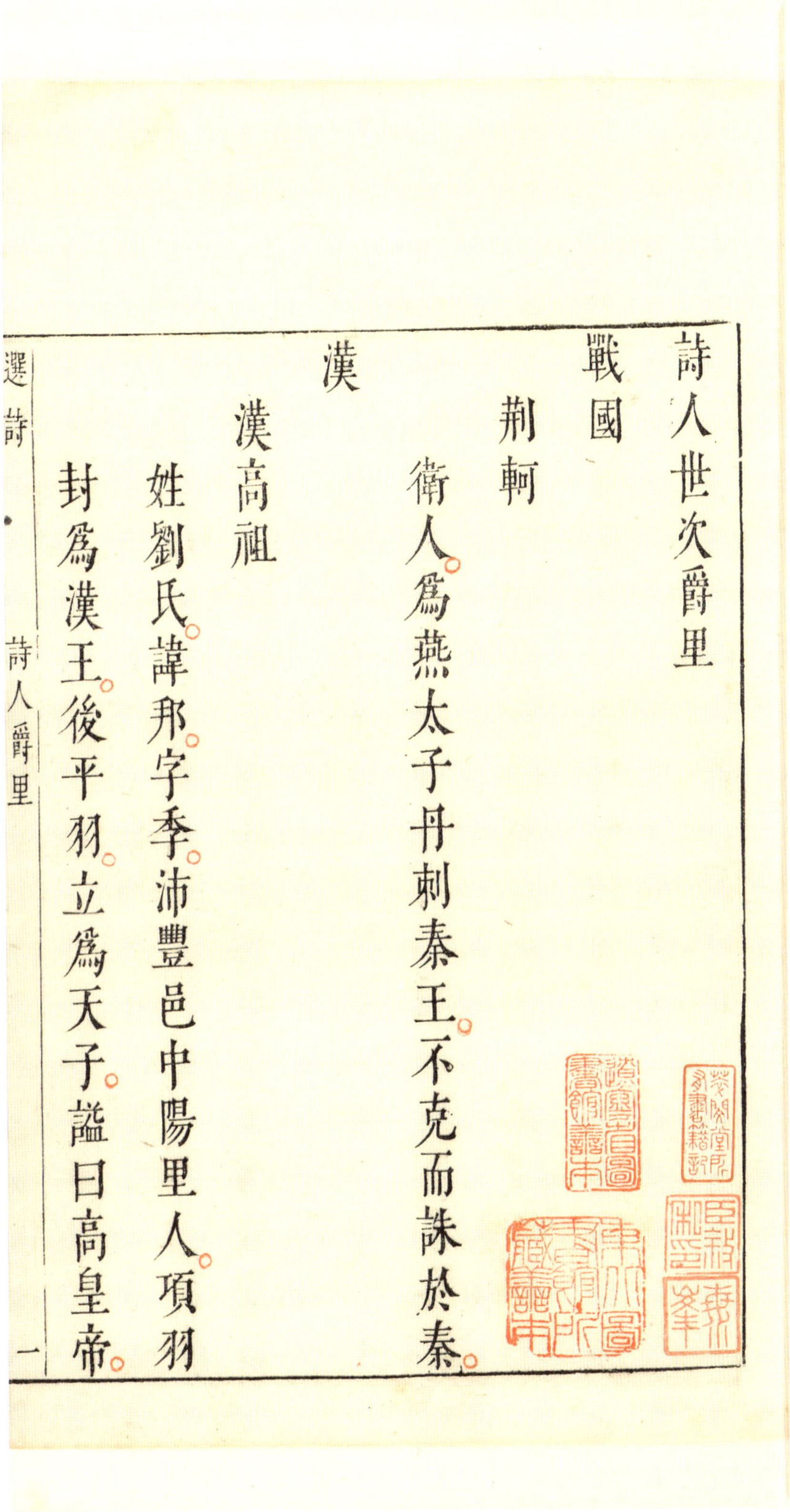

詩人世次爵里

戰國

荆軻

衛人爲燕太子丹刺秦王不克而誅於秦

漢

漢高祖

姓劉氏諱邦字季沛豐邑中陽里人項羽封爲漢王後平羽立爲天子謚曰高皇帝

選詩　詩人爵里　一

20323　選詩七卷　（南朝梁）蕭統輯　（明）郭正域評點　（明）凌濛初輯評

詩人世次爵里一卷　明凌濛初刻朱墨套印本　遼寧省圖書館

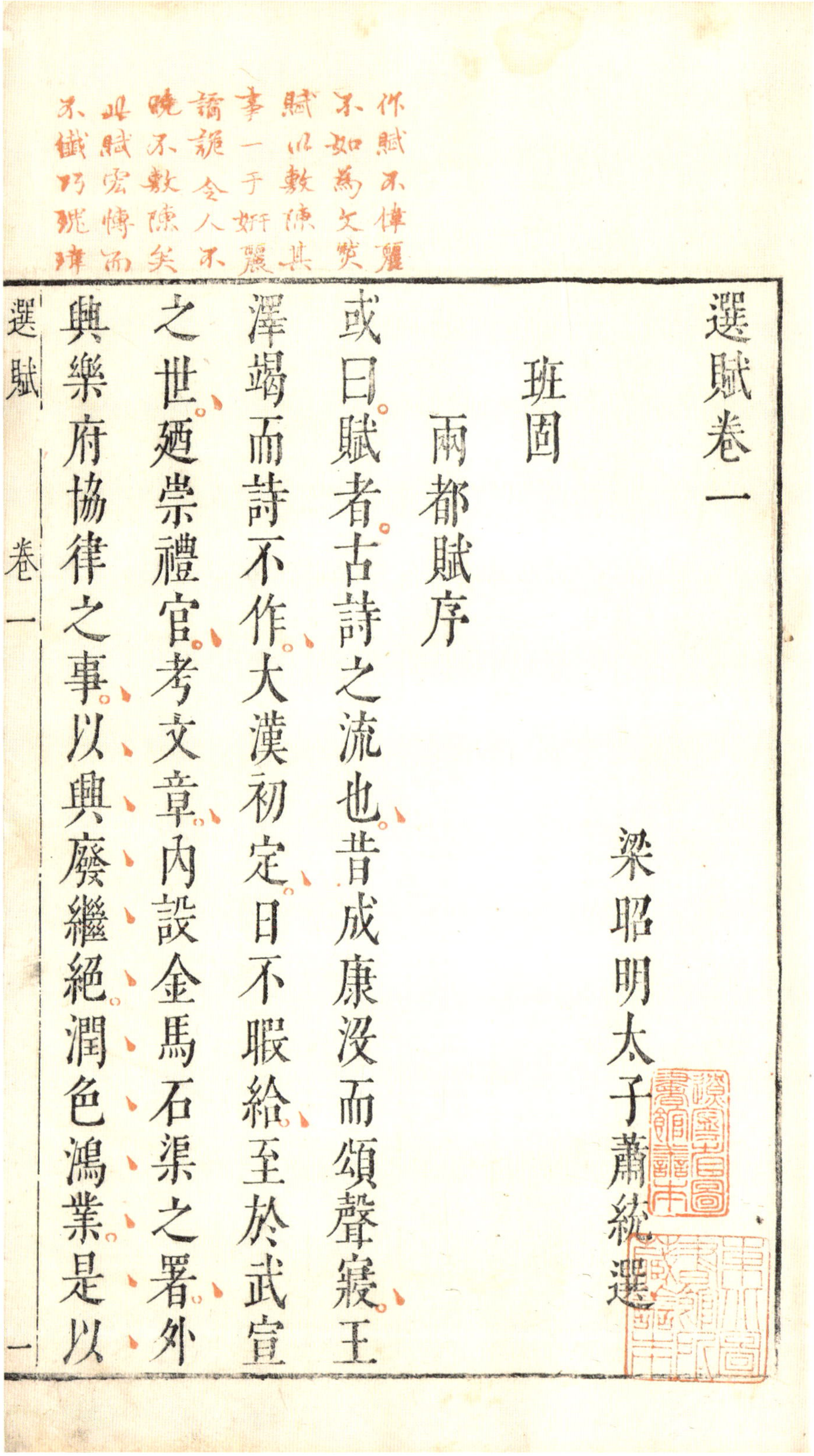
作賦不偉麗不如爲文實賦以數陳其事一于妍麗譎詭令人不曉不數陳矣此賦宏博而不纖巧瑰瑋

選賦卷一

班固

梁昭明太子蕭統選

兩都賦序

或曰賦者古詩之流也昔成康沒而頌聲寑王澤竭而詩不作大漢初定日不暇給至於武宣之世迺崇禮官考文章內設金馬石渠之署外興樂府協律之事以興廢繼絕潤色鴻業是以

選賦　卷一　一

20324　選賦六卷　（南朝梁）蕭統輯　（明）郭正域評點　**名人世次爵里一卷**　明凌氏鳳笙閣刻朱墨套印本　遼寧省圖書館

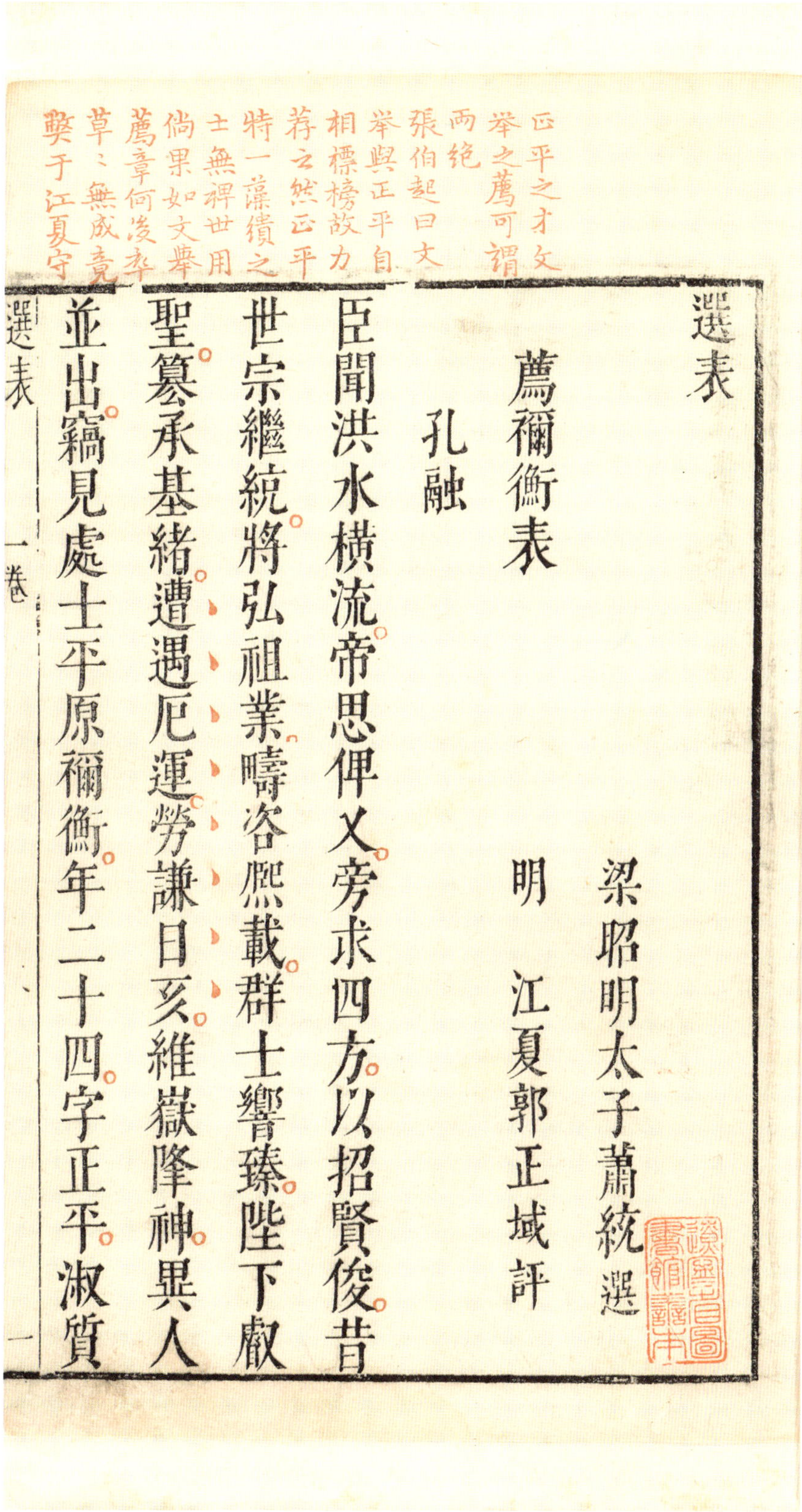

正平之才文舉之薦可謂兩絶張伯起曰文舉與正平自相標榜故力荐之然正平特一藻績之士無裨世用倘果如文舉薦章何後卒草草無成竟斃于江夏守

選表

薦禰衡表

孔融

梁昭明太子蕭統選

明 江夏郭正域評

臣聞洪水横流帝思俾乂旁求四方以招賢俊昔

世宗繼統將弘祖業疇咨熈載群士響臻陛下叡

聖纂承基緒遭遇厄運勞謙日昃維嶽降神異人

並出竊見處士平原禰衡年二十四字正平淑質

選表　一卷　一

20325　文選後集五卷　（南朝梁）蕭統輯　（明）郭正域評　明閔于忱刻朱墨套印本　遼寧省圖書館

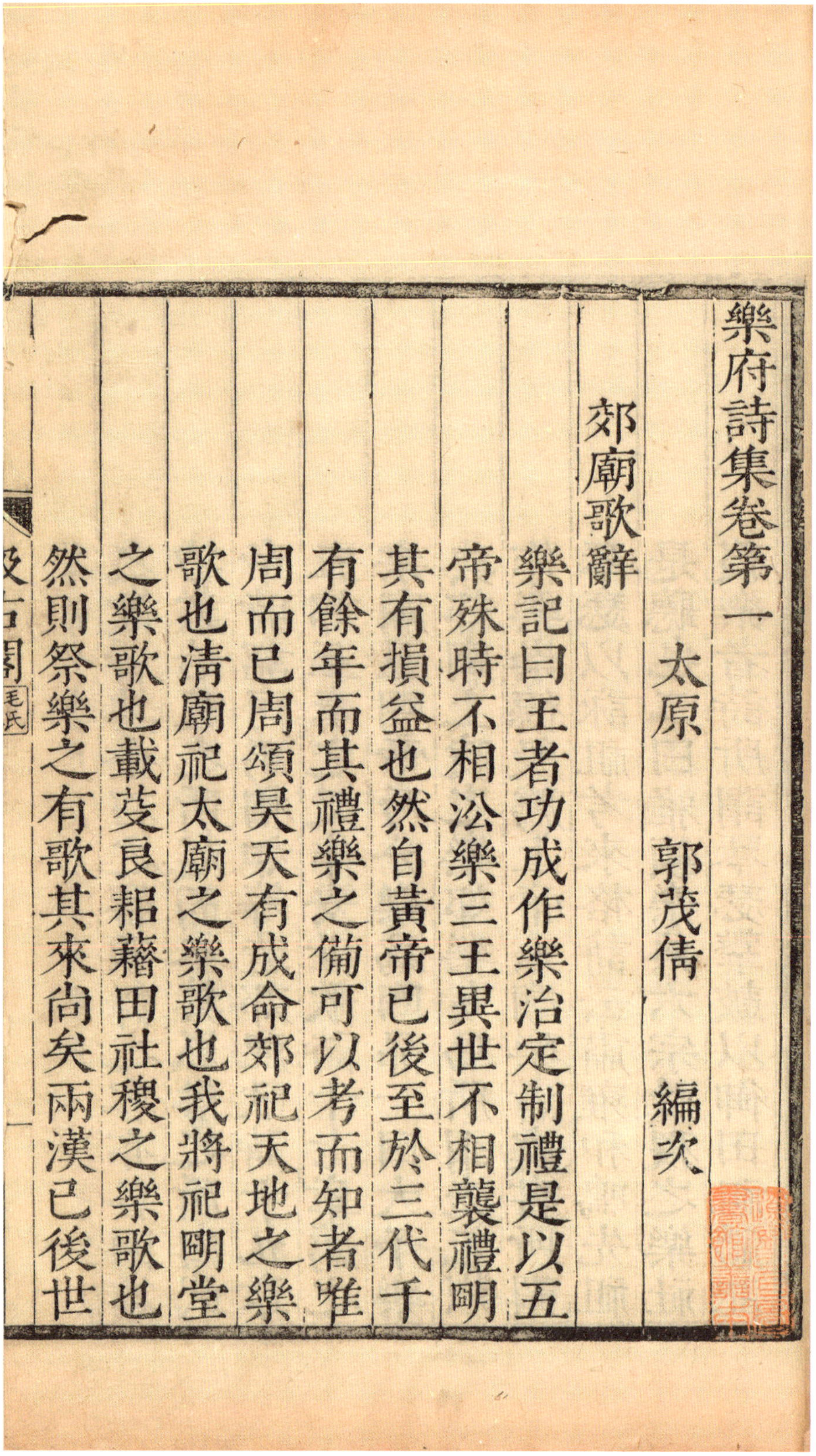
樂府詩集卷第一　太原　郭茂倩　編次
郊廟歌辭
樂記曰王者功成作樂治定制禮是以五
帝殊時不相沿樂三王異世不相襲禮明
其有損益也然自黃帝已後至於三代千
有餘年而其禮樂之備可以考而知者唯
周而已周頌昊天有成命郊祀天地之樂
歌也清廟祀太廟之樂歌也我將祀明堂
之樂歌也載芟良耜藉田社稷之樂歌也
然則祭樂之有歌其來尚矣兩漢已後世
毛氏

20326　樂府詩集一百卷目錄二卷　（宋）郭茂倩輯　明末毛氏汲古閣刻本　遼寧省圖書館

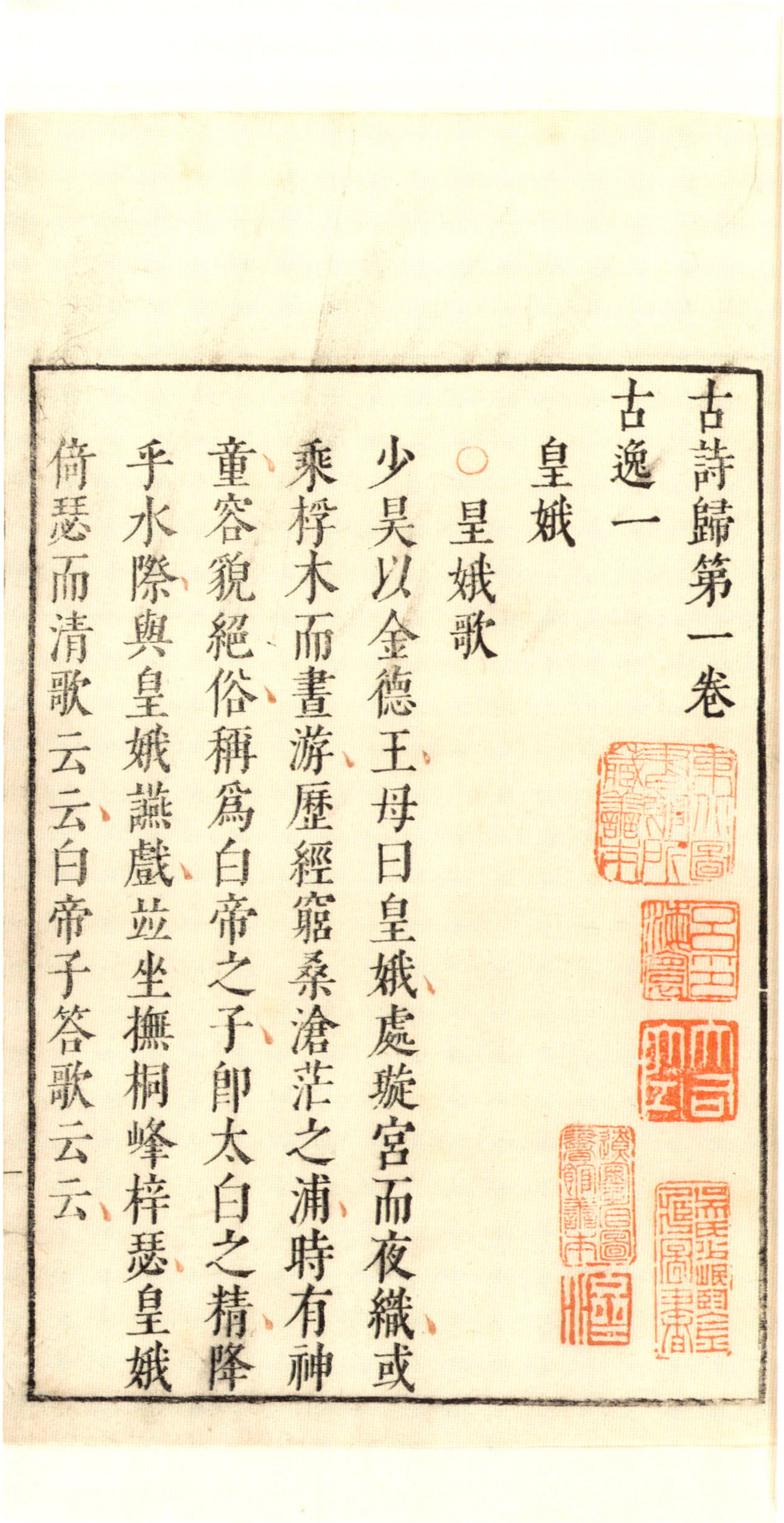
古詩歸第一卷
古逸一
皇娥
○皇娥歌
少昊以金德王母曰皇娥處璇宮而夜織或乘桴木而晝游歷經竆桑滄茫之浦時有神童容貌絕俗稱爲白帝之子卽太白之精降乎水際與皇娥讌戲竝坐撫桐峰梓瑟皇娥倚瑟而清歌云云白帝子答歌云云

20327　詩歸五十一卷　（明）鍾惺　譚元春輯　明閔振業、閔振聲刻三色套印本　遼寧省圖書館

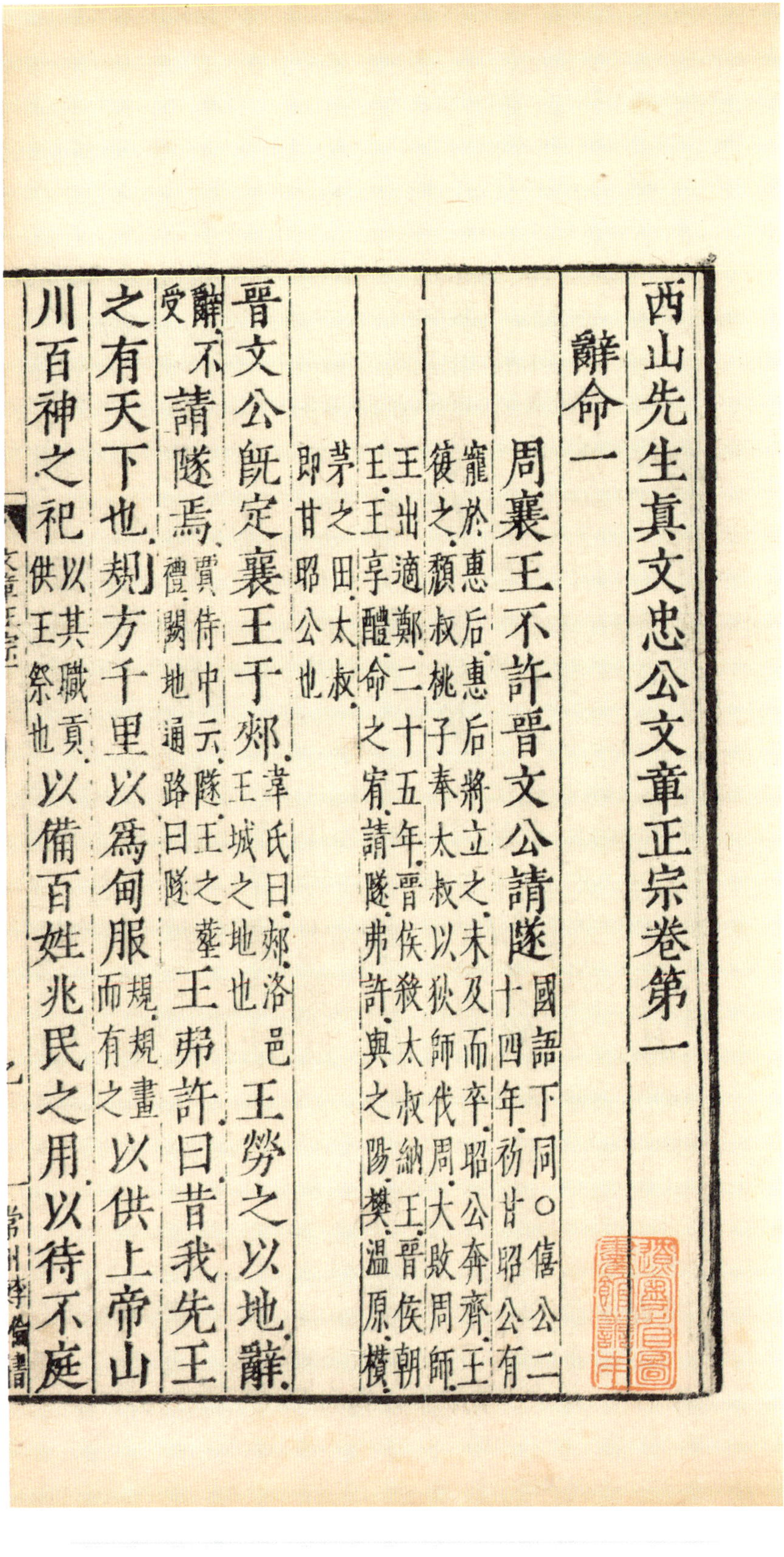

西山先生真文忠公文章正宗卷第一

辭命一

周襄王不許晉文公請隧國語下同○僖公二十四年初甘昭公有寵於惠后惠后將立之未及而卒昭公奔齊王復之頹叔桃子奉太叔以狄師伐周大敗周師王出適鄭二十五年晉侯殺太叔納王晉侯朝王王享醴命之宥請隧弗許與之陽樊溫原欑茅之田太叔即甘昭公也

晉文公既定襄王于郟韋氏曰郟洛邑王城之地也王勞之以地辭辭不受請隧焉賈侍中云隧王之葬禮闕地通路曰隧王弗許曰昔我先王之有天下也規方千里以爲甸服規規畫而有之以供上帝山川百神之祀以其職貢供王祭也以備百姓兆民之用以待不庭

20328　西山先生真文忠公文章正宗二十四卷續二十卷　（宋）真德秀輯　明嘉靖四十三年（1564）杜陵蔣氏家塾刻本　遼寧省圖書館

存十二卷（一至七，續三至四、十四至十六）

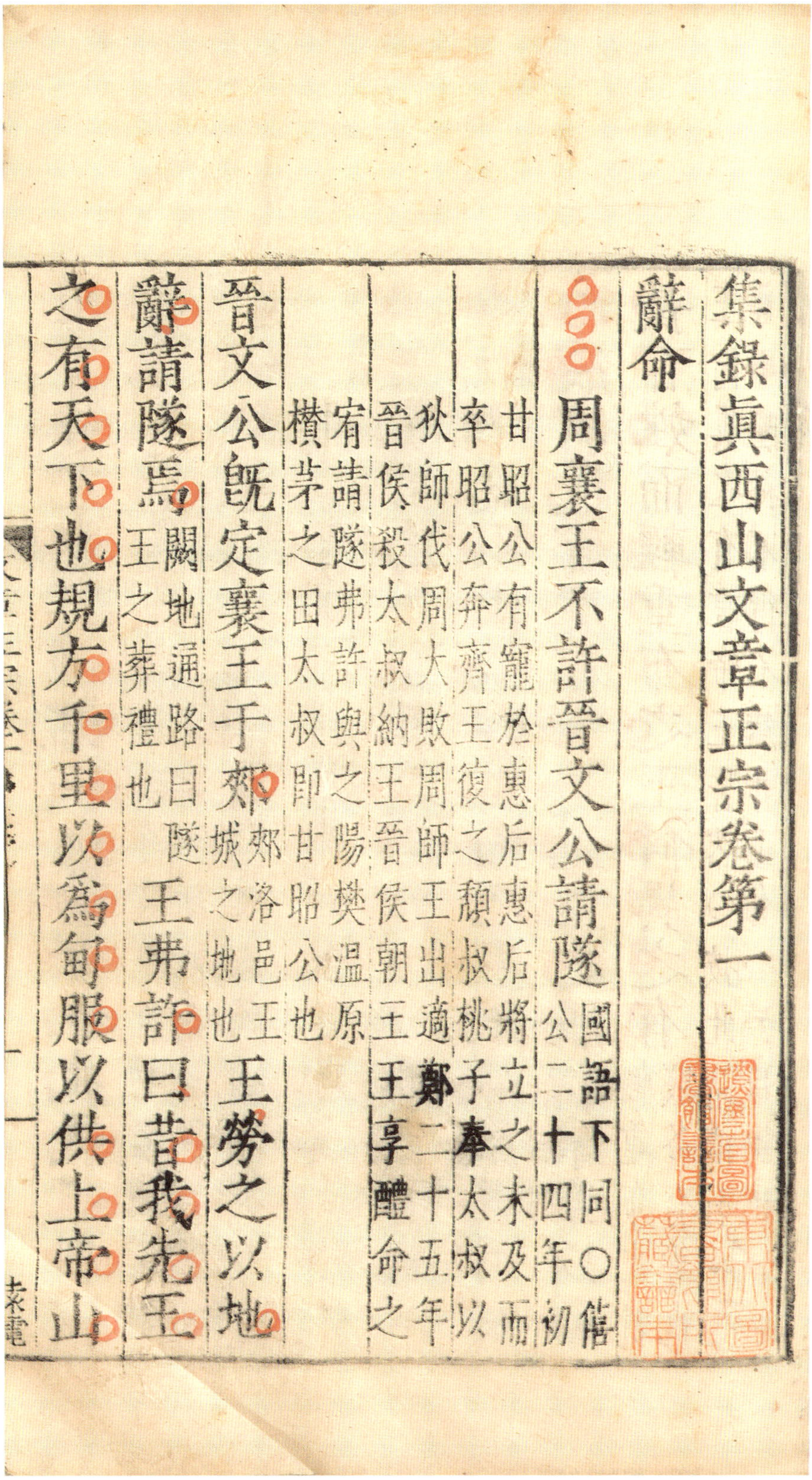
集錄眞西山文章正宗卷第一
辭命
周襄王不許晉文公請隧 國語下同○僖公二十四年初甘昭公有寵於惠后惠后將立之未及而卒昭公奔齊王復之顏叔桃子奉太叔以狄師伐周大敗周師王出適鄭二十五年晉侯殺太叔納王晉侯朝王王享醴命之宥請隧弗許與之陽樊溫原欑茅之田太叔即甘昭公也
晉文公既定襄王于郟 郟洛邑王城之地也 王勞之以地辭請隧焉 闕地通路曰隧王之葬禮也 王弗許曰昔我先王之有天下也規方千里以為甸服以供上帝山

20329 集錄真西山文章正宗三十卷 （宋）真德秀輯 明嘉靖二十三年（1544）孔天胤刻本 徐容題識 遼寧省圖書館

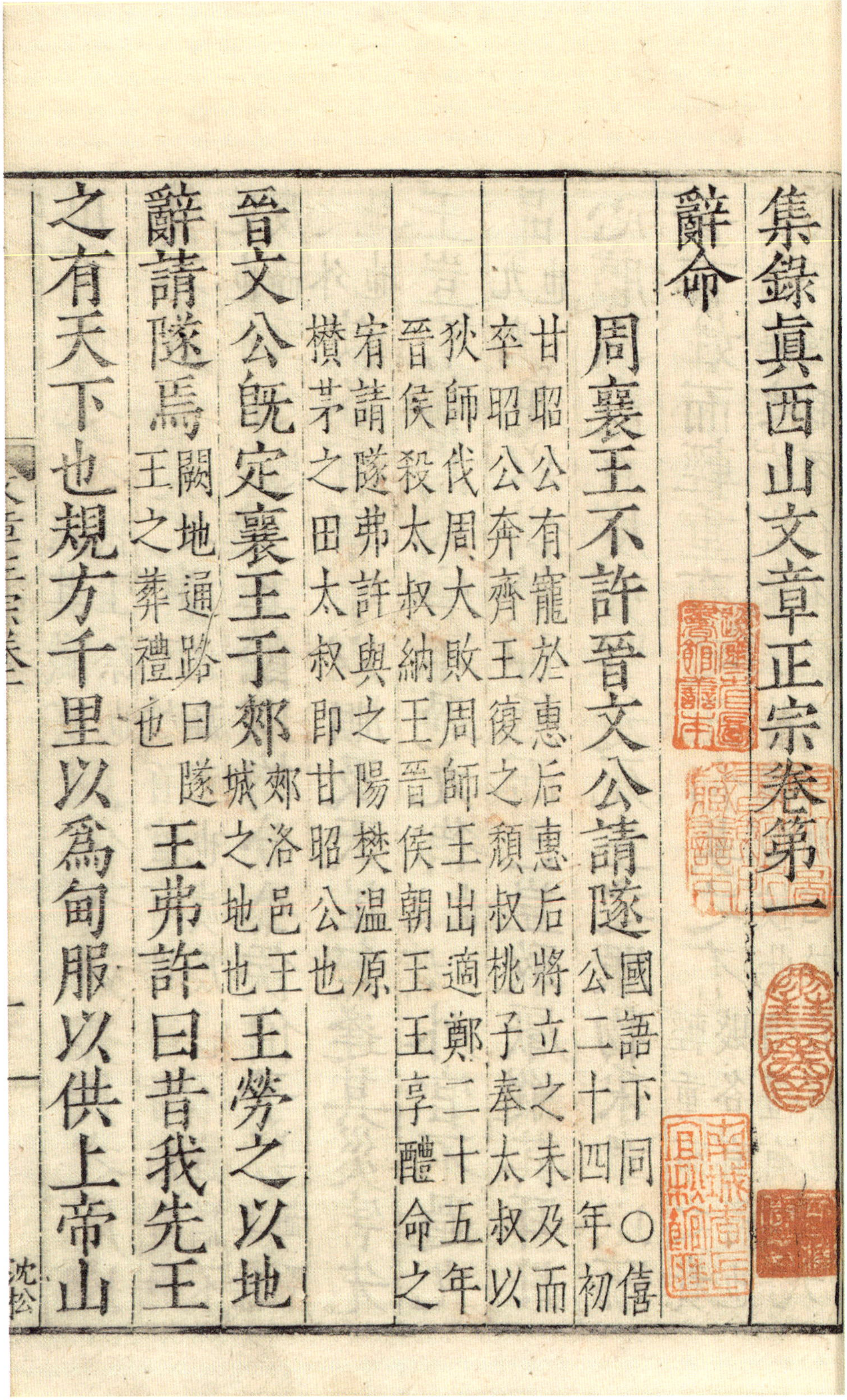

集錄真西山文章正宗卷第一

辭命

周襄王不許晉文公請隧國語下同○僖公二十四年初甘昭公有寵於惠后惠后將立之未及而卒昭公奔齊王復之頹叔桃子奉太叔以狄師伐周大敗周師王出適鄭二十五年晉侯殺太叔納王王晉侯朝王王享醴命之宥請隧弗許與之陽樊温原欑茅之田太叔即甘昭公也

晉文公既定襄王于郟郟洛邑王城之地也王勞之以地辭請隧焉闕地通路曰隧王之葬禮也王弗許曰昔我先王之有天下也規方千里以為甸服以供上帝山

20330　集錄真西山文章正宗三十卷　（宋）真德秀輯　明嘉靖二十三年（1544）孔天胤刻三十九年（1560）范惟一補刻本　遼寧省圖書館

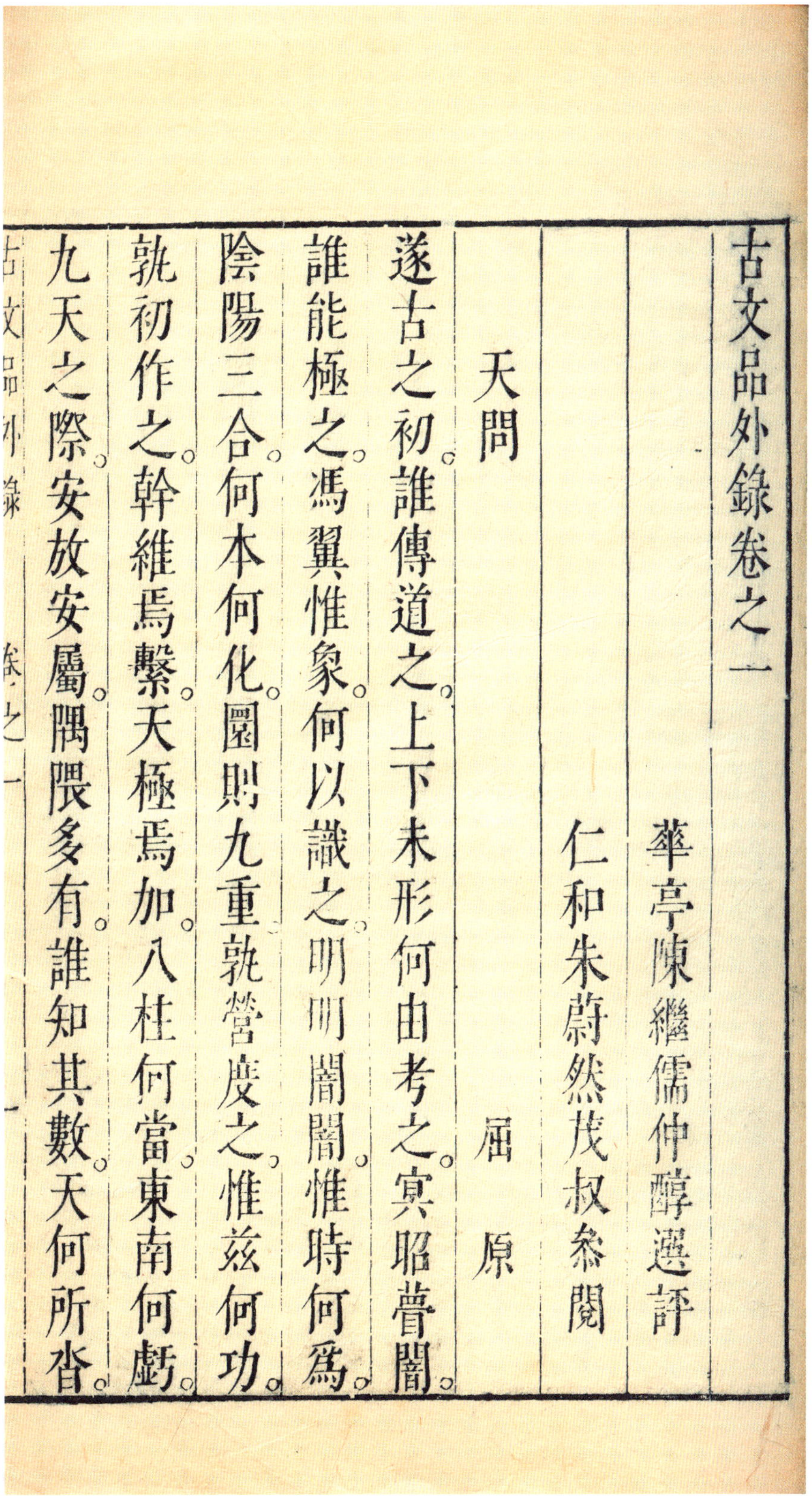

古文品外錄卷之一

華亭陳繼儒仲醇選評

仁和朱蔚然茂叔參閱

天問　屈原

遂古之初。誰傳道之。上下未形。何由考之。冥昭瞢闇。誰能極之。馮翼惟象。何以識之。明明闇闇。惟時何爲。陰陽三合。何本何化。圜則九重。孰營度之。惟茲何功。孰初作之。斡維焉繫。天極焉加。八柱何當。東南何虧。九天之際。安放安屬。隅隈多有。誰知其數。天何所沓。

古文品外錄　卷之一　一

20331　古文品外錄十二卷　（明）陳繼儒輯并評　明天啓五年（1625）朱蔚然刻本　遼寧大學圖書館

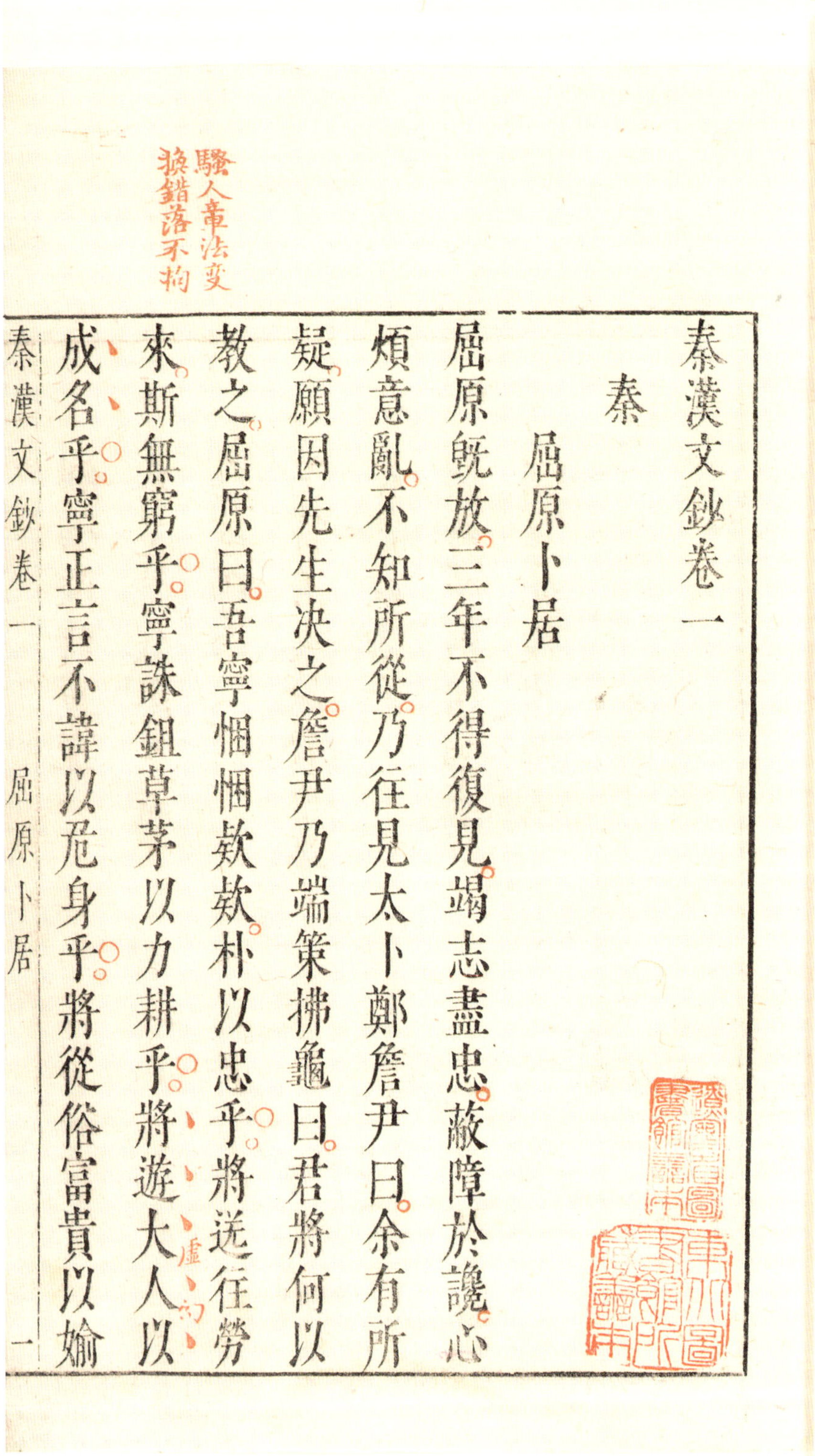

騷人章法變換錯落不拘
秦漢文鈔卷一
秦
屈原卜居
屈原既放三年不得復見竭志盡忠蔽障於讒心
煩意亂不知所從乃往見太卜鄭詹尹曰余有所
疑願因先生决之詹尹乃端策拂龜曰君將何以
教之屈原曰吾寧悃悃款款朴以忠乎將送往勞
來斯無窮乎寧誅鋤草茅以力耕乎將遊大人以
成名乎寧正言不諱以危身乎將從俗富貴以媮
秦漢文鈔卷一　屈原卜居　一

20332　秦漢文鈔六卷　（明）閔邁德等輯　（明）楊融博批點　明萬曆四十八年（1620）閔氏刻朱墨套印本　遼寧省圖書館

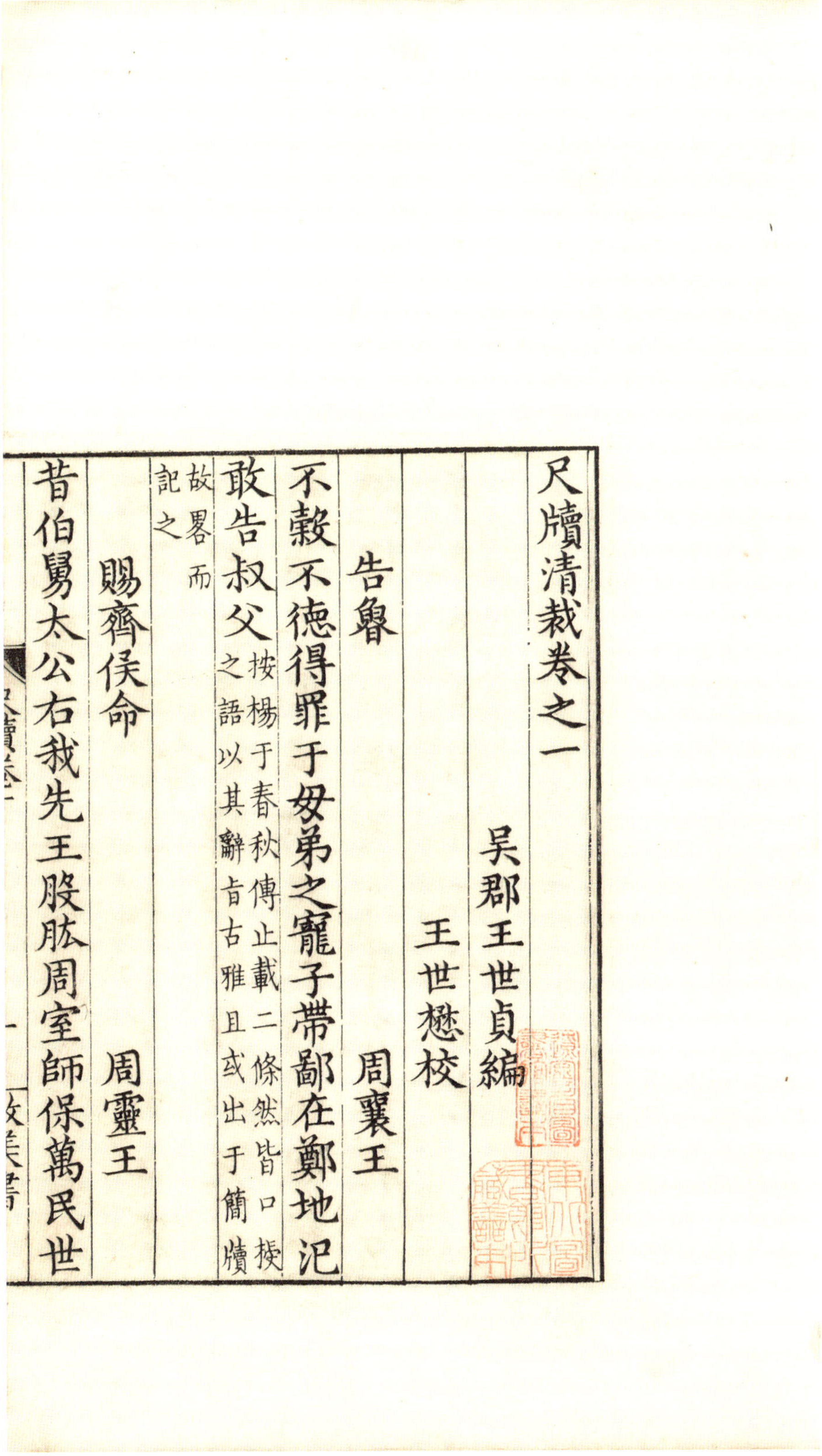
尺牘清裁卷之一
吴郡王世貞編
王世懋校
告魯　周襄王
不穀不德得罪于母弟之寵子帶鄙在鄭地汜
敢告叔父按楊于春秋傳止載二條然皆口授之語以其辭旨古雅且或出于簡牘故畧而記之
賜齊侯命　周靈王
昔伯舅太公右我先王股肱周室師保萬民世

20333　尺牘清裁六十卷補遺一卷　（明）王世貞輯　明隆慶五年（1571）自刻本　遼寧省圖書館

存十五卷（一至十、四十一至四十五）

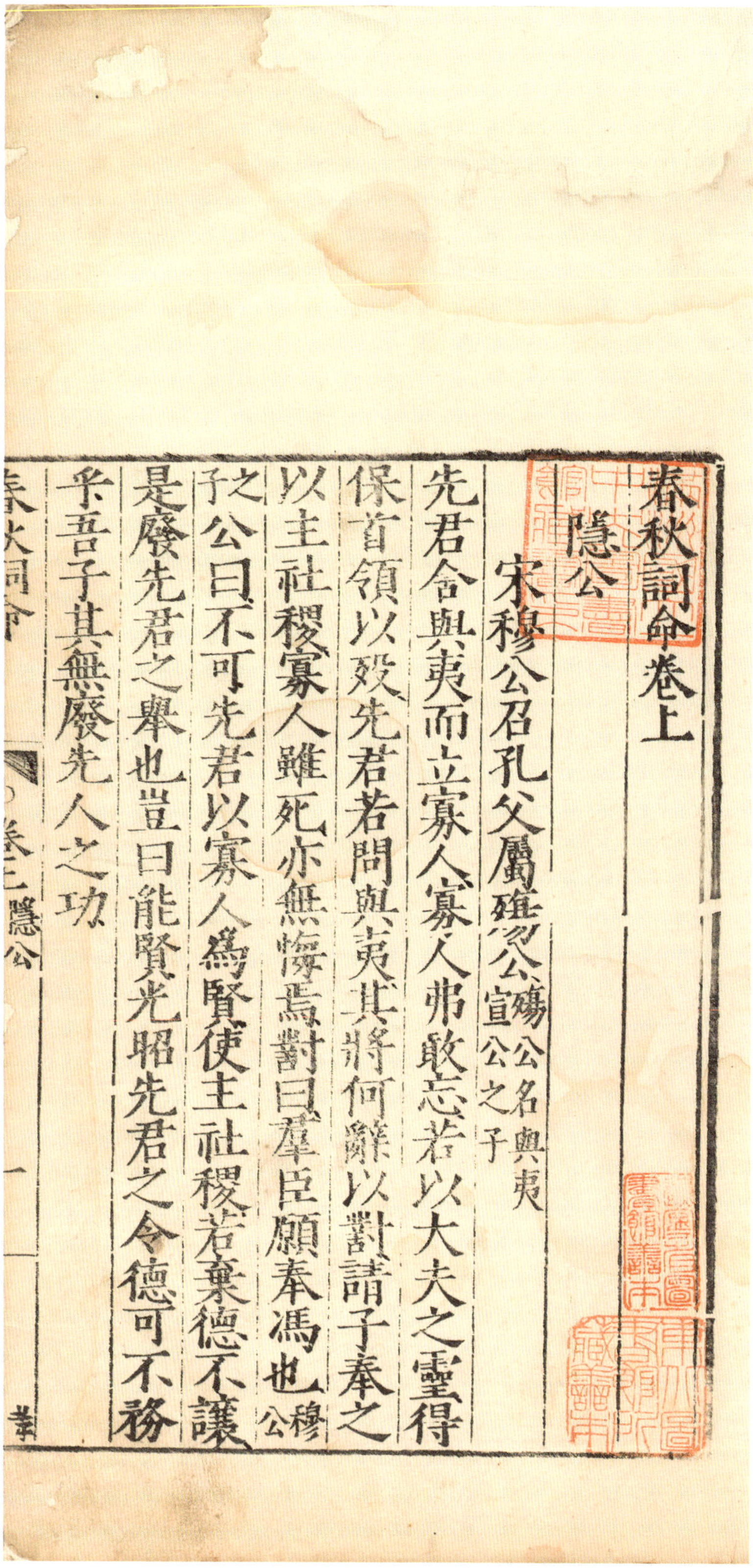
春秋詞命卷上
隱公
宋穆公召孔父屬殤公殤公名與夷宣公之子
先君舍與夷而立寡人寡人弗敢忘若以大夫之靈得
保首領以歿先君若問與夷其將何辭以對請子奉之
以主社稷寡人雖死亦無悔焉對曰羣臣願奉馮也穆公之子公曰不可先君以寡人爲賢使主社稷若棄德不讓
是廢先君之舉也豈曰能賢光昭先君之令德可不務
乎吾子其無廢先人之功
春秋詞命　卷之一　隱公　一

20334　春秋詞命三卷　（明）王鏊輯　明刻本　遼寧省圖書館

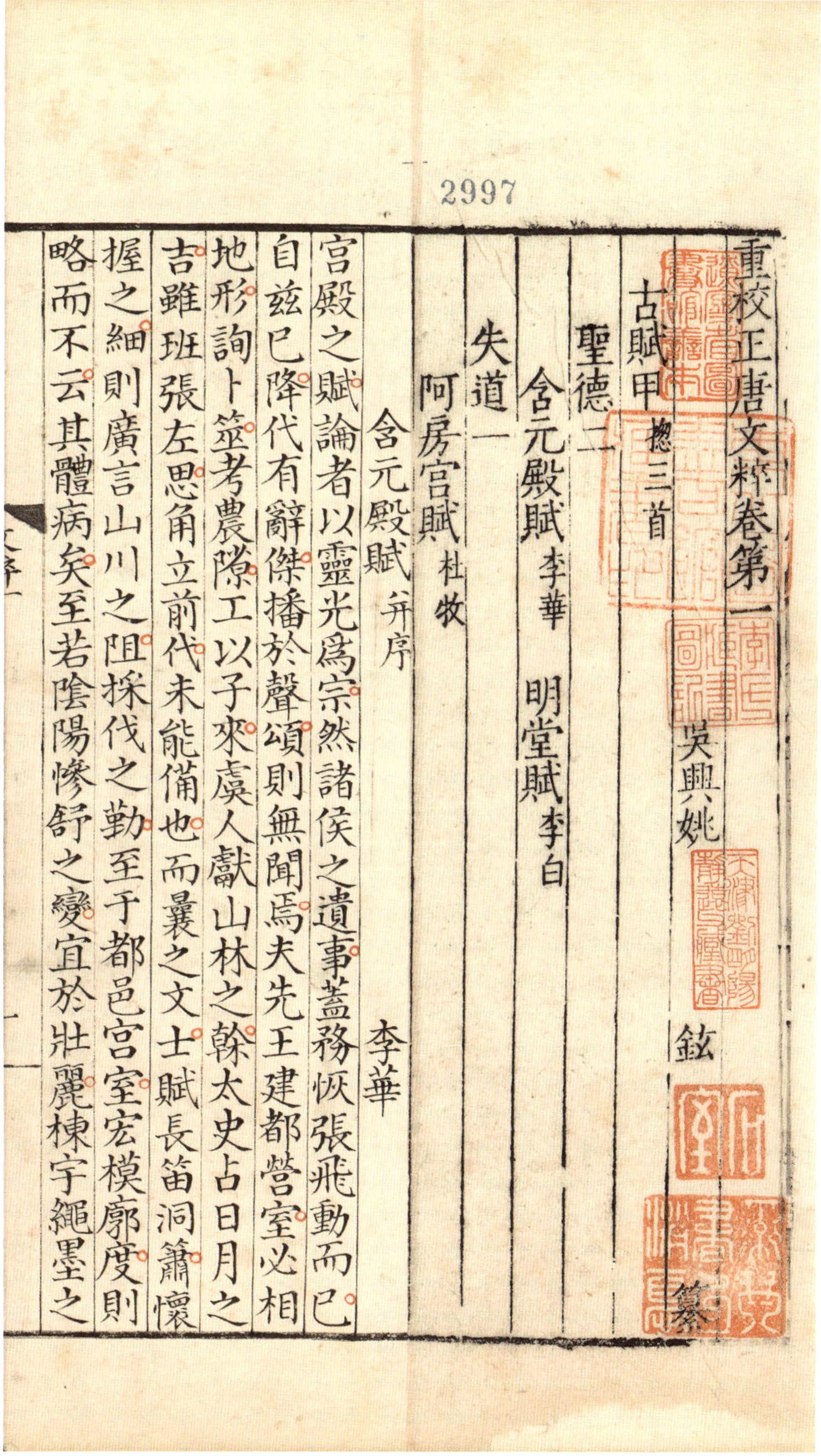
2997

重校正唐文粹卷第一

吳興姚鉉纂

古賦甲 揔三首

聖德二

含元殿賦 李華　明堂賦 李白

失道一

阿房宮賦 杜牧

含元殿賦 并序　李華

宮殿之賦論者以靈光爲宗然諸侯之遺事蓋務恢張飛動而已自茲已降代有辭傑播於聲頌則無聞焉夫先王建都營室必相地形詢卜筮考農隙工以子來虞人獻山林之榦太史占日月之吉雖班張左思角立前代未能備也而曩之文士賦長笛洞簫懷握之細則廣言山川之阻採伐之勤至于都邑宮室宏模廓度則略而不云其體病矣至若陰陽慘舒之變宜於壯麗棟宇繩墨之

20335　重校正唐文粹一百卷　（宋）姚鉉輯　明嘉靖三年（1524）徐焴刻萬曆重修本　遼寧省圖書館

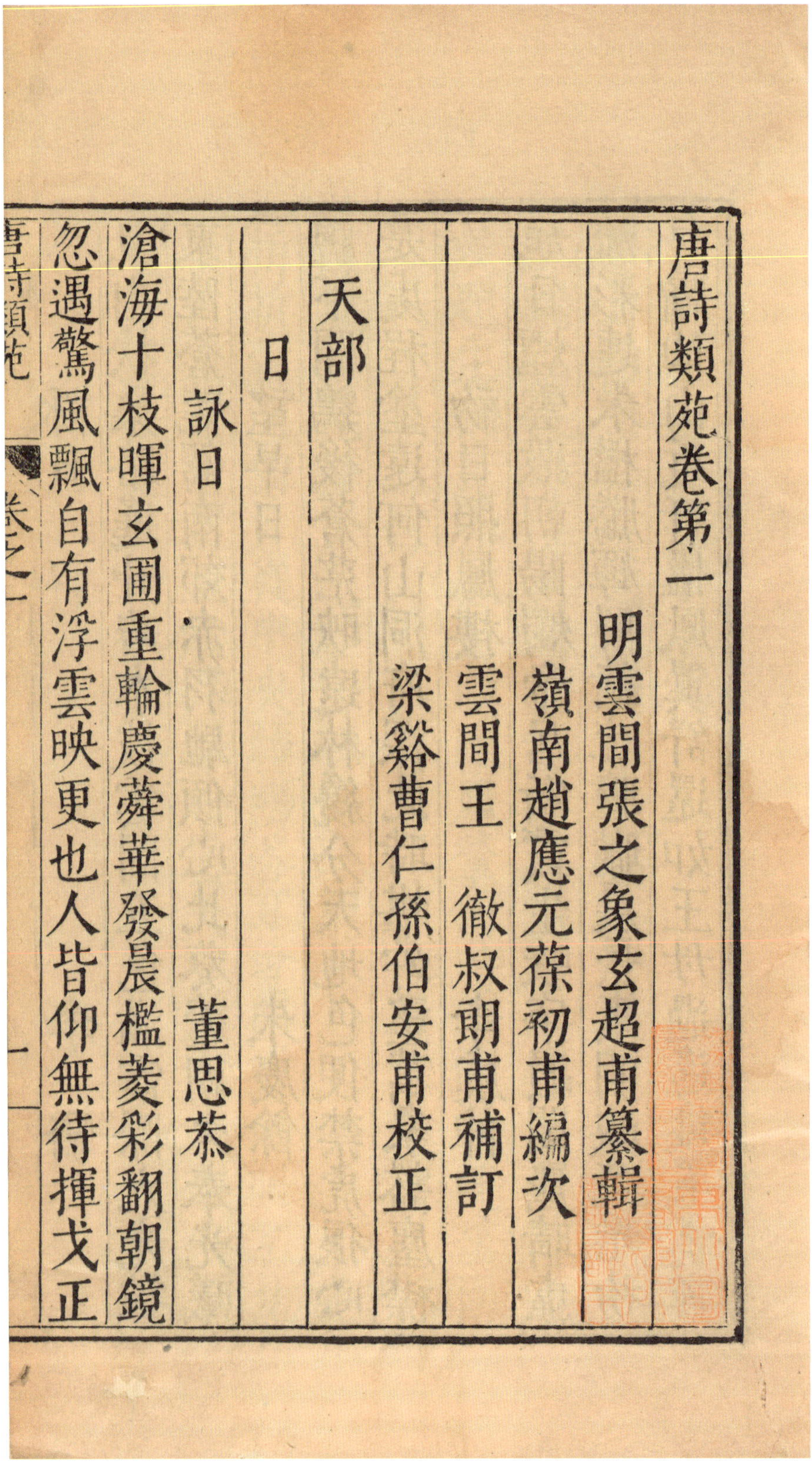
唐詩類苑卷第一
明雲間張之象玄超甫纂輯
嶺南趙應元葆初甫編次
雲間王　徹叔朗甫補訂
梁谿曹仁孫伯安甫校正
天部
日
詠日　董思恭
滄海十枝暉玄圃重輪慶蕣華發晨檻菱彩翻朝鏡
忽遇驚風飄自有浮雲映更也人皆仰無待揮戈正
唐詩類苑　卷之一　一

20336　唐詩類苑二百卷　（明）張之象纂輯　（明）王徹增補　明萬曆二十九年（1601）曹仁孫刻本　遼寧省圖書館

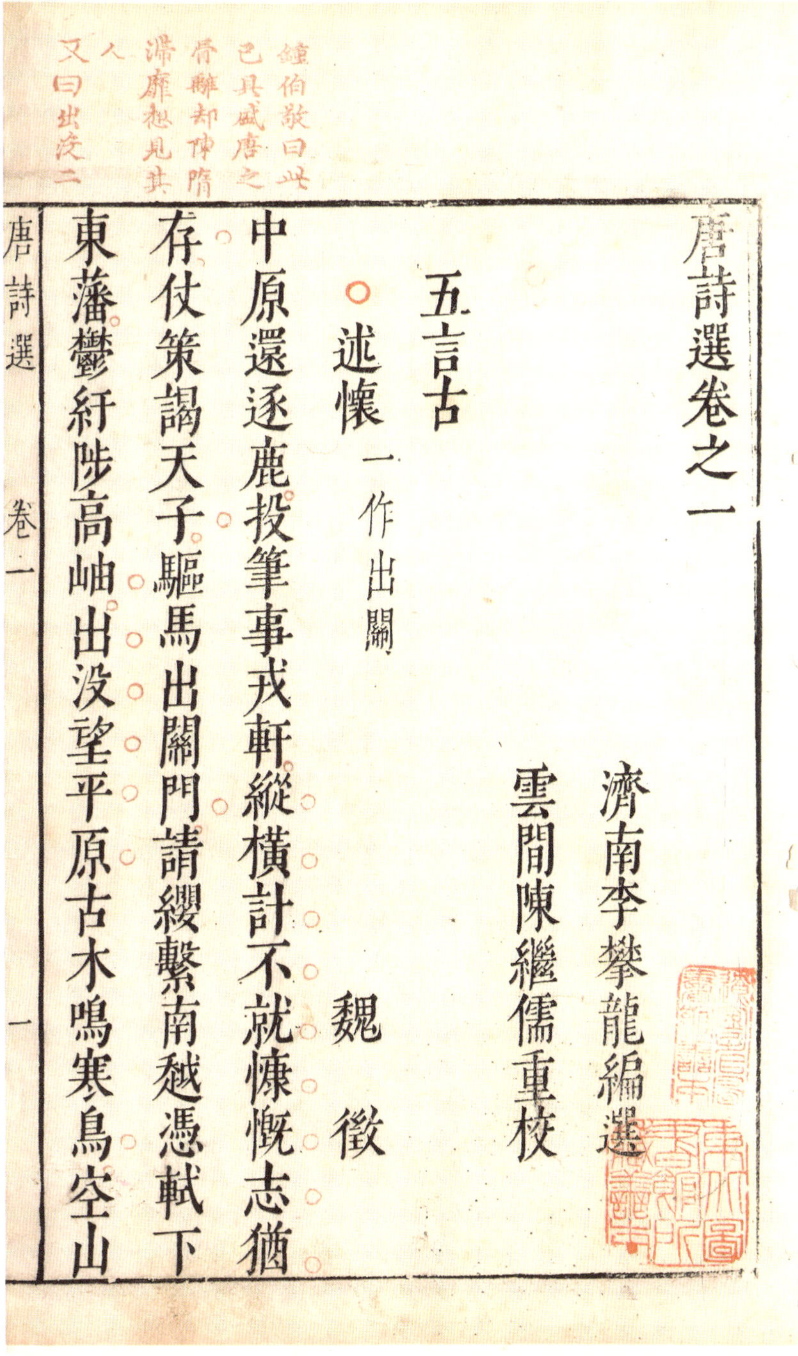

鍾伯敬曰此已具盛唐之骨髓却掃隋沸靡想見其人又曰出沒二

唐詩選卷之一

濟南李攀龍編選
雲間陳繼儒重校

五言古

述懷 一作出關　　魏徵

中原還逐鹿投筆事戎軒縱橫計不就慷慨志猶存仗策謁天子驅馬出關門請纓繫南越憑軾下東藩鬱紆陟高岫出沒望平原古木鳴寒鳥空山

唐詩選　卷一　一

20337　唐詩選七卷　（明）李攀龍輯　**彙釋七卷**　（明）蔣一葵撰　**詩韻輯要五卷**　（明）王穉登輯　明刻朱墨套印本　遼寧省圖書館

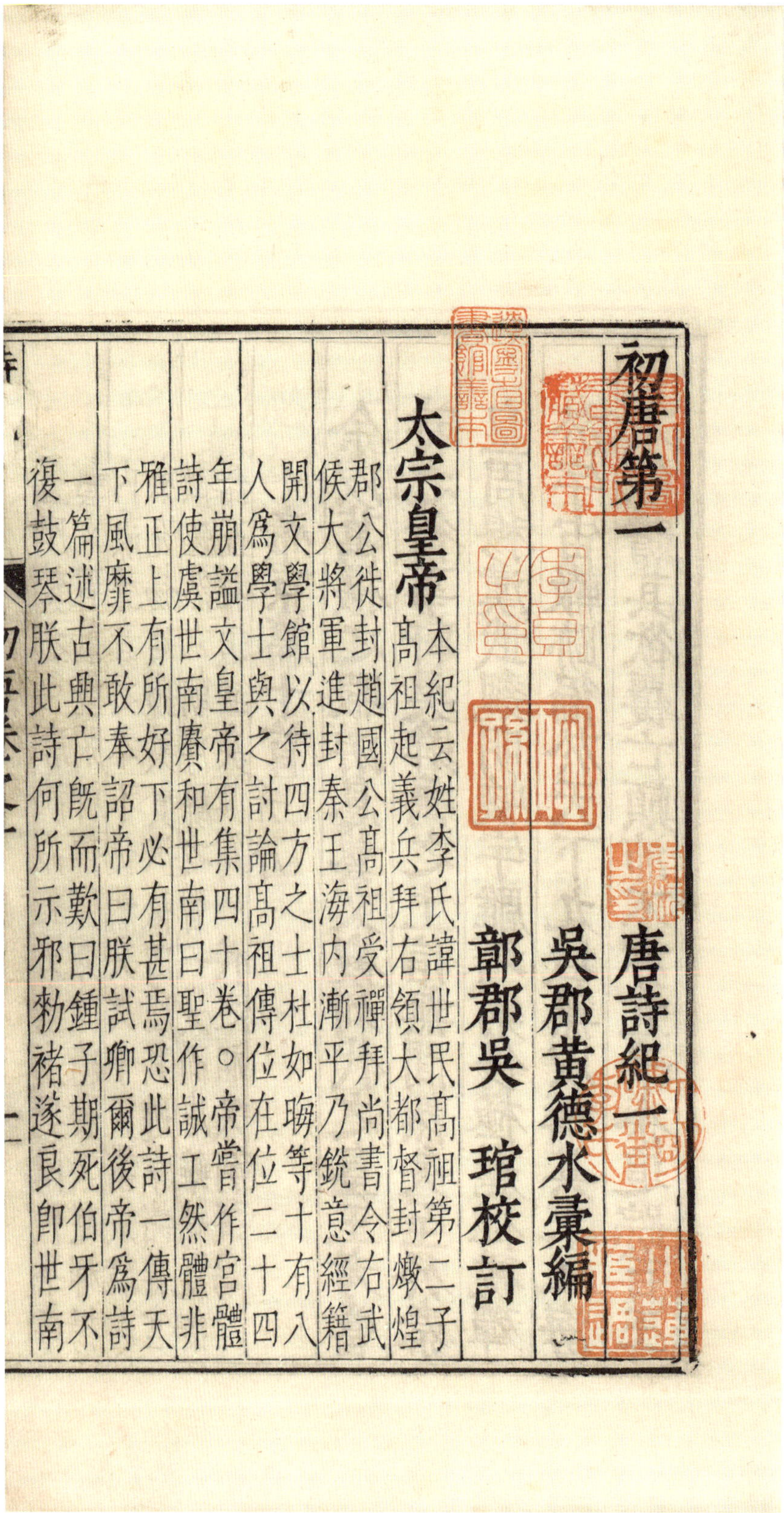

20338 唐詩紀一百七十卷目録三十四卷 （明）黄德水　吴琯輯　明萬曆十三年（1585）吴琯刻本　遼寧省圖書館

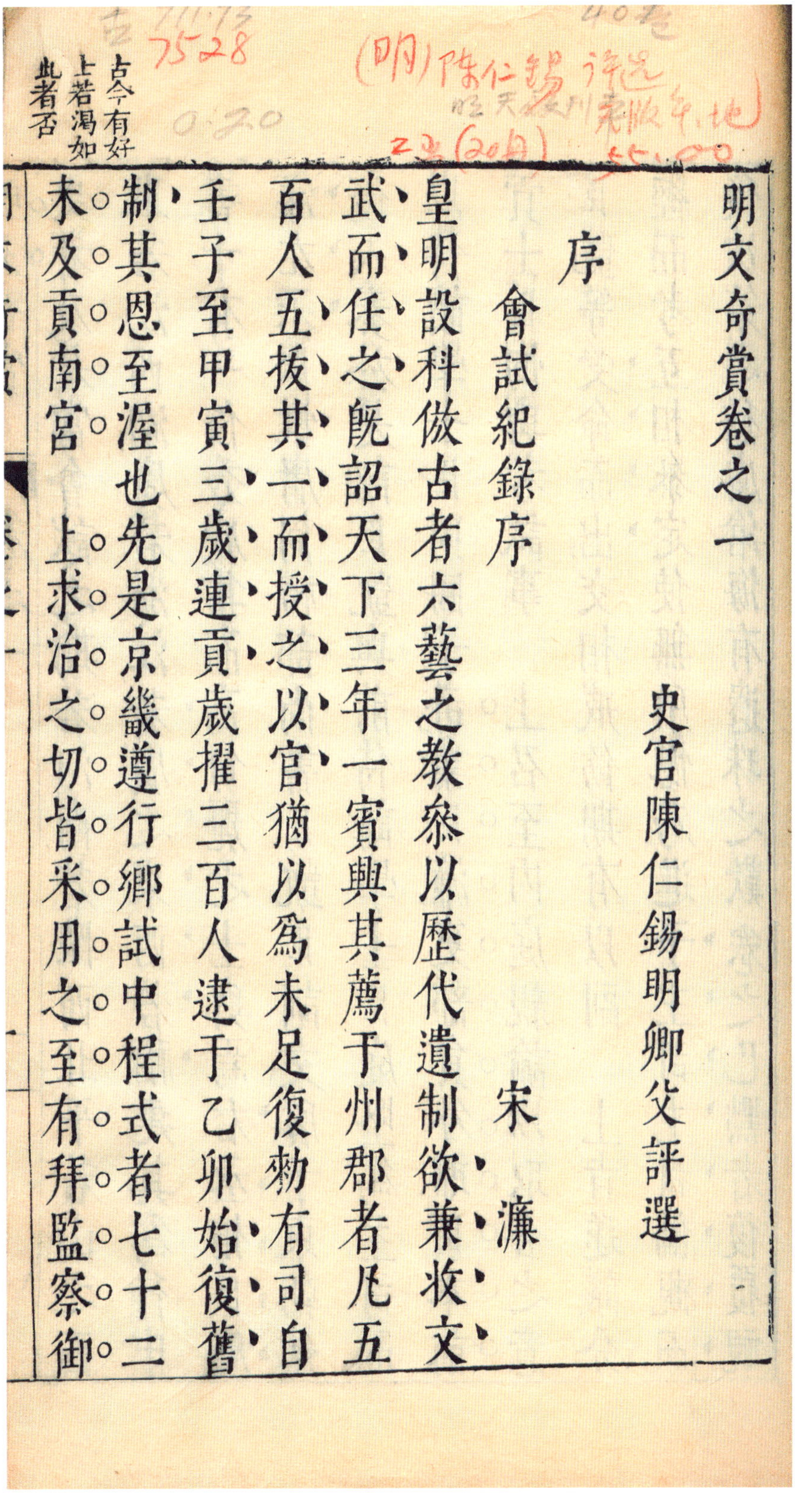
古今有好
上若渴如
此者否
明文奇賞卷之一
史官陳仁錫明卿父評選
序
會試紀錄序　宋濂
皇明設科倣古者六藝之教參以歷代遺制欲兼收文
武而任之旣詔天下三年一賓興其薦于州郡者凡五
百人五拔其一而授之以官猶以爲未足復勅有司自
壬子至甲寅三歲連貢歲擢三百人逮于乙卯始復舊
制其恩至渥也先是京畿遵行鄉試中程式者七十二
未及貢南宮　上求治之切皆采用之至有拜監察御

20339　明文奇賞四十卷　（明）陳仁錫輯　明天啓三年（1623）刻本　遼寧大學圖書館

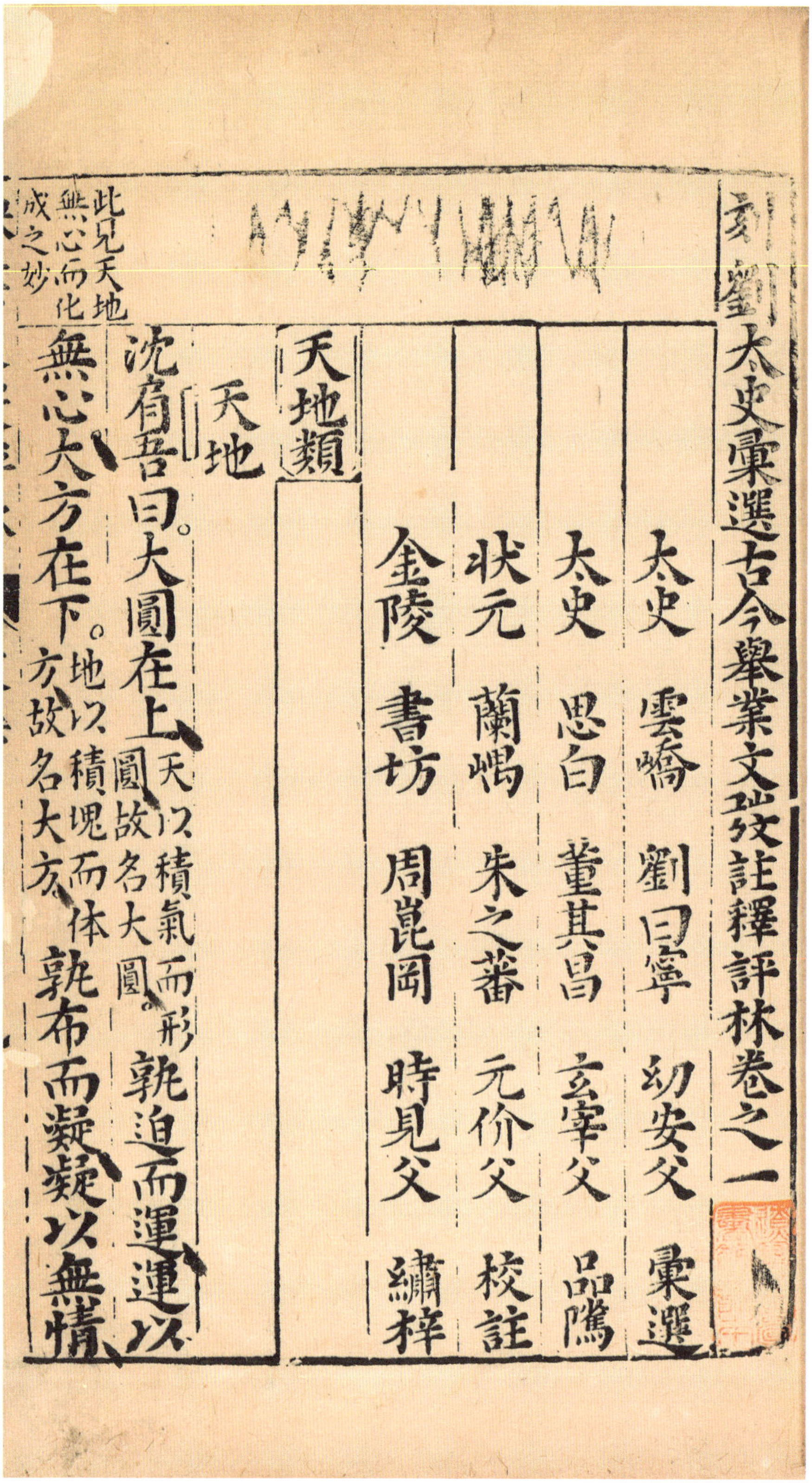
刻劉太史彙選古今舉業文敳註釋評林卷之一

太史　雲嶠　劉日寧　幼安父　彙選
太史　思白　董其昌　玄宰父　品騭
狀元　蘭嵎　朱之蕃　元价父　校註
金陵　書坊　周昆岡　時見父　繡梓

天地類

天地

沉有吾曰。大圓在上天以積氣而形圓故名大圓。軏迫而運運以無心大方在下。地以積塊而体方故名大方軏布而凝凝以無情

此見天地無心而化成之妙

20340　刻劉太史彙選古今舉業文敳註釋評林四卷　（明）劉日寧輯　（明）朱之蕃評　明萬曆二十四年（1596）金陵書坊周昆岡刻本　遼寧省圖書館

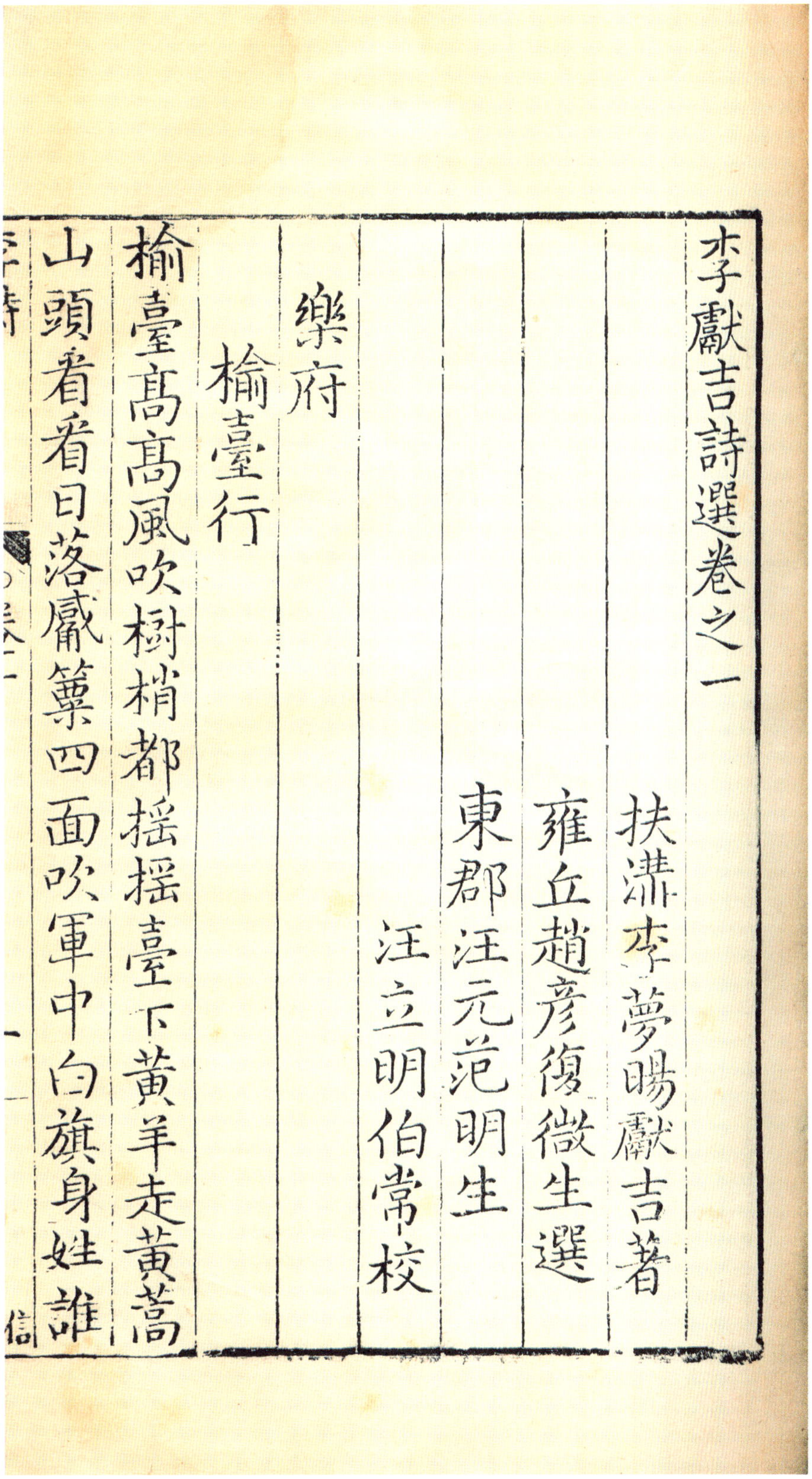

李獻吉詩選卷之一
扶溝李夢陽獻吉著
雍丘趙彥復徵生選
東郡汪元範明生
汪立明伯常校
樂府
榆臺行
榆臺高高風吹樹梢都搖搖臺下黃羊走黃蒿
山頭看看日落觱篥四面吹軍中白旗身娃誰

20341 梁園風雅二十七卷 （明）趙彥復輯 明刻本 遼寧大學圖書館

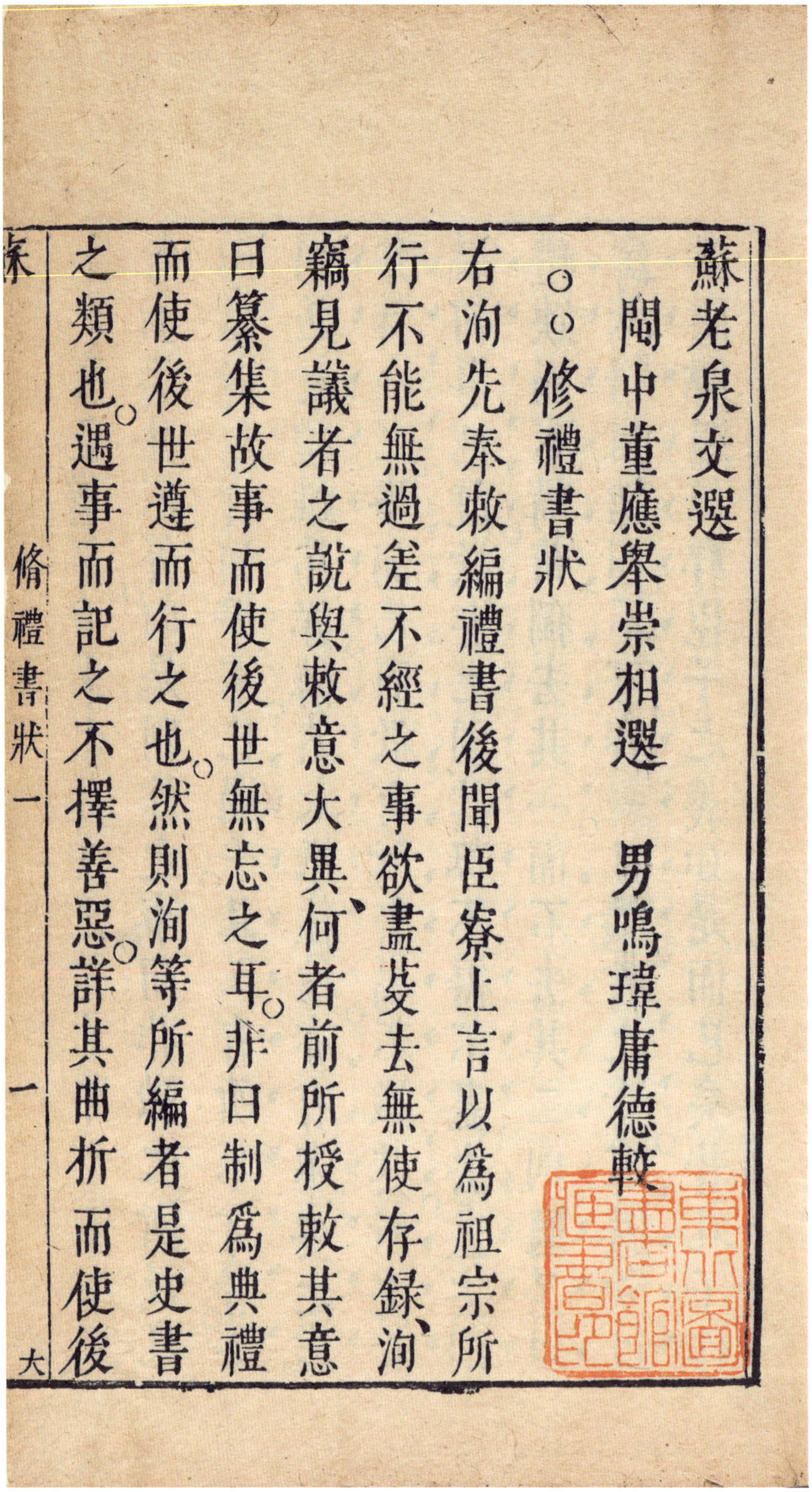
蘇老泉文選
閬中董應舉崇相選　男鳴瑋庸德較
○○修禮書狀
右洵先奉敕編禮書後聞臣僚上言以爲祖宗所行不能無過差不經之事欲盡芟去無使存録洵竊見議者之説與敕意大異何者前所授敕其意曰纂集故事而使後世無忘之耳非曰制爲典禮而使後世遵而行之也然則洵等所編者是史書之類也遇事而記之不擇善惡詳其曲折而使後
蘇　修禮書狀　一　一　大

20342　眉山蘇氏三大家文選四卷　（明）董應舉輯并評　明崇禎刻本
遼寧省圖書館

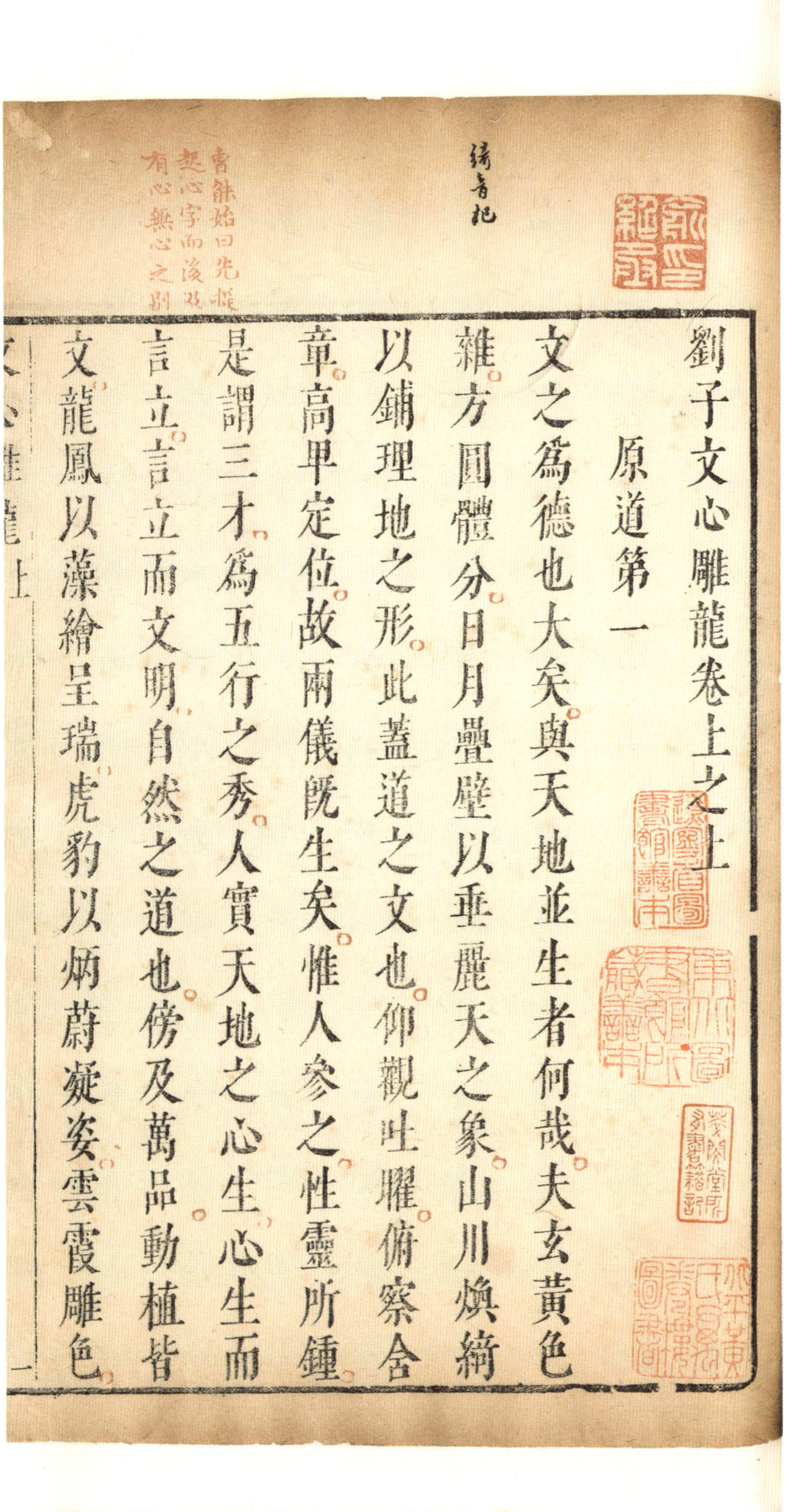
曹能始曰先提起心字而後及有心無心之别

劉子文心雕龍卷上之上

原道第一

文之爲德也大矣與天地並生者何哉夫玄黃色雜方圓體分日月疊壁以垂麗天之象山川煥綺以鋪理地之形此蓋道之文也仰觀吐曜俯察含章高卑定位故兩儀旣生矣惟人參之性靈所鍾是謂三才爲五行之秀人實天地之心生心生而言立言立而文明自然之道也傍及萬品動植皆文龍鳳以藻繪呈瑞虎豹以炳蔚凝姿雲霞雕色

文心雕龍上　一

20343　劉子文心雕龍二卷　（南朝梁）劉勰撰　（明）楊慎　曹學佺等批點

文心雕龍注二卷　（明）梅慶生撰　明閔繩初刻五色套印本　遼寧省圖書館

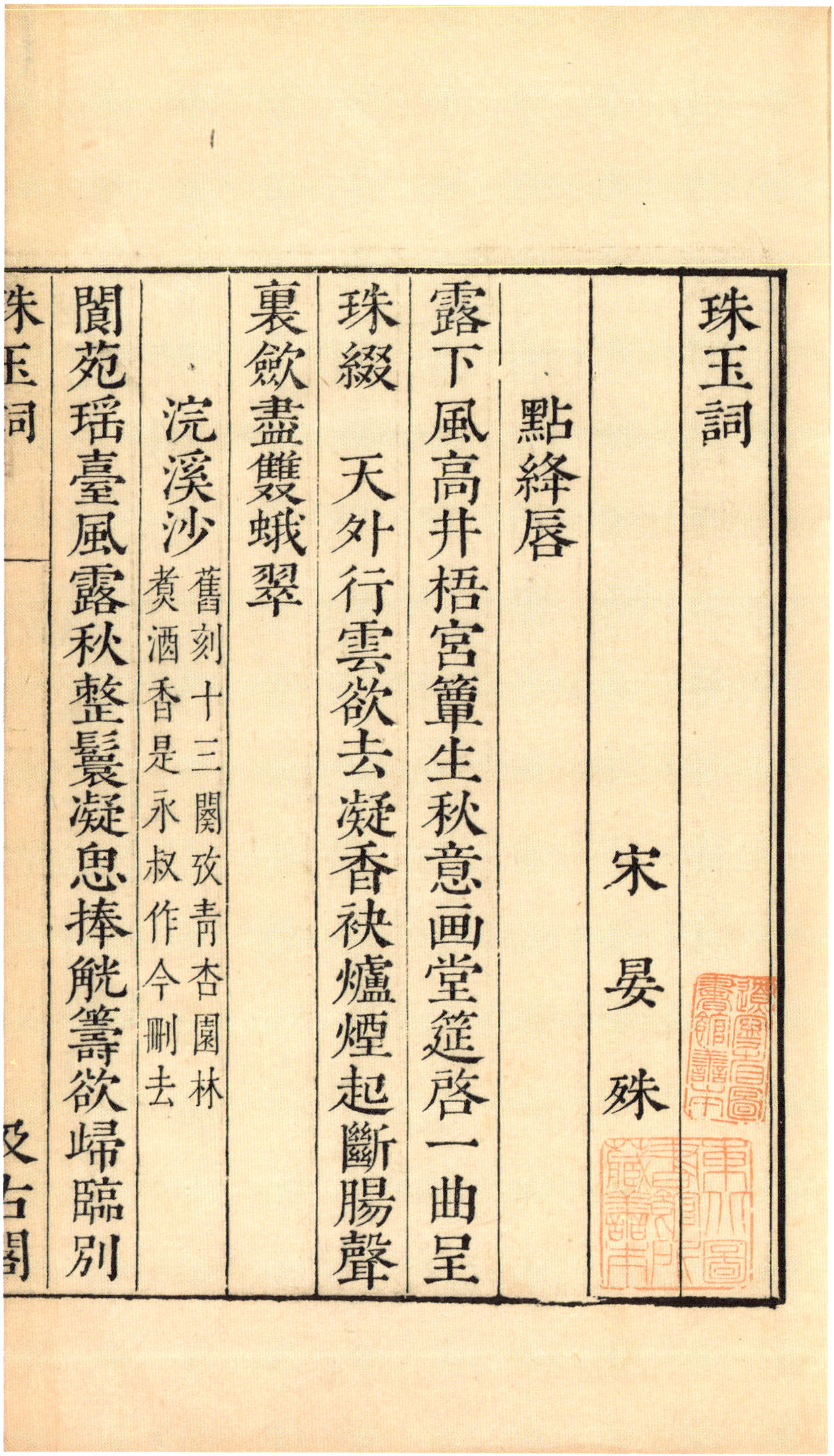
珠玉詞
宋　晏殊
點絳唇
露下風高井梧宮簟生秋意画堂筵啓一曲呈
珠綴　天外行雲欲去凝香袂爐煙起斷腸聲
裏斂盡雙蛾翠
浣溪沙　舊刻十三闋攷青杏園林煑酒香是永叔作今删去
閬苑瑤臺風露秋整鬟凝思捧觥籌欲歸臨別
珠玉詞　汲古閣

20344　宋名家詞九十卷　（明）毛晉編　明崇禎毛氏汲古閣刻本　遼寧省圖書館

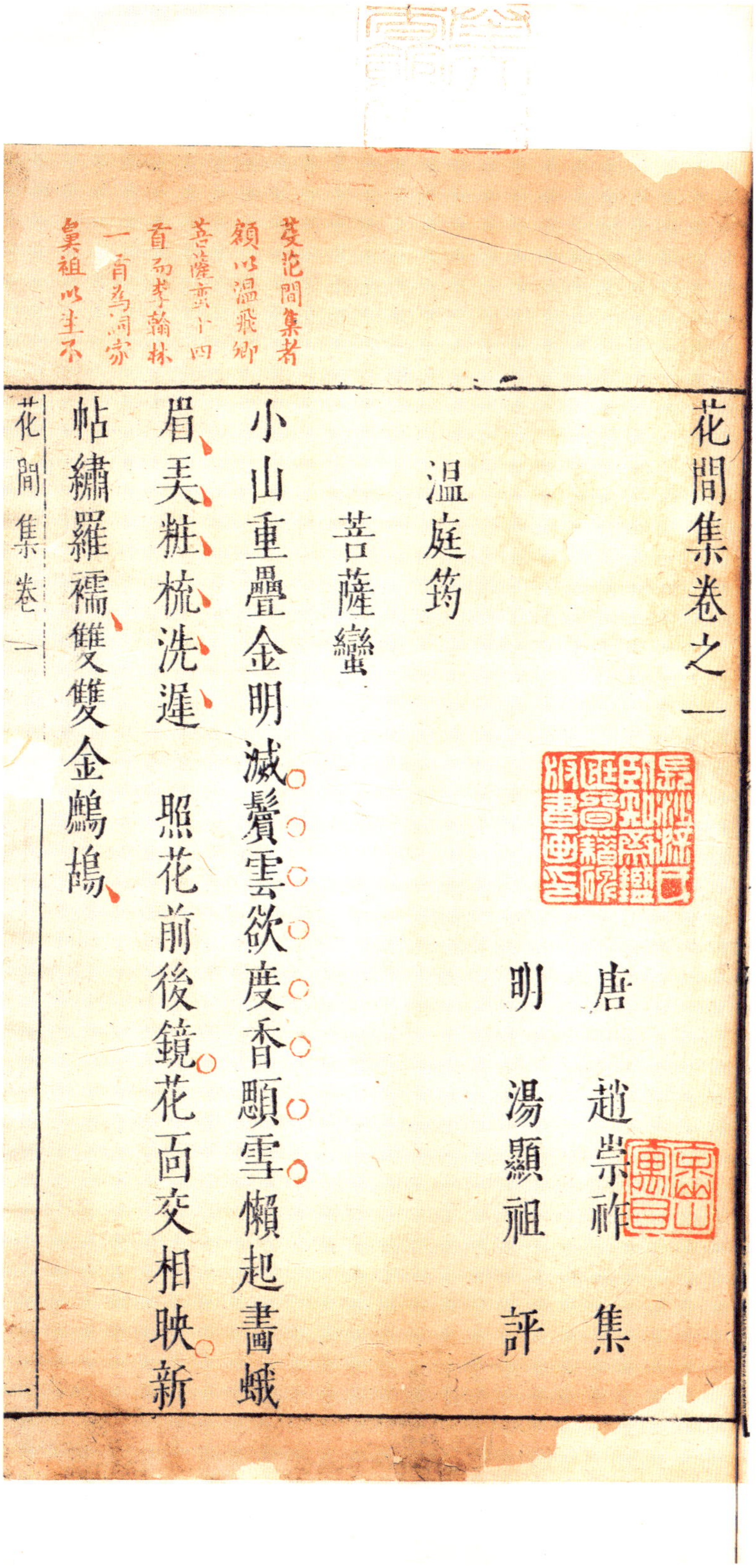
芟花間集者額以温飛卿菩薩蠻十四首而李翰林一首為詞家鼻祖以生不

花間集卷之一
唐 趙崇祚 集
明 湯顯祖 評
温庭筠
菩薩蠻
小山重疊金明滅鬢雲欲度香顋雪懶起畫蛾眉弄粧梳洗遲 照花前後鏡花面交相映新帖繡羅襦雙雙金鷓鴣

花間集卷一 一

20345 花間集十卷 （後蜀）趙崇祚輯 （明）湯顯祖評 明刻朱墨套印本
大連圖書館

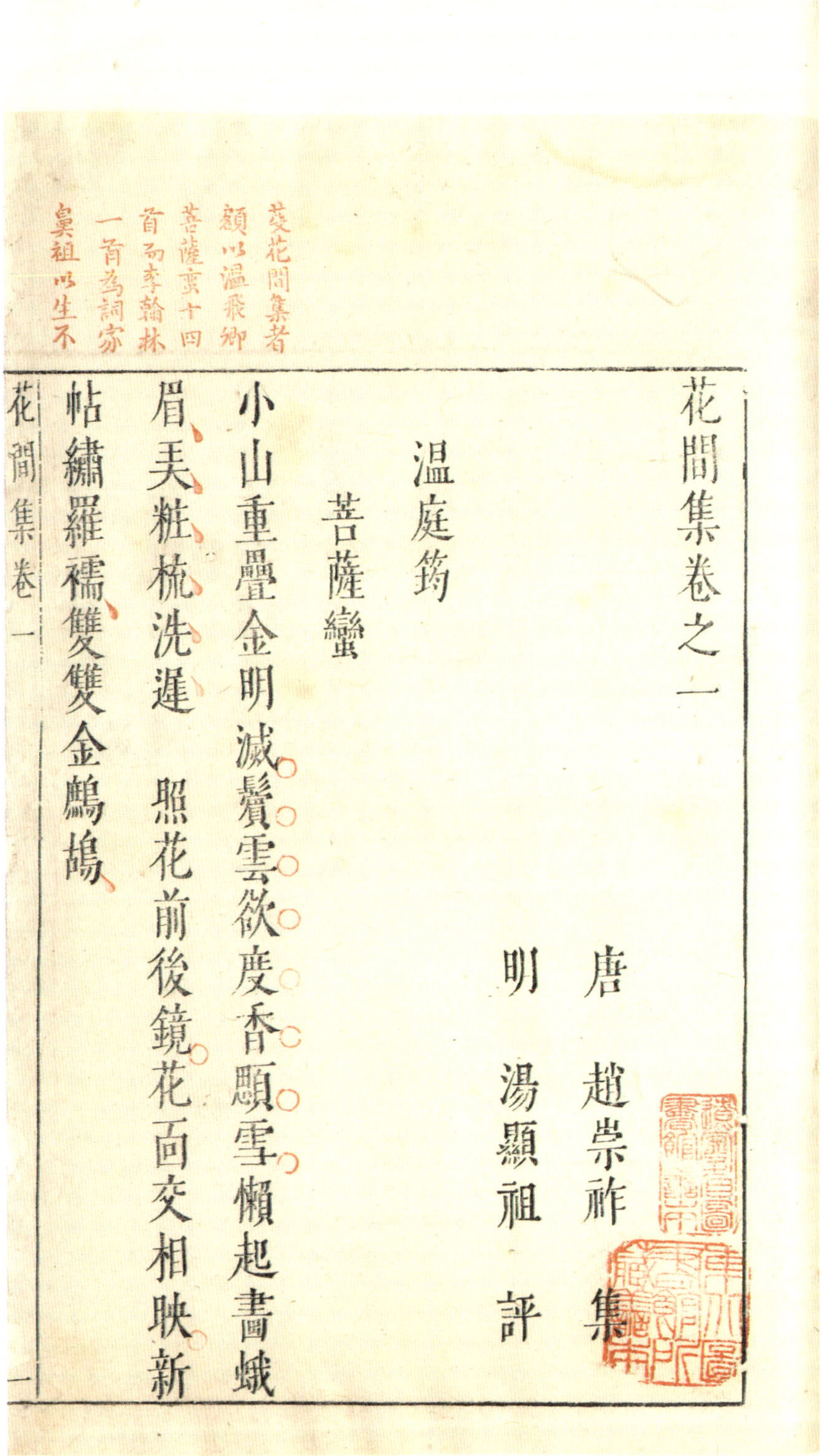
按花間集者
頗以温飛卿
菩薩蠻十四
首而李翰林
一首為詞宗
鼻祖以生不

花間集卷之一
唐　趙崇祚　集
明　湯顯祖　評
温庭筠
菩薩蠻
小山重疊金明滅鬢雲欲度香顋雪懶起畫蛾
眉美粧梳洗遲　照花前後鏡花面交相映新
帖繡羅襦雙雙金鷓鴣

花間集卷一　一

20346　花間集四卷　（後蜀）趙崇祚輯　（明）湯顯祖評　明刻朱墨套印本

遼寧省圖書館

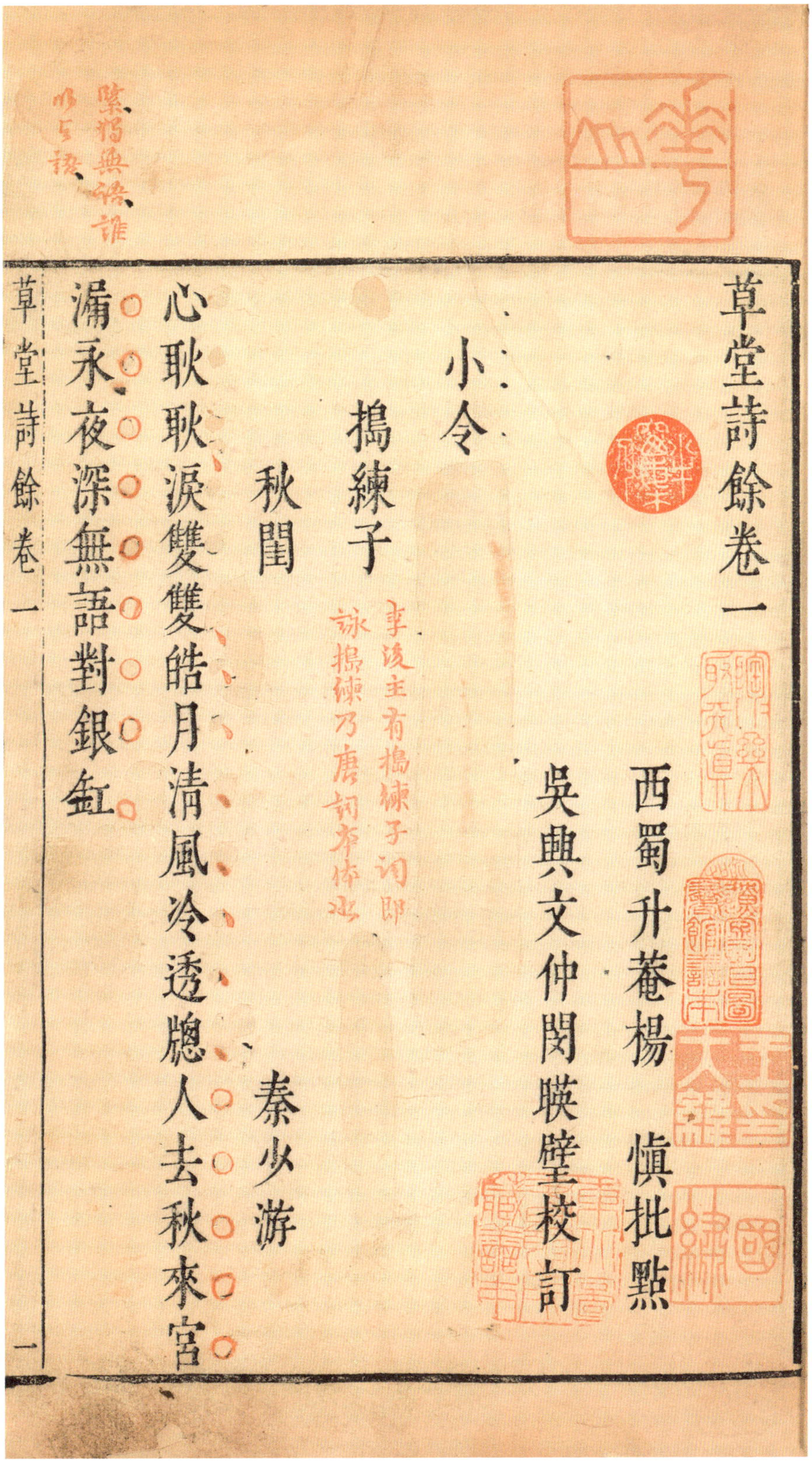

草堂詩餘卷一

西蜀升菴楊　慎批點
吳興文仲閔暎璧校訂

小令

搗練子

李後主有搗練子詞即詠搗練乃唐詞本体也

秋閨　　秦少游

心耿耿淚雙雙皓月清風冷透櫳人去秋來宮漏永夜深無語對銀釭

草堂詩餘卷一　一

20347　草堂詩餘五卷　（明）楊慎批點　明閔暎璧刻朱墨套印本　遼寧省圖書館

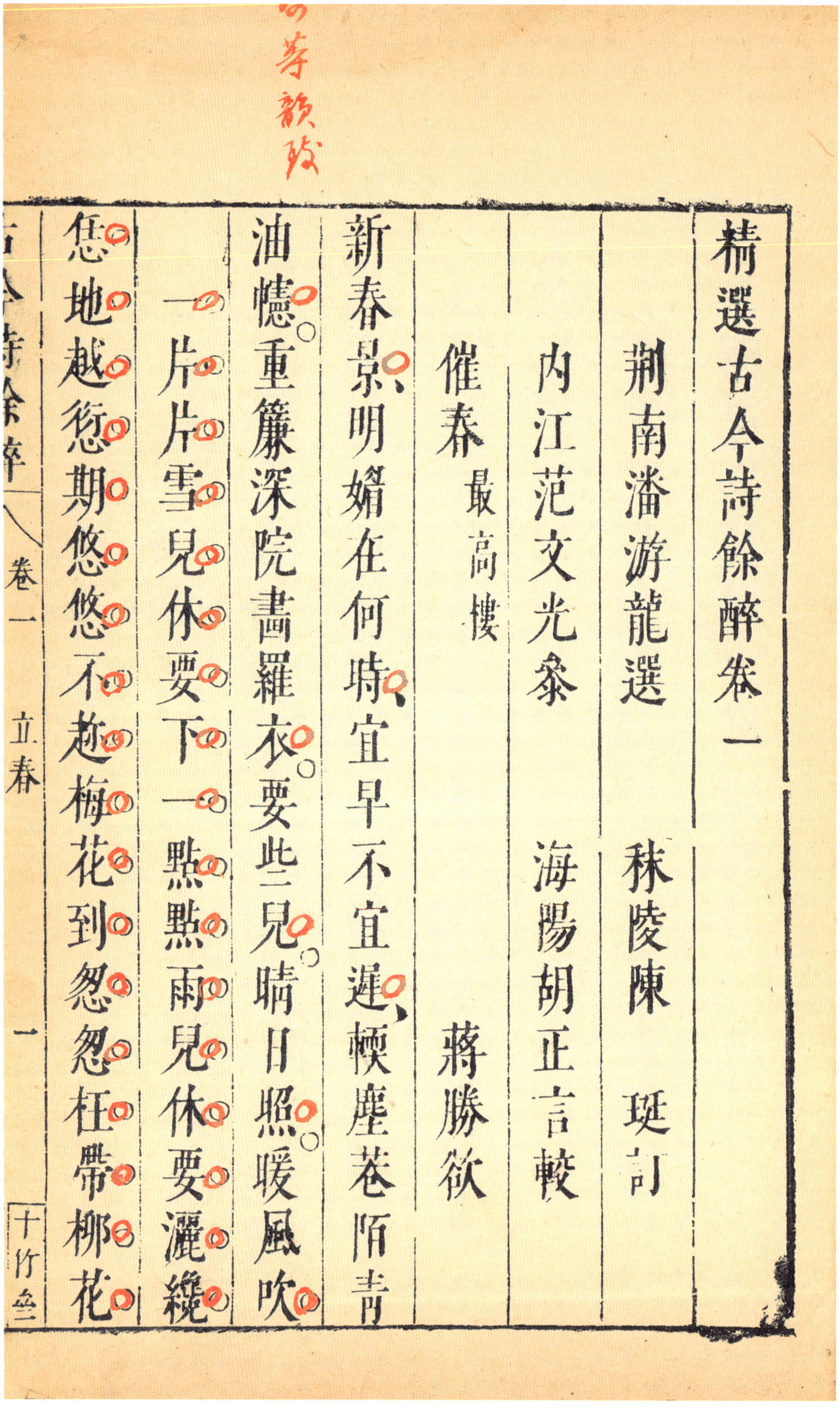

精選古今詩餘醉卷一
荆南潘游龍選　秣陵陳　珽訂
内江范文光叅　海陽胡正言較
催春　最高樓　蔣勝欲
新春景明媚在何時宜早不宜遲輭塵巷陌青
油幰重簾深院畫羅衣要些兒晴日照暖風吹
一片片雪兒休要下一點點雨兒休要灑纔
恁地越愆期悠悠不趁梅花到忽忽枉帶柳花
古今詩餘醉　卷一　立春　一　十竹齋

20348　精選古今詩餘醉十五卷　（明）潘游龍輯　明崇禎胡氏十竹齋刻郁郁堂印本　瀋陽市圖書館

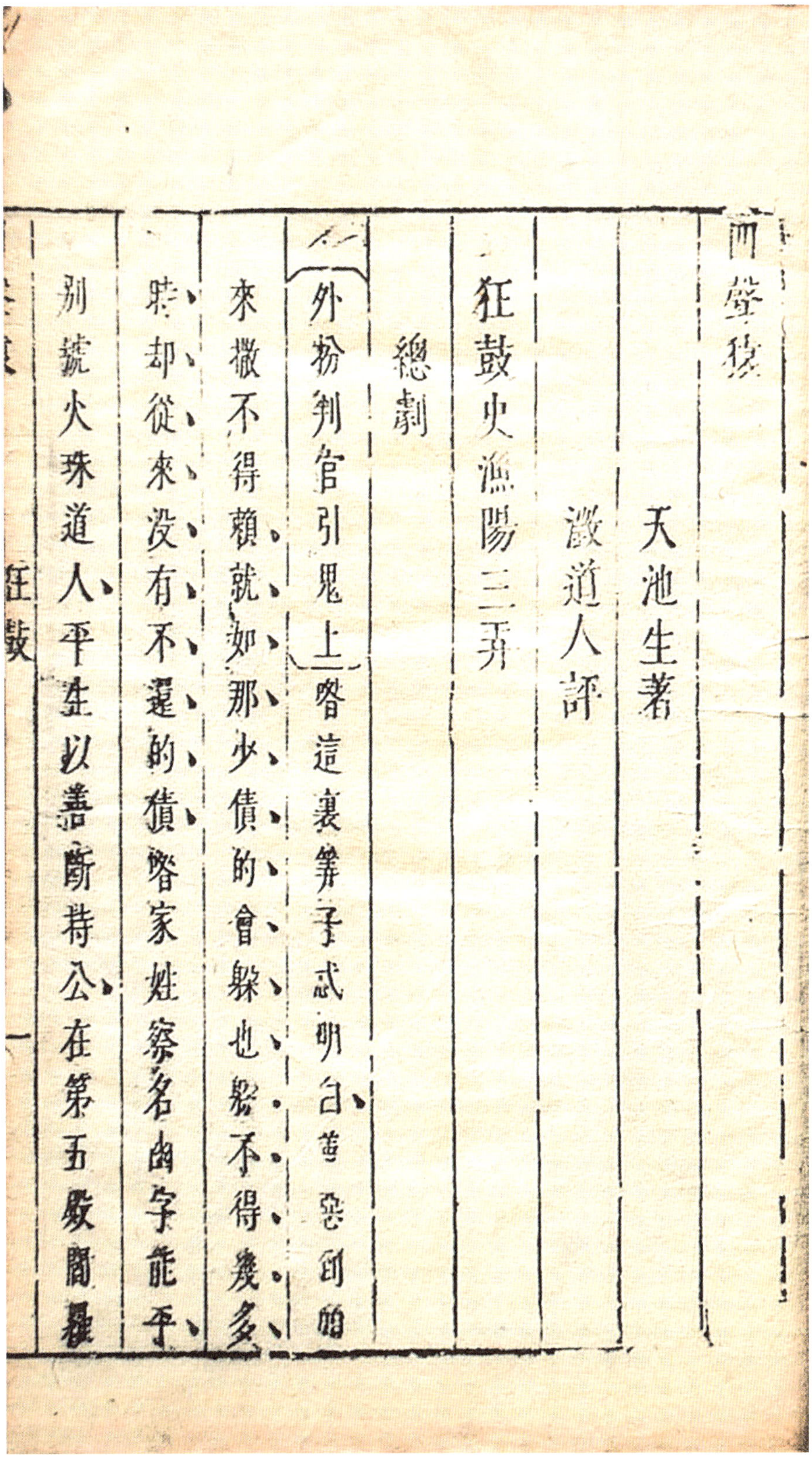
四聲猿

天池生著

澂道人評

狂鼓史漁陽三弄

總劇

外扮判官引鬼上咱這裏筭子忒明白善惡到頭

來撒不得賴就如那少債的會躲也躲不得幾多

時卻從來沒有不還的債咱家姓察名幽字能平

別號火珠道人平生以善斷特公在第五殿閻羅

狂鼓 一

20349　四聲猿　（明）徐渭撰　題澂道人評　明刻本　魯迅美術學院圖書館

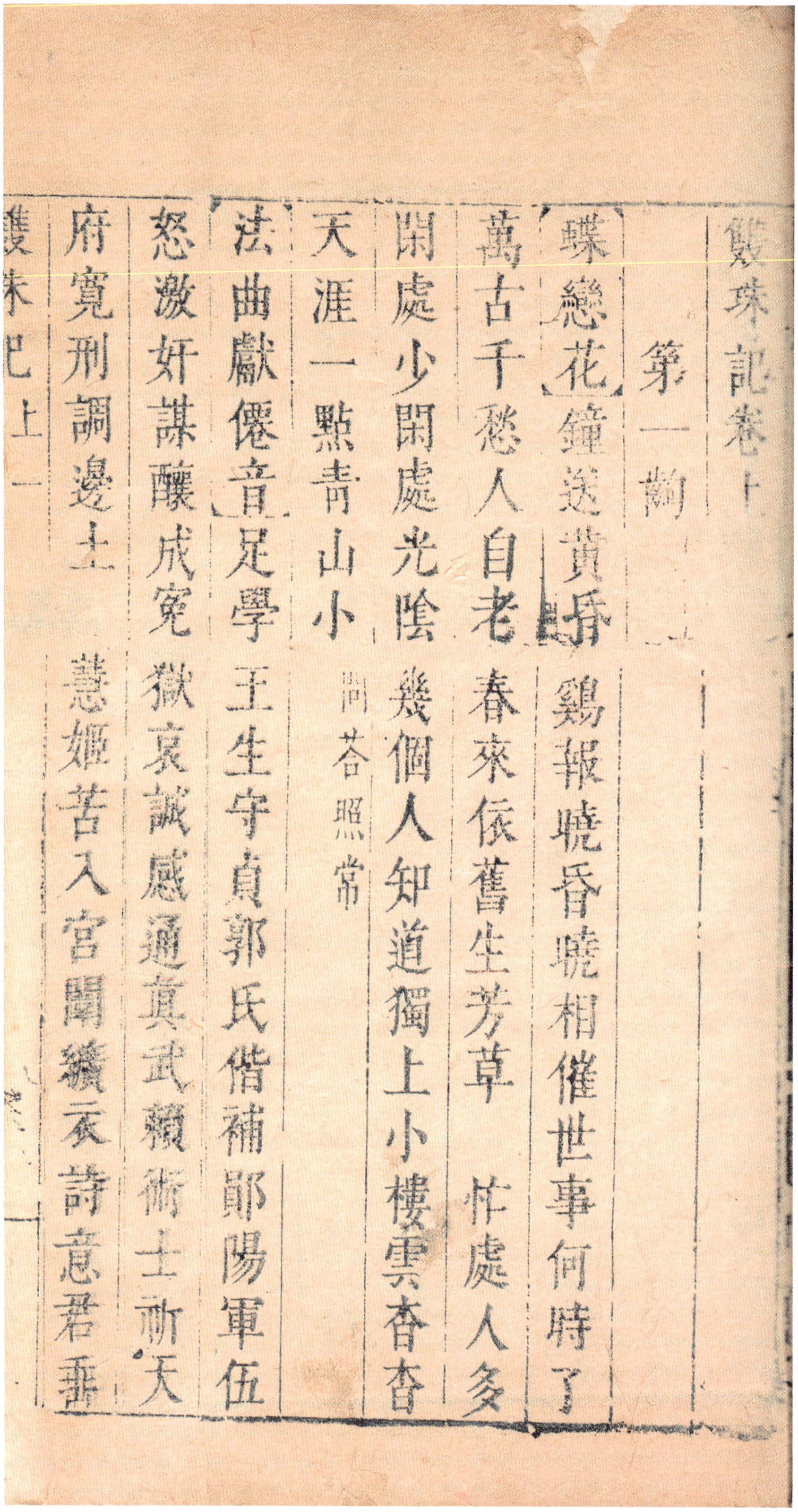
雙珠記卷上
第一齣
蝶戀花 鐘送黃昏雞報曉昏曉相催世事何時了
萬古千愁人自老春來依舊生芳草 忙處人多
閑處少閑處光陰幾個人知道獨上小樓雲杳杳
天涯一點青山小 問荅照常
法曲獻優音足學王生守貞郭氏偕補鄖陽軍伍
怒激奸謀釀成冤獄哀誠感通真武賴術士祈天
府寬刑謫邊土 慧姬苦入宮闈續衣詩意君垂
雙珠記上 一

20350 綉刻演劇十本一百二十卷 （明）毛晉編 明末毛氏汲古閣刻本

瀋陽市圖書館

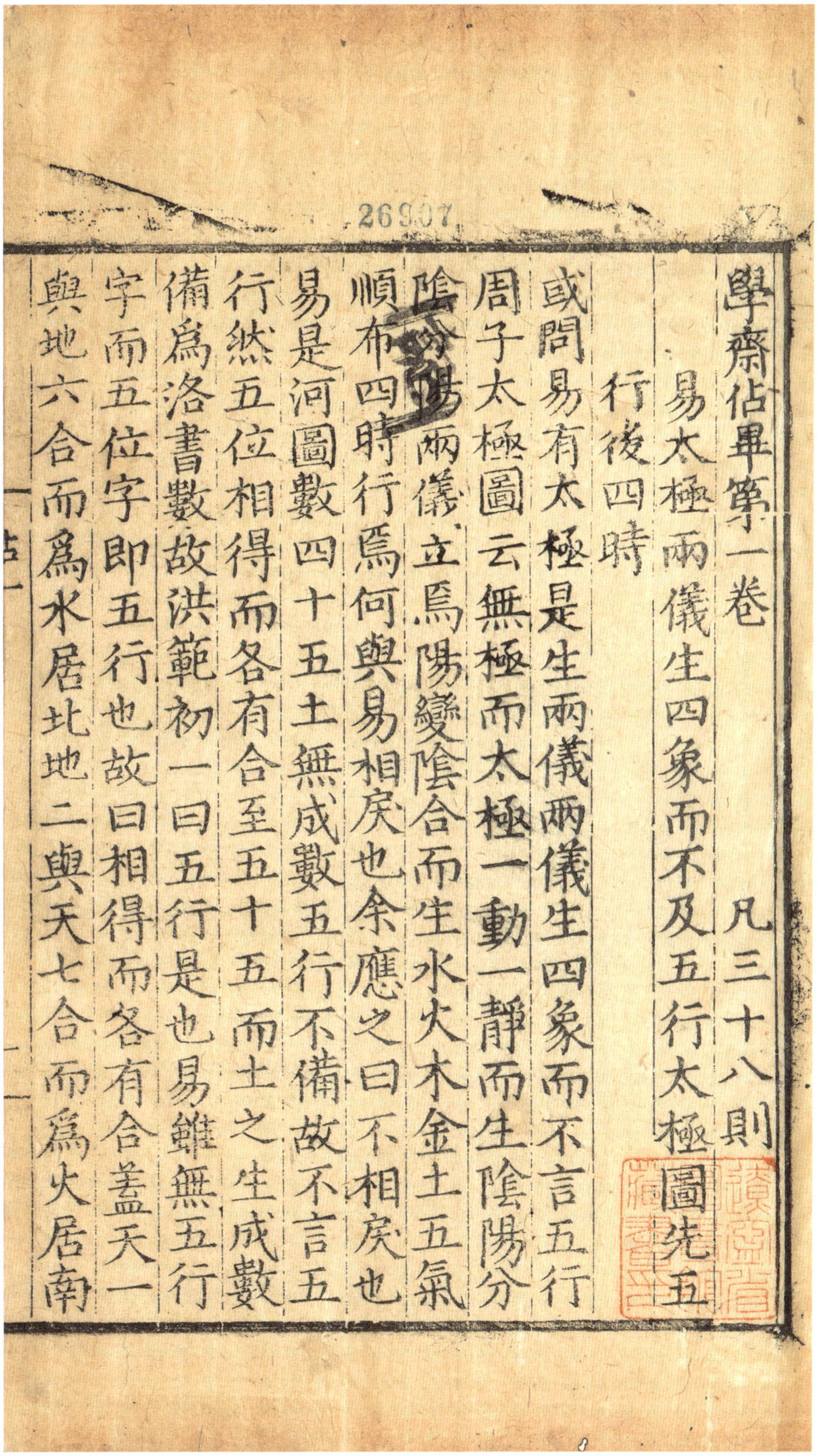
26907
學齋佔畢第一卷　　凡三十八則
易太極兩儀生四象而不及五行太極圖先五
行後四時
或問易有太極是生兩儀兩儀生四象而不言五行
周子太極圖云無極而太極一動一靜而生陰陽分
陰分陽兩儀立焉陽變陰合而生水火木金土五氣
順布四時行焉何與易相戾也余應之曰不相戾也
易是河圖數四十五土無成數五行不備故不言五
行然五位相得而各有合至五十五而土之生成數
備爲洛書數故洪範初一曰五行是也易雖無五行
字而五位字即五行也故曰相得而各有合蓋天一
與地六合而爲水居北地二與天七合而爲火居南

20351　百川學海一百種一百七十九卷　（宋）左圭輯　明弘治十四年（1501）華珵刻本　遼寧省圖書館

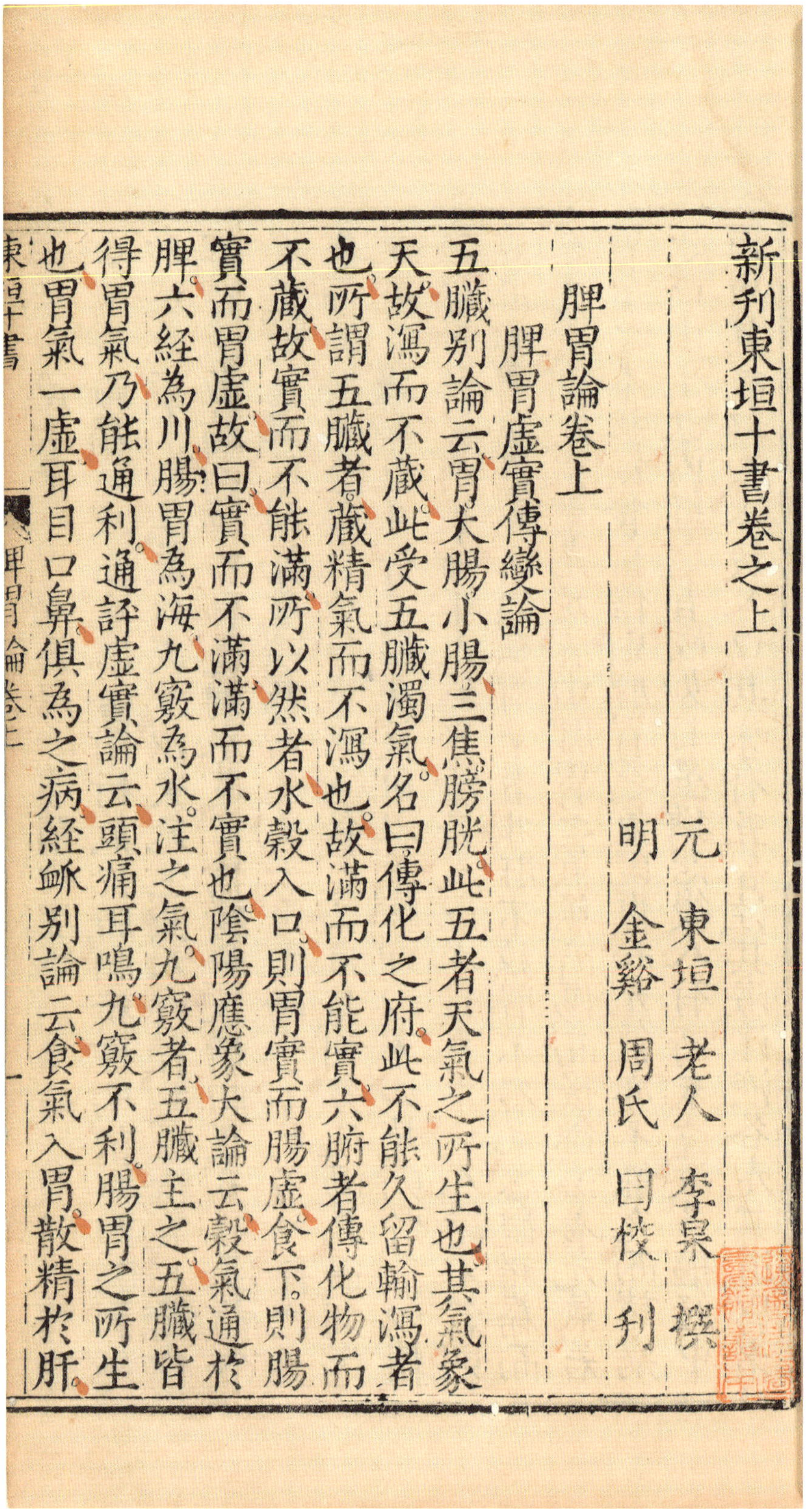

新刊東垣十書卷之上

元　東垣　老人　李杲　撰

明　金谿　周氏　曰校　刊

脾胃論卷上

脾胃虛實傳變論

五臟別論云胃大腸小腸三焦膀胱此五者天氣之所生也其氣象天故瀉而不藏此受五臟濁氣名曰傳化之府此不能久留輸瀉者也所謂五臟者藏精氣而不瀉也故滿而不能實六腑者傳化物而不藏故實而不能滿所以然者水穀入口則胃實而腸虛食下則腸實而胃虛故曰實而不滿滿而不實也陰陽應象大論云穀氣通於脾六經為川腸胃為海九竅為水注之氣九竅者五臟主之五臟皆得胃氣乃能通利通評虛實論云頭痛耳鳴九竅不利腸胃之所生也胃氣一虛耳目口鼻俱為之病經脉別論云食氣入胃散精於肝

東垣十書　脾胃論卷之上　一

20352　東垣十書二十卷　（元）李杲編　明萬曆十一年（1583）周曰校刻本　遼寧省圖書館

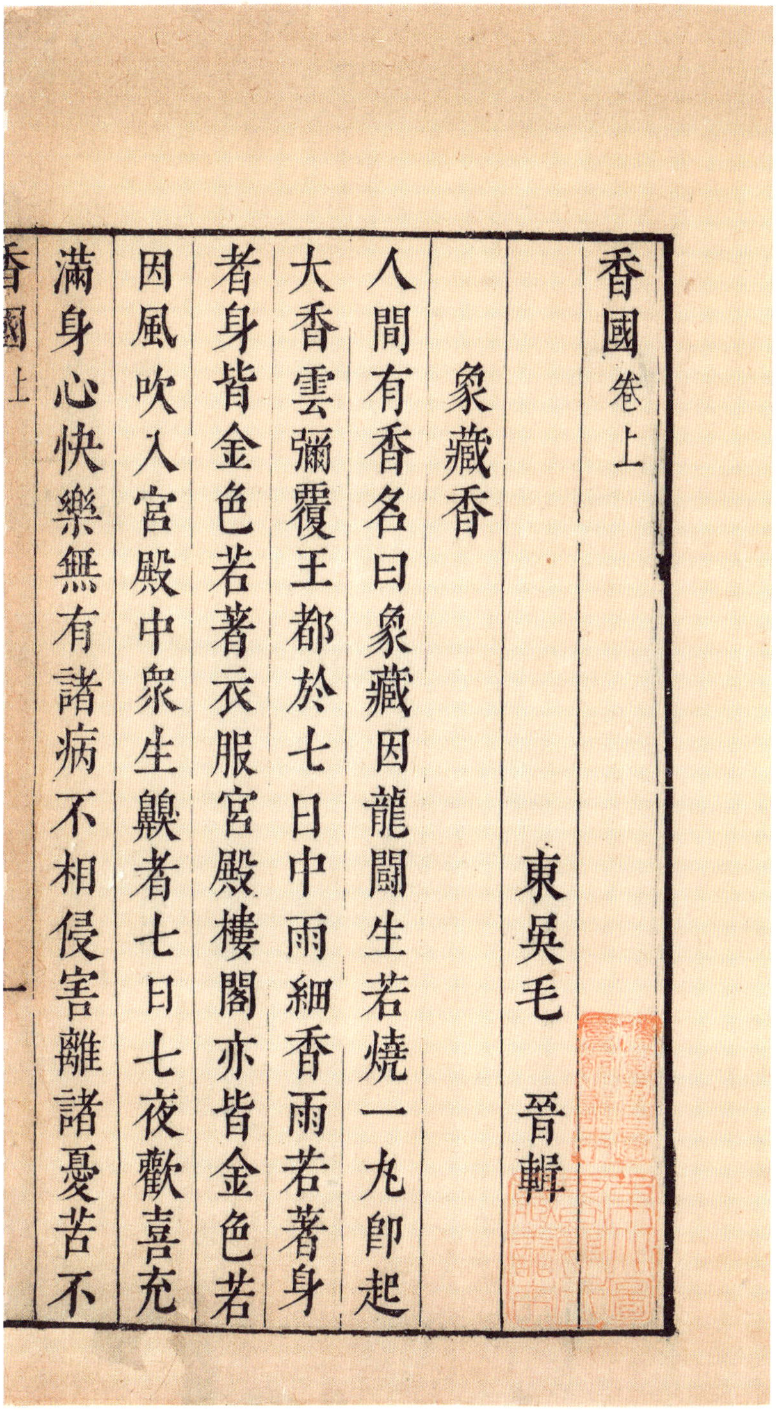

香國卷上

東吳毛　晉輯

象藏香

人間有香名曰象藏因龍闘生若燒一丸卽起大香雲彌覆王都於七日中雨細香雨若著身者身皆金色若著衣服宮殿樓閣亦皆金色若因風吹入宮殿中衆生齅者七日七夜歡喜充滿身心快樂無有諸病不相侵害離諸憂苦不

香國　上　一

20353　山居小玩十種十四卷　（明）毛晋編　明末毛鳳苞刻本　遼寧省圖書館

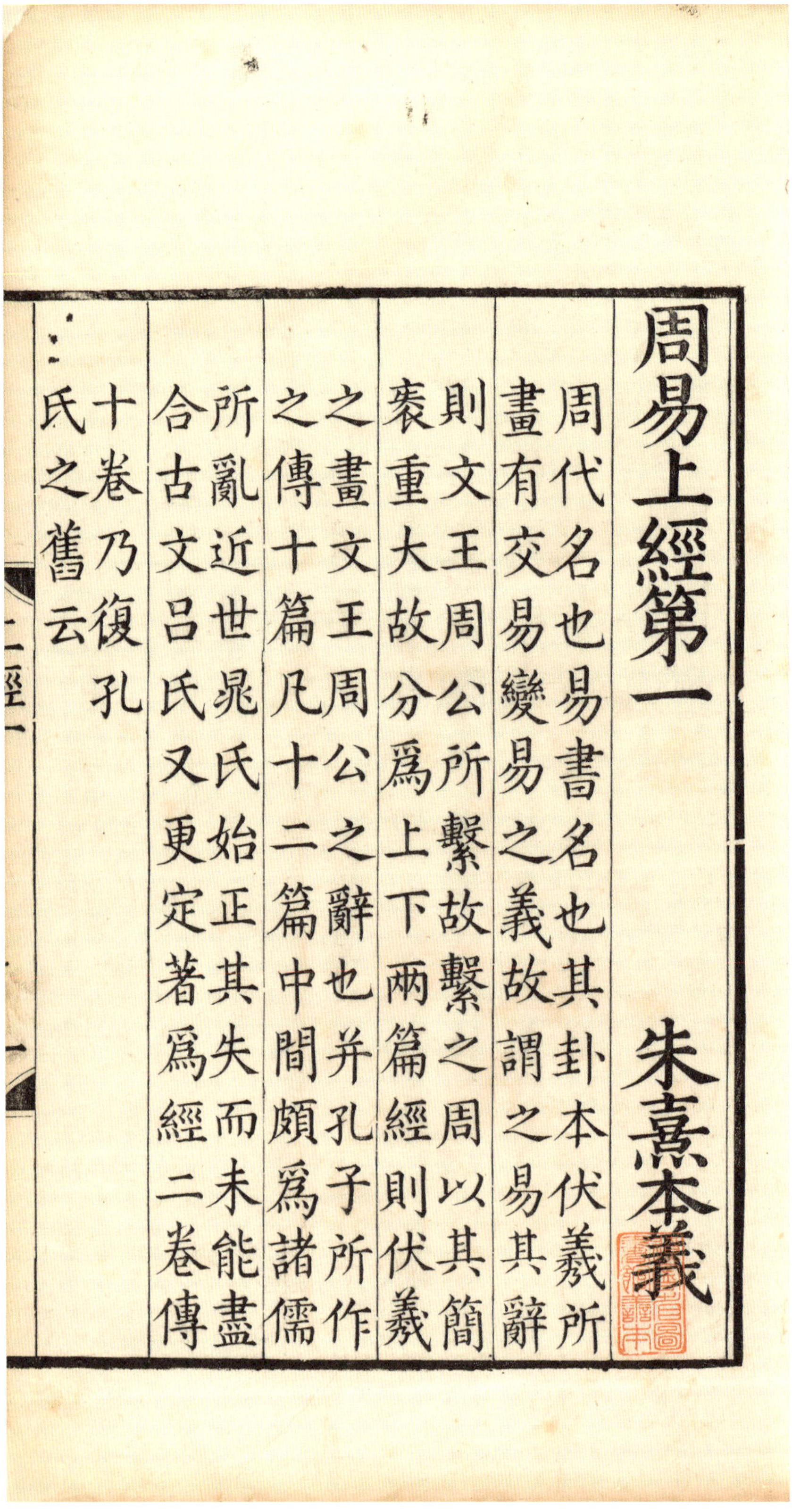

周易上經第一　　朱熹本義

周代名也易書名也其卦本伏羲所畫有交易變易之義故謂之易其辭則文王周公所繫故繫之周以其簡袠重大故分爲上下兩篇經則伏羲之畫文王周公之辭也并孔子所作之傳十篇凡十二篇中間頗爲諸儒所亂近世晁氏始正其失而未能盡合古文吕氏又更定著爲經二卷傳十卷乃復孔氏之舊云

20354　周易本義十二卷易圖一卷五贊一卷筮儀一卷　（宋）朱熹撰

清康熙内府刻本　遼寧省圖書館

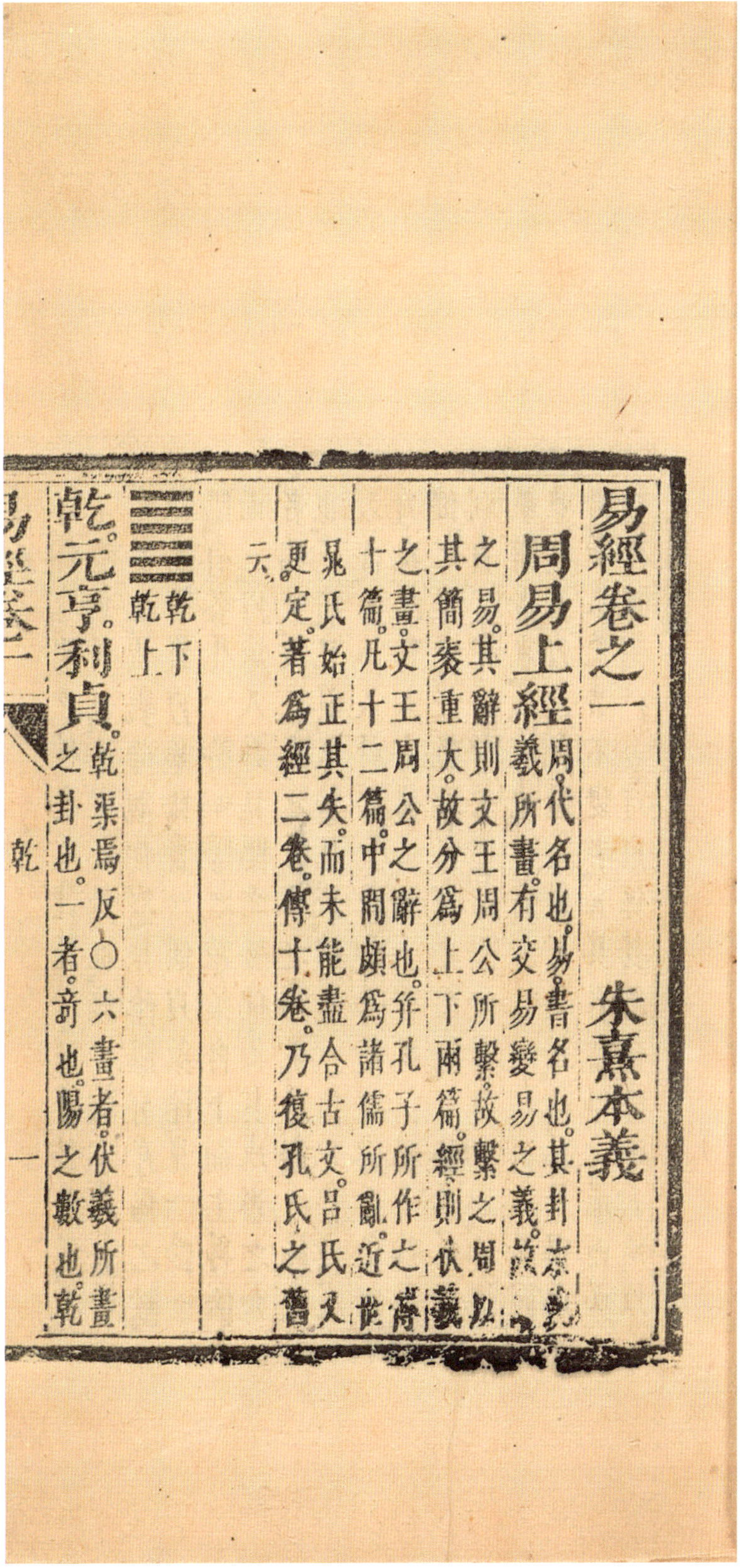
易經卷之一　朱熹本義
周易上經 周代名也。易書名也。其卦本伏羲所畫。有交易變易之義。故謂之易。其辭則文王周公所繫。故繫之周。以其簡袠重大。故分爲上下兩篇。經則伏羲之畫。文王周公之辭也。幷孔子所作之傳十篇。凡十二篇。中閒頗爲諸儒所亂。近世晁氏始正其失。而未能盡合古文。呂氏又更定著爲經二卷。傳十卷。乃復孔氏之舊云。
☰ 乾下乾上
乾元亨。利貞。乾渠焉反○六畫者。伏羲所畫之卦也。一者。奇也。陽之數也。乾
易經卷之一　乾　一

20355　周易本義四卷圖說一卷卦歌一卷筮儀一卷　（宋）朱熹撰　清初内府刻巾箱本　遼寧省圖書館

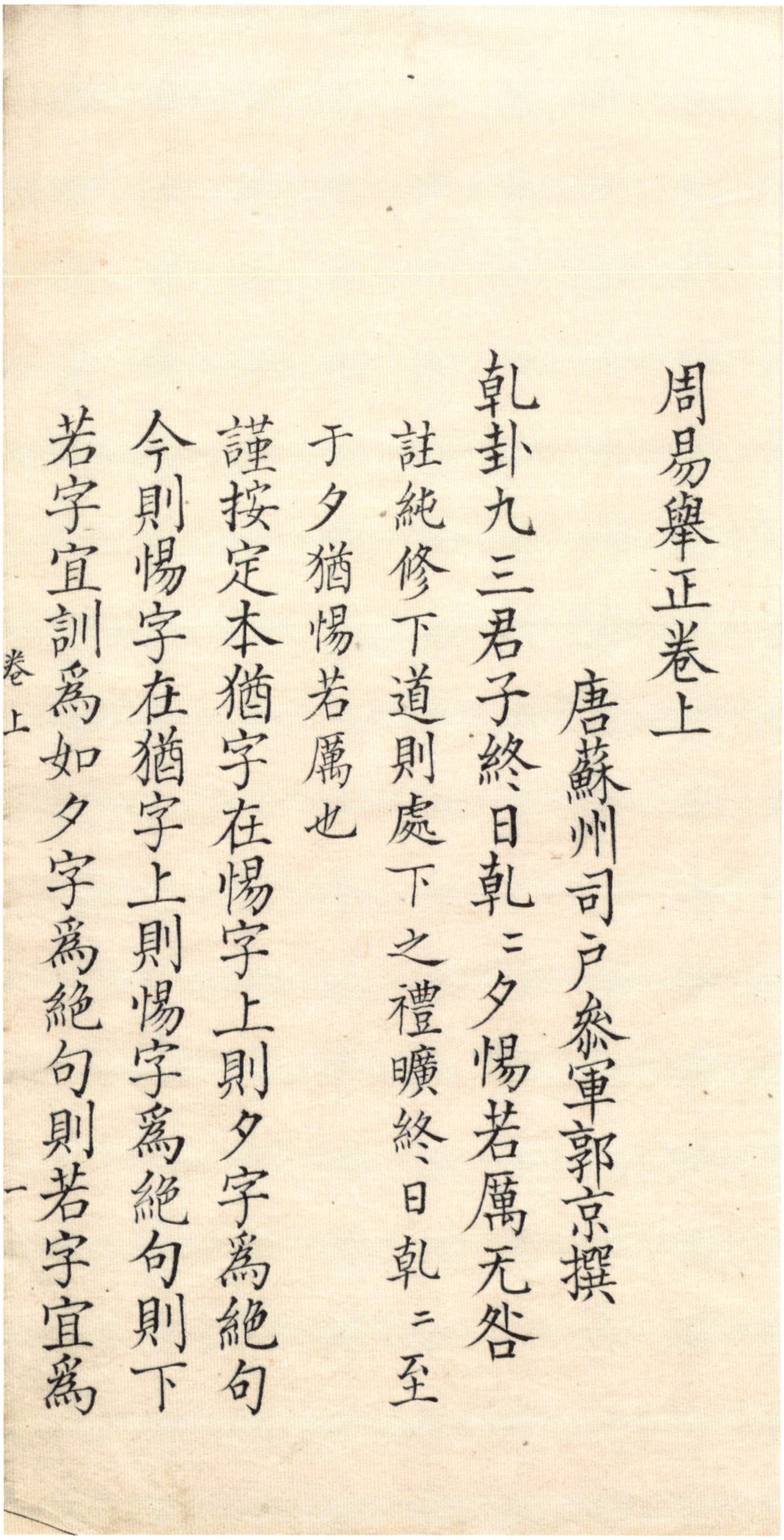
周易舉正卷上
唐蘇州司户參軍郭京撰
乾卦九三君子終日乾乾夕惕若厲无咎
註純修下道則處下之禮曠終日乾乾至
于夕猶惕若厲也
謹按定本猶字在惕字上則夕字爲絶句
今則惕字在猶字上則惕字爲絶句則下
若字宜訓爲如夕字爲絶句則若字宜爲
卷上　一

20356　周易舉正三卷　清道光十九年（1839）莫氏影宋抄本　大連圖書館

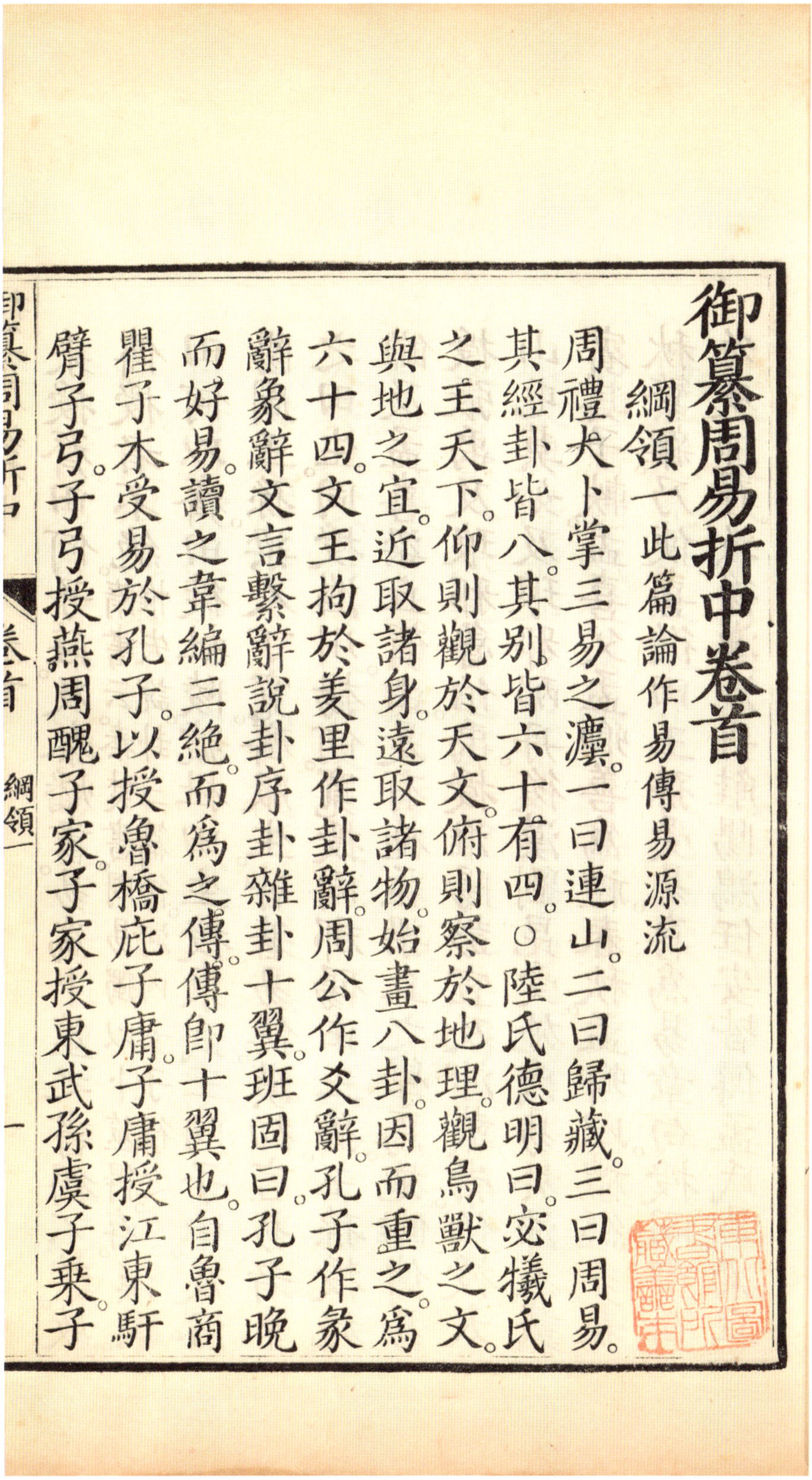

御纂周易折中卷首

綱領一 此篇論作易傳易源流

周禮大卜掌三易之灋。一曰連山。二曰歸藏。三曰周易。其經卦皆八。其别皆六十有四。○陸氏德明曰。宓犧氏之王天下。仰則觀於天文。俯則察於地理。觀鳥獸之文。與地之宜。近取諸身。遠取諸物。始畫八卦。因而重之。爲六十四。文王拘於羑里作卦辭。周公作爻辭。孔子作彖辭象辭文言繫辭說卦序卦雜卦十翼。班固曰。孔子晚而好易。讀之韋編三絕。而爲之傳。傳卽十翼也。自魯商瞿子木受易於孔子。以授魯橋庇子庸。子庸授江東馯臂子弓。子弓授燕周醜子家。子家授東武孫虞子乘。子

御纂周易折中 卷首 綱領一 一

20357 御纂周易折中二十二卷首一卷 （清）李光地等撰 清康熙五十四年（1715）内府刻本 遼寧省圖書館

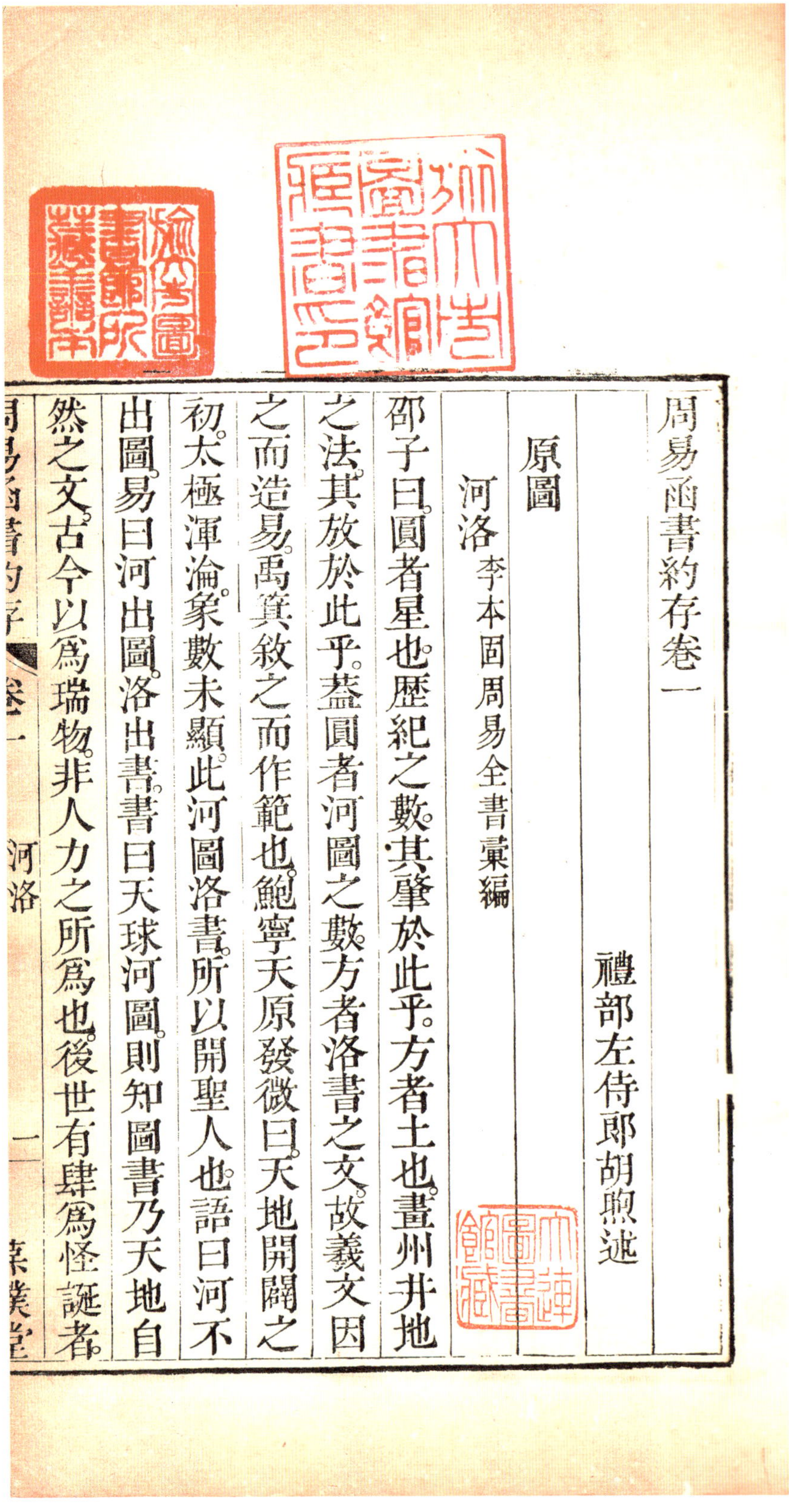
周易函書約存卷一
禮部左侍郎胡煦述
原圖
河洛 李本固周易全書彙編
邵子曰圓者星也歷紀之數其肇於此乎方者土也畫州井地之法其放於此乎蓋圓者河圖之數方者洛書之文故羲文因之而造易禹箕敘之而作範也鮑寧天原發微曰天地開闢之初太極渾淪象數未顯此河圖洛書所以開聖人也語曰河不出圖易曰河出圖洛出書書曰天球河圖則知圖書乃天地自然之文古今以爲瑞物非人力之所爲也後世有肆爲怪誕者
周易函書約存　卷一　河洛　一　葆璞堂

20358　周易函書約存十八卷約注十八卷別集十六卷　（清）胡煦撰
清胡氏葆璞堂刻本　大連圖書館

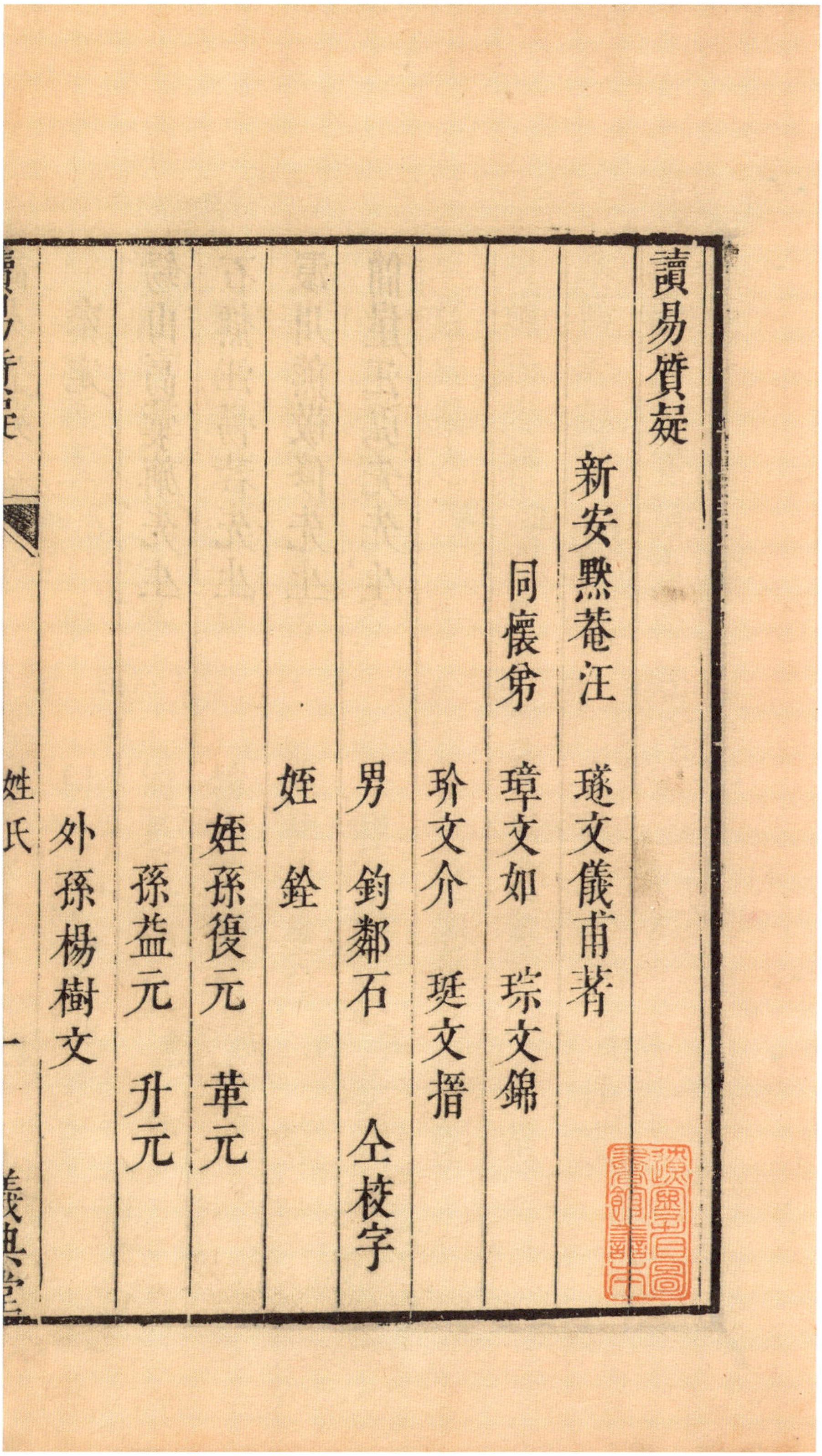

讀易質疑
新安黙菴汪　璲文儀甫著
同懷弟　璋文如　琮文錦
玠文介　珽文搢
男　鈞鄰石　全校字
姪　銓
姪孫復元　華元
孫益元　升元
外孫楊樹文
讀易質疑　姓氏　一　儀典堂

20359　讀易質疑二十卷首一卷　（清）汪璲撰　清康熙四十二年（1703）汪氏儀典堂刻本　遼寧省圖書館

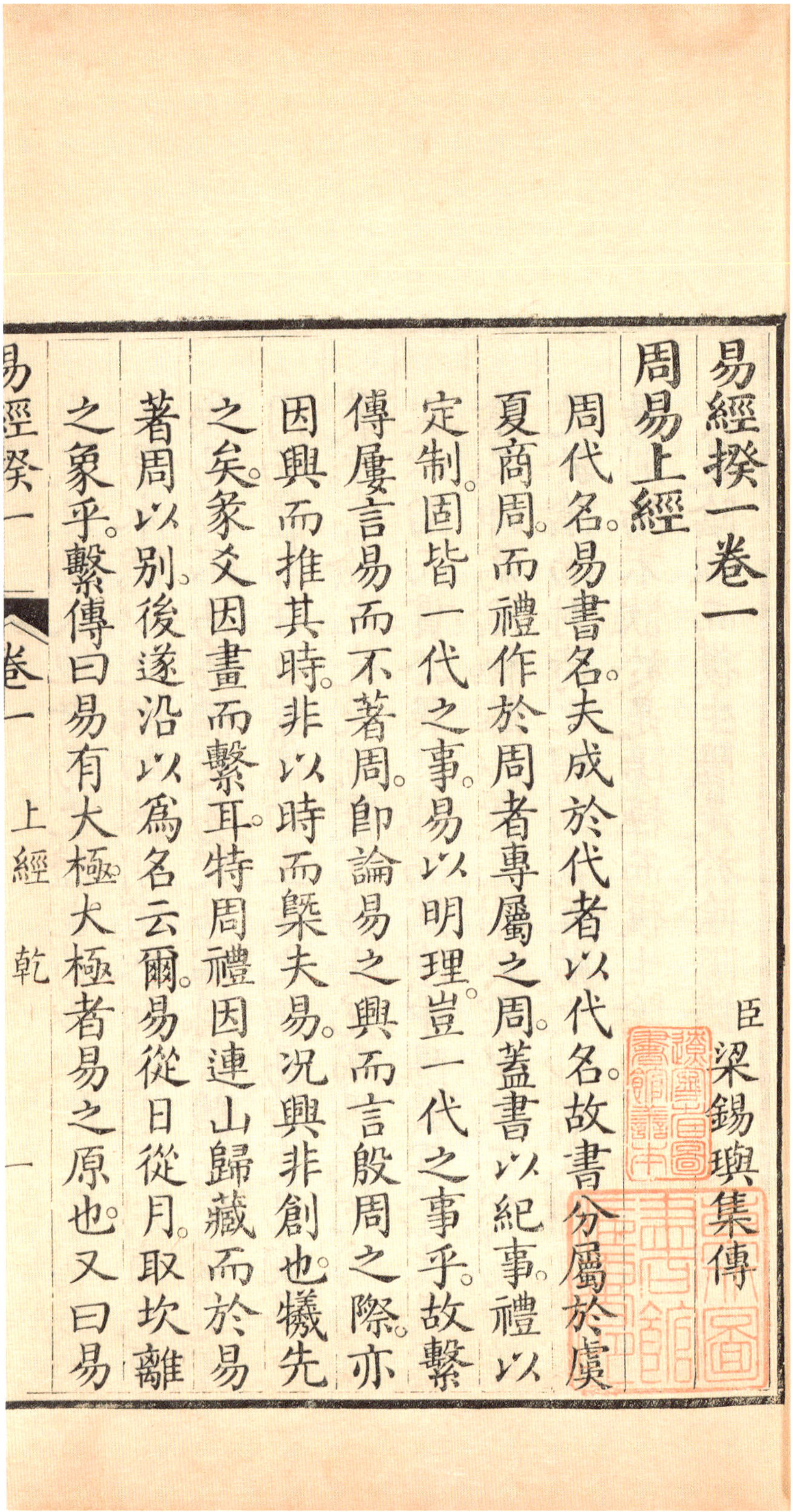
易經揆一卷一
周易上經　臣梁錫璵集傳
周代名易書名夫成於代者以代名故書分屬於虞夏商周而禮作於周者專屬之周蓋書以紀事禮以定制固皆一代之事易以明理豈一代之事乎故繫傳屢言易而不著周即論易之興而言殷周之際亦因興而推其時非以時而槩夫易況興非創也犧先之矣彖爻因畫而繫耳特周禮因連山歸藏而於易著周以別後遂沿以爲名云爾易從日從月取坎離之象乎繫傳曰易有大極大極者易之原也又曰易

易經揆一　卷一　上經　乾　一

20360　易經揆一十四卷附易學啓蒙二卷　（清）梁錫璵撰　清乾隆十六年（1751）刻本　遼寧省圖書館

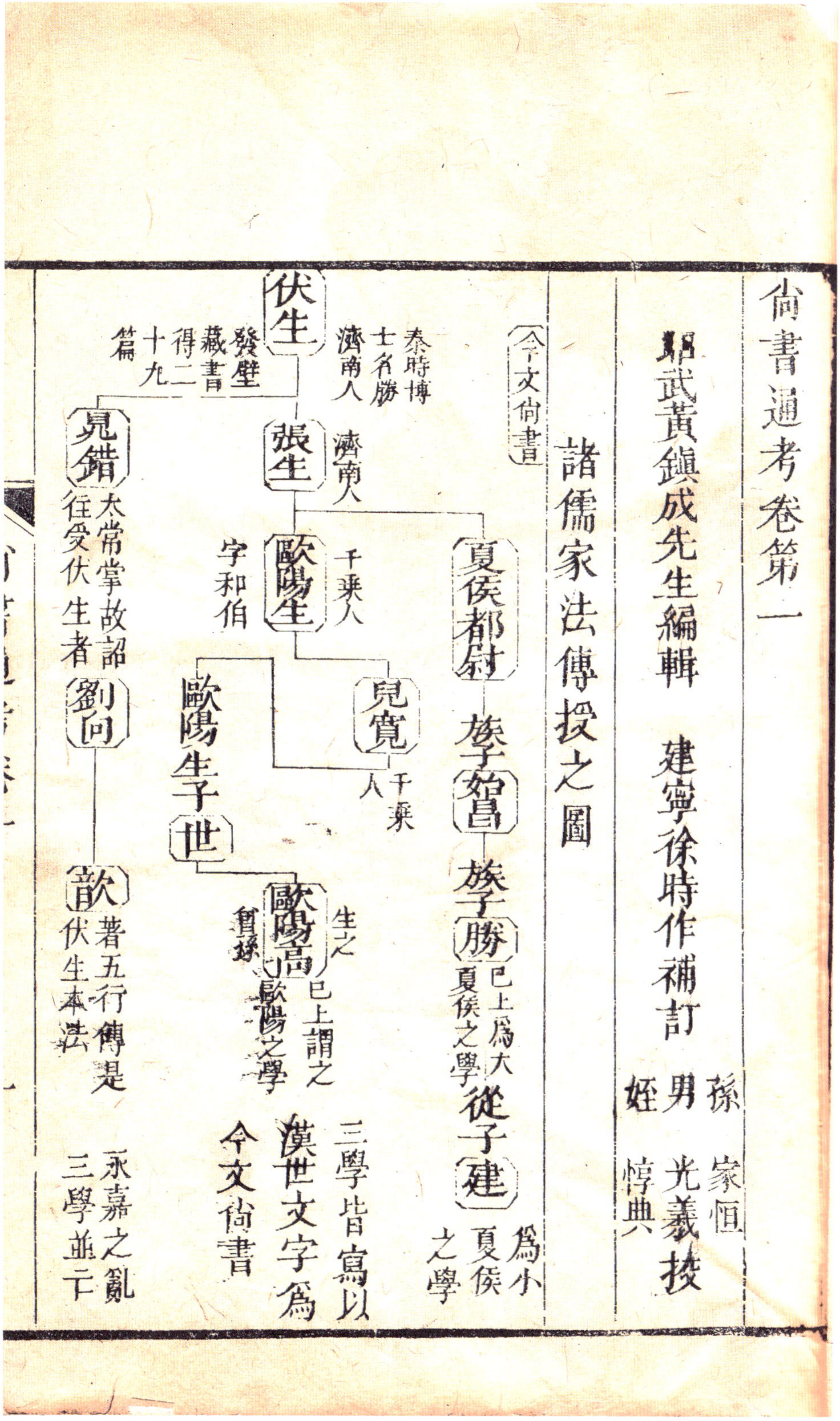
尚書通考卷第一
邵武黄鎮成先生編輯　建寧徐時作補訂
孫　家恒
男　光羲　校
姪　惇典
諸儒家法傳授之圖
今文尚書
伏生　秦時博士名勝濟南人　發壁藏書得二十九篇
張生　濟南人
夏侯都尉
歐陽生　字和伯　千乘人
兒寬　千乘人
族子始昌
族子勝　已上爲大夏侯之學
從子建　爲小夏侯之學
歐陽生子世
歐陽高　生之曾孫　已上謂之歐陽之學
三學皆寫以漢世文字爲今文尚書
晁錯　太常掌故詔往受伏生者
劉向
歆　著五行傳是伏生本法
永嘉之亂三學並亡

20361　尚書通考十卷　（元）黄鎮成輯　（清）徐時作補訂　清乾隆三十一年（1766）刻本　大連圖書館

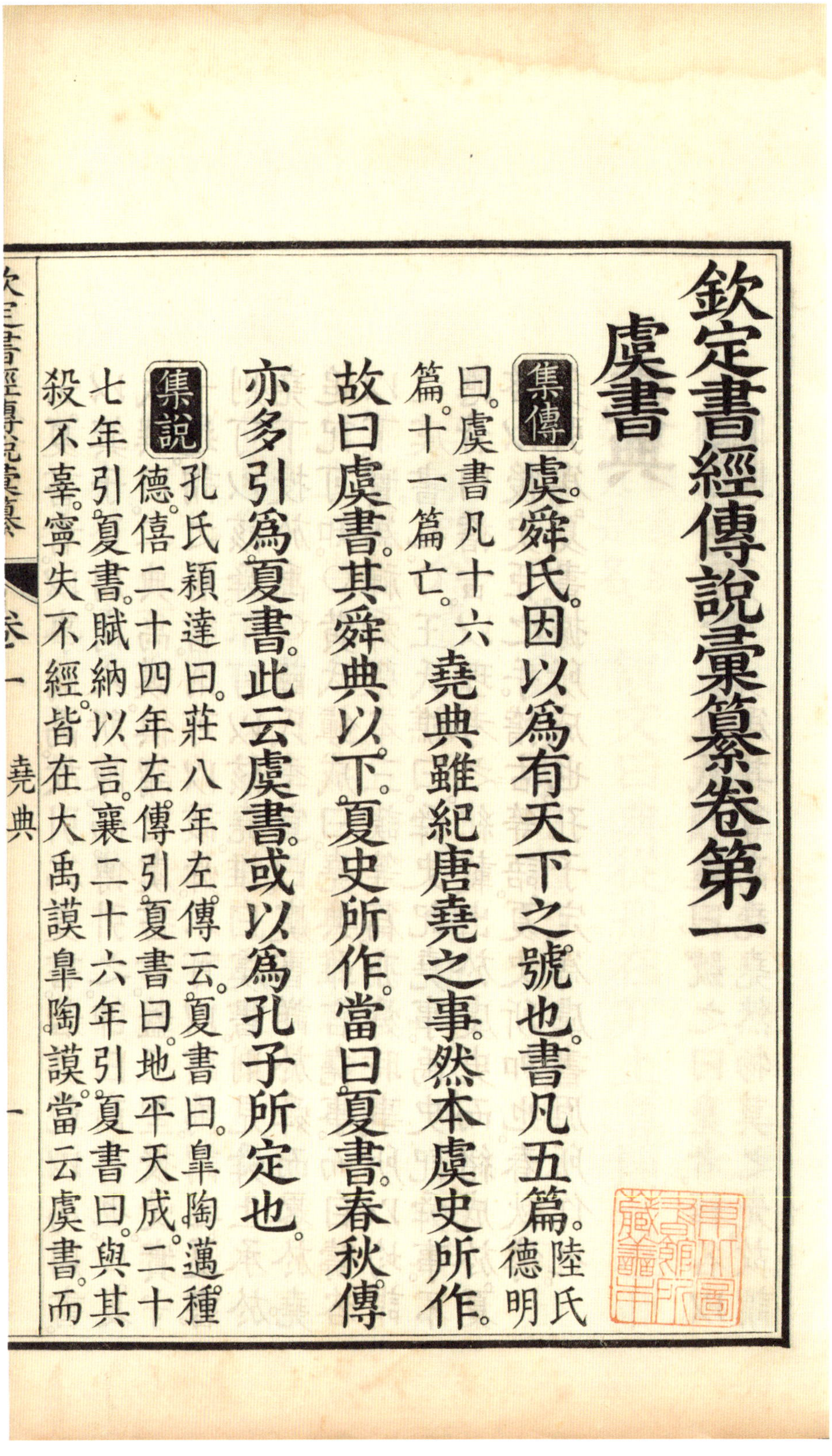
欽定書經傳說彙纂卷第一

虞書

集傳 虞舜氏因以爲有天下之號也書凡五篇陸氏德明曰虞書凡十六篇十一篇亡 堯典雖紀唐堯之事然本虞史所作故曰虞書其舜典以下夏史所作當曰夏書春秋傳亦多引爲夏書此云虞書或以爲孔子所定也

集說 孔氏穎達曰莊八年左傳云夏書曰皋陶邁種德僖二十四年左傳引夏書曰地平天成二十七年引夏書賦納以言襄二十六年引夏書曰與其殺不辜寧失不經皆在大禹謨皋陶謨當云虞書而

欽定書經傳說彙纂 卷一 堯典 一

20362　欽定書經傳說彙纂二十一卷首二卷　（清）王頊齡撰　清雍正八年（1730）内府刻本　遼寧省圖書館

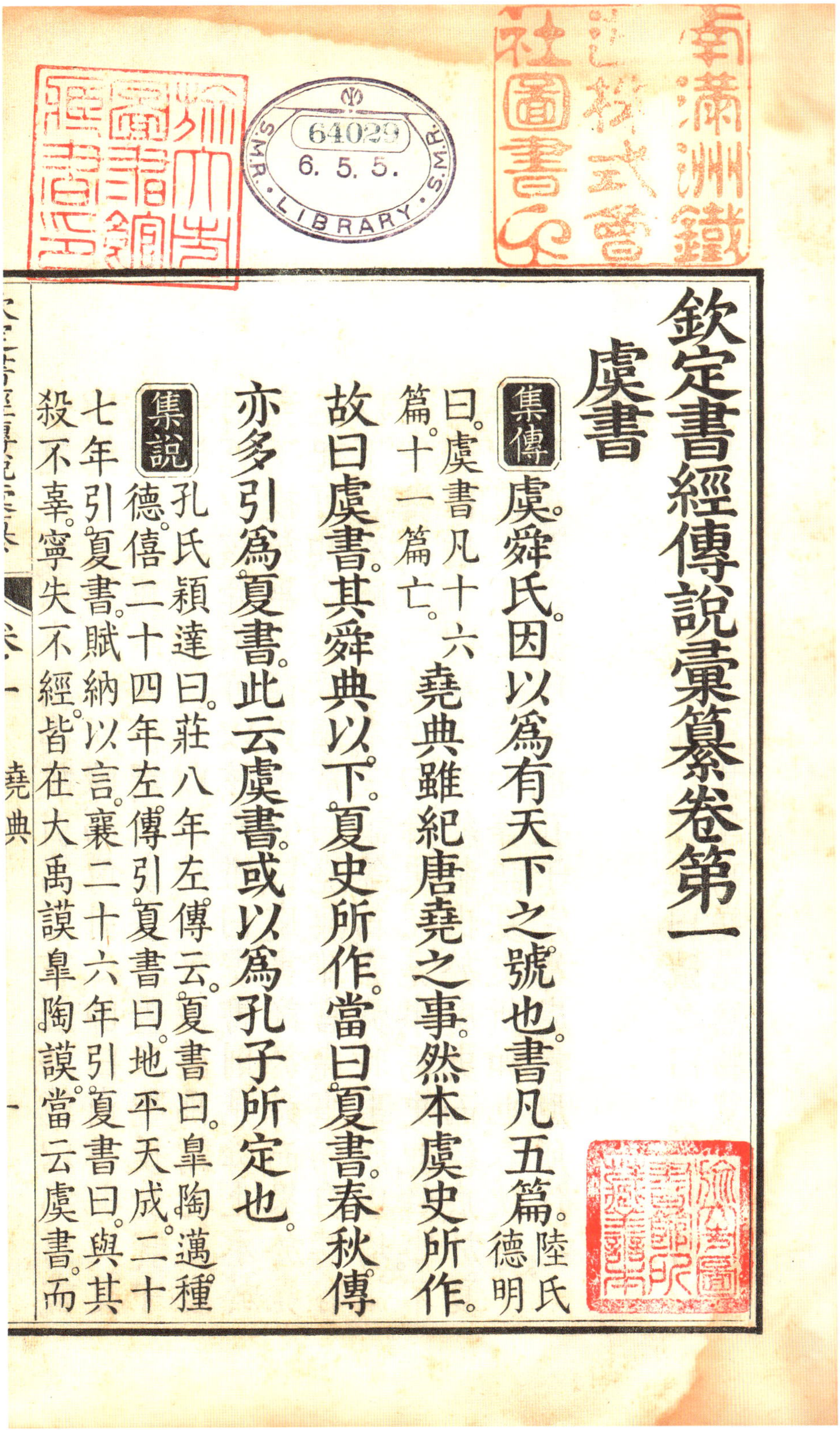
南滿洲鐵道株式會社圖書印
64029
6. 5. 5.
S.M.R. LIBRARY S.M.R.
欽定書經傳說彙纂卷第一
虞書
集傳 虞。舜氏。因以爲有天下之號也。書凡五篇。陸氏德明曰。虞書凡十六篇十一篇亡。 堯典雖紀唐堯之事。然本虞史所作。故曰虞書。其舜典以下。夏史所作。當曰夏書。春秋傳亦多引爲夏書。此云虞書。或以爲孔子所定也。
集說 孔氏穎達曰。莊八年左傳云。夏書曰。皐陶邁種德。僖二十四年左傳引夏書曰。地平天成。二十七年引夏書。賦納以言。襄二十六年引夏書曰。與其殺不辜。寧失不經。皆在大禹謨皐陶謨。當云虞書。而
卷一 堯典

20363　欽定書經傳說彙纂二十一卷首二卷　（清）王頊齡等撰　清雍正八年（1730）内府刻本　大連圖書館

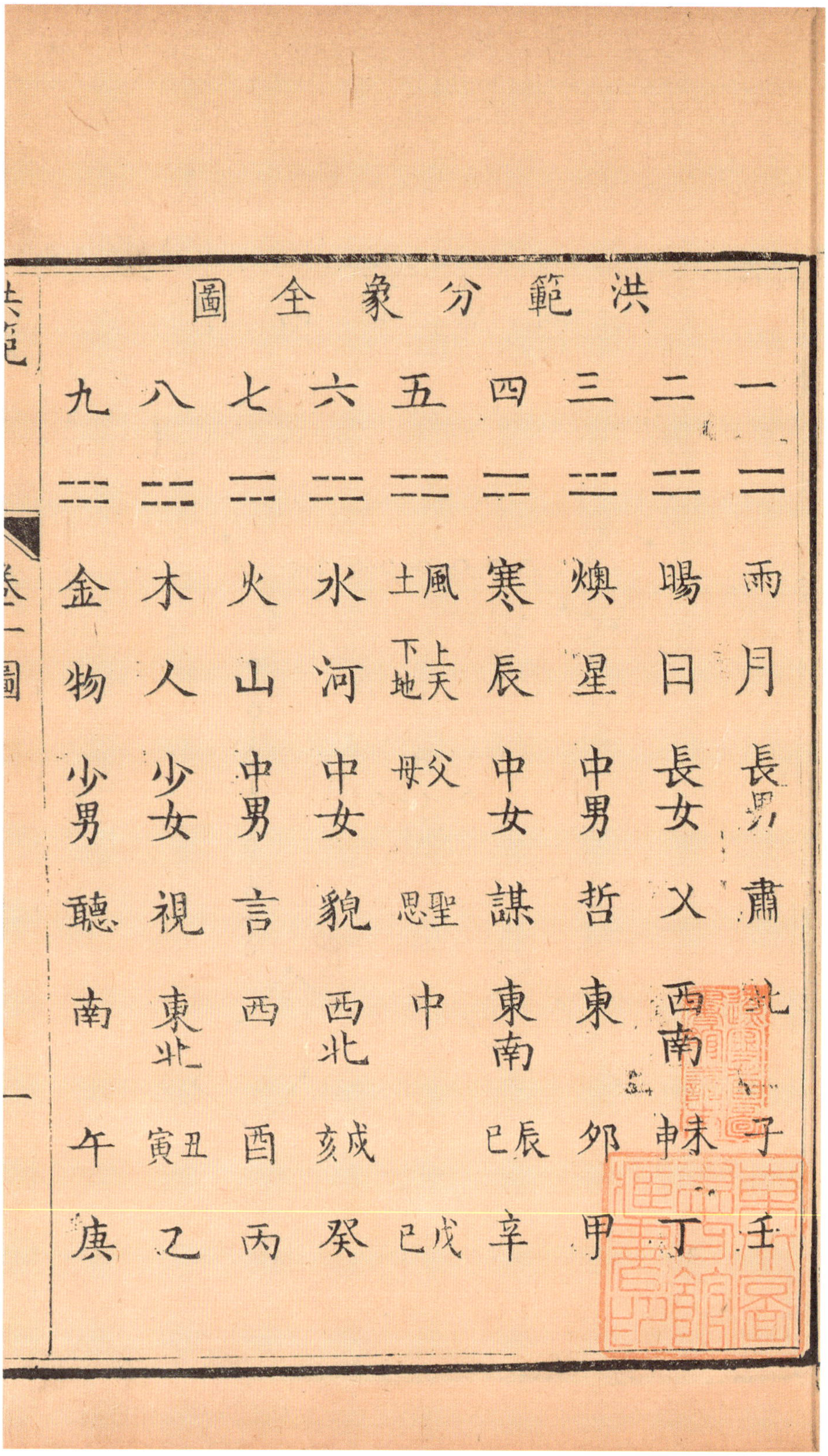

洪範分象全圖

一	二	三	四	五	六	七	八	九
雨	暘	燠	寒	風土	水	火	木	金
月	日	星	辰	天上 地下	河	山	人	物
長男	長女	中男	中女	父母	中女	中男	少女	少男
肅	乂	哲	謀	聖思	貌	言	視	聽
北	西南	東	東南	中	西北	西	東北	南
子	未申	卯	辰巳		戌亥	酉	丑寅	午
壬	丁	甲	辛	戊己	癸	丙	乙	庚

洪範 卷一 圖 一

20364　洪範注補五卷　（清）潘士權撰　清乾隆四年（1739）范錫篆刻本

遼寧省圖書館

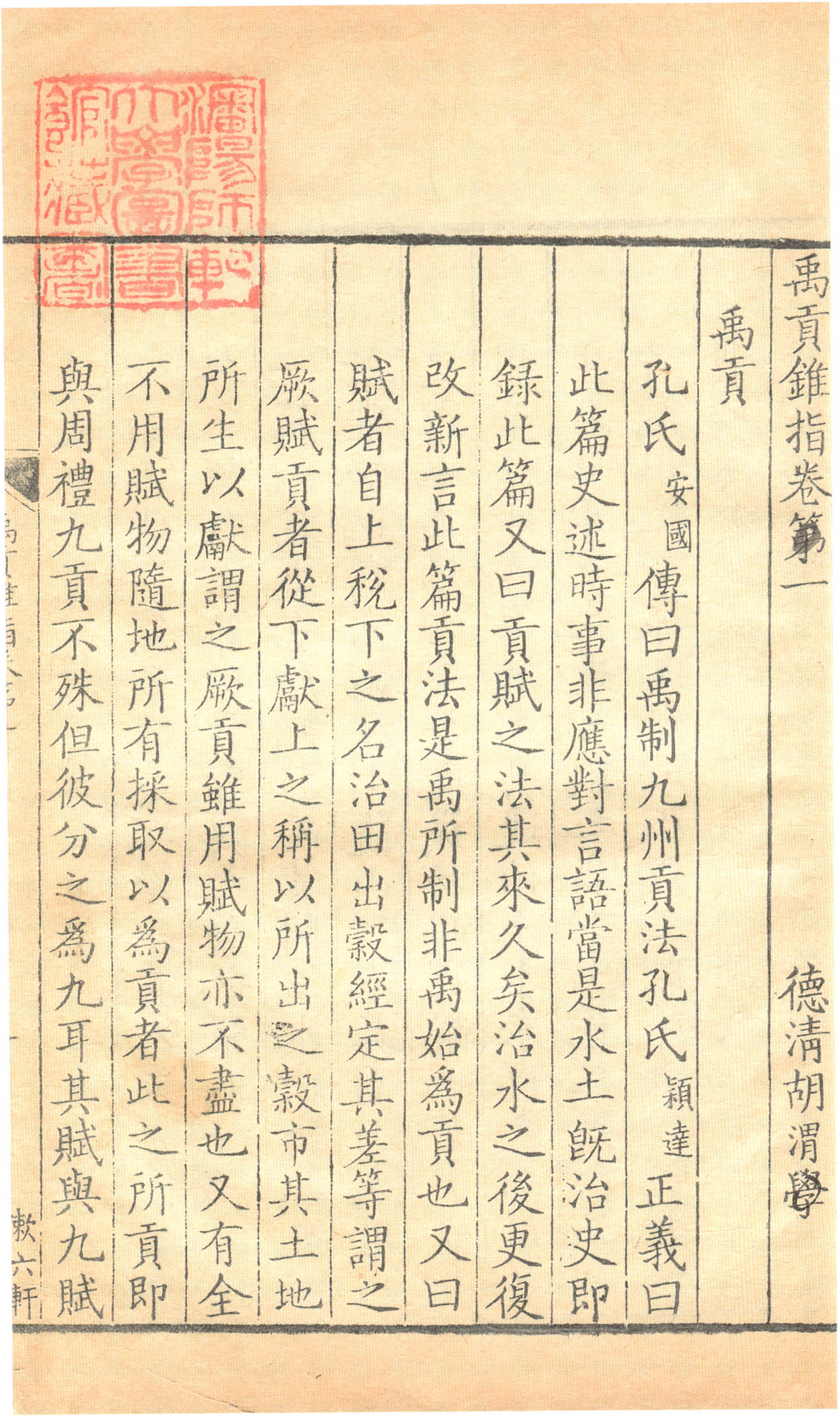
禹貢錐指卷第一　　德清胡渭學

禹貢

孔氏安國傳曰禹制九州貢法孔氏穎達正義曰此篇史述時事非應對言語當是水土既治史即錄此篇又曰貢賦之法其來久矣治水之後更復改新言此篇貢法是禹所制非禹始為貢也又曰賦者自上稅下之名治田出穀經定其差等謂之厥賦貢者從下獻上之稱以所出之穀市其土地所生以獻謂之厥貢雖用賦物亦不盡也又有全不用賦物隨地所有採取以為貢者此之所貢即與周禮九貢不殊但彼分之為九耳其賦與九賦

禹貢錐指卷第一　　漱六軒

20365　禹貢錐指二十卷　（清）胡渭撰　清康熙漱六軒刻本　瀋陽師範大學圖書館

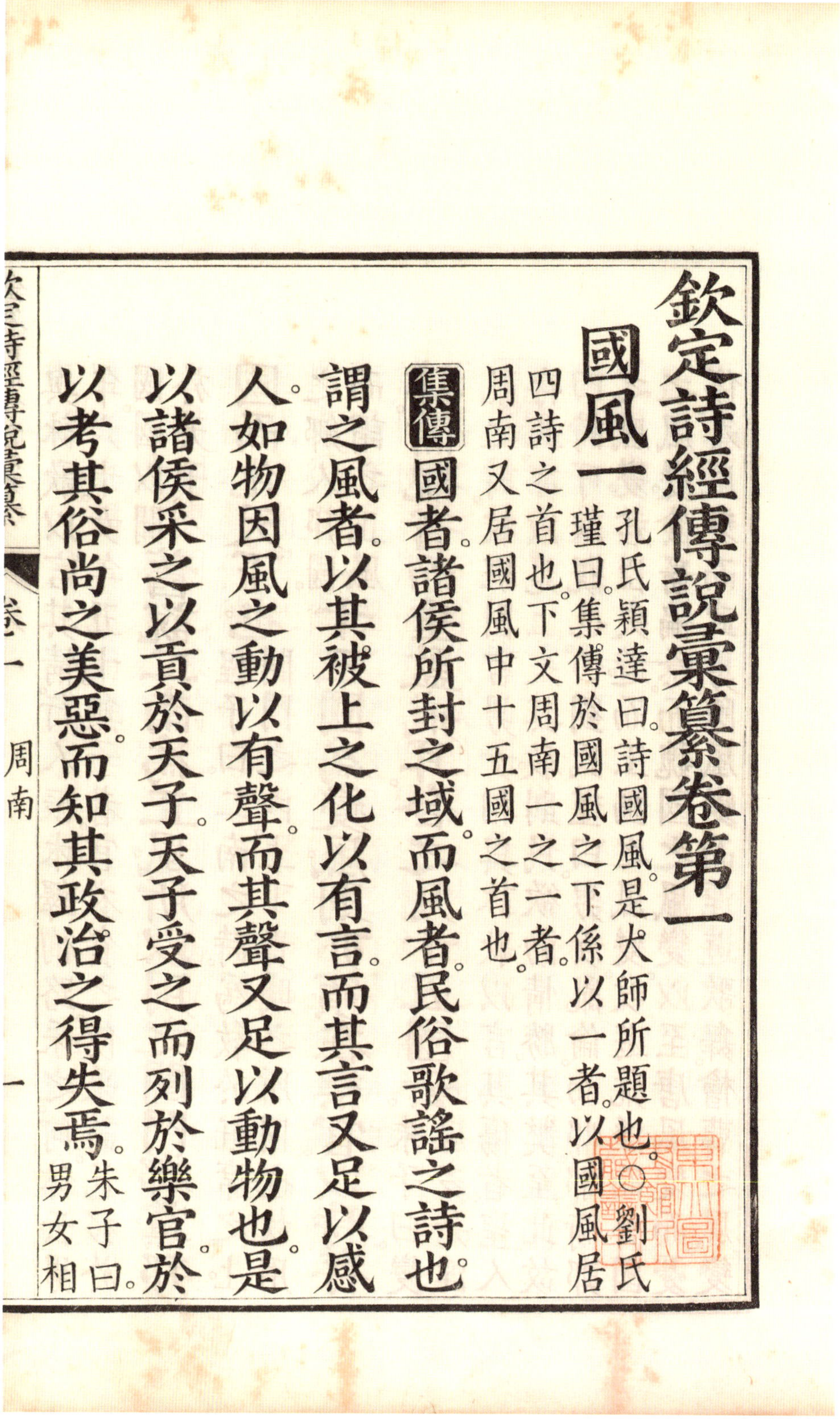
欽定詩經傳說彙纂卷第一
國風一 孔氏穎達曰詩國風是大師所題也○劉氏瑾曰集傳於國風之下係以一者以國風居四詩之首也下文周南一之一者周南又居國風中十五國之首也
集傳 國者諸侯所封之域而風者民俗歌謠之詩也謂之風者以其被上之化以有言而其言又足以感人如物因風之動以有聲而其聲又足以動物也是以諸侯采之以貢於天子天子受之而列於樂官於以考其俗尚之美惡而知其政治之得失焉 朱子曰男女相
欽定詩經傳說彙纂 卷一 周南 一

20366 欽定詩經傳說彙纂二十一卷首二卷 （清）王鴻緒等撰 清雍正五年（1727）內府刻本 遼寧省圖書館

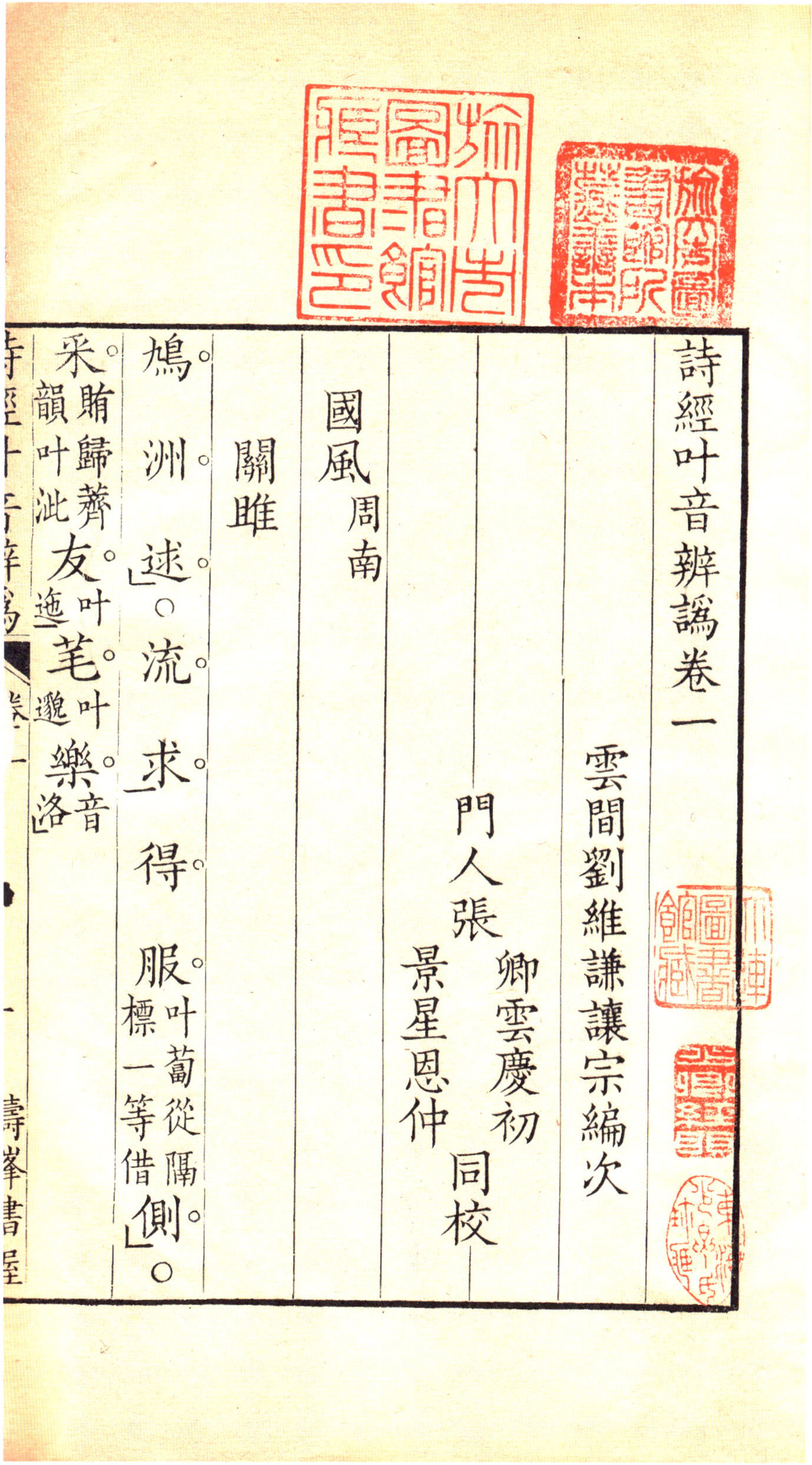
詩經叶音辨譌卷一
雲間劉維謙讓宗編次
門人張卿雲慶初
景星恩仲 同校
國風周南
關雎
鳩。洲。逑。流。求。得。服叶蔔從隔標一等借側。
采。賄歸薺韻叶泚。友叶迤。芼叶邈。樂音洛。
詩經叶音辨譌 卷一 一 壽峯書屋

20367　**詩經叶音辨譌八卷首一卷**　（清）劉維謙編　清乾隆三年（1738）壽峯書屋刻本　大連圖書館

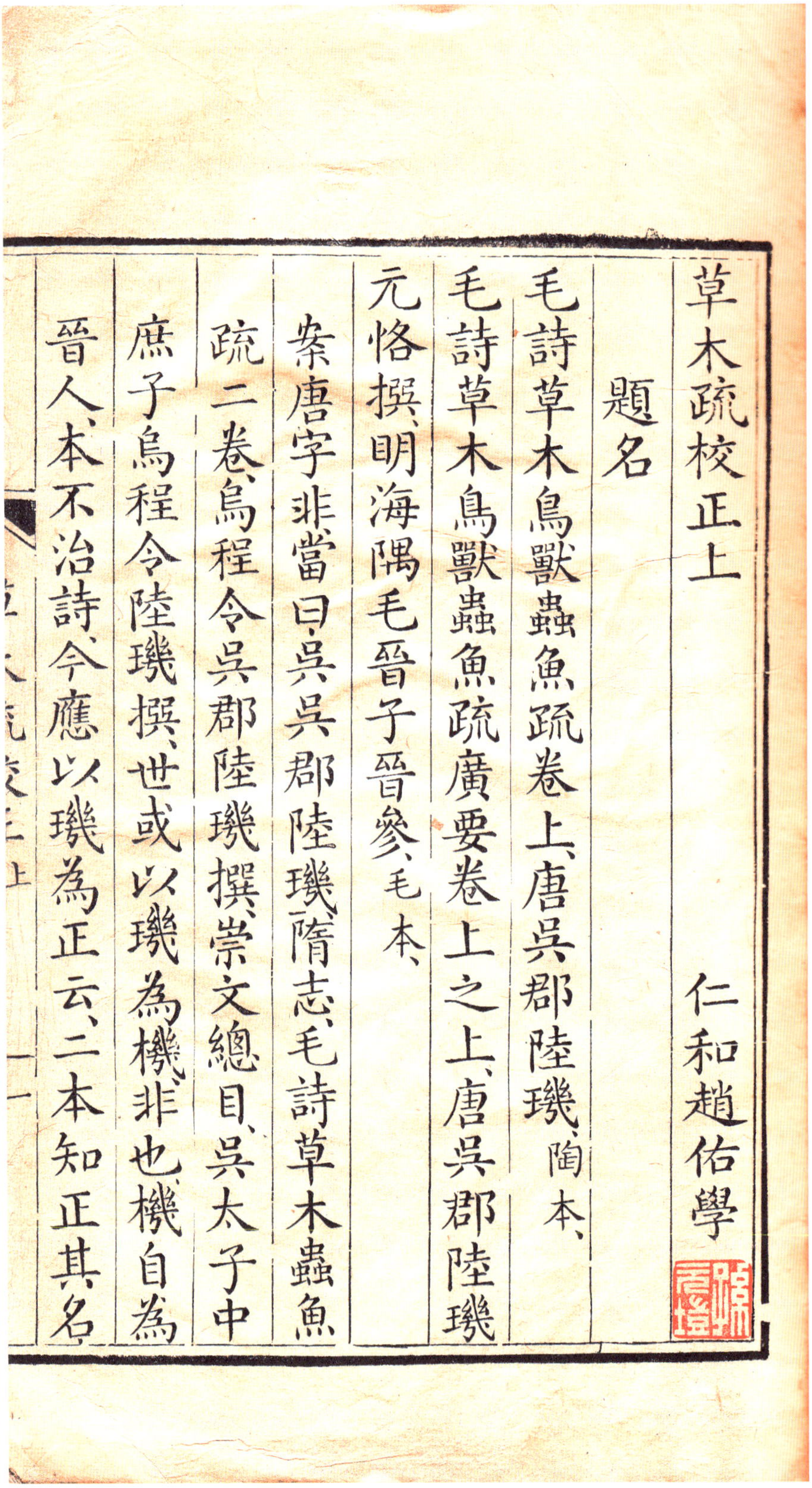
草木疏校正上　　　仁和趙佑學

題名

毛詩草木鳥獸蟲魚疏卷上、唐吳郡陸璣、陶本、
毛詩草木鳥獸蟲魚疏廣要卷上之上、唐吳郡陸璣
元恪撰、明海隅毛晉子晉參、毛本、
案唐字非當曰吳吳郡陸璣、隋志、毛詩草木蟲魚
疏二卷、烏程令吳郡陸璣撰、崇文總目、吳太子中
庶子烏程令陸璣撰、世或以璣為機、非也、機自為
晉人、本不治詩、今應以璣為正云、二本知正其名

草木疏校正上　一

20368　草木疏校正二卷　（清）趙佑撰　清乾隆五十六年（1791）白鷺洲書院刻本　大連圖書館

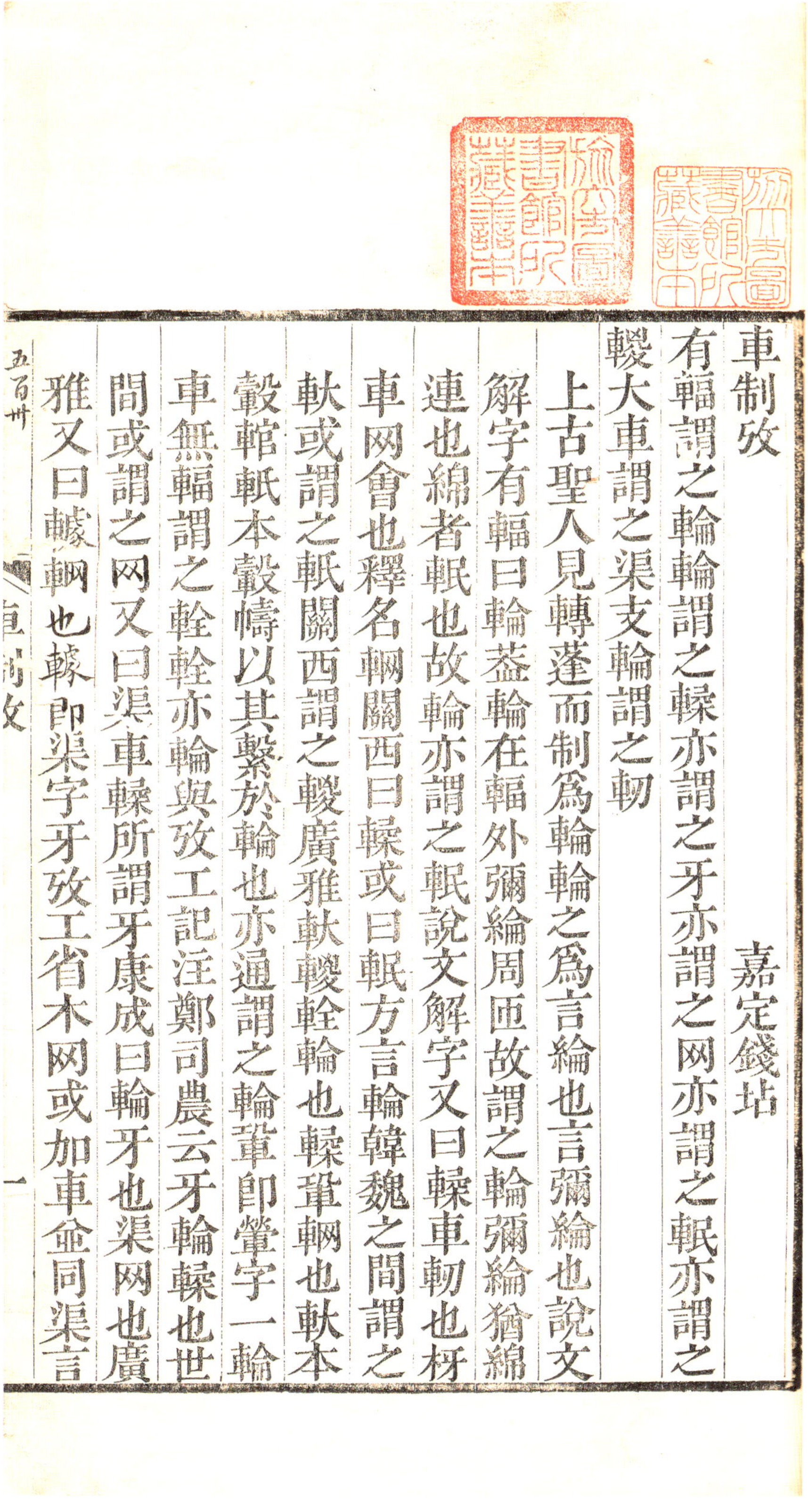
車制攷　　嘉定錢坫
有輻謂之輪輪謂之輮亦謂之牙亦謂之网亦謂之輾亦謂之
轂大車謂之渠支輪謂之軔
上古聖人見轉蓬而制爲輪輪之爲言綸也言彌綸也說文
解字有輻曰輪蓋輪在輻外彌綸周匝故謂之輪彌綸猶綿
連也綿者輾也故輪亦謂之輾說文解字又曰輮車軔也枒
車网會也釋名輞關西曰輮或曰輾方言輪韓魏之間謂之
軑或謂之軝關西謂之轂廣雅軑轂輇輪也輮輋輞也軑本
轂輨軝本轂幬以其繫於輪也亦通謂之輪輋即𨏥字一輪
車無輻謂之輇輇亦輪與攷工記注鄭司農云牙輪輮也世
間或謂之网又曰渠車輮所謂牙康成曰輪牙也渠网也廣
雅又曰轅輞也輮即渠字牙攷工省木网或加車並同渠言
五百卅　車制攷　一

20369　車制攷一卷　（清）錢坫撰　清乾隆四十二年（1777）篆秋艸堂刻本　大連圖書館

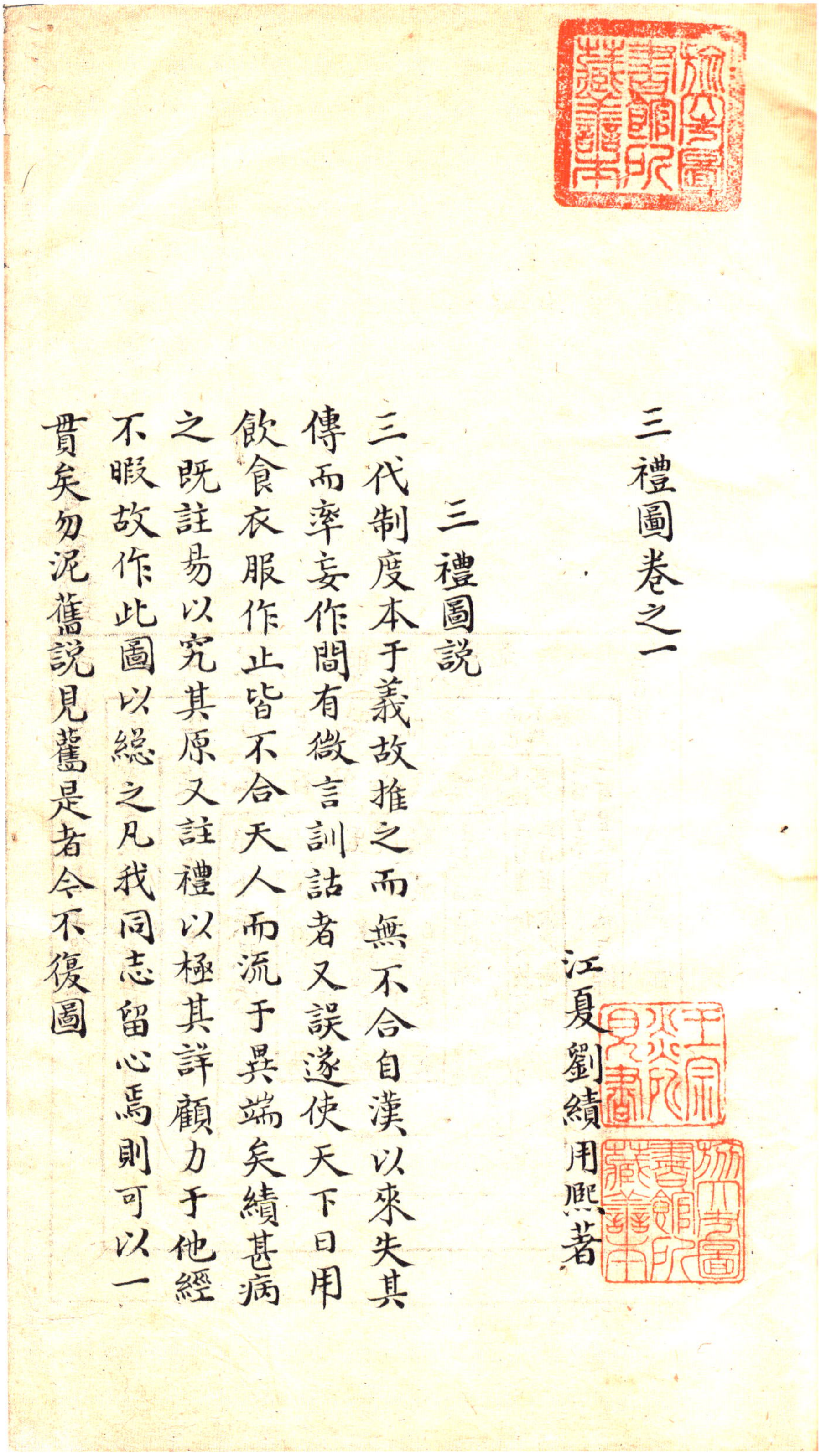

三禮圖卷之一

江夏劉績用熙著

三禮圖説

三代制度本于義故推之而無不合自漢以來失其傳而率妄作間有微言訓詁者又誤遂使天下日用飲食衣服作止皆不合天人而流于異端矣績甚病之既註易以究其原又註禮以極其詳顧力于他經不暇故作此圖以總之凡我同志留心焉則可以一貫矣勿泥舊説見蠹是者今不復圖

20370　三禮圖二卷　（明）劉績撰　清初抄本　大連圖書館

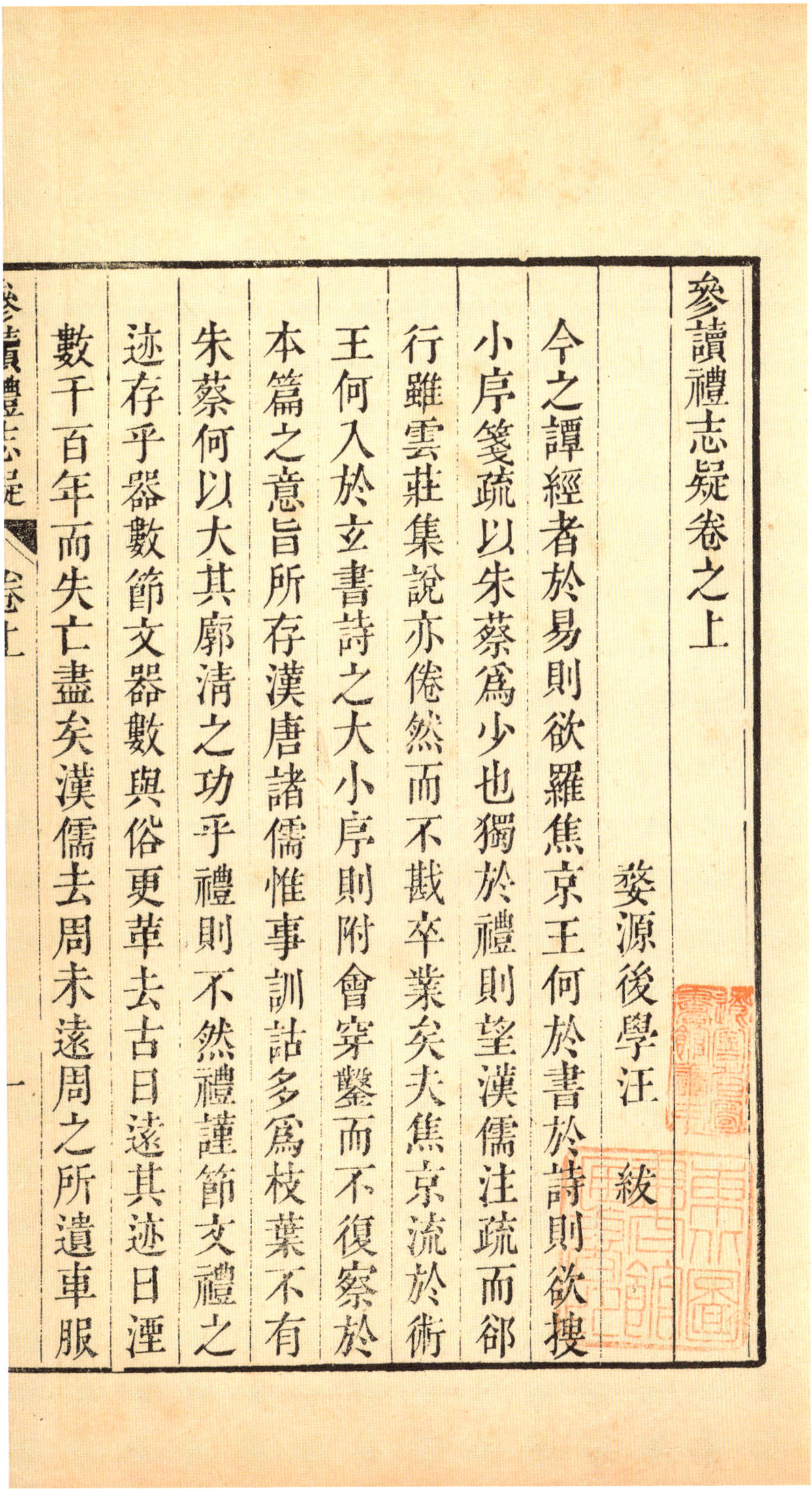

參讀禮志疑卷之上

婺源後學汪紱

今之譚經者於易則欲羅焦京王何於書於詩則欲搜小序箋疏以朱蔡爲少也獨於禮則望漢儒注疏而郤行雖雲莊集說亦倦然而不戡卒業矣夫焦京流於術王何入於玄書詩之大小序則附會穿鑿而不復察於本篇之意旨所存漢唐諸儒惟事訓詁多爲枝葉不有朱蔡何以大其廓清之功乎禮則不然禮謹節文禮之迹存乎器數節文器數與俗更革去古日遠其迹日湮數千百年而失亡盡矣漢儒去周未遠周之所遺車服

參讀禮志疑 卷上 一

20371　參讀禮志疑二卷　（清）汪紱撰　清乾隆三十六年（1771）洪騰蛟栖碧山房刻本　遼寧省圖書館

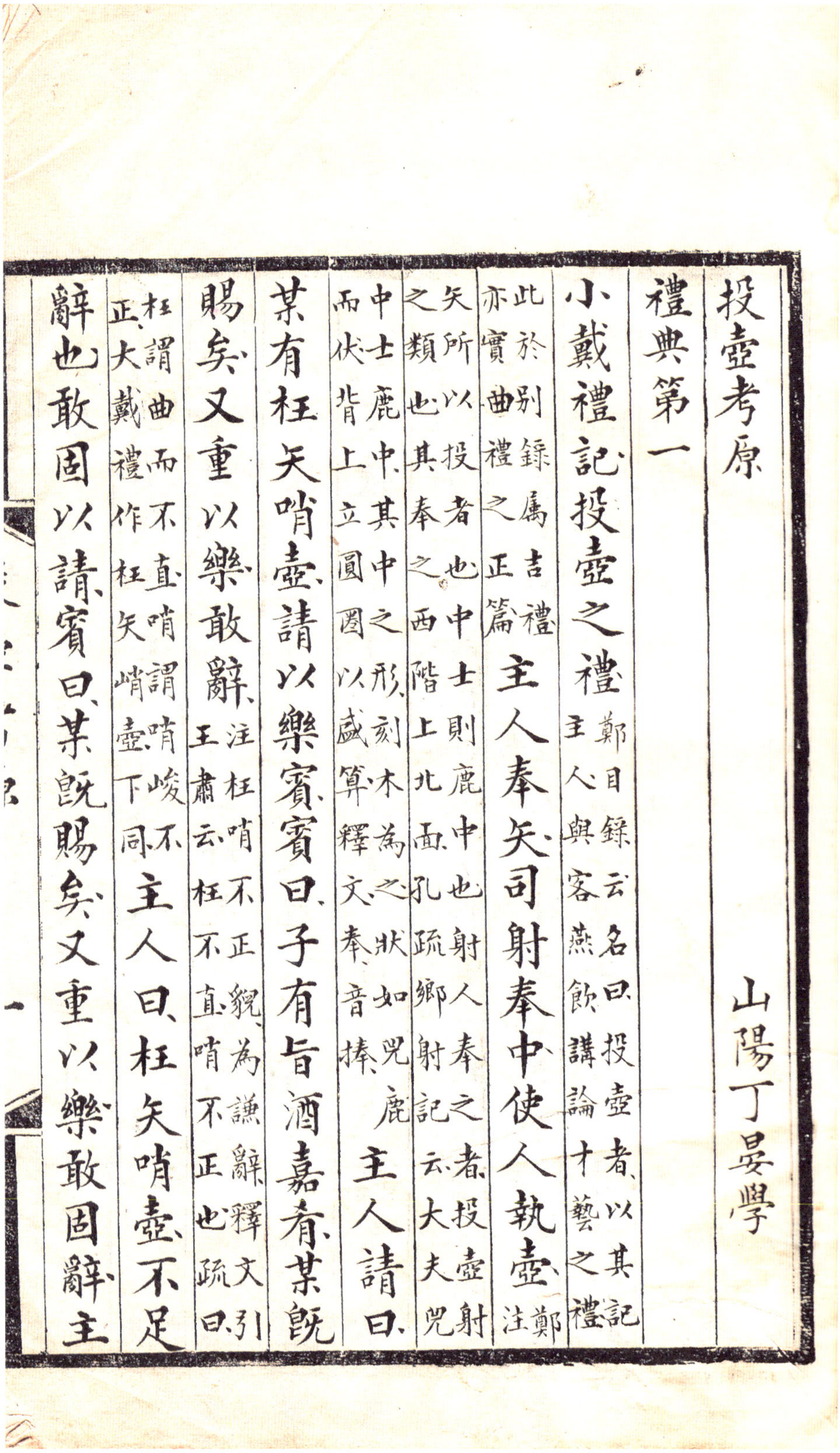
投壺考原

禮典第一　　山陽丁晏學

小戴禮記投壺之禮鄭目錄云名曰投壺者以其記主人與客燕飲講論才藝之禮此於別錄屬吉禮亦實曲禮之正篇主人奉矢司射奉中使人執壺鄭注矢所以投者也中士則鹿中也射人奉之者投壺射之類也其奉之西階上北面孔疏鄉射記云大夫兕中士鹿中其中之形刻木為之狀如兕鹿而伏背上立圓圈以盛算釋文奉音捧主人請曰某有枉矢哨壺請以樂賓賓曰子有旨酒嘉肴某既賜矣又重以樂敢辭注枉哨不正貌為謙辭釋文引王肅云枉不直哨不正也疏曰枉謂曲而不直哨謂哨峻不正大戴禮作枉矢哨壺下同主人曰枉矢哨壺不足辭也敢固以請賓曰某既賜矣又重以樂敢固辭主

20372　投壺考原一卷　（清）丁晏撰　清抄本　羅振玉題識　大連圖書館

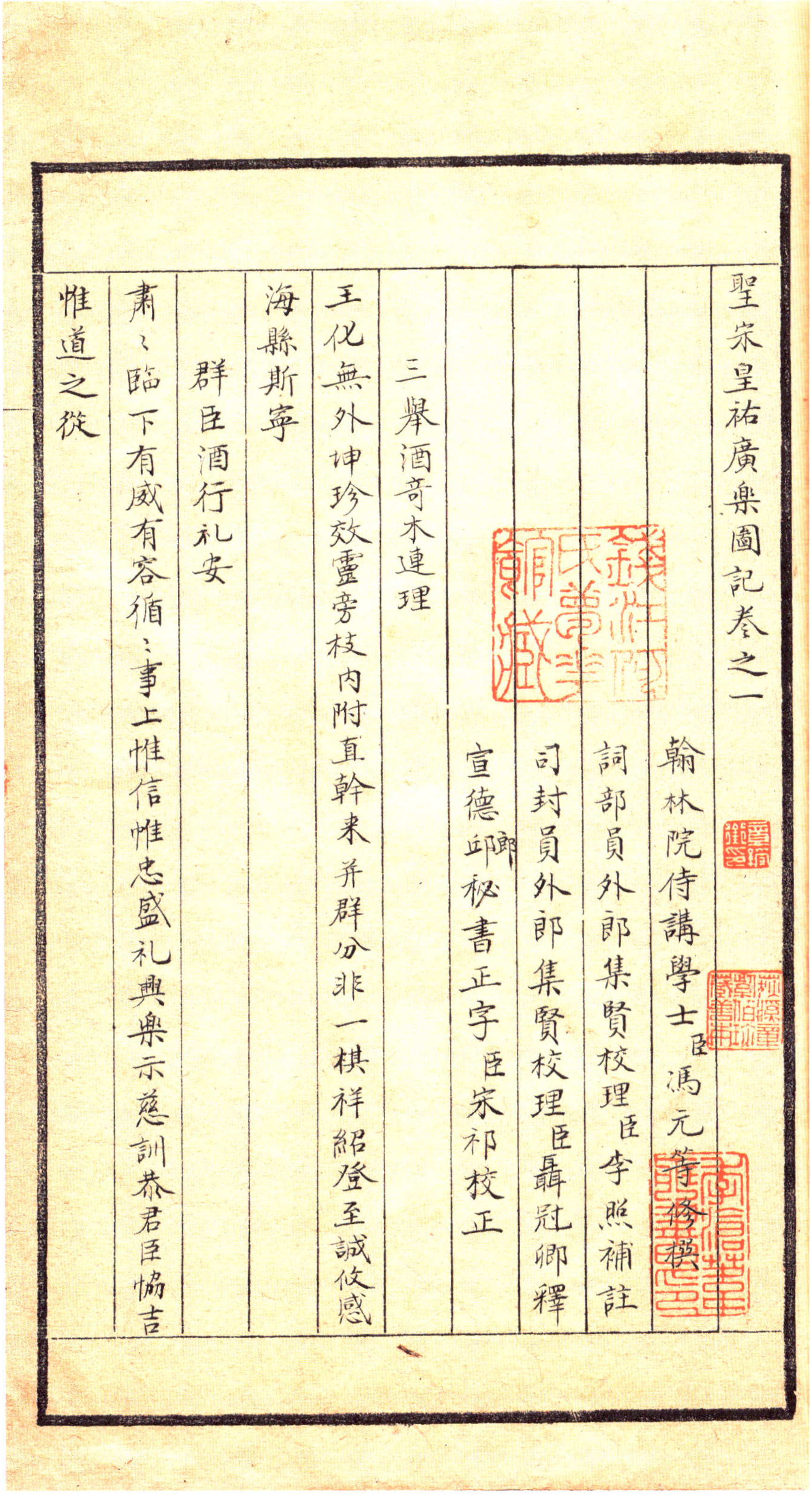
聖宋皇祐廣樂圖記卷之一
翰林院侍講學士臣馮元等修撰
詞部員外郎集賢校理臣李照補註
司封員外郎集賢校理臣聶冠卿釋
宣德郎秘書正字臣宋祁校正

三舉酒奇木連理
王化無外坤珍效靈旁枝内附直幹来并群分非一棋祥紹登至誠攸感
海縣斯寧
群臣酒行礼安
肅〻臨下有威有容循〻事上惟信惟忠盛礼興樂示慈訓恭君臣協吉
惟道之從

20373　聖宋皇祐廣樂圖記八十一卷　（宋）馮元等撰　清仇承勛抄本　錢大昕校字并題識　大連圖書館

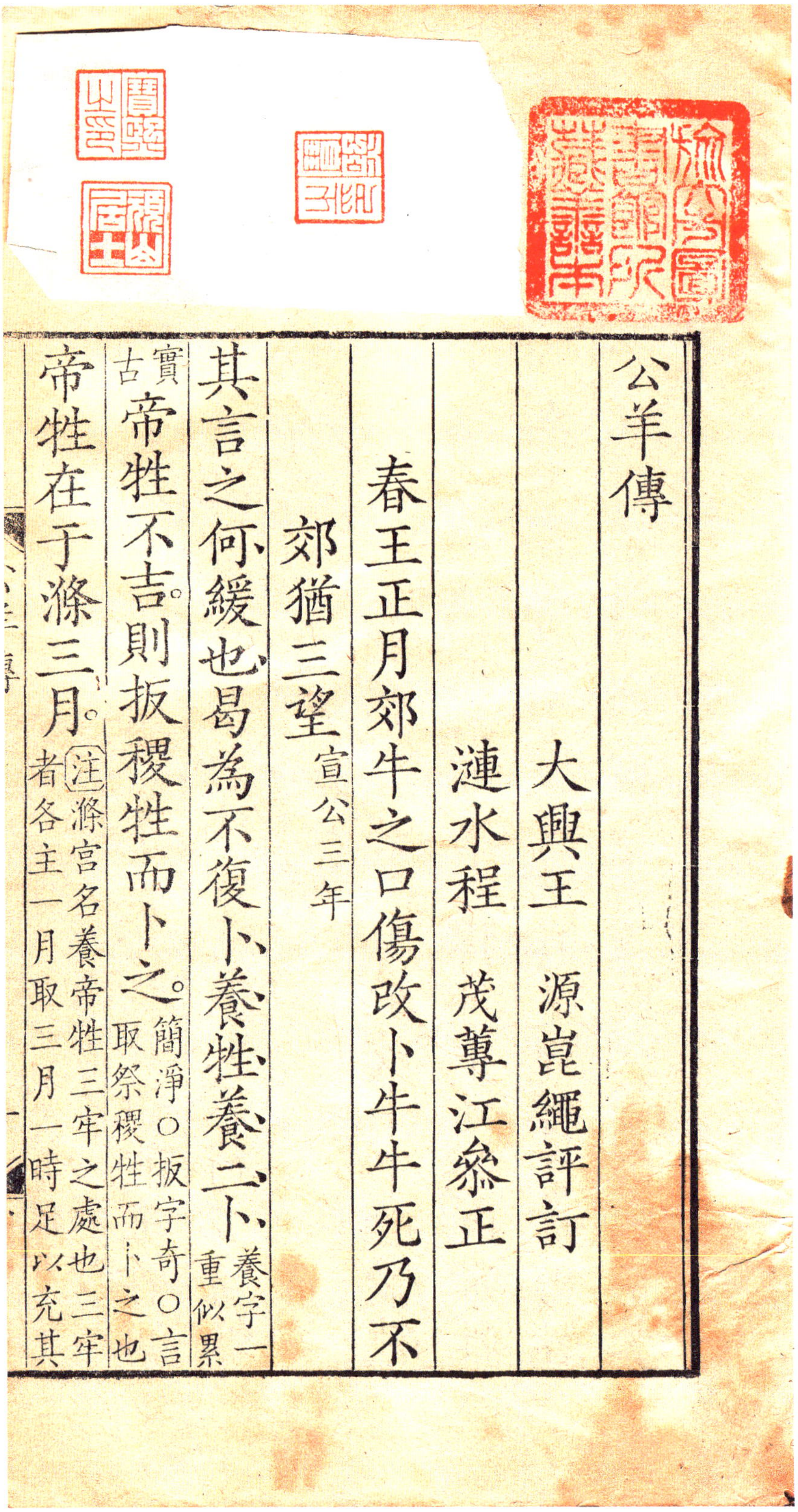
公羊傳
大興王　源崑繩評訂
漣水程　茂蕁江叅正
春王正月郊牛之口傷改卜牛牛死乃不
郊猶三望宣公三年
其言之何緩也曷為不復卜養牲養二卜養字一重似累
實古帝牲不吉則扳稷牲而卜之簡淨○扳字奇○言取祭稷牲而卜之也
帝牲在于滌三月注滌宮名養帝牲三牢之處也三牢者各主一月取三月一時足以充其

20374　公羊傳一卷穀梁傳一卷　（清）王源評訂　清康熙五十五年（1716）刻本　大連圖書館

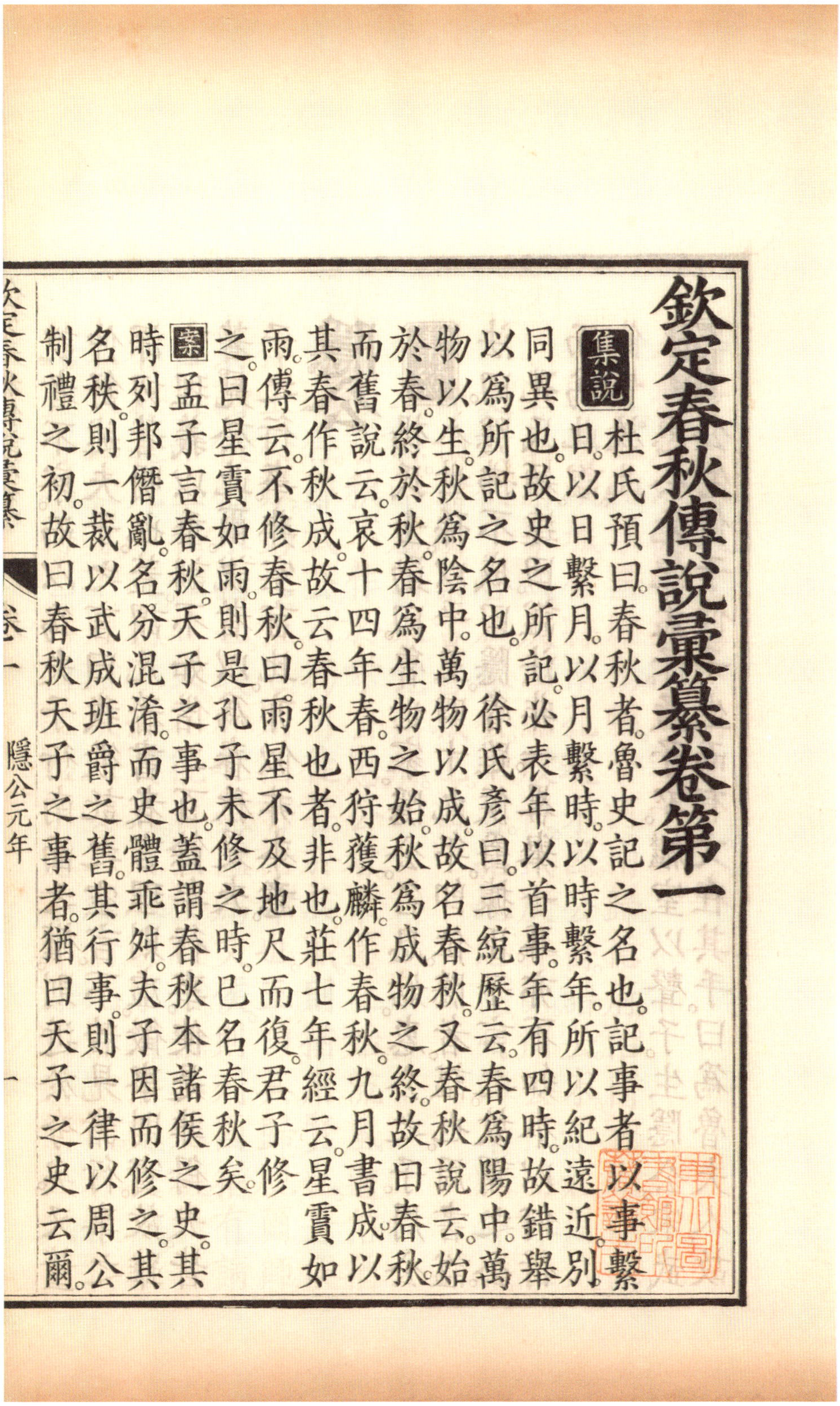
欽定春秋傳說彙纂卷第一
集說 杜氏預曰。春秋者。魯史記之名也。記事者以事繫日。以日繫月。以月繫時。以時繫年。所以紀遠近。別同異也。故史之所記。必表年以首事。年有四時。故錯舉以爲所記之名也。徐氏彦曰。三統歷云。春爲陽中。萬物以生。秋爲陰中。萬物以成。故名春秋。又春秋說云。始於春。終於秋。春爲生物之始。秋爲成物之終。故曰春秋。而舊說云。哀十四年春。西狩獲麟。作春秋。九月書成。以其春作秋成。故云春秋也。非也。莊七年經云。星霣如雨。傳云。不修春秋。曰雨星不及地尺而復。君子修之。曰星霣如雨。則是孔子未修之時。已名春秋矣。
案 孟子言春秋天子之事也。蓋謂春秋本諸侯之史。其時列邦僭亂。名分混淆。而史體乖舛。夫子因而修之。其名秩則一裁以武成班爵之舊。其行事則一律以周公制禮之初。故曰春秋天子之事者。猶曰天子之史云爾。

欽定春秋傳說彙纂 卷一 隱公元年 一

20375 欽定春秋傳說彙纂三十八卷首二卷 （清）王掞 張廷玉等撰

清康熙六十年（1721）内府刻本 遼寧省圖書館

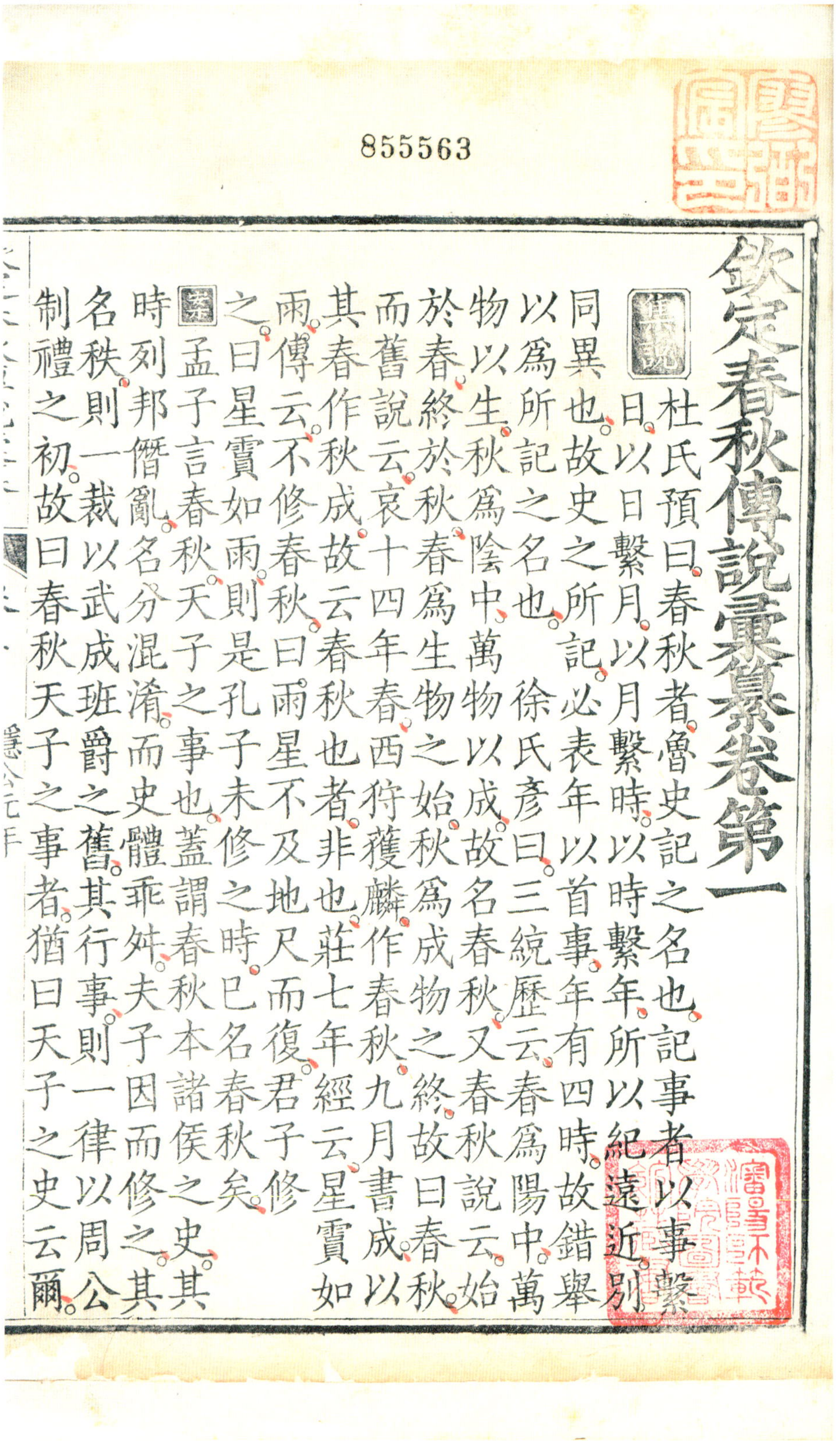
855563

欽定春秋傳說彙纂卷第一

集說 杜氏預曰春秋者魯史記之名也記事者以事繫日以日繫月以月繫時以時繫年所以紀遠近別同異也故史之所記必表年以首事年有四時故錯舉以爲所記之名也 徐氏彥曰三統歷云春爲陽中萬物以生秋爲陰中萬物以成故名春秋又春秋說云始於春終於秋春爲生物之始秋爲成物之終故曰春秋而舊說云哀十四年春西狩獲麟作春秋九月書成以其春作秋成故云春秋也者非也莊七年經云星霣如雨傳云不修春秋曰雨星不及地尺而復君子修之曰星霣如雨則是孔子未修之時已名春秋矣

案 孟子言春秋天子之事也蓋謂春秋本諸侯之史其時列邦僭亂名分混淆而史體乖舛夫子因而修之其名秩則一裁以武成班爵之舊其行事則一律以周公制禮之初故曰春秋天子之事者猶曰天子之史云爾

20376　欽定春秋傳說彙纂三十八卷首二卷　（清）王掞　張廷玉等撰

清康熙六十年（1721）內府刻本　遼寧大學圖書館

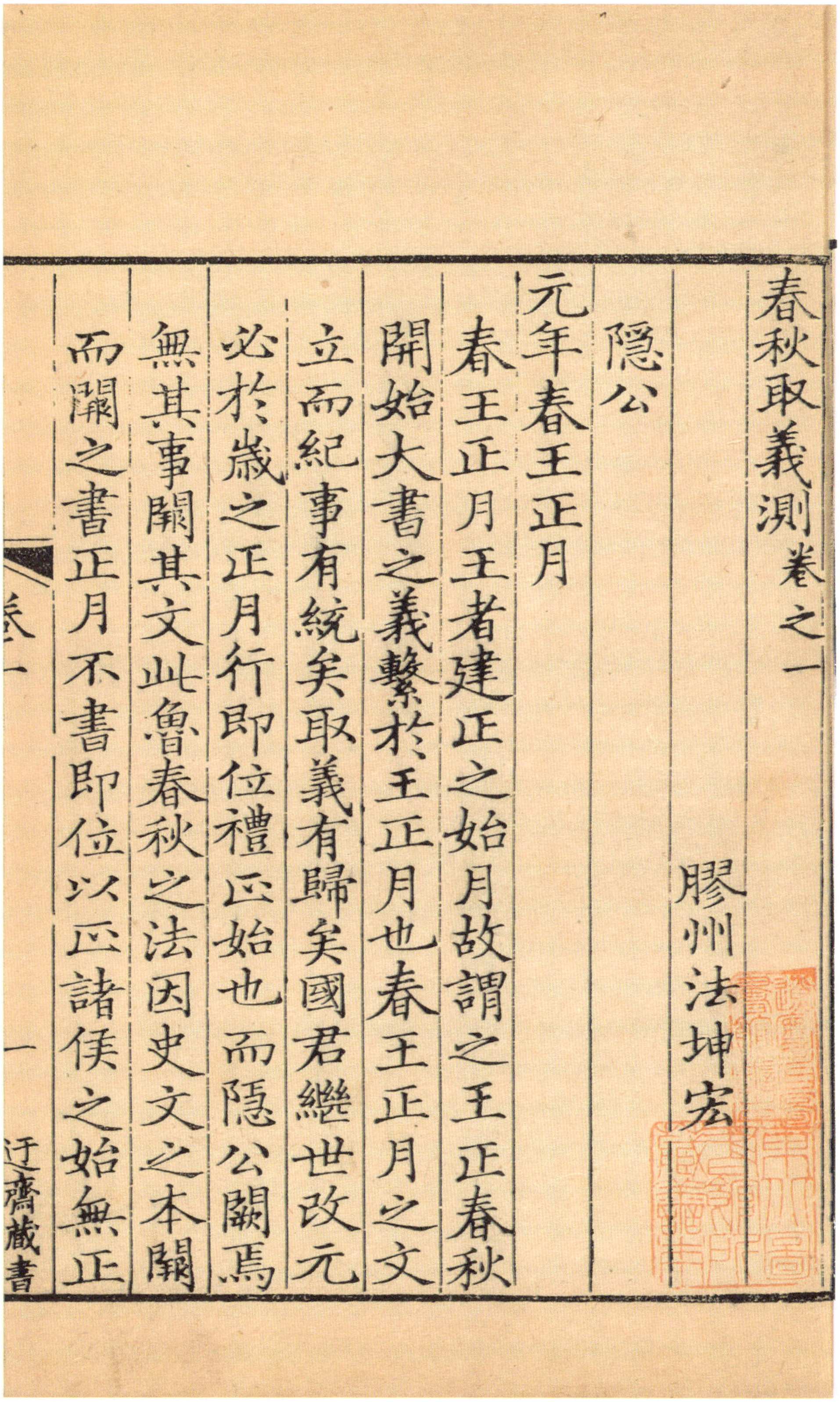
春秋取義測卷之一
膠州法坤宏
隱公
元年春王正月
春王正月王者建正之始月故謂之王正春秋
開始大書之義繫於王正月也春王正月之文
立而紀事有統矣取義有歸矣國君繼世改元
必於歲之正月行即位禮正始也而隱公闕焉
無其事闕其文此魯春秋之法因史文之本闕
而闕之書正月不書即位以正諸侯之始無正
卷一
一
迂齋藏書

20377　春秋取義測十二卷　（清）法坤宏撰　清乾隆五十九年（1794）法氏迂齋刻本　遼寧省圖書館

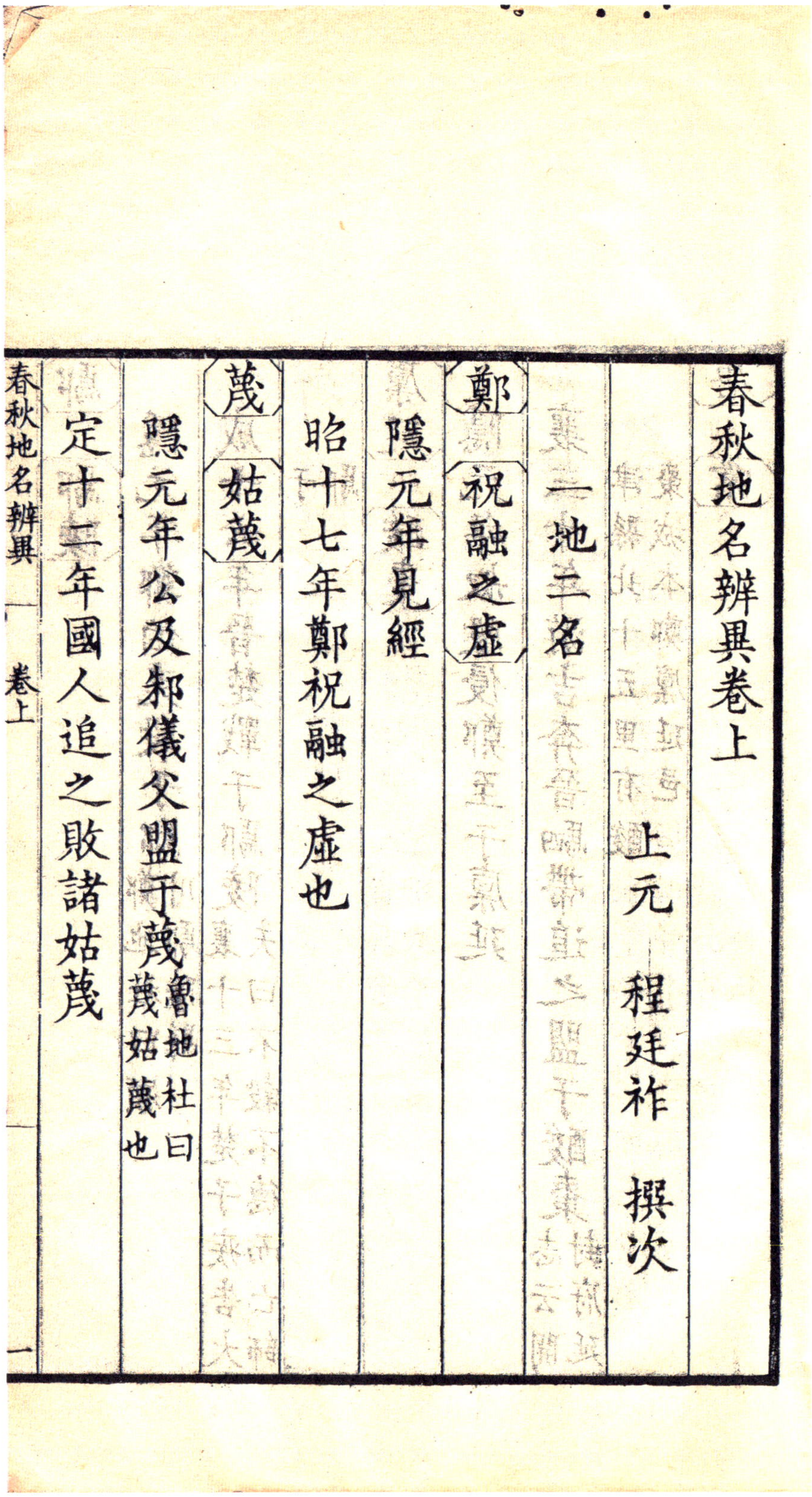

春秋地名辨異卷上

上元 程廷祚 撰次

一地二名

鄭 祝融之虛

隱元年見經

昭十七年鄭祝融之虛也

蔑 姑蔑

隱元年公及邾儀父盟于蔑魯地杜曰蔑姑蔑也

定十二年國人追之敗諸姑蔑

春秋地名辨異 卷上 一

20378 春秋識小錄初刻三書九卷 （清）程廷祚撰 清乾隆三近堂刻本

大連圖書館

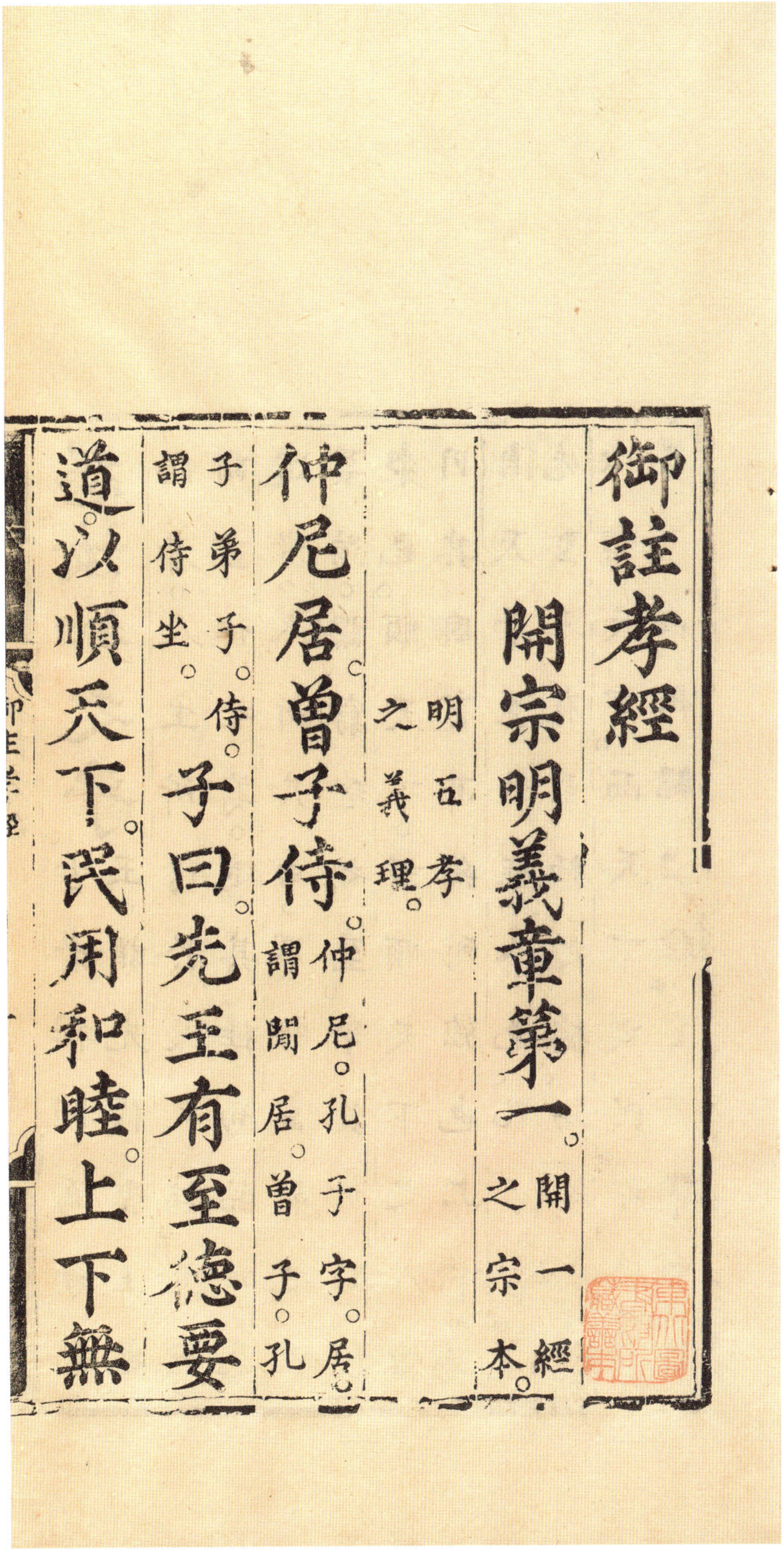
御註孝經
開宗明義章第一開一經之宗本明五孝之義理
仲尼居曾子侍仲尼孔子字居謂閒居曾子孔子弟子侍謂侍坐子曰先王有至德要
道以順天下民用和睦上下無

20379　御註孝經一卷　（清）世祖福臨撰　清順治內府刻本　遼寧省圖書館

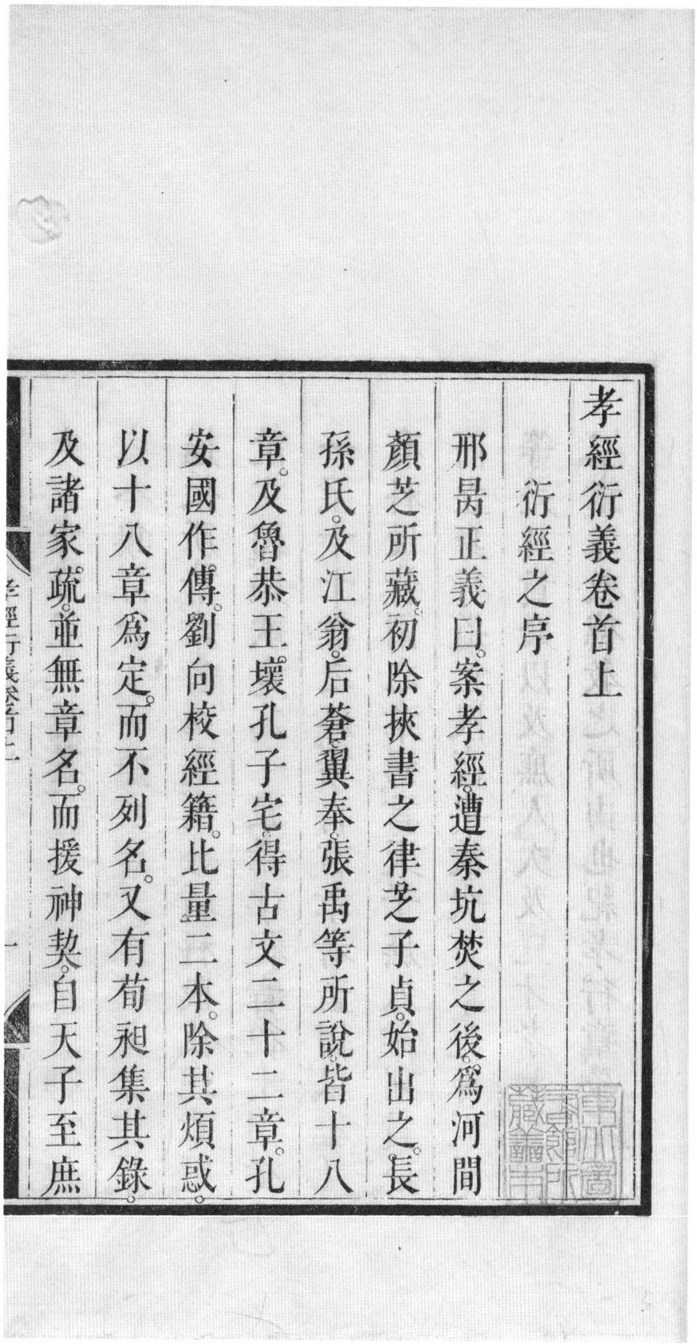
孝經衍義卷首上
衍經之序
邢昺正義曰案孝經遭秦坑焚之後爲河間
顏芝所藏初除挾書之律芝子貞始出之長
孫氏及江翁后蒼翼奉張禹等所說皆十八
章及魯恭王壞孔子宅得古文二十二章孔
安國作傳劉向校經籍比量二本除其煩惑
以十八章爲定而不列名又有荀昶集其錄
及諸家疏並無章名而援神契自天子至庶

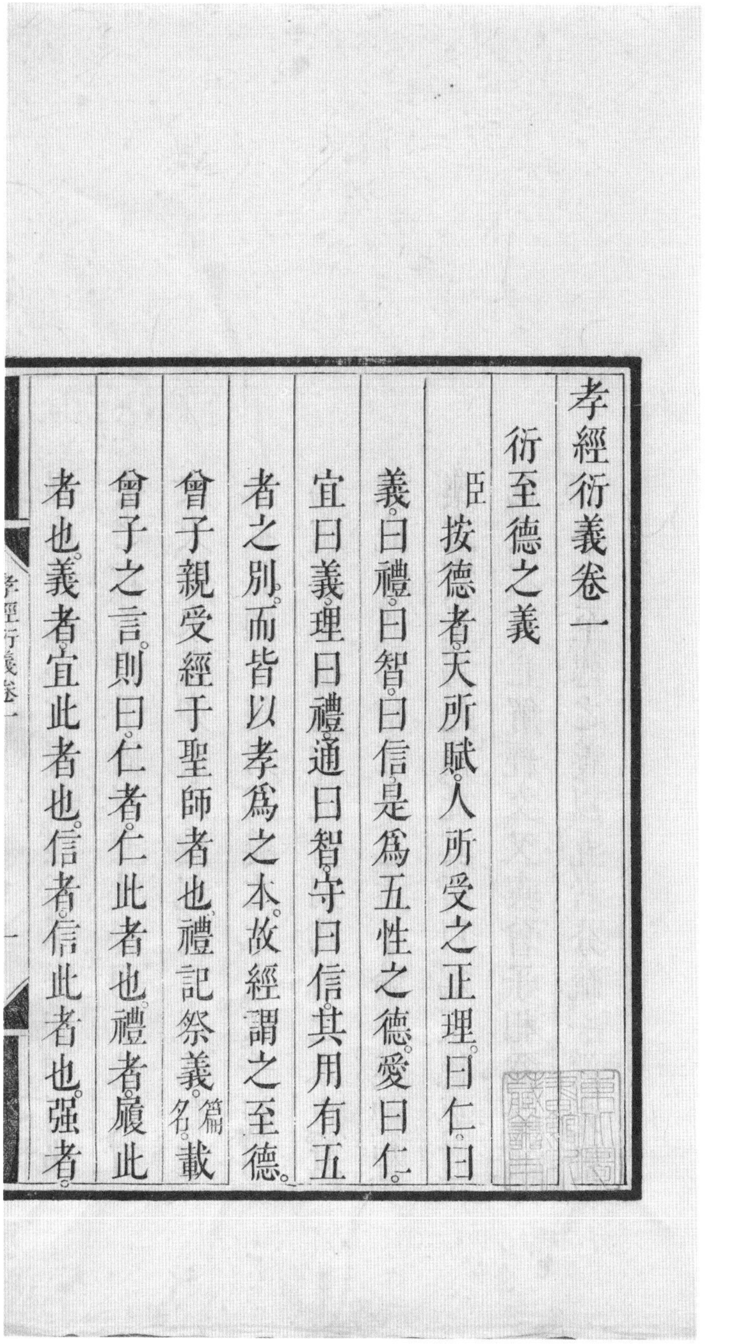
孝經衍義卷一
衍至德之義
臣按德者天所賦人所受之正理曰仁曰
義曰禮曰智曰信是爲五性之德愛曰仁
宜曰義理曰禮通曰智守曰信其用有五
者之別而皆以孝爲之本故經謂之至德
曾子親受經于聖師者也禮記祭義篇名載
曾子之言則曰仁者仁此者也禮者履此
者也義者宜此者也信者信此者也强者

20380　孝經衍義一百卷首二卷　（清）葉方藹等撰　清康熙二十九年（1690）内府刻本　遼寧省圖書館

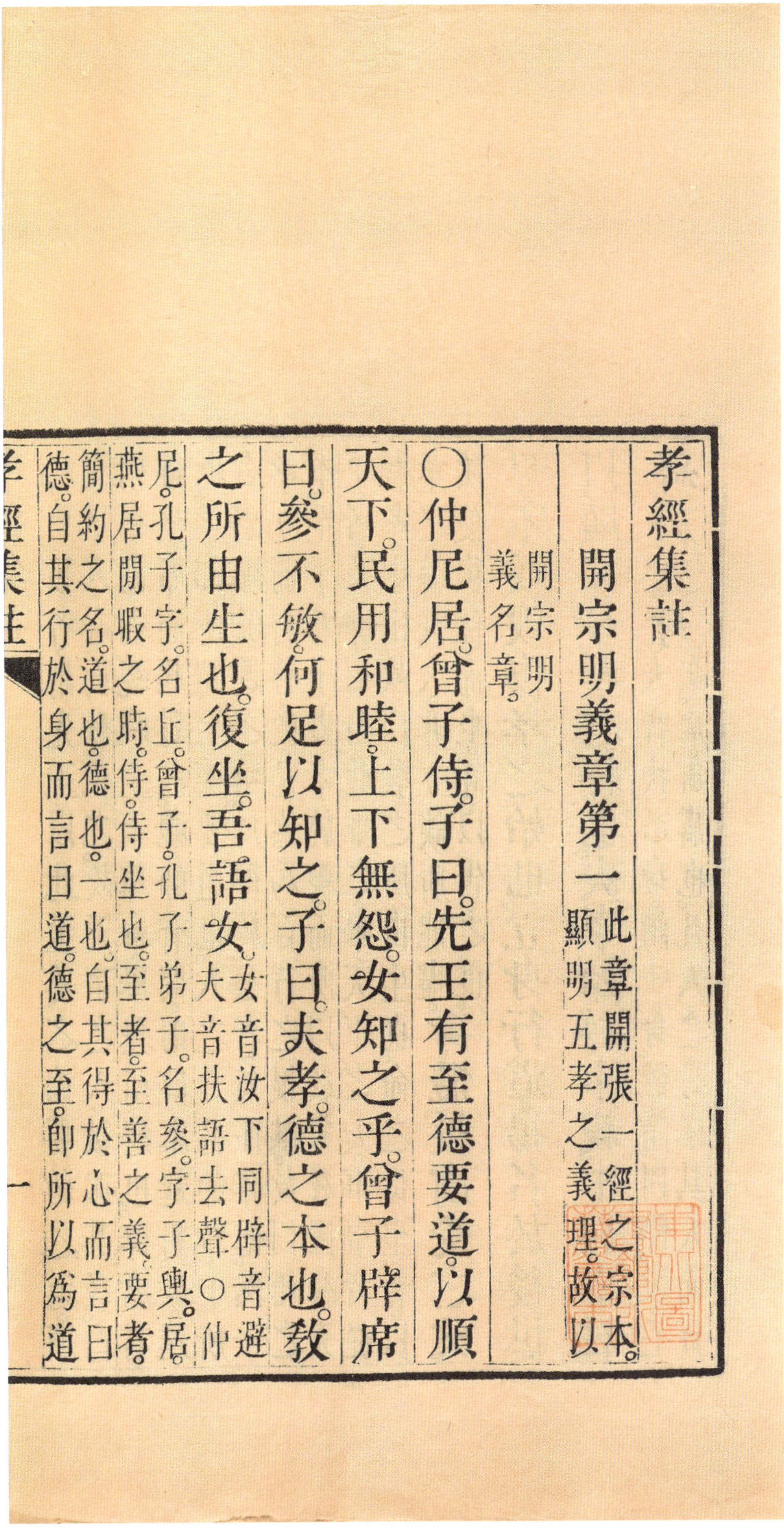

孝經集註

開宗明義章第一 此章開張一經之宗本。顯明五孝之義理，故以開宗明義名章。

○仲尼居。曾子侍。子曰。先王有至德要道。以順天下。民用和睦。上下無怨。女知之乎。曾子辟席曰。參不敏。何足以知之。子曰。夫孝。德之本也。教之所由生也。復坐。吾語女。女音汝，下同。辟音避。夫音扶。語，去聲。○仲尼。孔子字。名丘。曾子。孔子弟子。名參。字子輿。居。燕居閒暇之時。侍。侍坐也。至者。至善之義。要者。簡約之名。道也。德也。一也。自其得於心而言曰德。自其行於身而言曰道。德之至。即所以爲道

孝經集註 一

20381 孝經集註一卷 （清）世宗胤禛撰 清雍正五年（1727）内府刻本

遼寧省圖書館

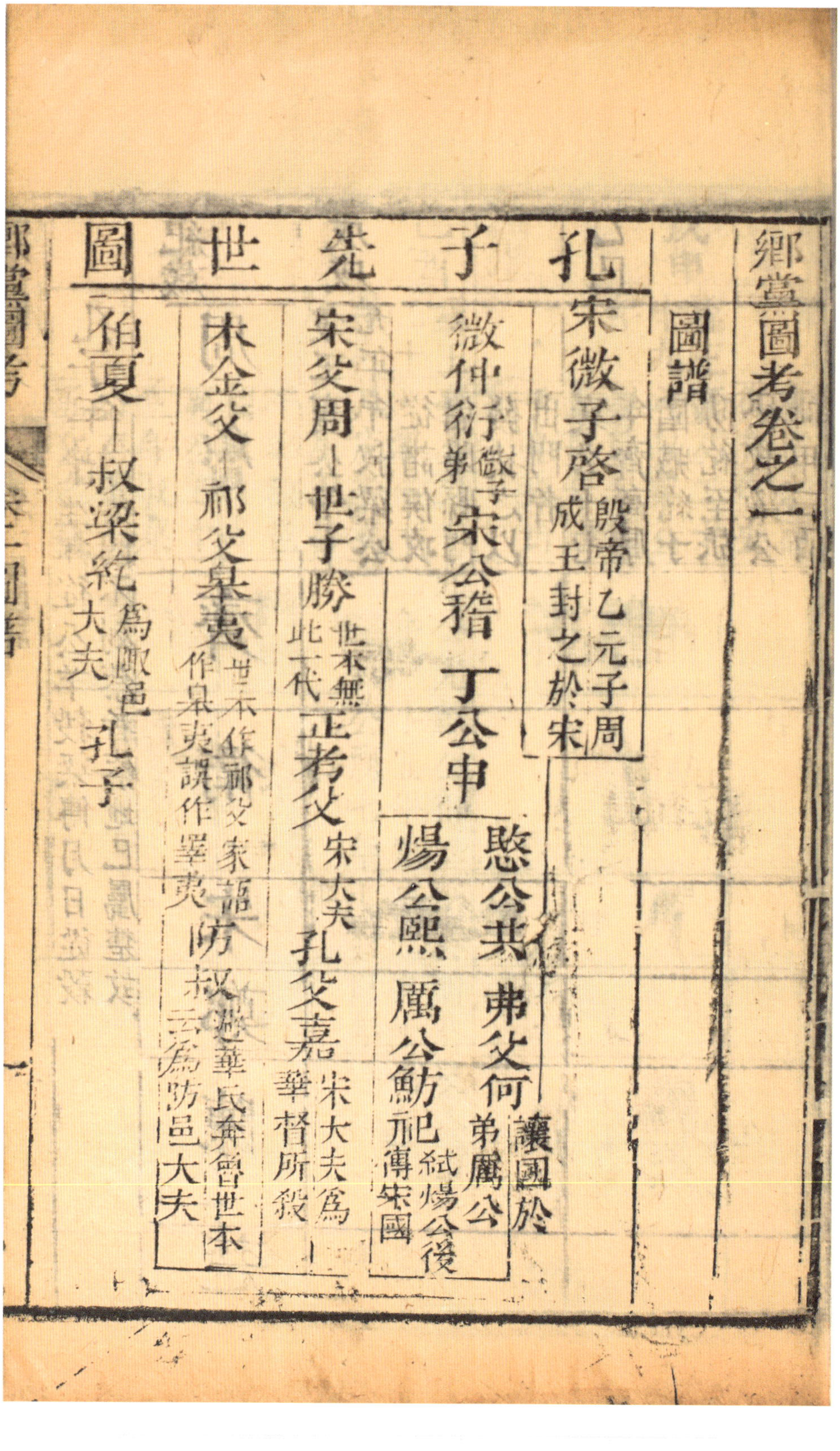

鄉黨圖考卷之一

圖譜

孔子先世圖

宋微子啓 殷帝乙元子周成王封之於宋
微仲衍 微子弟 — 宋公稽 — 丁公申
愍公共 弗父何 讓國於弟厲公
煬公熙 厲公鮒祀 弒煬公後傳宋國
宋父周 — 世子勝 世本無此一代 正考父 宋大夫 孔父嘉 宋大夫爲華督所殺
木金父 — 祁父皋夷 世本作祁父家語作皋夷誤作睪夷 防叔 避華氏奔魯世本云爲防邑大夫
伯夏 — 叔梁紇 爲陬邑大夫 孔子

20382　鄉黨圖考十卷　（清）江永撰　清乾隆五十二年（1787）刻本　遼陽市圖書館

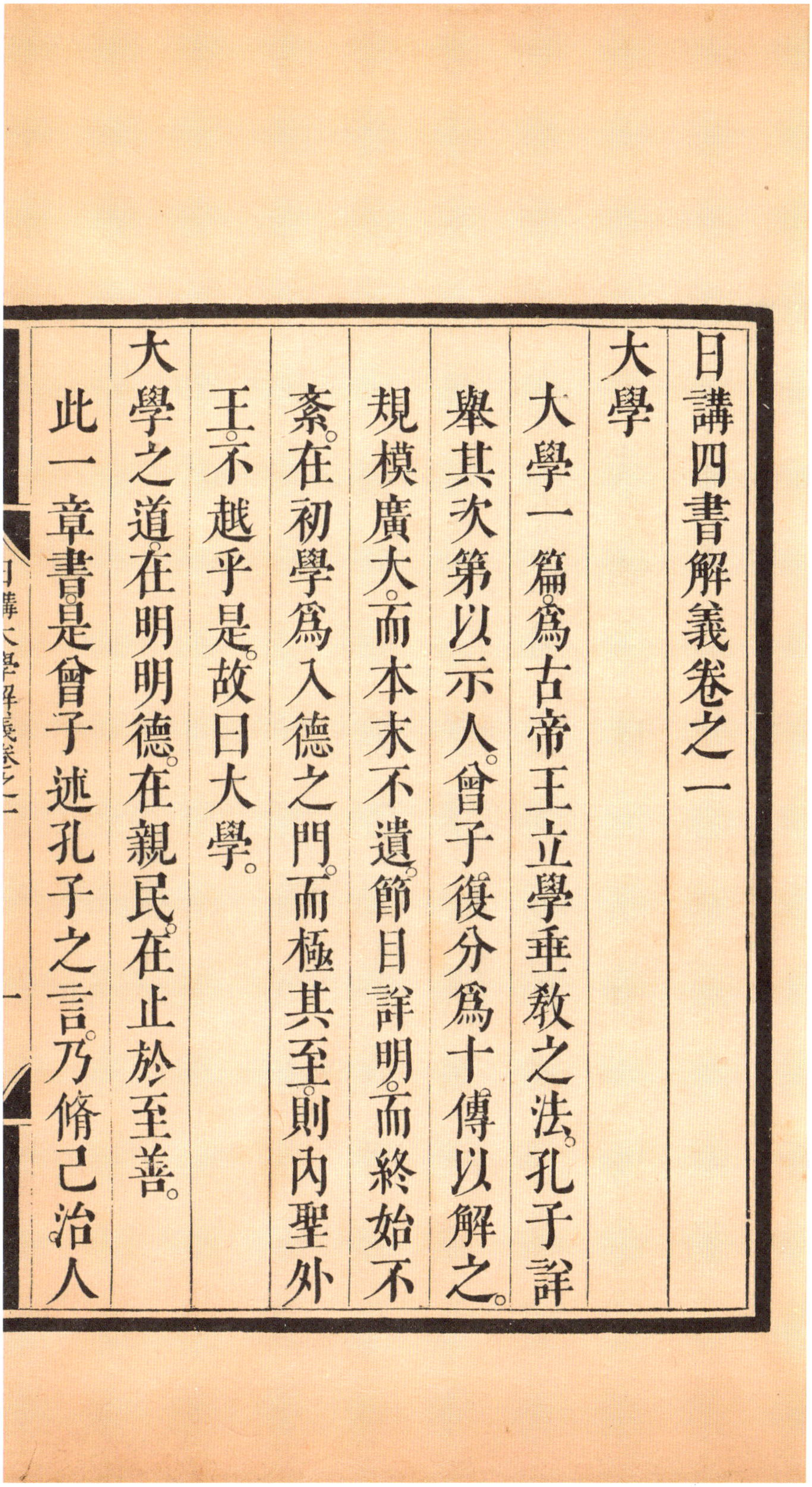

日講四書解義卷之一

大學

大學一篇。爲古帝王立學垂教之法。孔子詳舉其次第以示人。曾子復分爲十傳以解之。規模廣大。而本末不遺。節目詳明。而終始不紊。在初學爲入德之門。而極其至。則內聖外王。不越乎是。故曰大學。

大學之道。在明明德。在親民。在止於至善。

此一章書。是曾子述孔子之言。乃脩己治人

日講大學解義卷之一　一

20383　日講四書解義二十六卷　（清）喇沙里　陳廷敬撰　清康熙十六年（1677）內府刻本　遼寧省圖書館

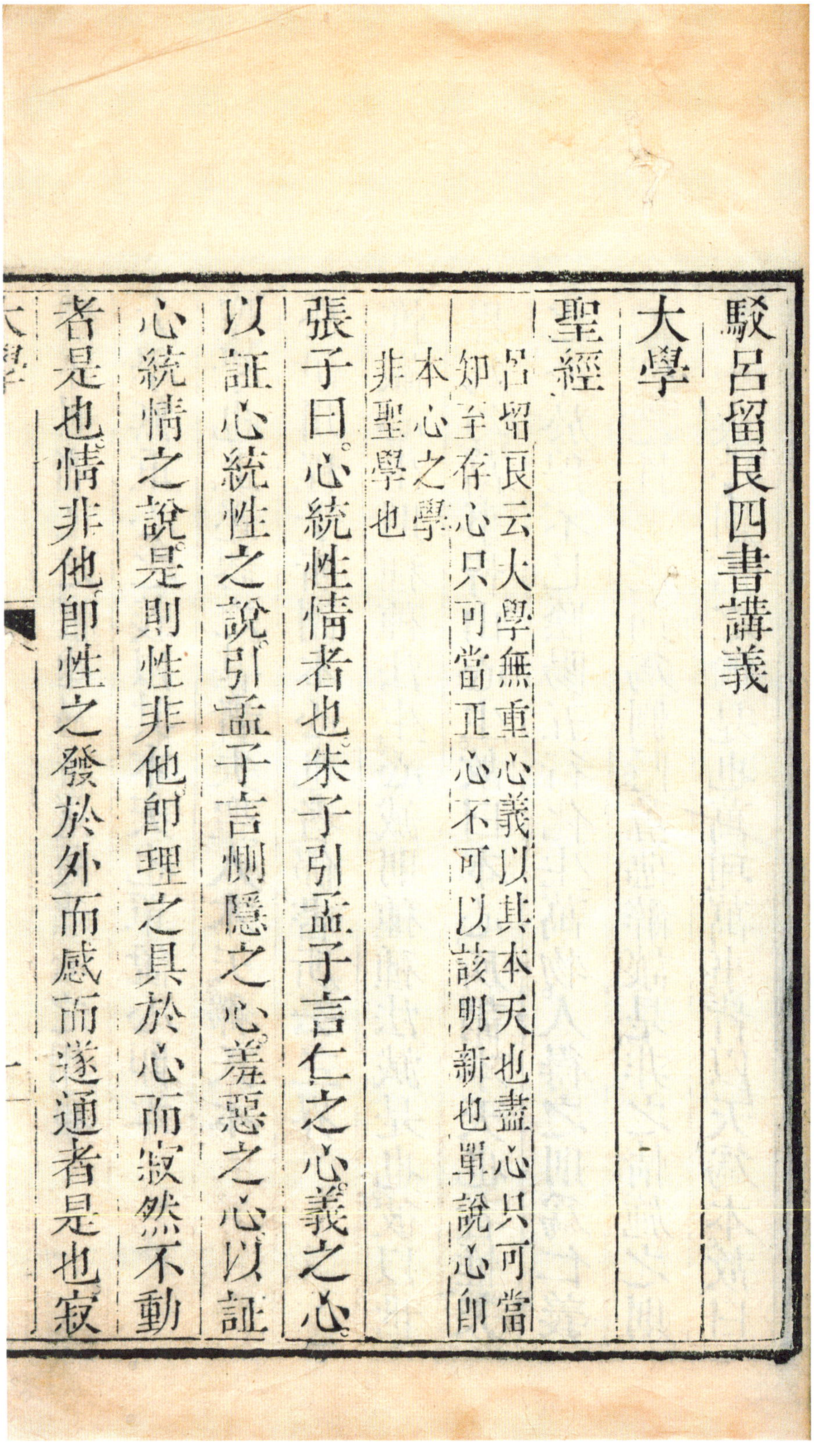
駁呂留良四書講義
大學
聖經
呂留良云大學無重心義以其本天也盡心只可當知字存心只可當正心不可以該明新也單說心即本心之學非聖學也
張子曰心統性情者也朱子引孟子言仁之心義之心以証心統性之說引孟子言惻隱之心羞惡之心以証心統情之說是則性非他即理之具於心而寂然不動者是也情非他即性之發於外而感而遂通者是也寂

20384　駁呂留良四書講義不分卷　（清）朱軾撰　清雍正九年（1731）刻本　遼寧大學圖書館

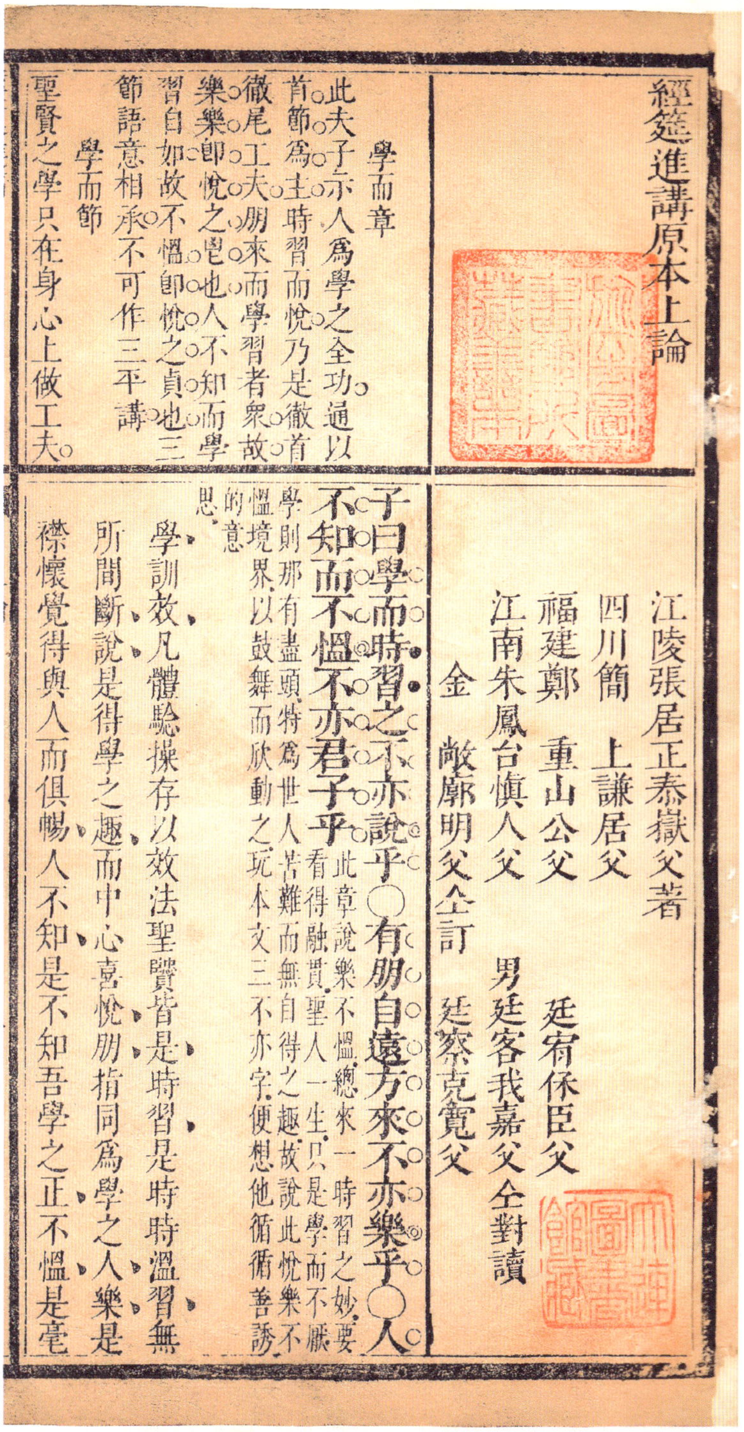
經筵進講原本上論

學而章

此夫子示人爲學之全功。通以首節爲主。時習而悅。乃是徹首徹尾工夫。朋來而學習者衆。故樂。樂即悅之息也。人不知而學習自如。故不慍。即悅之眞也。三節語意相承。不可作三平講。

學而節

聖賢之學只在身心上做工夫。

江陵張居正泰嶽父著
四川簡 上謙居父
福建鄭 重山公父
江南朱鳳台慎人父
金 敞廓明父仝訂
男廷宥佐臣父
廷客我嘉父仝對讀
廷寀克寬父

子曰學而時習之不亦說乎。有朋自遠方來不亦樂乎。人不知而不慍不亦君子乎。此章說樂不慍總來一時習之妙。要看得融貫。聖人一生只是學而不厭。學則那有盡頭。特爲世人苦難而無自得之趣。故說此悅樂不慍境界。以鼓舞而欣動之。玩本文三不亦字。便想他循循善誘的意思。

學訓效。凡體驗操存。以效法聖賢。皆是學。時習是時時溫習。無所間斷。說是得學之趣。而中心喜悅。朋指同爲學之人。樂是襟懷覺得與人而俱暢。人不知是不知吾學之正。不慍是毫

20385 經筵進講四書直解不分卷 （明）張居正撰　清康熙十二年（1673）醉畊堂刻本　大連圖書館

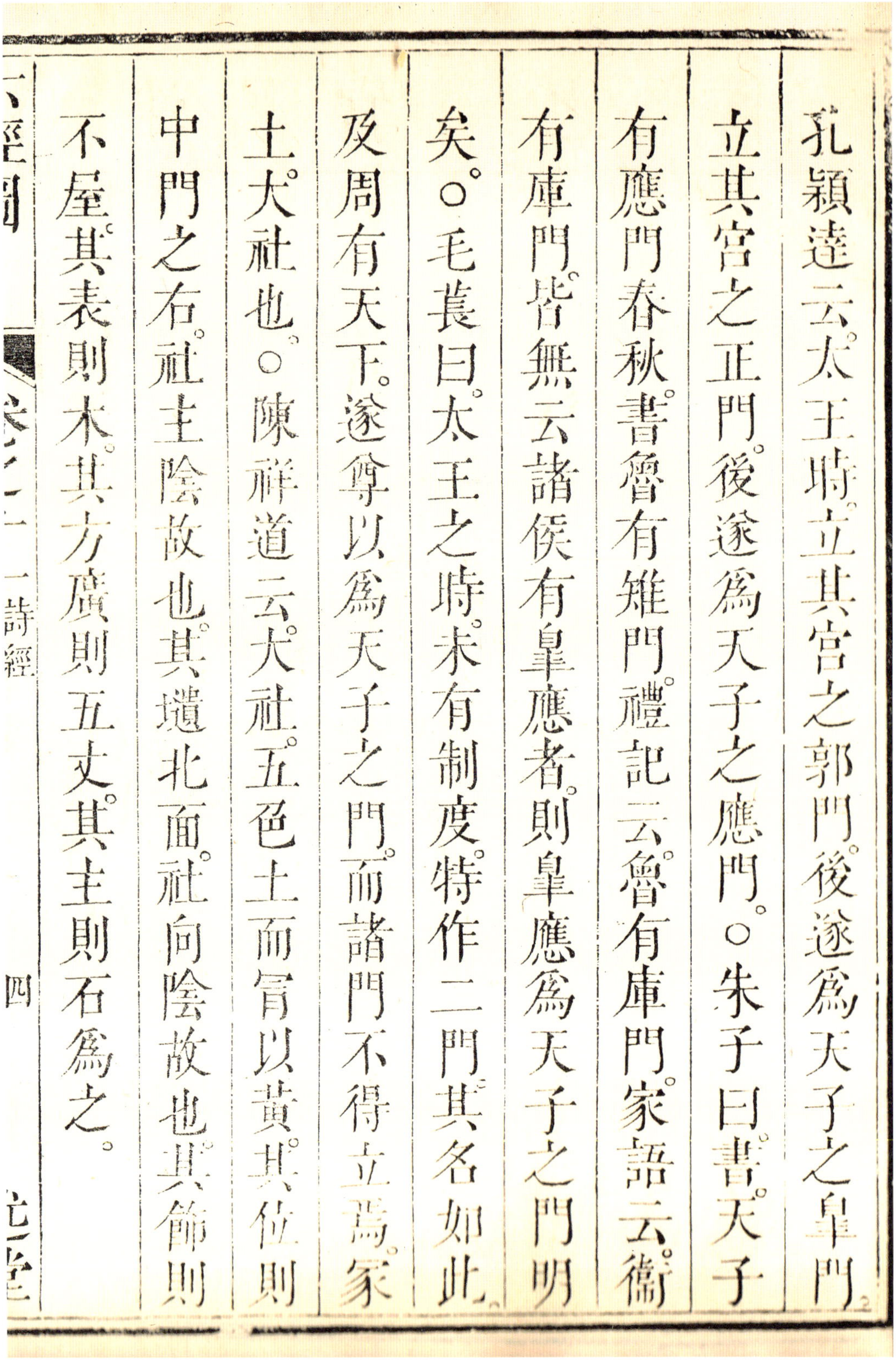
孔穎達云太王時立其宮之郭門後遂爲天子之皐門立其宮之正門後遂爲天子之應門○朱子曰書天子有應門春秋書魯有雉門禮記云魯有庫門家語云衞有庫門皆無云諸侯有皐應者則皐應爲天子之門明矣○毛萇曰太王之時未有制度特作二門其名如此及周有天下遂尊以爲天子之門而諸門不得立焉家土大社也○陳祥道云大社五色土而冒以黄其位則中門之右社主陰故也其壝北面社向陰故也其飾則不屋其表則木其方廣則五丈其主則石爲之

六經圖 卷之二 詩經 四 述堂

20386　六經圖二十四卷　（清）鄭之僑編　清乾隆九年（1744）述堂刻本

大連圖書館

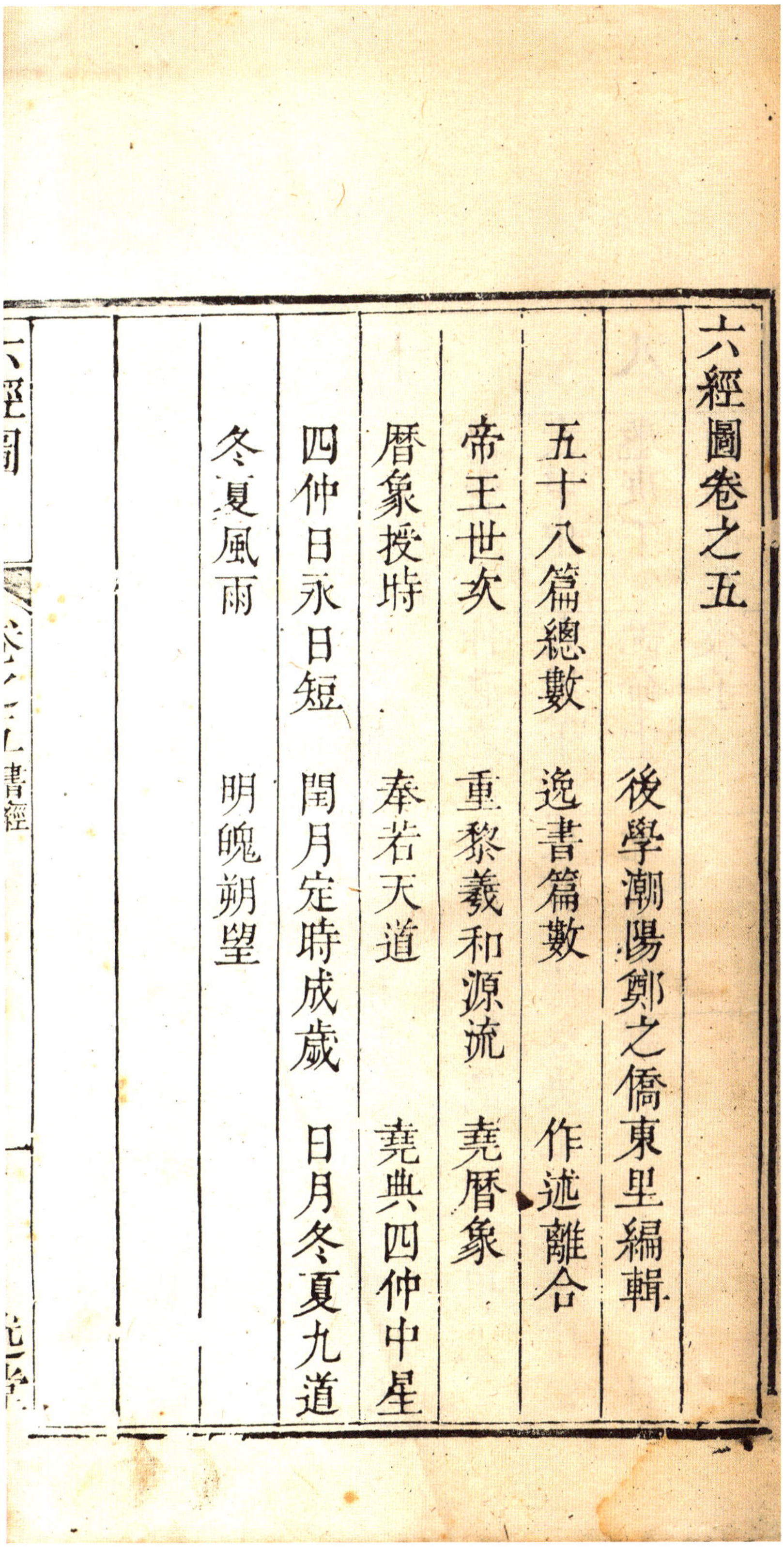
六經圖卷之五
後學潮陽鄭之僑東里編輯
五十八篇總數　逸書篇數　作述離合
帝王世次　重黎羲和源流　堯曆象
曆象授時　奉若天道　堯典四仲中星
四仲日永日短　閏月定時成歲　日月冬夏九道
冬夏風雨　明魄朔望

20387　六經圖二十四卷　（清）鄭之僑撰　清乾隆九年（1744）述堂刻本
錦州市圖書館

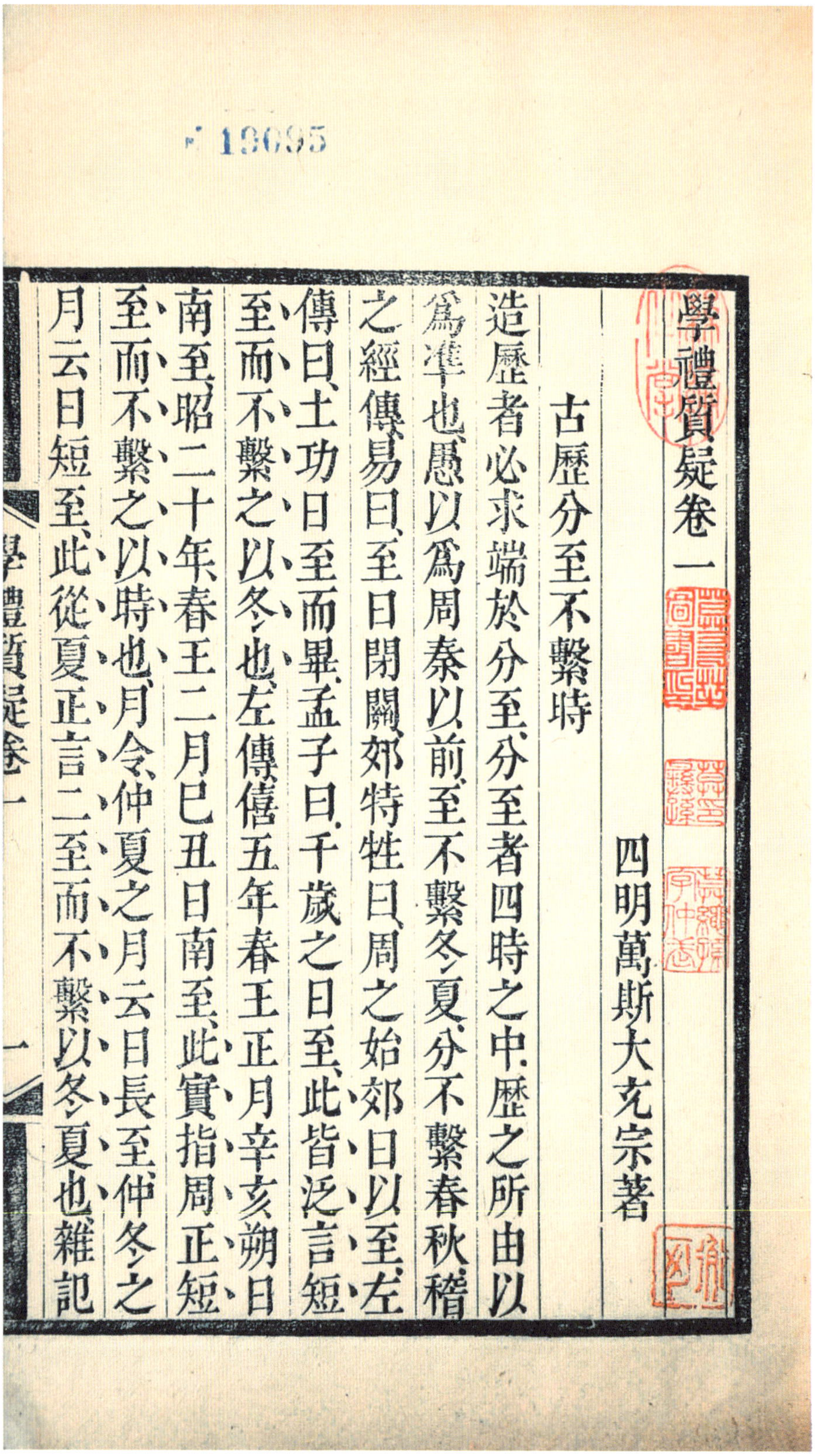

學禮質疑卷一
四明萬斯大充宗著
古歷分至不繫時
造歷者必求端於分至分至者四時之中歷之所由以爲準也愚以爲周秦以前至不繫冬夏分不繫春秋稽之經傳易曰至日閉關郊特牲曰周之始郊日以至左傳曰土功日至而畢孟子曰千歲之日至此皆泛言短至而不繫之以冬也左傳僖五年春王正月辛亥朔日南至昭二十年春王二月己丑日南至此實指周正短至而不繫之以時也月令仲夏之月云日長至仲冬之月云日短至此從夏正言二至而不繫以冬夏也雜記
學禮質疑卷一　一

20388　萬充宗先生經學五書十八卷附錄一卷　（清）萬斯大撰　清乾隆二十三年（1758）辨志堂刻本　丹東市圖書館

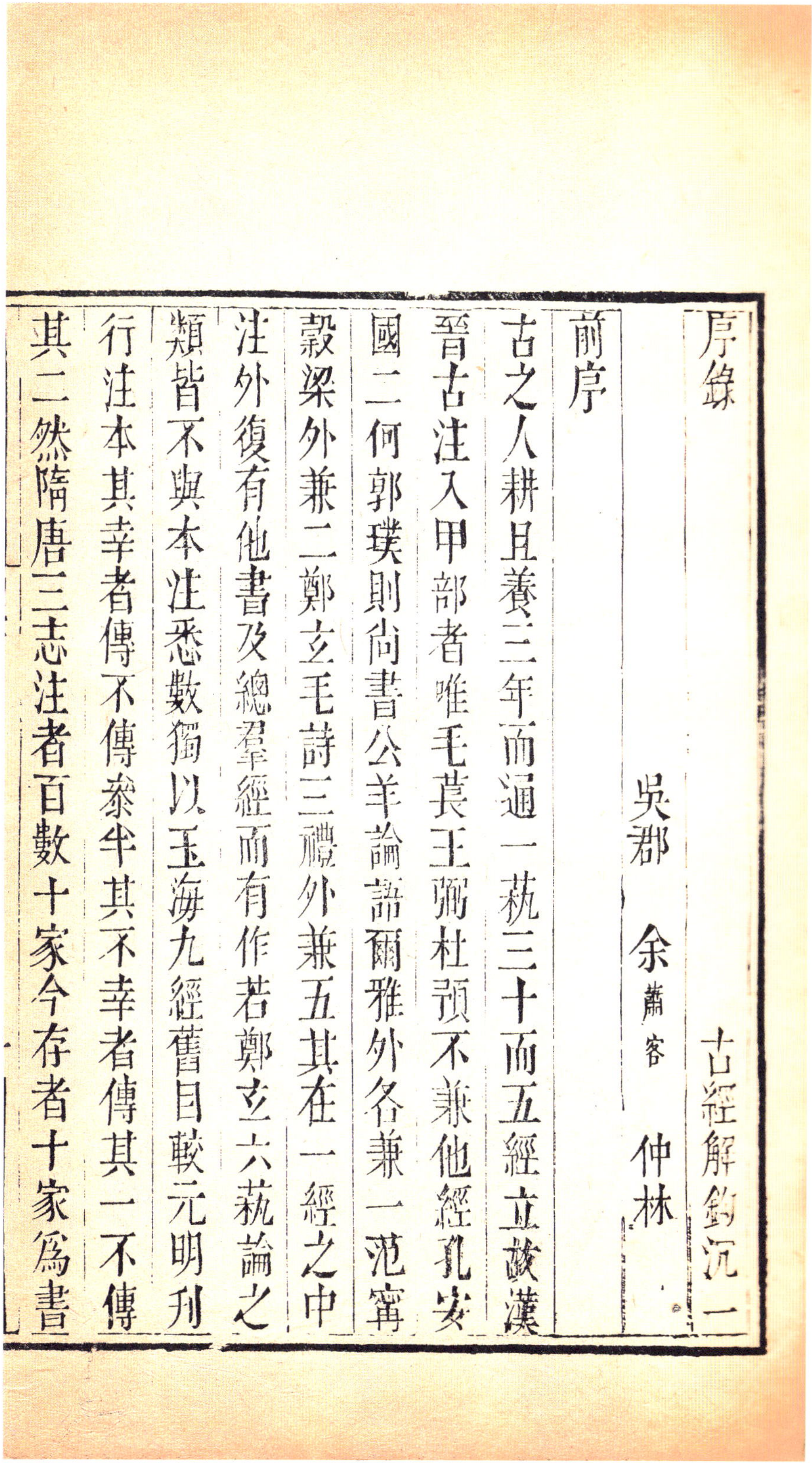

序錄　　古經解鉤沉一

吳郡　余蕭客　仲林

前序

古之人耕且養三年而通一藝三十而五經立該漢
晉古注入甲部者唯毛萇王弼杜預不兼他經孔安
國二何郭璞則尚書公羊論語爾雅外各兼一范甯
穀梁外兼二鄭玄毛詩三禮外兼五其在一經之中
注外復有他書及總羣經而有作若鄭玄六藝論之
類皆不與本注悉數獨以玉海九經舊目較元明刊
行注本其幸者傳不傳參半其不幸者傳其一不傳
其二然隋唐三志注者百數十家今存者十家爲書

20389　古經解鉤沉三十卷　（清）余蕭客撰　清乾隆六十年（1795）刻本　大連圖書館

羣經宮室圖 七

施矣淮南子道應訓云柴箕子之門註云紂殺箕子
亡之朝鮮舊居空故柴護之考諸說蓋編木為壁蔽
其四面如今之柵欄也然有不能無疑者以柴作棧
已自通明不必又於北為牖且柴棧之上牖難依附
所云北牖使陰明與公羊傳柴其下之說不可强通
竊謂如郊特牲說唯北有牖則不可以入尸祝之類
其將列於牆外（列官若祭勝國之社稷則為之尸祝見喪祝）恐非禮意疑四面為
棧向北有門可通出入也依公羊傳作圖北牖之說
姑置勿論

羣經宮室圖下　宗廟圖一

二祧□□□與姜嫄之廟另立一處

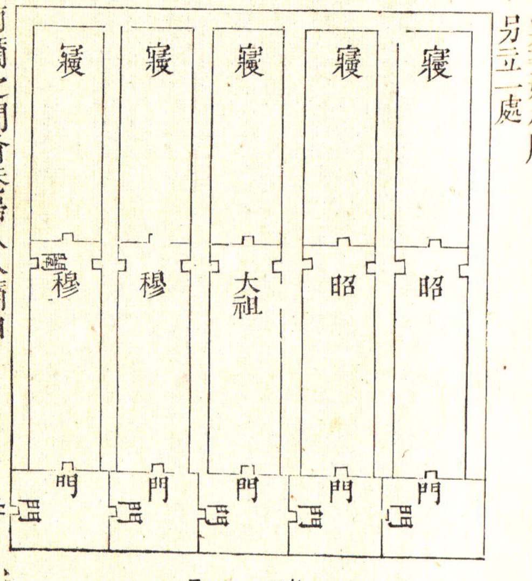

兩廟之間有巷婦人入廟由巷入闈門也不然太祖廟之闈門外即昭穆廟立于闈門外豈立于昭穆廟乎

半九書塾

20390　群經宮室圖二卷　（清）焦循撰　清乾隆五十八年（1793）半九書塾刻本　大連圖書館

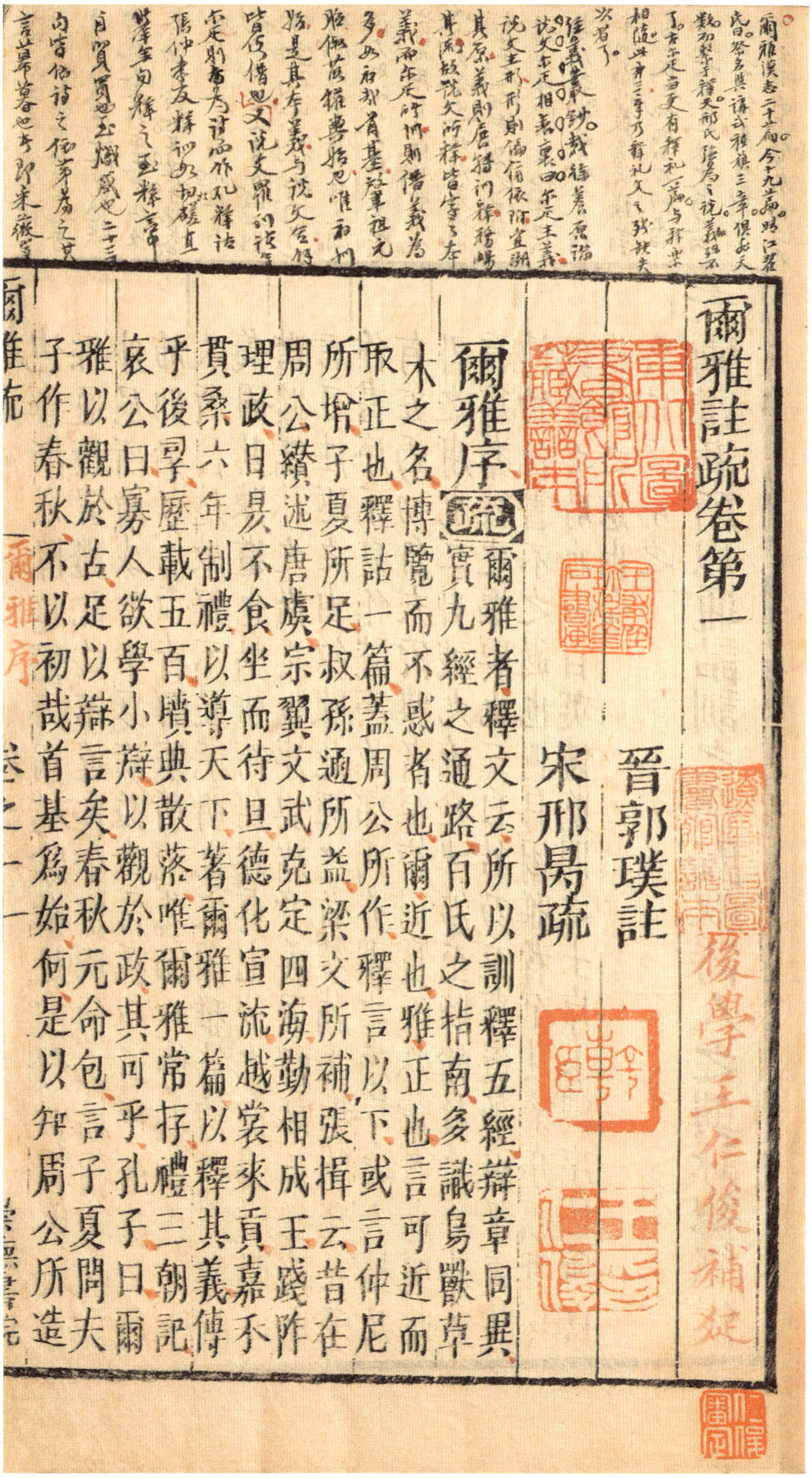

20391　爾雅註疏十一卷　（晋）郭璞注　（宋）邢昺疏　清崇德書院刻本
清王仁俊批校　遼寧省圖書館

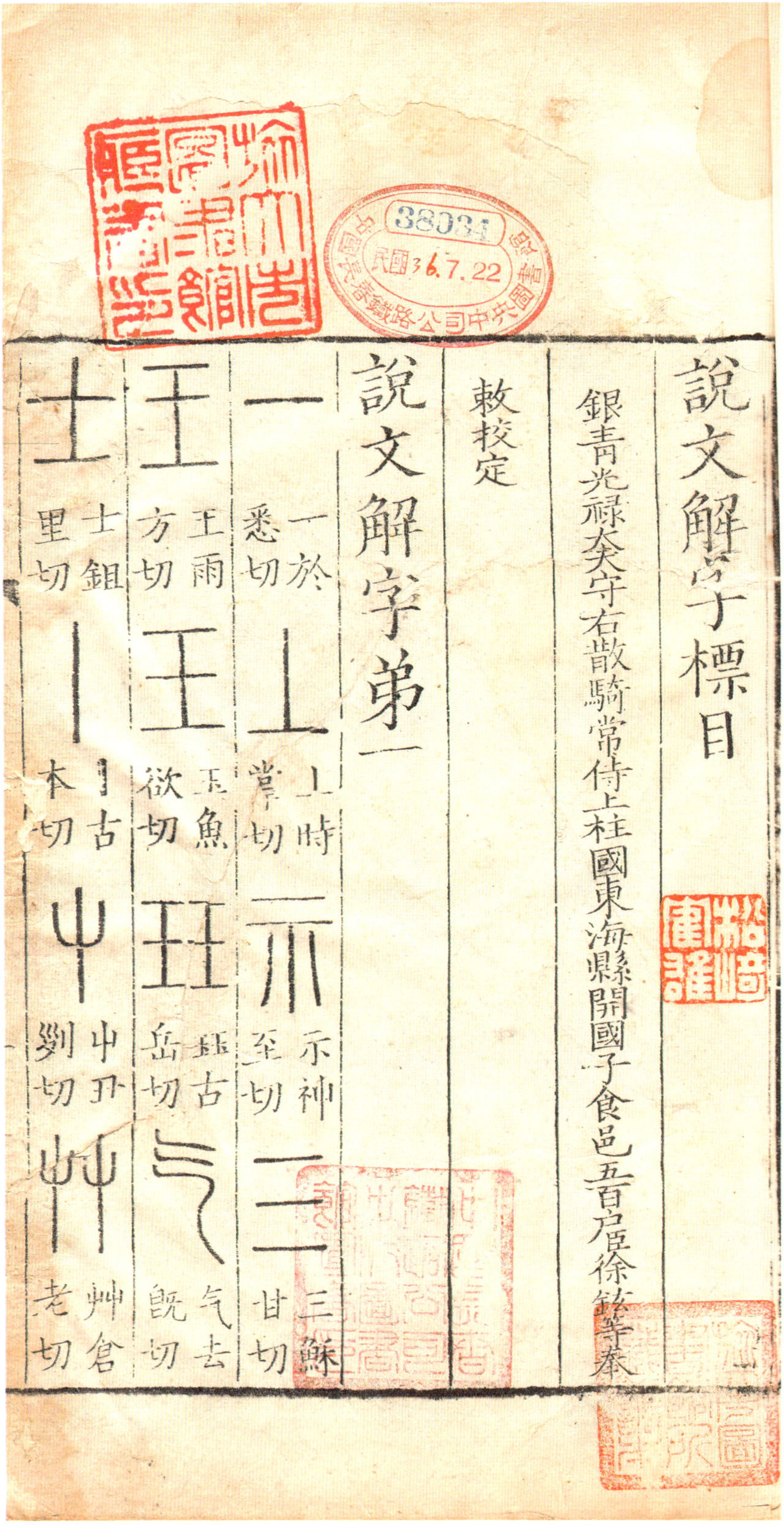

20392　說文解字十五卷　（漢）許慎撰　清初毛氏汲古閣刻本　松崎鶴雄題識　大連圖書館

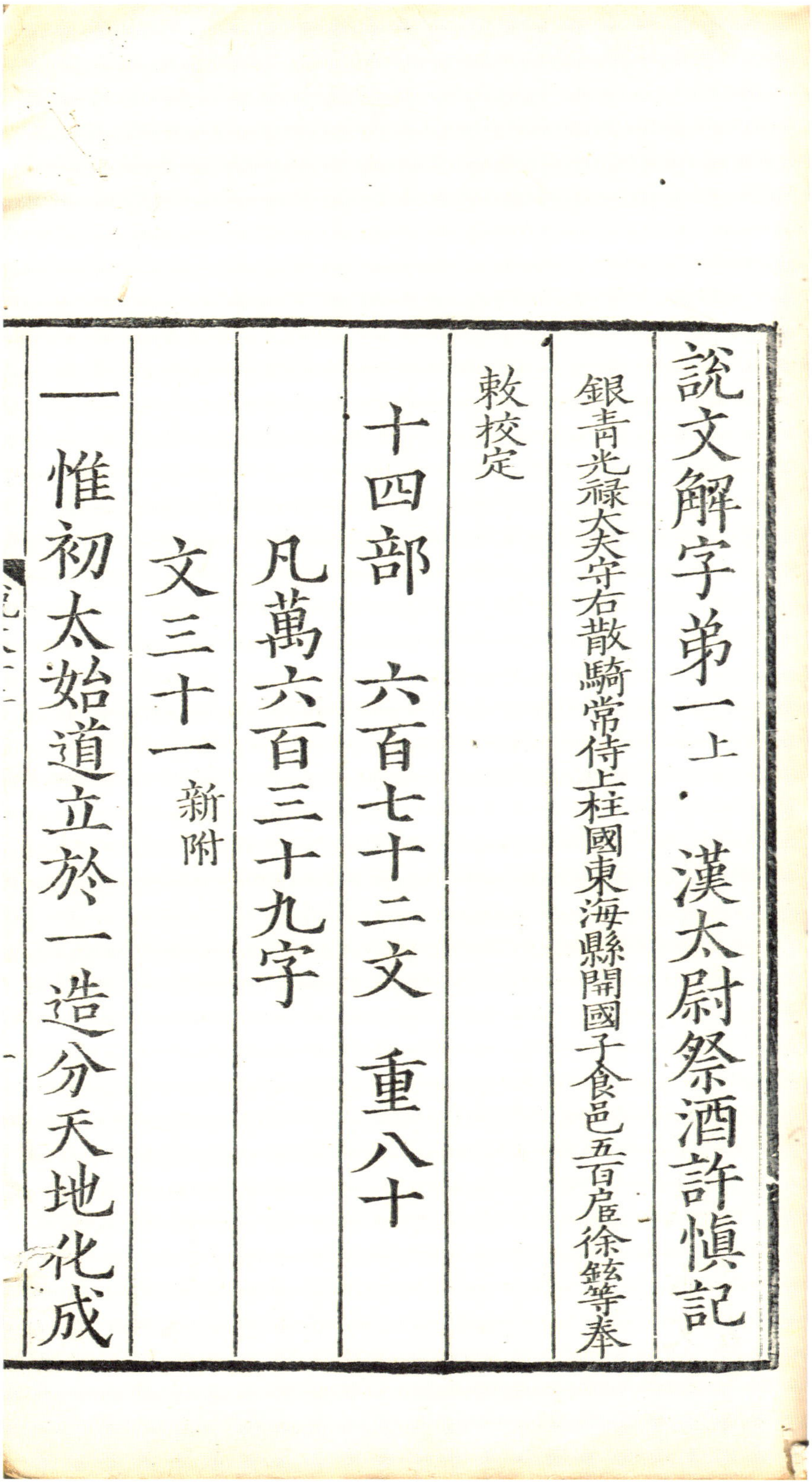
說文解字弟一上　漢太尉祭酒許愼記
銀青光祿大夫守右散騎常侍上柱國東海縣開國子食邑五百戶徐鉉等奉
敕校定
十四部　六百七十二文　重八十
凡萬六百三十九字
文三十一　新附
一　惟初太始道立於一造分天地化成

20393　說文解字十五卷　（漢）許愼撰　清初毛氏汲古閣刻本　大連圖書館

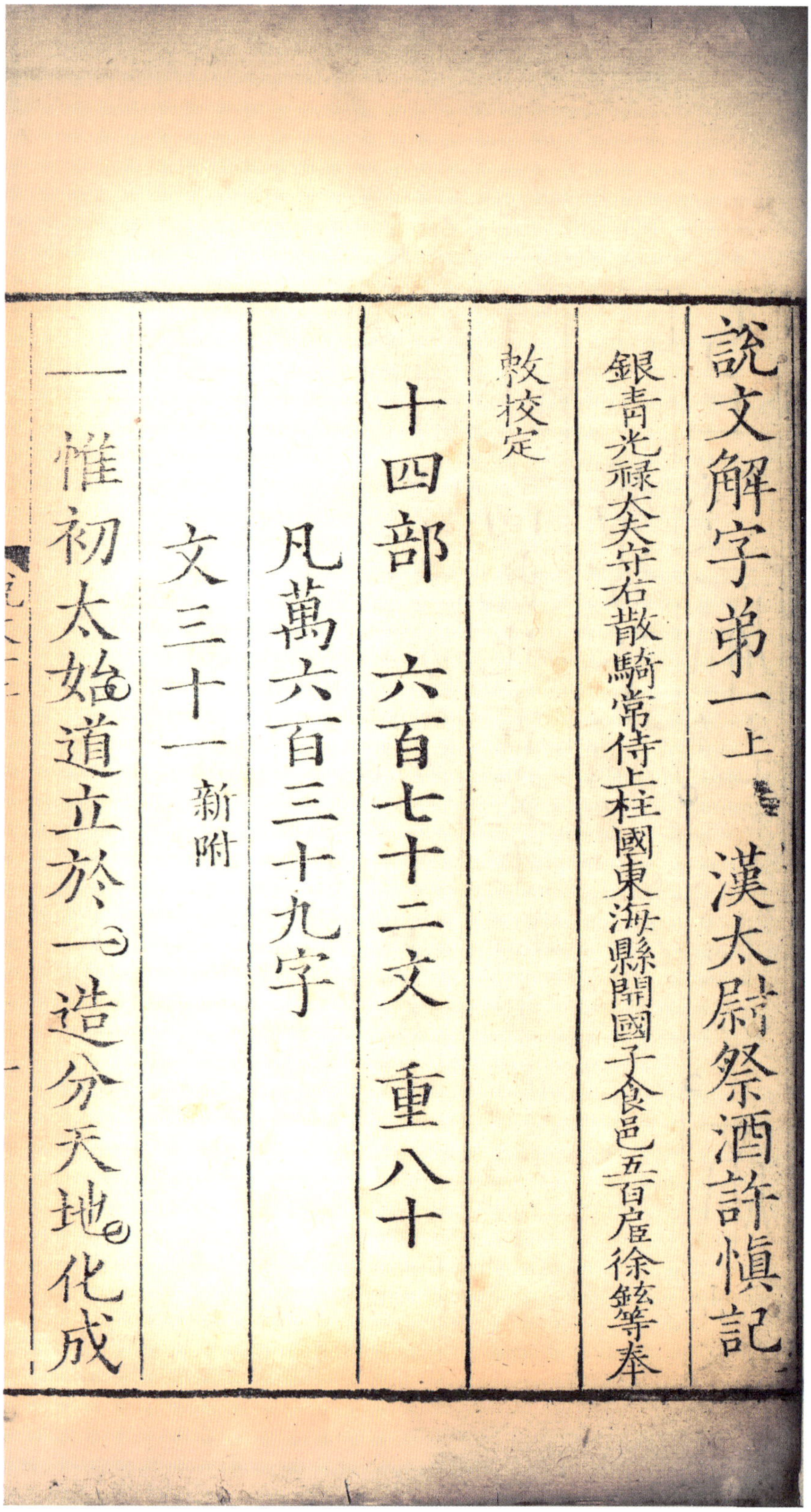
說文解字弟一上　漢太尉祭酒許慎記
銀青光禄大夫守右散騎常侍上柱國東海縣開國子食邑五百户徐鉉等奉
敕校定
十四部　六百七十二文　重八十
凡萬六百三十九字
文三十一　新附
一　惟初太始道立於一造分天地化成

20394　說文解字十五卷　（漢）許慎撰　清初毛氏汲古閣刻本　錦州市圖書館

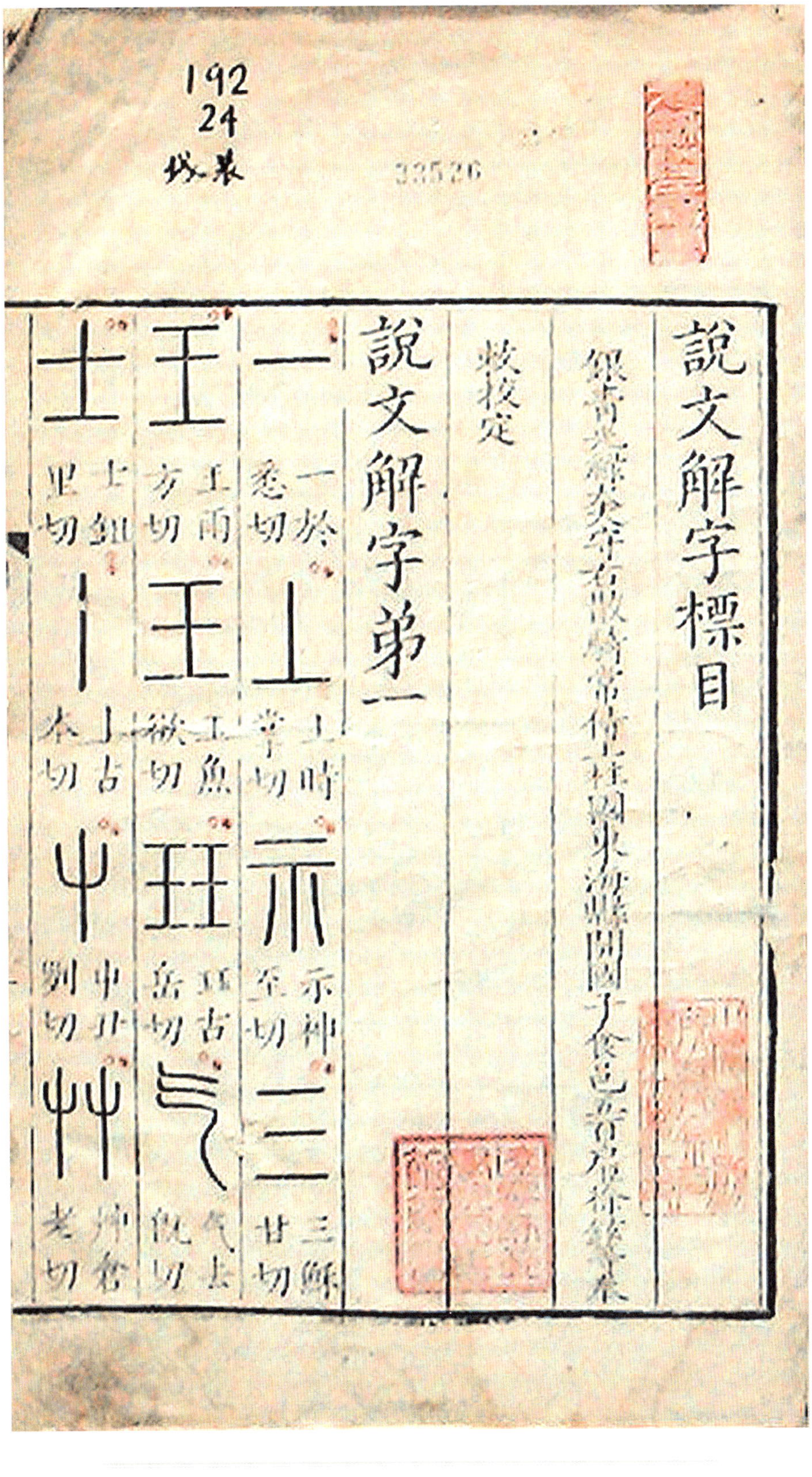

20395　說文解字十五卷　（漢）許慎撰　清初毛氏汲古閣刻本　遼寧師範大學圖書館

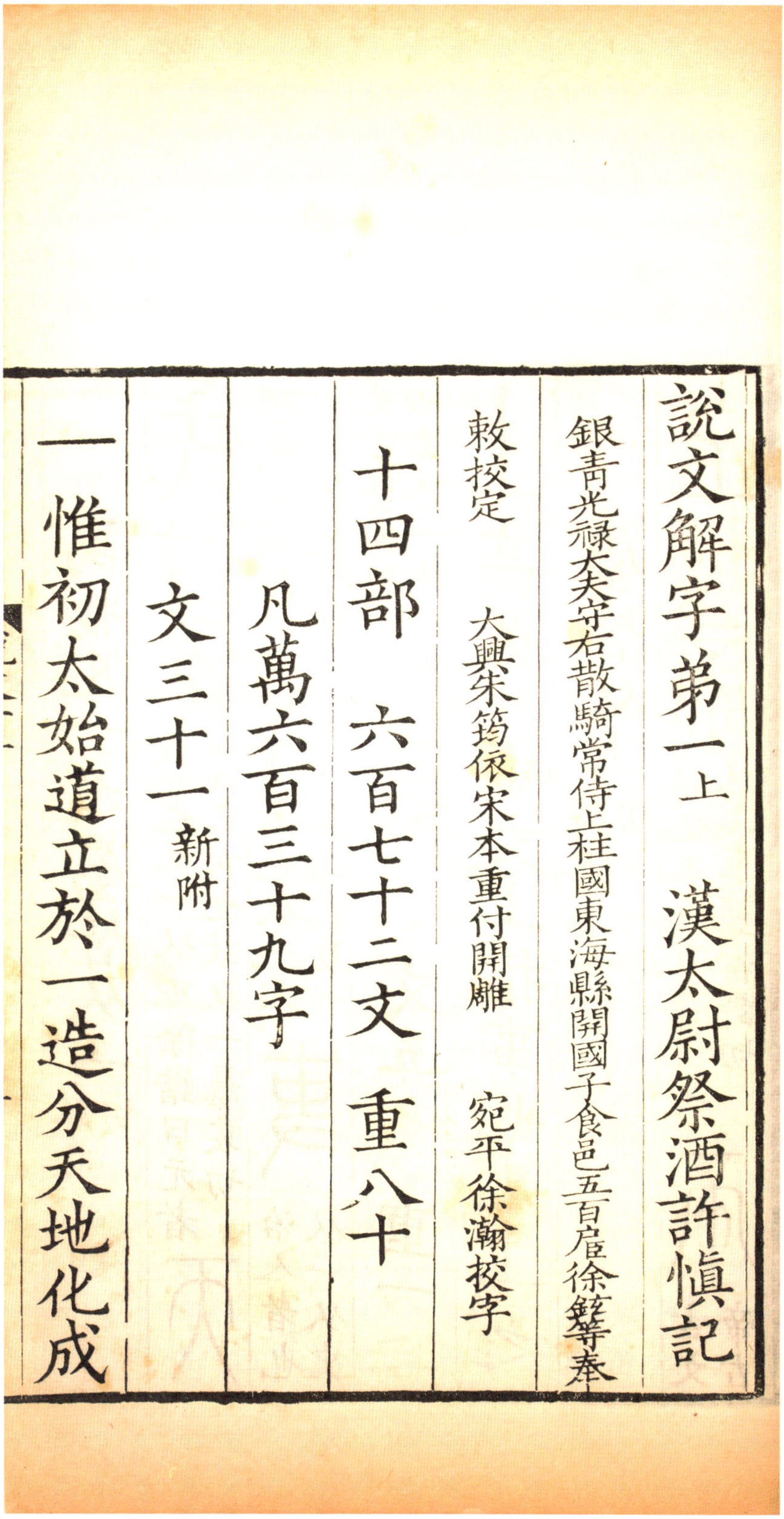
說文解字弟一上　漢太尉祭酒許慎記
銀青光祿大夫守右散騎常侍上柱國東海縣開國子食邑五百戶徐鉉等奉
敕校定　大興朱筠依宋本重付開雕　宛平徐瀚校字
十四部　六百七十二文　重八十
凡萬六百三十九字
文三十一　新附
一　惟初太始道立於一造分天地化成

20396　說文解字十五卷　（漢）許慎撰　清乾隆三十八年（1773）朱氏椒華吟舫刻本　瀋陽大學圖書館

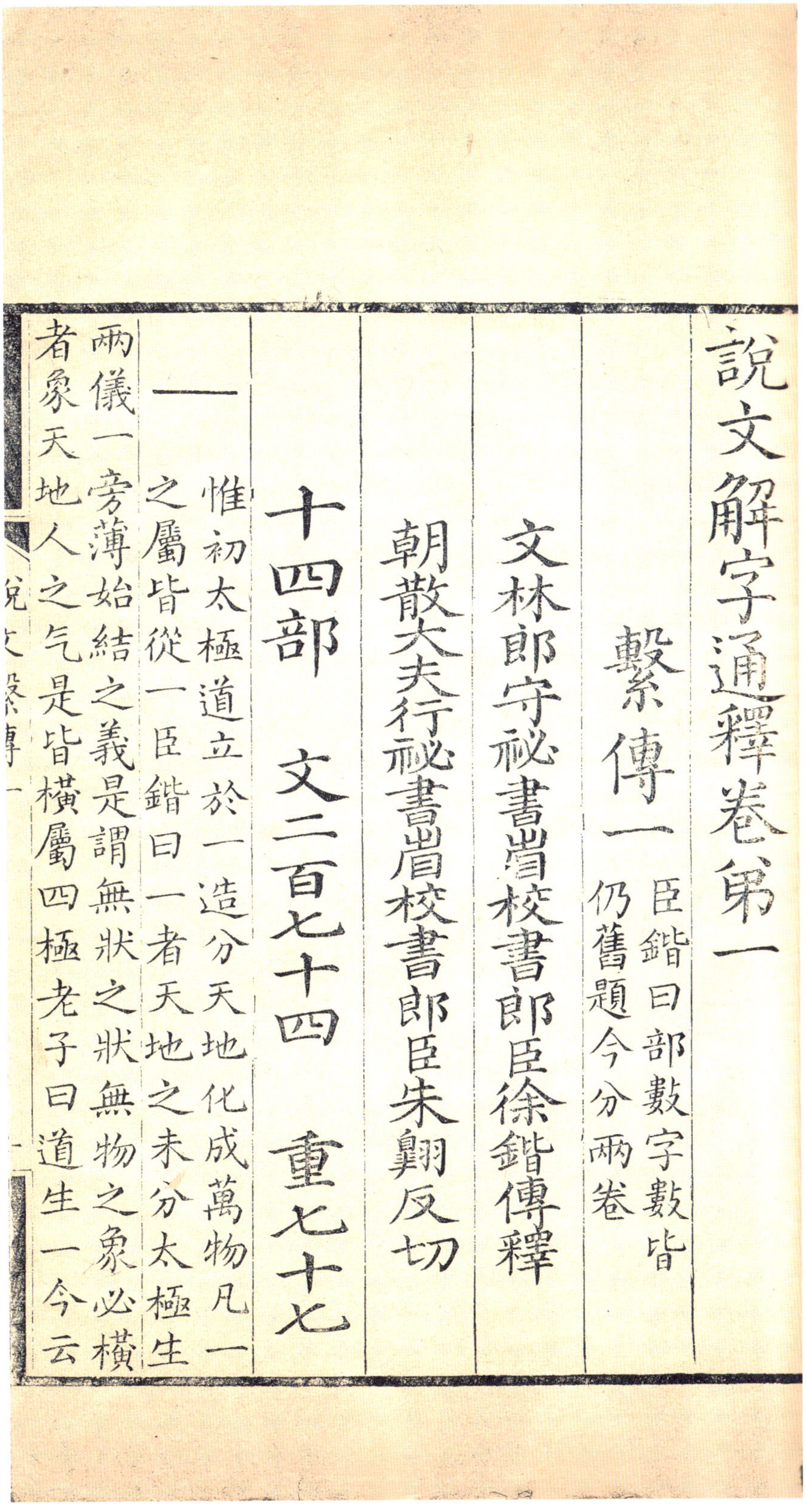
說文解字通釋卷第一
繫傳一 臣鍇曰部數字數皆仍舊題今分兩卷
文林郎守祕書省校書郎臣徐鍇傳釋
朝散大夫行祕書省校書郎臣朱翺反切
十四部 文二百七十四 重七十七
一 惟初太極道立於一造分天地化成萬物凡一之屬皆從一臣鍇曰一者天地之未分太極生兩儀一旁薄始結之義是謂無狀之狀無物之象必橫者象天地人之气是皆橫屬四極老子曰道生一今云
說文繫傳一

20397 說文解字繫傳四十卷 （南唐）徐鍇傳釋 清乾隆四十七年（1782）新安汪氏刻本 大連圖書館

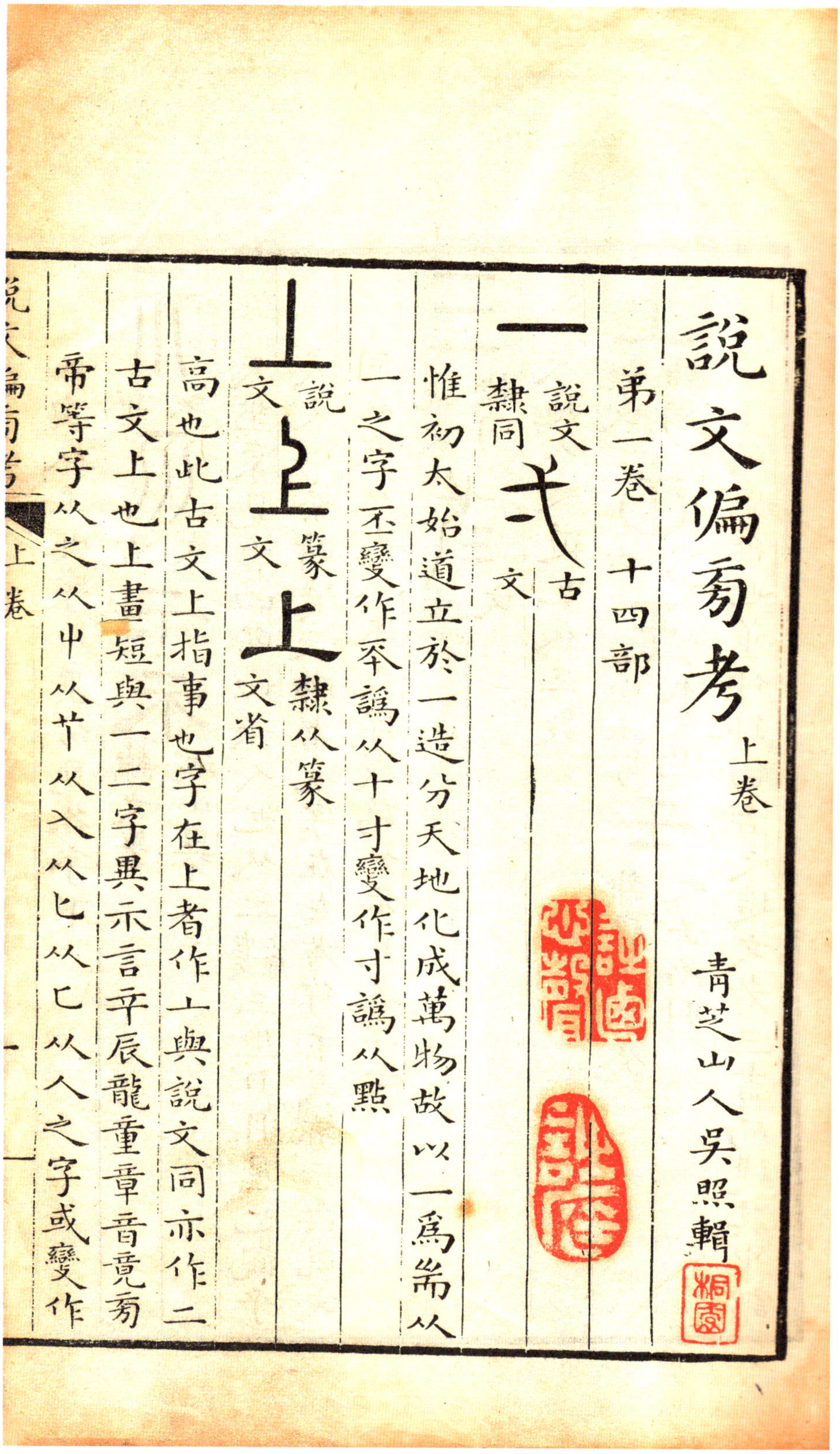

20398　說文偏旁考二卷　（清）吳照輯　清乾隆五十五年（1790）聽雨齋刻本　大連圖書館

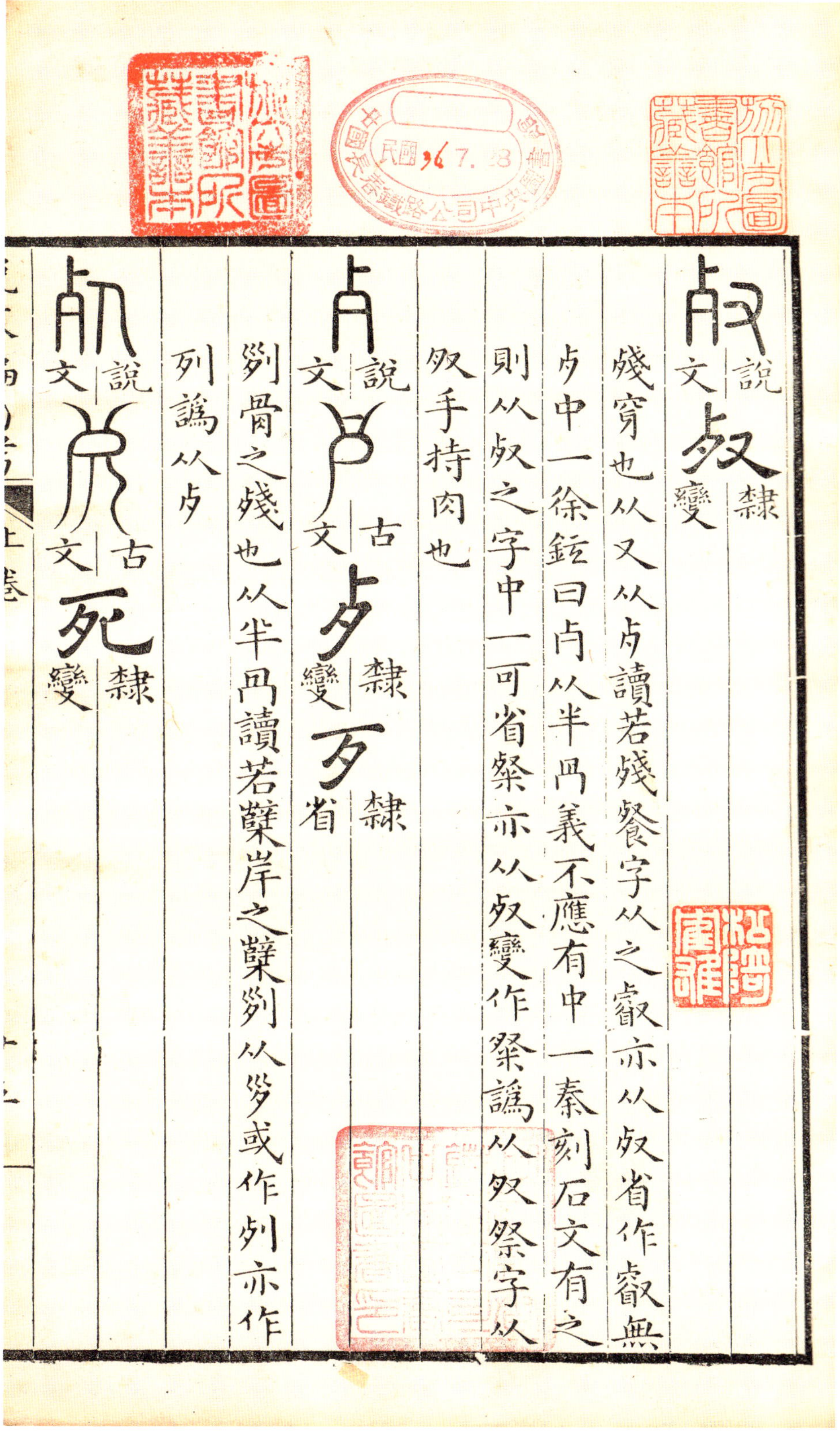

[illegible] 說文 叔 隸變
殘穿也从又从歺讀若殘餐字从之叡亦从叔省作叡無
歺中一徐鉉曰卢从半冎義不應有中一秦刻石文有之
則从叔之字中一可省粲亦从叔變作粲譌从奴祭字从
叔手持肉也
[illegible] 說文 [illegible] 古文 歺 隸變 歹 隸省
列骨之殘也从半冎讀若櫱岸之櫱列从歺或作列亦作
列譌从歺
[illegible] 說文 [illegible] 古文 死 隸變

20399　說文偏旁考二卷　（清）吴照輯　清乾隆五十五年（1790）聽雨齋刻本　大連圖書館

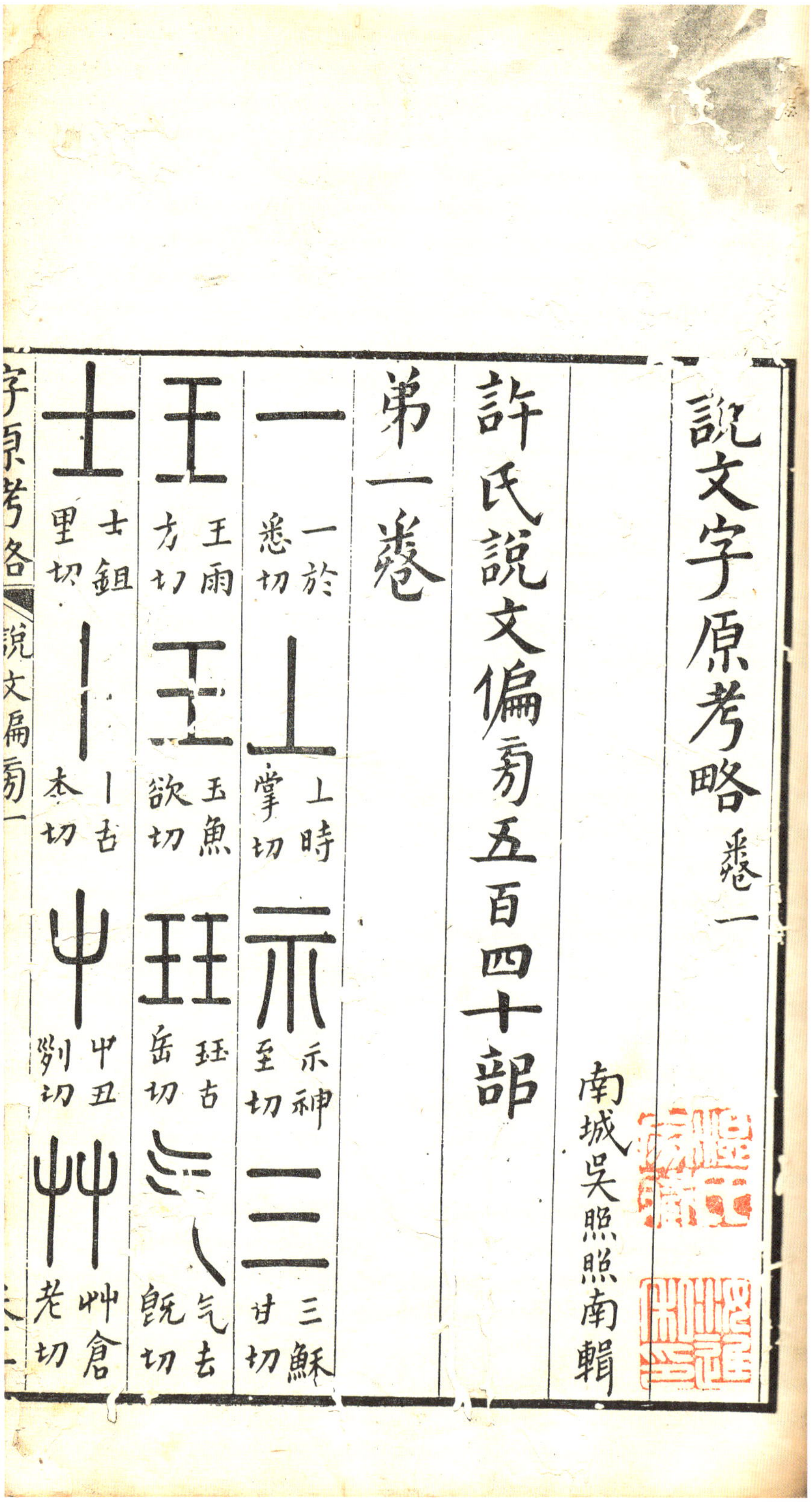
說文字原考略　卷一

南城吴照照南輯

許氏說文偏旁五百四十部

第一卷

一　一於悉切　上　上時掌切　示　示神至切　三　三穌甘切

王　王雨方切　玉　玉魚欲切　珏　珏古岳切　气　气去既切

士　士鉏里切　丨　丨古本切　屮　屮丑列切　艸　艸倉老切

字原考略　說文偏旁一

20400　說文字原考略六卷　（清）吴照輯　清乾隆五十七年（1792）南昌寓館刻本　大連圖書館

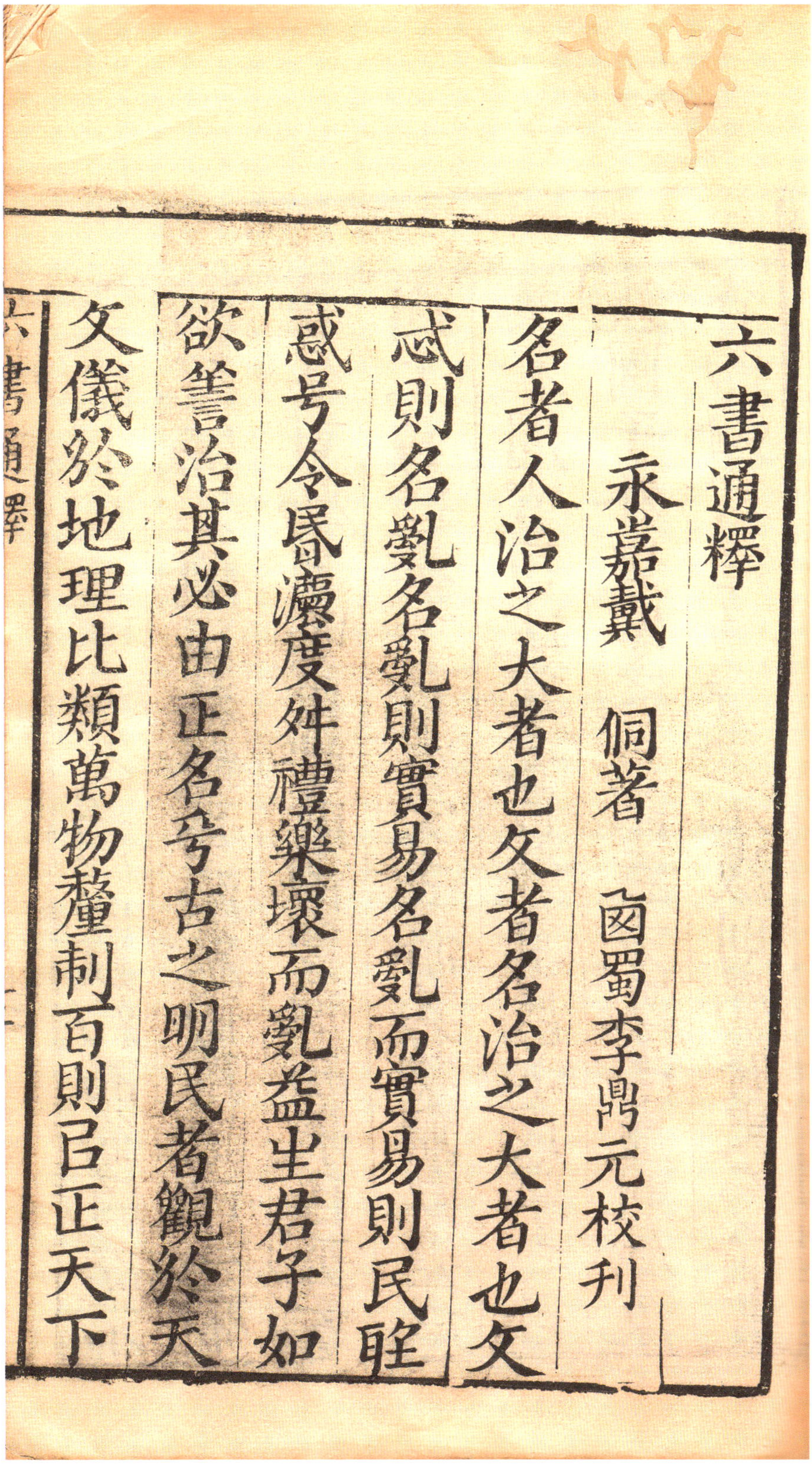

六書通釋

永嘉戴　侗著　　西蜀李鼎元校刊

名者人治之大者也文者名治之大者也文忒則名亂名亂則實易名亂而實易則民眩惑号令昏灋度舛禮樂壞而亂益生君子如欲善治其必由正名乎古之明民者觀於天文儀於地理比類萬物釐制百則以正天下

六書通釋

20401　六書故三十三卷六書通釋一卷　（元）戴侗撰　清乾隆四十九年（1784）李鼎元刻本　大連圖書館

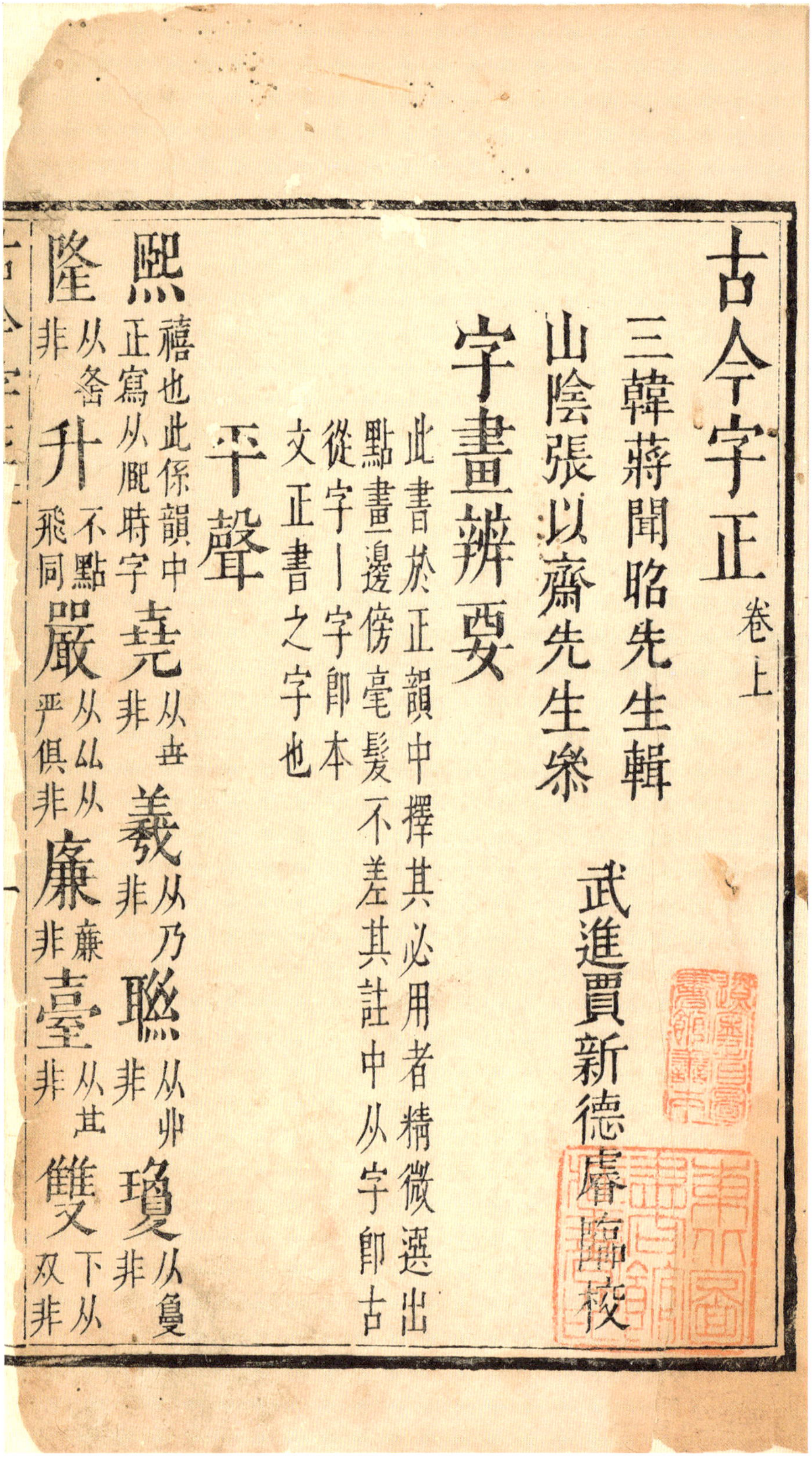
古今字正 卷上
三韓蔣聞昭先生輯
山陰張以齋先生參
武進賈新德膚臨校
字畫辨要
此書於正韻中擇其必用者精微選出點畫邊傍毫髮不差其註中从宇卽古從宇丨宇卽本文正書之字也
平聲
熙 禧也此係韻中正寫从𦣞時字 堯 从垚非 義 从从乃非 聰 从丱非 瓊 从夐非
隆 从夅非 升 不點飛同 嚴 从从从严俱非 廉 廉非 臺 从𡉉非 雙 下从双非

20402　古今字正二卷　（清）蔣焜輯　清康熙十九年（1680）蔣焜刻本

遼寧省圖書館

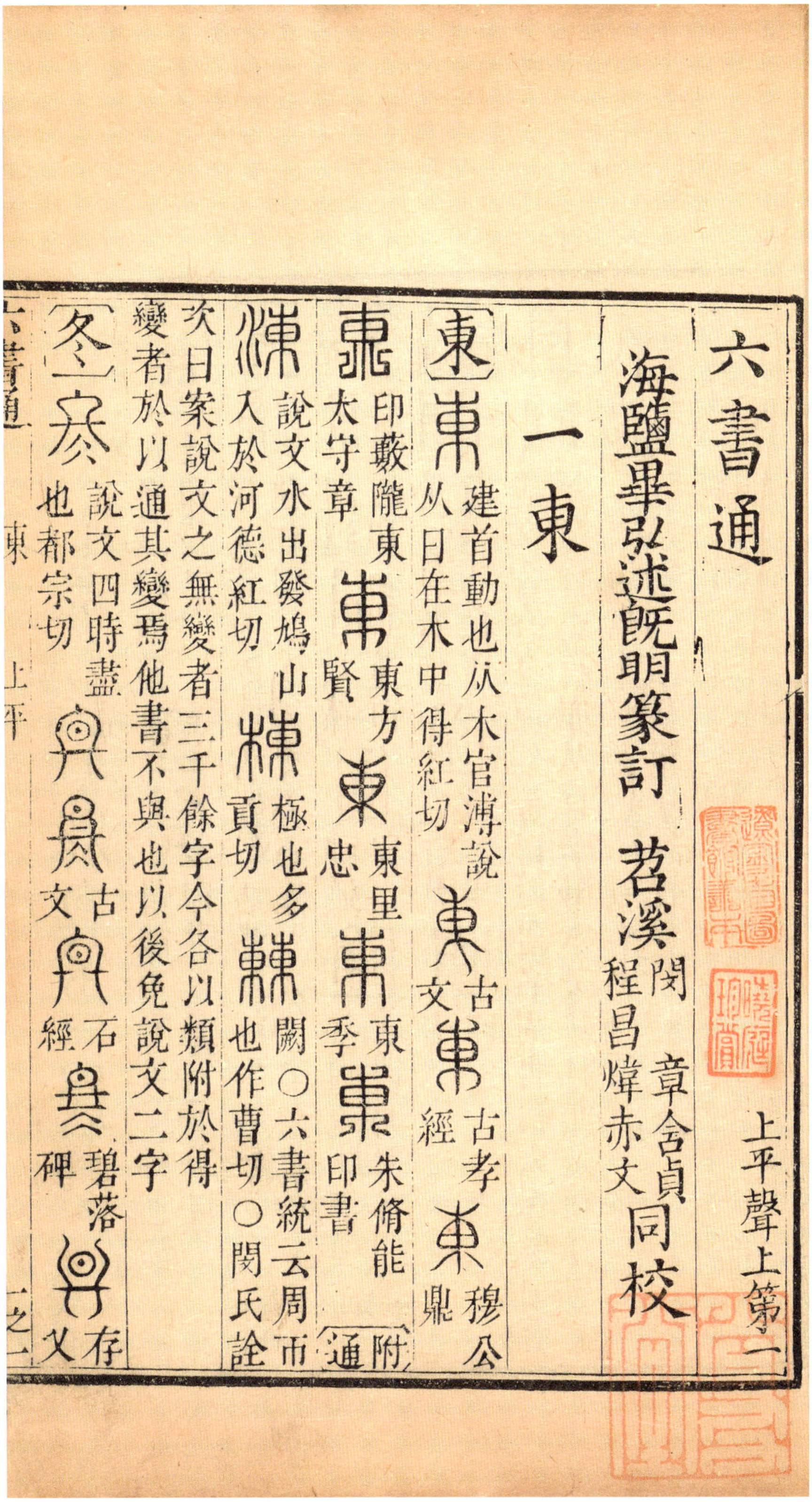
六書通　上平聲上第一
海鹽畢弘述旣明篆訂　苕溪閔章含貞
程昌煒赤文同校
一東
［東］建首動也从木官溥說从日在木中得紅切　古文　古孝經　穆公鼎
印藪隴東太守章　東方賢　東里忠　東季　朱脩能印書　［附通］
說文水出發鳩山入於河德紅切　極也多貢切　闕○六書統云周市也作曹切○閔氏詮
次日案說文之無變者三千餘字今各以類附於得
變者於以通其變焉他書不與也以後免說文二字
［冬］也都宗切　說文四時盡　古文　石經碑　碧落文　存乂
六書通　東　上平　一之一

20403　六書通十卷　（明）閔齊伋撰　清康熙五十九年（1720）畢弘述刻本　遼寧省圖書館

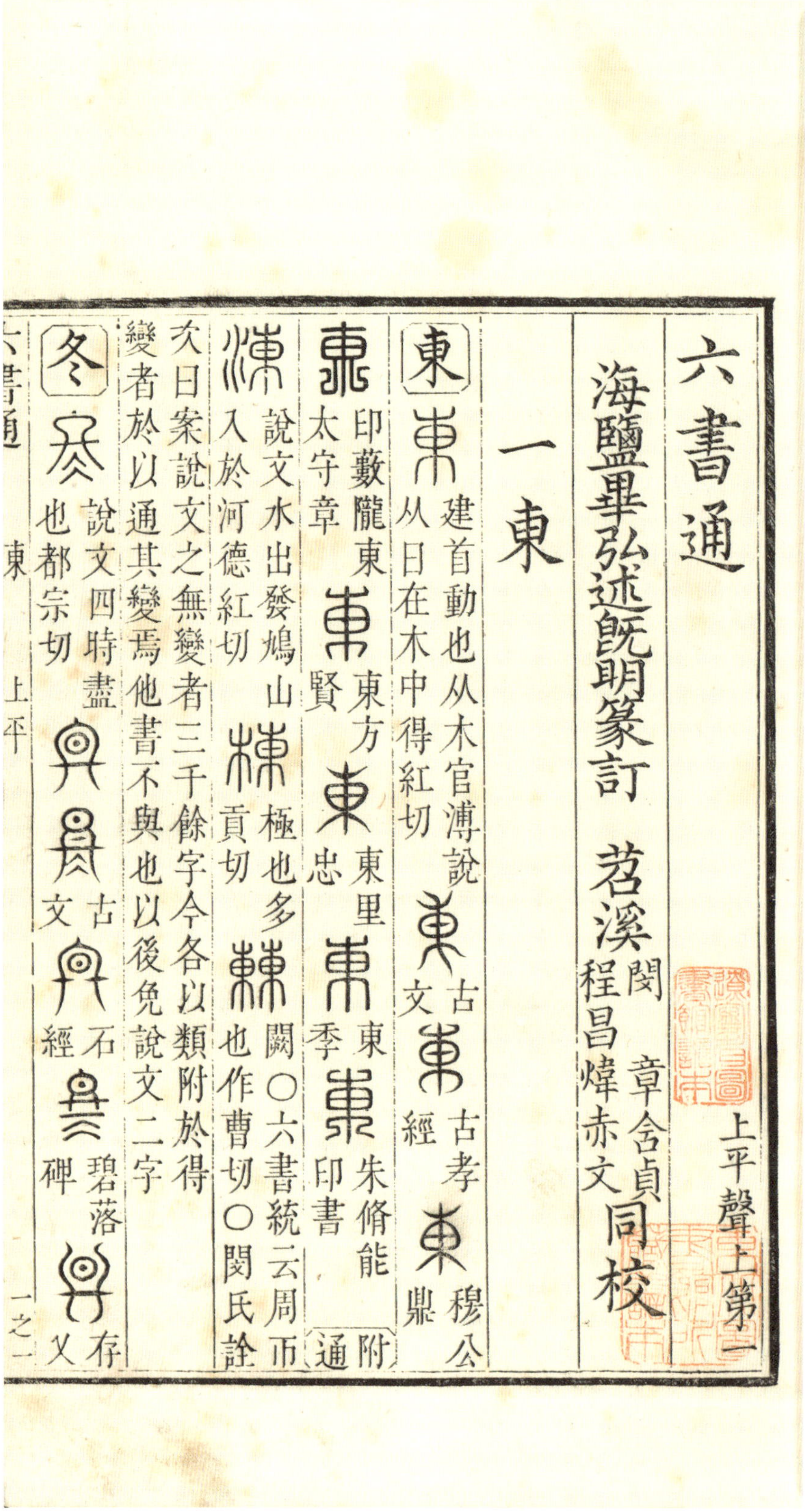

六書通　上平聲上第一

海鹽畢弘述既明篆訂　茗溪閔章舍貞同校
程昌煒赤文

一東

東 建首動也从木官溥說从日在木中得紅切 古文 古孝經 穆公鼎

印藪龍東太守章 東方賢 東里忠 東季 朱脩能印書 附通

說文水出發鳩山入於河德紅切 極也多貢切 闕〇六書統云周币也作曹切〇閔氏詮

次日案說文之無變者三千餘字今各以類附於得

變者於以通其變焉他書不與也以後免說文二字

冬 說文四時盡也都宗切 古文 石經 碧落碑 存乂

六書通　東　上平　一之一

20404　六書通十卷　（明）閔齊伋撰　清康熙五十九年（1720）畢弘述刻本　遼寧省圖書館

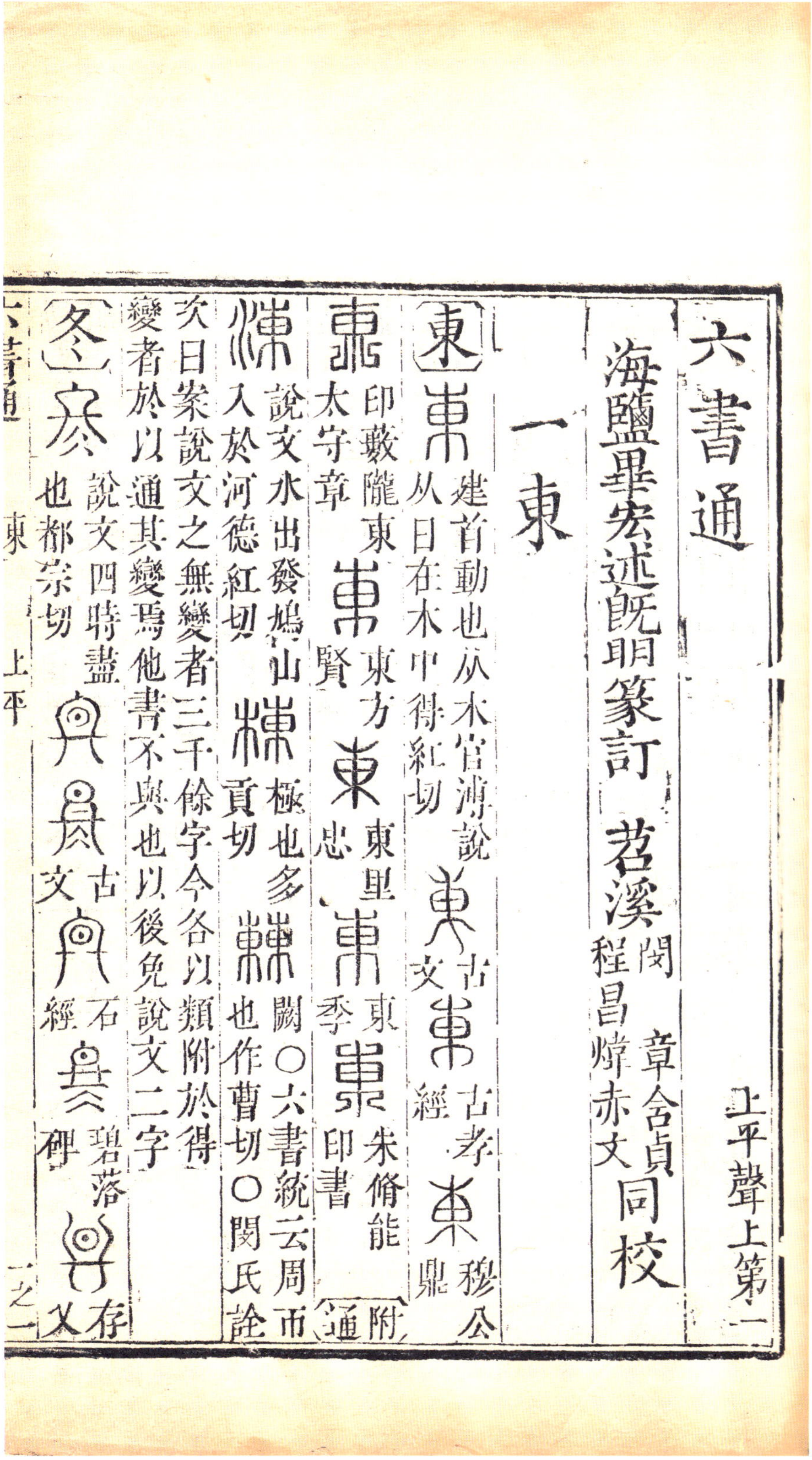
六書通　　上平聲上第一
海鹽畢宏述旣明篆訂　苕溪閔章含貞　程昌煒赤文　同校
一東
〔東〕建首動也从木官溥說从日在木中得紅切　古文　古孝經　穆公鼎
印藪隴東太守章　東方賢　東里忠　東季　朱脩能印書　〔附〕通
說文水出發鳩山入於河德紅切　極也多貢切　○六書統云周而　也作曹切○閔氏詮
次日案說文之無變者三千餘字今各以類附於得變者於以通其變焉他書不與也以後免說文二字
〔冬〕說文四時盡也都宗切　古文　石經　碧落碑　存乂
六書通　東　上平　一之一

20405　六書通十卷　（明）閔齊伋撰　清康熙五十九年（1720）畢弘述刻本　大連圖書館

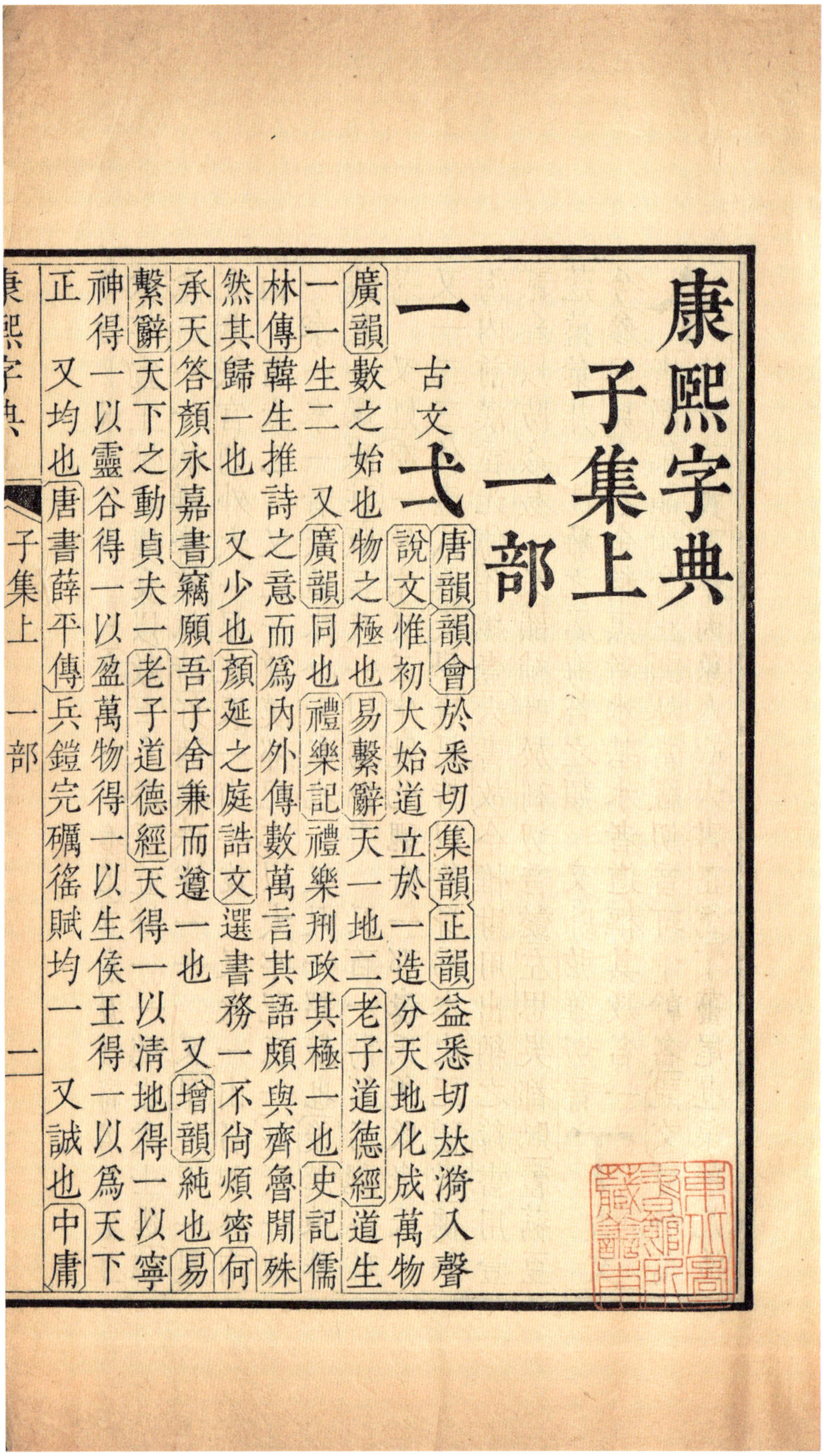
康熙字典

子集上

一部

一 古文弌 唐韻韻會於悉切集韻正韻益悉切𠀤漪入聲

說文惟初大始道立於一造分天地化成萬物

廣韻數之始也物之極也易繫辭天一地二老子道德經道生一一生二 又廣韻同也禮樂記禮樂刑政其極一也史記儒林傳韓生推詩之意而爲內外傳數萬言其語頗與齊魯閒殊然其歸一也 又少也顏延之庭誥文選書務一不尚煩密何承天荅顏永嘉書竊願吾子舍兼而遵一也 又增韻純也易繫辭天下之動貞夫一老子道德經天得一以清地得一以寧神得一以靈谷得一以盈萬物得一以生侯王得一以爲天下正 又均也唐書薛平傳兵鐙完礪徭賦均一 又誠也中庸

康熙字典 子集上 一部 一

20406 康熙字典十二集三十六卷總目一卷檢字一卷辨似一卷等韵一卷補遺一卷備考一卷 （清）張玉書等撰 清康熙五十五年（1716）内府刻本 遼寧省圖書館

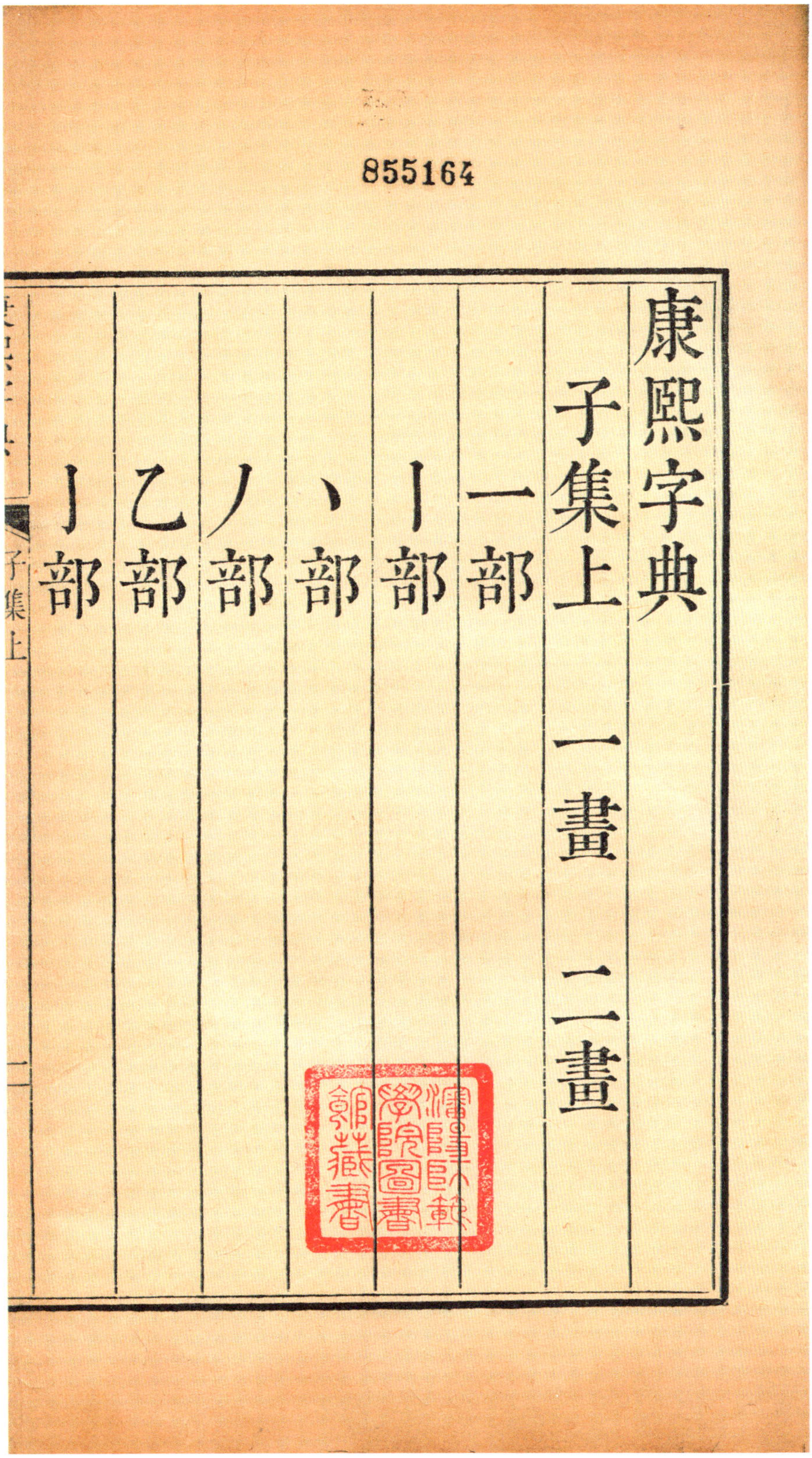

20407　康熙字典十二集三十六卷總目一卷檢字一卷辨似一卷等韵一卷補遺一卷備考一卷　（清）張玉書等撰　清康熙五十五年（1716）内府刻本　遼寧大學圖書館

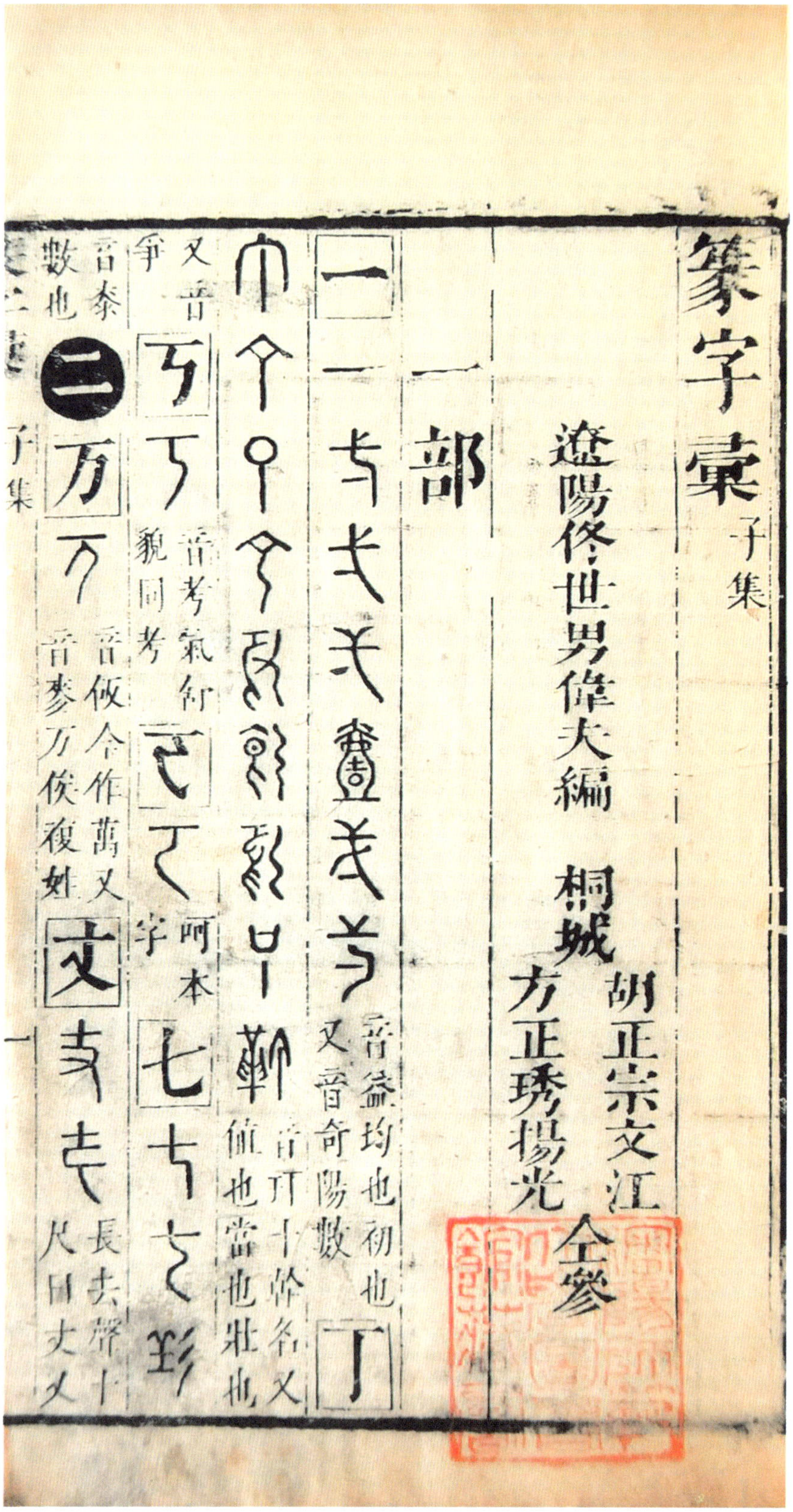

20408　篆字彙十二集　（清）佟世男編　清康熙三十九年（1700）多山堂刻本　瀋陽師範大學圖書館

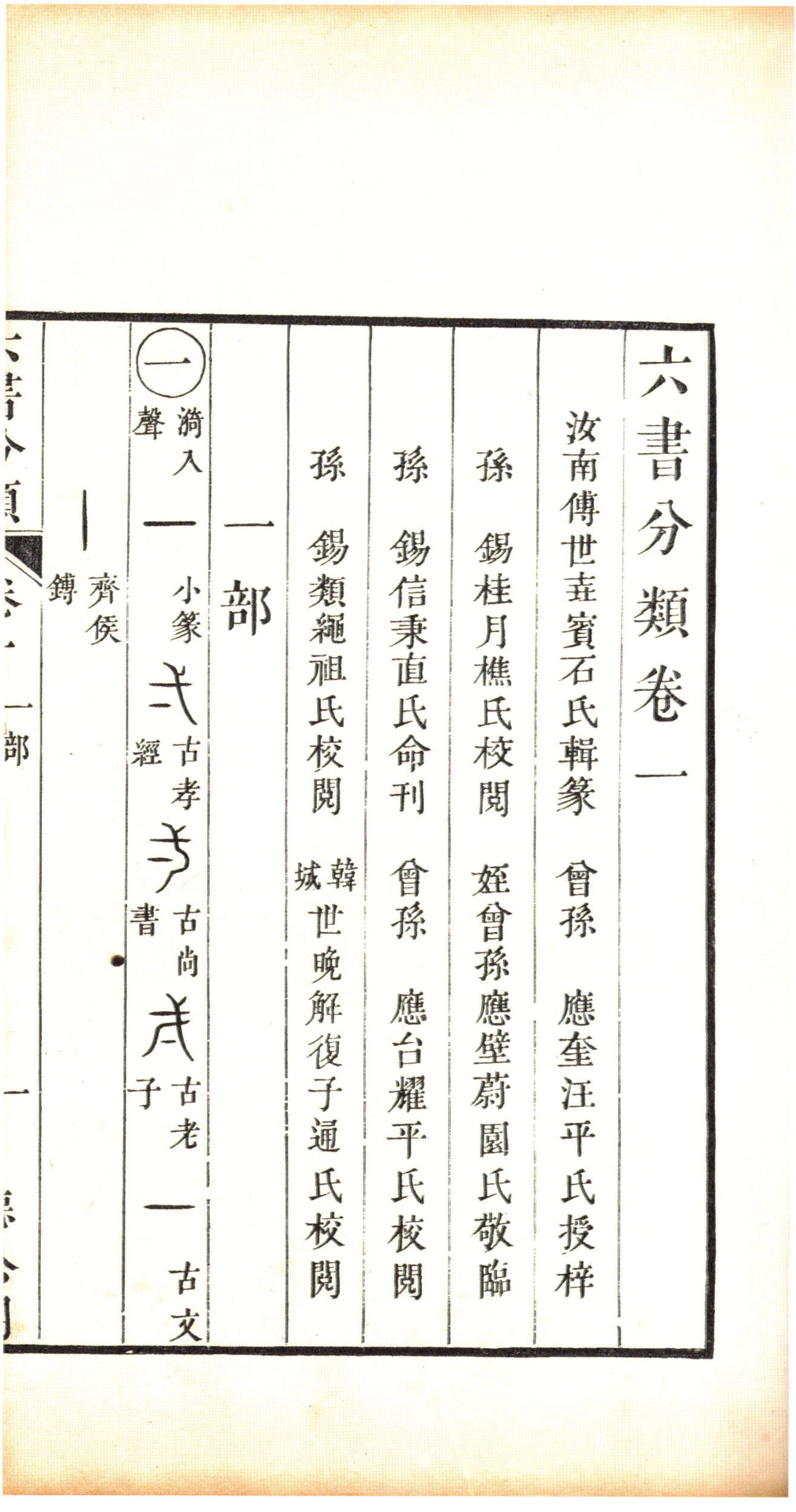

六書分類卷一

汝南傅世垚賓石氏輯篆　曾孫　應奎汪平氏授梓

孫　錫桂月樵氏校閱　姪曾孫應壁蔚園氏敬臨

孫　錫信秉直氏命刊　曾孫　應台耀平氏校閱

孫　錫類繩祖氏校閱　韓城世晚解復子逌氏校閱

一部

(一)　滴入聲　一　小篆　古孝經　古尚書　古老子　一　古文

丨　齊侯鎛

六書分類　卷一　一部　一

20409　**六書分類十二卷首一卷**　（清）傅世垚輯　清乾隆五十四年（1789）維隅堂刻本　大連圖書館

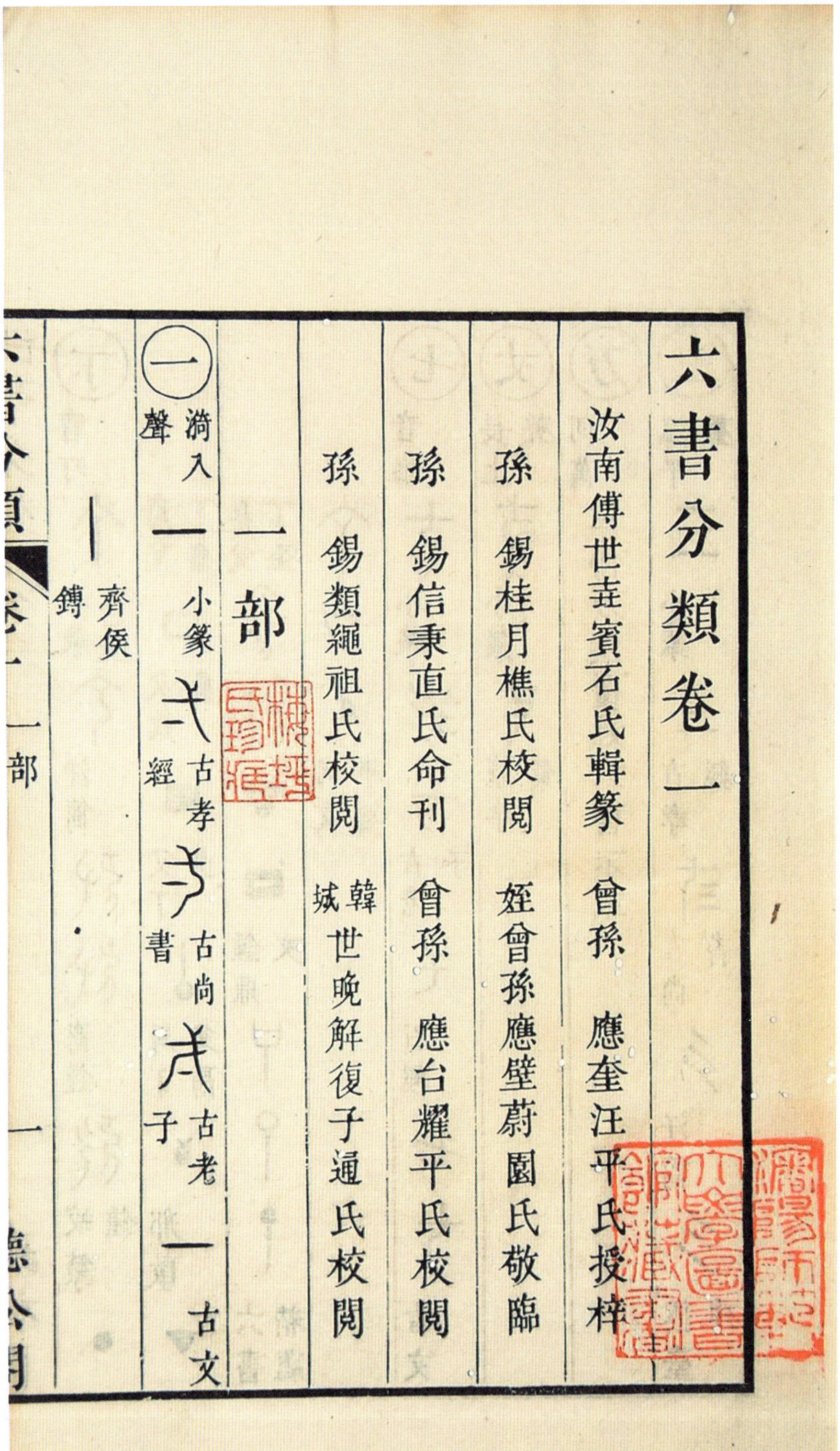
六書分類卷一
汝南傅世垚賓石氏輯篆　曾孫　應奎汪平氏授梓
孫　錫桂月樵氏校閱　姪曾孫應壁蔚園氏敬臨
孫　錫信秉直氏命刊　曾孫　應台耀平氏校閱
孫　錫類繩祖氏校閱　韓城世晚解復子逌氏校閱
一部
一　滴入聲　一　小篆　古孝經　古尚書　古老子　一　古文
丨　齊侯鏄
六書分類　卷一　一部

20410　六書分類十二卷首一卷（清）傅世垚撰　清乾隆五十四年（1789）維隅堂刻本　瀋陽師範大學圖書館

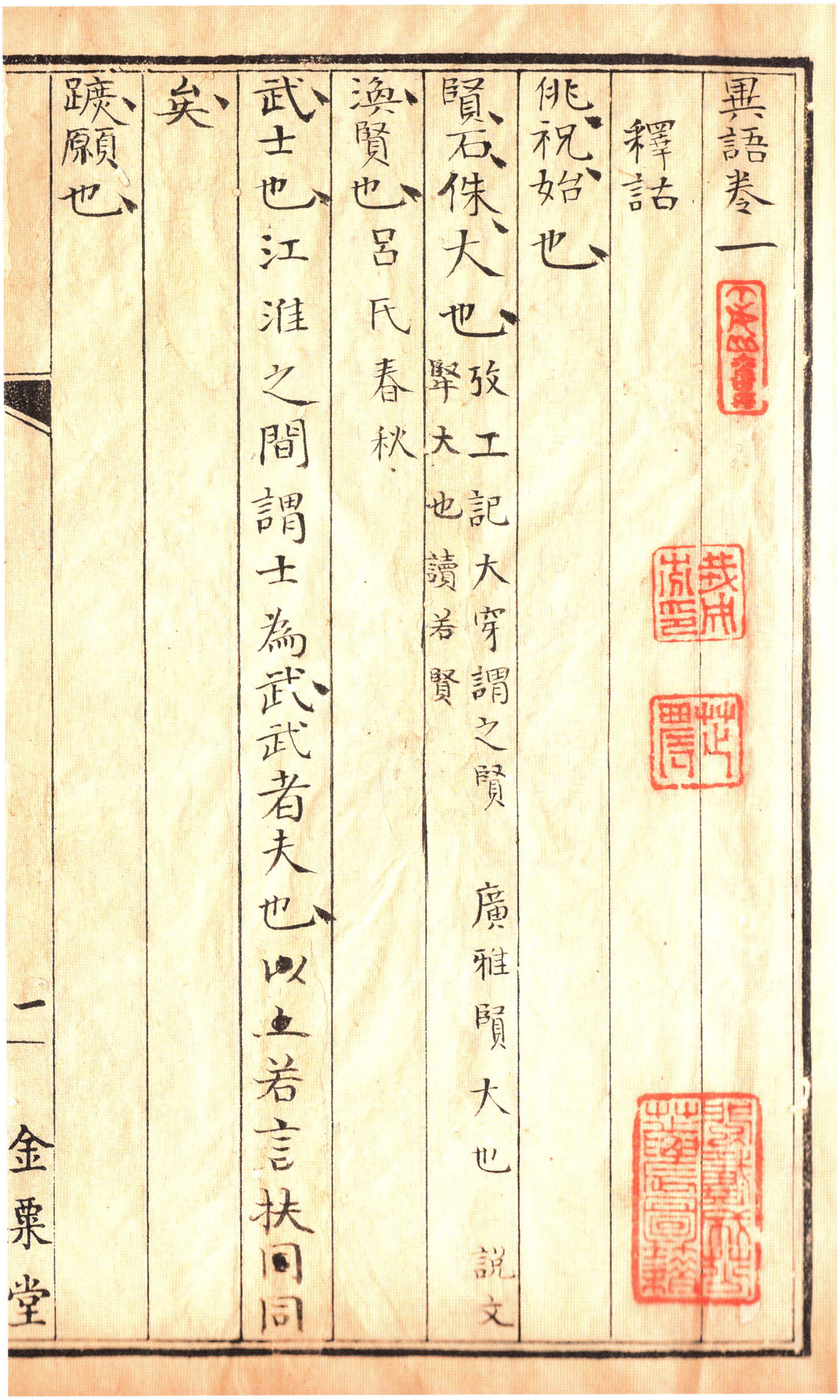

異語卷一

釋詁

能、祝、始也、

賢、石、侏、大、也、攷工記大穿謂之賢 臤大也讀若賢 廣雅賢大也 說文

渙、賢也、呂氏春秋、

武、士也、江淮之間謂士為武、武者大也、以上若言扶同同

矣、

蹟、願也、

一 金粟堂

20411 **異語十九卷** （清）錢坫撰 清金粟堂抄本 大連圖書館

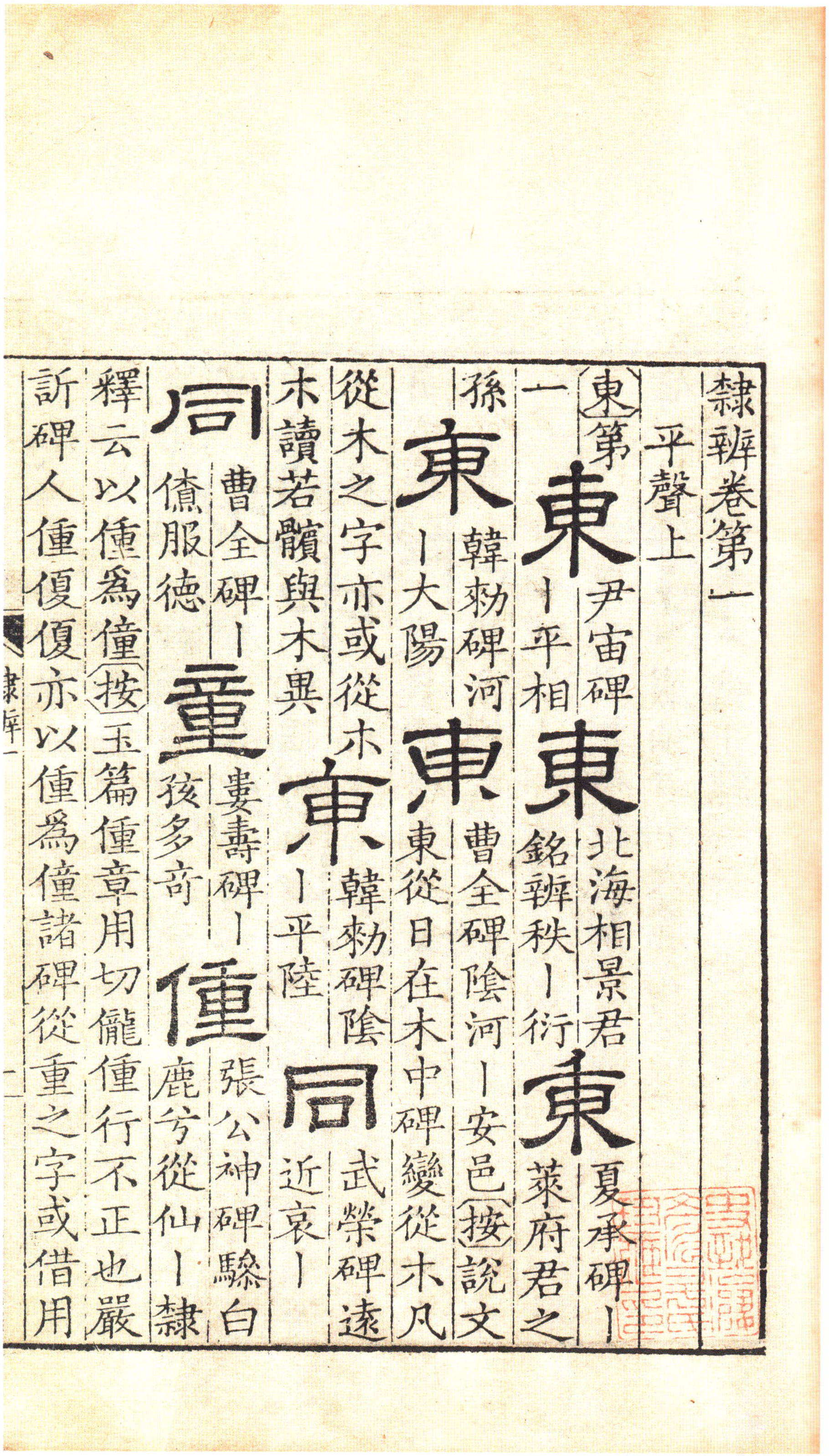
隸辨卷第一
平聲上
〔東〕第一
東 尹宙碑丨平相 東 北海相景君銘辨秩丨衍 東 夏承碑丨萊府君之孫
東 韓勑碑河丨大陽 東 曹全碑陰河丨安邑〔按〕說文東從日在木中碑變從木凡從木之字亦或從朩朩讀若髕與木異 東 韓勑碑陰丨平陸 同 武榮碑遠近哀丨
同 曹全碑丨僚服德 童 婁壽碑丨孩多奇 僮 張公神碑騶白鹿兮從仙丨隸釋云以僮爲僮〔按〕玉篇僮章用切儱僮行不正也嚴訢碑人僮復復亦以僮爲僮諸碑從重之字或借用
隸辨一
二

20412　隸辨八卷　（清）顧藹吉撰　清乾隆八年（1743）玉淵堂刻本　大連圖書館

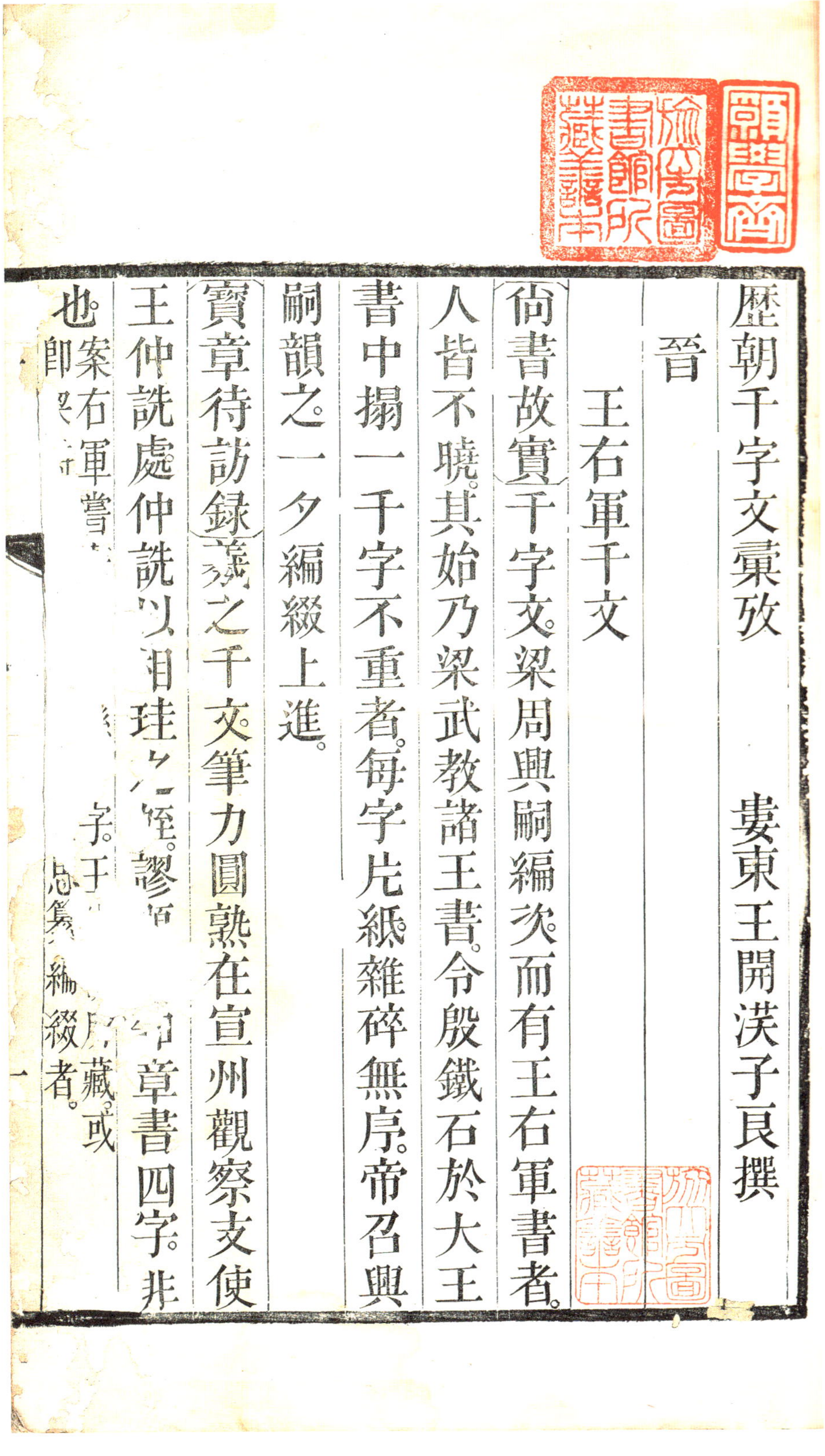
歷朝千字文彙攷　婁東王開渼子艮撰
晉
王右軍千文
尙書故實千字文。梁周興嗣編次而有王右軍書者。
人皆不曉。其始乃梁武教諸王書。令殷鐵石於大王
書中搨一千字不重者。每字片紙雜碎無序。帝召興
嗣韻之一夕編綴上進。
寶章待訪録羲之千文筆力圓熟在宣州觀察支使
王仲詵處仲詵以
章書四字。非
也案右軍嘗
編綴者。

20413　歷朝千字文彙攷不分卷　（清）王開渼撰　清乾隆五十八年（1793）趙希璜刻本　大連圖書館

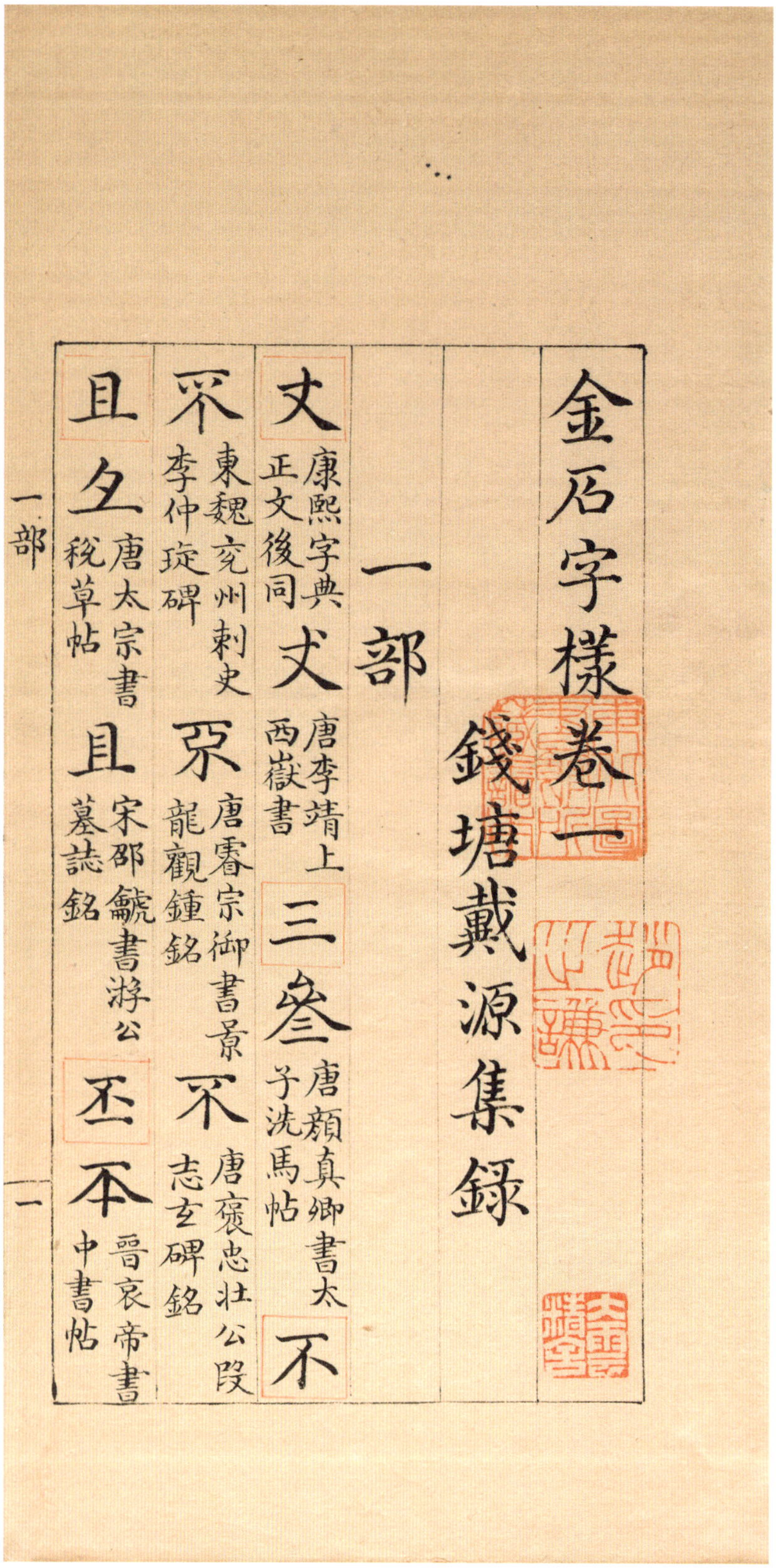
金石字樣卷一
錢塘戴源集錄
一部
文 康熙字典正文後同 丈 唐李靖上西嶽書 三 叄 唐顏真卿書太子洗馬帖 不
罘 東魏兖州刺史李仲琁碑 罘 唐睿宗御書景龍觀鍾銘 不 唐褒忠壯公段志玄碑銘
且 夊 唐太宗書稅草帖 且 宋郘鱙書游公墓誌銘 丕 丕 晉哀帝書中書帖
一部
一

20414 金石字樣八卷 （清）戴源輯錄　清抄本　遼寧省圖書館

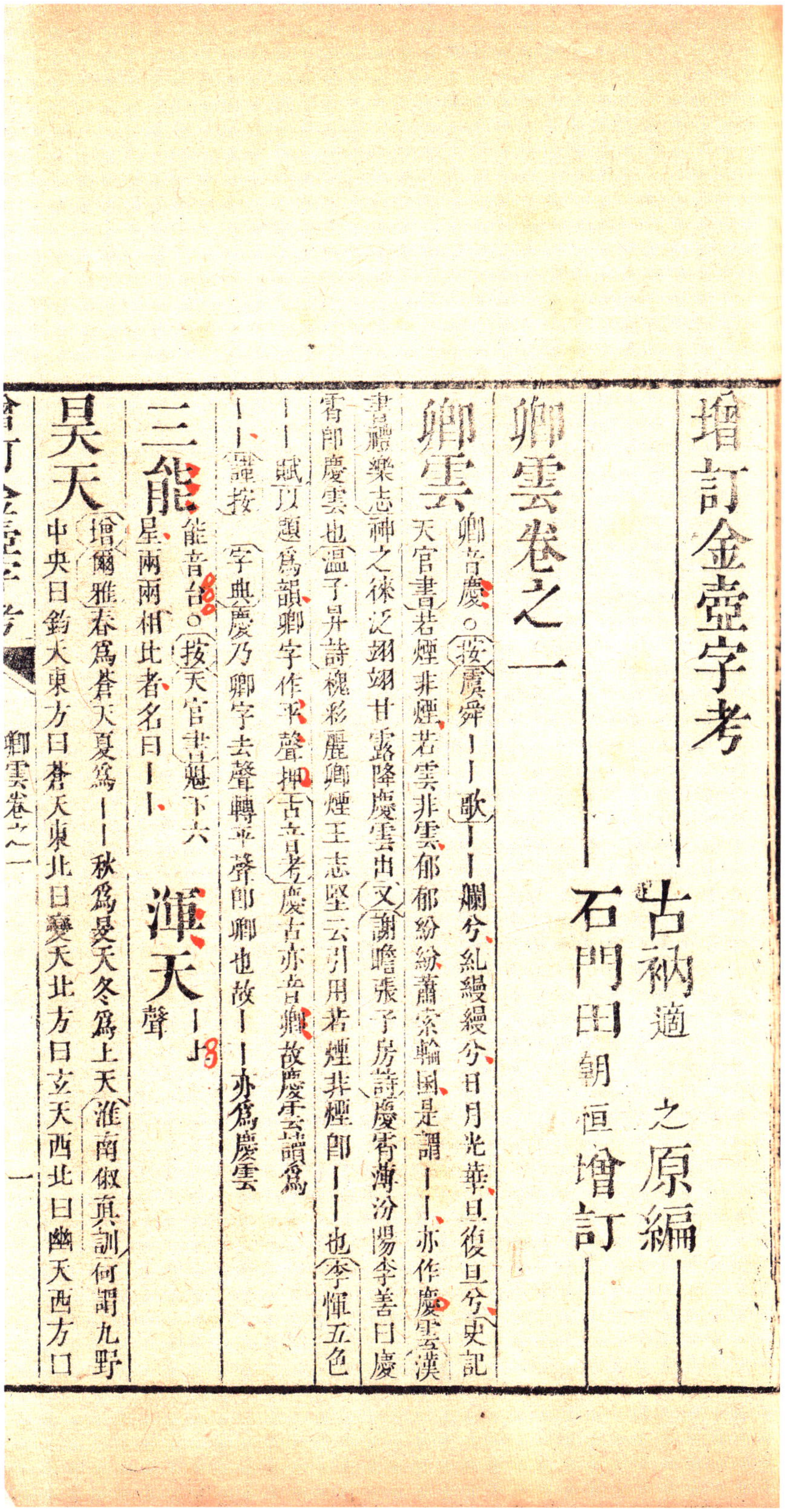
增訂金壺字考
古衲適之原編
石門田朝恒增訂
卿雲卷之一
卿雲 卿音慶。按虞舜丨丨歌丨丨爛兮糺縵縵兮日月光華旦復旦兮史記天官書若煙非煙若雲非雲郁郁紛紛蕭索輪囷是謂丨丨亦作慶雲漢書禮樂志神之徠泛翊翊甘露降慶雲出又謝瞻張子房詩慶霄薄汾陽李善曰慶霄卽慶雲也溫子昇詩槐彩麗卿煙王志堅云引用若煙非煙卽丨丨也李惲五色丨丨賦以題爲韻卿字作平聲押古音考慶古亦音羌故慶雲讀爲丨丨譁按字典慶乃卿字去聲轉平聲卽卿也故丨丨亦爲慶雲
三能 能音台。按天官書魁下六星兩兩相比者名曰丨丨
渾天 丨上聲
昊天 增爾雅春爲蒼天夏爲丨丨秋爲旻天冬爲上天淮南俶真訓何謂九野中央曰鈞天東方曰蒼天東北曰變天北方曰玄天西北曰幽天西方曰口
增訂金壺字考 卿雲卷之一 一

20415 增訂金壺字考十九卷 （宋）釋適之原編 （清）田朝恒增訂 清乾隆二十七年（1762）貽安堂刻本 大連圖書館

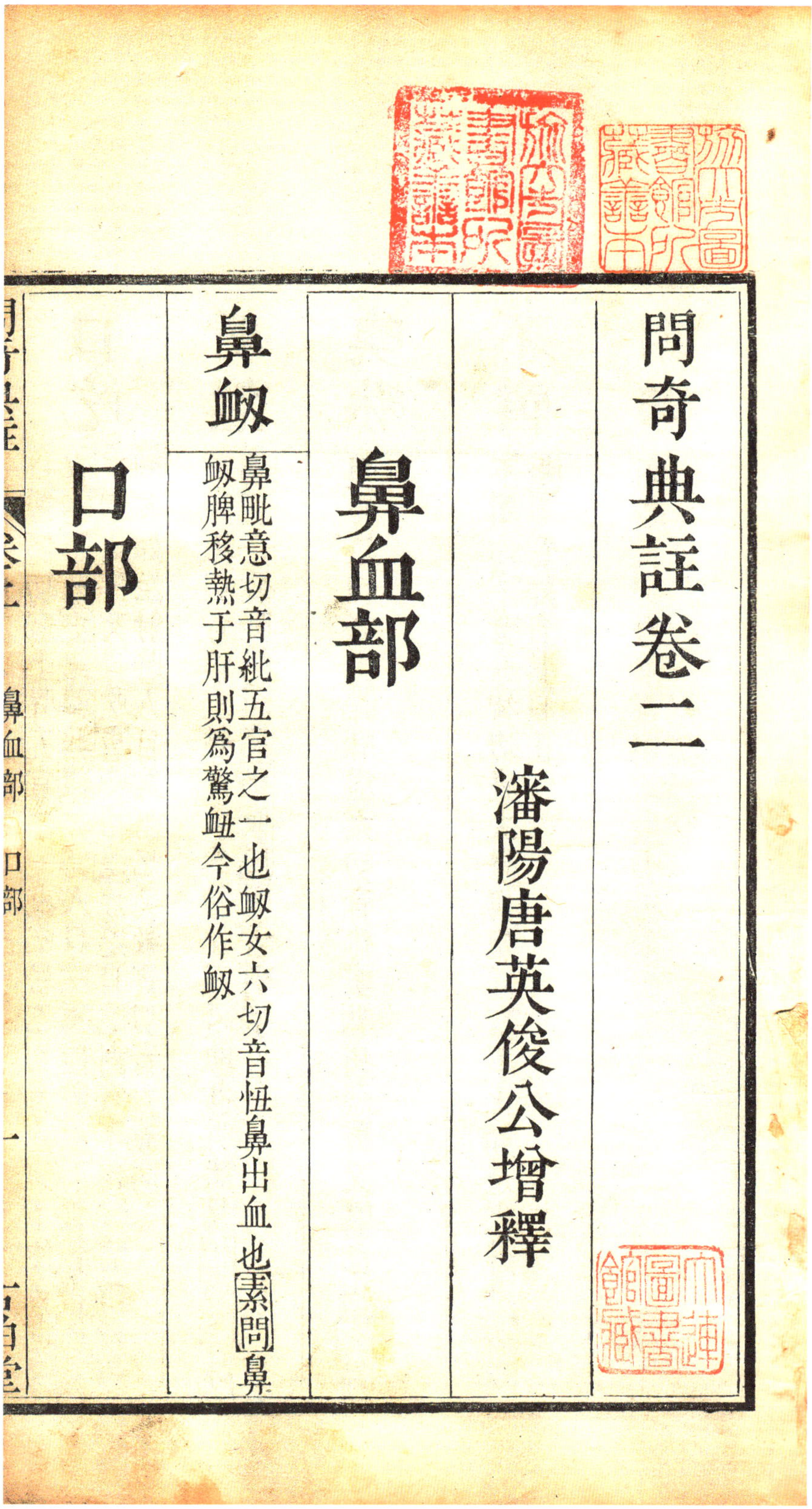
問奇典註卷二

瀋陽唐英俊公增釋

鼻血部

鼻衄 鼻毗意切音紕五官之一也衄女六切音忸鼻出血也素問鼻衄脾移熱于肝則爲驚衄今俗作衄

口部

問奇典註 卷二 鼻血部 口部 一 古柏堂

20416 問奇典註六卷 （清）唐英撰 清乾隆十三年（1748）古柏堂刻本

大連圖書館

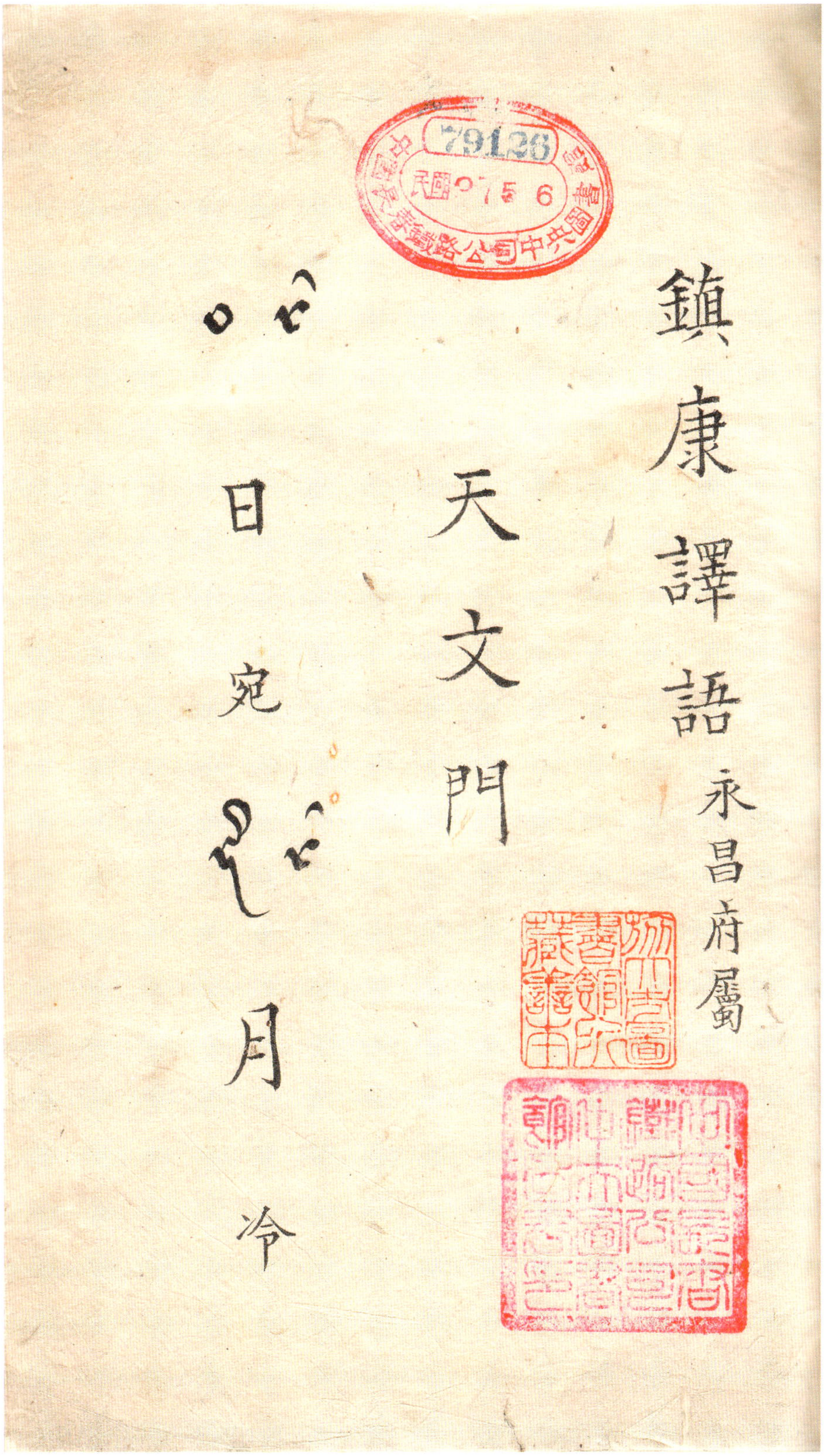
鎮康譯語 永昌府屬
天文門
日 宛
月 冷

20417 苗蠻譯語不分卷 （清）□□撰 清稿本 大連圖書館

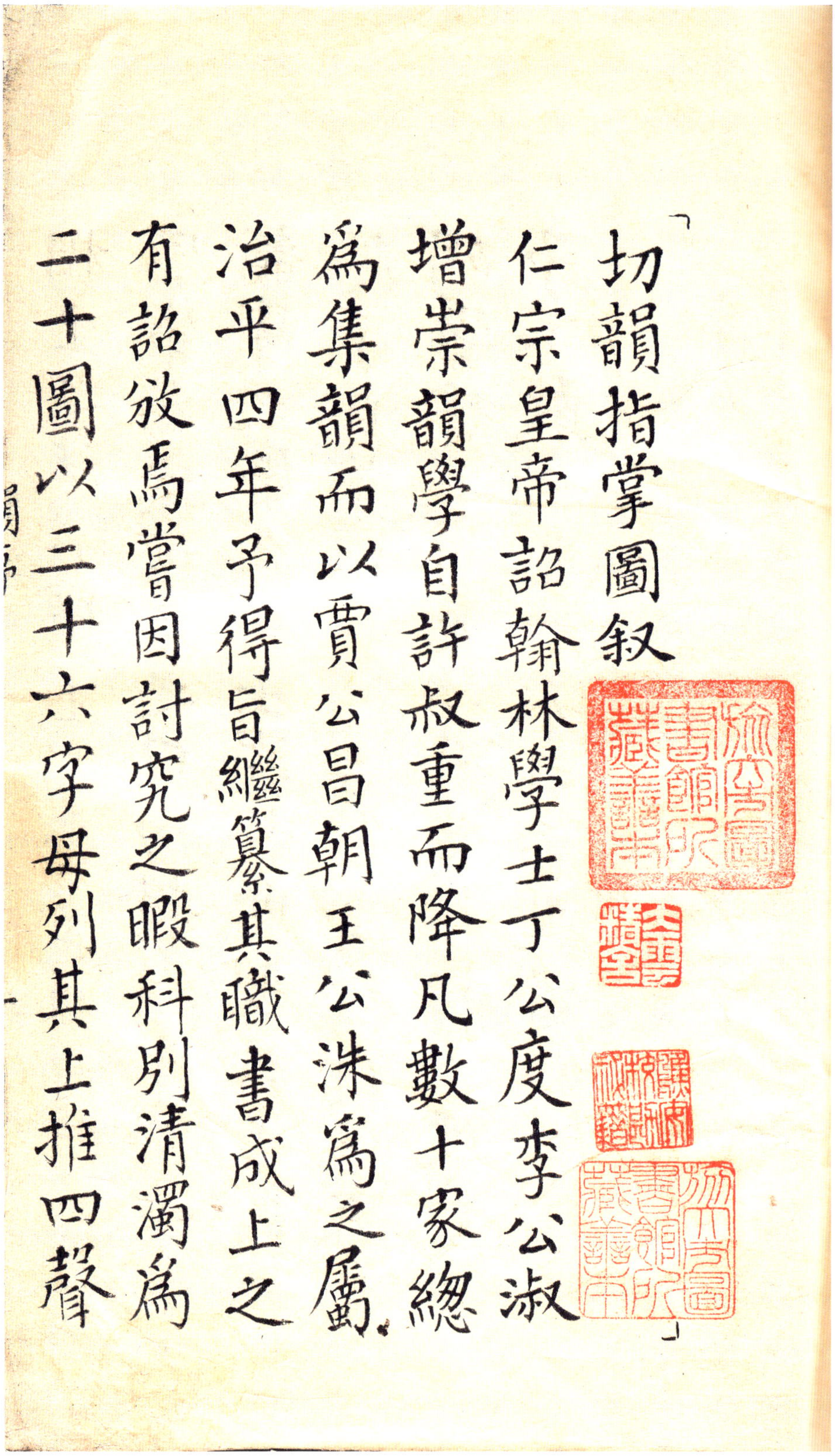

切韻指掌圖叙
仁宗皇帝詔翰林學士丁公度李公淑
增崇韻學自許叔重而降凡數十家總
爲集韻而以賈公昌朝王公洙爲之屬
治平四年予得旨繼纂其職書成上之
有詔頒焉嘗因討究之暇科別清濁爲
二十圖以三十六字母列其上推四聲

20418　切韻指掌圖一卷　題（宋）司馬光撰　**檢圖之例一卷**　（明）邵光祖撰　清朱墨抄本　陳驥德題識　大連圖書館

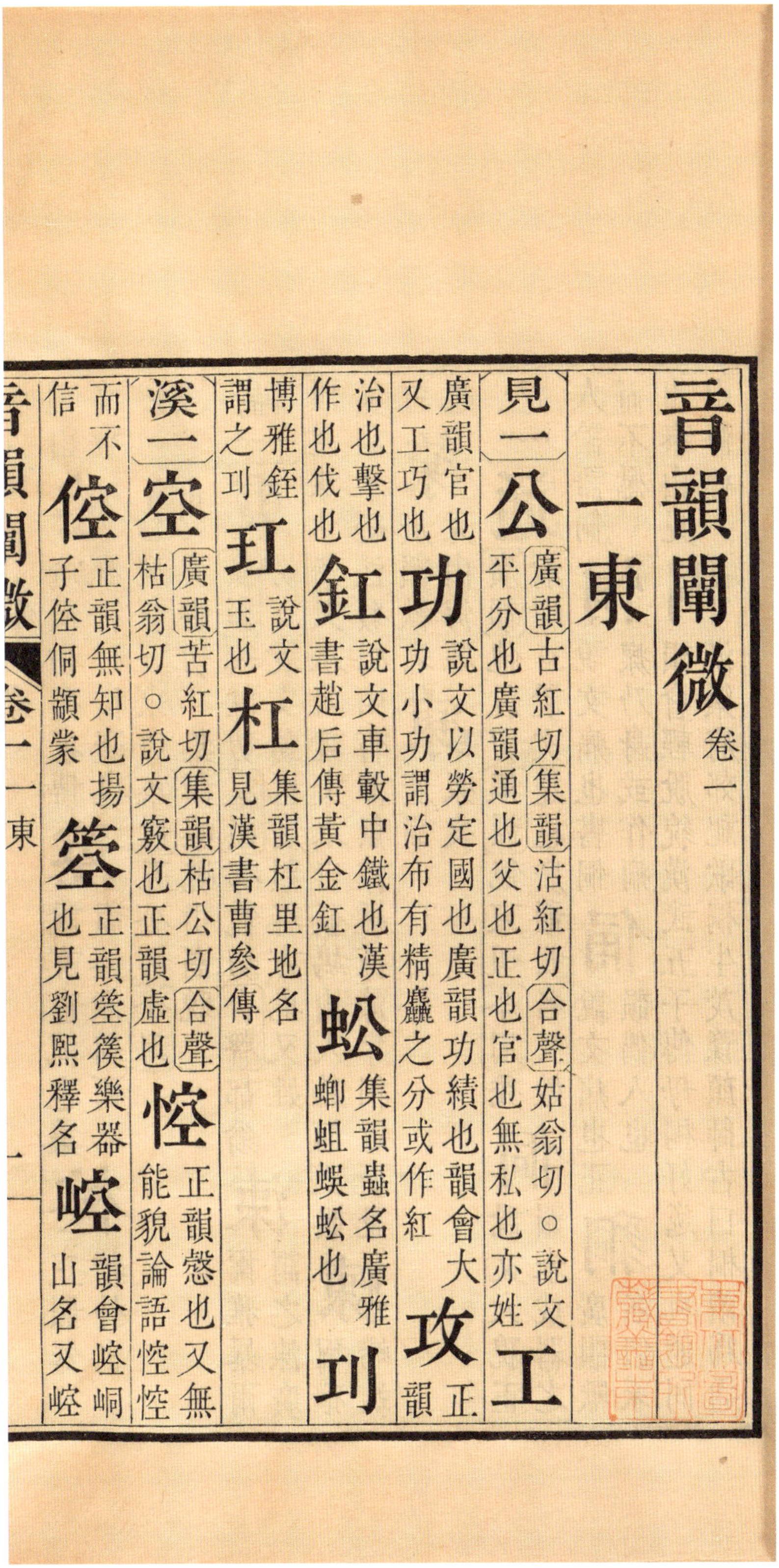
音韻闡微卷一

一東

〔見一〕公〔廣韻〕古紅切〔集韻〕沽紅切〔合聲〕姑翁切。說文平分也廣韻通也父也正也官也無私也亦姓 工 廣韻官也又工巧也 功 說文以勞定國也廣韻功績也韻會大功小功謂治布有精麤之分或作紅 攻 正韻治也擊也作也伐也 釭 說文車轂中鐵也漢書趙后傳黃金釭 蚣 集韻蟲名廣雅蝍蛆蜈蚣也 㓚 博雅銍謂之㓚 玒 說文玉也 杠 集韻杠里地名見漢書曹參傳

〔溪一〕空〔廣韻〕苦紅切〔集韻〕枯公切〔合聲〕枯翁切。說文竅也正韻虛也 悾 正韻愨也又無能貌論語悾悾而不信 倥 正韻無知也揚子倥侗顓蒙 箜 正韻箜篌樂器也見劉熙釋名 崆 韻會崆峒山名又崆

音韻闡微　卷一　一東　一

20419　音韻闡微十八卷韻譜一卷　（清）李光地　王蘭生等撰　清雍正六年（1728）武英殿刻本　遼寧省圖書館

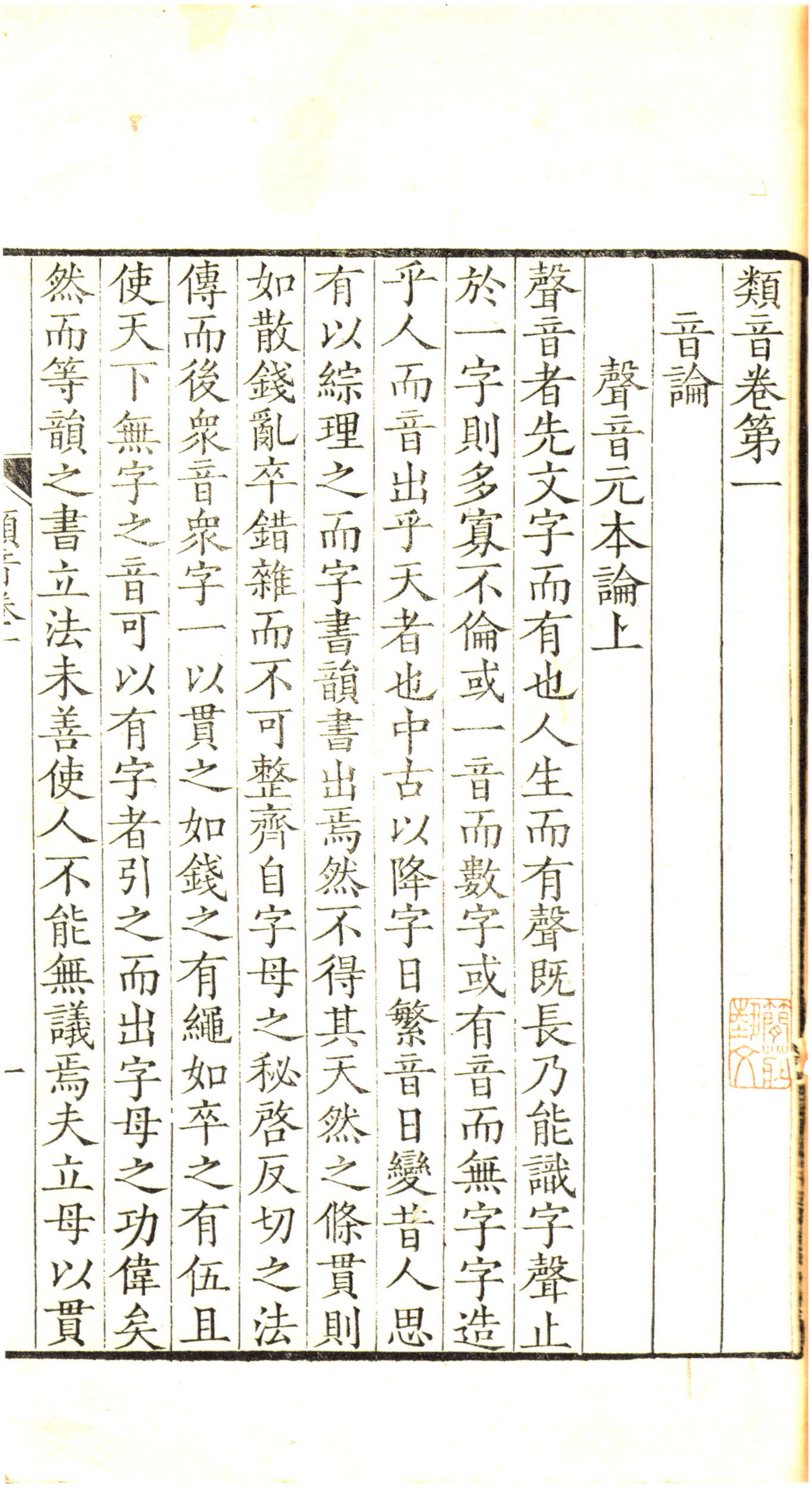
類音卷第一

音論

聲音元本論上

聲音者先文字而有也人生而有聲既長乃能識字聲止於一字則多寡不倫或一音而數字或有音而無字字造乎人而音出乎天者也中古以降字日繁音日變昔人思有以綜理之而字書韻書出焉然不得其天然之條貫則如散錢亂卒錯雜而不可整齊自字母之秘啓反切之法傳而後衆音衆字一以貫之如錢之有繩如卒之有伍且使天下無字之音可以有字者引之而出字母之功偉矣然而等韻之書立法未善使人不能無議焉夫立母以貫

類音卷一　一

20420　類音八卷　（清）潘耒撰　清雍正三年（1725）遂初堂刻本　大連圖書館

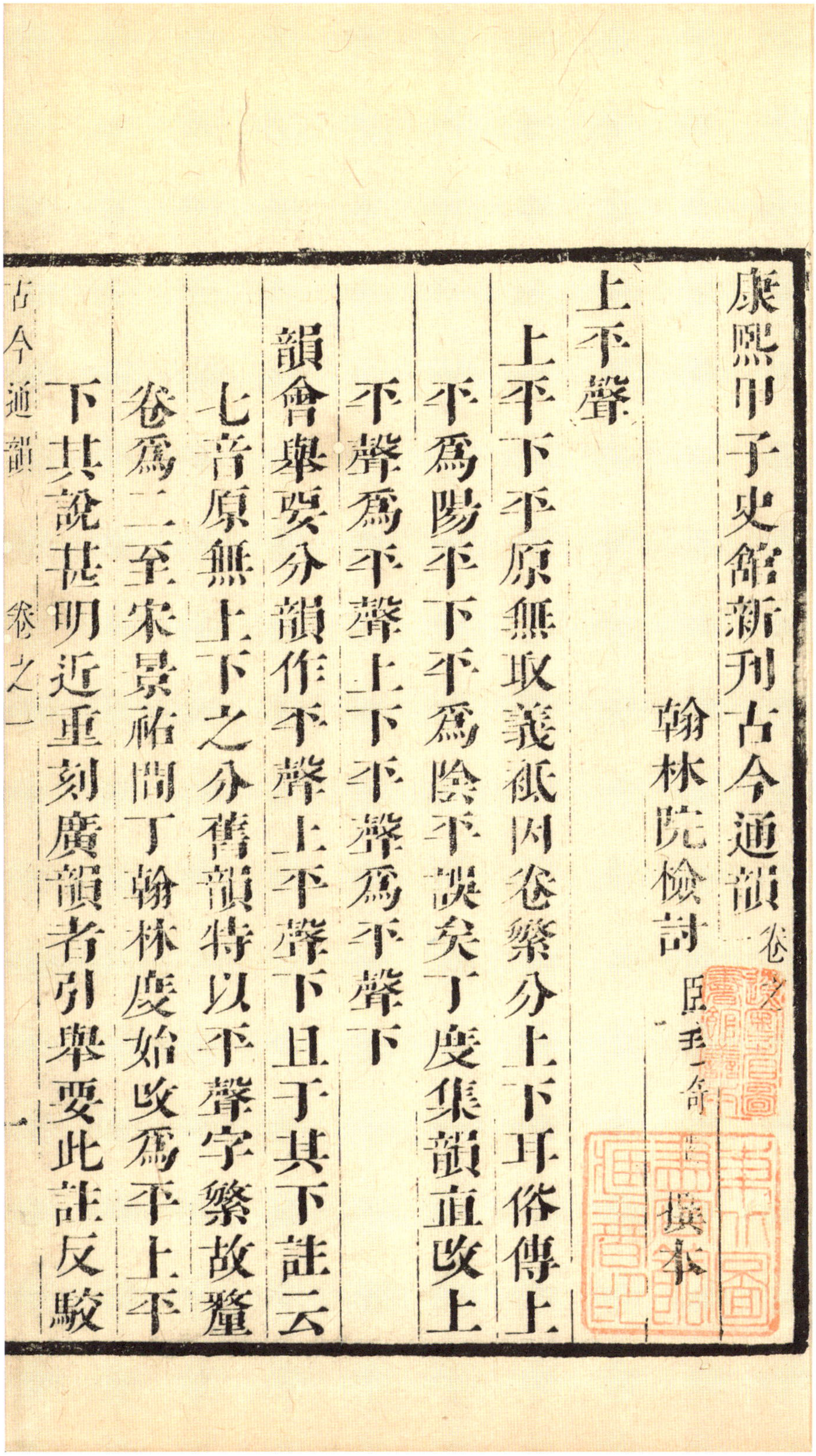
康熙甲子史館新刊古今通韻卷之一
翰林院檢討 臣毛奇齡 撰
上平聲
上平下平原無取義祇因卷繁分上下耳俗傳上平爲陽平下平爲陰平誤矣丁度集韻直改上平聲爲平聲上下平聲爲平聲下
韻會舉要分韻作平聲上平聲下且于其下註云七音原無上下之分舊韻特以平聲字繁故釐卷爲二至宋景祐間丁翰林度始改爲平上平下其說甚明近重刻廣韻者引舉要此註反駁
古今通韻 卷之一 一

20421 康熙甲子史館新刊古今通韻十二卷論例一卷 （清）毛奇齡撰 清雍正學聚堂刻本 遼寧省圖書館

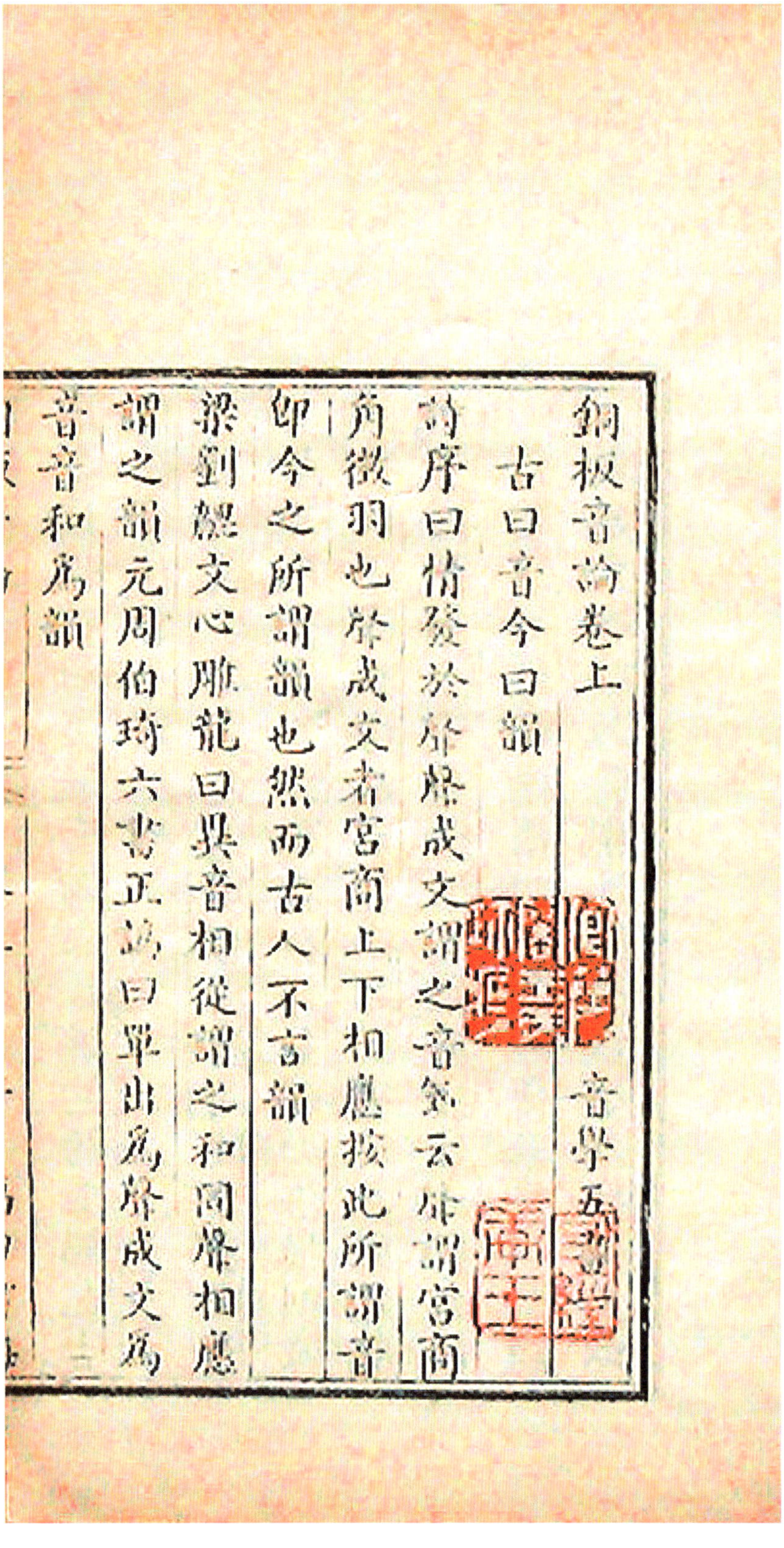
銅板音論卷上　音學五書
古曰音今曰韻
詩序曰情發於聲聲成文謂之音疏云聲謂宮商角徵羽也聲成文者宮商上下相應按此所謂音即今之所謂韻也然而古人不言韻
梁劉勰文心雕龍曰異音相從謂之和同聲相應謂之韻元周伯琦六書正譌曰單出為聲成文為音音和為韻

20422　顧氏音學五書十三卷　（清）顧炎武撰　清福建侯官林春祺福田書海銅活字印本　遼寧師範大學圖書館

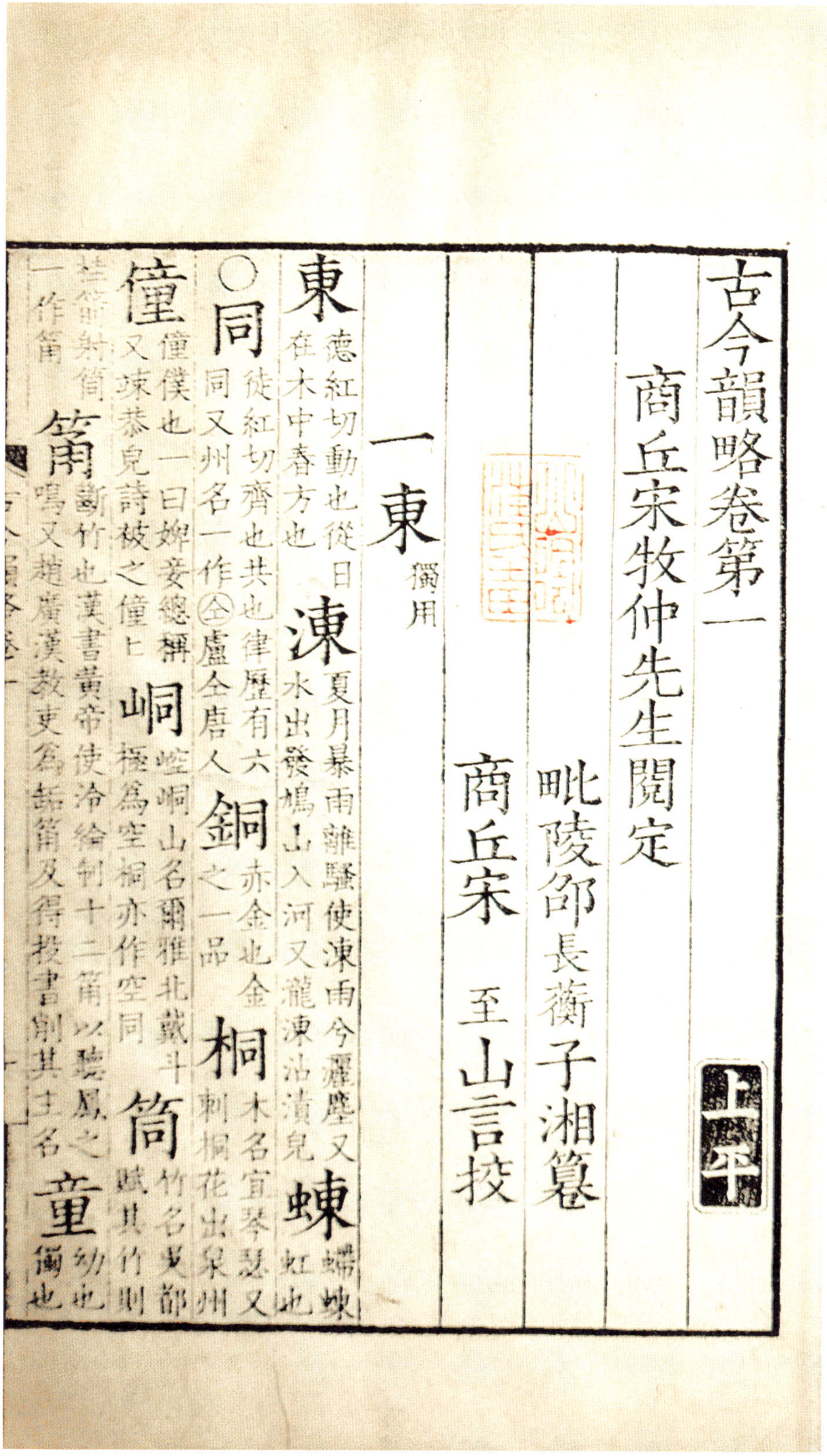
古今韻略卷第一　上平
商丘宋牧仲先生閲定
毗陵邵長蘅子湘纂
商丘宋　至　山言　挍
一東　獨用
東德紅切動也從日在木中春方也　涷夏月暴雨離騷使涷雨今灑塵又水出發鳩山入河又瀧涷沾漬皃　蝀螮蝀虹也
○同從紅切齊也共也律歷有六同又州名一作仝　仝盧仝唐人　銅赤金也金之一品　桐木名宜琴瑟又刺桐花出泉州
僮僮僕也一曰婢妾總稱又竦恭皃詩被之僮僮　峒崆峒山名爾雅北戴斗極爲空桐亦作空同　筒竹名史部賦其竹則桂箭射筒一作筩
筩斷竹也漢書黃帝使泠綸制十二筩以聽鳳之鳴又趙廣漢教吏爲缿筩及得投書削其主名　童幼也獨也

20423　古今韻略五卷　（清）邵長蘅撰　清康熙三十五年（1696）刻本
清汪能肅題記　瀋陽市圖書館

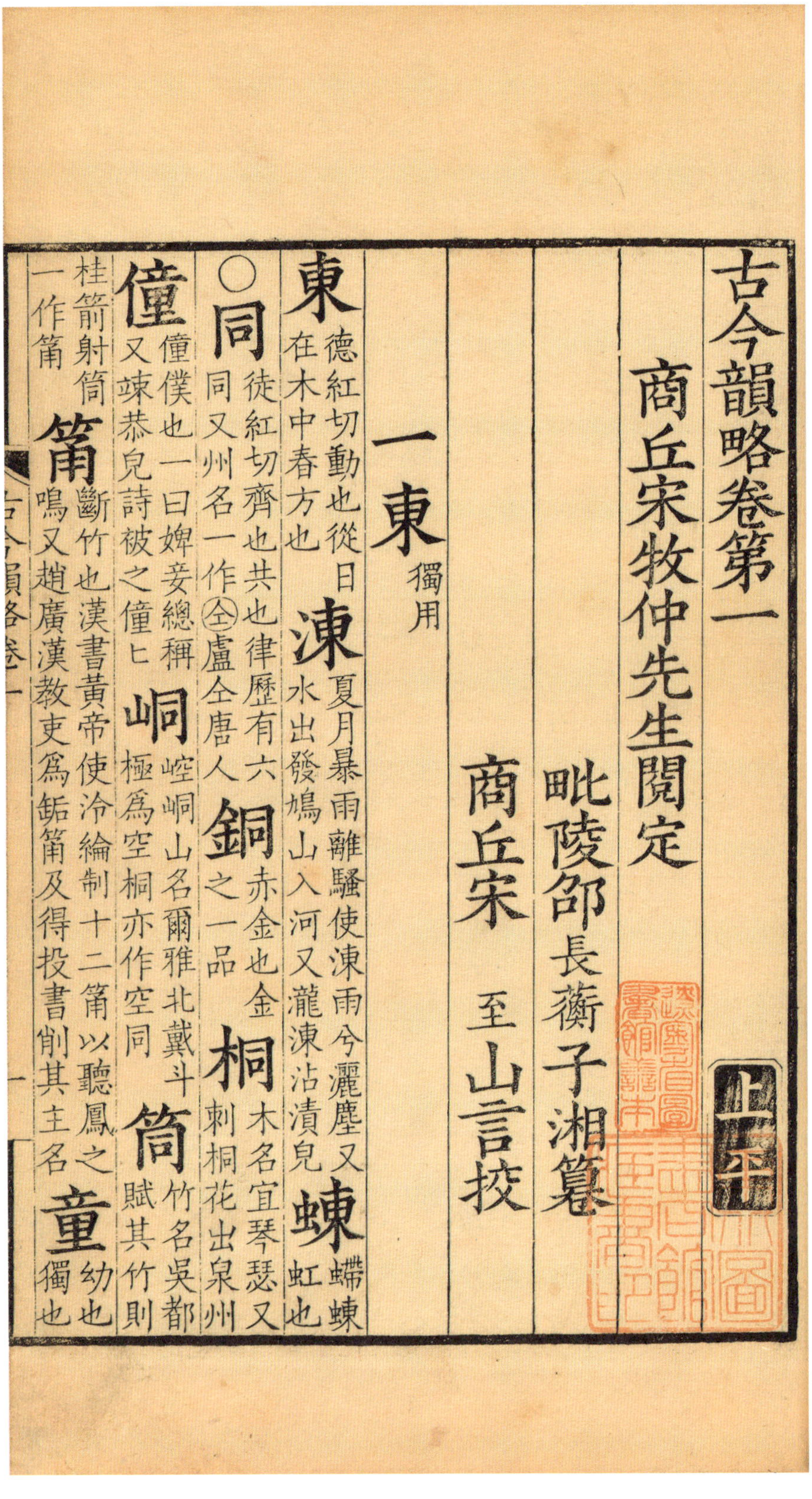
古今韻略卷第一　上平
商丘宋牧仲先生閲定
毗陵邵長蘅子湘纂
商丘宋　至山言挍
一東 獨用
東 德紅切動也從日在木中春方也 涷 夏月暴雨離騷使涷雨兮灑塵又水出發鳩山入河又瀧涷沾漬皃 蝀 螮蝀虹也
○同 徒紅切齊也共也律歷有六同又州名一作仝盧仝唐人 銅 赤金也金之一品 桐 木名宜琴瑟又刺桐花出泉州
僮 僮僕也一曰婢妾總稱又竦恭皃詩被之僮々 峒 崆峒山名爾雅北戴斗極爲空桐亦作空同 筒 竹名吳都賦其竹則桂箭射筒一作筩
筩 斷竹也漢書黃帝使泠綸制十二筩以聽鳳之鳴又趙廣漢教吏爲缿筩及得投書削其主名 童 幼也獨也

古今韻略卷一

20424　古今韻略五卷　（清）邵長蘅撰　清康熙三十五年（1696）刻本

遼寧省圖書館

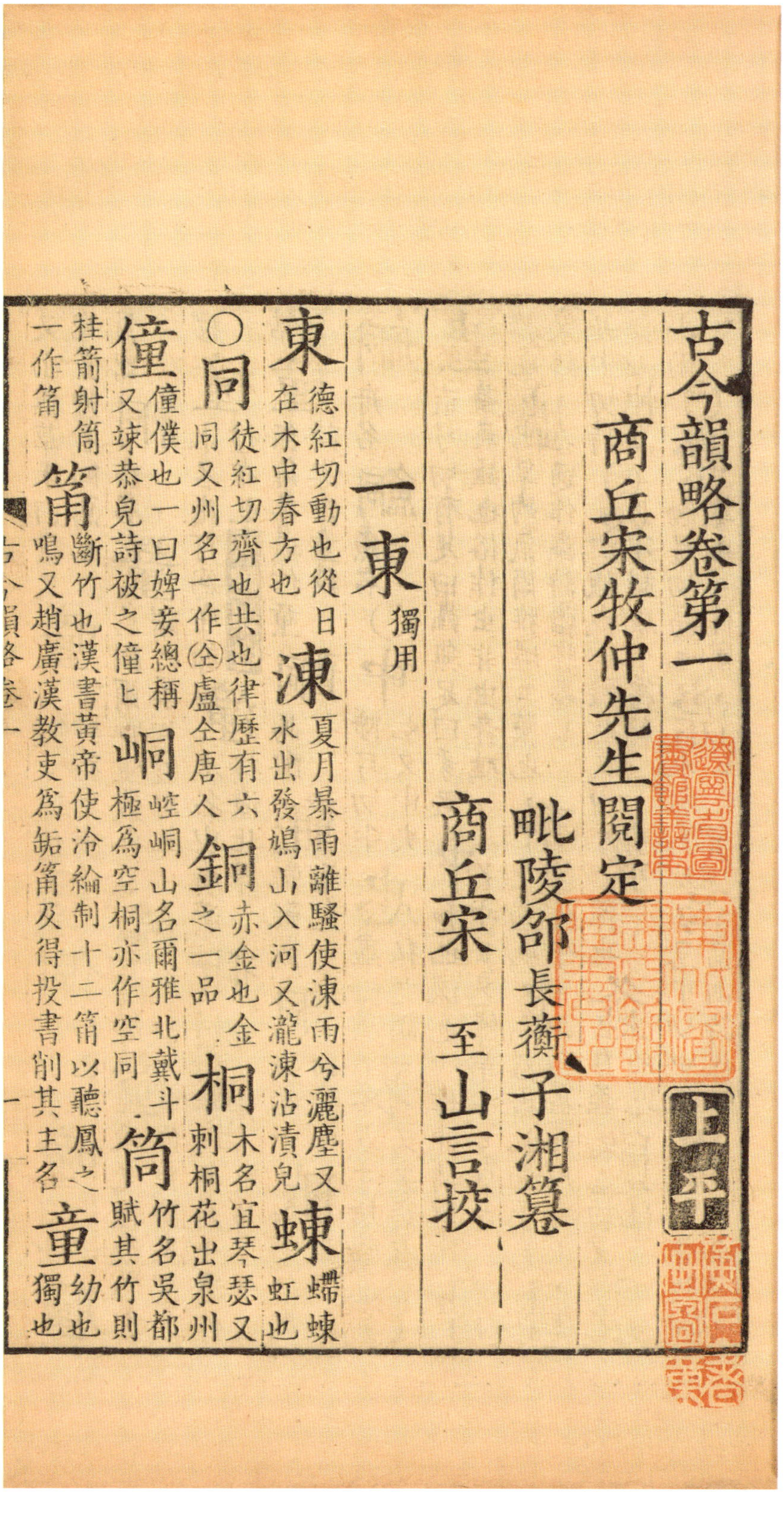

古今韻略卷第一　上平

商丘宋牧仲先生閱定

毗陵邵長蘅子湘纂

商丘宋　至山言挍

一東　獨用

東德紅切動也從日在木中春方也　涷夏月暴雨離騷使涷雨兮灑塵又水出發鳩山入河又瀧涷沾漬皃　蝀螮蝀虹也

○同徒紅切齊也共也律歷有六同又州名一作仝盧仝唐人　銅赤金也金之一品　桐木名宜琴瑟又刺桐花出泉州

僮僮僕也一曰婢妾總稱又竦恭皃詩被之僮〻　峒崆峒山名爾雅北戴斗極爲空桐亦作空同　筒竹名吳都賦其竹則桂箭射筒一作筩

筩斷竹也漢書黃帝使泠綸制十二筩以聽鳳之鳴又趙廣漢教吏爲缿筩及得投書削其主名　童幼也獨也

古今韻略卷一　一

20425　古今韻略五卷　（清）邵長蘅撰　清康熙三十五年（1696）刻本

遼寧省圖書館

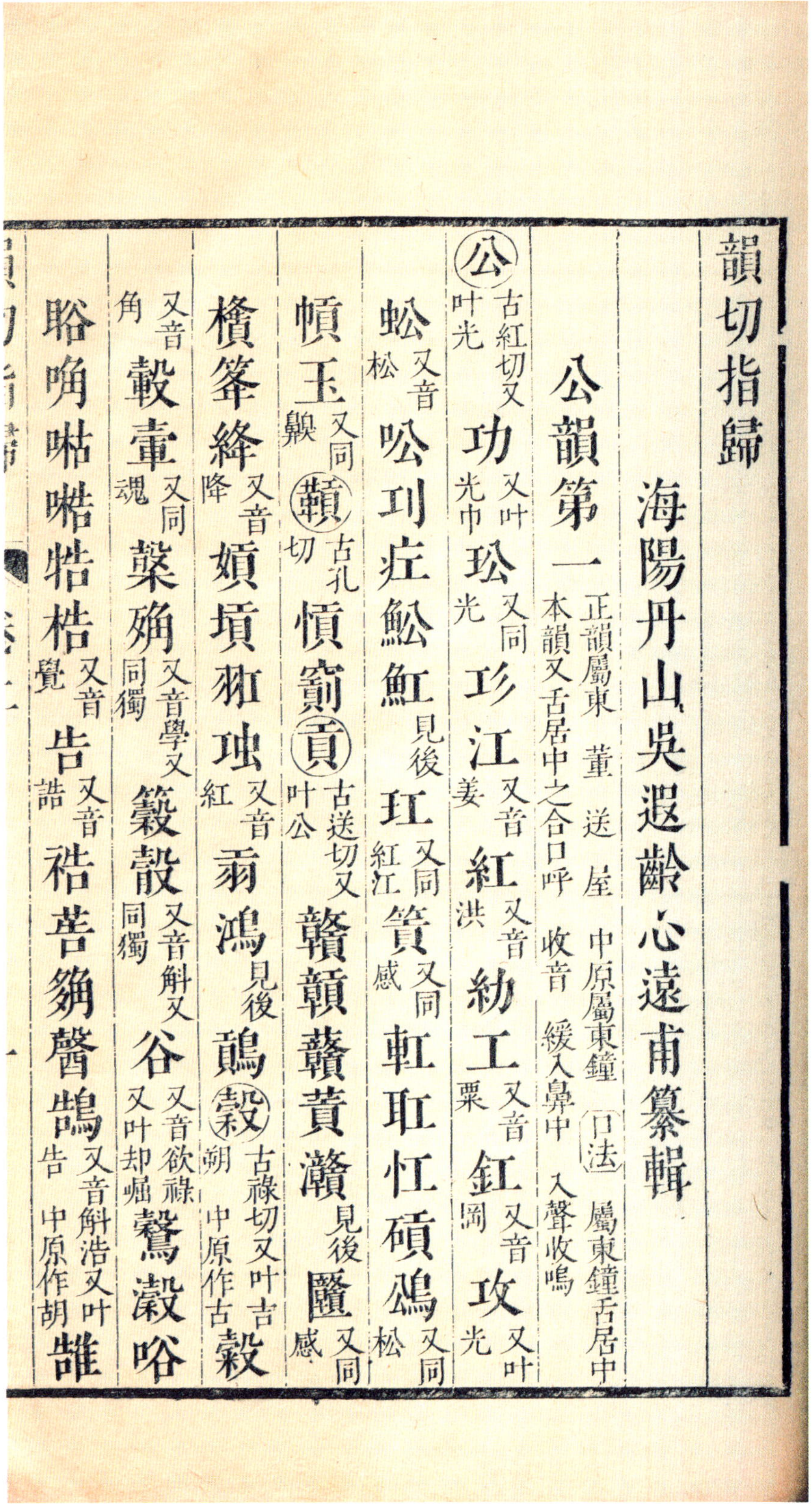

韻切指歸

海陽丹山吳遐齡心遠甫纂輯

公韻第一 正韻屬東董送屋 中原屬東鐘 口法 屬東鐘舌居中 本韻又舌居中之合口呼 收音 緩入鼻中 入聲收鳴

公 古紅切又叶光 功 又叶光巾 玜 又同光 玒 江 又音姜 紅 又音洪 紡 工 又音粟 釭 又音岡 攻 又叶光

蚣 又音松 㕬 刉 疘 鈆 魟 見後 玒 又同紅江 篢 又同感 軖 耴 忓 碽 鳿 又同松

幊 玉 又同鷱 贛 古孔切 愩 竆 貢 古送切又叶公 贑 顜 䕻 蕢 灨 見後 䵍 又同感

槓 箺 絳 又音降 䫒 埧 猦 䖳 又音紅 翁 鴻 見後 鵏 穀 古祿切又叶吉朔 中原作古 穀

又音角 轂 輂 又同魂 縠 殼 又音學又同獨 觳 斛 又音斛又同獨 谷 又音欲祿又叶却崛 鷇 縠 㕢

聕 唂 啙 嗗 牿 梏 又音覺 告 又音誥 祰 喾 鵒 䐹 鵠 又音斛浩又叶告 中原作胡 雔

20426　韻切指歸二卷　（清）吴遐齡纂輯　清康熙四十九年（1710）吴之玠刻本　遼寧大學圖書館

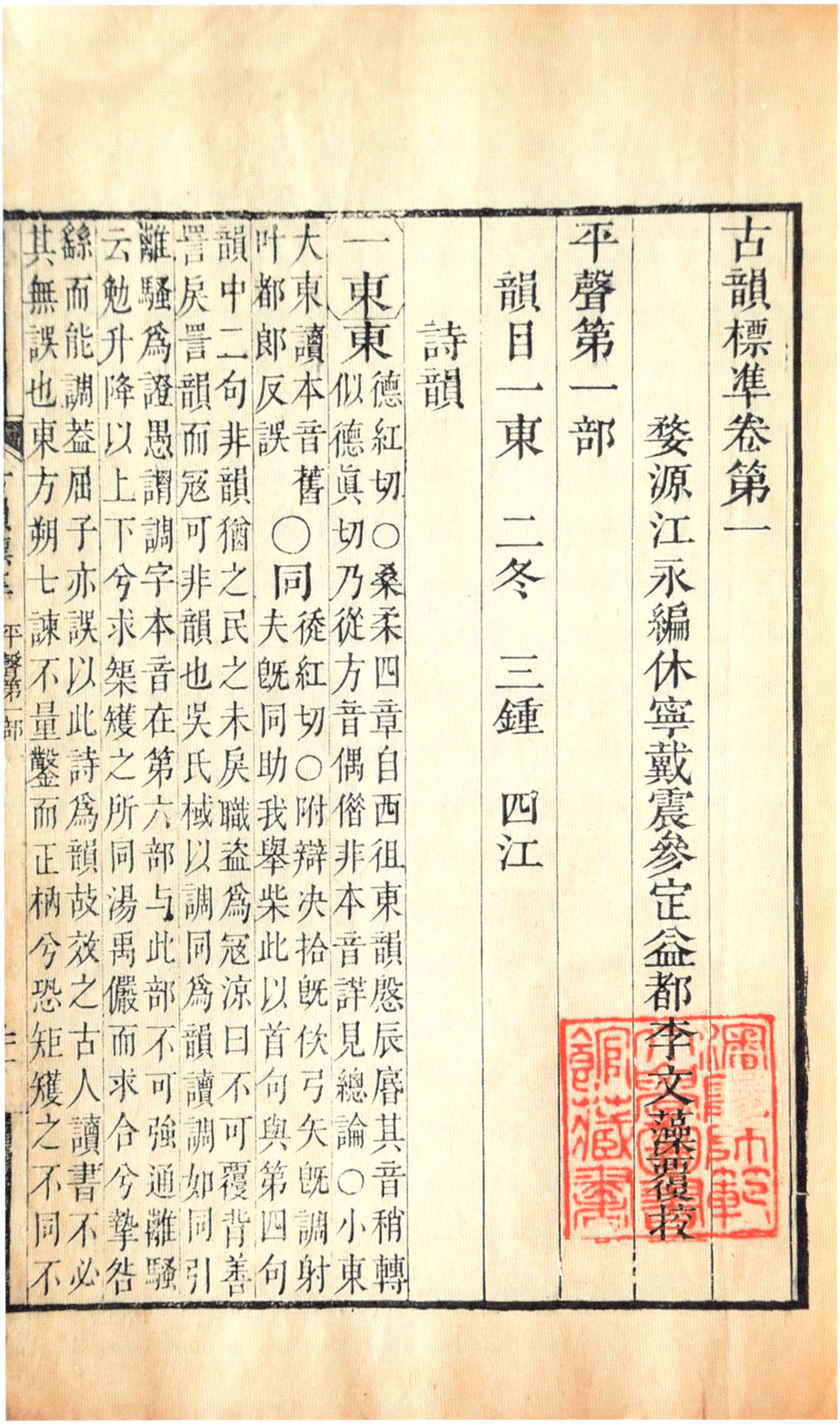
古韻標準卷第一
婺源江永編　休寧戴震參定　益都李文藻覆校
平聲第一部
韻目一東　二冬　三鍾　四江
詩韻
一東
東德紅切○桑柔四章自西徂東韻殷辰痻其音稍轉似德眞切乃從方音偶俗非本音詳見總論○小東大東讀本音舊叶都郎反誤○同徒紅切○附辯決拾既佽弓矢既調射夫既同助我舉柴此以首句與第四句韻中二句非韻猶之民之未戾職盜爲寇涼曰不可覆背善詈反詈韻而寇可非韻也吳氏棫以調同爲韻讀調如同引離騷爲證愚謂調字本音在第六部与此部不可強通離騷云勉升降以上下兮求榘矱之所同湯禹儼而求合兮摯咎繇而能調蓋屈子亦誤以此詩爲韻故效之古人讀書不必其無誤也東方朔七諫不量鑿而正枘兮恐矩矱之不同不

20427　古韻標準四卷首一卷　（清）江永撰　（清）戴震參訂　清乾隆刻本　瀋陽師範大學圖書館

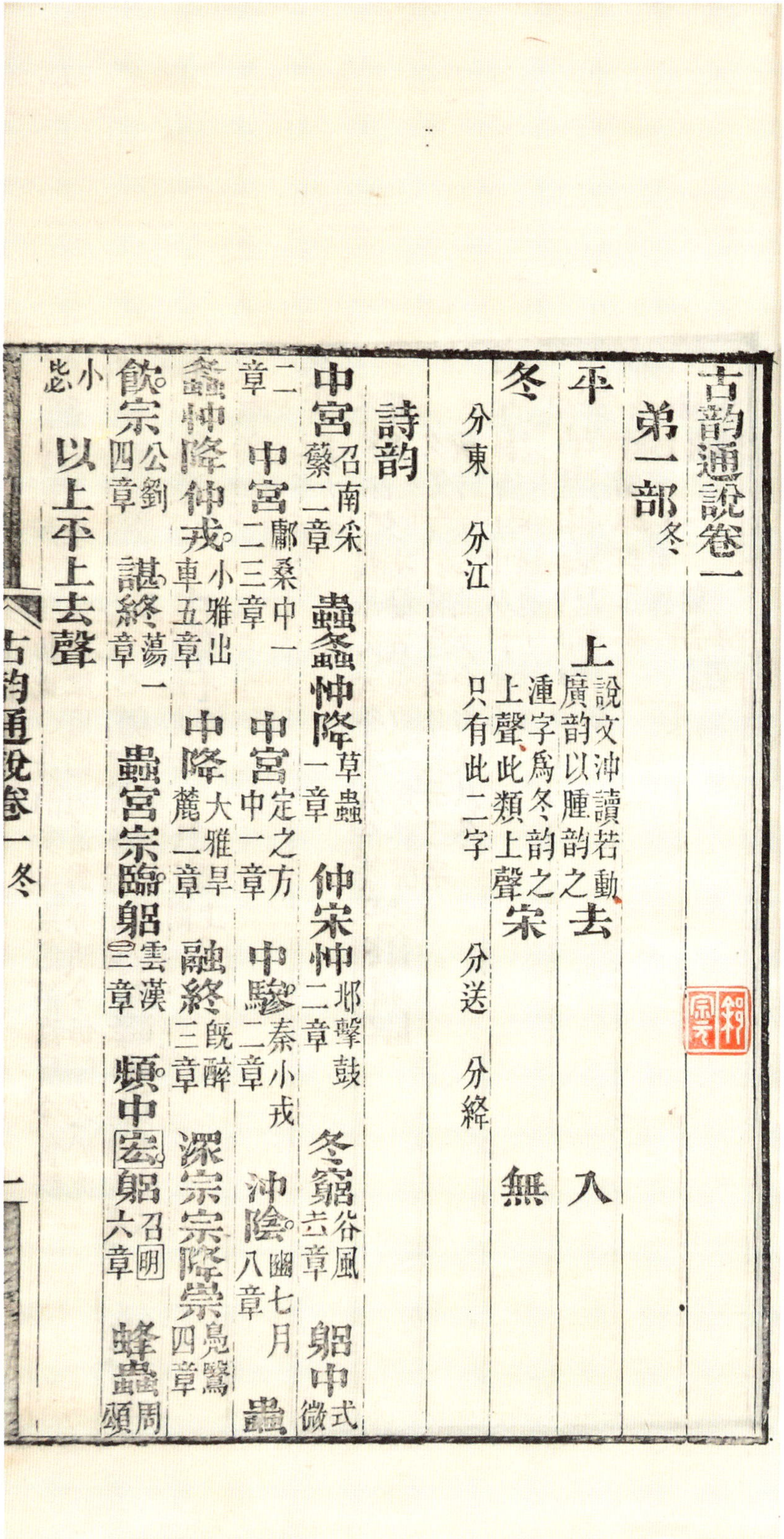
古韵通說卷一
第一部 冬
平 上 去 入
冬 說文沖讀若動廣韵以腫韵之湩字爲冬韵之上聲此類上聲只有此二字 宋 無
分東 分江 分送 分絳
詩韵
中宮召南采蘩二章 蟲螽忡降草蟲一章 仲宋忡邶擊鼓二章 冬窮谷風六章 躬中式微二章 中宮鄘桑中一二三章 中宮定之方中一章 中驂秦小戎二章 沖陰豳七月八章 蟲螽忡降仲戎小雅出車五章 中降大雅旱麓二章 融終既醉三章 深宗宗降崇鳧鷖四章 飲宗公劉四章 諶終蕩一章 蟲宮宗臨躬雲漢二章 頻中宏躬召明六章 蜂蟲周頌小毖
以上平上去聲
古韵通說卷一 冬 一

20428 古韵通說二十卷 （清）龍啓瑞撰 清同治六年（1867）富文齋刻本 葉德輝跋 遼寧師範大學圖書館

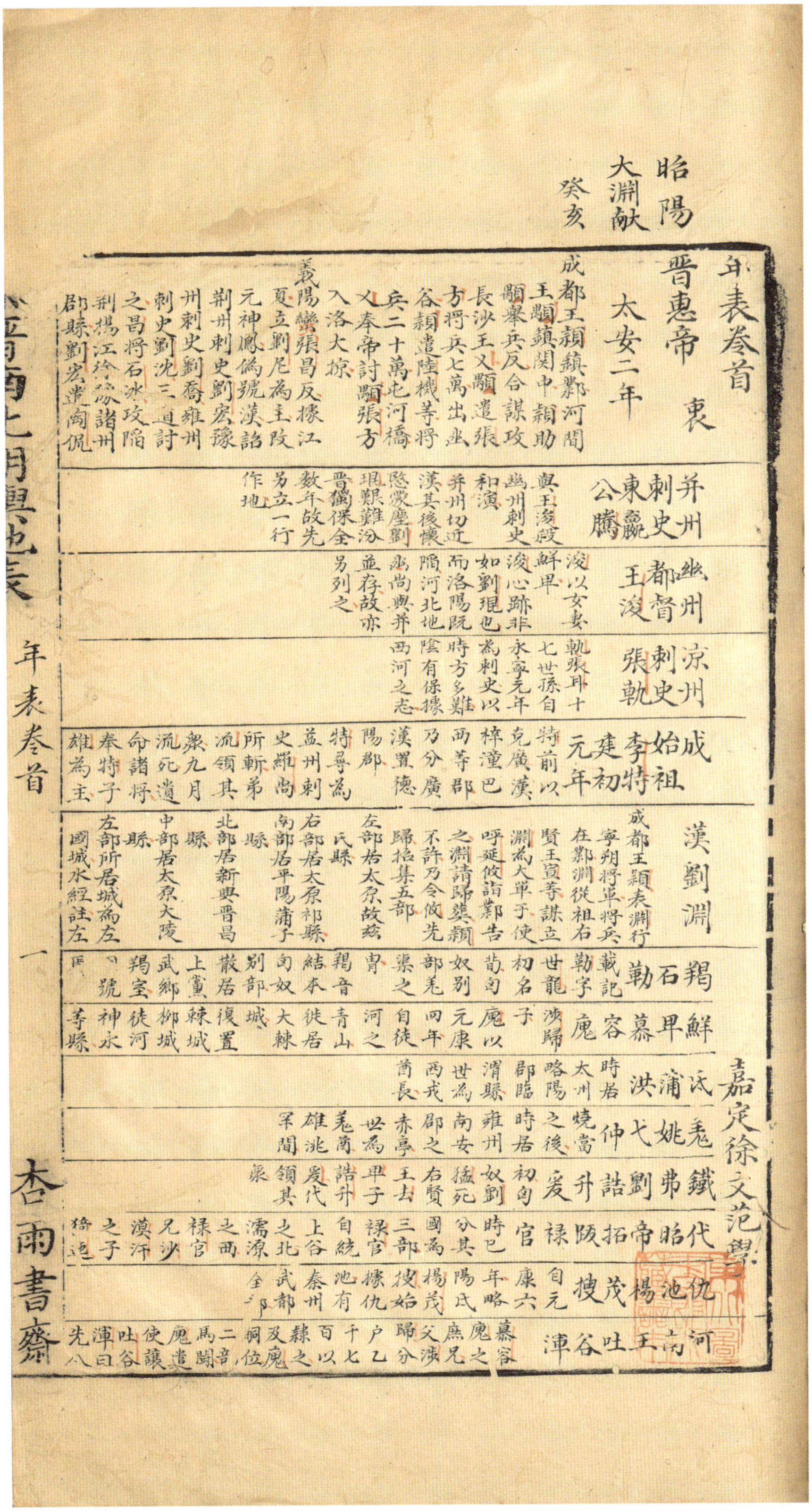
昭陽
大淵獻
癸亥

年表卷首　東
晉惠帝　太安二年

嘉定徐文范纂

東晉南北朝輿地表　年表卷首　一　杏雨書齋

20429　東晉南北朝輿地表年表十卷首一卷末一卷州郡表四卷郡縣表十二卷　（清）徐文范撰　清杏雨書齋抄本　遼寧省圖書館

存十九卷（年表十卷首一卷末一卷、州郡表四卷、郡縣表七至九）

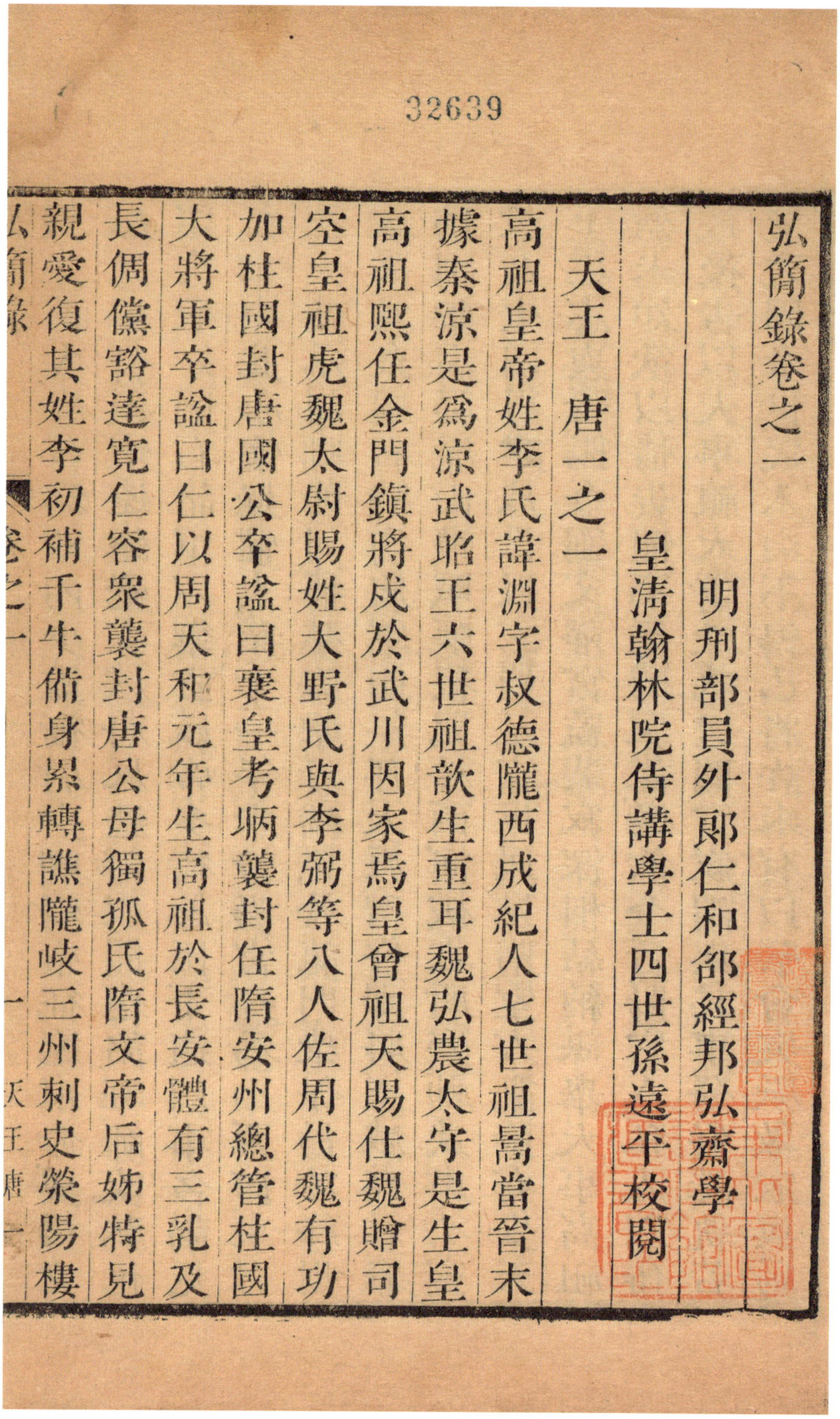

弘簡錄卷之一
明刑部員外郎仁和邵經邦弘齋學
皇清翰林院侍講學士四世孫遠平校閱
天王　唐一之一
高祖皇帝姓李氏諱淵字叔德隴西成紀人七世祖暠當晉末據秦涼是爲涼武昭王六世祖歆生重耳魏弘農太守是生皇高祖熙任金門鎮將戍於武川因家焉皇曾祖天賜仕魏贈司空皇祖虎魏太尉賜姓大野氏與李弼等八人佐周代魏有功加柱國封唐國公卒謚曰襄皇考昞襲封任隋安州總管柱國大將軍卒謚曰仁以周天和元年生高祖於長安體有三乳及長倜儻豁達寬仁容衆襲封唐公母獨孤氏隋文帝后姊特見親愛復其姓李初補千牛備身累轉譙隴岐三州刺史滎陽樓
弘簡錄　卷之一　一　天王唐一

20430　弘簡錄二百五十四卷　（明）邵經邦撰　清康熙二十七年（1688）邵遠平刻本　遼寧省圖書館

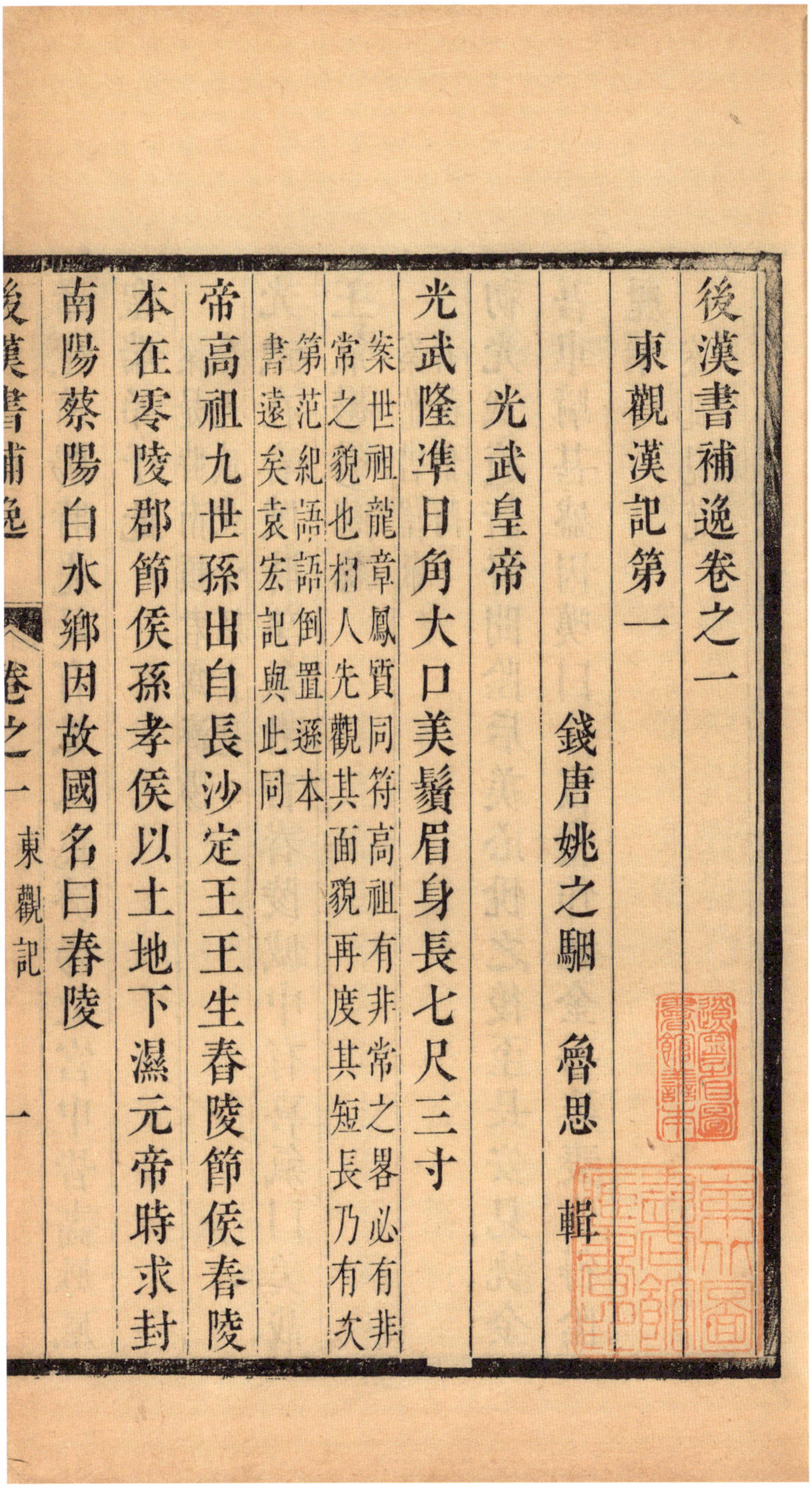

後漢書補逸卷之一

東觀漢記第一

錢唐姚之駰魯思輯

光武皇帝

光武隆準日角大口美鬚眉身長七尺三寸案世祖龍章鳳質同符高祖有非常之畧必有非常之貌也相人先觀其面貌再度其短長乃有次第范紀語語倒置遜本書遠矣袁宏記與此同

帝高祖九世孫出自長沙定王王生舂陵節侯舂陵本在零陵郡節侯孫孝侯以土地下濕元帝時求封南陽蔡陽白水鄉因故國名曰舂陵

後漢書補逸　卷之一　東觀記　一

20431　後漢書補逸二十一卷　（清）姚之駰輯　清康熙五十三年（1714）姚之駰露滌齋刻本　遼寧省圖書館

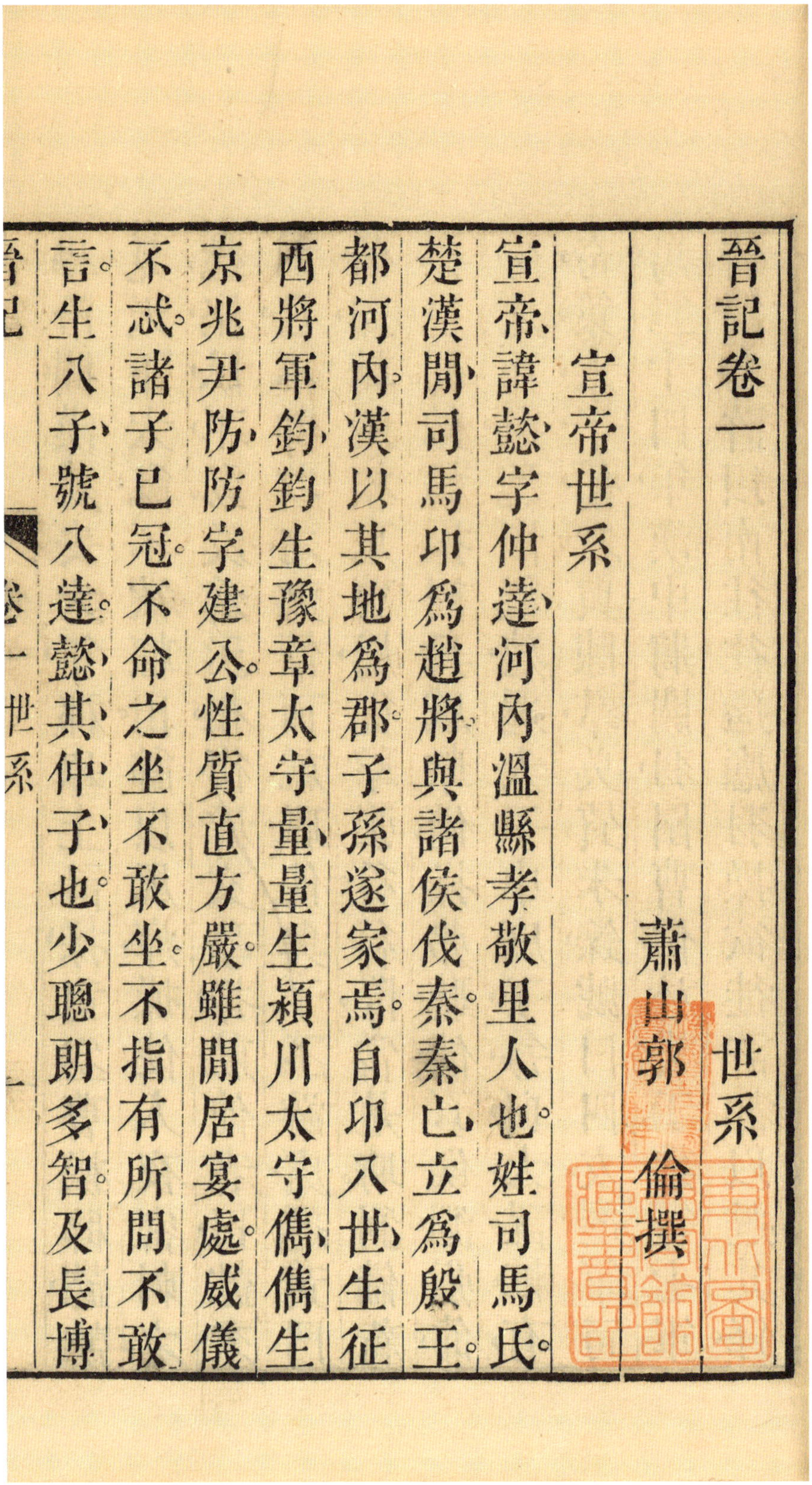

晉記卷一　世系

蕭山郭倫撰

宣帝世系

宣帝諱懿字仲達河內溫縣孝敬里人也姓司馬氏楚漢閒司馬卬爲趙將與諸侯伐秦秦亡立爲殷王都河內漢以其地爲郡子孫遂家焉自卬八世生征西將軍鈞鈞生豫章太守量量生潁川太守儁儁生京兆尹防防字建公性質直方嚴雖閒居宴處威儀不忒諸子已冠不命之坐不敢坐不指有所問不敢言生八子號八達懿其仲子也少聰朗多智及長博

晉記　卷一　世系　一

20432　晉記六十八卷首一卷　（清）郭倫撰　清乾隆五十一年（1786）有斐堂刻本　遼寧省圖書館

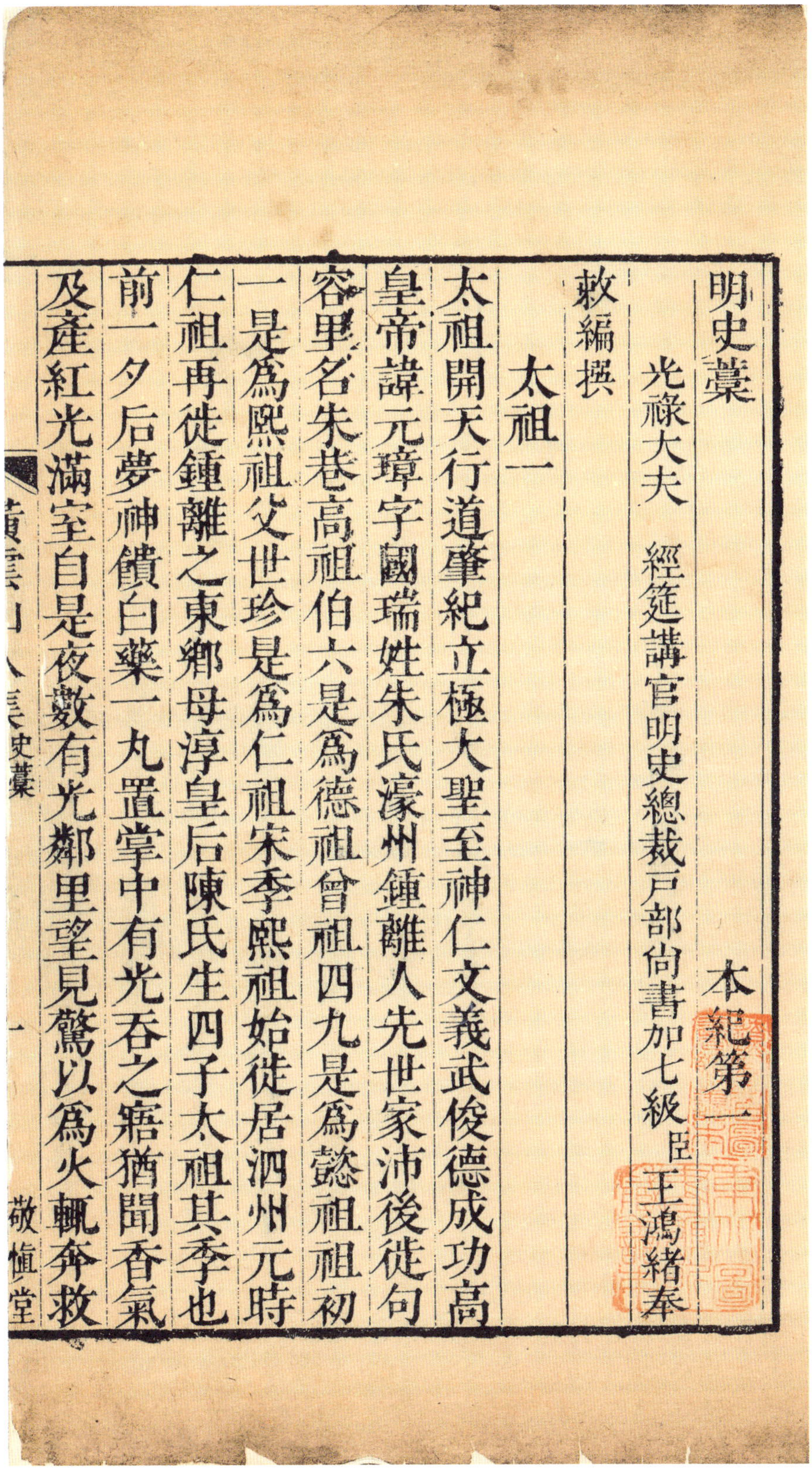

明史藁　本紀第一
光祿大夫　經筵講官明史總裁戶部尚書加七級臣王鴻緒奉
敕編撰
太祖一
太祖開天行道肇紀立極大聖至神仁文義武俊德成功高
皇帝諱元璋字國瑞姓朱氏濠州鍾離人先世家沛後徙句
容里名朱巷高祖伯六是爲德祖曾祖四九是爲懿祖祖初
一是爲熙祖父世珍是爲仁祖宋季熙祖始徙居泗州元時
仁祖再徙鍾離之東鄉母淳皇后陳氏生四子太祖其季也
前一夕后夢神饋白藥一丸置掌中有光吞之寤猶聞香氣
及產紅光滿室自是夜數有光鄰里望見驚以爲火輒奔救
橫雲山人集史藁　一　敬慎堂

20433　明史藁三百十卷目錄三卷　（清）王鴻緒撰　清雍正敬慎堂刻本
遼寧省圖書館

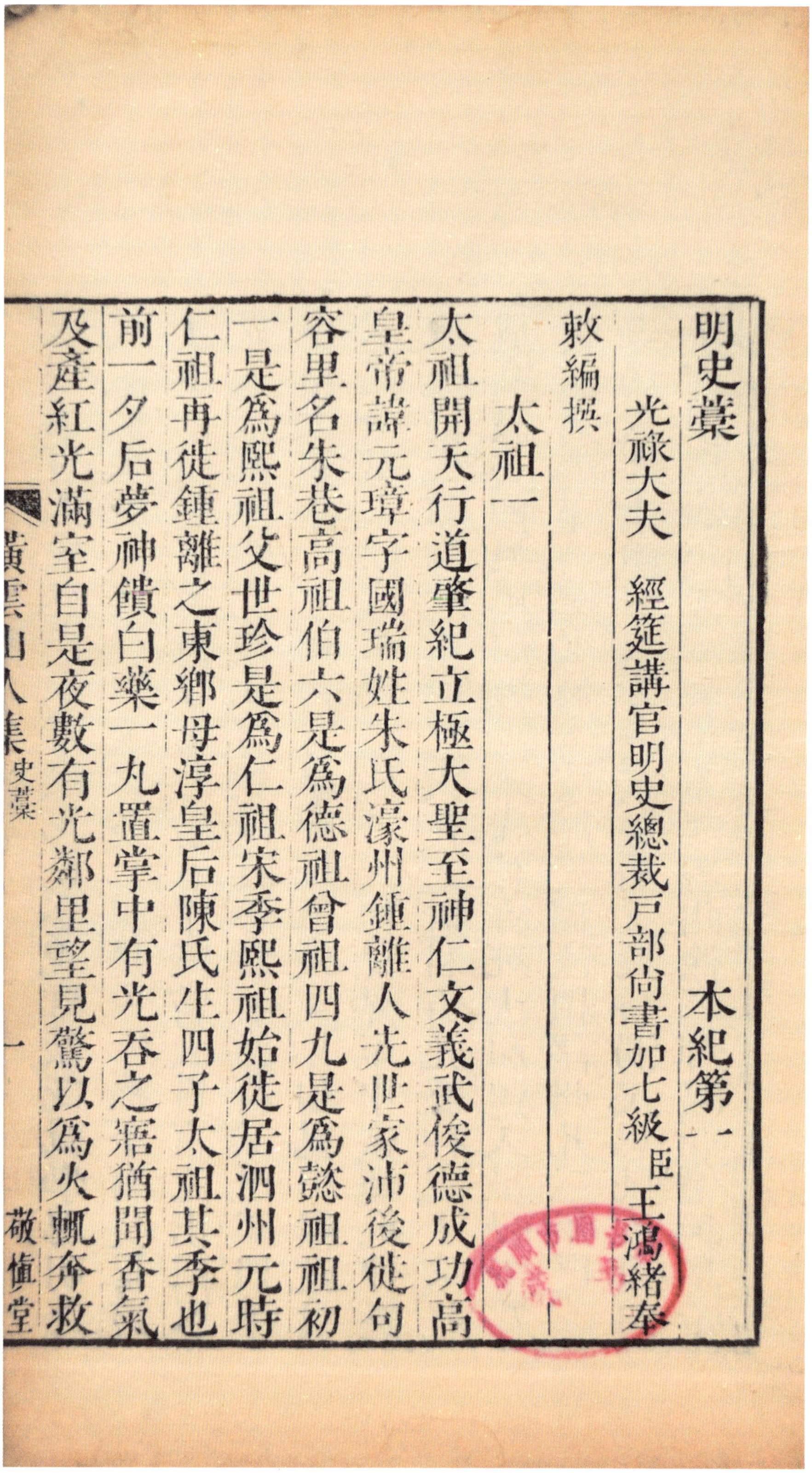
明史藁　本紀第一
光祿大夫　經筵講官明史總裁戸部尚書加七級臣王鴻緒奉
敕編撰
太祖一
太祖開天行道肇紀立極大聖至神仁文義武俊德成功高
皇帝諱元璋字國瑞姓朱氏濠州鍾離人先世家沛後徙句
容里名朱巷高祖伯六是爲德祖曾祖四九是爲懿祖祖初
一是爲熙祖父世珍是爲仁祖宋季熙祖始徙居泗州元時
仁祖再徙鍾離之東鄉母淳皇后陳氏生四子太祖其季也
前一夕后夢神饋白藥一丸置掌中有光吞之寤猶聞香氣
及産紅光滿室自是夜數有光鄰里望見驚以爲火輒奔救
横雲山人集　史藁　一　敬慎堂

20434　明史藁三百十卷目錄三卷　（清）王鴻緒撰　清雍正敬慎堂刻本

撫順市圖書館

存一百四十一卷（本紀一至十九，志一至七十七，表一至九，列傳一至二十七、三十二至三十七；目錄三卷）

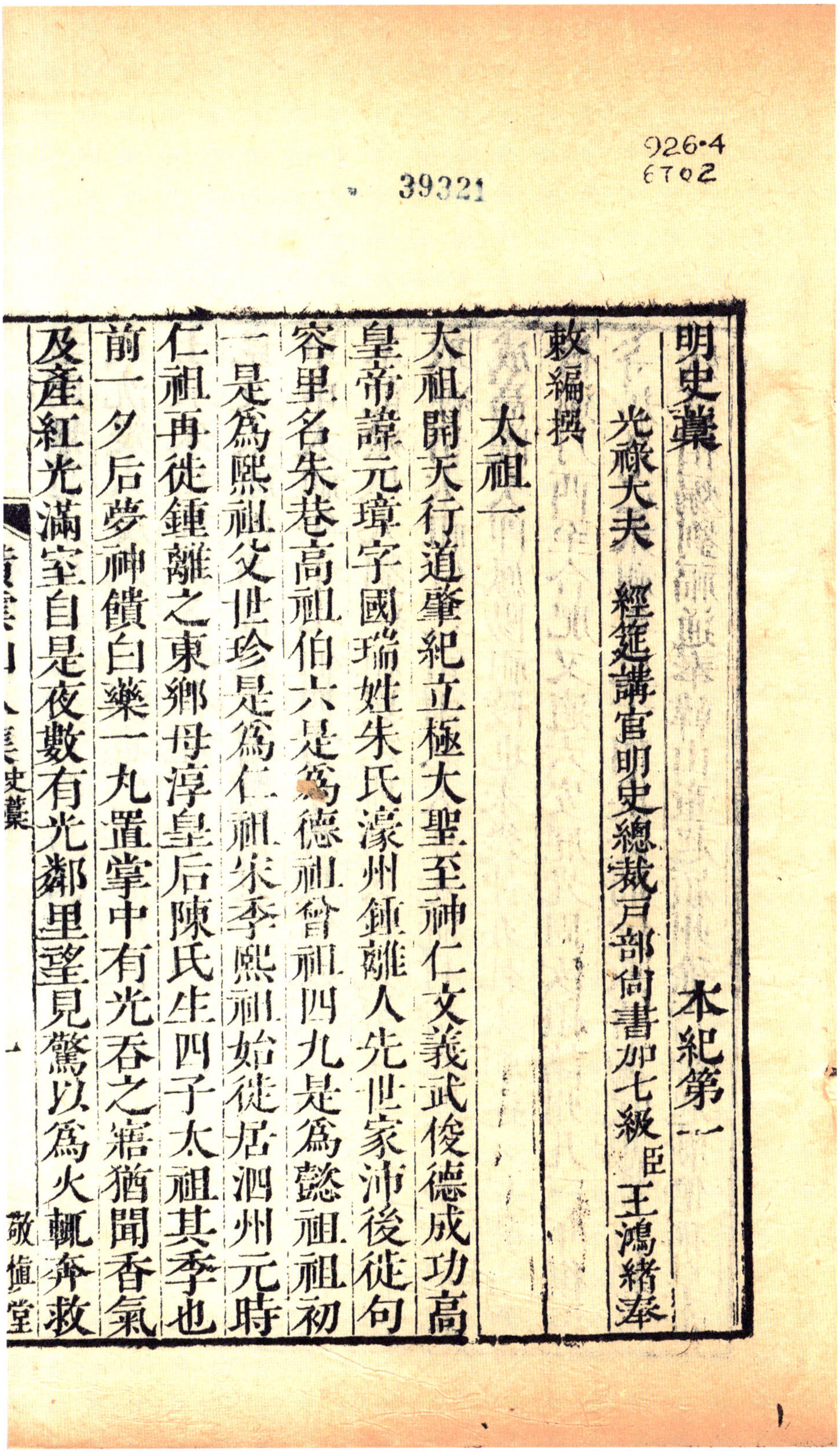

明史藁　本紀第一

光祿大夫　經筵講官明史總裁戶部尚書加七級臣王鴻緒奉

敕編撰

太祖一

太祖開天行道肇紀立極大聖至神仁文義武俊德成功高
皇帝諱元璋字國瑞姓朱氏濠州鍾離人先世家沛後徙句
容里名朱巷高祖伯六是爲德祖曾祖四九是爲懿祖祖初
一是爲熙祖父世珍是爲仁祖朱季熙祖始徙居泗州元時
仁祖再徙鍾離之東鄉母淳皇后陳氏生四子太祖其季也
前一夕后夢神饋白藥一丸置掌中有光吞之寤猶聞香氣
及產紅光滿室自是夜數有光鄰里望見驚以爲火輒奔救

史藁　敬慎堂

20435　明史藁三百十卷目錄三卷　（清）王鴻緒撰　清雍正敬慎堂刻本

錦州市圖書館

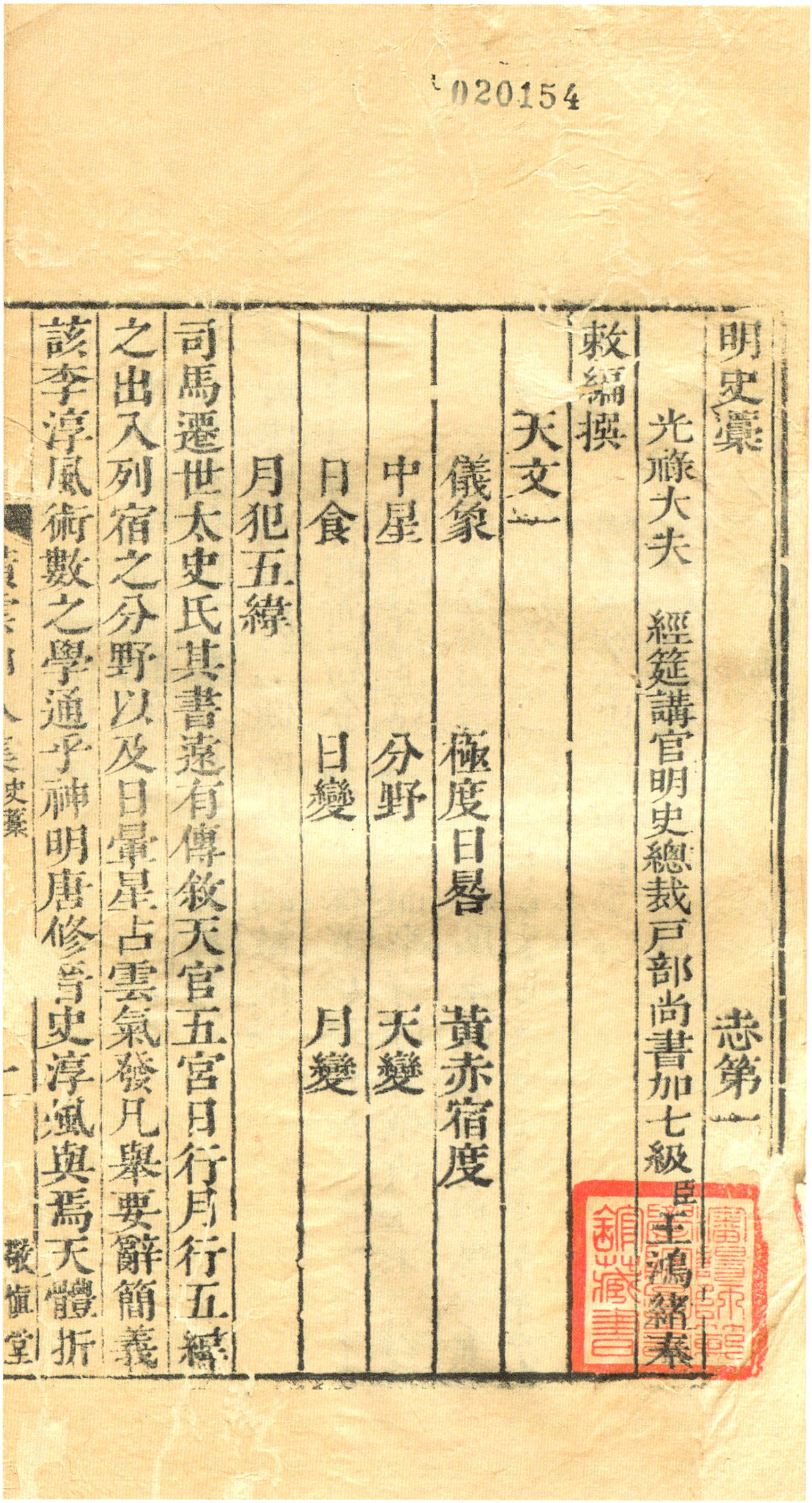

020154

明史稾　志第一
光祿大夫　經筵講官明史總裁戸部尚書加七級臣王鴻緒奉
敕編撰
天文一
儀象　極度日晷　黃赤宿度
中星　分野　天變
日食　日變　月變
月犯五緯
司馬遷世太史氏其書遂有傳敘天官五宫日行月行五緯
之出入列宿之分野以及日暈星占雲氣發凡舉要辭簡義
該李淳風術數之學通乎神明唐修晉史淳風與焉天體折

明史稾　敬慎堂

20436　明史稾三百十卷目録三卷　（清）王鴻緒撰　清雍正敬慎堂刻本（有抄補）　瀋陽師範大學圖書館

存二百九十一卷（志一至七十七、表一至九、列傳一至二百五）

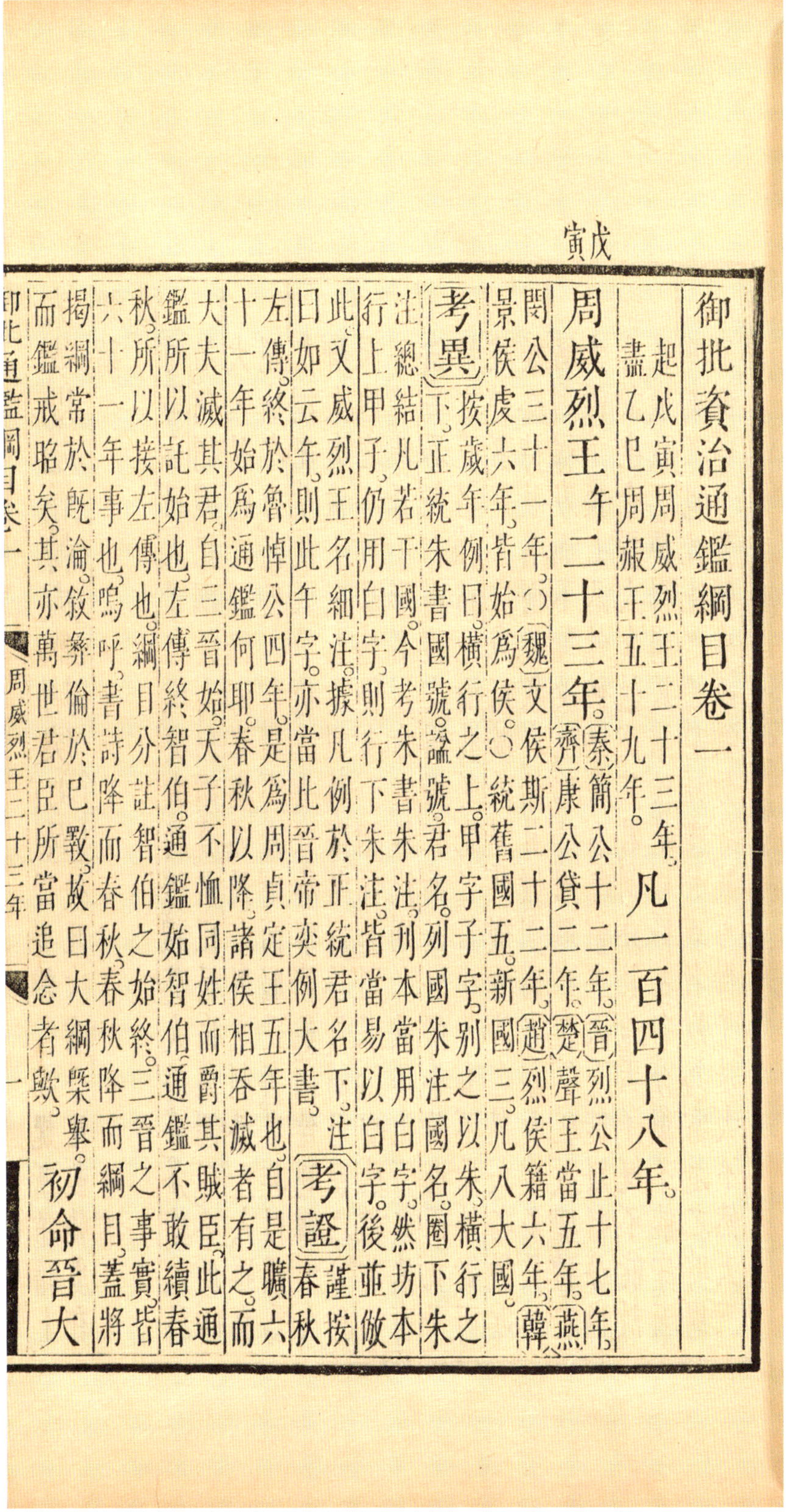
戊寅

御批資治通鑑綱目卷一
起戊寅周威烈王二十三年。盡乙巳周赧王五十九年。凡一百四十八年。
周威烈王午二十三年。【秦】簡公十二年。【晉】烈公止十七年。【齊】康公貸二年。【楚】聲王當五年。【燕】
閔公三十一年。○【魏】文侯斯二十二年。【趙】烈侯籍六年。【韓】
景侯虔六年。皆始爲侯。○統舊國五。新國三。凡八大國。
【考異】按歲年例曰。橫行之上。甲字子字。別之以朱。橫行之
下。正統朱書國號。謚號。君名。列國朱注國名。圈下朱
注總結凡若干國。今考朱書朱注。刊本當用白字。然坊本
行上甲子。仍用白字。則行下朱注。皆當易以白字。後並倣
此。又威烈王名細注。據凡例於正統君名下。注
曰如云午。則此午字。亦當比晉帝奕例大書。【考證】謹按春秋
左傳。終於魯悼公四年。是爲周貞定王五年也。自是曠六
十一年始爲通鑑何耶。春秋以降。諸侯相吞滅者有之。而
大夫滅其君。自三晉始。天子不恤同姓而爵其賊臣。此通
鑑所以託始也。左傳終智伯。通鑑始智伯。通鑑不敢續春
秋。所以接左傳也。綱目分註智伯之始終。三晉之事實。皆
六十一年事也。嗚呼。書詩降而春秋。春秋降而綱目。蓋將
揭綱常於既淪。敘彝倫於已斁。故曰大綱槩舉。
而鑑戒昭矣。其亦萬世君臣所當追念者歟。
初命晉大

御批通鑑綱目卷一　周威烈王二十三年　一

20437　御批資治通鑑綱目全書一百九卷　（清）宋犖等編　清康熙四十六年至四十九年（1707–1710）揚州詩局刻本　遼寧省圖書館

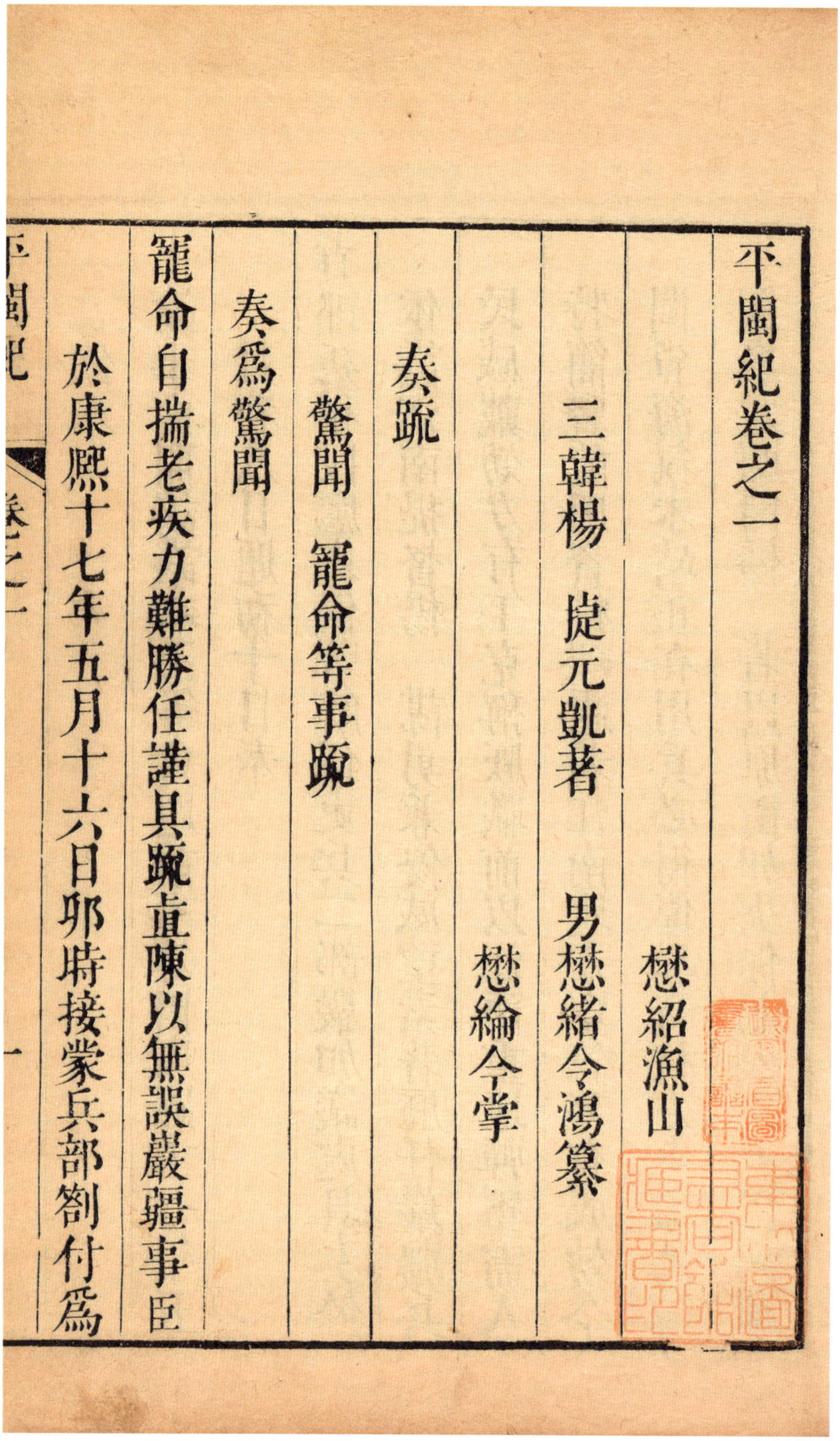
平閩紀卷之一
懋紹漁山
三韓楊　㨗元凱著　男懋緒令鴻纂
懋綸令掌
奏疏
驚聞　寵命等事疏
奏爲驚聞
寵命自揣老疾力難勝任謹具疏直陳以無誤巖疆事臣
於康熙十七年五月十六日卯時接准兵部劄付爲
平閩紀　卷之一　一

20438　平閩紀十三卷　（清）楊捷撰　清康熙楊氏世澤堂刻本　遼寧省圖書館

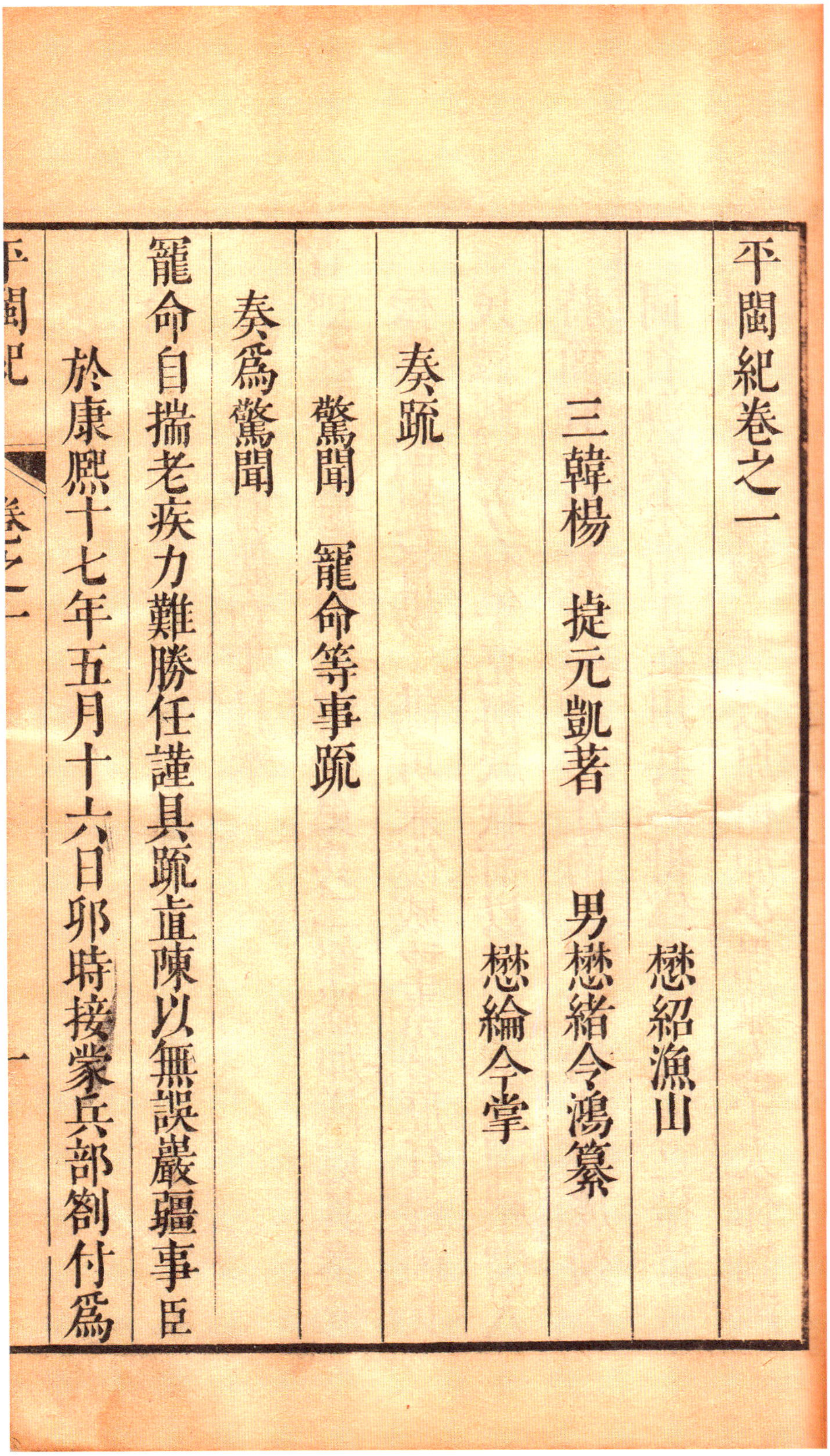
平閩紀卷之一
懋紹漁山
三韓楊　捷元凱著　男懋緒令鴻纂
懋綸今掌
奏疏
驚聞　寵命等事疏
奏爲驚聞
寵命自揣老疾力難勝任謹具疏直陳以無誤巖疆事臣
於康熙十七年五月十六日卯時接准兵部劄付爲
平閩紀　卷之一　一

20439　平閩紀十三卷　（清）楊捷撰　清康熙楊氏世澤堂刻本　大連圖書館

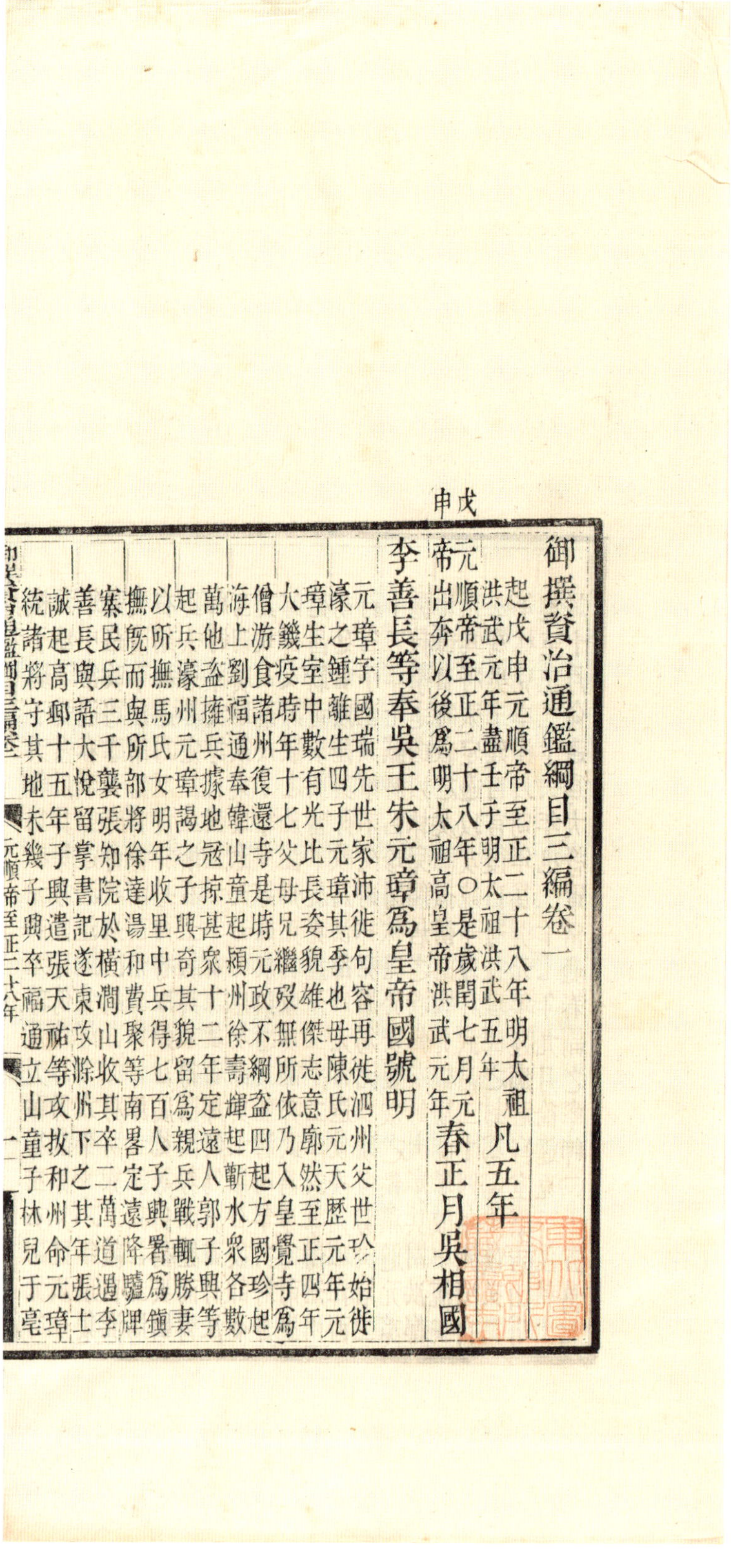
戊申

御撰資治通鑑綱目三編卷一

起戊申元順帝至正二十八年明太祖洪武元年盡壬子明太祖洪武五年　凡五年

元順帝至正二十八年○是歲閏七月元帝出奔以後爲明太祖高皇帝洪武元年　春正月吳相國李善長等奉吳王朱元璋爲皇帝國號明

元璋字國瑞先世家沛徙句容再徙泗州父世珍始徙濠之鍾離生四子元璋其季也母陳氏元天歷元年元璋生室中數有光比長姿貌雄傑志意廓然至正四年大饑疫時年十七父母兄繼歿無所依乃入皇覺寺爲僧游食諸州復還寺是時元政不綱盜四起方國珍起海上劉福通奉韓山童起潁州徐壽輝起蘄水衆各數萬他盜擁兵據地寇掠甚衆十二年定遠人郭子興等起兵濠州元璋謁之子興奇其貌留爲親兵戰輒勝妻以所撫馬氏女明年收里中兵得七百人子興署爲鎮撫旣而與所部將徐達湯和費聚等南畧定遠降驢牌寨民兵三千襲張知院於橫澗山收其卒二萬道遇李善長與語大悅留掌書記遂東攻滁州下之其年張士誠起高郵十五年子興遣張天祐等攻拔和州命元璋統諸將守其地未幾子興卒福通立山童子林兒于亳

御撰資治通鑑綱目三編卷一　元順帝至正二十八年　一

20440　御撰資治通鑑綱目三編四十卷　（清）舒赫德等撰　清乾隆四十七年（1782）武英殿刻本　遼寧省圖書館

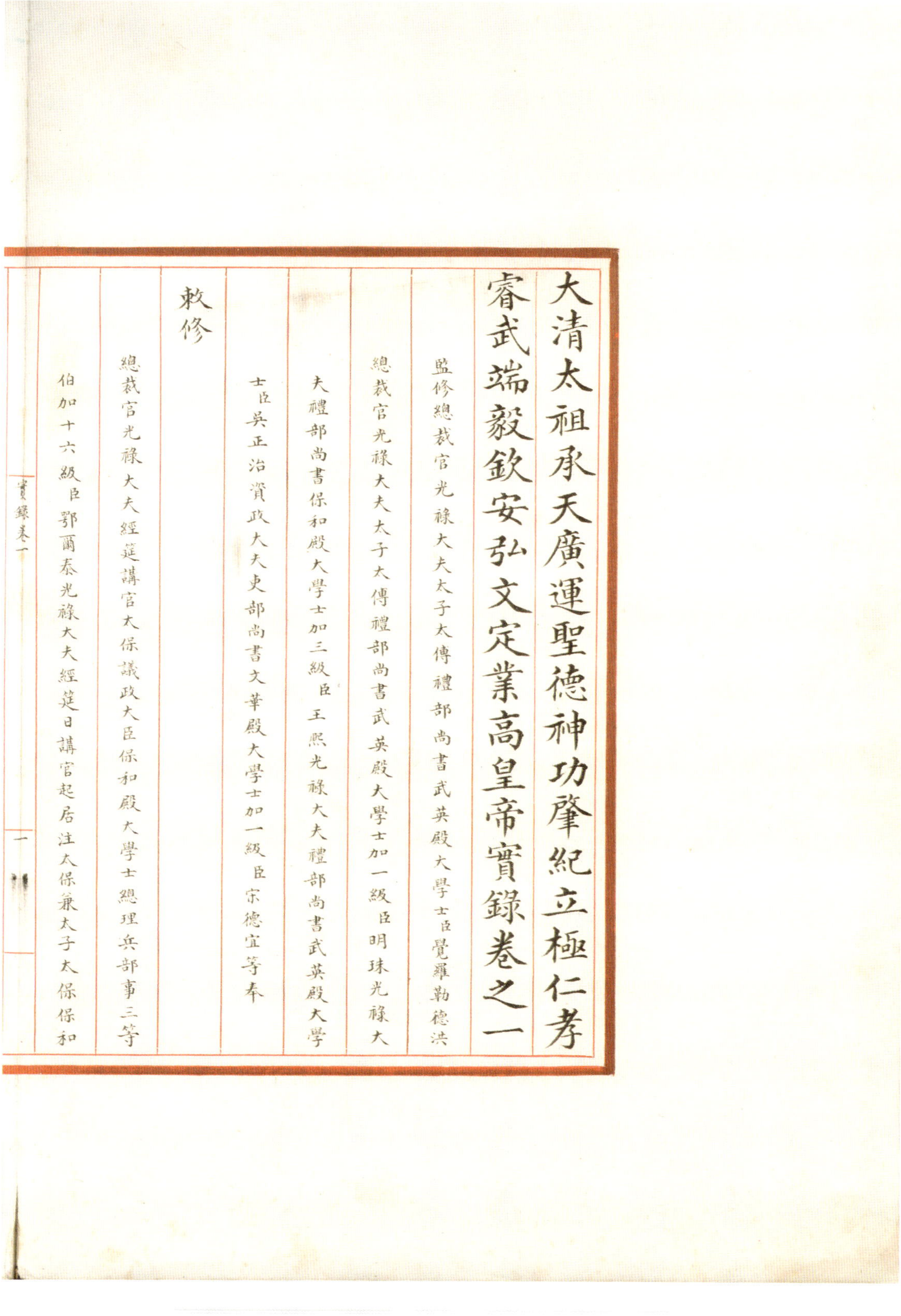

大清太祖承天廣運聖德神功肇紀立極仁孝
睿武端毅欽安弘文定業高皇帝實錄卷之一
監修總裁官光祿大夫太子太傅禮部尚書武英殿大學士臣覺羅勒德洪
總裁官光祿大夫太子太傅禮部尚書武英殿大學士加一級臣明珠光祿大
夫禮部尚書保和殿大學士加三級臣王熙光祿大夫禮部尚書武英殿大學
士臣吳正治資政大夫吏部尚書文華殿大學士加一級臣宋德宜等奉
敕修
總裁官光祿大夫經筵講官太保議政大臣保和殿大學士總理兵部事三等
伯加十六級臣鄂爾泰光祿大夫經筵日講官起居注太保兼太子太保保和
實錄卷一　一

20441　大清太祖高皇帝實録十卷　（清）勒德洪　明珠等纂修　清乾隆十一年（1746）實録館寫本　遼寧省檔案館

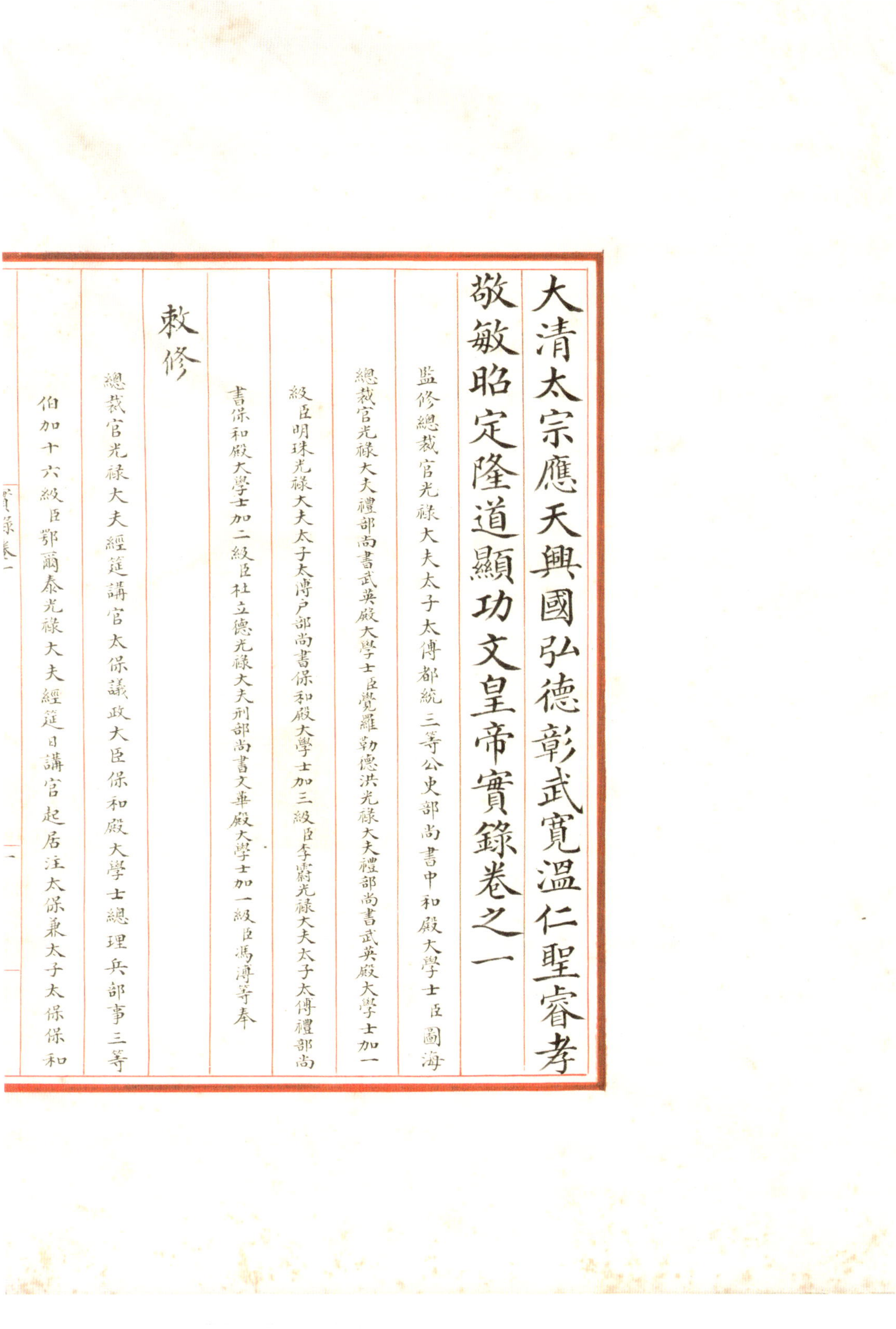
大清太宗應天興國弘德彰武寬溫仁聖睿孝
敬敏昭定隆道顯功文皇帝實錄卷之一
監修總裁官光祿大夫太子太傅都統三等公吏部尚書中和殿大學士臣圖海
總裁官光祿大夫禮部尚書武英殿大學士臣覺羅勒德洪光祿大夫禮部尚書武英殿大學士加一
級臣明珠光祿大夫太子太傅户部尚書保和殿大學士加三級臣李蔚光祿大夫太子太傅禮部尚
書保和殿大學士加二級臣杜立德光祿大夫刑部尚書文華殿大學士加一級臣馮溥等奉
敕修
總裁官光祿大夫經筵講官太保議政大臣保和殿大學士總理兵部事三等
伯加十六級臣鄂爾泰光祿大夫經筵日講官起居注太保兼太子太保保和
實錄卷一
一

20442　大清太宗文皇帝實錄六十五卷　（清）圖海　勒德洪等纂修　清乾隆十一年（1746）實録館寫本　遼寧省檔案館

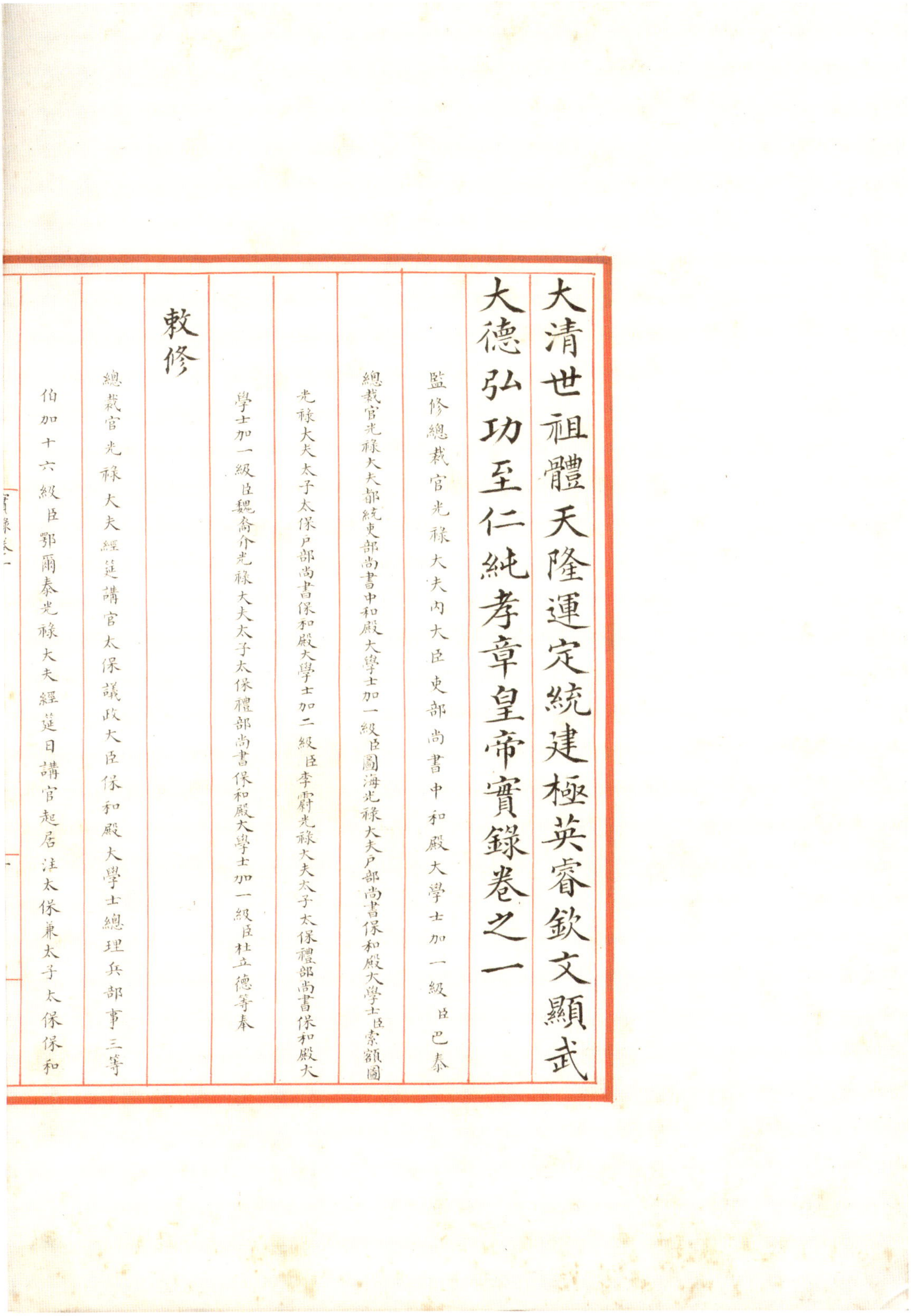
大清世祖體天隆運定統建極英睿欽文顯武
大德弘功至仁純孝章皇帝實錄卷之一
監修總裁官光祿大夫內大臣吏部尚書中和殿大學士加一級臣巴泰
總裁官光祿大夫都統吏部尚書中和殿大學士加一級臣圖海光祿大夫戶部尚書保和殿大學士臣索額圖
光祿大夫太子太保戶部尚書保和殿大學士加二級臣李霨光祿大夫太子太保禮部尚書保和殿大
學士加一級臣魏裔介光祿大夫太子太保禮部尚書保和殿大學士加一級臣杜立德等奉
敕修
總裁官光祿大夫經筵講官太保議政大臣保和殿大學士總理兵部事三等
伯加十六級臣鄂爾泰光祿大夫經筵日講官起居注太保兼太子太保保和

20443　大清世祖章皇帝實錄一百四十四卷　（清）巴泰　圖海等纂修

清乾隆十一年（1746）實錄館寫本　遼寧省檔案館

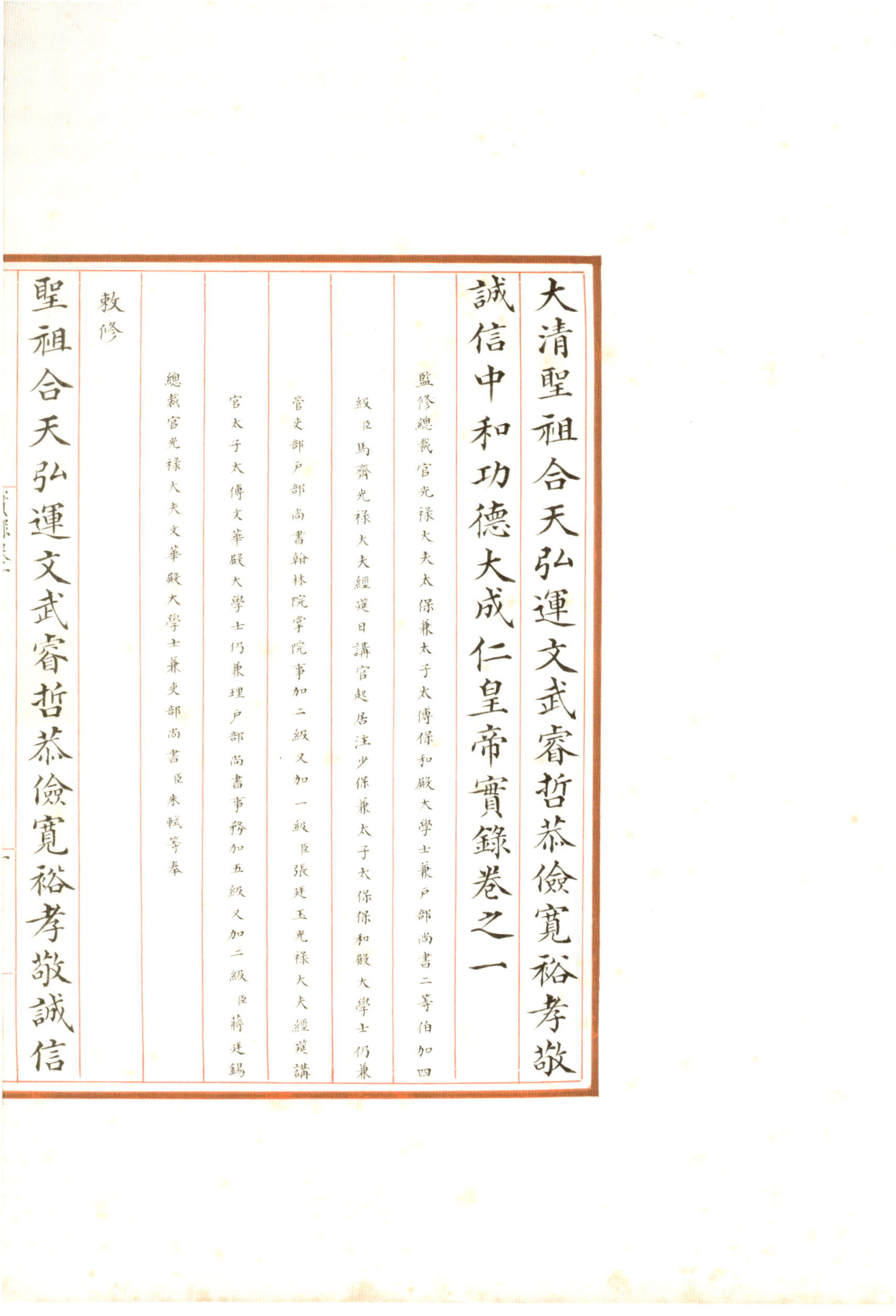

大清聖祖合天弘運文武睿哲恭儉寬裕孝敬
誠信中和功德大成仁皇帝實錄卷之一
監修總裁官光祿大夫太保兼太子太傅保和殿大學士兼戶部尚書二等伯加四
級臣馬齊光祿大夫經筵日講官起居注少保兼太子太保保和殿大學士仍兼
管吏部戶部尚書翰林院掌院事加二級又加一級臣張廷玉光祿大夫經筵講
官太子太傅文華殿大學士仍兼理戶部尚書事務加五級又加二級臣蔣廷錫
總裁官光祿大夫文華殿大學士兼吏部尚書臣朱軾等奉
敕修
聖祖合天弘運文武睿哲恭儉寬裕孝敬誠信

20444　大清聖祖仁皇帝實錄二百二十八卷　（清）馬齊　朱軾等纂修

清乾隆十一年（1746）實錄館寫本　遼寧省檔案館

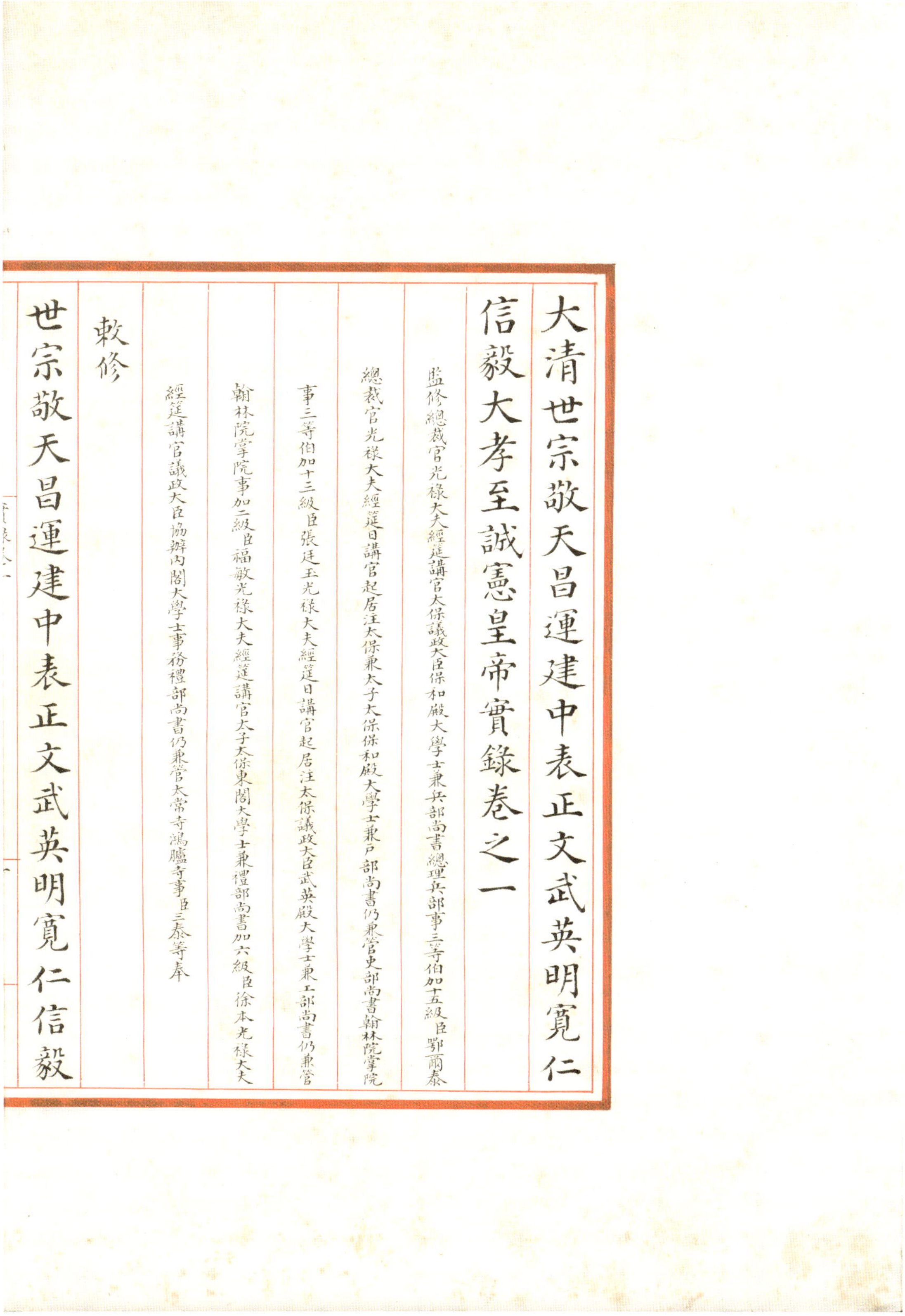
大清世宗敬天昌運建中表正文武英明寛仁
信毅大孝至誠憲皇帝實錄卷之一
監修總裁官光祿大夫經筵講官太保議政大臣保和殿大學士兼兵部尚書總理兵部事三等伯加十五級臣鄂爾泰
總裁官光祿大夫經筵日講官起居注太保兼太子太保保和殿大學士兼戶部尚書仍兼管吏部尚書翰林院掌院
事三等伯加十三級臣張廷玉光祿大夫經筵日講官起居注太保議政大臣武英殿大學士兼工部尚書仍兼管
翰林院掌院事加二級臣福敏光祿大夫經筵講官太子太保東閣大學士兼禮部尚書加六級臣徐本光祿大夫
經筵講官議政大臣協辦內閣大學士事務禮部尚書仍兼管太常寺鴻臚寺事臣三泰等奉
敕修
世宗敬天昌運建中表正文武英明寛仁信毅

20445　大清世宗憲皇帝實錄一百五十九卷　（清）鄂爾泰　張廷玉等纂修　清乾隆十一年（1746）實錄館寫本　遼寧省檔案館

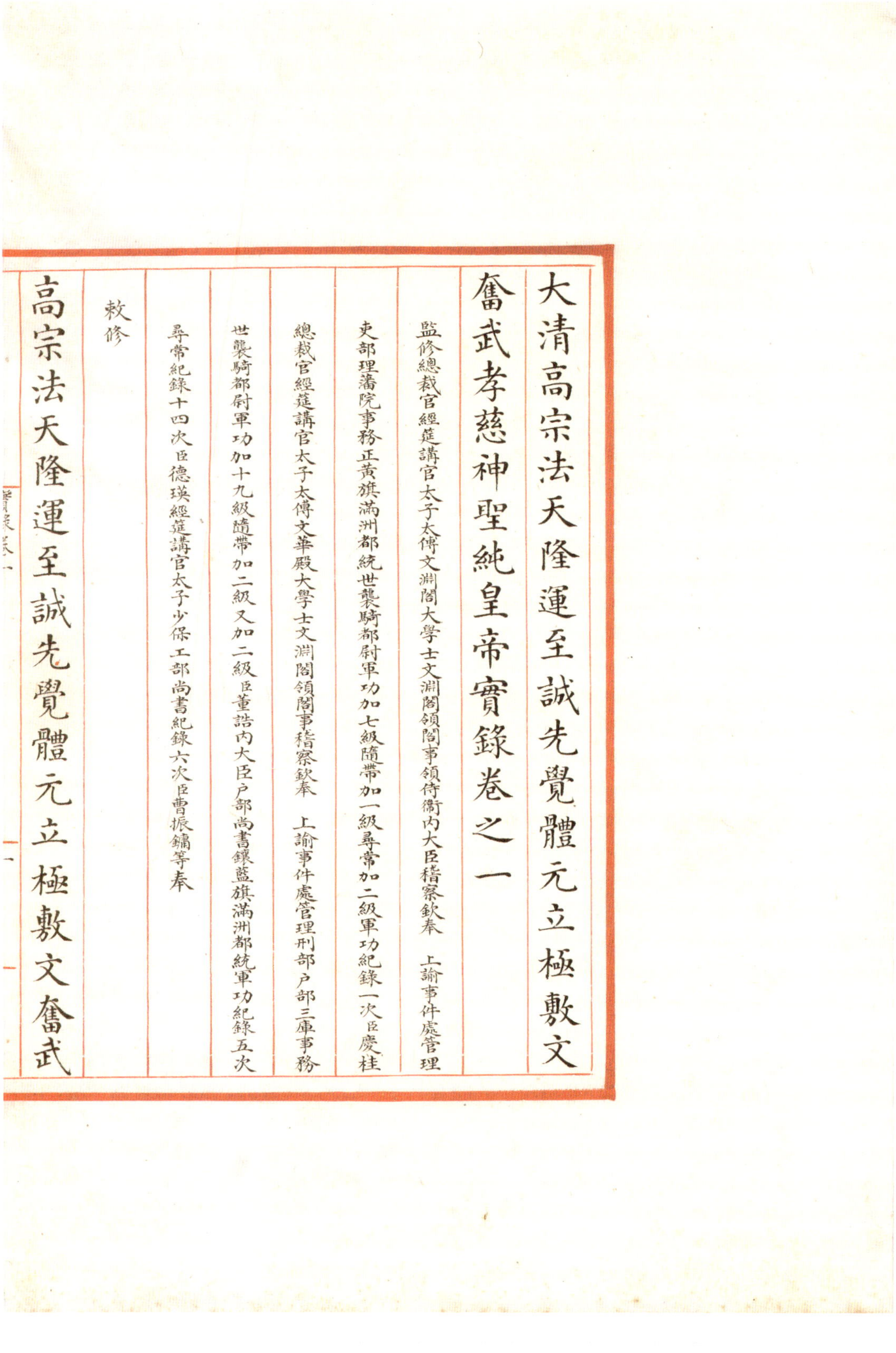
大清高宗法天隆運至誠先覺體元立極敷文
奮武孝慈神聖純皇帝實錄卷之一
監修總裁官經筵講官太子太傅文淵閣大學士文淵閣領閣事領侍衛內大臣稽察欽奉 上諭事件處管理
吏部理藩院事務正黃旗滿洲都統世襲騎都尉軍功加七級隨帶加一級尋常加二級軍功紀錄一次臣慶桂
總裁官經筵講官太子太傅文華殿大學士文淵閣領閣事稽察欽奉 上諭事件處管理刑部戶部三庫事務
世襲騎都尉軍功加十九級隨帶加二級又加二級臣董誥內大臣戶部尚書鑲藍旗滿洲都統軍功紀錄五次
尋常紀錄十四次臣德瑛經筵講官太子少保工部尚書紀錄六次臣曹振鏞等奉
敕修
高宗法天隆運至誠先覺體元立極敷文奮武

20446　大清高宗純皇帝實錄一千五百卷　（清）慶桂　董誥等纂修　清嘉慶十二年（1807）實錄館寫本　遼寧省檔案館

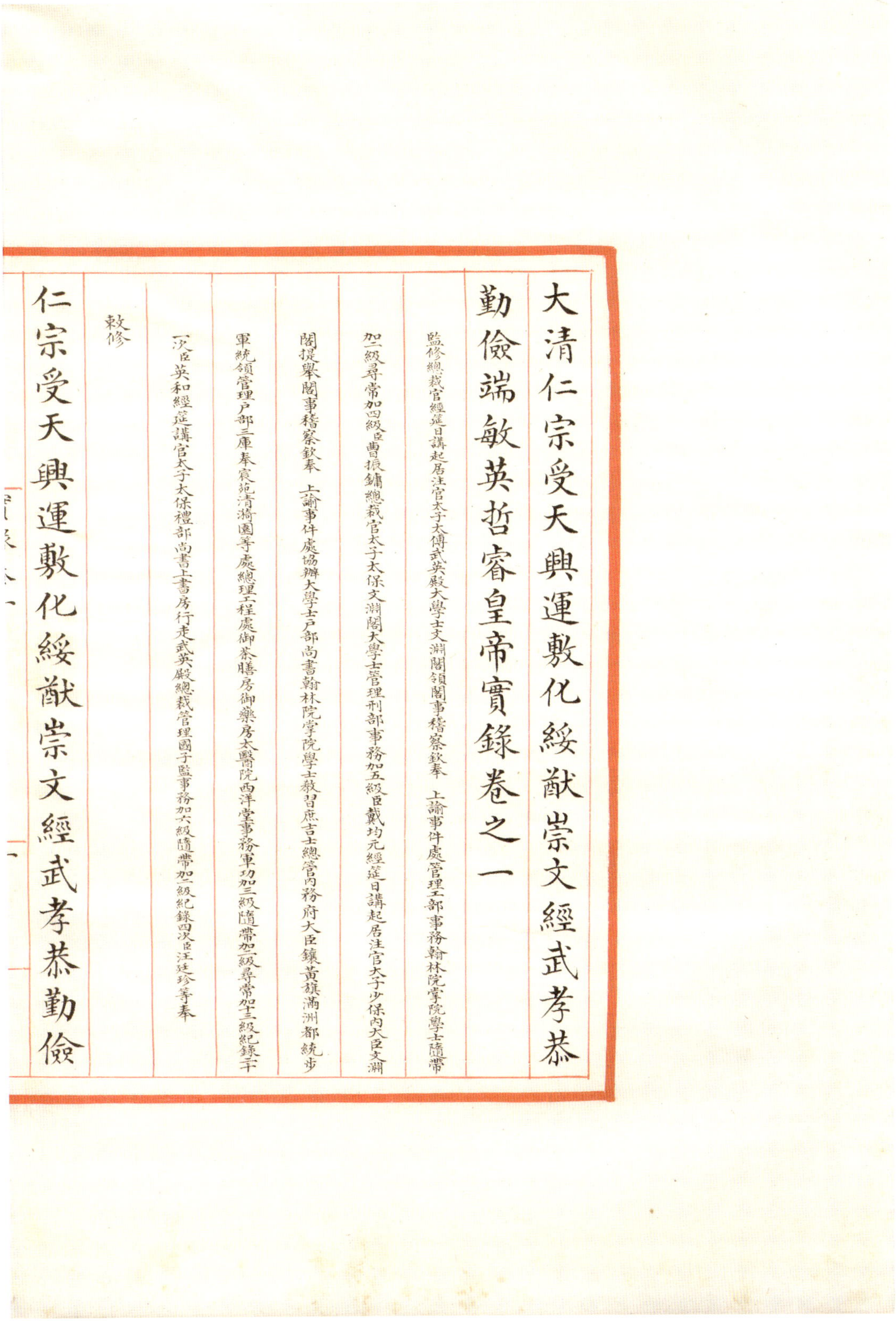
大清仁宗受天興運敷化綏猷崇文經武孝恭
勤儉端敏英哲睿皇帝實錄卷之一
監修總裁官經筵日講起居注官太子太傅武英殿大學士文淵閣領閣事稽察欽奉 上諭事件處管理工部事務翰林院掌院學士隨帶
加二級尋常加四級臣曹振鏞總裁官太子太保文淵閣大學士管理刑部事務加五級臣戴均元經筵日講起居注官太子少保内大臣文淵
閣提舉閣事稽察欽奉 上諭事件處協辦大學士戶部尚書翰林院掌院學士教習庶吉士總管内務府大臣鑲黃旗滿洲都統步
軍統領管理戶部三庫奉宸苑清漪園等處總理工程處御茶膳房御藥房太醫院西洋堂事務軍功加三級隨帶加二級尋常加十三級紀錄二十
一次臣英和經筵講官太子太保禮部尚書上書房行走武英殿總裁管理國子監事務加六級隨帶加二級紀錄四次臣汪廷珍等奉
敕修
仁宗受天興運敷化綏猷崇文經武孝恭勤儉

20447　大清仁宗睿皇帝實錄三百七十四卷　（清）曹振鏞　戴均元等纂修　清道光四年（1824）實錄館寫本　遼寧省檔案館

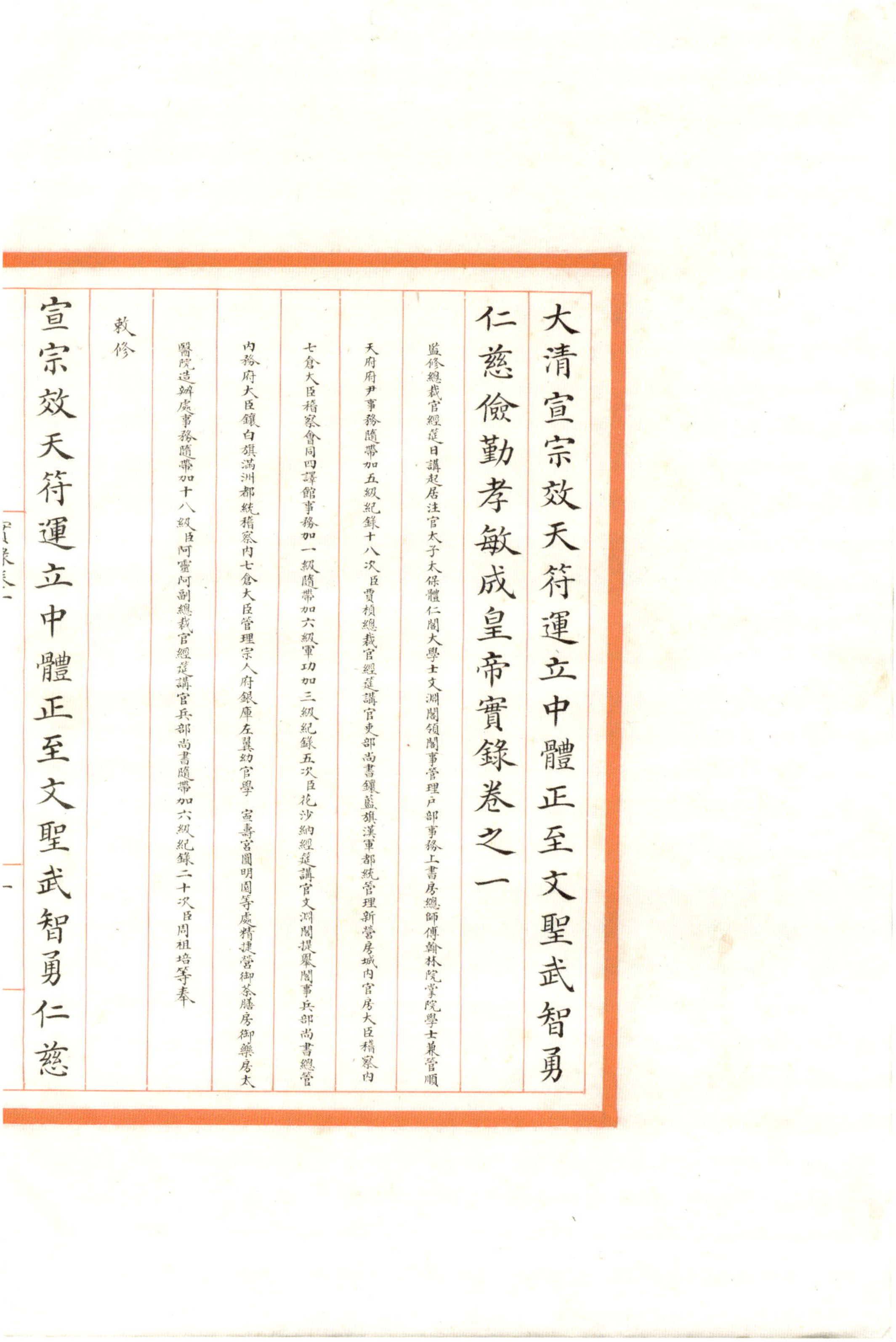
大清宣宗效天符運立中體正至文聖武智勇
仁慈儉勤孝敏成皇帝實錄卷之一
監修總裁官經筵日講起居注官太子太保體仁閣大學士文淵閣領閣事管理戶部事務上書房總師傅翰林院掌院學士兼管順
天府府尹事務隨帶加五級紀錄十八次臣賈楨總裁官經筵講官吏部尚書鑲藍旗漢軍都統管理新營房城內官房大臣稽察內
七倉大臣稽察會同四譯館事務加一級隨帶加六級軍功加三級紀錄五次臣花沙納經筵講官文淵閣提舉閣事兵部尚書總管
內務府大臣鑲白旗滿洲都統稽察內七倉大臣管理宗人府銀庫左翼幼官學　壽宮圓明園等處精捷營御茶膳房御藥房太
醫院造辦處事務隨帶加十八級臣阿靈阿副總裁官經筵講官兵部尚書隨帶加六級紀錄二十次臣周祖培等奉
敕修
宣宗效天符運立中體正至文聖武智勇仁慈

20448　大清宣宗成皇帝實錄四百七十六卷　（清）文慶　花沙納等纂修　清咸豐六年（1856）實錄館寫本　遼寧省檔案館

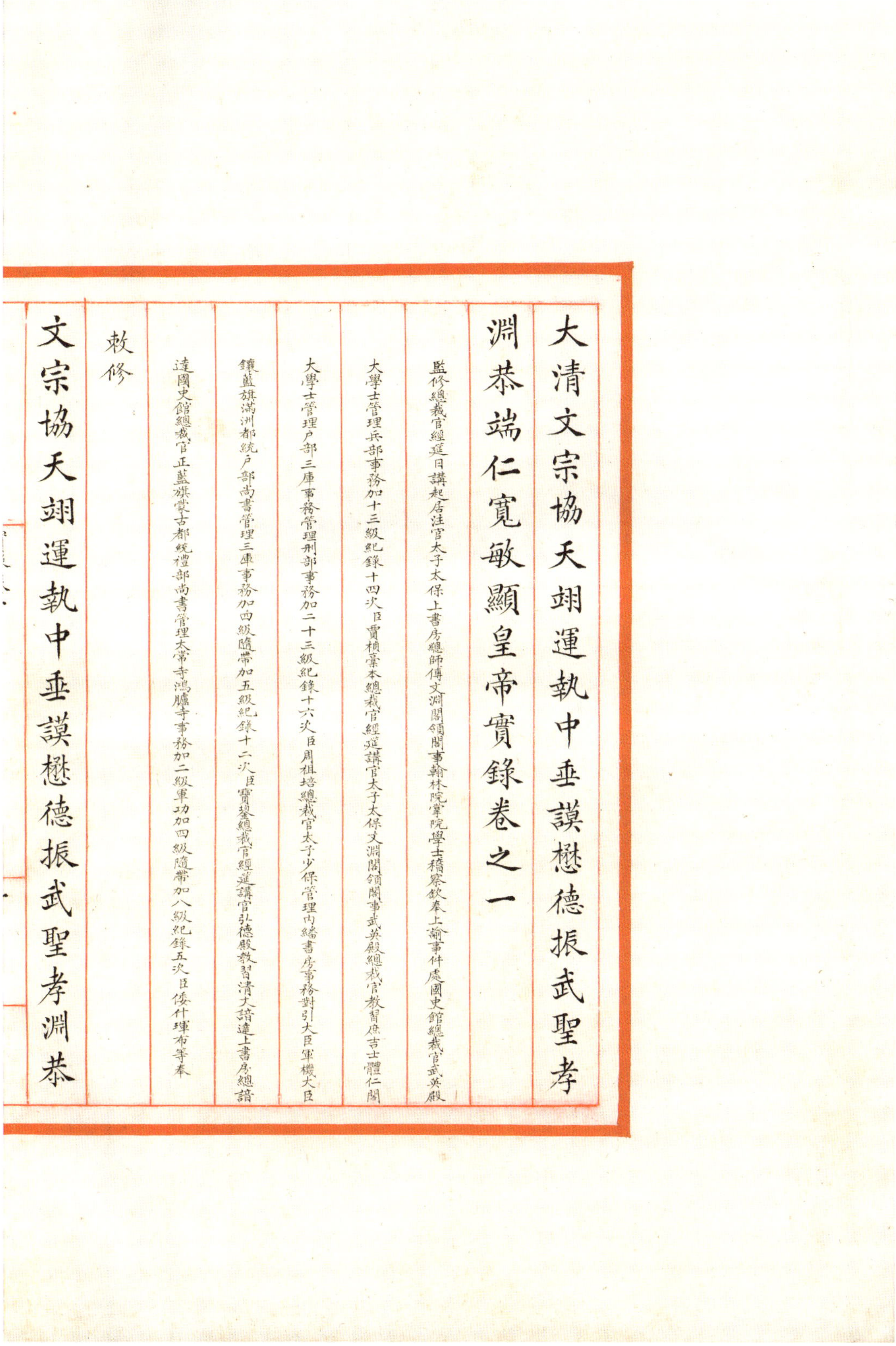
大清文宗協天翊運執中垂謨懋德振武聖孝淵恭端仁寬敏顯皇帝實錄卷之一

監修總裁官經筵日講起居注官太子太保上書房總師傅文淵閣領閣事翰林院掌院學士稽察欽奉上諭事件處國史館總裁官武英殿大學士管理兵部事務加十三級紀錄十四次臣賈楨稾本總裁官經筵講官太子太保文淵閣領閣事武英殿總裁官教習庶吉士體仁閣大學士管理戶部三庫事務管理刑部事務加二十三級紀錄十六次臣周祖培總裁官太子少保管理內繙書房事務對引大臣軍機大臣鑲藍旗滿洲都統戶部尚書管理三庫事務加四級隨帶加五級紀錄十二次臣寶鋆總裁官經筵講官弘德殿教習清文諳達上書房總諳達國史館總裁官正藍旗蒙古都統禮部尚書管理太常寺鴻臚寺事務加二級軍功加四級隨帶加八級紀錄五次臣倭什琿布等奉

敕修

文宗協天翊運執中垂謨懋德振武聖孝淵恭

20449　大清文宗顯皇帝實錄三百五十六卷　（清）賈楨　周祖培等纂修　清同治五年（1866）實錄館寫本　遼寧省檔案館

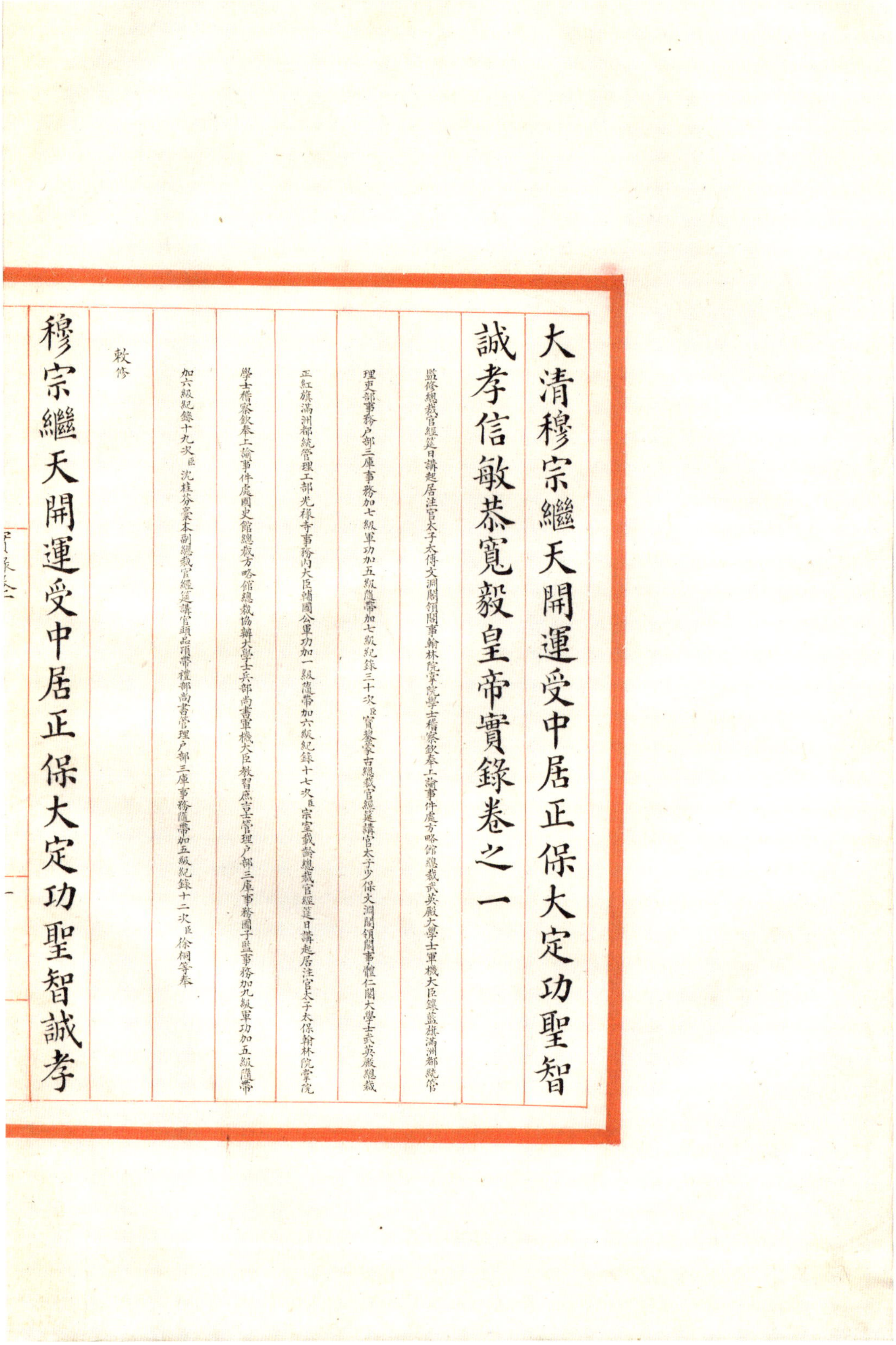

大清穆宗繼天開運受中居正保大定功聖智
誠孝信敏恭寬毅皇帝實錄卷之一
監修總裁官經筵日講起居注官太子太傅文淵閣領閣事翰林院掌院學士稽察欽奉上諭事件處方略館總裁武英殿大學士軍機大臣鑲藍旗滿洲都統管
理吏部事務戶部三庫事務加七級軍功加五級隨帶加七級紀錄三十次臣寶鋆蒙古總裁官經筵講官太子少保文淵閣領閣事體仁閣大學士武英殿總裁
正紅旗滿洲都統管理工部光祿寺事務內大臣輔國公軍功加一級隨帶加六級紀錄十七次臣宗室載齡總裁官經筵日講起居注官太子太保翰林院掌院
學士稽察欽奉上諭事件處國史館總裁方略館總裁協辦大學士兵部尚書軍機大臣教習庶吉士管理戶部三庫事務國子監事務加九級軍功加五級隨帶
加六級紀錄十九次臣沈桂芬豪本副總裁官經筵講官頭品頂帶禮部尚書管理戶部三庫事務隨帶加五級紀錄十二次臣徐桐等奉
敕修
穆宗繼天開運受中居正保大定功聖智誠孝

20450　大清穆宗毅皇帝實錄三百七十四卷　（清）寶鋆　沈桂芬等纂修　清光緒六年（1880）實錄館寫本　遼寧省檔案館

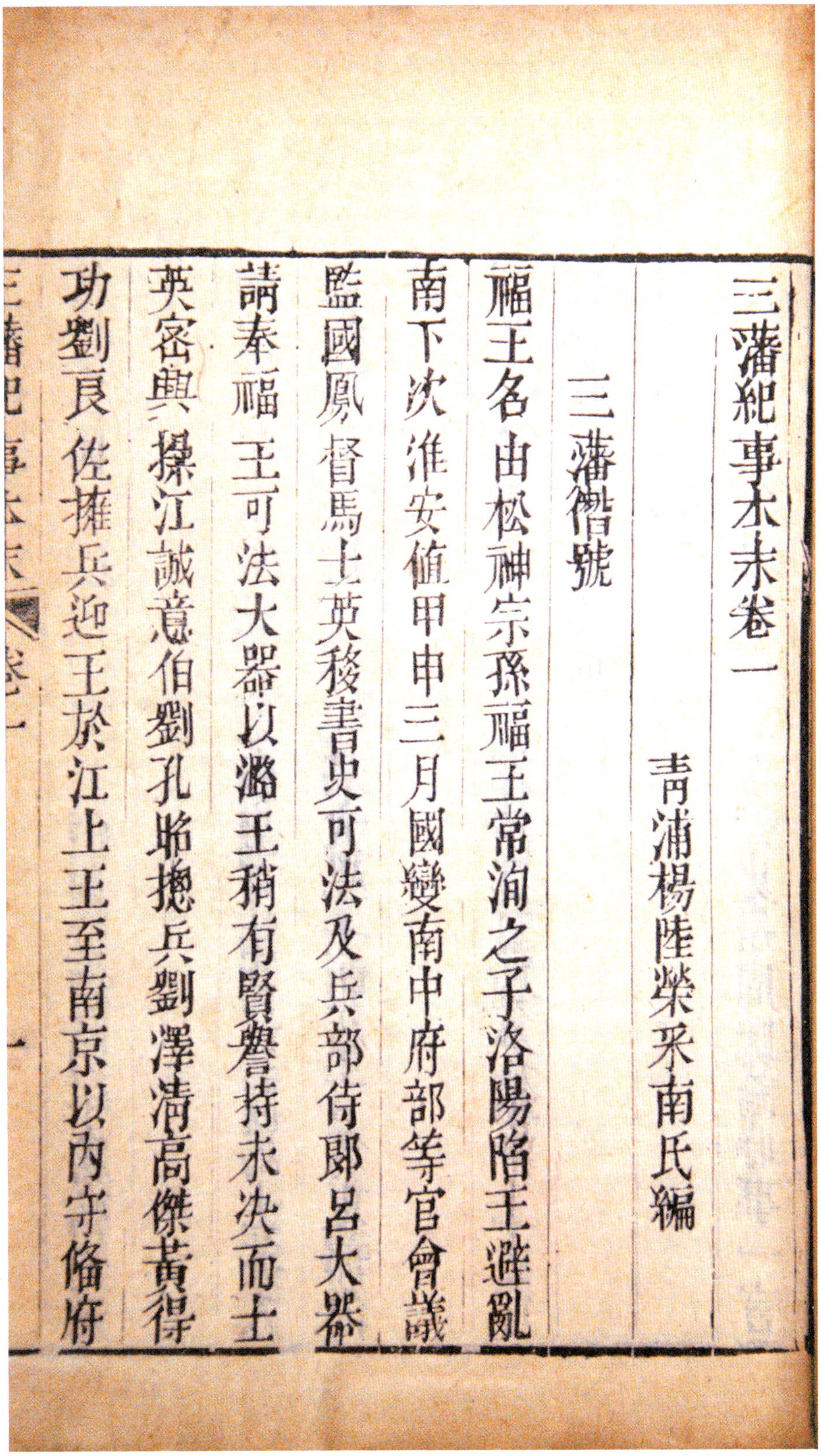
三藩紀事本末卷一
青浦楊陸榮采南氏編
三藩僭號
福王名由崧神宗孫福王常洵之子洛陽陷王避亂
南下次淮安值甲申三月國變南中府部等官會議
監國鳳督馬士英移書史可法及兵部侍郎呂大器
請奉福王可法大器以潞王稍有賢譽持未決而士
英密與操江誠意伯劉孔昭總兵劉澤清高傑黃得
功劉良佐擁兵迎王於江上王至南京以內守備府
三藩紀事本末 卷一 一

20451 三藩紀事本末四卷 （清）楊陸榮撰 清康熙五十六年（1717）刻本 瀋陽市圖書館

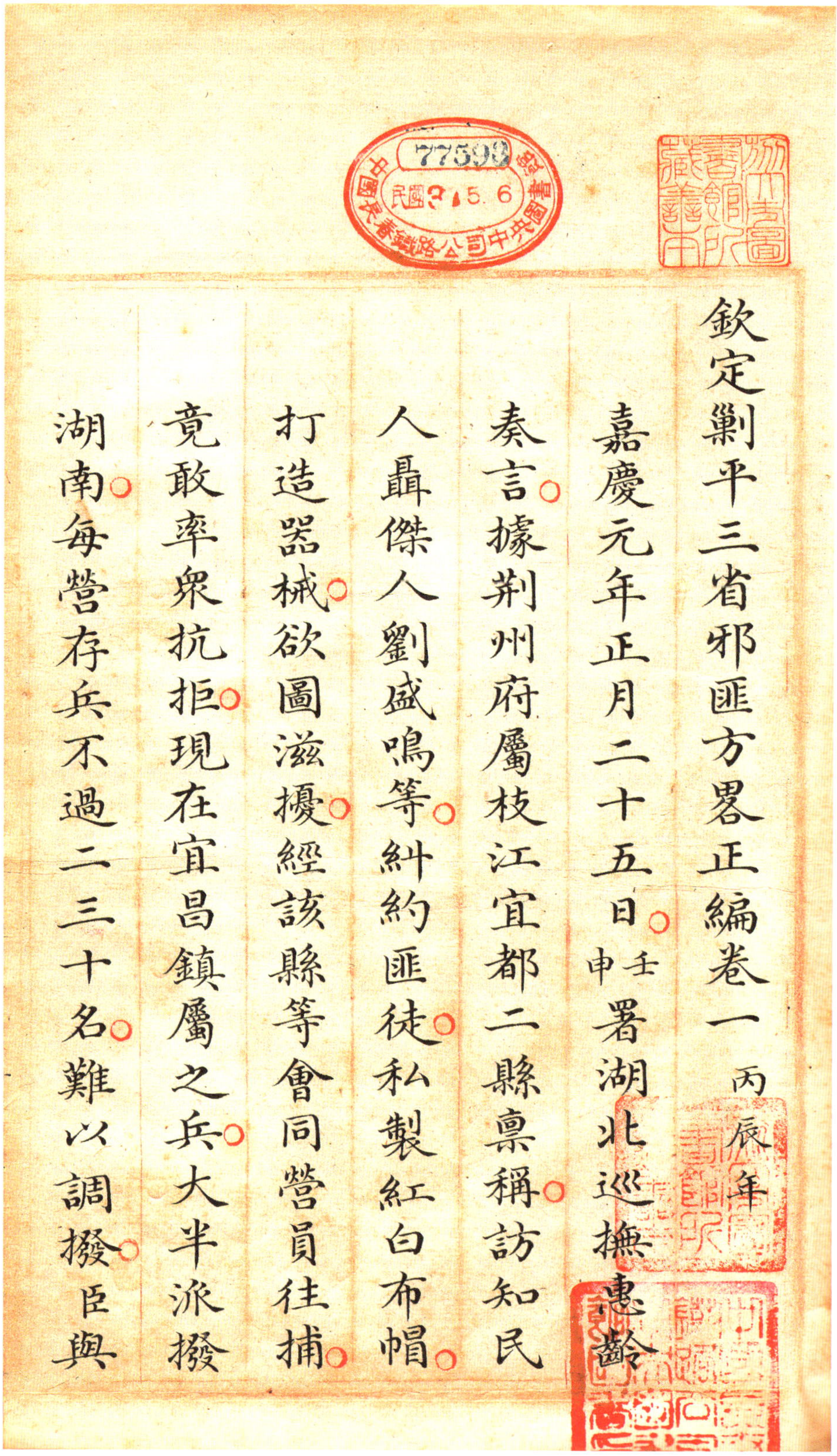
欽定剿平三省邪匪方畧正編卷一 丙辰年
嘉慶元年正月二十五日壬申署湖北巡撫惠齡
奏言據荊州府屬枝江宜都二縣稟稱訪知民
人聶傑人劉盛鳴等糾約匪徒私製紅白布帽
打造器械欲圖滋擾經該縣等會同營員往捕
竟敢率衆抗拒現在宜昌鎮屬之兵大半派撥
湖南每營存兵不過二三十名難以調撥臣與

20452 欽定剿平三省邪匪方畧正編三百五十二卷續編三十六卷附編十二卷 （清）慶桂等撰 清抄本 大連圖書館

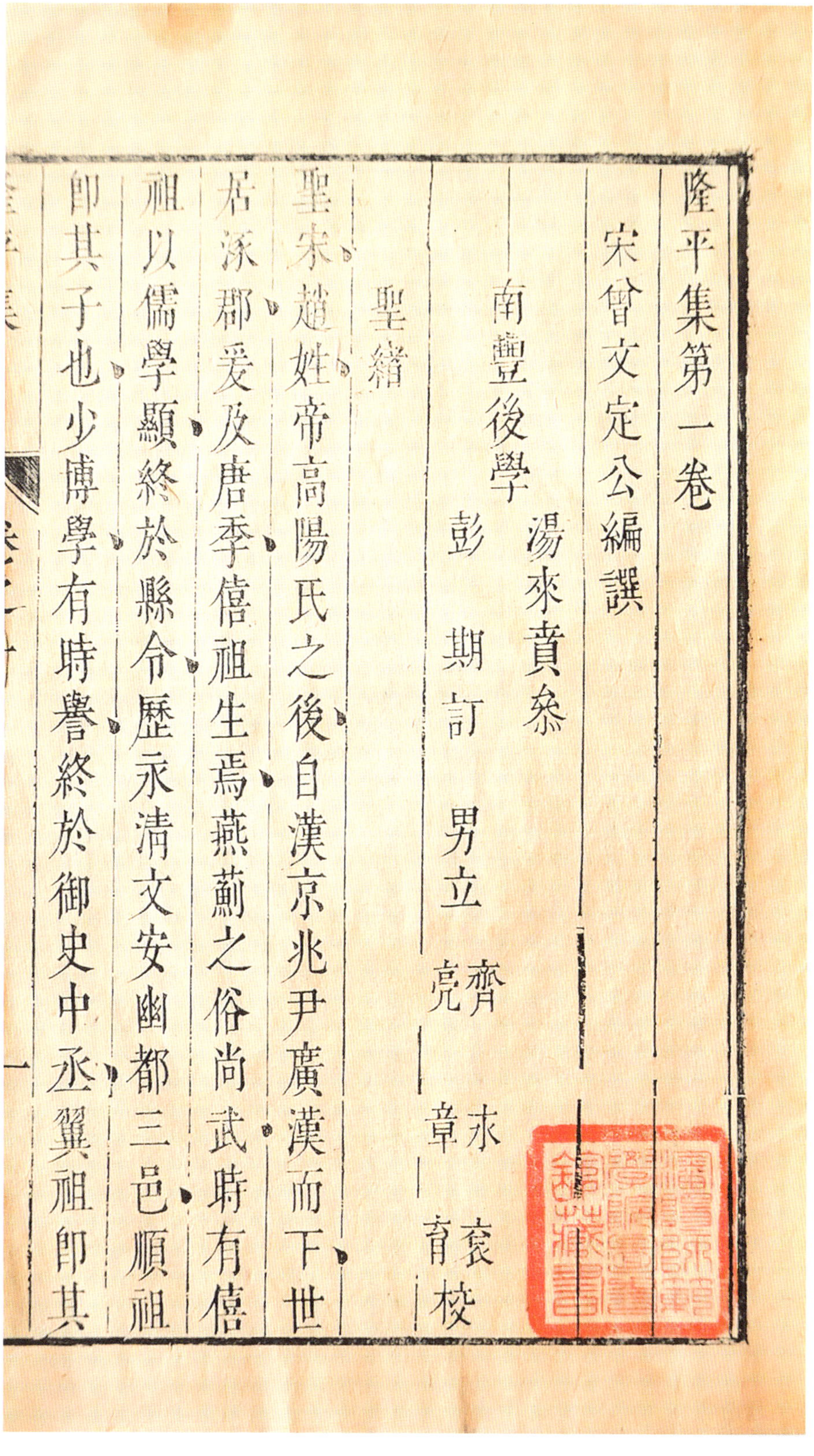

隆平集第一卷
宋曾文定公編譔
南豐後學　湯來賁參
彭　期訂　男立齊亮　永章　袞育校
聖緒
聖宋趙姓帝高陽氏之後自漢京兆尹廣漢而下世
居涿郡爰及唐季僖祖生焉燕薊之俗尚武時有僖
祖以儒學顯終於縣令歷永清文安幽都三邑順祖
即其子也少博學有時譽終於御史中丞翼祖即其

20453　隆平集二十卷　（宋）曾鞏撰　清康熙四十年（1701）刻本　瀋陽師範大學圖書館

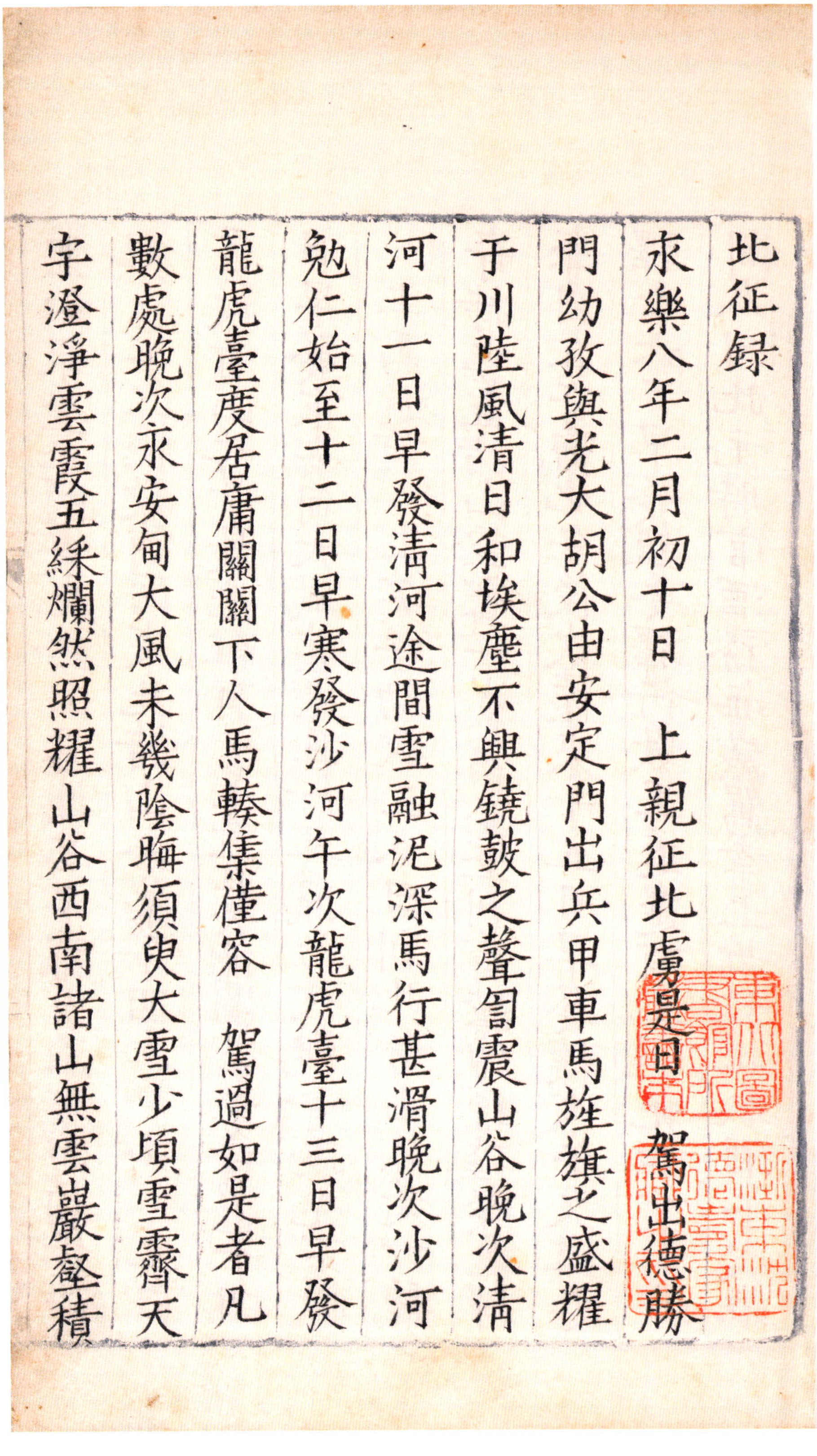

北征録

永樂八年二月初十日　上親征北虜是日　駕出德勝門幼孜與光大胡公由安定門出兵甲車馬旌旗之盛耀于川陸風清日和埃塵不興鐃鼓之聲訇震山谷晚次清河十一日早發清河途間雪融泥深馬行甚滑晚次沙河勉仁始至十二日早寒發沙河午次龍虎臺十三日早發龍虎臺度居庸關闗下人馬輳集僅容　駕過如是者凡數處晚次永安甸大風未幾陰晦須臾大雪少頃雪霽天宇澄淨雲霞五綵爛然照耀山谷西南諸山無雲巖壑積

20454　北征録一卷後録一卷　（明）金幼孜撰　**北征記一卷**　（明）楊榮撰　清抄本　遼寧省圖書館

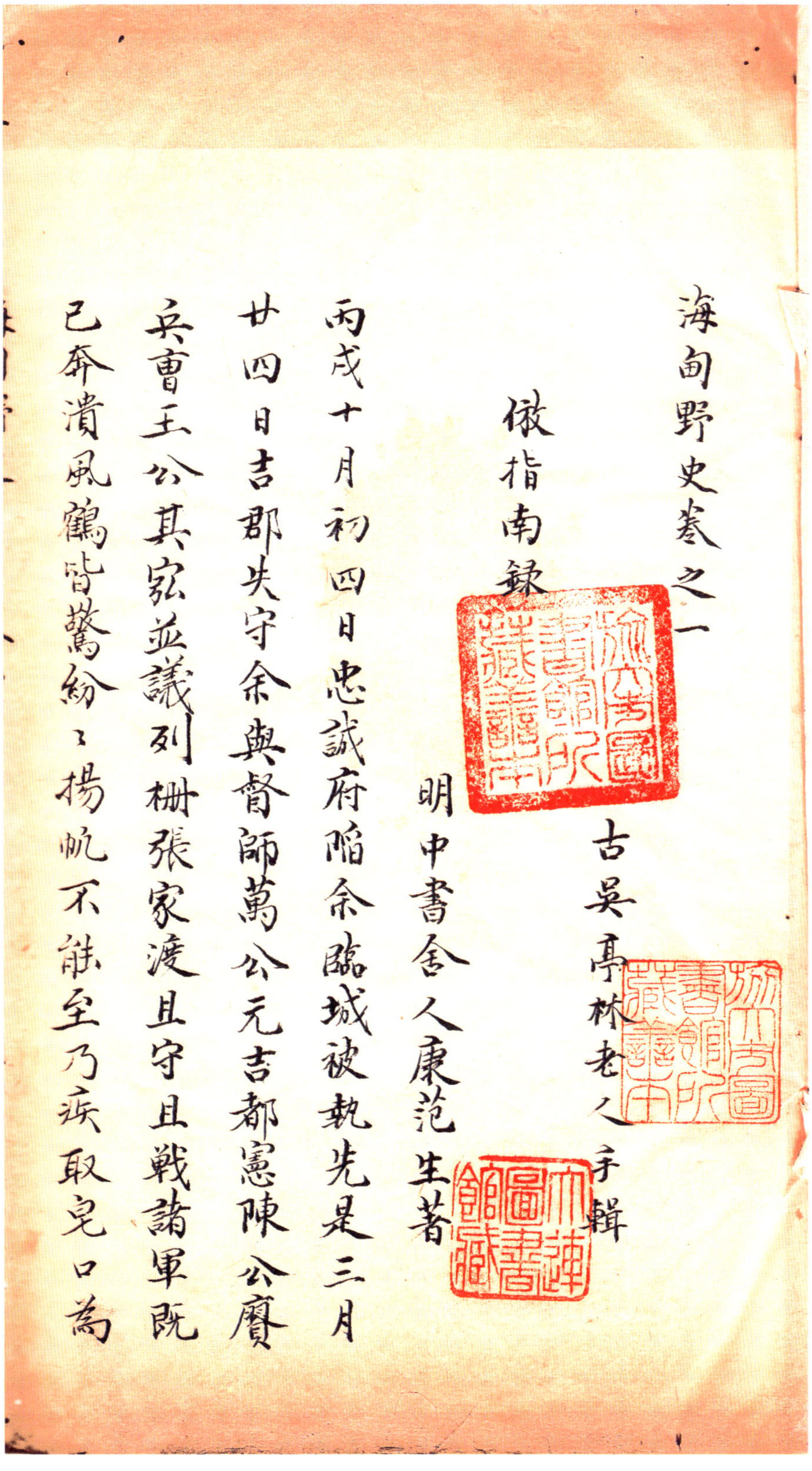
海甸野史卷之一
倣指南録
古吳亭林老人手輯
明中書舍人康范生著
丙戌十月初四日忠誠府陷余臨城被執先是三月
廿四日吉郡失守余與督師萬公元吉都憲陳公賡
兵曹王公其宏並議列栅張家渡且守且戰諸軍旣
已奔潰風鶴皆驚紛紛揚帆不能至乃疾取皂口爲

20455　海甸野史十八種　（清）亭林老人輯　清抄本　大連圖書館

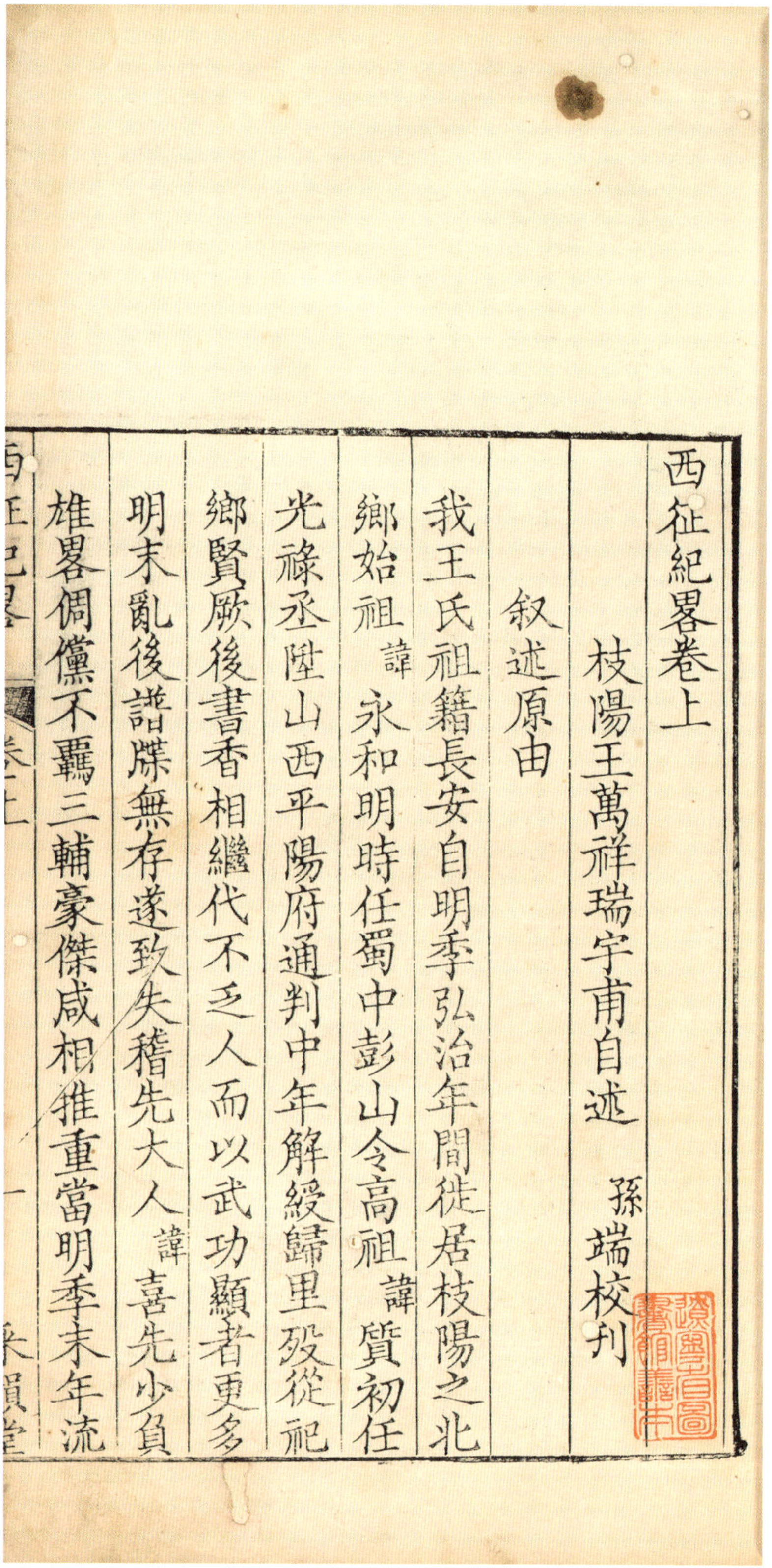
西征紀畧卷上
枝陽王萬祥瑞宇甫自述　孫　端校刊
叙述原由
我王氏祖籍長安自明季弘治年間徙居枝陽之北
鄉始祖諱永和明時任蜀中彭山令高祖諱質初任
光祿丞陞山西平陽府通判中年解綬歸里歿從祀
鄉賢厥後書香相繼代不乏人而以武功顯者更多
明末亂後譜牒無存遂致失稽先大人諱喜先少負
雄畧倜儻不覊三輔豪傑咸相推重當明季末年流

20456　西征紀畧二卷　（清）王萬祥撰　清雍正十二年（1734）王端采韵堂刻本　遼寧省圖書館

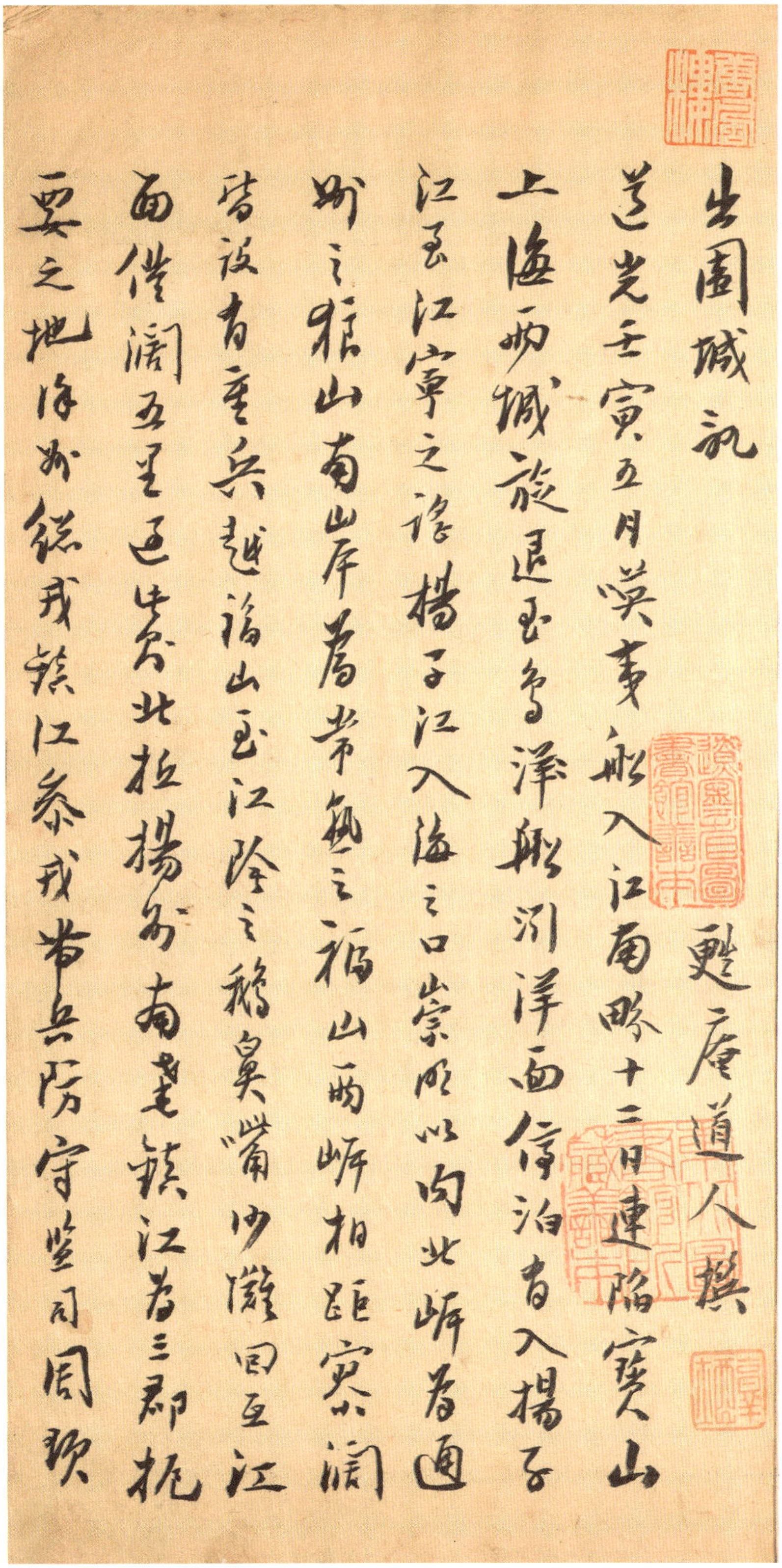

20457　出圍城記不分卷　（清）楊棨撰　清道光二十六年（1846）朱昌頤抄本　遼寧省圖書館

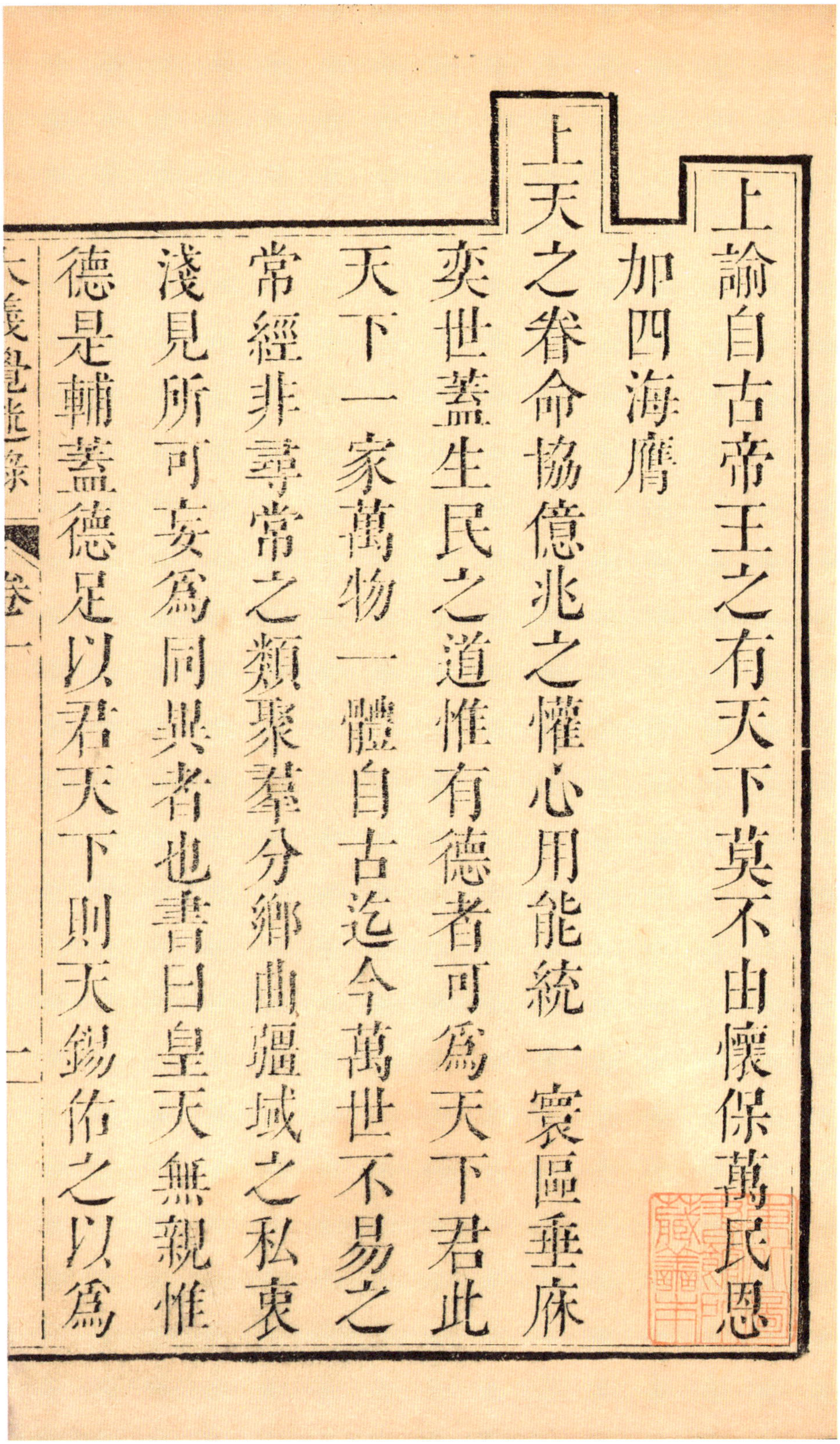

上諭自古帝王之有天下莫不由懷保萬民恩
加四海膺
上天之眷命協億兆之懽心用能統一寰區垂庥
奕世蓋生民之道惟有德者可爲天下君此
天下一家萬物一體自古迄今萬世不易之
常經非尋常之類聚羣分鄉曲疆域之私衷
淺見所可妄爲同異者也書曰皇天無親惟
德是輔蓋德足以君天下則天錫佑之以爲

大義覺迷錄　卷一　二

20458　大義覺迷錄四卷　（清）世宗胤禛撰　清雍正內府刻本　遼寧省圖書館

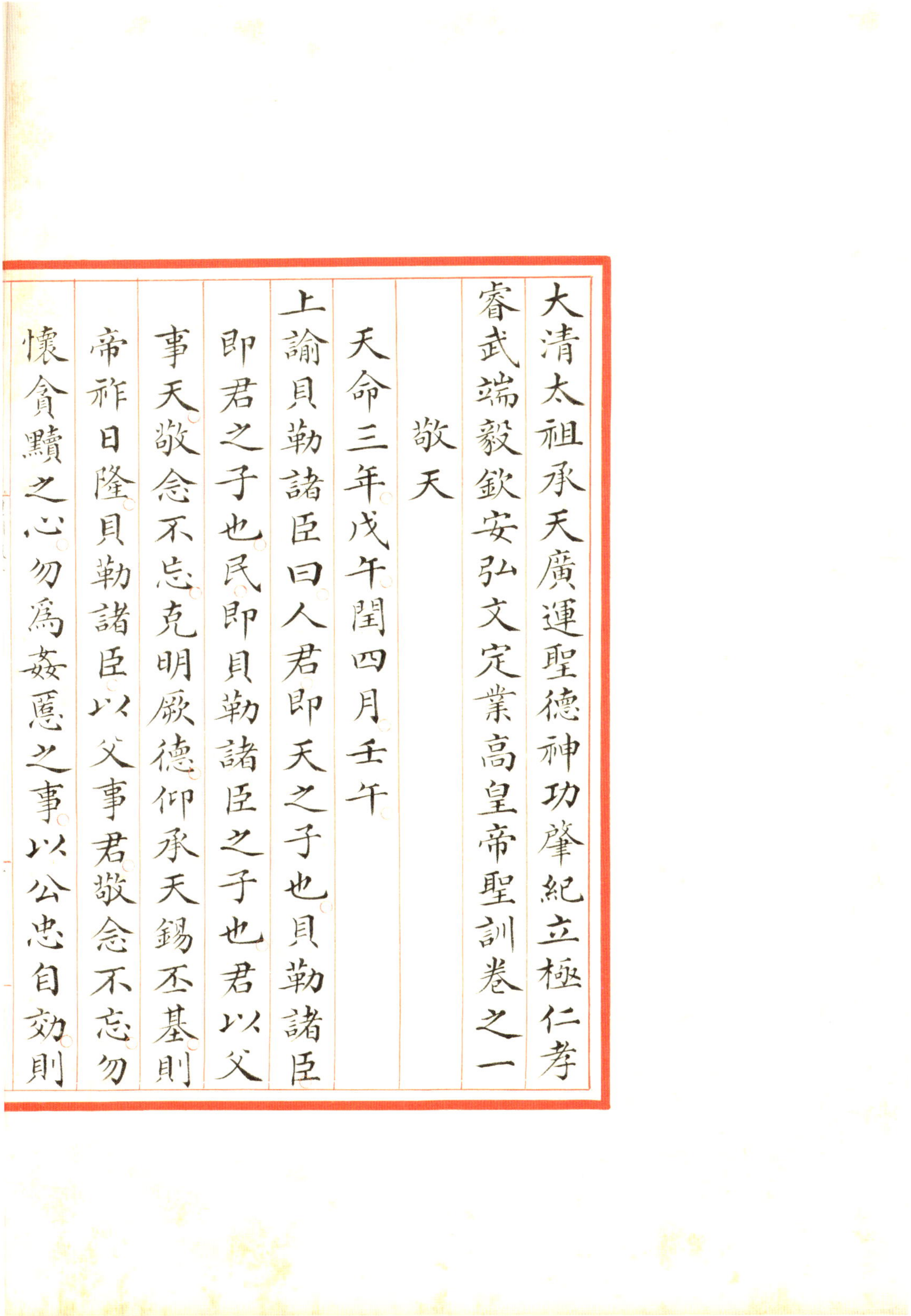

大清太祖承天廣運聖德神功肇紀立極仁孝
睿武端毅欽安弘文定業高皇帝聖訓卷之一
敬天
天命三年戊午閏四月壬午
上諭貝勒諸臣曰人君即天之子也貝勒諸臣
即君之子也民即貝勒諸臣之子也君以父
事天敬念不忘克明厥德仰承天錫丕基則
帝祚日隆貝勒諸臣以父事君敬念不忘勿
懷貪黷之心勿爲姦慝之事以公忠自効則

20459　大清太祖高皇帝聖訓四卷　清乾隆十一年（1746）實録館寫本

遼寧省檔案館

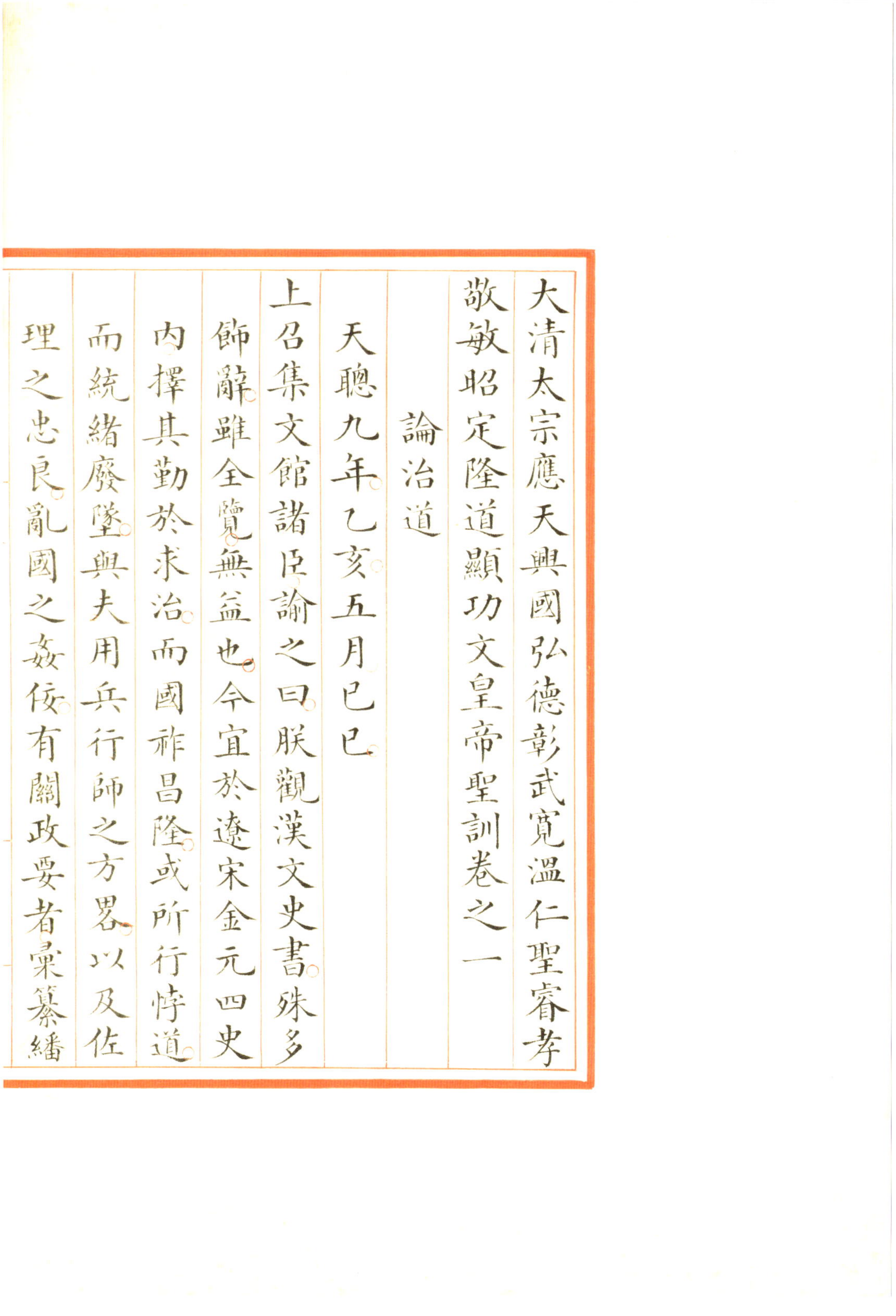
大清太宗應天興國弘德彰武寬溫仁聖睿孝
敬敏昭定隆道顯功文皇帝聖訓卷之一
論治道
天聰九年乙亥五月己巳
上召集文館諸臣諭之曰朕觀漢文史書殊多
飾辭雖全覽無益也今宜於遼宋金元四史
內擇其勤於求治而國祚昌隆或所行悖道
而統緒廢墜與夫用兵行師之方畧以及佐
理之忠良亂國之姦佞有關政要者彚纂繙

20460　大清太宗文皇帝聖訓六卷　清乾隆十一年（1746）實錄館寫本
遼寧省檔案館

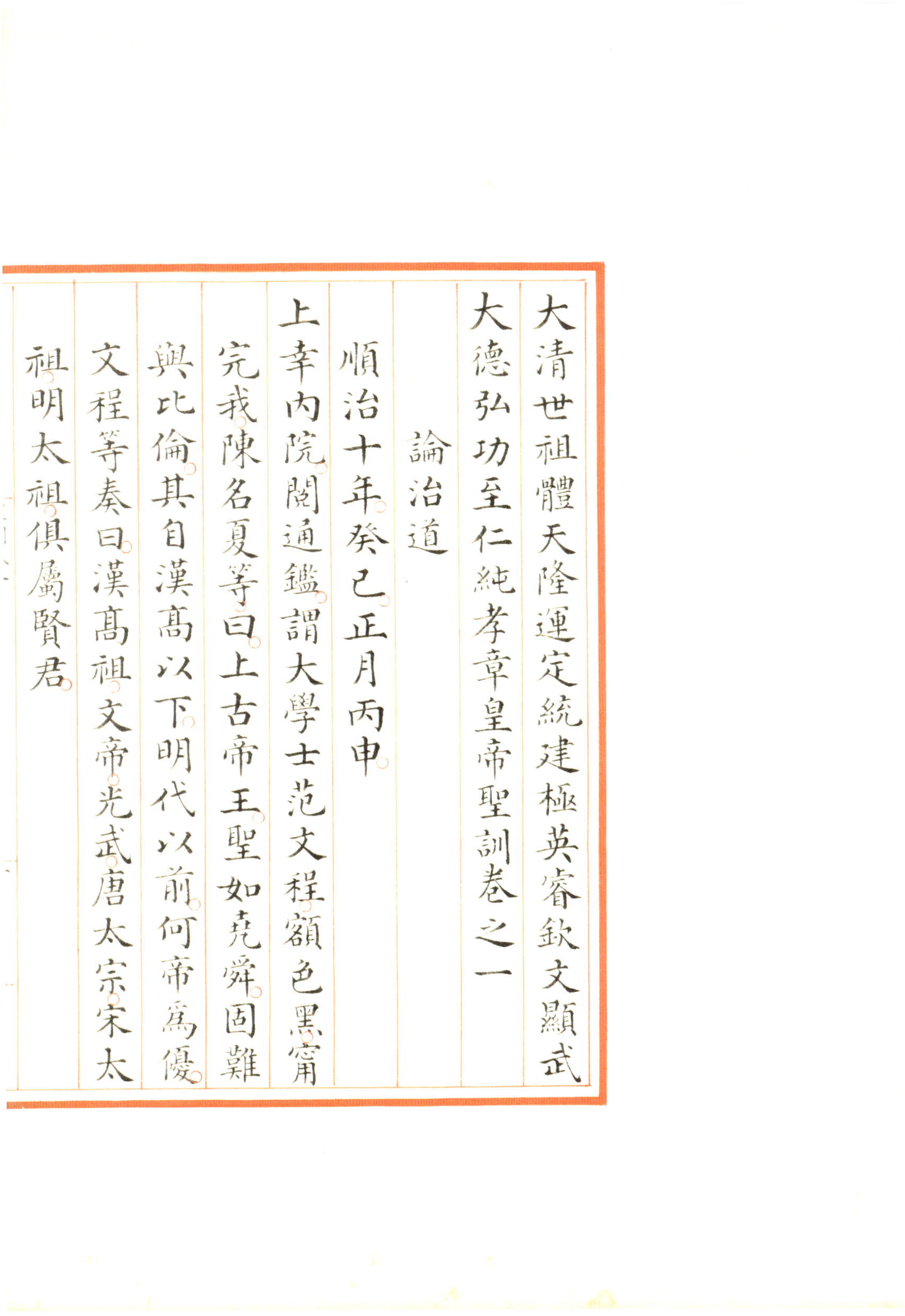
大清世祖體天隆運定統建極英睿欽文顯武
大德弘功至仁純孝章皇帝聖訓卷之一
論治道
順治十年癸巳正月丙申
上幸内院閱通鑑謂大學士范文程額色黑甯
完我陳名夏等曰上古帝王聖如堯舜固難
與比倫其自漢高以下明代以前何帝爲優
文程等奏曰漢高祖文帝光武唐太宗宋太
祖明太祖俱屬賢君

20461　大清世祖章皇帝聖訓六卷　清乾隆十一年（1746）實録館寫本
遼寧省檔案館

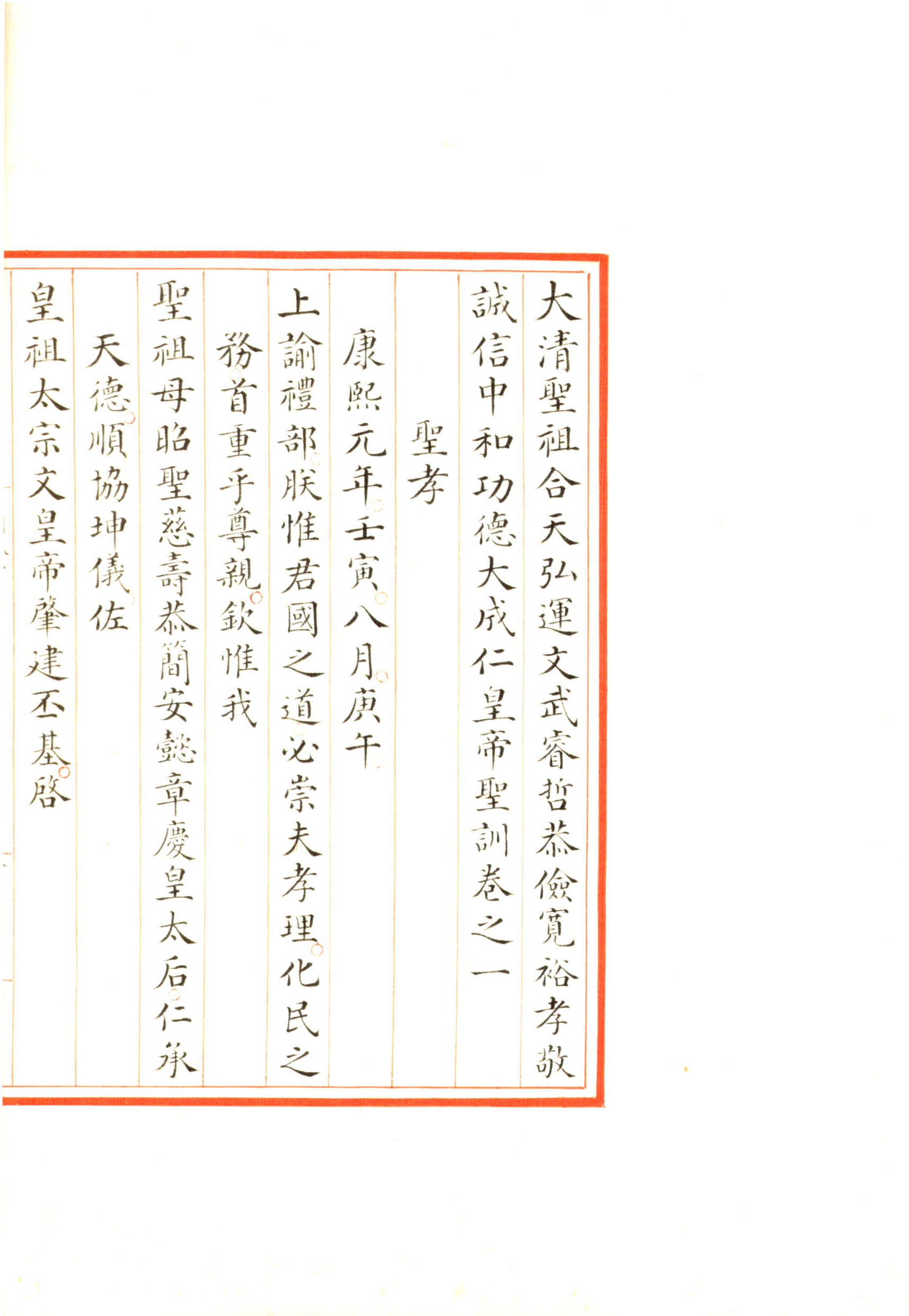
大清聖祖合天弘運文武睿哲恭儉寬裕孝敬
誠信中和功德大成仁皇帝聖訓卷之一
聖孝
康熙元年壬寅八月庚午
上諭禮部朕惟君國之道必崇夫孝理化民之
務首重乎尊親欽惟我
聖祖母昭聖慈壽恭簡安懿章慶皇太后仁承
天德順協坤儀佐
皇祖太宗文皇帝肇建丕基啓

20462　大清聖祖仁皇帝聖訓六十卷　清乾隆十一年（1746）實録館寫本　遼寧省檔案館

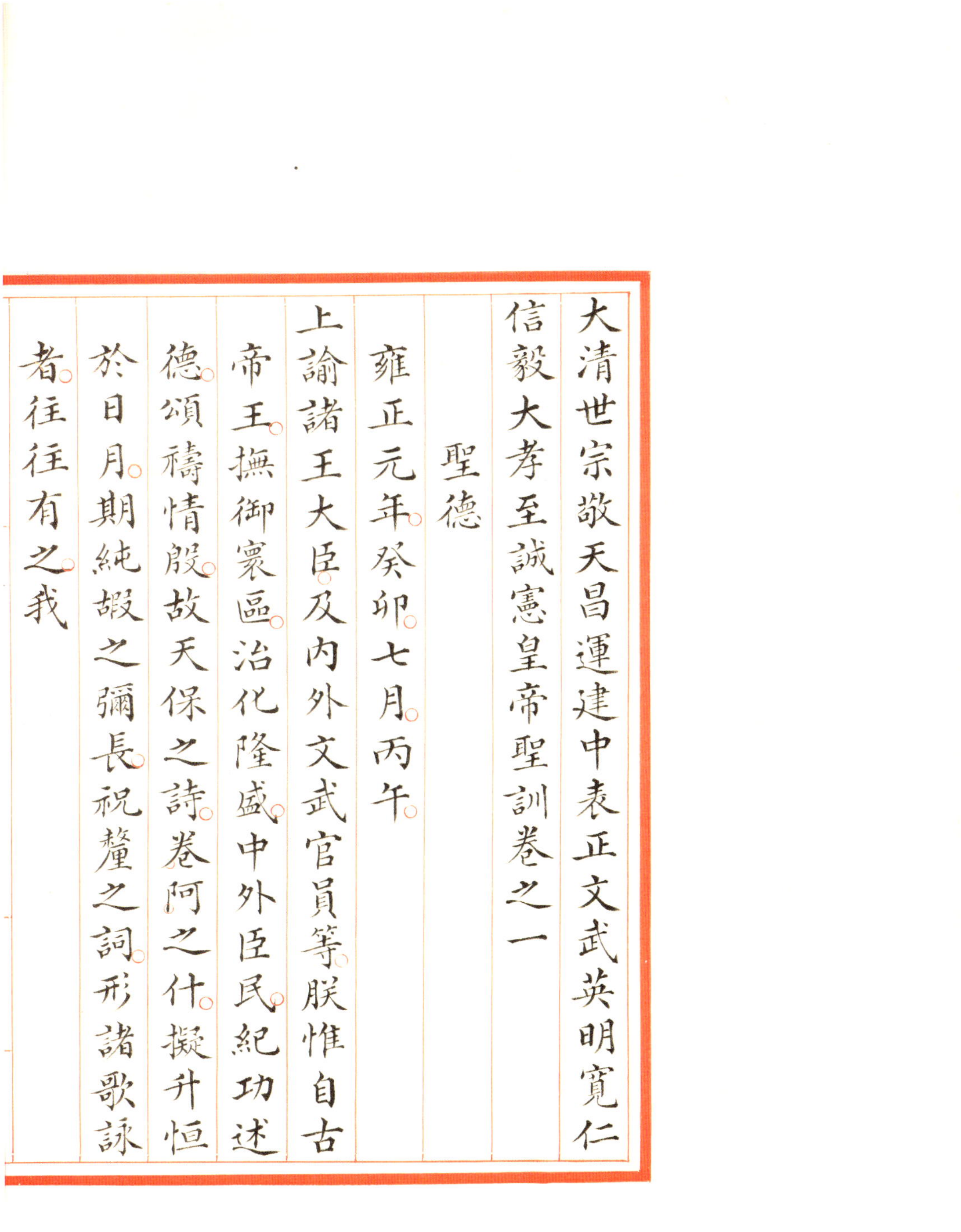

大清世宗敬天昌運建中表正文武英明寛仁
信毅大孝至誠憲皇帝聖訓卷之一
聖德
雍正元年。癸卯。七月。丙午。
上諭諸王大臣。及內外文武官員等。朕惟自古
帝王。撫御寰區。治化隆盛。中外臣民。紀功述
德。頌禱情殷。故天保之詩。卷阿之什。擬升恒
於日月。期純嘏之彌長。祝釐之詞。形諸歌詠
者。往往有之。我

20463　大清世宗憲皇帝聖訓三十六卷　清乾隆十一年（1746）實録館寫本　遼寧省檔案館

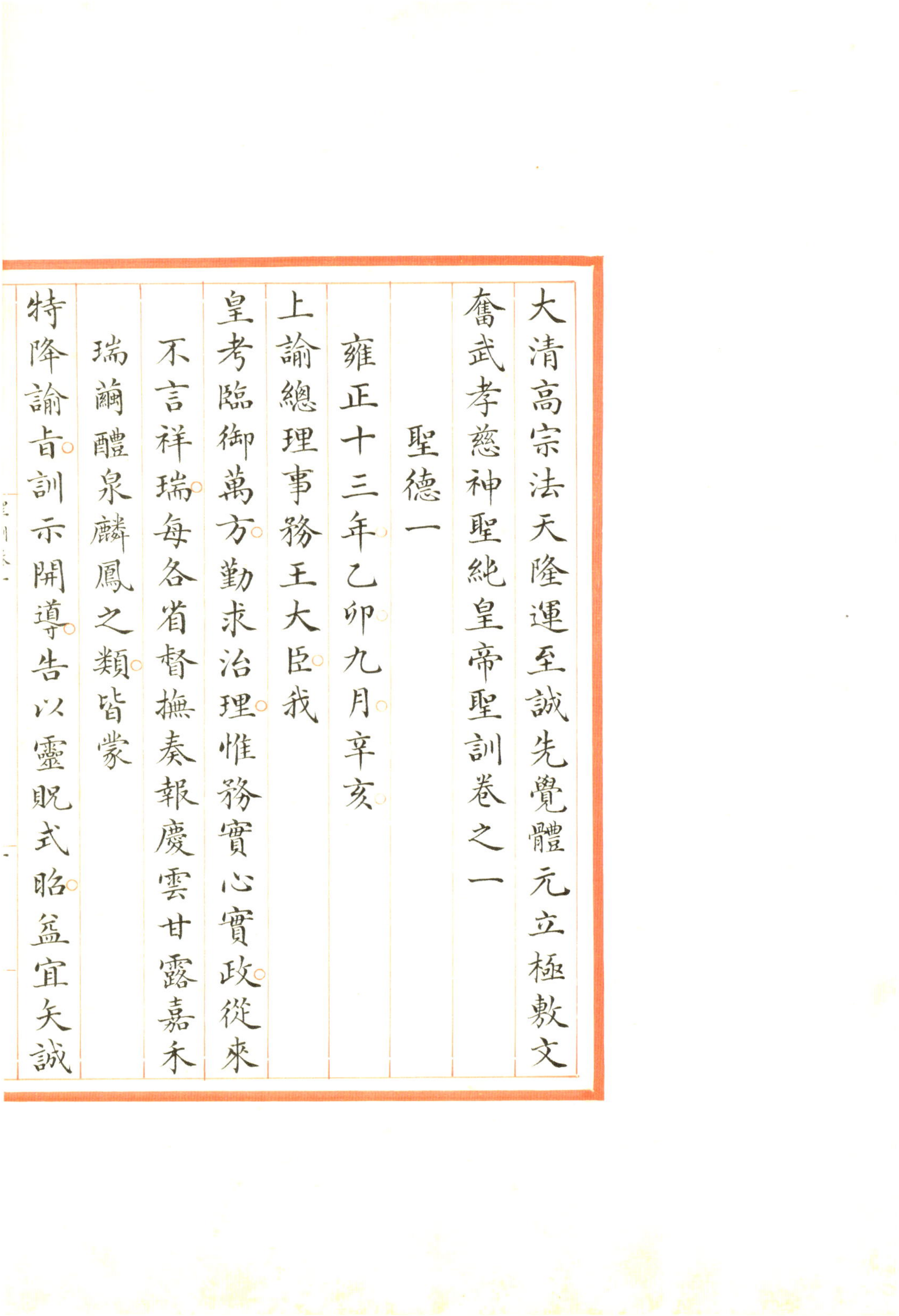
大清高宗法天隆運至誠先覺體元立極敷文
奮武孝慈神聖純皇帝聖訓卷之一
聖德一
雍正十三年乙卯九月辛亥
上諭總理事務王大臣我
皇考臨御萬方勤求治理惟務實心實政從來
不言祥瑞每各省督撫奏報慶雲甘露嘉禾
瑞繭醴泉麟鳳之類皆蒙
特降諭旨訓示開導告以靈貺式昭益宜矢誠

20464　大清高宗純皇帝聖訓三百卷　清嘉慶十二年（1807）實錄館寫本　遼寧省檔案館

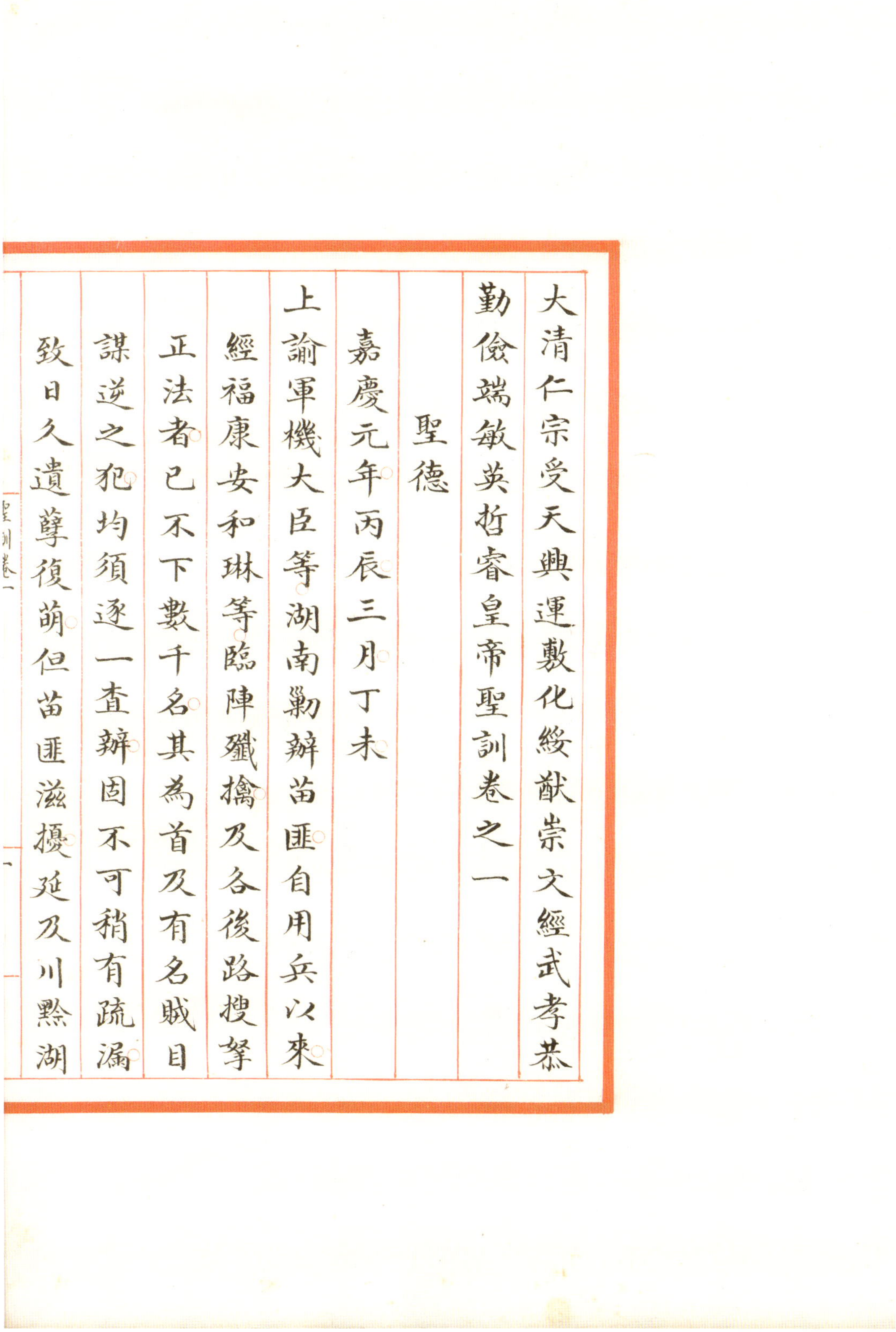

大清仁宗受天興運敷化綏猷崇文經武孝恭
勤儉端敏英哲睿皇帝聖訓卷之一
聖德
嘉慶元年丙辰三月丁未
上諭軍機大臣等湖南勦辦苗匪自用兵以來
經福康安和琳等臨陣殲擒及各後路搜拏
正法者已不下數千名其為首及有名賊目
謀逆之犯均須逐一查辦固不可稍有疏漏
致日久遺孽復萌但苗匪滋擾延及川黔湖

聖訓卷一　一

20465　大清仁宗睿皇帝聖訓一百十卷　清道光四年（1824）實録館寫本　遼寧省檔案館

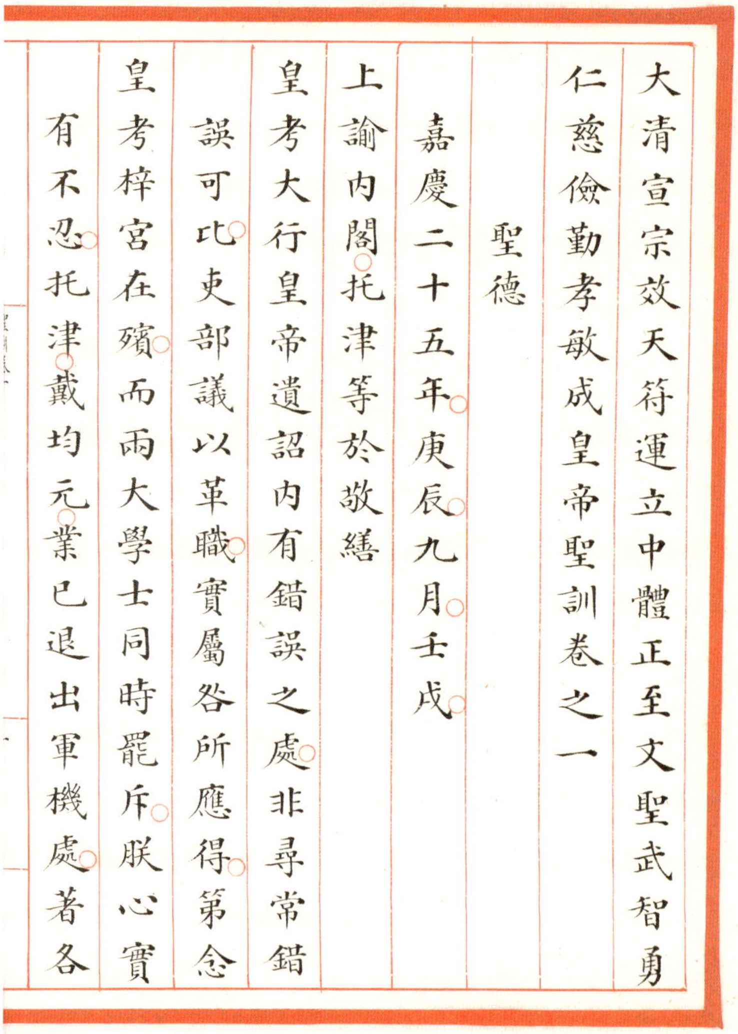

大清宣宗效天符運立中體正至文聖武智勇
仁慈儉勤孝敏成皇帝聖訓卷之一
聖德
嘉慶二十五年庚辰九月壬戌
上諭内閣托津等於敬繕
皇考大行皇帝遺詔内有錯誤之處非尋常錯
誤可比吏部議以革職實屬咎所應得第念
皇考梓宮在殯而兩大學士同時罷斥朕心實
有不忍托津戴均元業已退出軍機處著各

20466　大清宣宗成皇帝聖訓一百三十卷　清咸豐六年（1856）實錄館寫本　遼寧省檔案館

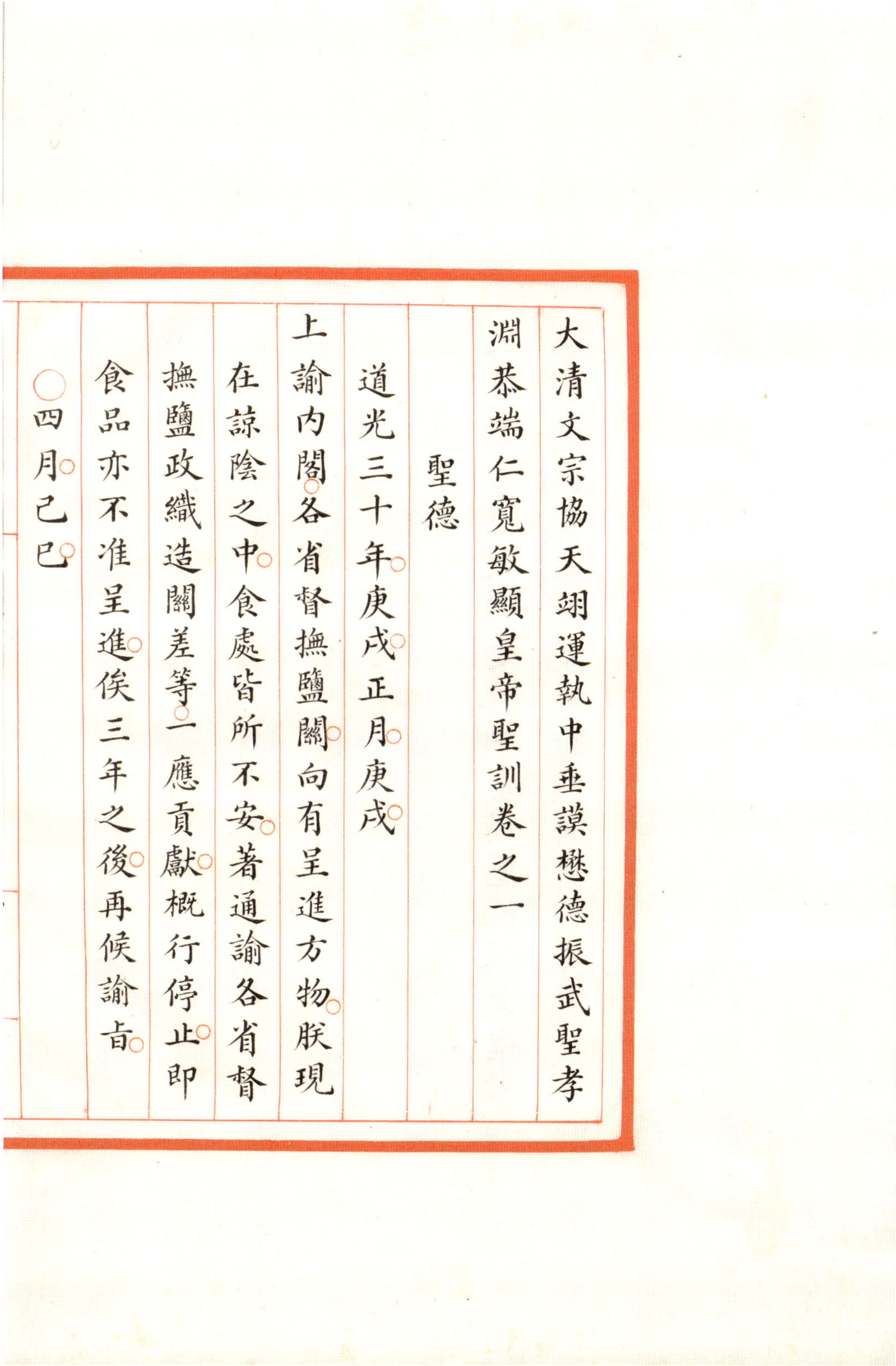

大清文宗協天翊運執中垂謨懋德振武聖孝
淵恭端仁寬敏顯皇帝聖訓卷之一
聖德
道光三十年庚戌正月庚戌
上諭內閣各省督撫鹽關向有呈進方物朕現在諒陰之中食處皆所不安著通諭各省督撫鹽政織造關差等一應貢獻概行停止即食品亦不准呈進俟三年之後再候諭旨
○四月己巳

20467　大清文宗顯皇帝聖訓一百十卷　清同治五年（1866）實録館寫本　遼寧省檔案館

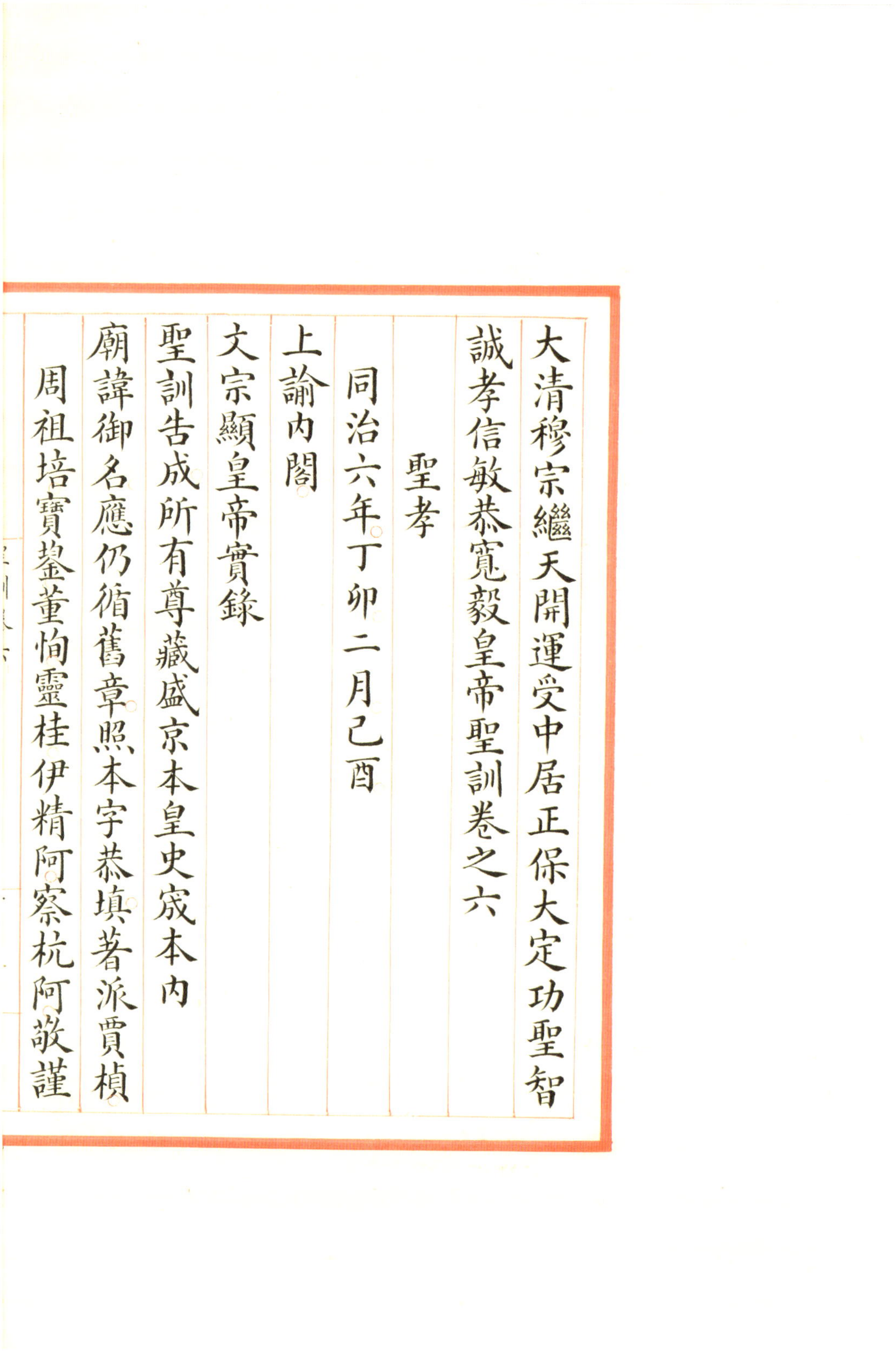
大清穆宗繼天開運受中居正保大定功聖智
誠孝信敏恭寛毅皇帝聖訓卷之六
聖孝
同治六年丁卯二月己酉
上諭内閣
文宗顯皇帝實錄
聖訓告成所有尊藏盛京本皇史宬本内
廟諱御名應仍循舊章照本字恭填著派賈楨
周祖培寶鋆董恂靈桂伊精阿察杭阿敬謹

20468　大清穆宗毅皇帝聖訓一百六十卷　清光緒六年（1880）實錄館寫本　遼寧省檔案館

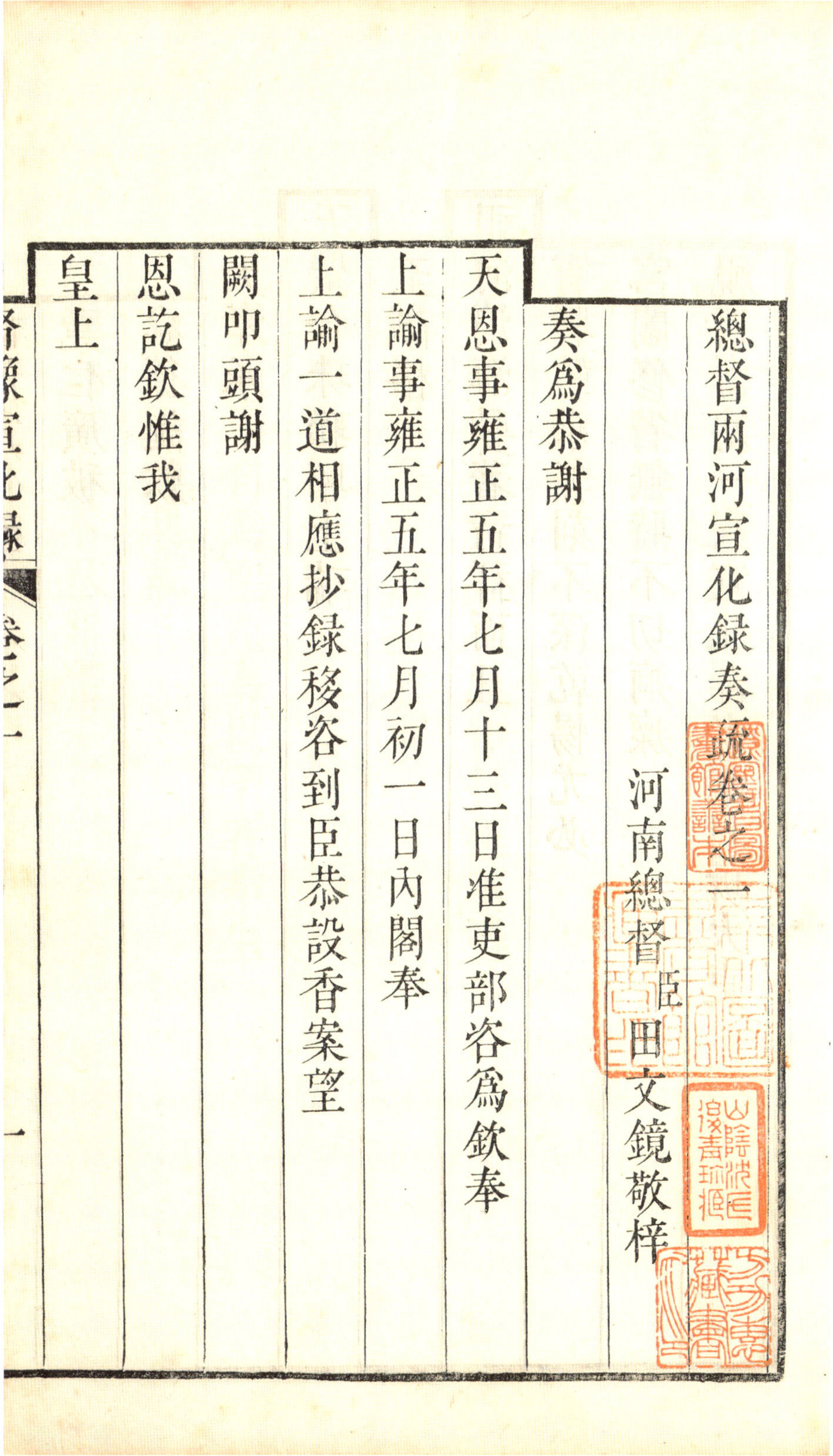
總督兩河宣化録奏疏卷之一
河南總督臣田文鏡敬梓
奏爲恭謝
天恩事雍正五年七月十三日准吏部咨爲欽奉
上諭事雍正五年七月初一日内閣奉
上諭一道相應抄録移咨到臣恭設香案望
闕叩頭謝
恩訖欽惟我
皇上

20469　總督兩河宣化録四卷總督河南山東宣化録四卷　（清）田文鏡撰　清雍正九年（1731）田文鏡刻本　遼寧省圖書館

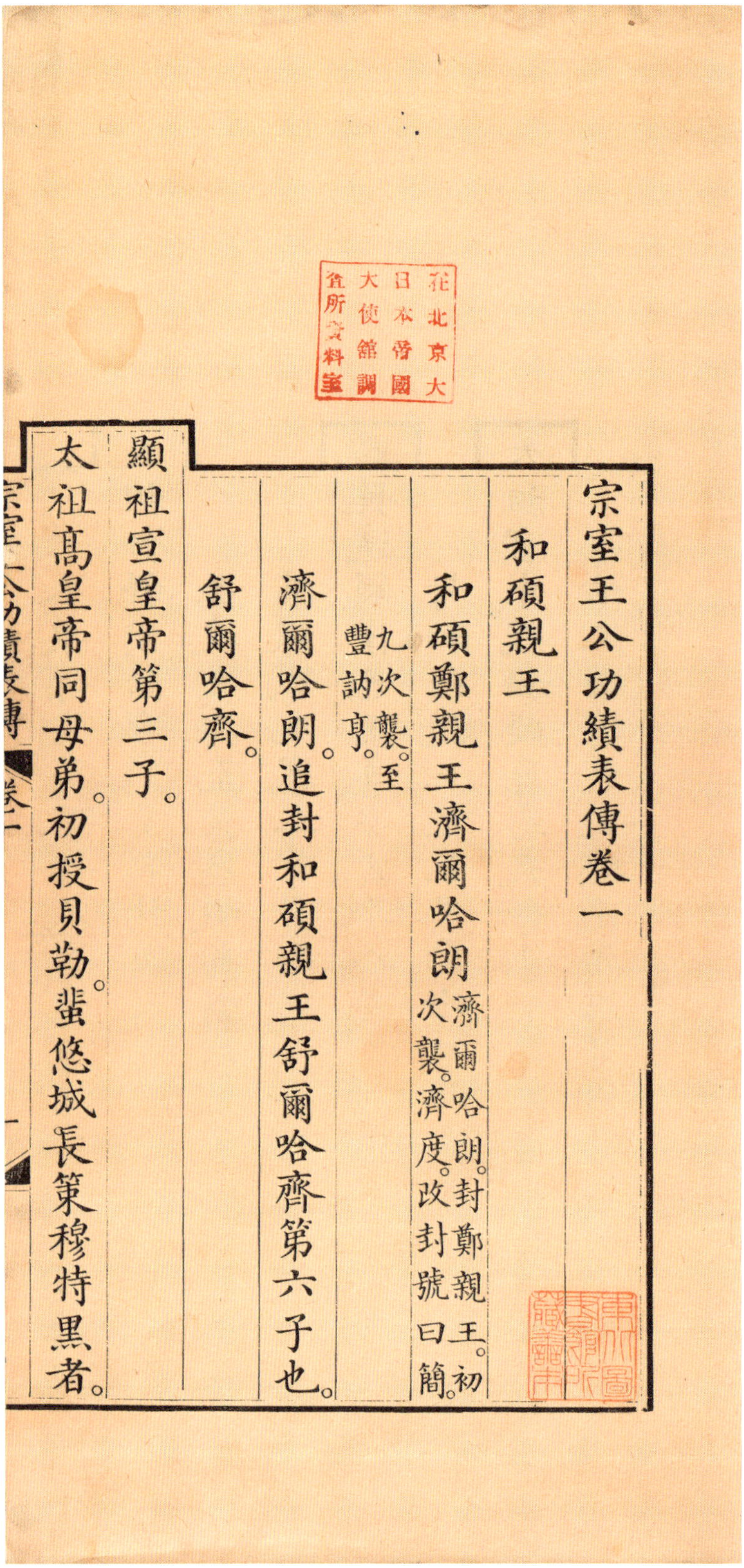
在北京大日本帝國大使館調查所資料室
宗室王公功績表傳卷一
和碩親王
和碩鄭親王濟爾哈朗濟爾哈朗。封鄭親王。初次襲。濟度。改封號曰簡。
九次襲。至豐訥亨。
濟爾哈朗。追封和碩親王舒爾哈齊第六子也。
舒爾哈齊。
顯祖宣皇帝第三子。
太祖高皇帝同母弟。初授貝勒。蜚悠城長策穆特黑者。
宗室王公功績表傳 卷一 一

20470　宗室王公功績表傳五卷表一卷　清乾隆二十九年（1764）武英殿刻本　遼寧省圖書館

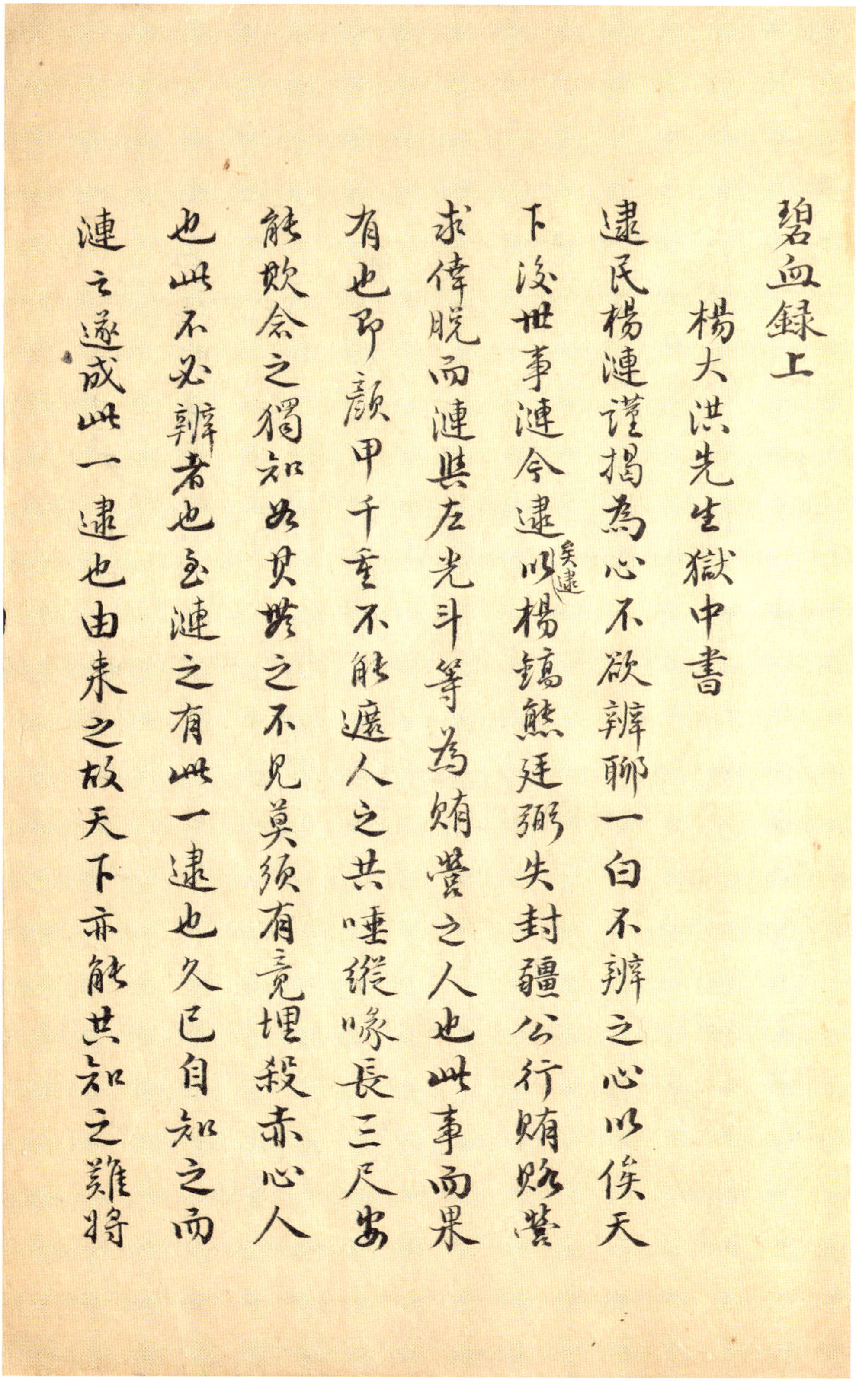
碧血録上
楊大洪先生獄中書
逮民楊漣謹揭為心不欲辯聊一白不辯之心以俟天
下後世事漣今逮以（矣逮）楊鎬熊廷弼失封疆公行賄賂
求倖脫而漣與左光斗等為賄賂之人也此事而果
有也即顏甲千重不能遮人之共唾縱喙長三尺安
能欺佘之獨知如貝錦之不見莫須有竟埋殺赤心人
也此不必辯者也至漣之有此一逮也久已自知之而
漣之遂成此一逮也由來之故天下亦能共知之難將

20471　**碧血録二卷**（明）黄煜輯　**周端孝先生血疏貼黄册一卷**（清）周茂蘭撰　清抄本　遼寧省圖書館

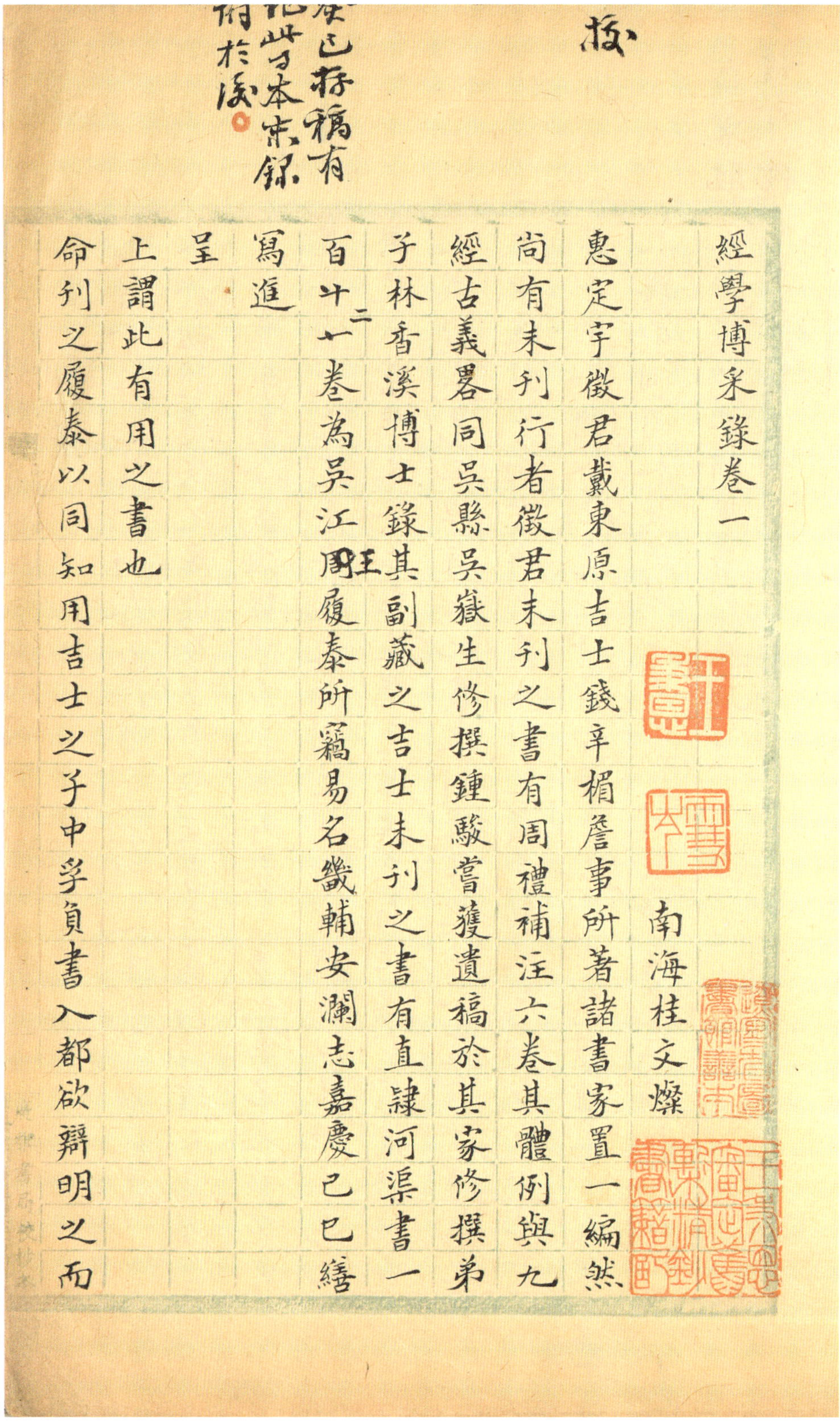
校
慶已存稿有
此書本末錄
附於後
經學博采錄卷一
南海桂文燦
惠定宇徵君戴東原吉士錢辛楣詹事所著諸書家置一編然
尚有未刊行者徵君未刊之書有周禮補注六卷其體例與九
經古義畧同吳縣吳嶽生修撰鍾駿嘗獲遺稿於其家修撰弟
子林香溪博士錄其副藏之吉士未刊之書有直隸河渠書一
百廿一卷為吳江周履泰所竊易名畿輔安瀾志嘉慶己巳繕
寫進
呈
上謂此有用之書也
命刊之履泰以同知用吉士之子中孚負書入都欲辯明之而

20472　經學博采錄十二卷　（清）桂文燦撰　稿本　遼寧省圖書館

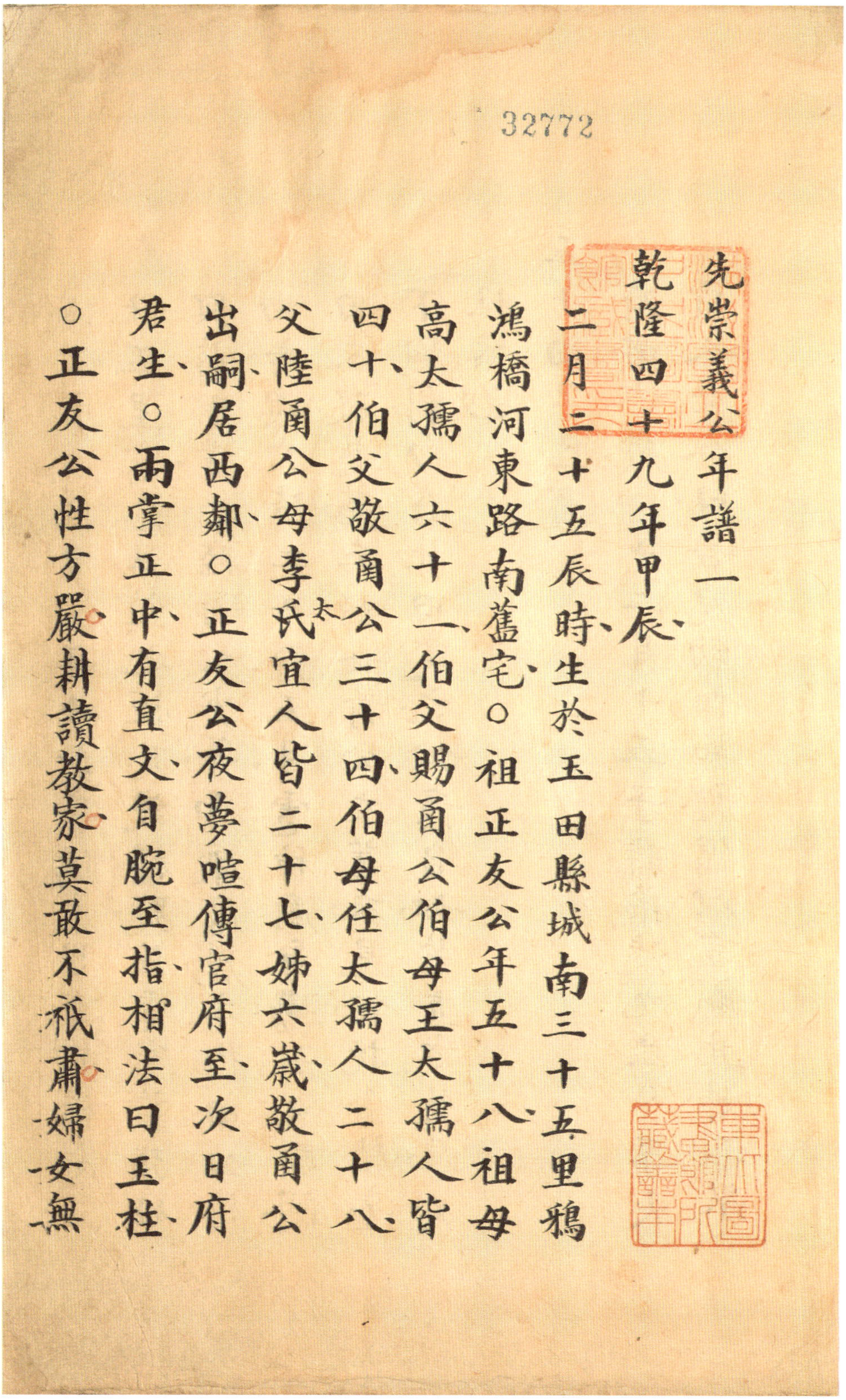
32772

先崇義公年譜一
乾隆四十九年甲辰、
二月二十五辰時生於玉田縣城南三十五里鴉
鴻橋河東路南舊宅。祖正友公年五十八祖母
高太孺人六十一、伯父賜甬公伯母王太孺人皆
四十、伯父敬甬公三十四、伯母任太孺人二十八
父陸甬公母李氏太宜人皆二十七、姊六歲敬甬公
出嗣居西鄰。正友公夜夢喧傳官府至、次日府
君生、。两掌正中、有直文、自腕至指、相法曰玉柱、
。正友公性方嚴、耕讀教家、莫敢不祇肅、婦女無

20473　蔣氏年譜五卷自序六卷　（清）蔣慶第撰　稿本　遼寧省圖書館

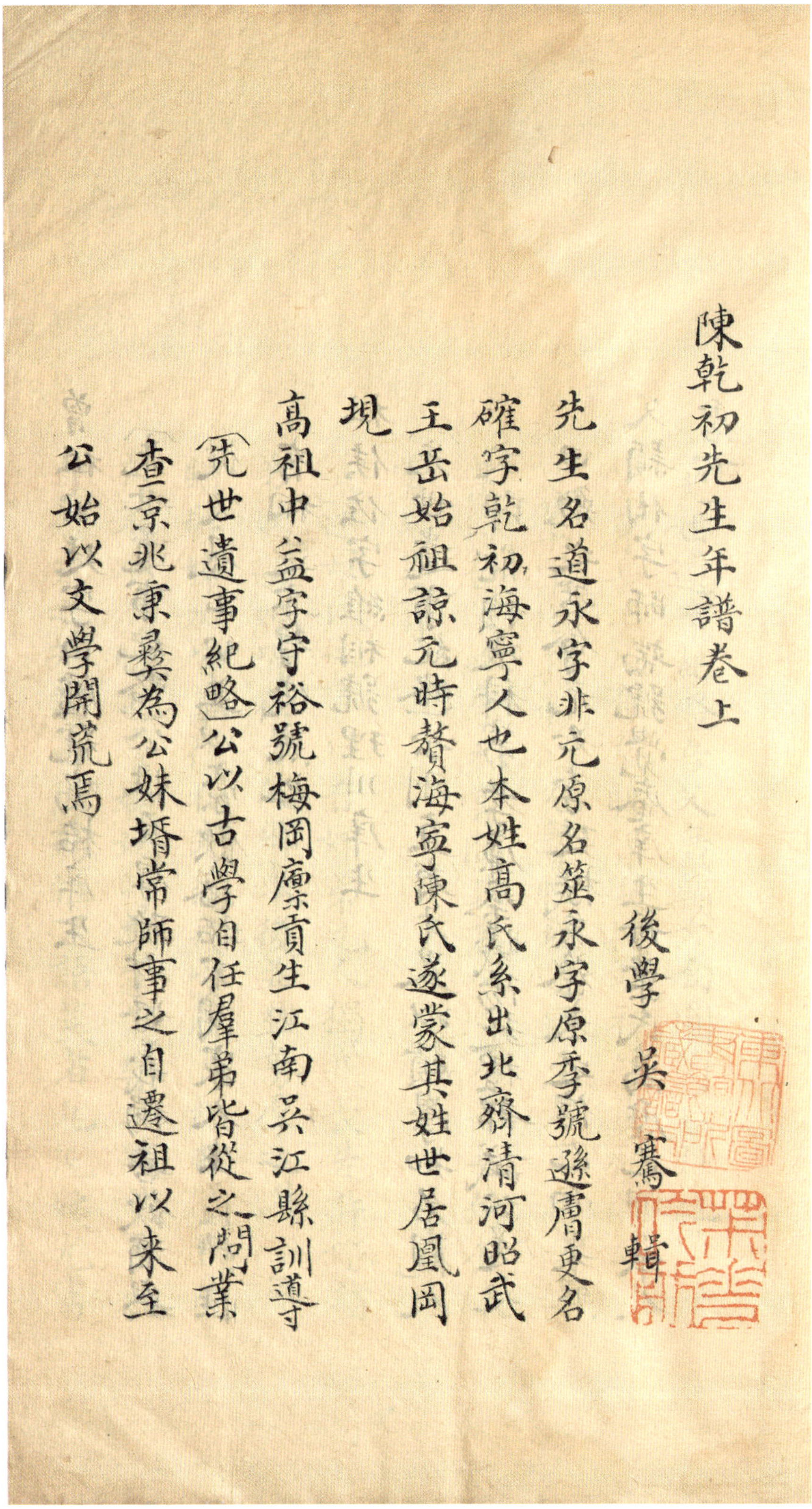
陳乾初先生年譜卷上
後學吳騫輯
先生名道永字非元原名箴永字原季號遜庵更名
確字乾初海寧人也本姓高氏系出北齊清河昭武
王岳始祖諒元時贅海寧陳氏遂蒙其姓世居凰岡
埧
高祖中益字守裕號梅岡廩貢生江南吳江縣訓導
〈先世遺事紀略〉公以古學自任羣弟皆從之問業
查京兆東彝為公妹壻常師事之自遷祖以來至
公始以文學開荒焉

20474　陳乾初先生年譜二卷　（清）吳騫撰　清抄本　遼寧省圖書館

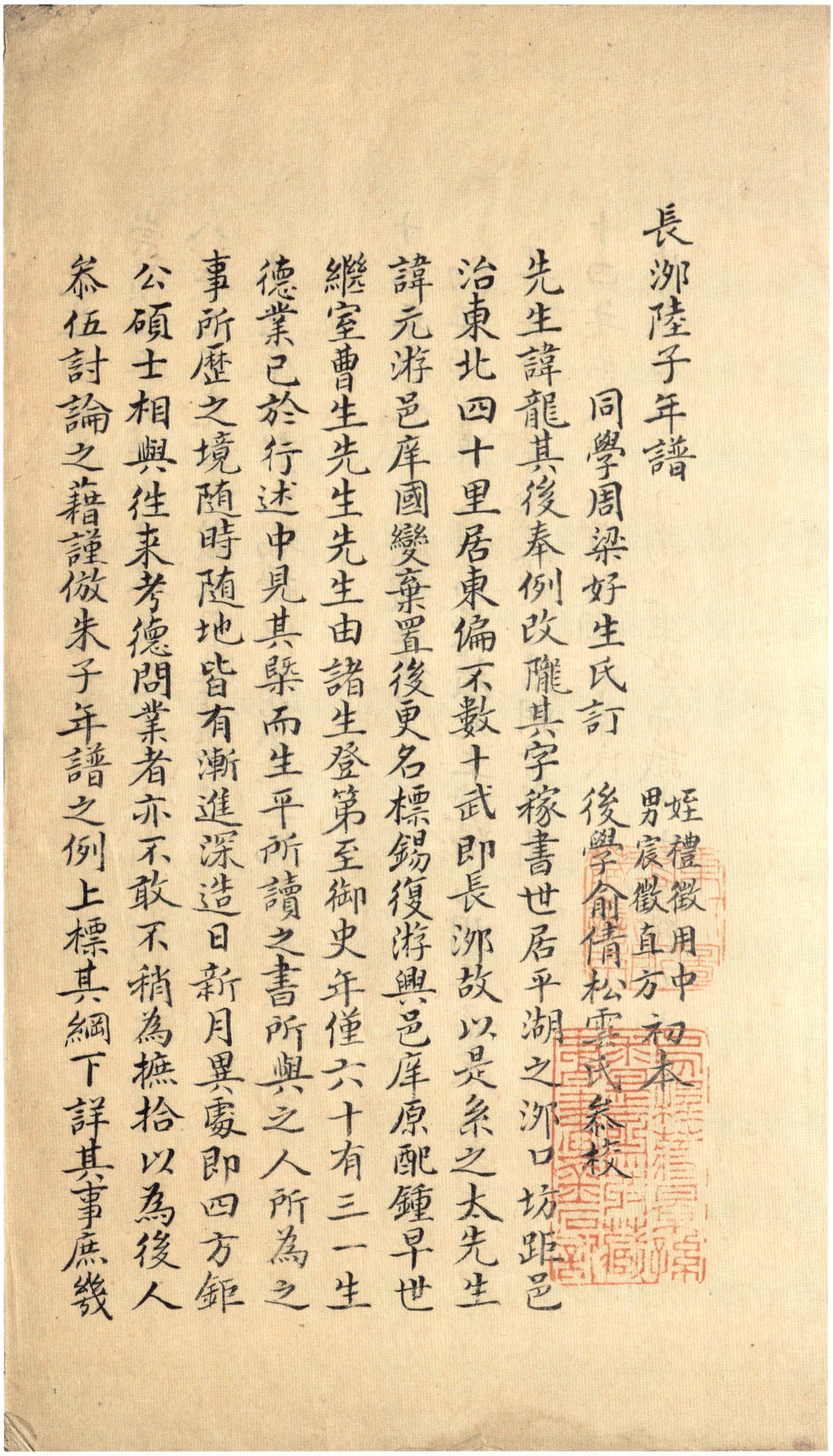

長泖陸子年譜

同學周梁好生氏訂

姪禮徵用中
男宸徵直方 初本
後學俞倩松雲氏參校

先生諱龍其後奉例改隴其字稼書世居平湖之泖口坊距邑治東北四十里居東偏不數十武即長泖故以是系之太先生諱元游邑庠國變棄置後更名標錫復游輿邑庠原配鍾早世繼室曹生先生先生由諸生登第至御史年僅六十有三一生德業已於行述中見其槩而生平所讀之書所與之人所為之事所歷之境隨時隨地皆有漸進深造日新月異處即四方鉅公碩士相與往來考德問業者亦不敢不稍為摭拾以為後人參伍討論之藉謹倣朱子年譜之例上標其綱下詳其事庶幾

20475　長泖陸子（陸隴其）年譜一卷　（清）陸禮徵　陸宸徵撰　清乾隆抄本　遼寧省圖書館

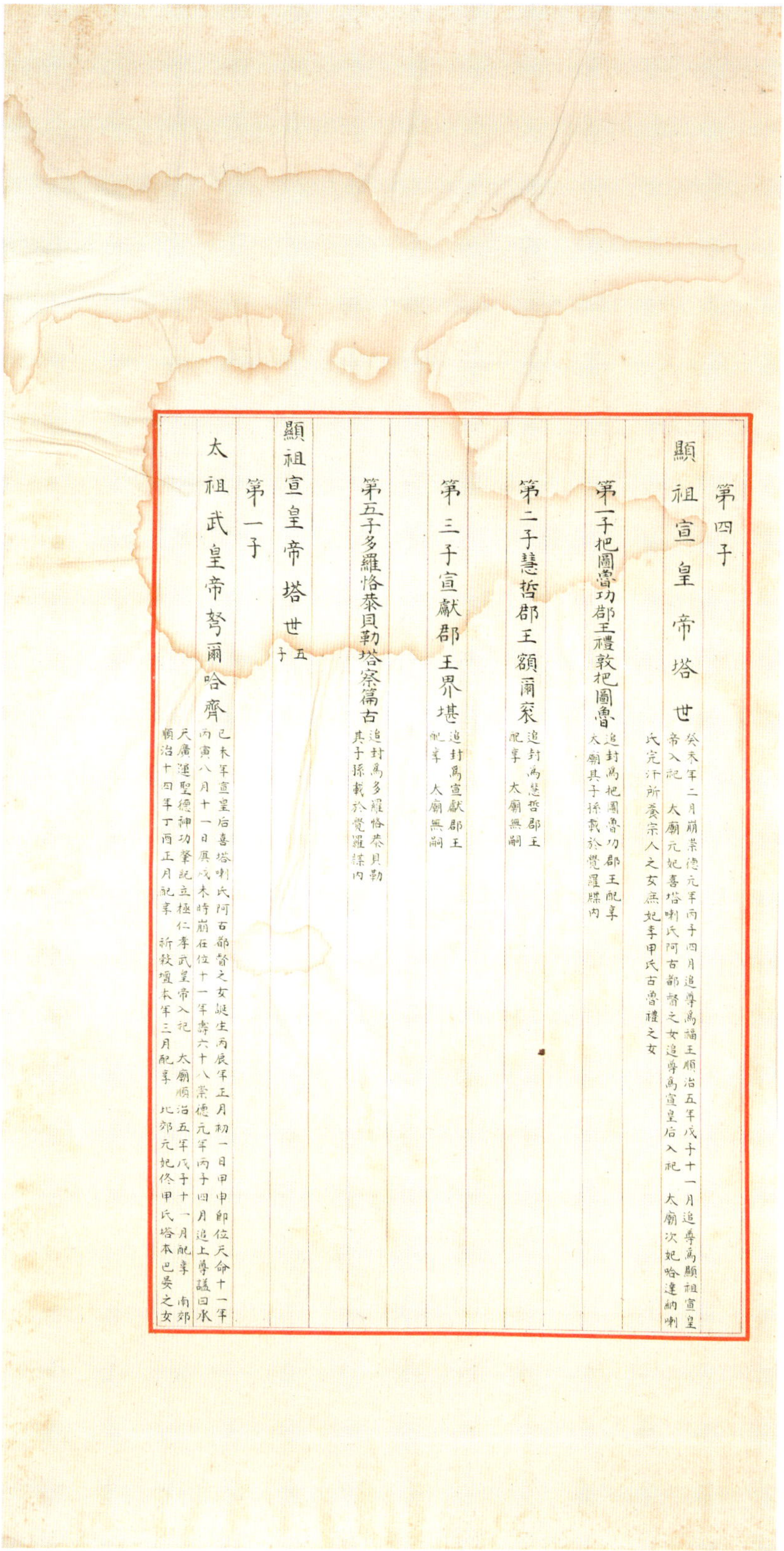

第四子
顯祖宣皇帝塔世 癸未年二月崩崇德元年丙子四月追尊爲福王順治五年戊子十一月追尊爲顯祖宣皇帝入祀 太廟元妃喜塔喇氏阿古都督之女追尊爲宣皇后入祀 太廟次妃哈達納喇氏完汗所養宗人之女庶妃李甲氏古魯禮之女

第一子把圖魯功郡王禮敦把圖魯 追封爲把圖魯功郡王配享 太廟其子孫載於覺羅牒内

第二子慧哲郡王額爾衮 追封爲慧哲郡王配享 太廟無嗣

第三子宣獻郡王界堪 追封爲宣獻郡王配享 太廟無嗣

第五子多羅恪恭貝勒塔察篇古 追封爲多羅恪恭貝勒其子孫載於覺羅牒内

顯祖宣皇帝塔世 五子

第一子
太祖武皇帝努爾哈齊 己未年宣皇后喜塔喇氏阿古都督之女誕生丙辰年正月初一日甲申即位天命十一年丙寅八月十一日庚戌未時崩在位十一年壽六十八崇德元年丙子四月追上尊謚曰承天廣運聖德神功肇紀立極仁孝武皇帝入祀 太廟順治五年戊子十一月配享 南郊順治十四年丁酉正月配享 祈穀壇本年三月配享 北郊元妃佟甲氏塔本巴晏之女

20476 列祖子孫宗室竪格玉牒一卷 清順治十八年（1661）玉牒館寫本 遼寧省檔案館

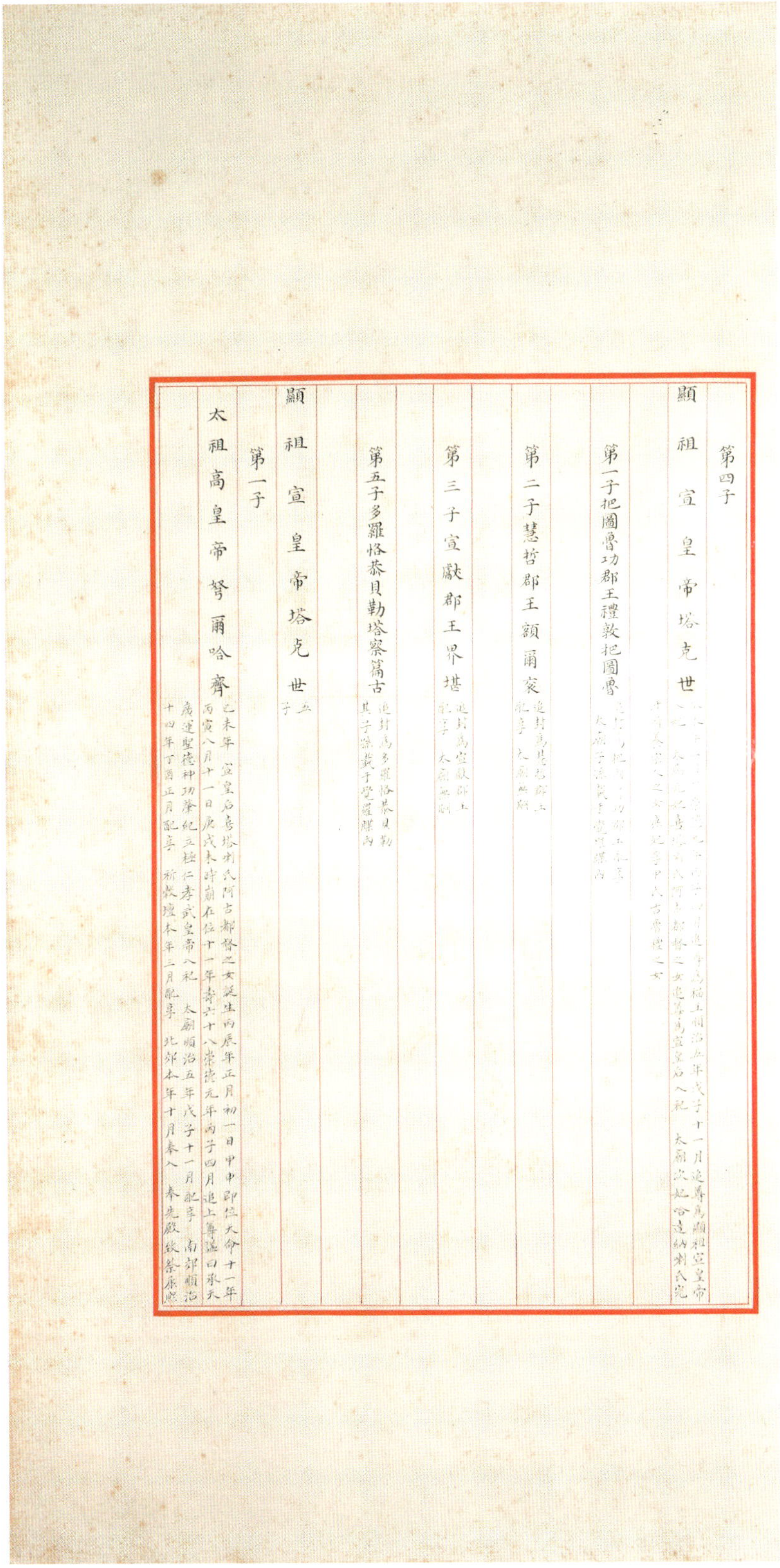
第四子
顯祖宣皇帝塔克世
第一子把圖魯功郡王禮敦把圖魯
第二子慧哲郡王額爾袞 追封為慧哲郡王 配享太廟無嗣
第三子宣獻郡王界堪 追封為宣獻郡王 配享太廟無嗣
第五子多羅恪恭貝勒塔察篇古 追封為多羅恪恭貝勒 其子孫載于覺羅牒內
顯祖宣皇帝塔克世五子
第一子
太祖高皇帝努爾哈齊 乙未年 宣皇后喜塔喇氏阿古都督之女誕生丙辰年正月初一日甲申即位天命十一年丙寅八月十一日庚戌未時崩在位十一年壽六十八崇德元年丙子四月追上尊謚曰承天廣運聖德神功肇紀立極仁孝武皇帝入祀 太廟順治五年戊子十一月配享 南郊順治十四年丁酉正月配享 祈穀壇本年三月配享 北郊本年十月奉入 奉先殿致祭康熙

20477　列祖子孫宗室竪格玉牒一卷　清康熙九年（1670）玉牒館寫本

遼寧省檔案館

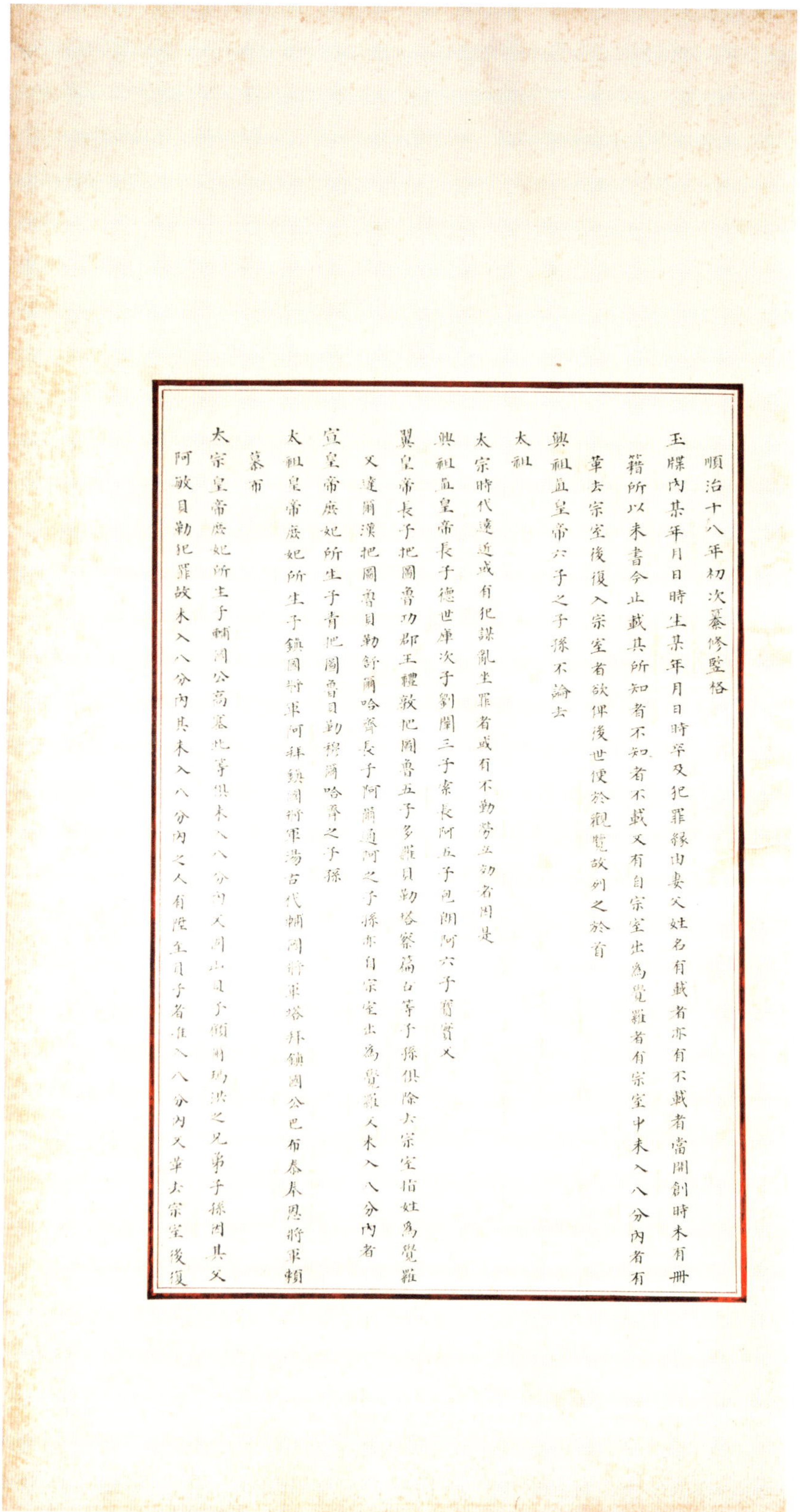

順治十八年初次纂修竪格

玉牒內某年月日時生某年月日時卒及犯罪緣由妻父姓名有載者亦有不載者當開創時未有冊籍所以未書今止載其所知者不知者不載又有自宗室出為覺羅者有宗室中未入八分內者有革去宗室後復入宗室者欲俾後世便於觀覽故列之於首

興祖直皇帝六子之子孫不論去

太祖

太宗時代遠近或有犯謀亂坐罪者或有不勤勞立功者因是

興祖直皇帝長子德世庫次子劉闡三子索長阿五子包朗阿六子寶實又

翼皇帝長子把圖魯功郡王禮敦把圖魯五子多羅貝勒塔察篇古等子孫俱除去宗室指姓為覺羅

又達爾漢把圖魯貝勒舒爾哈齊長子阿爾通阿之子孫亦自宗室出為覺羅又未入八分內者

宣皇帝庶妃所生子青把圖魯貝勒穆爾哈齊之子孫

太祖皇帝庶妃所生子鎮國將軍阿拜鎮國將軍湯古代輔國將軍塔拜鎮國公巴布泰奉恩將軍賴慕布

太宗皇帝庶妃所生子輔國公高塞此等俱未入八分內又因出貝子碩爾瑚洪之兄弟子孫因其父阿敏貝勒犯罪故未入八分內其未入八分內之人有陞至貝子者准入八分內又革去宗室後復

20478　列祖子孫宗室竪格玉牒一卷　清康熙十八年（1679）玉牒館寫本　遼寧省檔案館

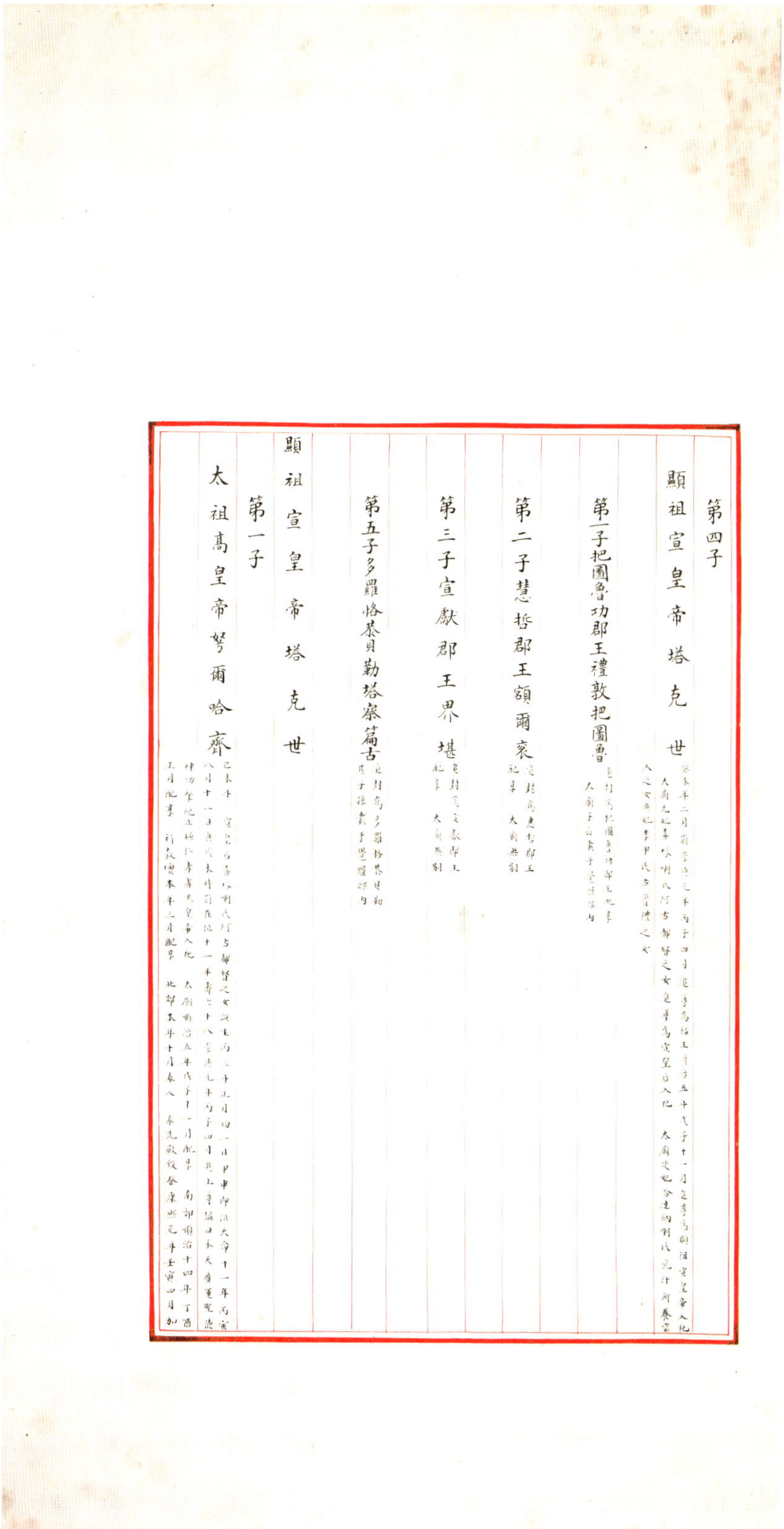

第四子
顯祖宣皇帝塔克世
第一子把圖魯功郡王禮敦把圖魯
第二子慧哲郡王額爾袞
第三子宣獻郡王界堪
第五子多羅恪恭貝勒塔察篇古
顯祖宣皇帝塔克世
第一子
太祖高皇帝努爾哈齊

20479　列祖子孫宗室竪格玉牒一卷　清康熙二十七年（1688）玉牒館寫本　遼寧省檔案館

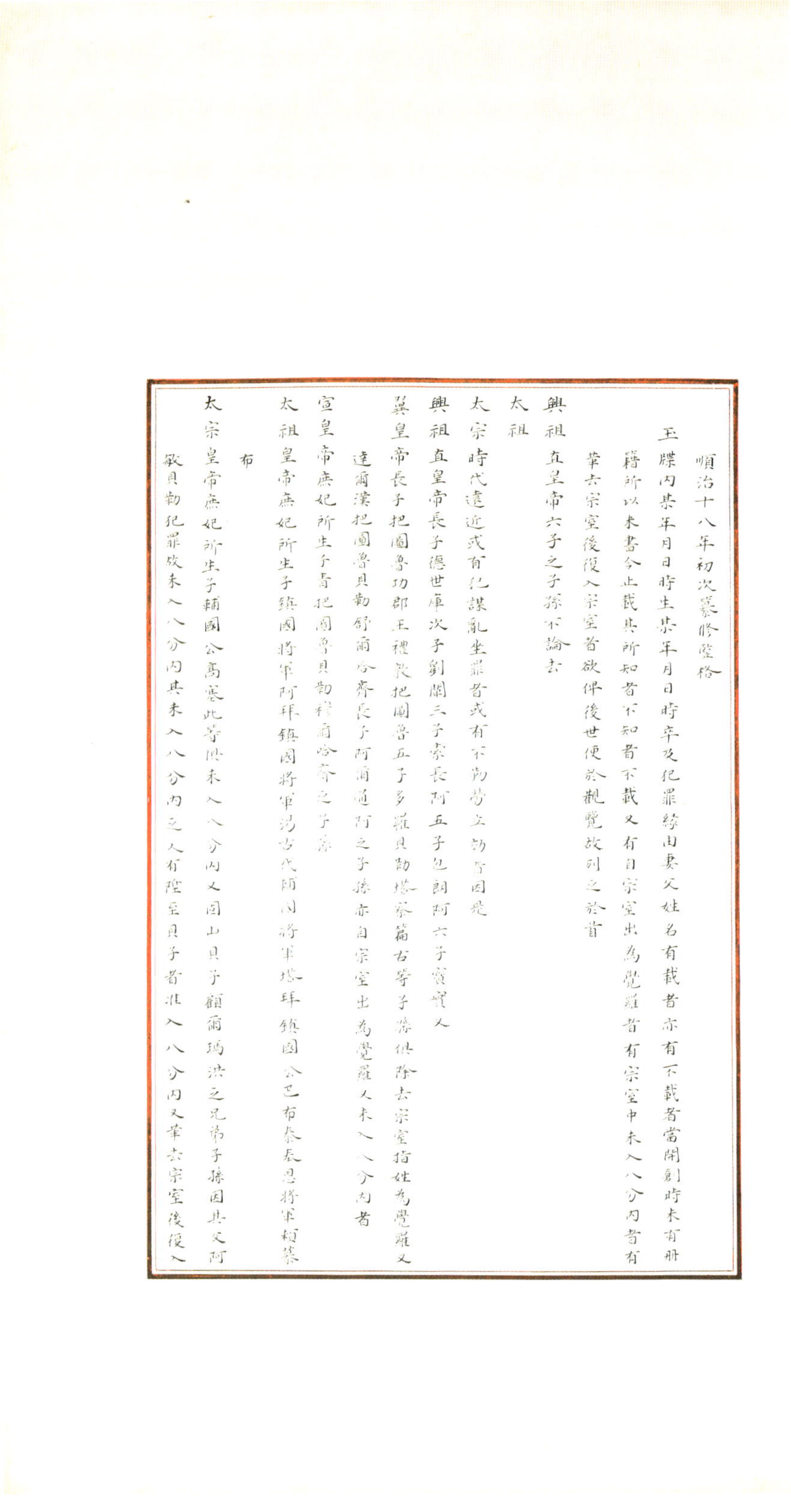
順治十八年初次纂修豎格
玉牒内某年月日時生某年月日時卒及犯罪緣由妻父姓名有載者亦有不載者當開創時未有册
籍所以未書今止載其所知者不知者不載又有自宗室出爲覺羅者有宗室中未入八分内者有
革去宗室後復入宗室者欲俾後世便於觀覽故列之於首
興祖直皇帝六子之子孫不論去
太祖
太宗時代遠近或有犯謀亂坐罪者或有不効勞立功皆因是
興祖直皇帝長子德世庫次子劉闡三子索長阿五子包朗阿六子寶實又
翼皇帝長子把圖魯功郡王禮敦把圖魯五子多羅貝勒塔察篇古等子孫俱除去宗室指姓爲覺羅又
達爾漢把圖魯貝勒舒爾哈齊長子阿爾通阿之子孫亦自宗室出爲覺羅又未入八分内者
宣皇帝庶妃所生子青把圖魯貝勒穆爾哈齊之子孫
太祖皇帝庶妃所生子鎮國將軍阿拜鎮國將軍湯古代輔國將軍塔拜鎮國公巴布泰奉恩將軍賴慕
布
太宗皇帝庶妃所生子輔國公高塞此等俱未入八分内又固山貝子碩爾瑪洪之兄弟子孫因其父阿
敏貝勒犯罪故未入八分内其未入八分内之人有陞至貝子者准入八分内又革去宗室後復入

20480　列祖子孫宗室豎格玉牒一卷　清康熙三十六年（1697）玉牒館寫本　遼寧省檔案館

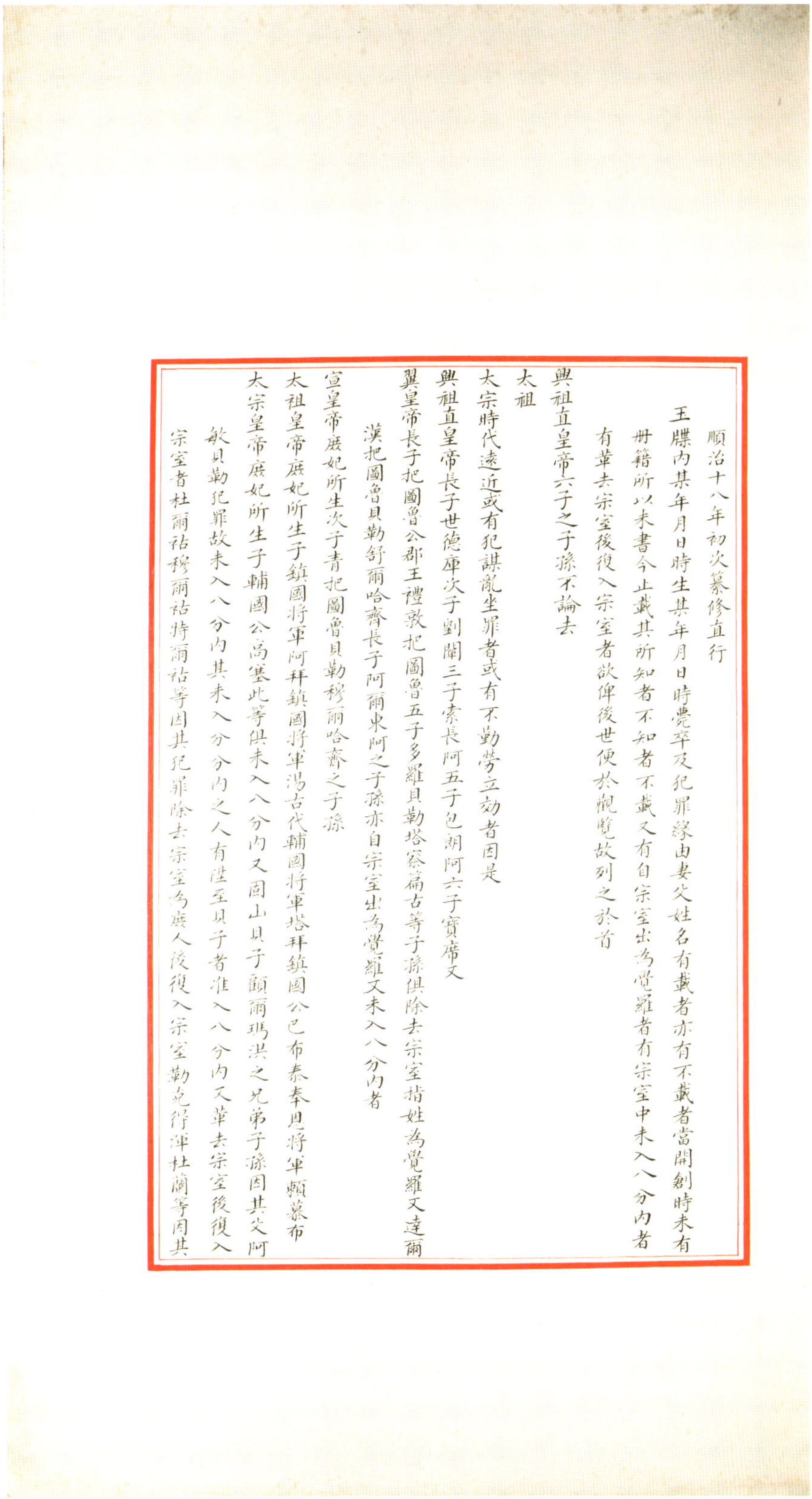
順治十八年初次纂修直行
玉牒內其年月日時生其年月日時薨卒及犯罪緣由妻父姓名有載者亦有不載者當開創時未有
冊籍所以未書今止載其所知者不知者不載又有自宗室出為覺羅者有宗室中未入八分內者
有革去宗室後復入宗室者欲俾後世便於觀覽故列之於首
興祖直皇帝六子之子孫不論去
太祖
太宗時代遠近或有犯謀亂坐罪者或有不勤勞立効者因是
興祖直皇帝長子世德庫次子劉闡三子索長阿五子包朗阿六子寶席文
翼皇帝長子把圖魯公郡王禮敦把圖魯五子多羅貝勒塔察篇古等子孫俱除去宗室指姓為覺羅又達爾
漢把圖魯貝勒舒爾哈齊長子阿爾東阿之子孫亦自宗室出為覺羅又未入八分內者
宣皇帝庶妃所生次子青把圖魯貝勒穆爾哈齊之子孫
太祖皇帝庶妃所生子鎮國將軍阿拜鎮國將軍湯古代輔國將軍塔拜鎮國公巴布泰奉恩將軍賴慕布
太宗皇帝庶妃所生子輔國公高塞此等俱未入八分內又固山貝子顚爾瑪洪之兄弟子孫因其父阿
敏貝勒犯罪故未入八分內其未入分分內之人有陞至貝子者准入八分內又革去宗室後復入
宗室者杜爾祜穆爾祜特爾祜等因其犯罪除去宗室為庶人後復入宗室勤克得渾杜蘭等因其

20481　列祖子孫宗室竪格玉牒一卷　清康熙四十五年（1706）玉牒館寫本　遼寧省檔案館

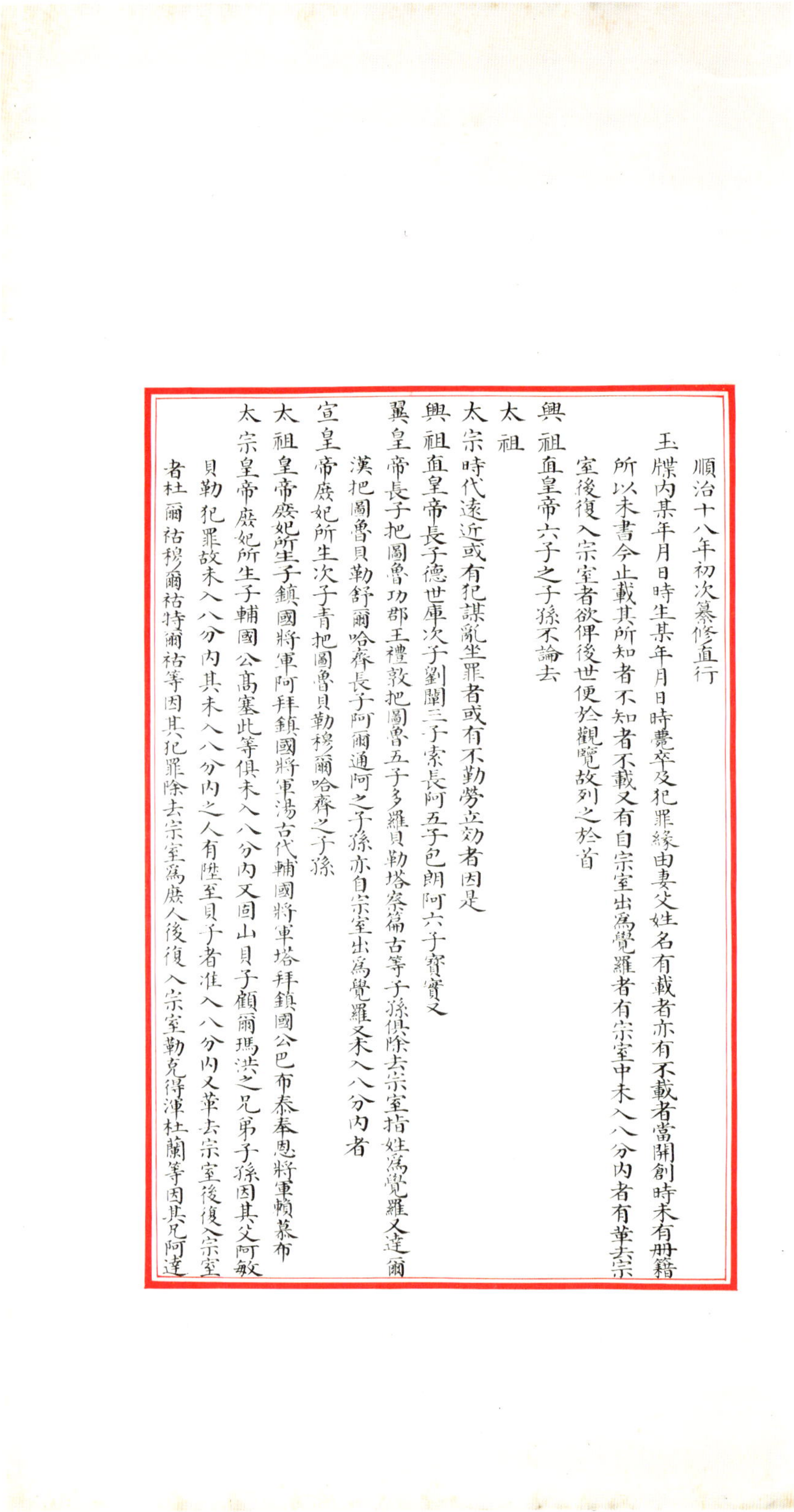

順治十八年初次纂修直行

玉牒内某年月日時生某年月日時薨卒及犯罪緣由妻父姓名有載者亦有不載者當開創時未有册籍所以未書今止載其所知者不知者不載又有自宗室出爲覺羅者有宗室中未入八分内者有革去宗室後復入宗室者欲俾後世便於觀覽故列之於首

興祖直皇帝六子之子孫不論去

太祖

太宗時代遠近或有犯謀亂坐罪者或有不勤勞立効者因是

興祖直皇帝長子德世庫次子劉闡三子索長阿五子包朗阿六子寶實之

翼皇帝長子把圖魯功郡王禮敦把圖魯五子多羅貝勒塔察篇古等子孫俱除去宗室指姓爲覺羅又達爾

漢把圖魯貝勒舒爾哈齊長子阿爾通阿之子孫亦自宗室出爲覺羅又未入八分内者

宣皇帝庶妃所生次子青把圖魯貝勒穆爾哈齊之子孫

太祖皇帝庶妃所生子鎮國將軍阿拜鎮國將軍湯古代輔國將軍塔拜鎮國公巴布泰奉恩將軍賴慕布

太宗皇帝庶妃所生子輔國公高塞此等俱未入八分内又固山貝子顧爾瑪洪之兄弟子孫因其父阿敏

貝勒犯罪故未入八分内其未入八分内之人有陞至貝子者准入八分内又革去宗室後復入宗室

者杜爾祜穆爾祜特爾祜等因其犯罪除去宗室爲庶人後復入宗室勒克得渾杜蘭等因其兄阿達

20482　列祖子孫宗室竪格玉牒一卷　清雍正二年（1724）玉牒館寫本

遼寧省檔案館

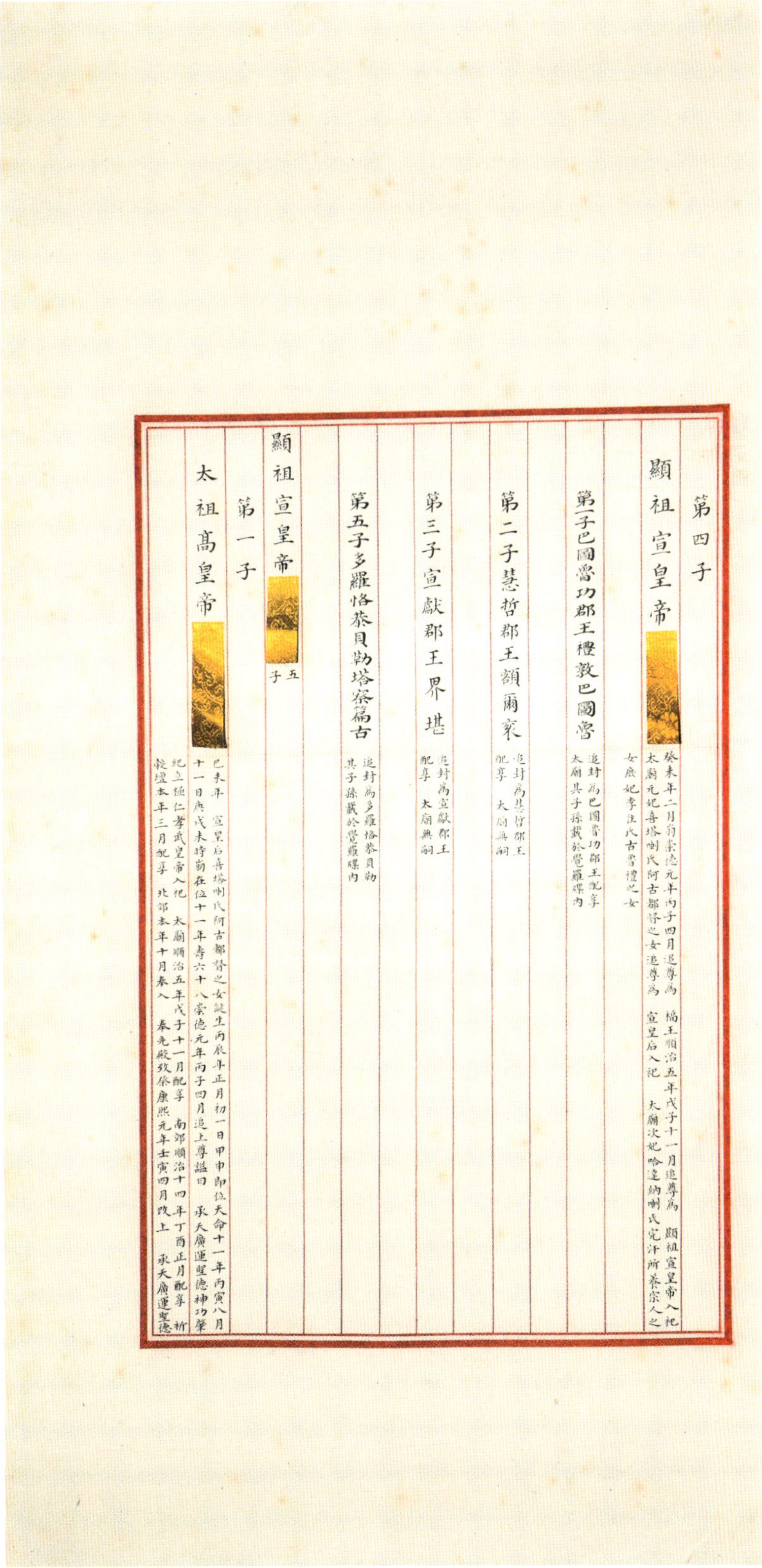
第四子
顯祖宣皇帝
癸未年二月薨崇德元年丙子四月追尊爲 福王順治五年戊子十一月追尊爲 顯祖宣皇帝入祀
太廟元妃喜塔喇氏阿古都督之女追尊爲 宣皇后入祀 太廟次妃哈達納喇氏完汗所養宗人之
女庶妃李佳氏古魯禮之女
第一子巴圖魯功郡王禮敦巴圖魯
追封爲巴圖魯功郡王配享
太廟其子孫載於覺羅牒內
第二子慧哲郡王額爾袞
追封爲慧哲郡王
配享 太廟無嗣
第三子宣獻郡王界堪
追封爲宣獻郡王
配享 太廟無嗣
第五子多羅恪恭貝勒塔察篇古
追封爲多羅恪恭貝勒
其子孫載於覺羅牒內
顯祖宣皇帝
五
子
第一子
太祖高皇帝
己未年 宣皇后喜塔喇氏阿古都督之女誕生丙辰年正月初一日甲申即位天命十一年丙寅八月
十一日庚戌未時崩在位十一年壽六十八崇德元年丙子四月追上尊謚曰 承天廣運聖德神功肇
紀立極仁孝武皇帝入祀 太廟順治五年戊子十一月配享 南郊順治十四年丁酉正月配享 祈
穀壇本年三月配享 北郊本年十月奉入 奉先殿致祭康熙元年壬寅四月改上 承天廣運聖德

20483 列祖子孫宗室豎格玉牒一卷 清雍正十一年（1733）玉牒館寫本 遼寧省檔案館

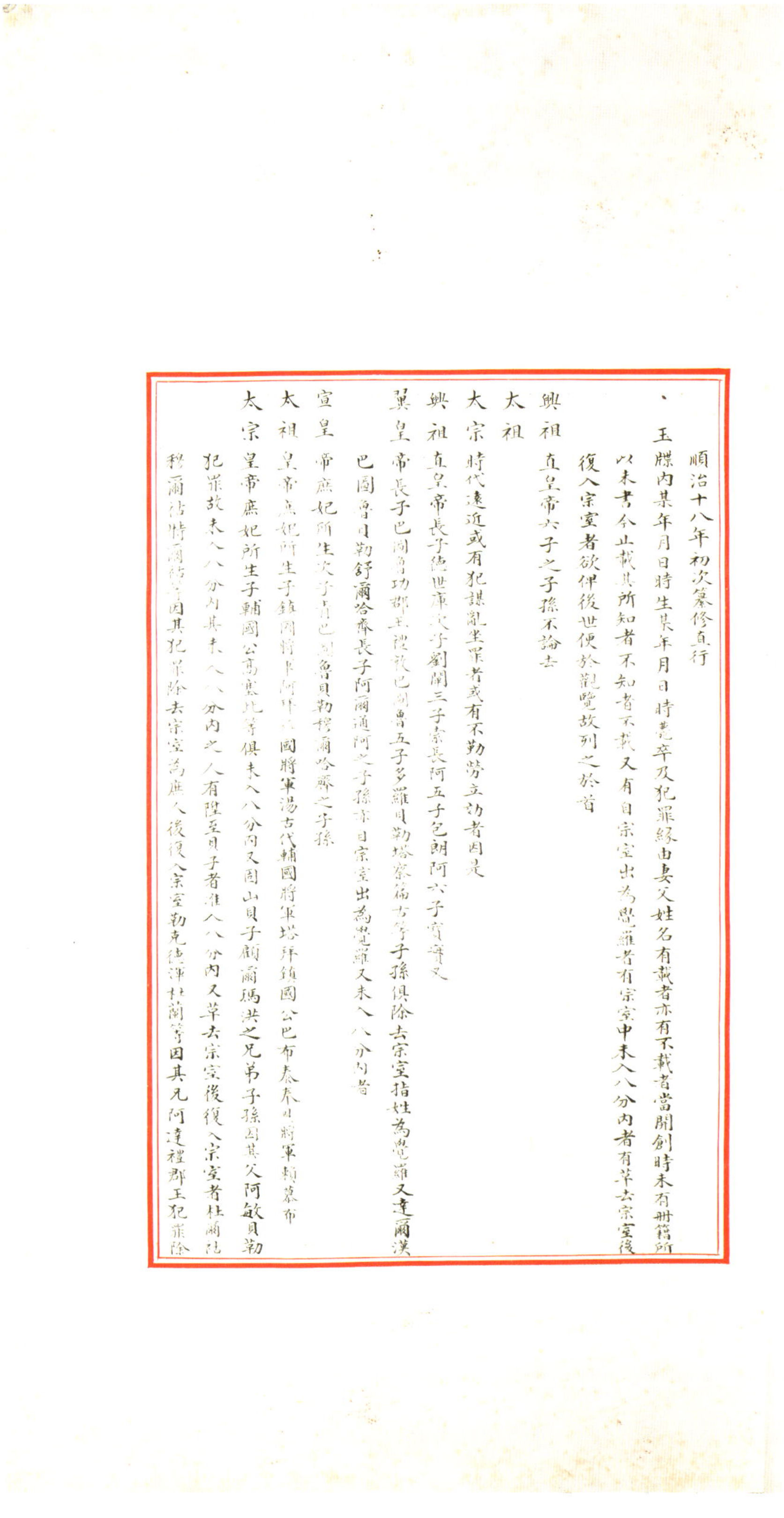
順治十八年初次纂修直行
、玉牒内某年月日時生某年月日時薨卒及犯罪緣由妻父姓名有載者亦有不載者當開創時未有冊籍所
以未書今止載其所知者不知者不載又有自宗室出為覺羅者有宗室中未入八分内者有革去宗室後
復入宗室者欲俾後世便於觀覽故列之於首
興祖直皇帝六子之子孫不論去
太祖
太宗時代遠近或有犯謀亂坐罪者或有不勤勞立功者因是
興祖直皇帝長子德世庫次子劉闡三子索長阿五子包朗阿六子寶實叉
翼皇帝長子巴圖魯功郡王禮敦巴圖魯五子多羅貝勒塔察篇古等子孫俱除去宗室指姓為覺羅又達爾漢
巴圖魯貝勒舒爾哈齊長子阿爾通阿之子孫亦自宗室出為覺羅又未入八分内者
宣皇帝庶妃所生次子青巴圖魯貝勒穆爾哈齊之子孫
太祖皇帝庶妃所生子鎮國將軍阿拜鎮國將軍湯古代輔國將軍塔拜鎮國公巴布泰奉國將軍賴慕布
太宗皇帝庶妃所生子輔國公高塞比等俱未入八分内又固山貝子顧爾瑪洪之兄弟子孫因其父阿敏貝勒
犯罪故未入八分内其未入八分内之人有陞至貝子者准入八分内又革去宗室後復入宗室者杜爾祜
穆爾祜特爾祜等因其犯罪除去宗室為庶人後復入宗室勒克德渾杜蘭等因其兄阿達禮郡王犯罪除

20484 列祖子孫宗室竪格玉牒一卷 清乾隆七年（1742）玉牒館寫本

遼寧省檔案館

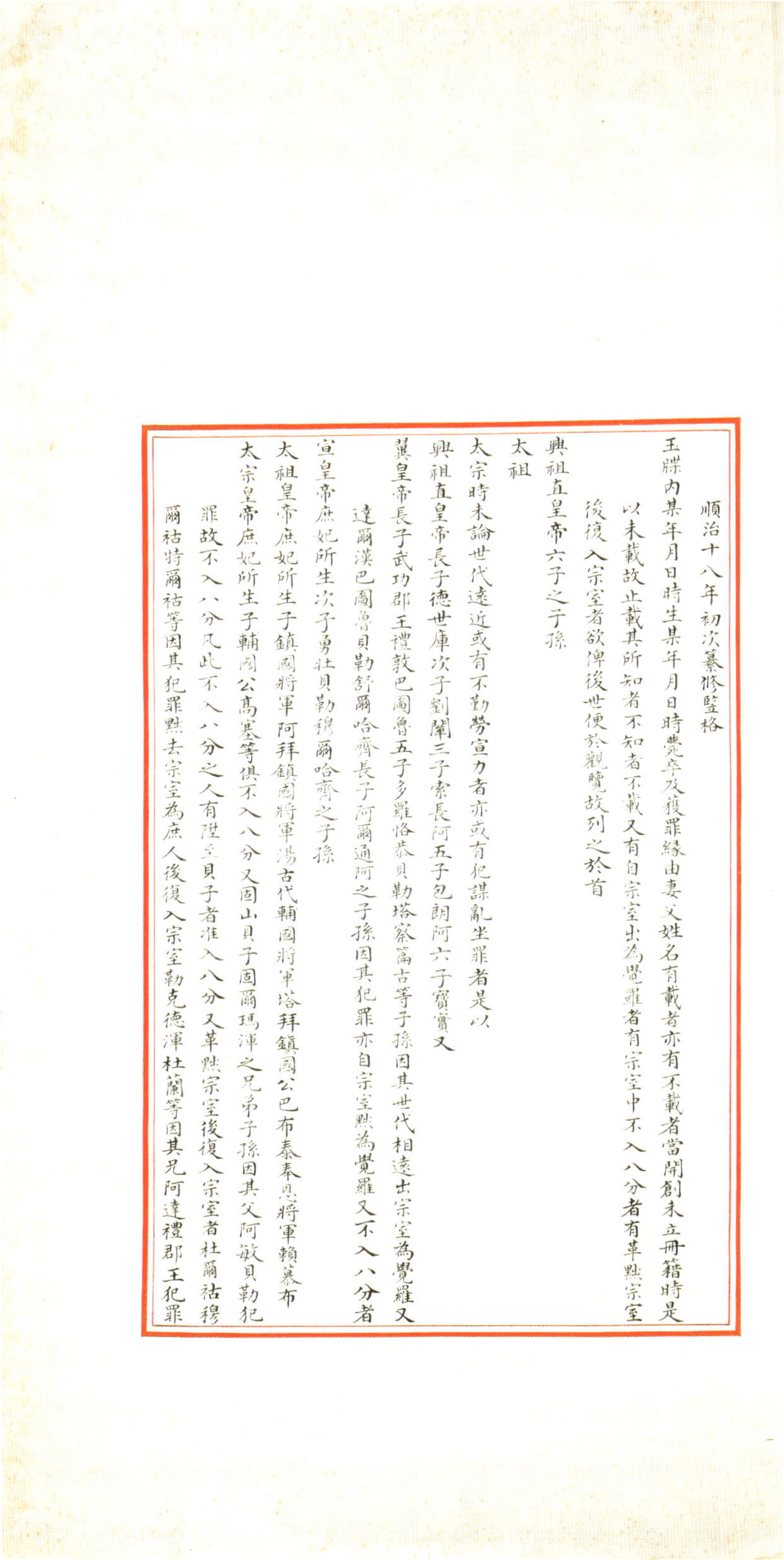

順治十八年初次纂修豎格

玉牒内某年月日時生某年月日時薨卒及獲罪緣由妻父姓名有載者亦有不載者當開創未立冊籍時是以未載故止載其所知者不知者不載又有自宗室出爲覺羅者有宗室中不入八分者有革黜宗室後復入宗室者欲俾後世便於觀覽故列之於首

興祖直皇帝六子之子孫

太祖

太宗時未論世代遠近或有不勤勞宣力者亦或有犯謀亂坐罪者是以

興祖直皇帝長子德世庫次子劉闡三子索長阿五子包朗阿六子寶實又

翼皇帝長子武功郡王禮敦巴圖魯五子多羅恪恭貝勒塔察篇古等子孫因其世代相遠出宗室爲覺羅又

達爾漢巴圖魯貝勒舒爾哈齊長子阿爾通阿之子孫因其犯罪亦自宗室黜爲覺羅又不入八分者

宣皇帝庶妃所生次子勇壯貝勒穆爾哈齊之子孫

太祖皇帝庶妃所生子鎮國將軍阿拜鎮國將軍湯古代輔國將軍塔拜鎮國公巴布泰奉恩將軍賴慕布

太宗皇帝庶妃所生子輔國公高塞等俱不入八分又固山貝子固爾瑪渾之兄弟子孫因其父阿敏貝勒犯

罪故不入八分凡此不入八分之人有陞至貝子者准入八分又革黜宗室後復入宗室者杜爾祜穆

爾祜特爾祜等因其犯罪黜去宗室爲庶人後復入宗室勒克德渾杜蘭等因其兄阿達禮郡王犯罪

20485　列祖子孫宗室豎格玉牒一卷　清乾隆十四年（1749）玉牒館寫本　遼寧省檔案館

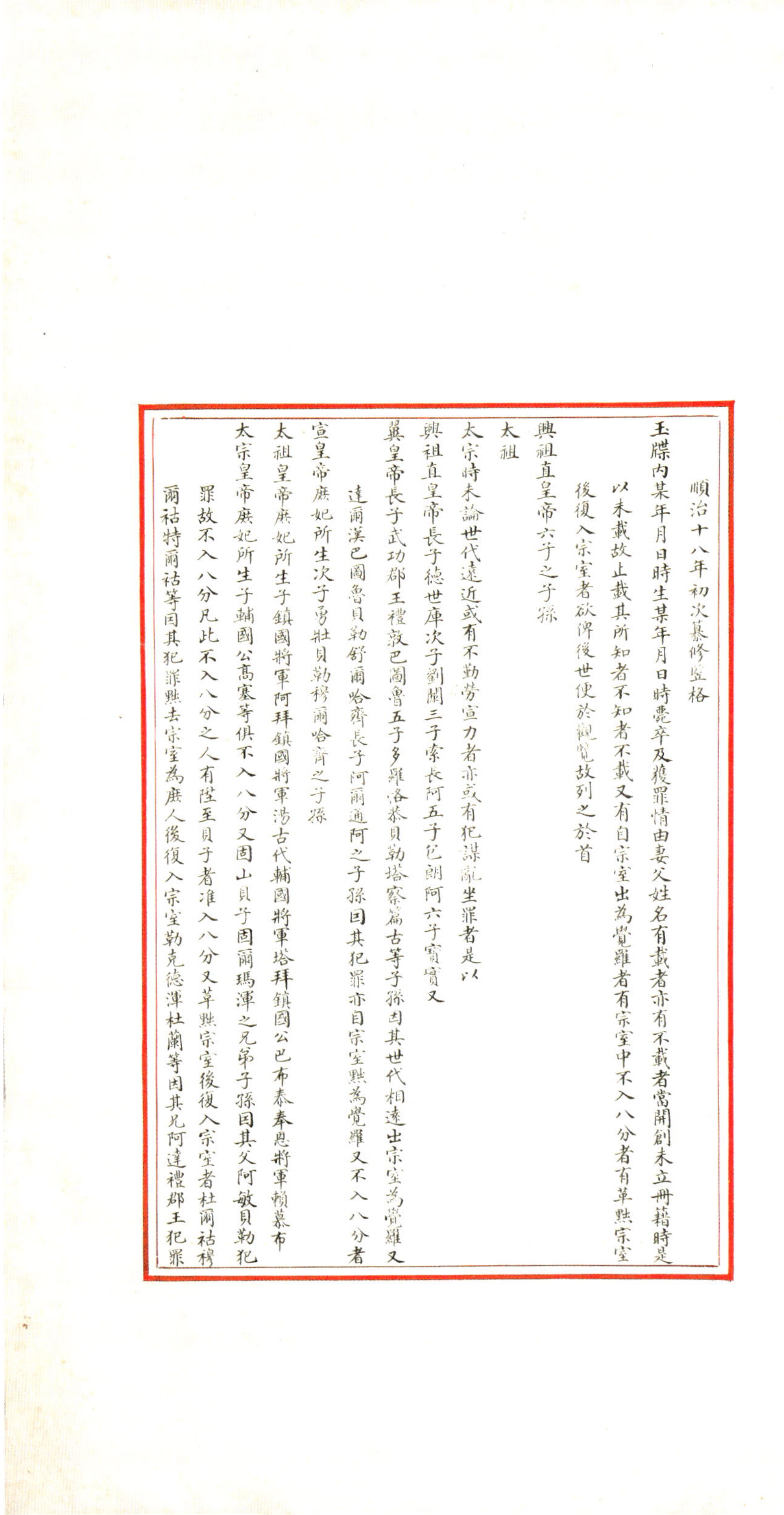
順治十八年初次纂修豎格
玉牒內某年月日時生某年月日時薨卒及獲罪情由妻父姓名有載者亦有不載者當開創未立冊籍時是
以未載故止載其所知者不知者不載又有自宗室出為覺羅者有宗室中不入八分者有革黜宗室
後復入宗室者欲俾後世便於觀覽故列之於首
興祖直皇帝六子之子孫
太祖
太宗時未論世代遠近或有不勤勞宣力者亦或有犯謀亂坐罪者是以
興祖直皇帝長子德世庫次子劉闡三子索長阿五子包朗阿六子寶實又
翼皇帝長子武功郡王禮敦巴圖魯五子多羅洛恭貝勒塔察篇古等子孫因其世代相遠出宗室為覺羅又
達爾漢巴圖魯貝勒舒爾哈齊長子阿爾通阿之子孫因其犯罪亦自宗室黜為覺羅又不入八分者
宣皇帝庶妃所生次子勇壯貝勒穆爾哈齊之子孫
太祖皇帝庶妃所生子鎮國將軍阿拜鎮國將軍湯古代輔國將軍塔拜鎮國公巴布泰奉恩將軍賴慕布
太宗皇帝庶妃所生子輔國公高塞等俱不入八分又固山貝子固爾瑪渾之兄弟子孫因其父阿敏貝勒犯
罪故不入八分凡此不入八分之人有陞至貝子者准入八分又革黜宗室後復入宗室者杜爾祜穆
爾祜特爾祜等因其犯罪黜去宗室為庶人後復入宗室勒克德渾杜蘭等因其兄阿達禮郡王犯罪

20486　列祖子孫宗室豎格玉牒一卷　清乾隆二十五年（1760）玉牒館

寫本　遼寧省檔案館

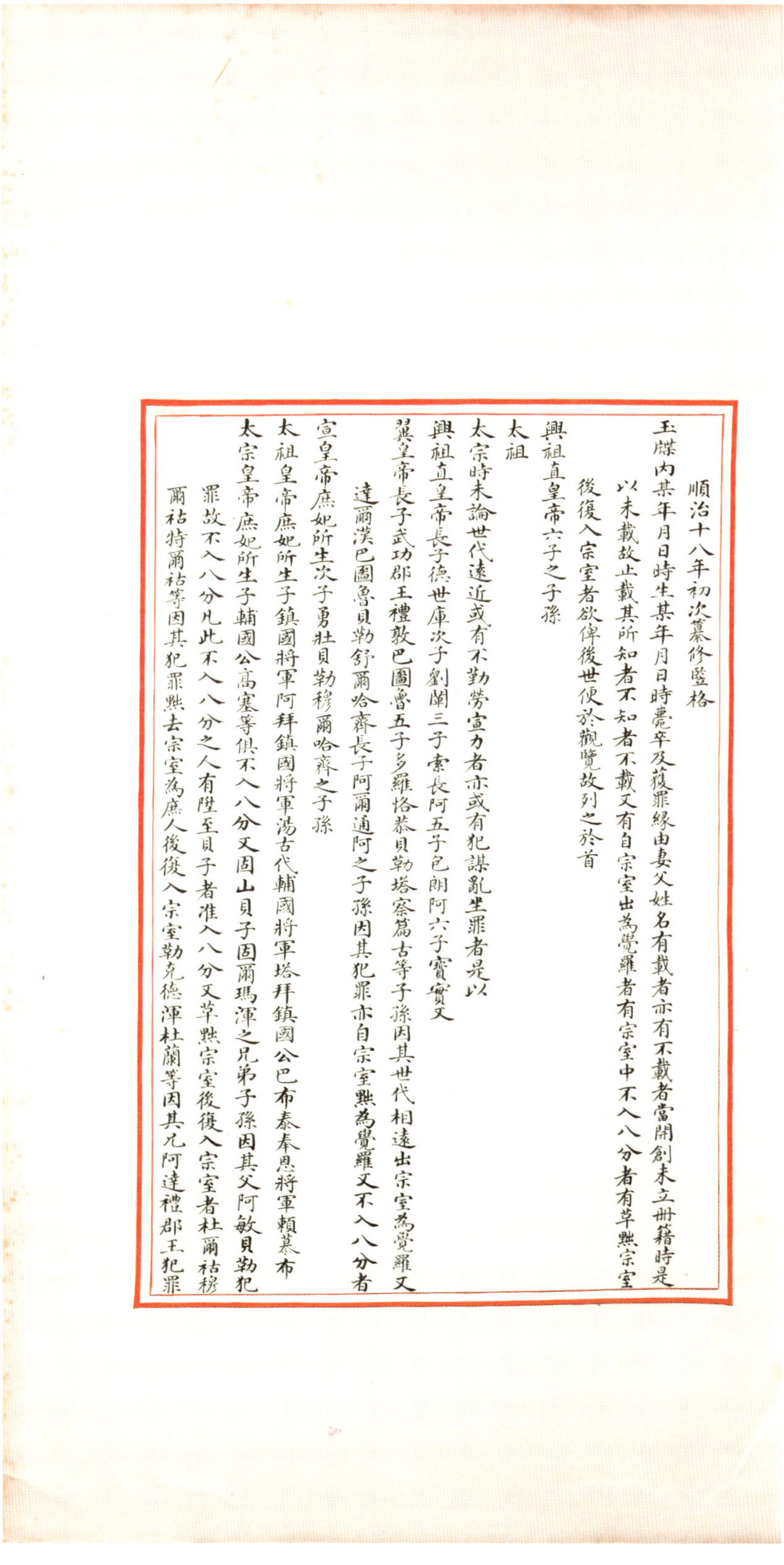
順治十八年初次纂修豎格
玉牒内某年月日時生某年月日時薨卒及獲罪緣由妻父姓名有載者亦有不載者當開創未立册籍時是
以未載故止載其所知者不知者不載又有自宗室出為覺羅者有宗室中不入八分者有革黜宗室
後復入宗室者欲俾後世便於觀覽故列之於首
興祖直皇帝六子之子孫
太祖
太宗時未論世代遠近或有不勤勞宣力者亦或有犯謀亂坐罪者是以
興祖直皇帝長子德世庫次子劉闡三子索長阿五子包朗阿六子寶實又
翼皇帝長子武功郡王禮敦巴圖魯五子多羅格恭貝勒塔察篇古等子孫因其世代相遠出宗室為覺羅又
達爾漢巴圖魯貝勒舒爾哈齊長子阿爾通阿之子孫因其犯罪亦自宗室黜為覺羅又不入八分者
宣皇帝庶妃所生次子勇壯貝勒穆爾哈齊之子孫
太祖皇帝庶妃所生子鎮國將軍阿拜鎮國將軍湯古代輔國將軍塔拜鎮國公巴布泰奉恩將軍賴慕布
太宗皇帝庶妃所生子輔國公高塞等俱不入八分又固山貝子固爾瑪渾之兄弟子孫因其父阿敏貝勒犯
罪故不入八分凡此不入八分之人有陞至貝子者准入八分又革黜宗室後復入宗室者杜爾祜穆
爾祜特爾祜等因其犯罪黜去宗室為庶人後復入宗室勒克德渾杜蘭等因其父阿達禮郡王犯罪

20487　列祖子孫宗室竪格玉牒一卷　清乾隆三十三年（1768）玉牒館寫本　遼寧省檔案館

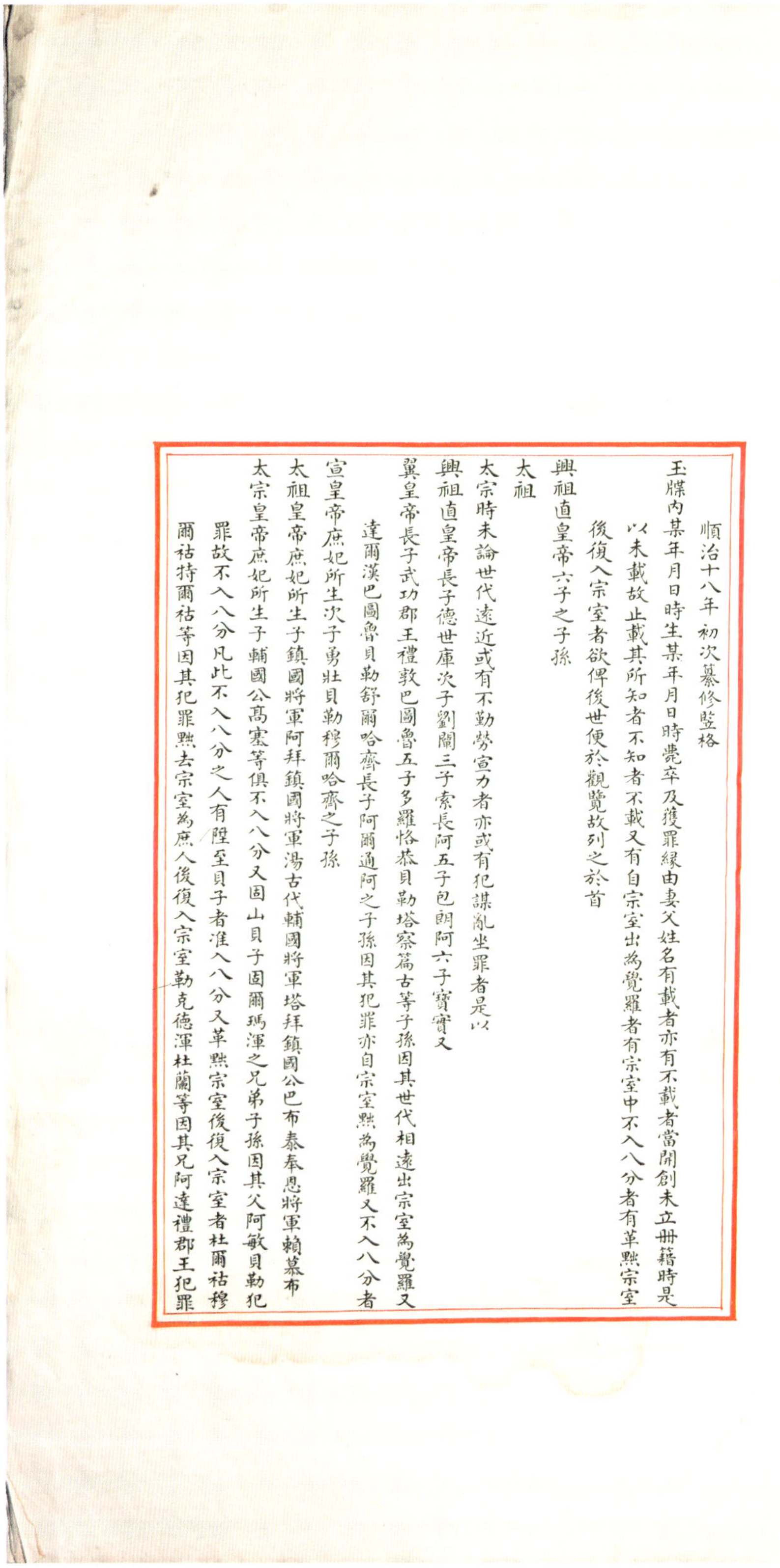
順治十八年初次纂修豎格
玉牒内某年月日時生某年月日時甍卒及獲罪緣由妻父姓名有載者亦有不載者當開創未立冊籍時是
以未載故止載其所知者不知者不載又有自宗室出為覺羅者有宗室中不入八分者有革黜宗室
後復入宗室者欲俾後世便於觀覽故列之於首
興祖直皇帝六子之子孫
太祖
太宗時未論世代遠近或有不勤勞宣力者亦或有犯謀亂坐罪者是以
興祖直皇帝長子德世庫次子劉闡三子索長阿五子包朗阿六子寶實又
翼皇帝長子武功郡王禮敦巴圖魯五子多羅恪恭貝勒塔察篇古等子孫因其世代相遠出宗室為覺羅又
達爾漢巴圖魯貝勒舒爾哈齊長子阿爾通阿之子孫因其犯罪亦自宗室黜為覺羅又不入八分者
宣皇帝庶妃所生次子勇壯貝勒穆爾哈齊之子孫
太祖皇帝庶妃所生子鎮國將軍阿拜鎮國將軍湯古代輔國將軍塔拜鎮國公巴布泰奉恩將軍賴慕布
太宗皇帝庶妃所生子輔國公高塞等俱不入八分又固山貝子固爾瑪渾之兄弟子孫因其父阿敏貝勒犯
罪故不入八分凡此不入八分之人有陞至貝子者准入八分又革黜宗室後復入宗室者杜爾祜穆
爾祜特爾祜等因其犯罪黜去宗室為庶人後復入宗室勒克德渾杜蘭等因其兄阿達禮郡王犯罪

20488　列祖子孫宗室豎格玉牒一卷　清乾隆五十三年（1788）玉牒館寫本　遼寧省檔案館

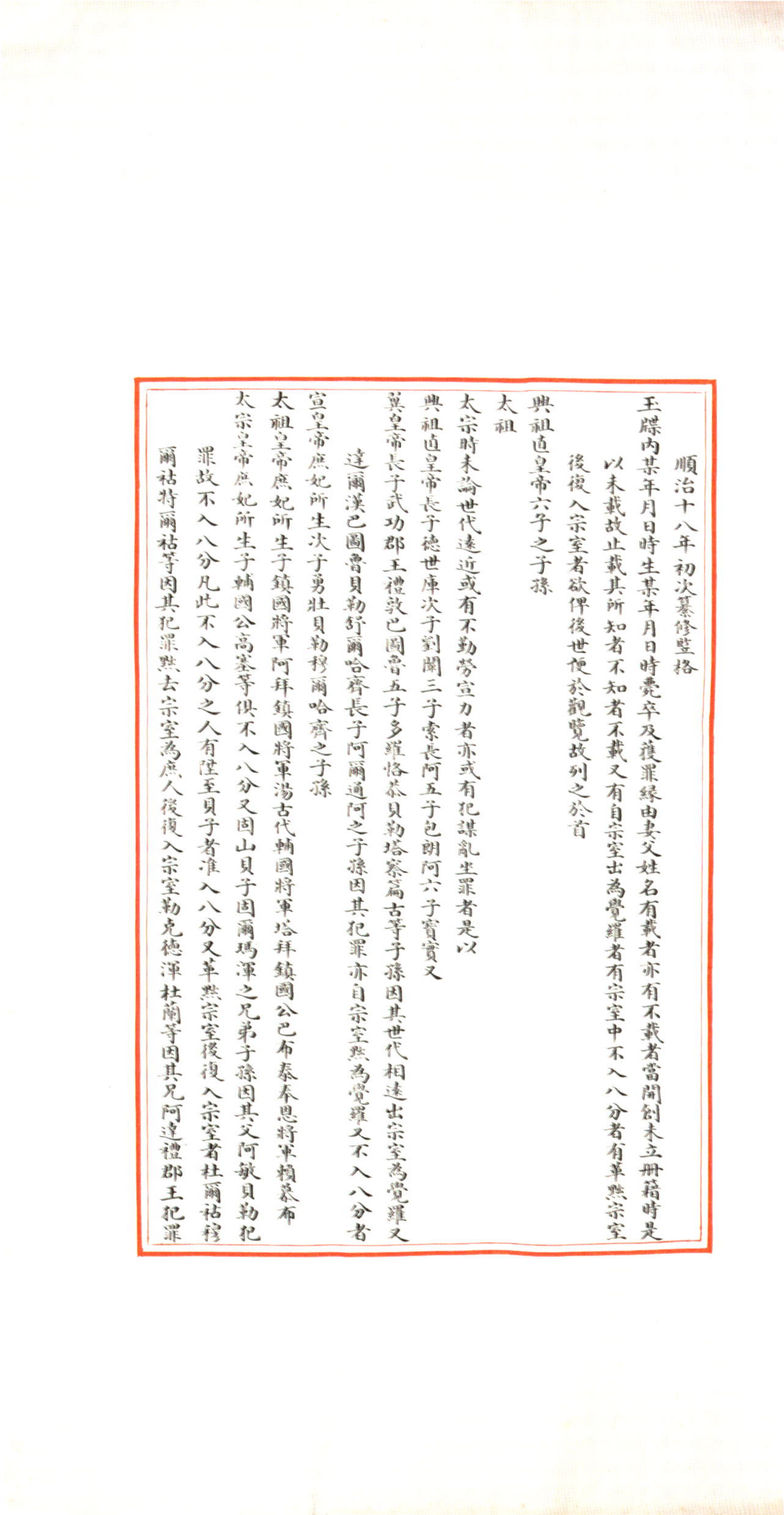

順治十八年初次纂修豎格
玉牒内某年月日時生某年月日時薨卒及獲罪緣由妻父姓名有載者亦有不載者當闢創未立册籍時是
以未載故止載其所知者不知者不載又有自宗室出為覺羅者有宗室中不入八分者有革黜宗室
後復入宗室者欲俾後世便於觀覽故列之於首
興祖直皇帝六子之子孫
太祖
太宗時未論世代遠近或有不勤勞宣力者亦或有犯謀亂生罪者是以
興祖直皇帝長子德世庫次子劉闡三子索長阿五子包朗阿六子寶實又
翼皇帝長子武功郡王禮敦巴圖魯五子多羅恪恭貝勒塔察篇古等子孫因其世代相遠出宗室為覺羅又
達爾漢巴圖魯貝勒舒爾哈齊長子阿爾通阿之子孫因其犯罪亦自宗室黜為覺羅又不入八分者
宣皇帝庶妃所生次子勇壯貝勒穆爾哈齊之子孫
太祖皇帝庶妃所生子鎮國將軍阿拜鎮國將軍湯古代輔國將軍塔拜鎮國公巴布泰奉恩將軍賴慕布
太宗皇帝庶妃所生子輔國公高塞等俱不入八分又固山貝子固爾瑪渾之兄弟子孫因其父阿敏貝勒犯
罪故不入八分凡此不入八分之人有陞至貝子者准入八分又革黜宗室後復入宗室者杜爾祜穆
爾祜特爾祜等因其犯罪黜去宗室為庶人後復入宗室勒克德渾杜蘭等因其兄阿達禮郡王犯罪

20489　列祖子孫宗室豎格玉牒一卷　清嘉慶三年（1798）玉牒館寫本

遼寧省檔案館

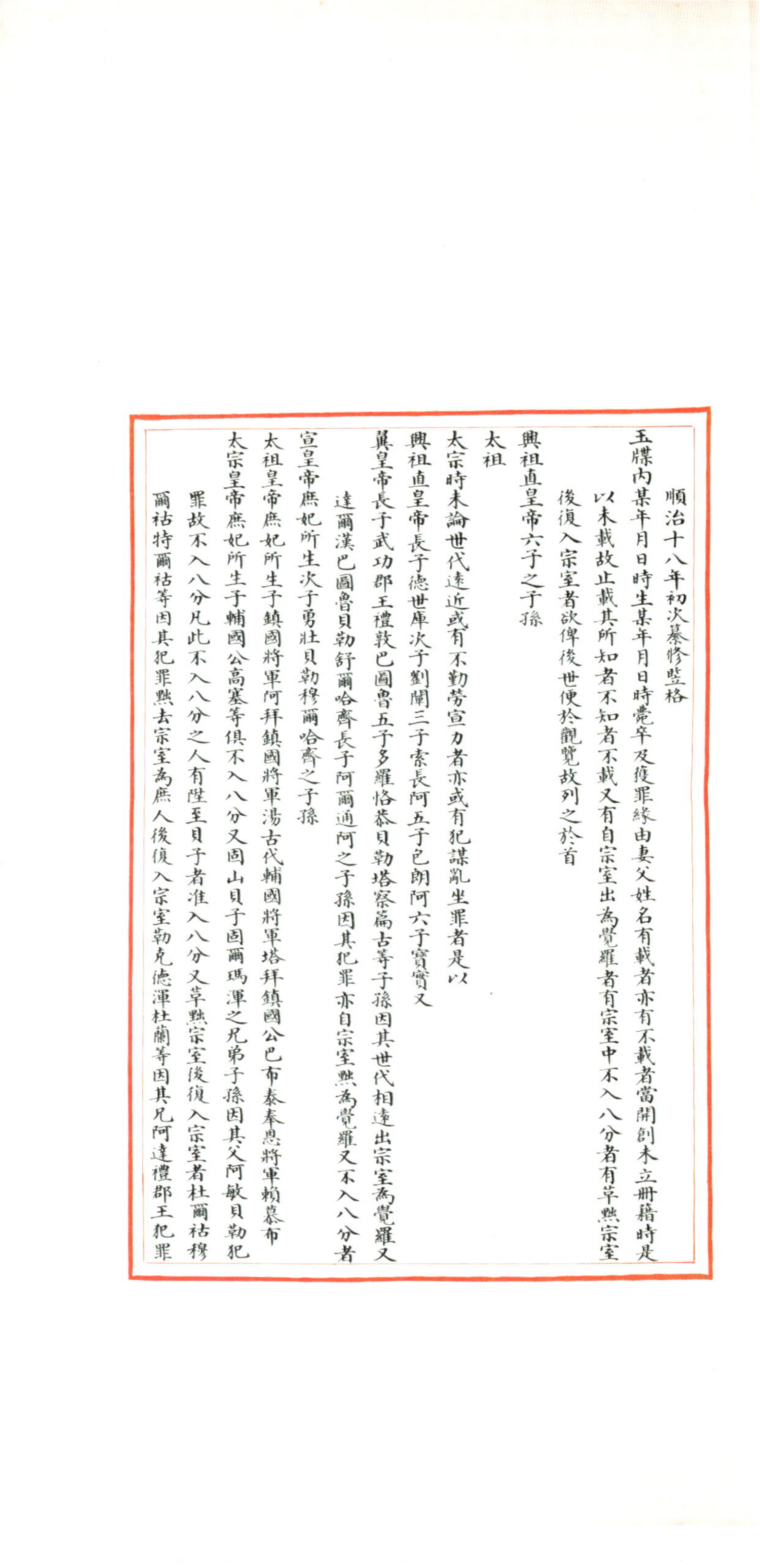
順治十八年初次纂修豎格
玉牒内某年月日時生某年月日時薨卒及獲罪緣由妻父姓名有載者亦有不載者當開創未立冊籍時是
以未載故止載其所知者不知者不載又有自宗室出為覺羅者有宗室中不入八分者有革黜宗室
後復入宗室者欲俾後世便於觀覽故列之於首
興祖直皇帝六子之子孫
太祖
太宗時未論世代遠近或有不勤勞宣力者亦或有犯謀亂坐罪者是以
興祖直皇帝長子德世庫次子劉闡三子索長阿五子包朗阿六子寶實又
翼皇帝長子武功郡王禮敦巴圖魯五子多羅恪恭貝勒塔察篇古等子孫因其世代相遠出宗室為覺羅又
達爾漢巴圖魯貝勒舒爾哈齊長子阿爾通阿之子孫因其犯罪亦自宗室黜為覺羅又不入八分者
宣皇帝庶妃所生次子勇壯貝勒穆爾哈齊之子孫
太祖皇帝庶妃所生子鎮國將軍阿拜鎮國將軍湯古代輔國將軍塔拜鎮國公巴布泰奉恩將軍賴慕布
太宗皇帝庶妃所生子輔國公高塞等俱不入八分又固山貝子固爾瑪渾之兄弟子孫因其父阿敏貝勒犯
罪故不入八分凡此不入八分之人有陞至貝子者准入八分又革黜宗室後復入宗室者杜爾祜穆
爾祜特爾祜等因其犯罪黜去宗室為庶人後復入宗室勒克德渾杜蘭等因其兄阿達禮郡王犯罪

20490　列祖子孫宗室豎格玉牒一卷　清嘉慶十二年（1807）玉牒館寫本　遼寧省檔案館

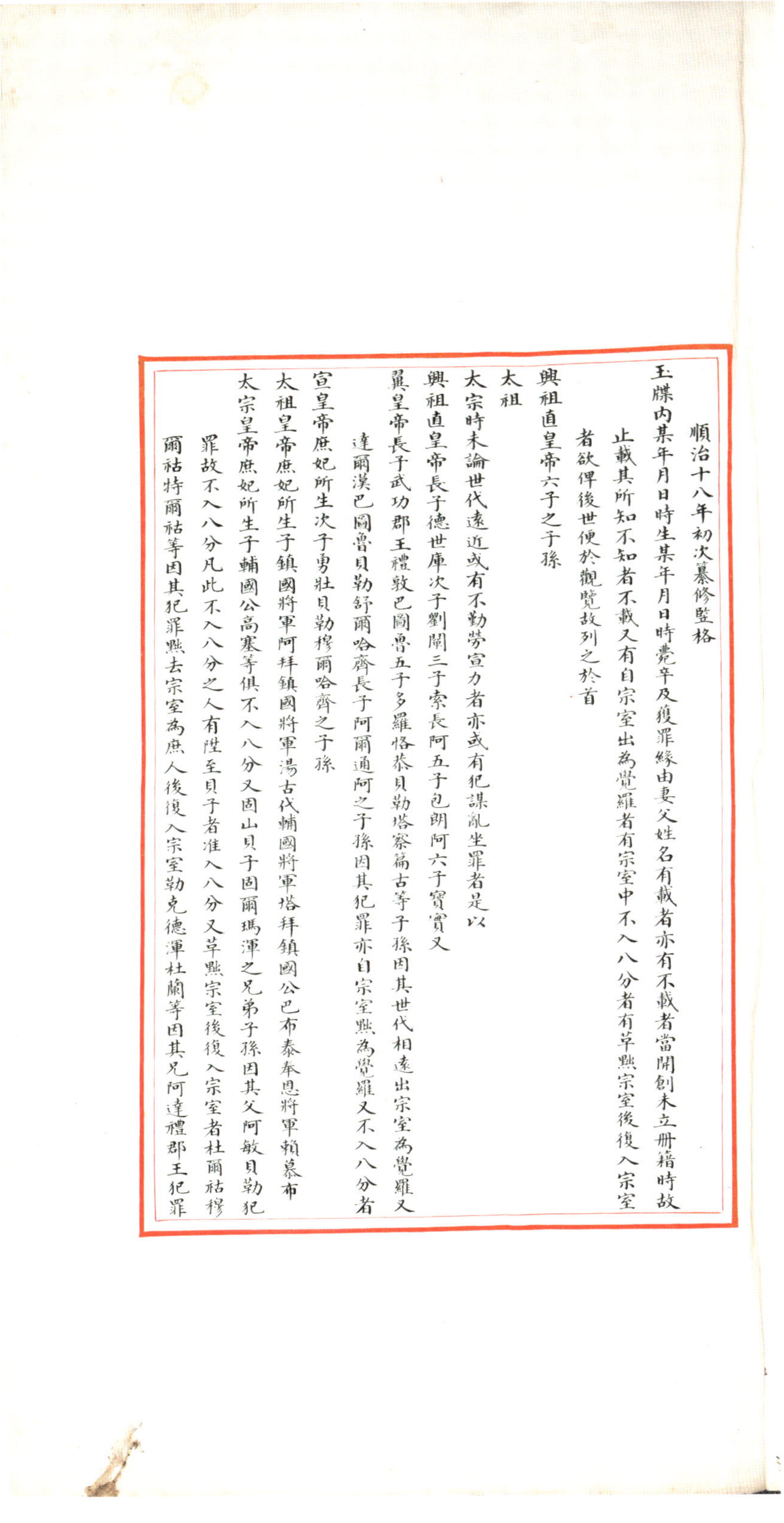
順治十八年初次纂修豎格
玉牒内某年月日時生某年月日時薨卒及獲罪緣由妻父姓名有載者亦有不載者當開創未立册籍時故
止載其所知不知者不載又有自宗室出為覺羅者有宗室中不入八分者有革黜宗室後復入宗室
者欲俾後世便於觀覽故列之於首
興祖直皇帝六子之子孫
太祖
太宗時未論世代遠近或有不勤勞宣力者亦或有犯謀亂坐罪者是以
興祖直皇帝長子德世庫次子劉闡三子索長阿五子包朗阿六子寶實又
翼皇帝長子武功郡王禮敦巴圖魯五子多羅恪恭貝勒塔察篇古等子孫因其世代相遠出宗室為覺羅又
達爾漢巴圖魯貝勒舒爾哈齊長子阿爾通阿之子孫因其犯罪亦自宗室黜為覺羅又不入八分者
宣皇帝庶妃所生次子勇壯貝勒穆爾哈齊之子孫
太祖皇帝庶妃所生子鎮國將軍阿拜鎮國將軍湯古代輔國將軍塔拜鎮國公巴布泰奉恩將軍賴慕布
太宗皇帝庶妃所生子輔國公高塞等俱不入八分又固山貝子固爾瑪渾之兄弟子孫因其父阿敏貝勒犯
罪故不入八分凡此不入八分之人有陞至貝子者准入八分又革黜宗室後復入宗室者杜爾祜穆
爾祜特爾祜等因其犯罪黜去宗室為庶人後復入宗室勒克德渾杜蘭等因其兄阿達禮郡王犯罪

20491　列祖子孫宗室豎格玉牒一卷　清嘉慶二十三年（1818）玉牒館寫本　遼寧省檔案館

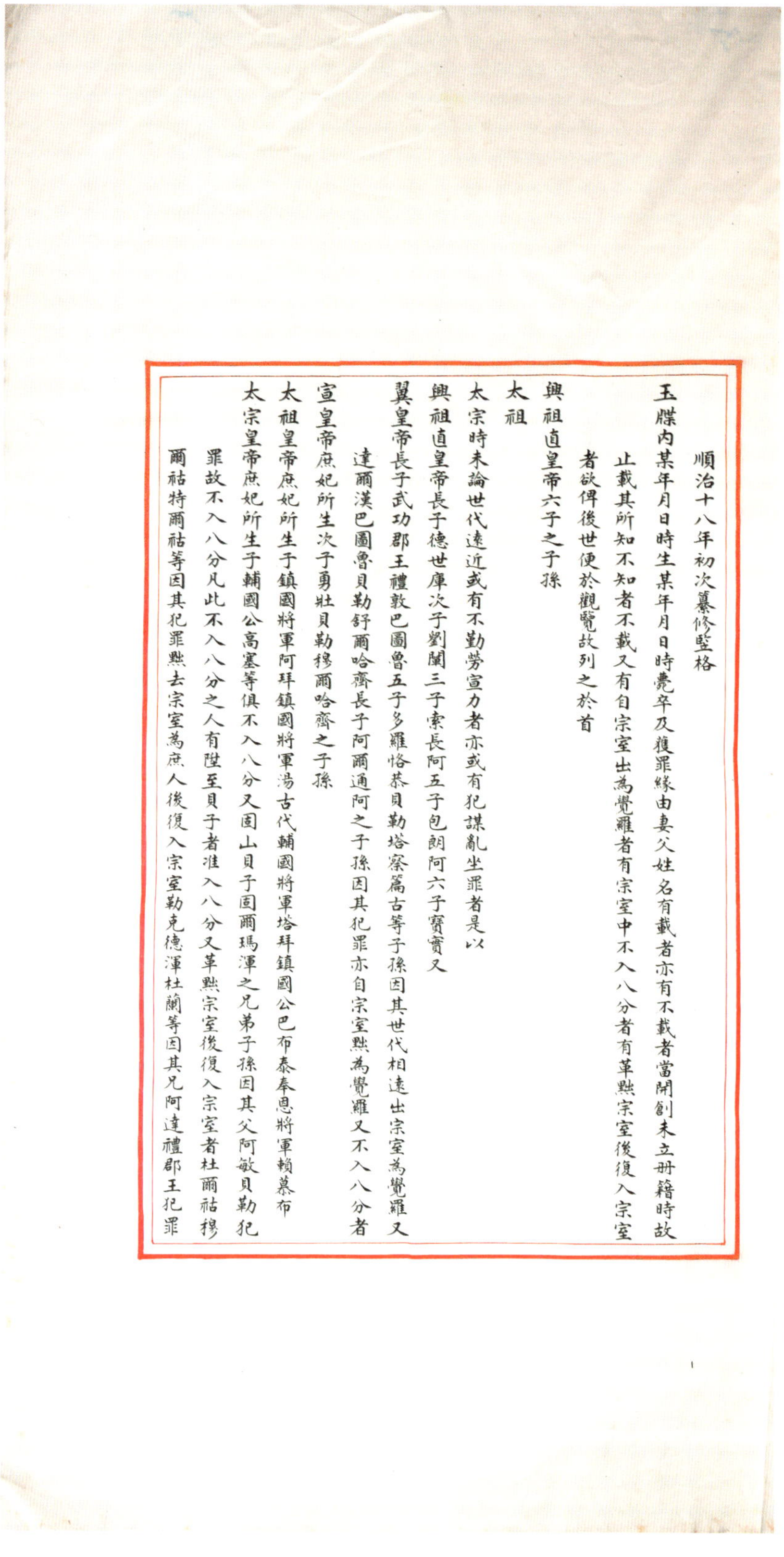
順治十八年初次纂修豎格
玉牒内某年月日時生某年月日時甍卒及獲罪緣由妻父姓名有載者亦有不載者當開創未立册籍時故
止載其所知不知者不載又有自宗室出為覺羅者有宗室中不入八分者有革黜宗室後復入宗室
者欲俾後世便於觀覽故列之於首
興祖直皇帝六子之子孫
太祖
太宗時未論世代遠近或有不勤勞宣力者亦或有犯謀亂坐罪者是以
興祖直皇帝長子德世庫次子劉闡三子索長阿五子包朗阿六子寶實又
翼皇帝長子武功郡王禮敦巴圖魯五子多羅恪恭貝勒塔察篇古等子孫因其世代相遠出宗室為覺羅又
達爾漢巴圖魯貝勒舒爾哈齊長子阿爾通阿之子孫因其犯罪亦自宗室黜為覺羅又不入八分者
宣皇帝庶妃所生次子勇壯貝勒穆爾哈齊之子孫
太祖皇帝庶妃所生子鎮國將軍阿拜鎮國將軍湯古代輔國將軍塔拜鎮國公巴布泰奉恩將軍賴慕布
太宗皇帝庶妃所生子輔國公高塞等俱不入八分又固山貝子固爾瑪渾之兄弟子孫因其父阿敏貝勒犯
罪故不入八分凡此不入八分之人有陞至貝子者准入八分又革黜宗室後復入宗室者杜爾祜穆
爾祜特爾祜等因其犯罪黜去宗室為庶人後復入宗室勒克德渾杜蘭等因其兄阿達禮郡王犯罪

20492　列祖子孫宗室豎格玉牒一卷　清道光八年（1828）玉牒館寫本

遼寧省檔案館

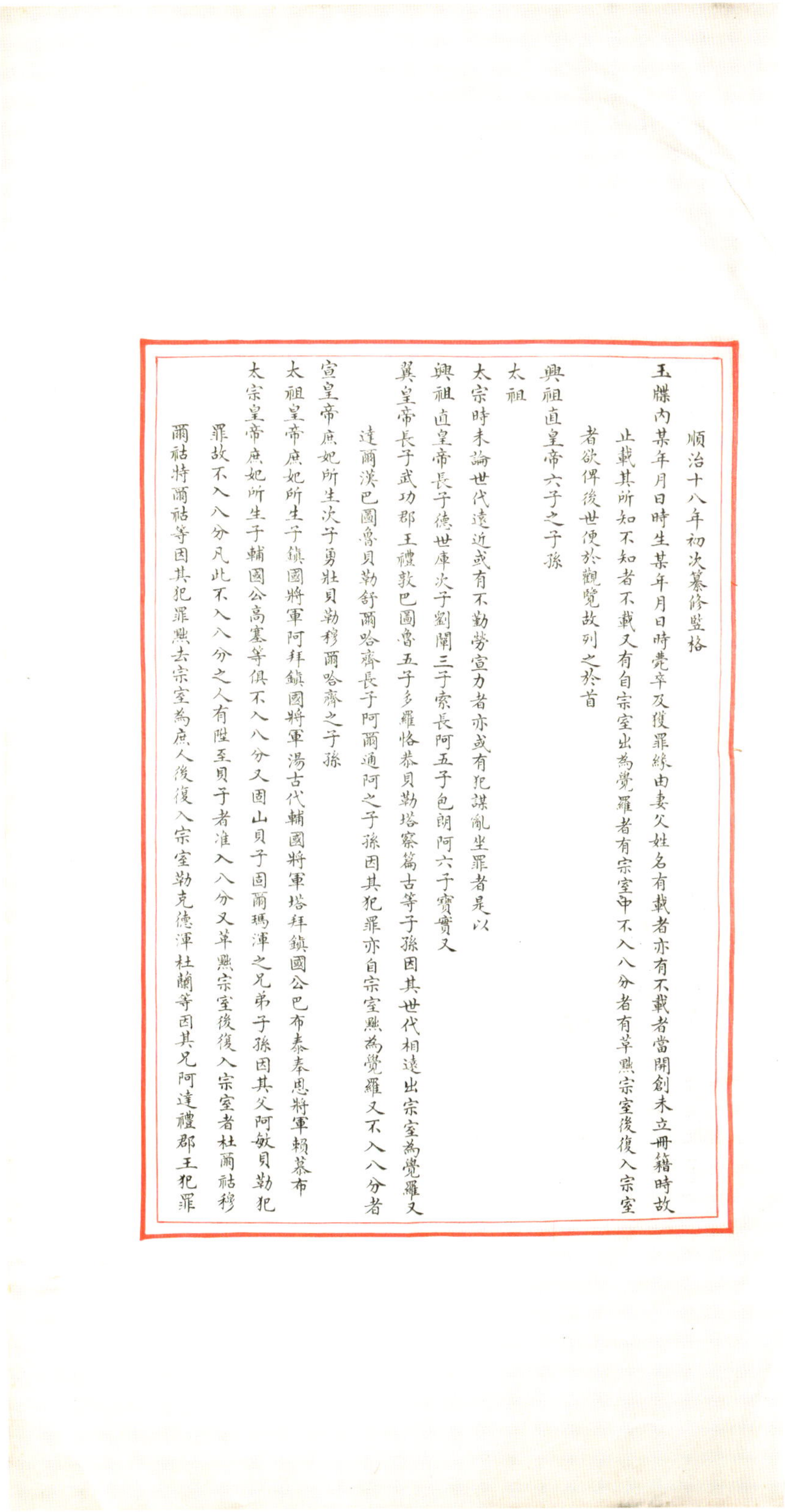
順治十八年初次纂修竪格
玉牒内某年月日時生某年月日時薨卒及獲罪緣由妻父姓名有載者亦有不載者當開創未立冊籍時故
止載其所知不知者不載又有自宗室出為覺羅者有宗室中不入八分者有革黜宗室後復入宗室
者欲俾後世便於觀覽故列之於首
興祖直皇帝六子之子孫
太祖
太宗時未論世代遠近或有不勤勞宣力者亦或有犯謀亂坐罪者是以
興祖直皇帝長子德世庫次子劉闡三子索長阿五子包朗阿六子寶實又
翼皇帝長子武功郡王禮敦巴圖魯五子多羅恪恭貝勒塔察篇古等子孫因其世代相遠出宗室為覺羅又
達爾漢巴圖魯貝勒舒爾哈齊長子阿爾通阿之子孫因其犯罪亦自宗室黜為覺羅又不入八分者
宣皇帝庶妃所生次子勇壯貝勒穆爾哈齊之子孫
太祖皇帝庶妃所生子鎮國將軍阿拜鎮國將軍湯古代輔國將軍塔拜鎮國公巴布泰奉恩將軍賴慕布
太宗皇帝庶妃所生子輔國公高塞等俱不入八分又固山貝子固爾瑪渾之兄弟子孫因其父阿敏貝勒犯
罪故不入八分凡此不入八分之人有陞至貝子者准入八分又革黜宗室後復入宗室者杜爾祜穆
爾祜特爾祜等因其犯罪黜去宗室為庶人後復入宗室勒克德渾杜蘭等因其兄阿達禮郡王犯罪

20493　列祖子孫宗室竪格玉牒一卷　清道光十八年（1838）玉牒館寫本　遼寧省檔案館

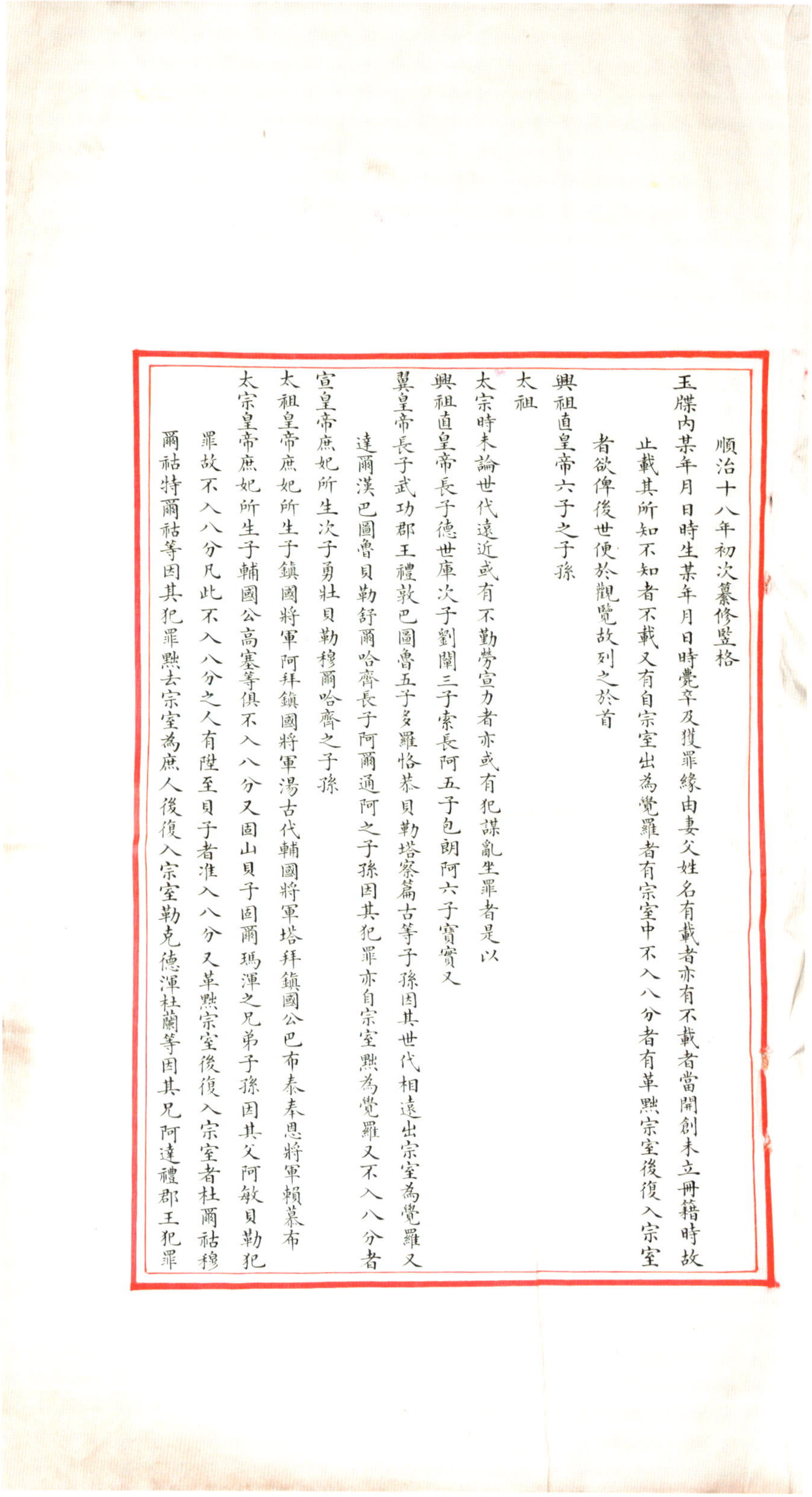
順治十八年初次纂修豎格
玉牒内某年月日時生某年月日時甍卒及獲罪緣由妻父姓名有載者亦有不載者當開創未立冊籍時故
止載其所知不知者不載又有自宗室出為覺羅者有宗室中不入八分者有革黜宗室後復入宗室
者欲俾後世便於觀覽故列之於首
興祖直皇帝六子之子孫
太祖
太宗時未論世代遠近或有不勤勞宣力者亦或有犯謀亂之罪者是以
興祖直皇帝長子德世庫次子劉闡三子索長阿五子包朗阿六子寶實又
翼皇帝長子武功郡王禮敦巴圖魯五子多羅恪恭貝勒塔察篇古等子孫因其世代相遠出宗室為覺羅又
達爾漢巴圖魯貝勒舒爾哈齊長子阿爾通阿之子孫因其犯罪亦自宗室黜為覺羅又不入八分者
宣皇帝庶妃所生次子勇壯貝勒穆爾哈齊之子孫
太祖皇帝庶妃所生子鎮國將軍阿拜鎮國將軍湯古代輔國將軍塔拜鎮國公巴布泰奉恩將軍賴慕布
太宗皇帝庶妃所生子輔國公高塞等俱不入八分又固山貝子固爾瑪渾之兄弟子孫因其父阿敏貝勒犯
罪故不入八分凡此不入八分之人有陞至貝子者准入八分又革黜宗室後復入宗室者杜爾祜穆
爾祜特爾祜等因其犯罪黜去宗室為庶人後復入宗室勒克德渾杜蘭等因其兄阿達禮郡王犯罪

20494　列祖子孫宗室豎格玉牒一卷　清道光二十八年（1848）玉牒館寫本　遼寧省檔案館

順治十八年初次纂修竪格
玉牒内某年月日時生某年月日時薨卒及獲罪緣由妻父姓名有載者亦有不載者當開創未立冊籍時故
止載其所知不知者不載又有自宗室出為覺羅者有宗室中不入八分者有革黜宗室後復入宗室
者欲俾後世便於觀覽故列之於首
興祖直皇帝六子之子孫
太祖
太宗時未論世代遠近或有不勤勞宣力者亦或有犯謀亂坐罪者是以
興祖直皇帝長子德世庫次子劉闡三子索長阿五子包朗阿六子寶實又
翼皇帝長子武功郡王禮敦巴圖魯五子多羅恪恭貝勒塔察篇古等子孫因其世代相遠出宗室為覺羅又
達爾漢巴圖魯貝勒舒爾哈齊長子阿爾通阿之子孫因其犯罪亦自宗室黜為覺羅又不入八分者
宣皇帝庶妃所生次子勇壯貝勒穆爾哈齊之子孫
太祖皇帝庶妃所生子鎮國將軍阿拜鎮國將軍湯古代輔國將軍塔拜鎮國公巴布泰奉恩將軍賴慕布
太宗皇帝庶妃所生子輔國公高塞等俱不入八分又固山貝子固爾瑪渾之兄弟子孫因其父阿敏貝勒犯
罪故不入八分凡此不入八分之人有陞至貝子者准入八分又革黜宗室後復入宗室者杜爾祜穆
爾祜特爾祜等因其犯罪黜去宗室為庶人後復入宗室勒克德渾杜蘭等因其兄阿達禮郡王犯罪

20495　列祖子孫宗室竪格玉牒一卷　清咸豐八年（1858）玉牒館寫本

遼寧省檔案館

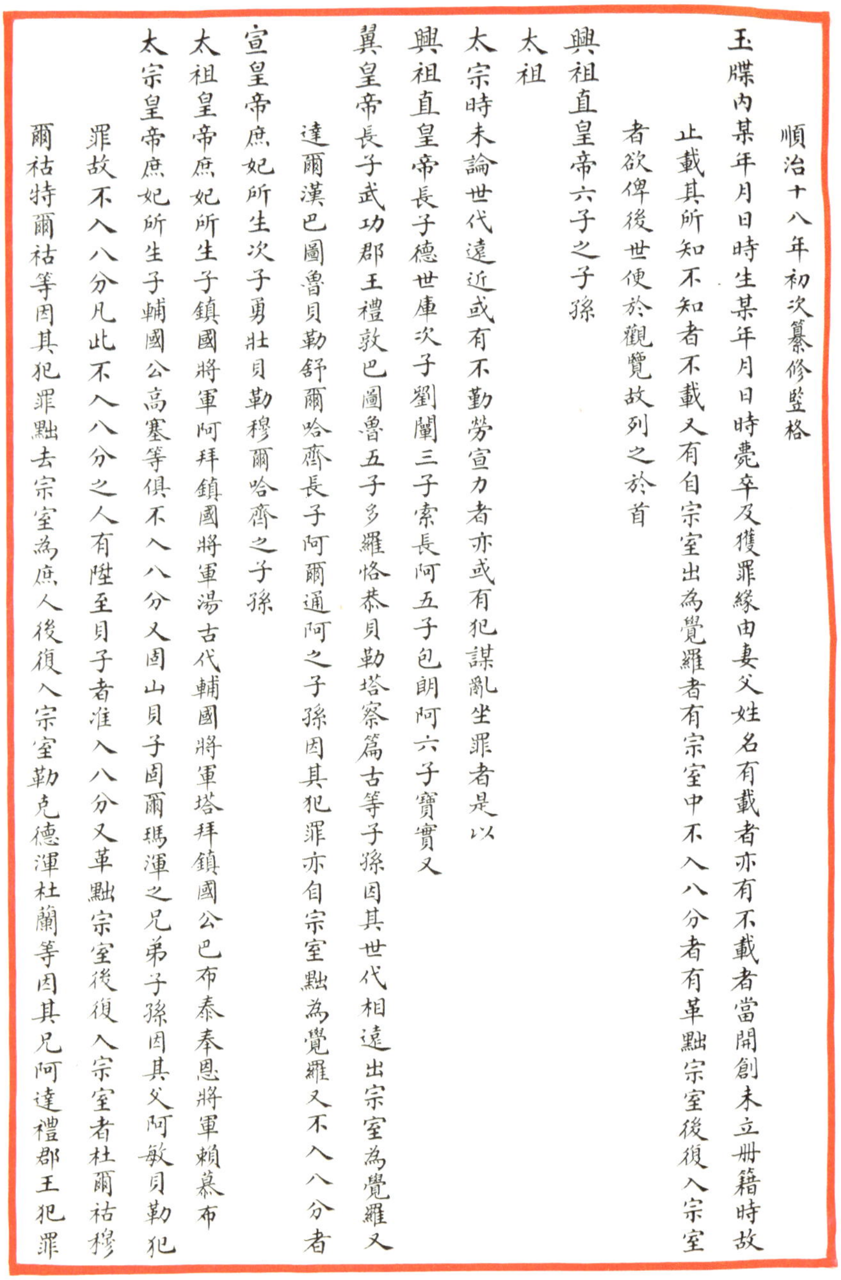
順治十八年初次纂修豎格
玉牒內某年月日時生某年月日時薨卒及獲罪緣由妻父姓名有載者亦有不載者當開創未立冊籍時故
止載其所知不知者不載又有自宗室出為覺羅者有宗室中不入八分者有革黜宗室後復入宗室
者欲俾後世便於觀覽故列之於首
興祖直皇帝六子之子孫
太祖
太宗時未論世代遠近或有不勤勞宣力者亦或有犯謀亂生罪者是以
興祖直皇帝長子德世庫次子劉闡三子索長阿五子包朗阿六子寶實又
翼皇帝長子武功郡王禮敦巴圖魯五子多羅恪恭貝勒塔察篇古等子孫因其世代相遠出宗室為覺羅又
達爾漢巴圖魯貝勒舒爾哈齊長子阿爾通阿之子孫因其犯罪亦自宗室黜為覺羅又不入八分者
宣皇帝庶妃所生次子勇壯貝勒穆爾哈齊之子孫
太祖皇帝庶妃所生子鎮國將軍阿拜鎮國將軍湯古代輔國將軍塔拜鎮國公巴布泰奉恩將軍賴慕布
太宗皇帝庶妃所生子輔國公高塞等俱不入八分又固山貝子固爾瑪渾之兄弟子孫因其父阿敏貝勒犯
罪故不入八分凡此不入八分之人有陞至貝子者准入八分又革黜宗室後復入宗室者杜爾祜穆
爾祜特爾祜等因其犯罪黜去宗室為庶人後復入宗室勒克德渾杜蘭等因其兄阿達禮郡王犯罪

20496 列祖子孫宗室豎格玉牒一卷 清同治六年（1867）玉牒館寫本

遼寧省檔案館

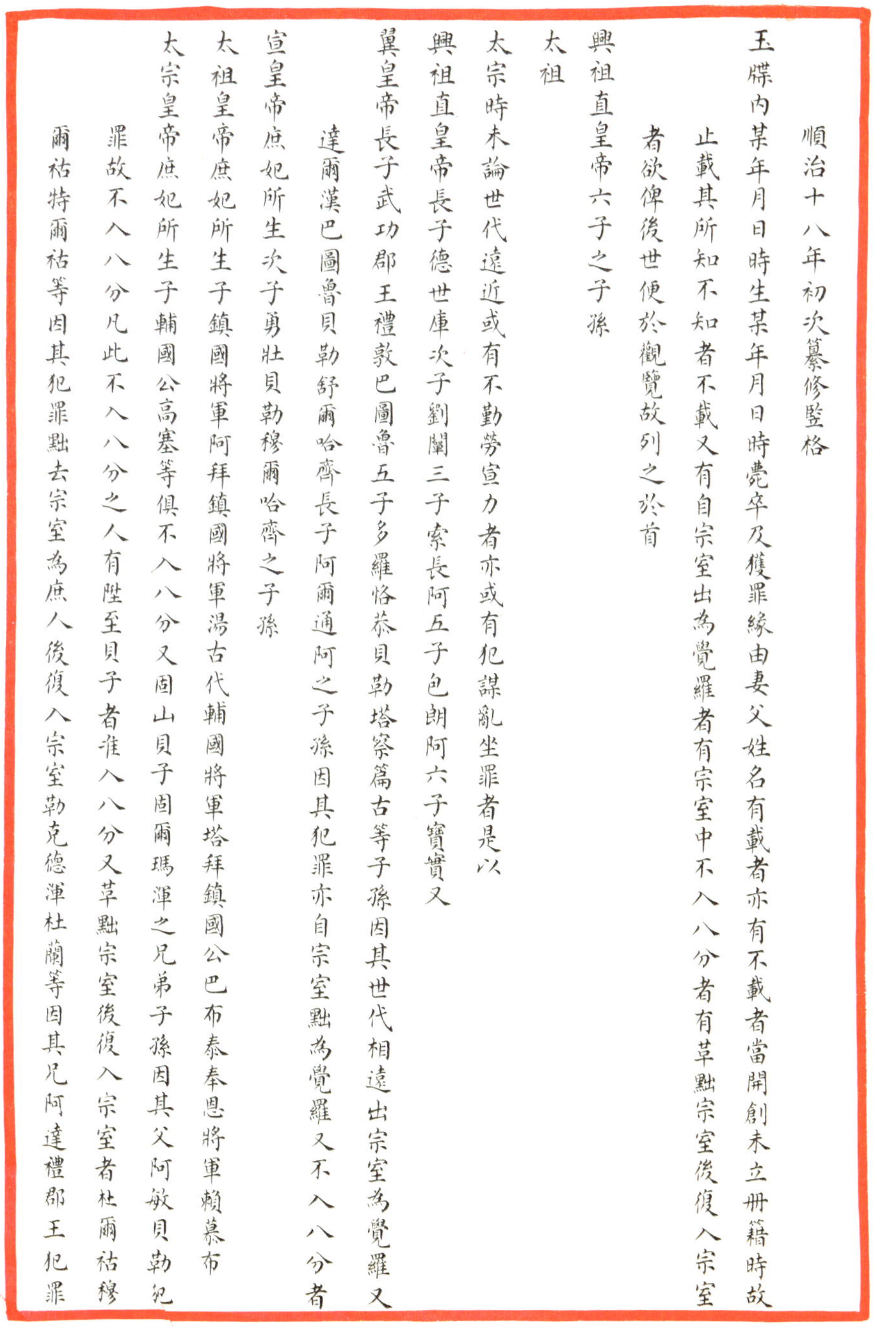
順治十八年初次纂修豎格
玉牒内某年月日時生某年月日時薨卒及獲罪緣由妻父姓名有載者亦有不載者當開創未立册籍時故
止載其所知不知者不載又有自宗室出為覺羅者有宗室中不入八分者有革黜宗室後復入宗室
者欲俾後世便於觀覽故列之於首
興祖直皇帝六子之子孫
太祖
太宗時未論世代遠近或有不勤勞宣力者亦或有犯謀亂坐罪者是以
興祖直皇帝長子德世庫次子劉闡三子索長阿五子包朗阿六子寶實又
翼皇帝長子武功郡王禮敦巴圖魯五子多羅恪恭貝勒塔察篇古等子孫因其世代相遠出宗室為覺羅又
達爾漢巴圖魯貝勒舒爾哈齊長子阿爾通阿之子孫因其犯罪亦自宗室黜為覺羅又不入八分者
宣皇帝庶妃所生次子勇壯貝勒穆爾哈齊之子孫
太祖皇帝庶妃所生子鎮國將軍阿拜鎮國將軍湯古代輔國將軍塔拜鎮國公巴布泰奉恩將軍賴慕布
太宗皇帝庶妃所生子輔國公高塞等俱不入八分又固山貝子固爾瑪渾之兄弟子孫因其父阿敏貝勒犯
罪故不入八分凡此不入八分之人有陞至貝子者准入八分又革黜宗室後復入宗室者杜爾祜穆
爾祜特爾祜等因其犯罪黜去宗室為庶人後復入宗室勒克德渾杜蘭等因其兄阿達禮郡王犯罪

20497　列祖子孫宗室豎格玉牒一卷　清光緒三年（1877）玉牒館寫本
遼寧省檔案館

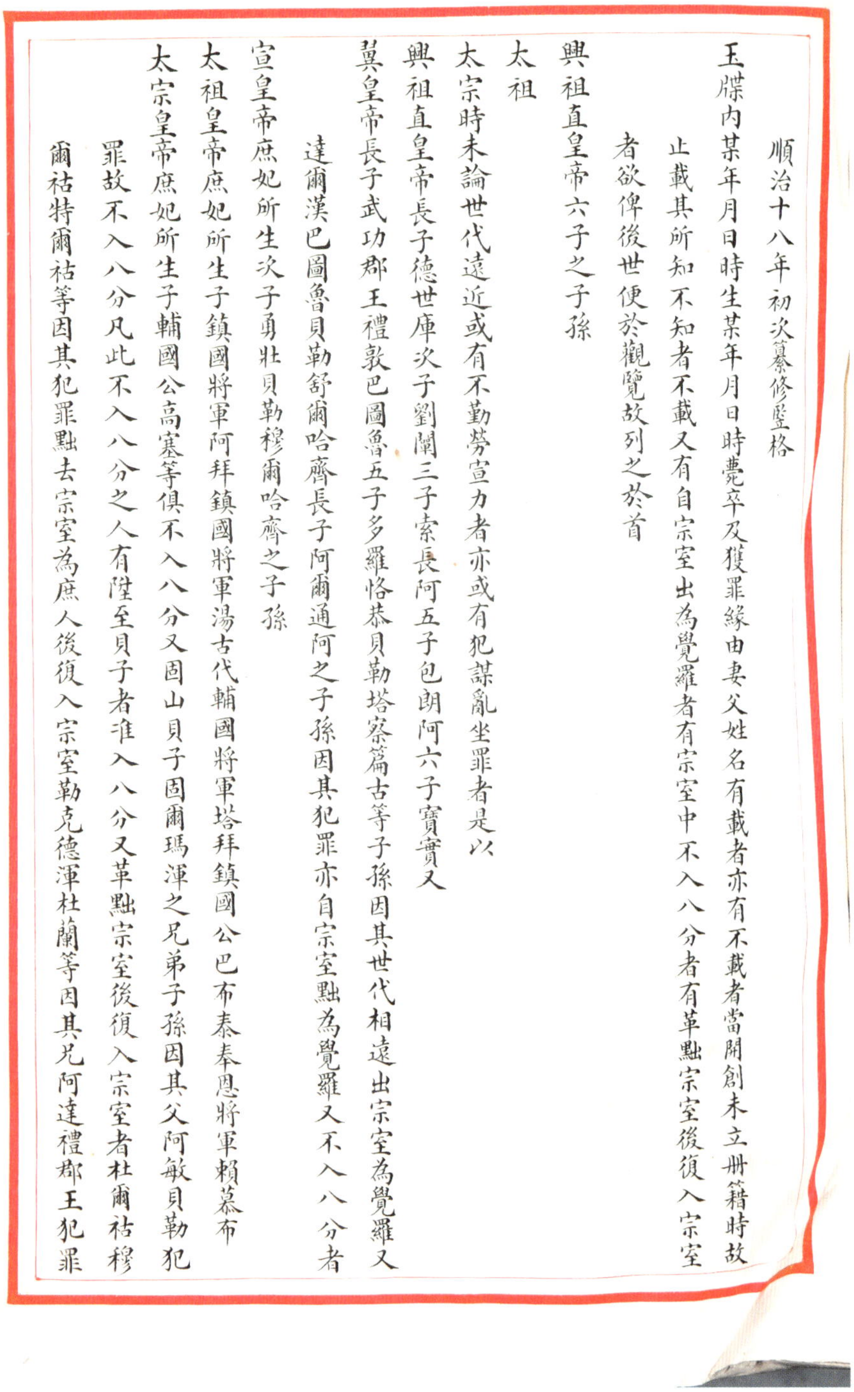

順治十八年初次纂修豎格
玉牒内某年月日時生某年月日時薨卒及獲罪緣由妻父姓名有載者亦有不載者當開創未立册籍時故
止載其所知不知者不載又有自宗室出為覺羅者有宗室中不入八分者有革黜宗室後復入宗室
者欲俾後世便於觀覽故列之於首
興祖直皇帝六子之子孫
太祖
太宗時未論世代遠近或有不勤勞宣力者亦或有犯謀亂坐罪者是以
興祖直皇帝長子德世庫次子劉闡三子索長阿五子包朗阿六子寶實又
翼皇帝長子武功郡王禮敦巴圖魯五子多羅恪恭貝勒塔察篇古等子孫因其世代相遠出宗室為覺羅又
達爾漢巴圖魯貝勒舒爾哈齊長子阿爾通阿之子孫因其犯罪亦自宗室黜為覺羅又不入八分者
宣皇帝庶妃所生次子勇壯貝勒穆爾哈齊之子孫
太祖皇帝庶妃所生子鎮國將軍阿拜鎮國將軍湯古代輔國將軍塔拜鎮國公巴布泰奉恩將軍賴慕布
太宗皇帝庶妃所生子輔國公高塞等俱不入八分又固山貝子固爾瑪渾之兄弟子孫因其父阿敏貝勒犯
罪故不入八分凡此不入八分之人有陞至貝子者准入八分又革黜宗室後復入宗室者杜爾祜穆
爾祜特爾祜等因其犯罪黜去宗室為庶人後復入宗室勒克德渾杜蘭等因其兄阿達禮郡王犯罪

20498　列祖子孫宗室豎格玉牒一卷　清光緒十三年（1887）玉牒館寫本　遼寧省檔案館

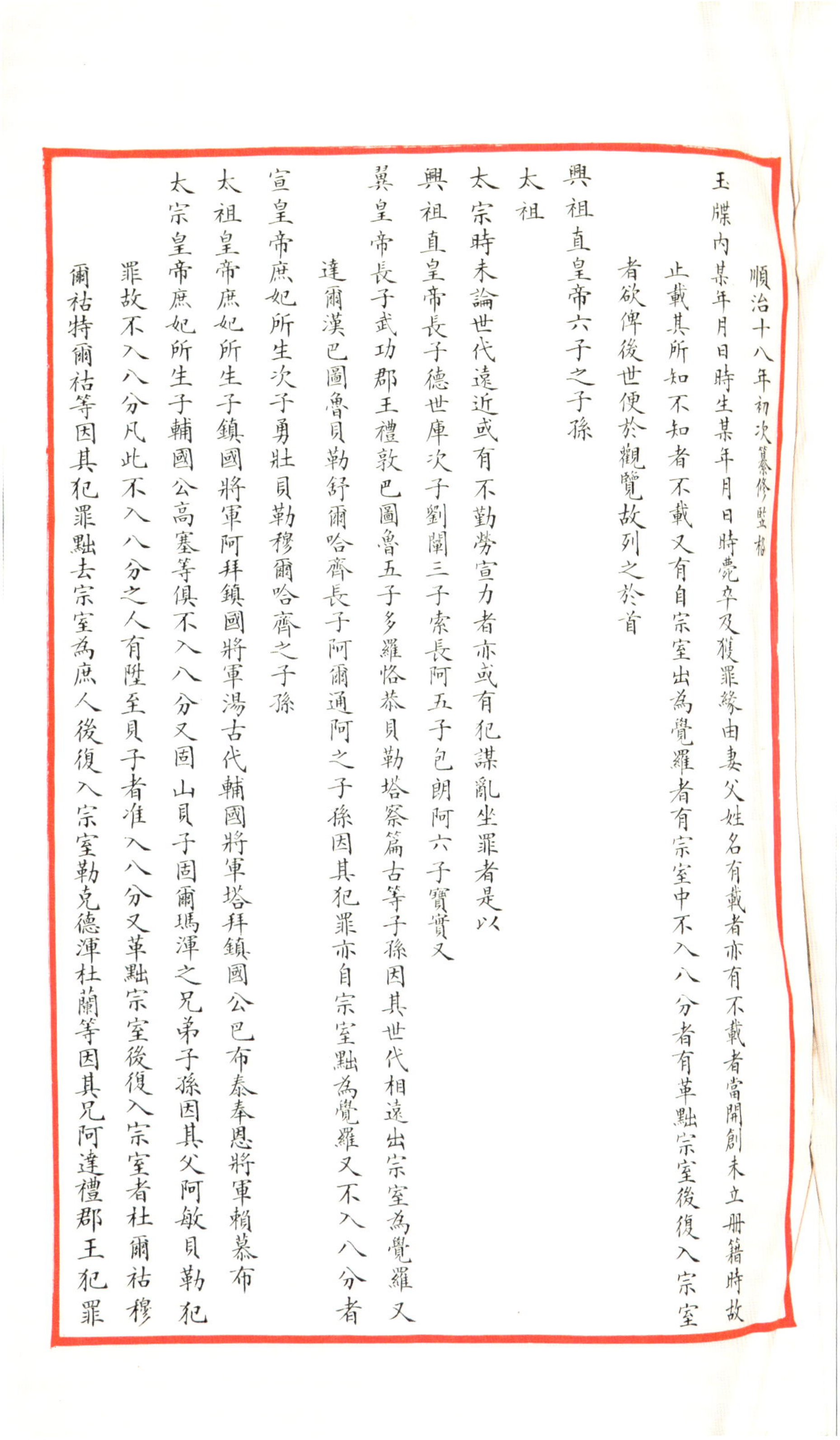
順治十八年初次纂修豎格
玉牒内某年月日時生某年月日時薨卒及獲罪緣由妻父姓名有載者亦有不載者當開創未立册籍時故
止載其所知不知者不載又有自宗室出為覺羅者有宗室中不入八分者有革黜宗室後復入宗室
者欲俾後世便於觀覽故列之於首
興祖直皇帝六子之子孫
太祖
太宗時未論世代遠近或有不勤勞宣力者亦或有犯謀亂坐罪者是以
興祖直皇帝長子德世庫次子劉闡三子索長阿五子包朗阿六子寶實又
翼皇帝長子武功郡王禮敦巴圖魯五子多羅恪恭貝勒塔察篇古等子孫因其世代相遠出宗室為覺羅又
達爾漢巴圖魯貝勒舒爾哈齊長子阿爾通阿之子孫因其犯罪亦自宗室黜為覺羅又不入八分者
宣皇帝庶妃所生次子勇壯貝勒穆爾哈齊之子孫
太祖皇帝庶妃所生子鎮國將軍阿拜鎮國將軍湯古代輔國將軍塔拜鎮國公巴布泰奉恩將軍賴慕布
太宗皇帝庶妃所生子輔國公高塞等俱不入八分又固山貝子固爾瑪渾之兄弟子孫因其父阿敏貝勒犯
罪故不入八分凡此不入八分之人有陞至貝子者准入八分又革黜宗室後復入宗室者杜爾祜穆
爾祜特爾祜等因其犯罪黜去宗室為庶人後復入宗室勒克德渾杜蘭等因其兄阿達禮郡王犯罪

20499　列祖子孫宗室豎格玉牒一卷　清光緒二十三年（1897）玉牒館寫本　遼寧省檔案館

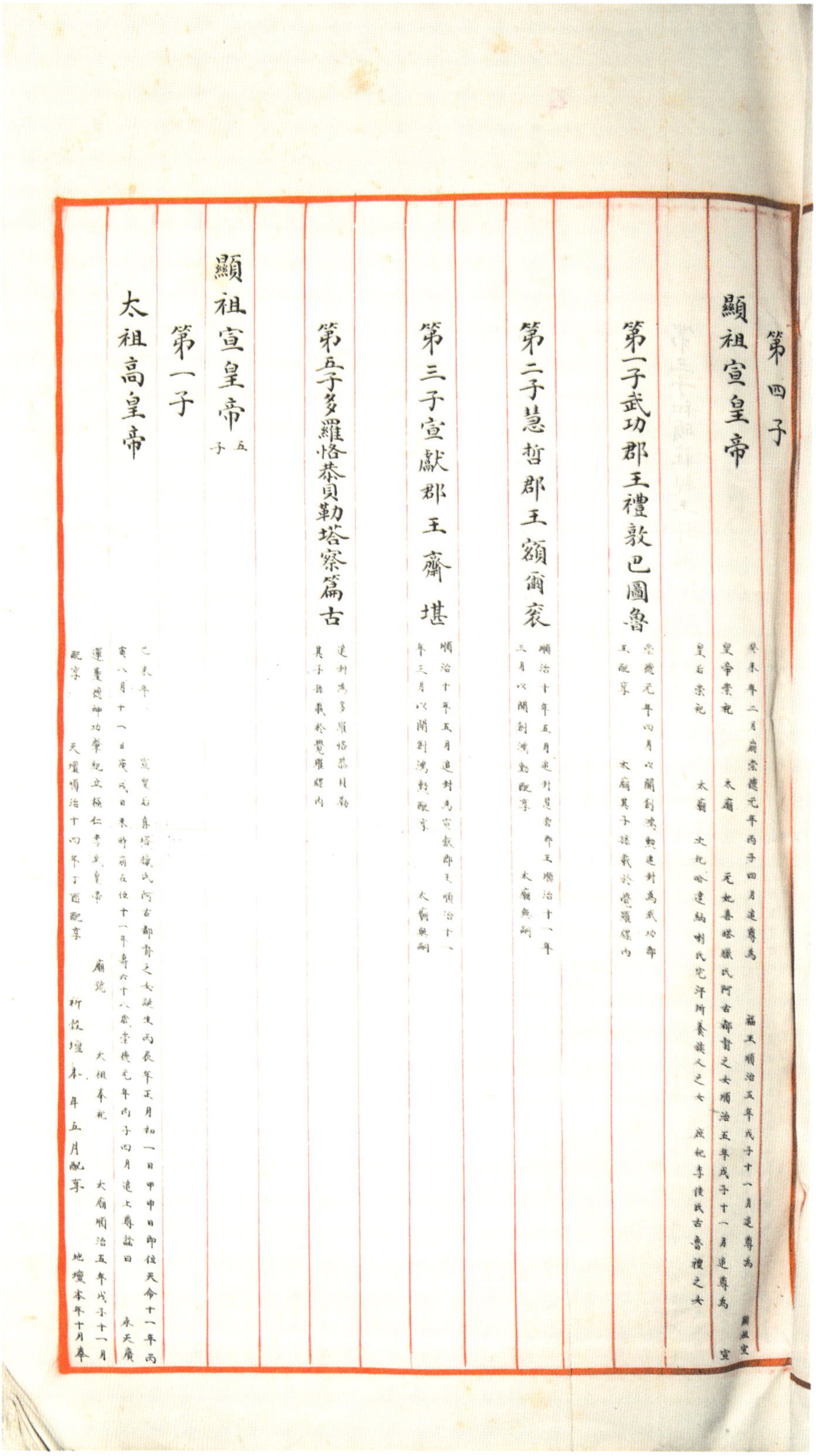
第四子
顯祖宣皇帝
癸未年二月薨崇德元年丙子四月追尊為 皇帝崇祀 太廟 元妃喜塔臘氏阿古都督之女順治五年戊子十一月追尊為 宣 皇后崇祀 太廟 次妃哈達納喇氏宅汗所養族人之女 庶妃李佳氏古魯禮之女
第一子武功郡王禮敦巴圖魯
崇德元年四月以開創鴻勲追封為武功郡王配享 太廟其子孫載於覺羅牒內
第二子慧哲郡王額爾袞
順治十年五月追封慧哲郡王順治十一年三月以開創鴻勲配享 太廟無嗣
第三子宣獻郡王齋堪
順治十年五月追封為宣獻郡王順治十一年三月以開創鴻勲配享 太廟無嗣
第五子多羅恪恭貝勒塔察篇古
追封為多羅恪恭貝勒其子孫載於覺羅牒內
顯祖宣皇帝五子
第一子
太祖高皇帝
乙未年 宣皇后喜塔臘氏阿古都督之女誕生丙辰年正月初一日甲申日即位天命十一年丙寅八月十一日庚戌日未時崩在位十一年壽六十八歲崇德元年丙子四月追上尊謚曰 承天廣運聖德神功肇紀立極仁孝武皇帝 廟號 太祖奉祀 太廟順治五年戊子十一月配享 天壇順治十四年丁酉配享 祈穀壇本年五月配享 地壇本年十月奉

20500　列祖子孫宗室竪格玉牒一卷　清光緒三十三年（1907）玉牒館寫本　遼寧省檔案館

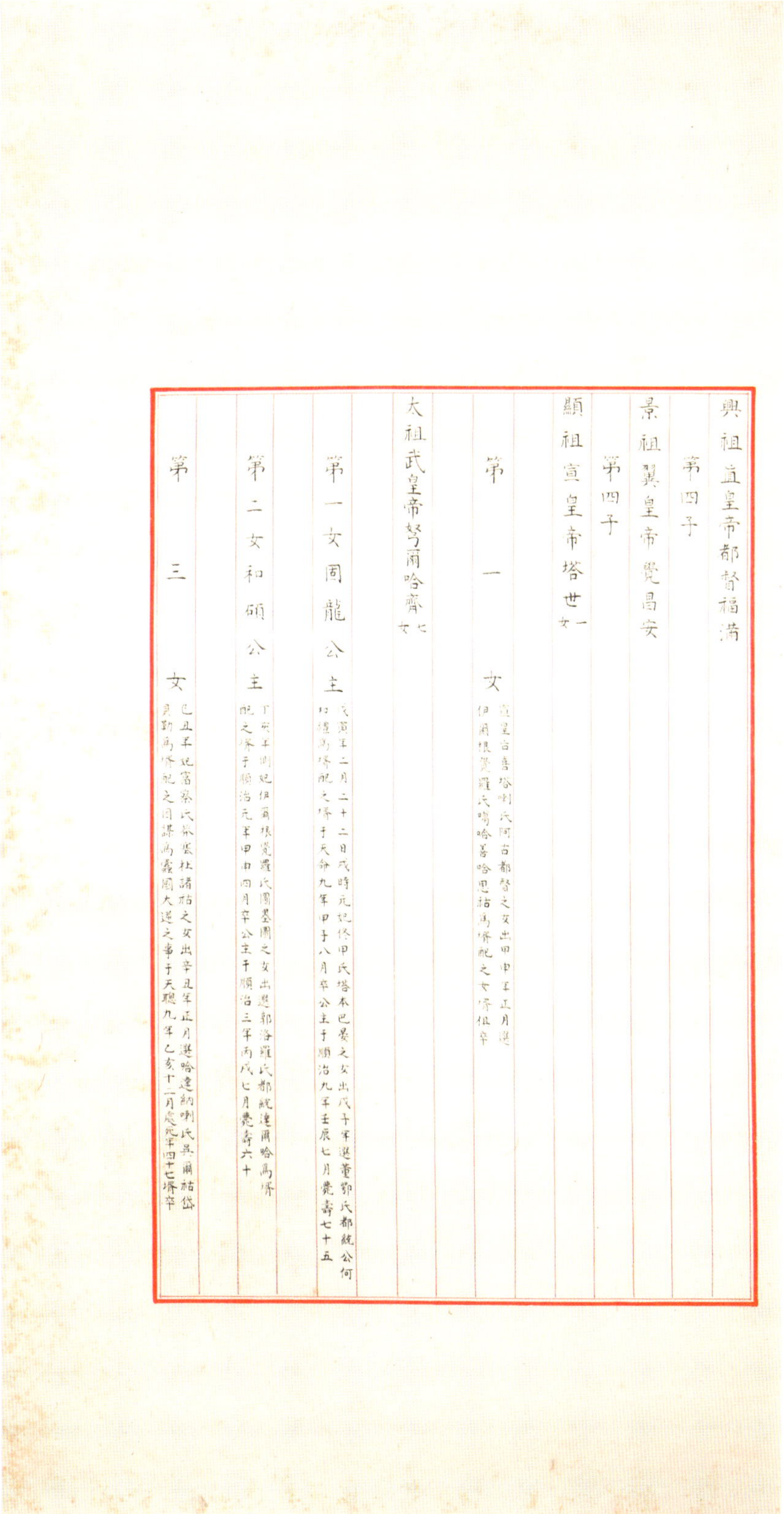
興祖直皇帝都督福滿
第四子
景祖翼皇帝覺昌安
第四子
顯祖宣皇帝塔世 一女
第一女 宣皇后喜塔喇氏阿古都督之女出甲申年正月選伊爾根覺羅氏噶哈善哈思祜爲壻配之女壻俱卒
太祖武皇帝努爾哈齊 七女
第一女固龍公主 戊寅年二月二十二日戌時元妃佟甲氏塔木巴晏之女出戊子年選董鄂氏都統公何和禮爲壻配之壻于天命九年甲子八月卒公主于順治九年壬辰七月薨壽七十五
第二女和碩公主 丁亥年側妃伊爾根覺羅氏圖墨圖之女出選郭洛羅氏都統達爾哈爲壻配之壻于順治元年甲申四月卒公主于順治三年丙戌七月薨壽六十
第三女 己丑年妃富察氏莽塞杜諸祜之女出辛丑年正月選哈達納喇氏吳爾祜岱貝勒爲壻配之因謀爲蠱國大逆之事于天聰九年乙亥十二月處死年四十七壻卒

20501　列祖女孫宗室豎格玉牒一卷　清順治十八年（1661）玉牒館寫本　遼寧省檔案館

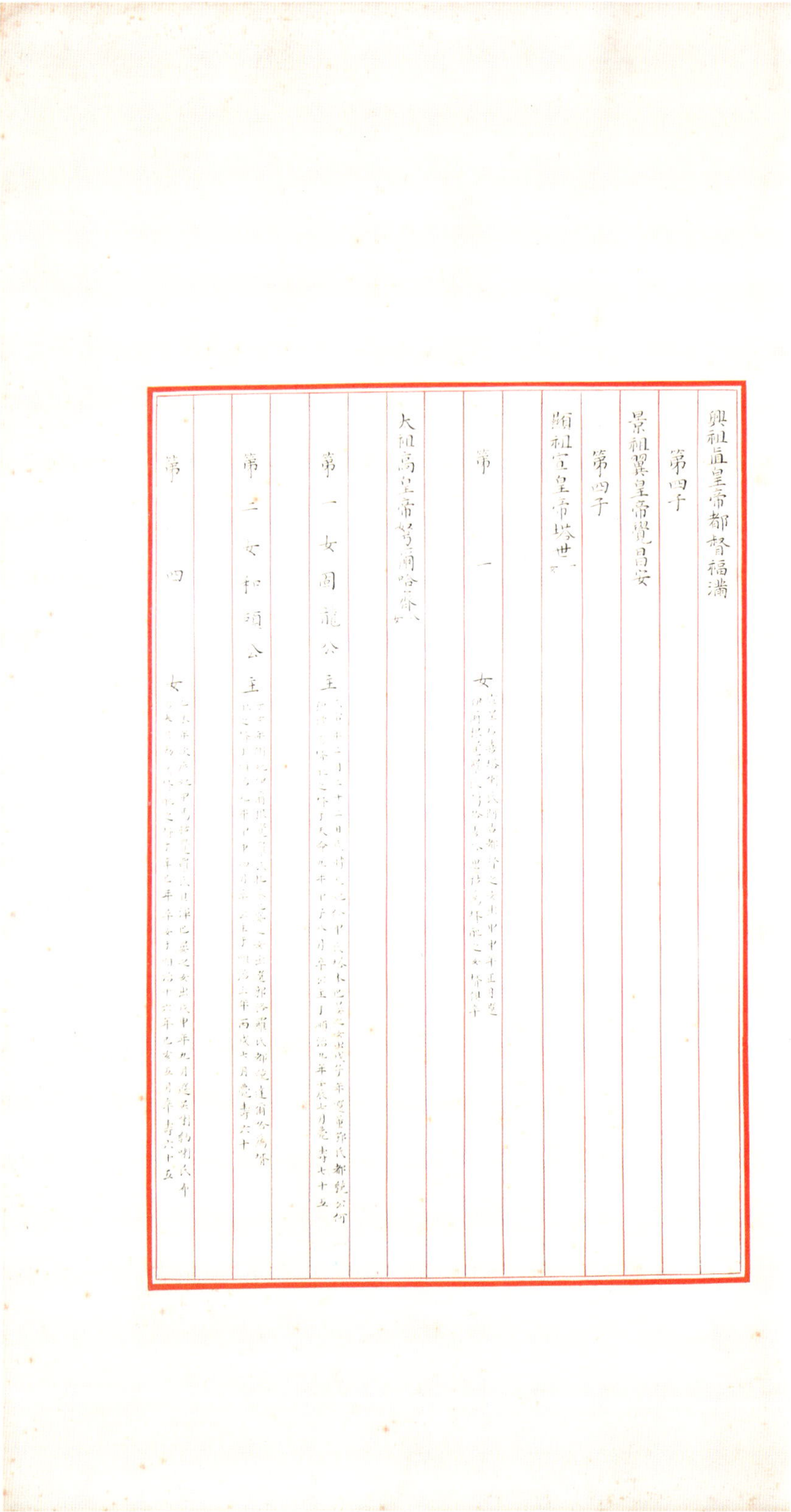
興祖直皇帝都督福滿
第四子
景祖翼皇帝覺昌安
第四子
顯祖宣皇帝塔世
第一女
太祖高皇帝努爾哈齊
第一女固倫公主
第二女和碩公主
第四女

20502　列祖女孫宗室竪格玉牒一卷　清康熙九年（1670）玉牒館寫本

遼寧省檔案館

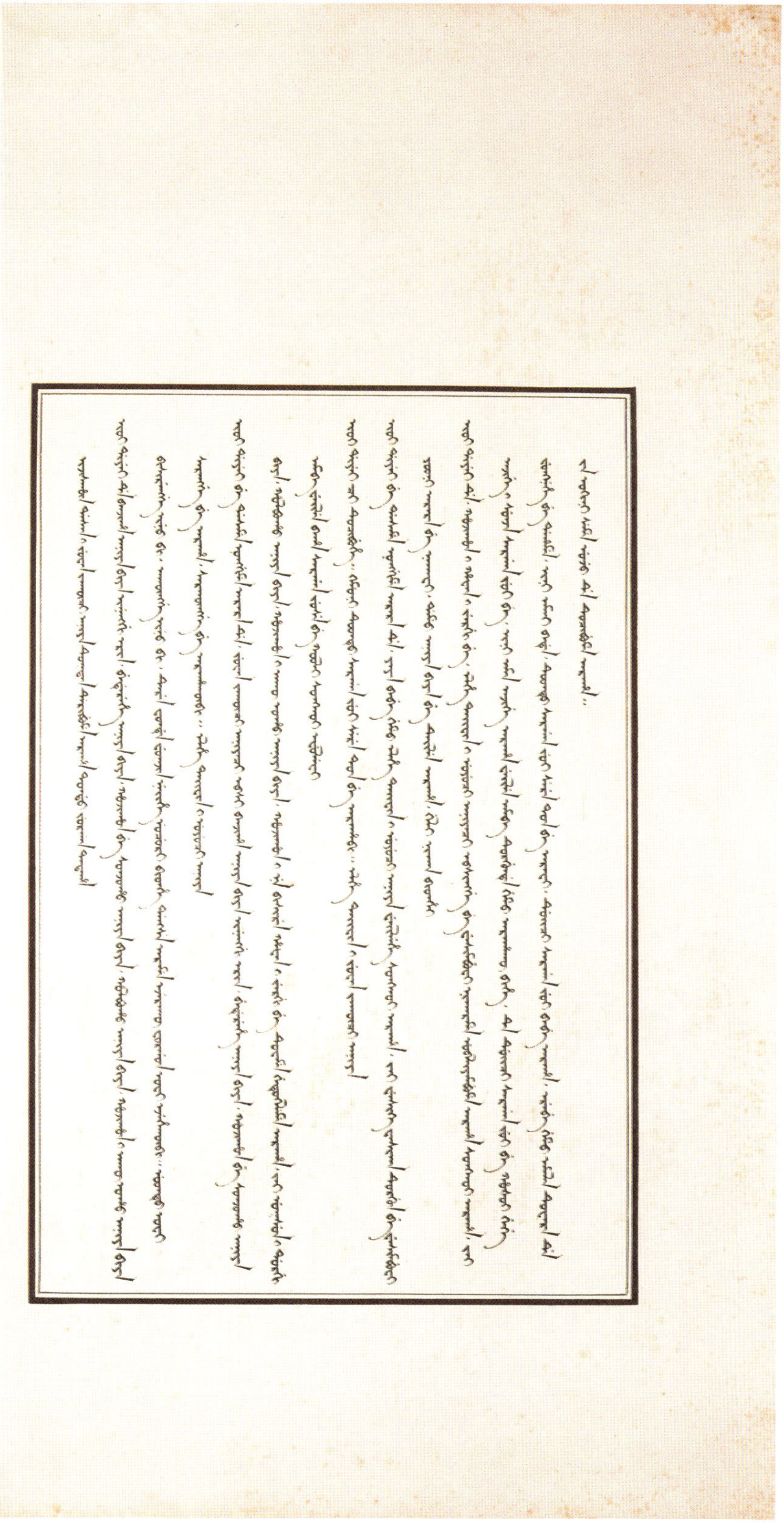

20503 列祖女孫宗室豎格玉牒一卷 清康熙十八年（1679）玉牒館寫本 遼寧省檔案館

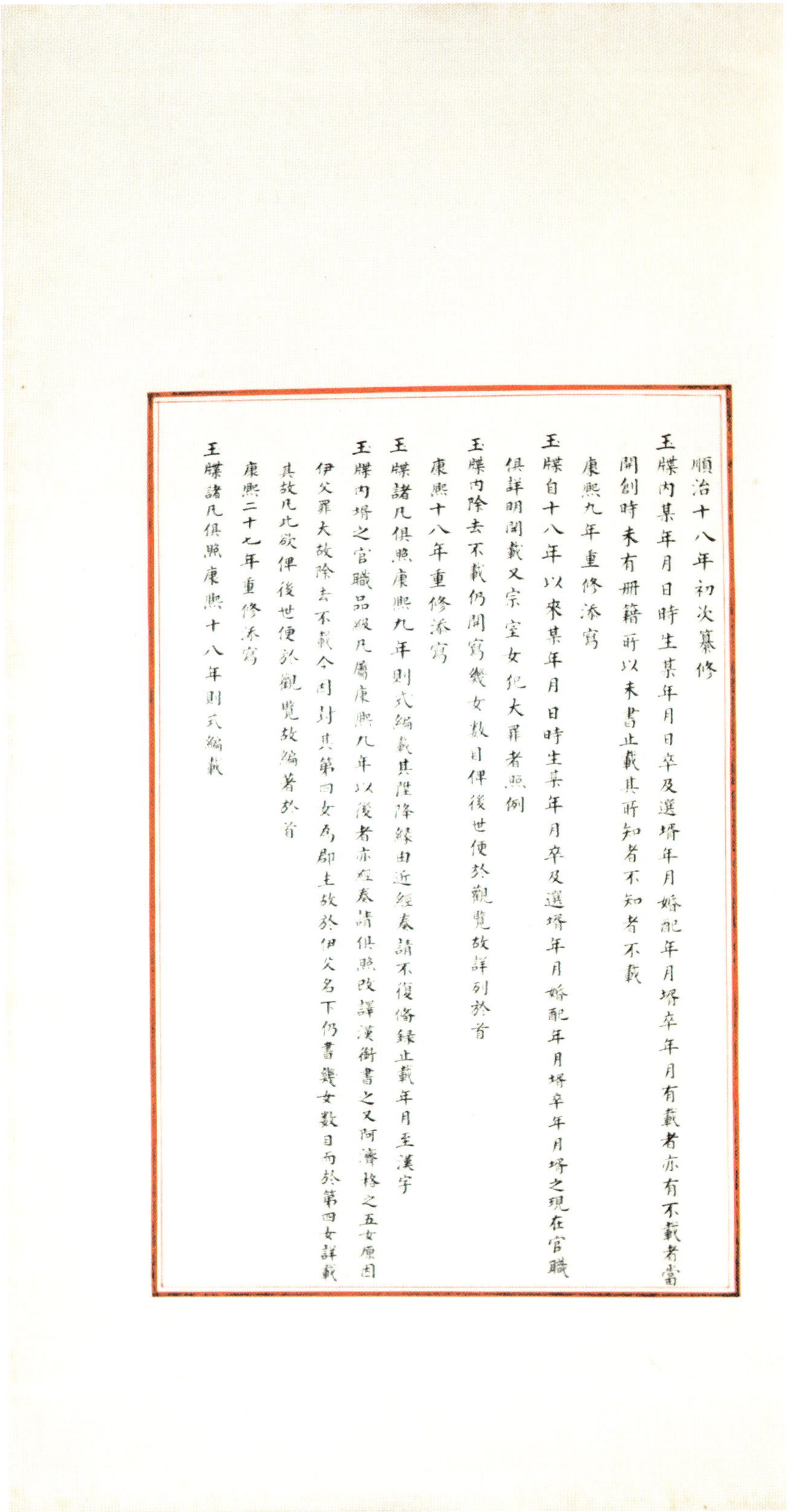
順治十八年初次纂修
玉牒内某年月日時生某年月日卒及選壻年月婚配年月壻卒年月有載者亦有不載者當
開創時未有册籍所以未書止載其所知者不知者不載
康熙九年重修添寫
玉牒自十八年以來某年月日時生某年月卒及選壻年月婚配年月壻卒年月壻之現在官職
俱詳明開載又宗室女犯大罪者照例
玉牒内除去不載仍開寫幾女數目俾後世便於觀覽故詳列於首
康熙十八年重修添寫
玉牒諸凡俱照康熙九年則式編載其陞降緣由近經奏請不復備録止載年月並漢字
玉牒内壻之官職品級凡屬康熙九年以後者亦經奏請俱照改譯漢銜書之又阿濟格之五女原因
伊父罪大故除去不載今因封其第四女爲郡主故於伊父名下仍書幾女數目而於第四女詳載
其故凡此欲俾後世便於觀覽故編著於首
康熙二十七年重修添寫
玉牒諸凡俱照康熙十八年則式編載

20504　列祖女孫宗室豎格玉牒一卷　清康熙二十七年（1688）玉牒館寫本　遼寧省檔案館

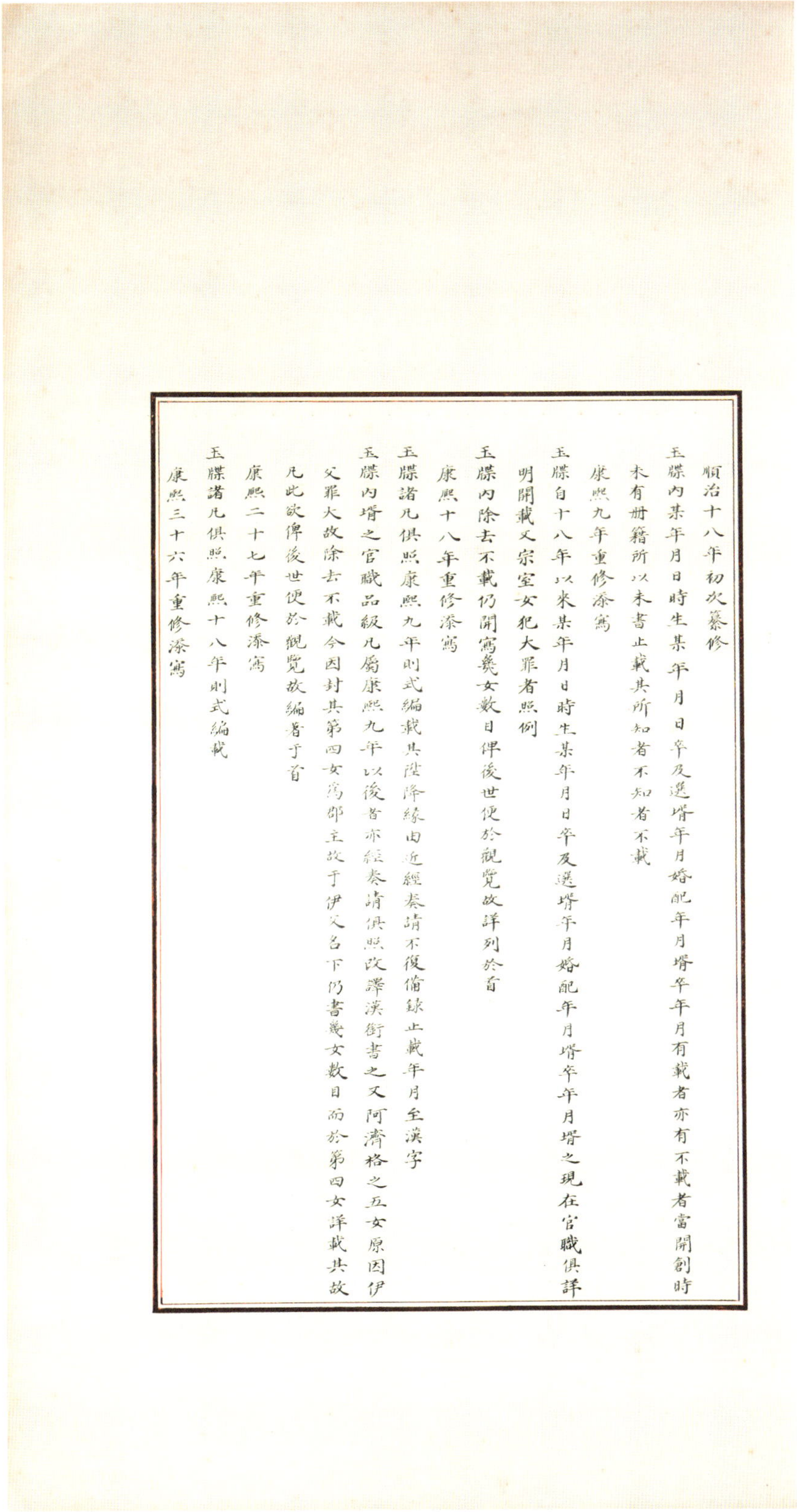
順治十八年初次纂修
玉牒内某年月日時生某年月日卒及選壻年月婚配年月壻卒年月有載者亦有不載者當開創時
未有册籍所以未書止載其所知者不知者不載
康熙九年重修添寫
玉牒自十八年以來某年月日時生某年月日卒及選壻年月婚配年月壻卒年月壻之現在官職俱詳
明開載又宗室女犯大罪者照例
玉牒内除去不載仍開寫幾女數目俾後世便於觀覧故詳列於首
康熙十八年重修添寫
玉牒諸凡俱照康熙九年則式編載其陞降緣由近經奏請不復備録止載年月全漢字
玉牒内壻之官職品級凡屬康熙九年以後者亦經奏請俱照改譯漢銜書之又阿濟格之五女原因伊
父罪大故除去不載今因封其第四女為郡主故于伊父名下仍書幾女數目而於第四女詳載其故
凡此欲俾後世便於觀覧故編著于首
康熙二十七年重修添寫
玉牒諸凡俱照康熙十八年則式編載
康熙三十六年重修添寫

20505　列祖女孫宗室豎格玉牒一卷　清康熙三十六年（1697）玉牒館寫本　遼寧省檔案館

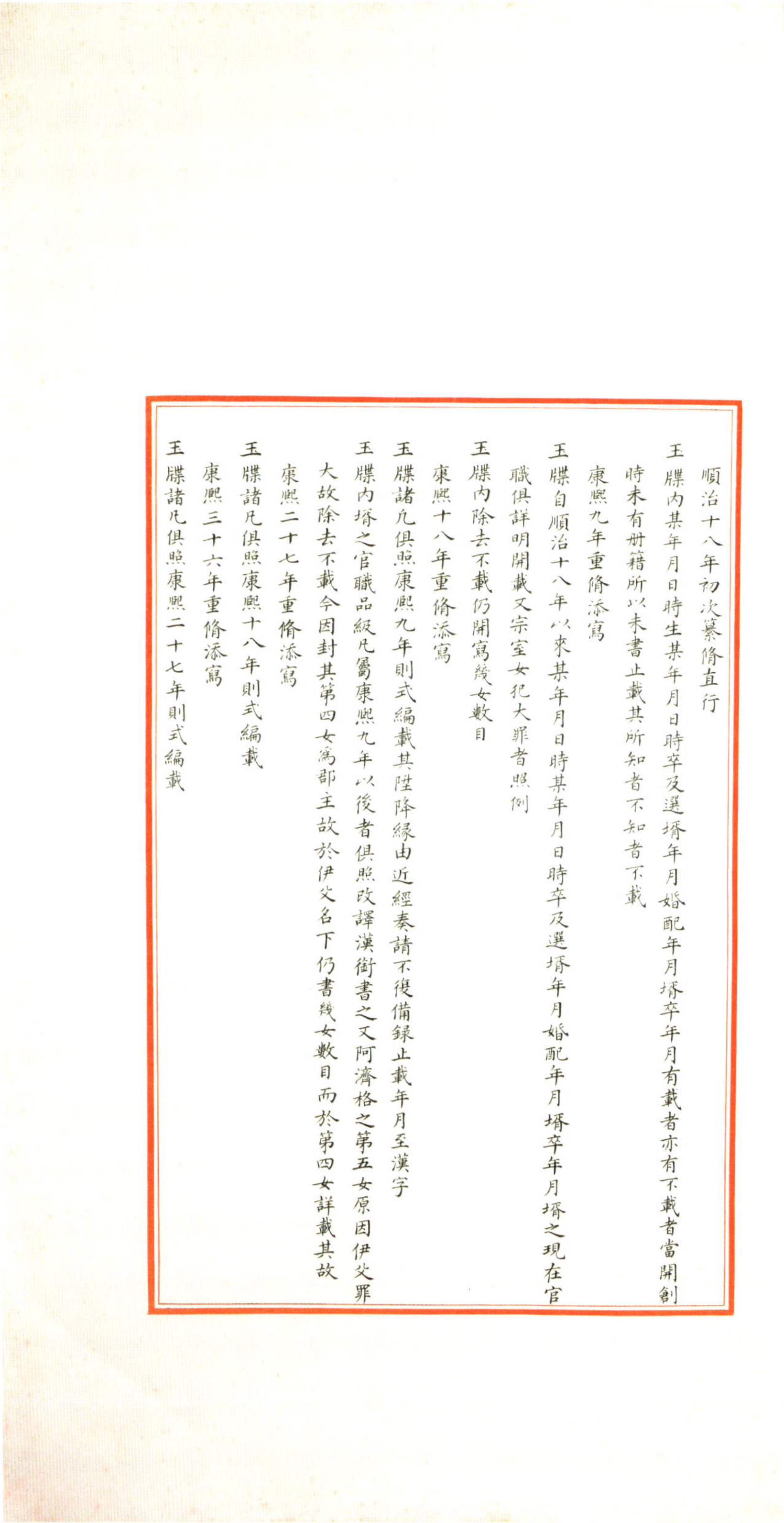

順治十八年初次纂脩直行
玉牒内其年月日時生其年月日時卒及選壻年月婚配年月壻卒年月有載者亦有不載者當開創
時未有冊籍所以未書止載其所知者不知者不載
康熙九年重脩添寫
玉牒自順治十八年以來其年月日時其年月日時卒及選壻年月婚配年月壻卒年月壻之現在官
職俱詳明開載又宗室女犯大罪者照例
玉牒内除去不載仍開寫幾女數目
康熙十八年重脩添寫
玉牒諸凡俱照康熙九年則式編載其陞降緣由近經奏請不復備録止載年月至漢字
玉牒内壻之官職品級凡屬康熙九年以後者俱照改譯漢銜書之又阿濟格之第五女原因伊父罪
大故除去不載今因封其第四女爲郡主故於伊父名下仍書幾女數目而於第四女詳載其故
康熙二十七年重脩添寫
玉牒諸凡俱照康熙十八年則式編載
康熙三十六年重脩添寫
玉牒諸凡俱照康熙二十七年則式編載

20506　列祖女孫宗室竪格玉牒一卷　清康熙四十五年（1706）玉牒館寫本　遼寧省檔案館

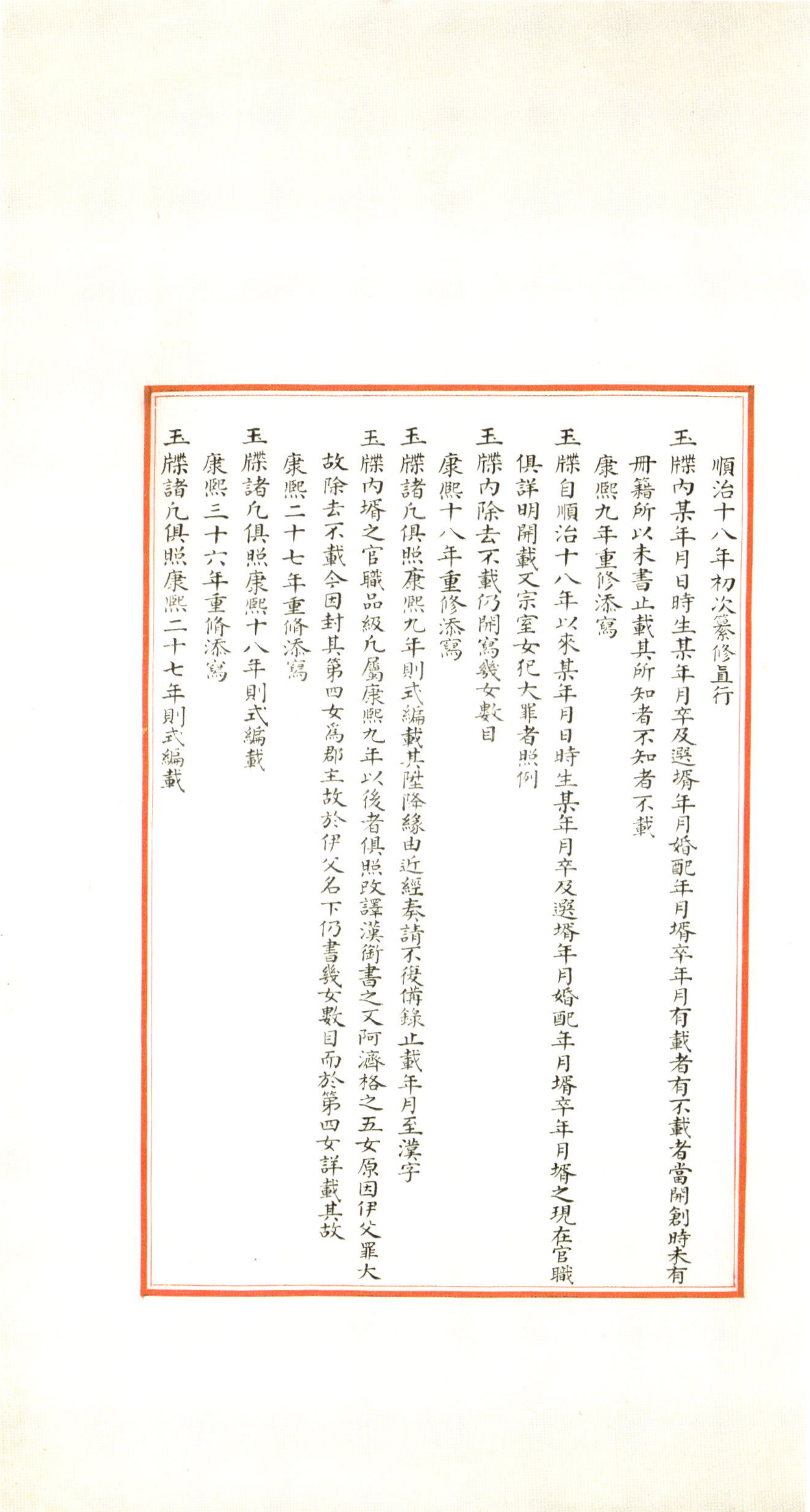
順治十八年初次纂修直行
玉牒内某年月日時生某年月卒及選壻年月婚配年月壻卒年月有載者有不載者當開創時未有
冊籍所以未書止載其所知者不知者不載
康熙九年重修添寫
玉牒自順治十八年以來某年月日時生某年月卒及選壻年月婚配年月壻卒年月壻之現在官職
俱詳明開載又宗室女犯大罪者照例
玉牒内除去不載仍開寫幾女數目
康熙十八年重修添寫
玉牒諸凡俱照康熙九年則式編載其陞降緣由近經奏請不復備録止載年月至漢字
玉牒内壻之官職品級凡屬康熙九年以後者俱照改譯漢銜書之又阿濟格之五女原因伊父罪大
故除去不載今因封其第四女爲郡主故於伊父名下仍書幾女數目而於第四女詳載其故
康熙二十七年重脩添寫
玉牒諸凡俱照康熙十八年則式編載
康熙三十六年重脩添寫
玉牒諸凡俱照康熙二十七年則式編載

20507　列祖女孫宗室豎格玉牒一卷　清雍正二年（1724）玉牒館寫本

遼寧省檔案館

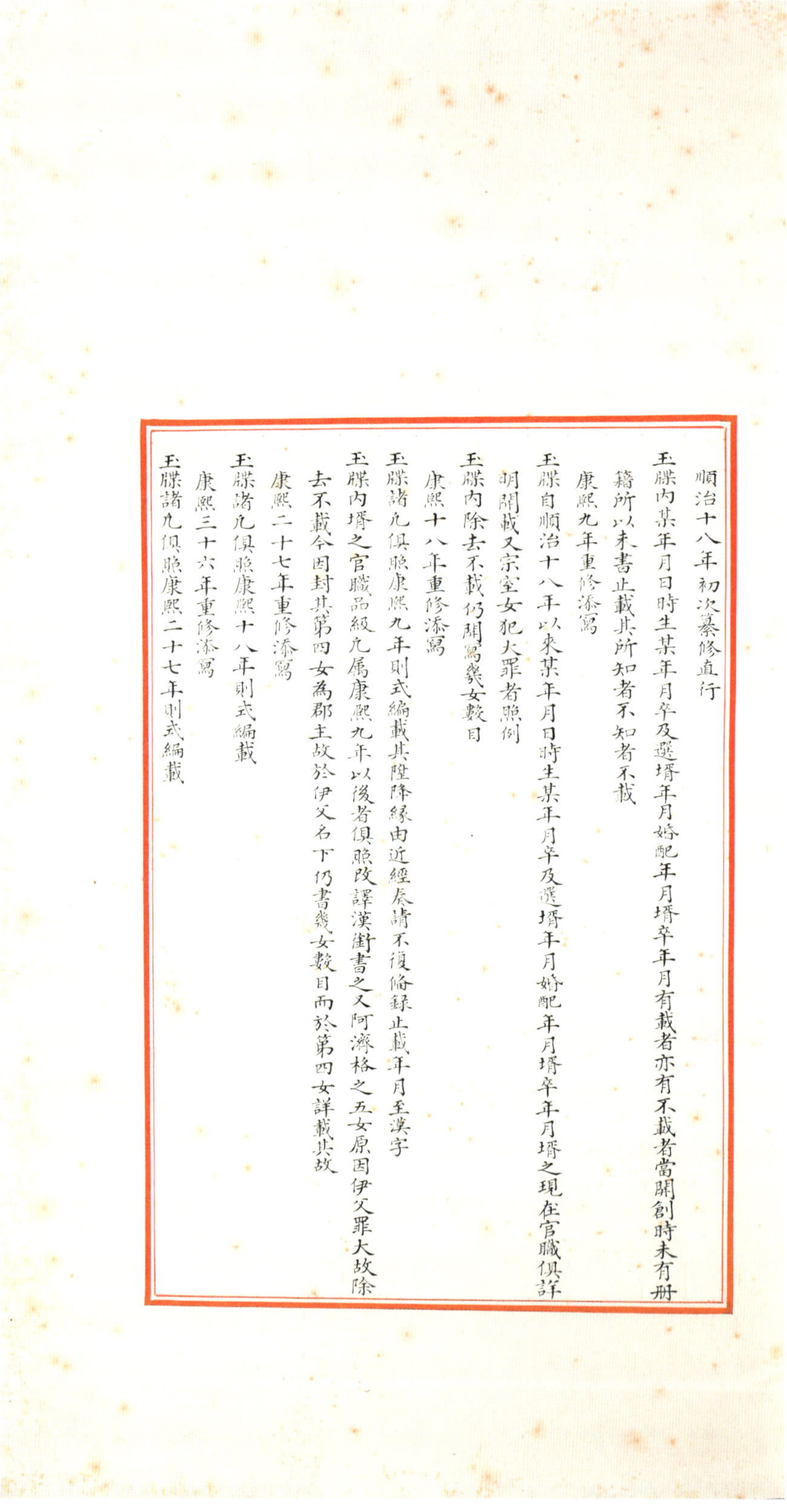

順治十八年初次纂修直行
玉牒内某年月日時生某年月卒及選壻年月婚配年月壻卒年月有載者亦有不載者當開創時未有册
籍所以未書止載其所知者不知者不載
康熙九年重修添寫
玉牒自順治十八年以來某年月日時生某年月卒及選壻年月婚配年月壻卒年月壻之現在官職俱詳
明開載又宗室女犯大罪者照例
玉牒内除去不載仍開寫幾女數目
康熙十八年重修添寫
玉牒諸凡俱照康熙九年則式編載其陞降緣由近經奏請不復備録止載年月至漢字
玉牒内壻之官職品級凡屬康熙九年以後者俱照改譯漢銜書之又阿濟格之五女原因伊父罪大故除
去不載今因封其第四女為郡主故於伊父名下仍書幾女數目而於第四女詳載其故
康熙二十七年重修添寫
玉牒諸凡俱照康熙十八年則式編載
康熙三十六年重修添寫
玉牒諸凡俱照康熙二十七年則式編載

20508　列祖女孫宗室竪格玉牒一卷　清雍正十一年（1733）玉牒館寫本　遼寧省檔案館

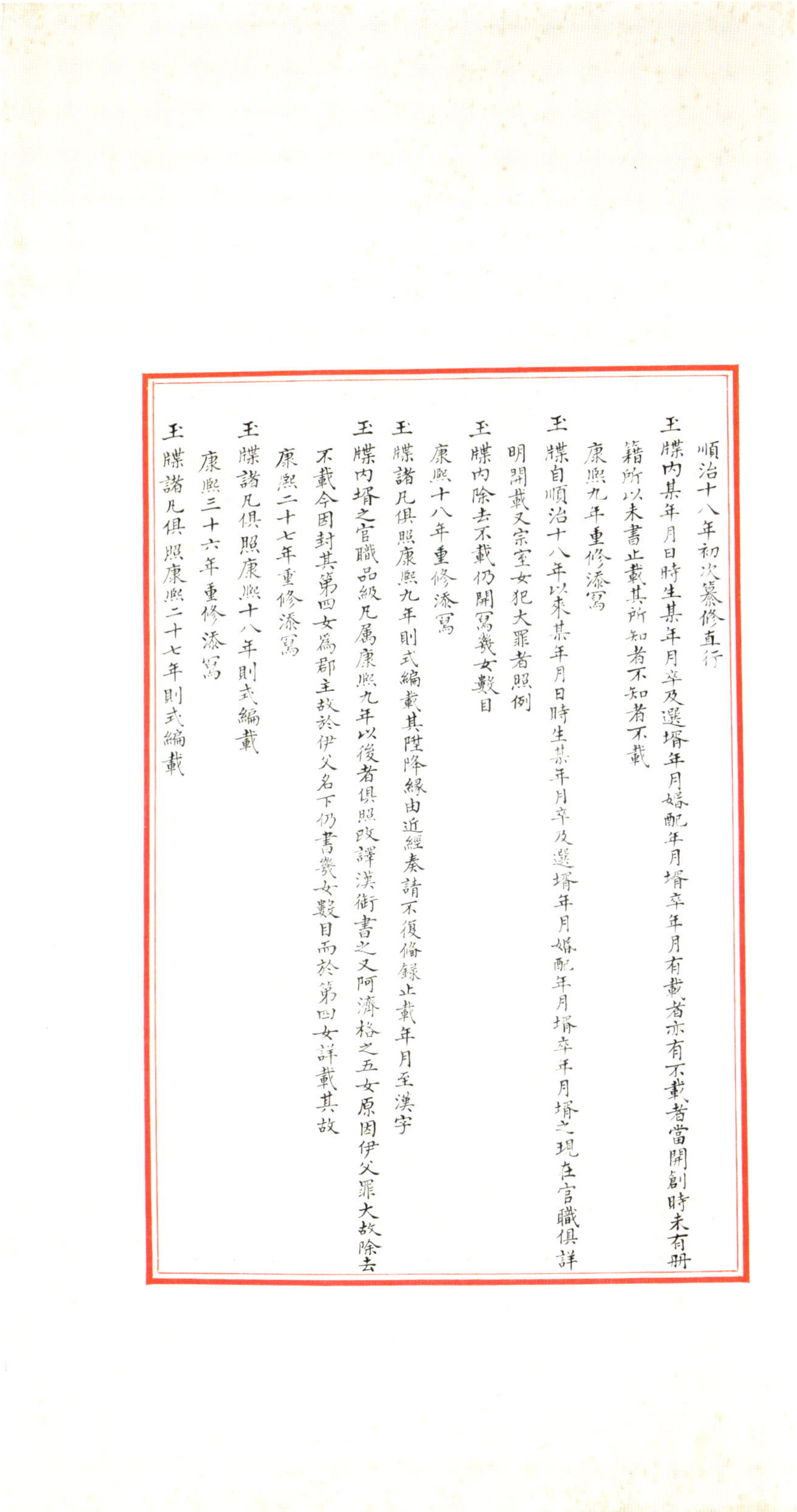
順治十八年初次纂修直行
玉
牒内某年月日時生某年月卒及選壻年月婚配年月壻卒年月有載者亦有不載者當開創時未有册
籍所以未書止載其所知者不知者不載
康熙九年重修添寫
玉
牒自順治十八年以來某年月日時生某年月卒及選壻年月婚配年月壻卒年月壻之現在官職俱詳
明開載又宗室女犯大罪者照例
玉
牒内除去不載仍開寫幾女數目
康熙十八年重修添寫
玉
牒諸凡俱照康熙九年則式編載其陞降緣由近經奏請不復備録止載年月至漢字
玉
牒内壻之官職品級凡屬康熙九年以後者俱照改譯漢衔書之又阿濟格之五女原因伊父罪大故除去
不載今因封其第四女爲郡主故於伊父名下仍書幾女數目而於第四女詳載其故
康熙二十七年重修添寫
玉
牒諸凡俱照康熙十八年則式編載
康熙三十六年重修添寫
玉
牒諸凡俱照康熙二十七年則式編載

20509　列祖女孫宗室竪格玉牒一卷　清乾隆七年（1742）玉牒館寫本

遼寧省檔案館

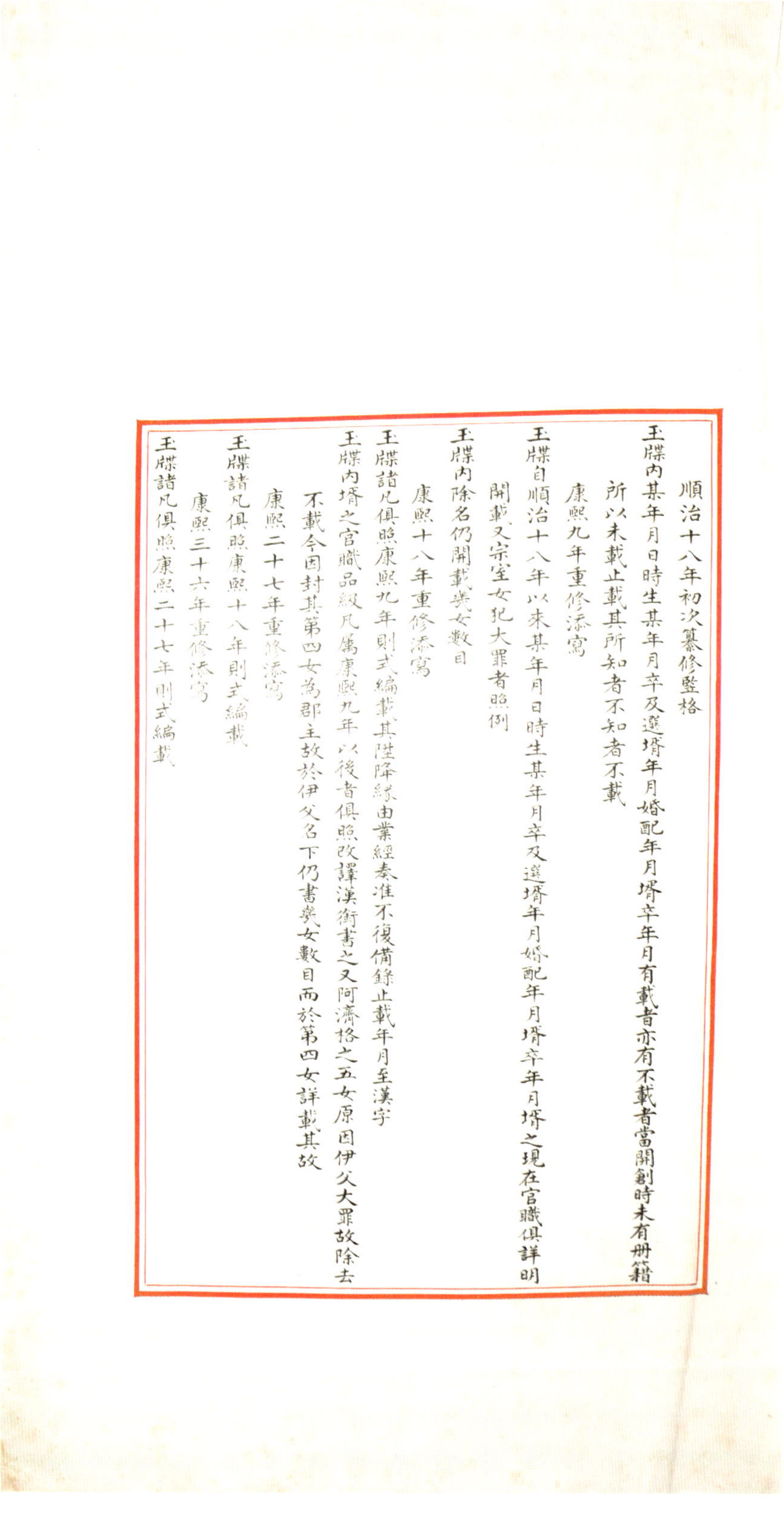

順治十八年初次纂修豎格
玉牒內某年月日時生某年月卒及選壻年月婚配年月壻卒年月有載者亦有不載者當開創時未有冊籍
所以未載止載其所知者不知者不載
康熙九年重修添寫
玉牒自順治十八年以來某年月日時生某年月卒及選壻年月婚配年月壻卒年月壻之現在官職俱詳明
開載又宗室女犯大罪者照例
玉牒內除名仍開載幾女數目
康熙十八年重修添寫
玉牒諸凡俱照康熙九年則式編載其陞降緣由業經奏准不復備錄止載年月至漢字
玉牒內壻之官職品級凡屬康熙九年以後者俱照改譯漢銜書之又阿濟格之五女原因伊父大罪故除去
不載今因封其第四女為郡主故於伊父名下仍書幾女數目而於第四女詳載其故
康熙二十七年重修添寫
玉牒諸凡俱照康熙十八年則式編載
康熙三十六年重修添寫
玉牒諸凡俱照康熙二十七年則式編載

20510　列祖女孫宗室豎格玉牒一卷　清乾隆十四年（1749）玉牒館寫本　遼寧省檔案館

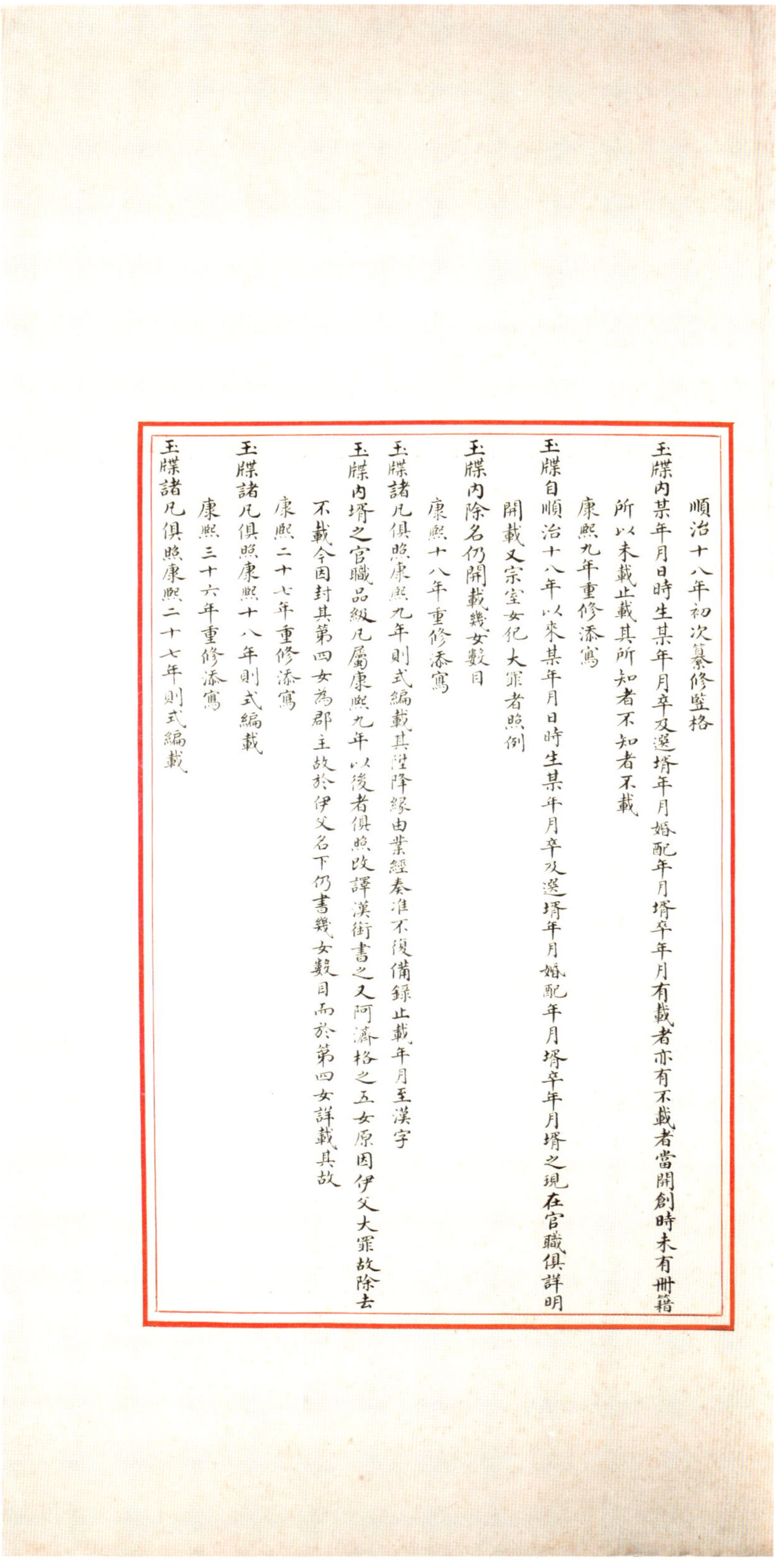

順治十八年初次纂修竪格
玉牒内某年月日時生某年月卒及選壻年月婚配年月壻卒年月有載者亦有不載者當開創時未有册籍
所以未載止載其所知者不知者不載
康熙九年重修添寫
玉牒自順治十八年以來某年月日時生某年月卒及選壻年月婚配年月壻卒年月壻之現在官職俱詳明
開載又宗室女犯大罪者照例
玉牒内除名仍開載幾女數目
康熙十八年重修添寫
玉牒諸凡俱照康熙九年則式編載其陞降緣由業經奏准不復備録止載年月至漢字
玉牒内壻之官職品級凡屬康熙九年以後者俱照改譯漢銜書之又阿濟格之五女原因伊父大罪故除去
不載今因封其第四女為郡主故於伊父名下仍書幾女數目而於第四女詳載其故
康熙二十七年重修添寫
玉牒諸凡俱照康熙十八年則式編載
康熙三十六年重修添寫
玉牒諸凡俱照康熙二十七年則式編載

20511　列祖女孫宗室竪格玉牒一卷　清乾隆二十五年（1760）玉牒館寫本　遼寧省檔案館

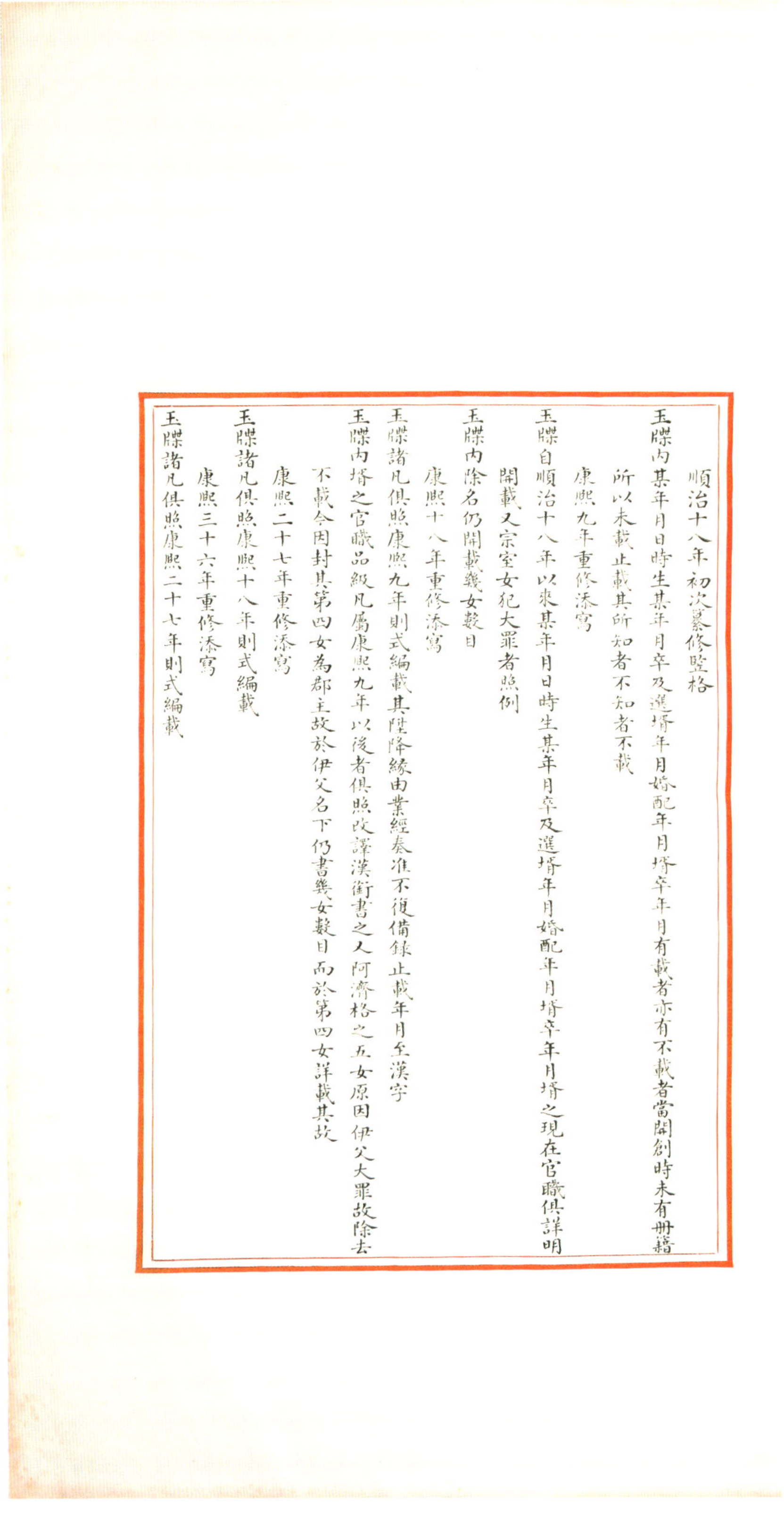
順治十八年初次纂修豎格
玉牒内某年月日時生某年月卒及選婿年月婚配年月婿卒年月有載者亦有不載者當閞創時未有册籍
所以未載止載其所知者不知者不載
康熙九年重修添寫
玉牒自順治十八年以來某年月日時生某年月卒及選婿年月婚配年月婿卒年月婿之現在官職俱詳明
開載又宗室女犯大罪者照例
玉牒内除名仍開載幾女數目
康熙十八年重修添寫
玉牒諸凡俱照康熙九年則式編載其陞降緣由業經奏准不復備錄止載年月至漢字
玉牒内婿之官職品級凡屬康熙九年以後者俱照改譯漢銜書之人阿濟格之五女原因伊父大罪故除去
不載今因封其第四女為郡主故於伊父名下仍書幾女數目而於第四女詳載其故
康熙二十七年重修添寫
玉牒諸凡俱照康熙十八年則式編載
康熙三十六年重修添寫
玉牒諸凡俱照康熙二十七年則式編載

20512　列祖女孫宗室豎格玉牒一卷　清乾隆三十三年（1768）玉牒館寫本　遼寧省檔案館

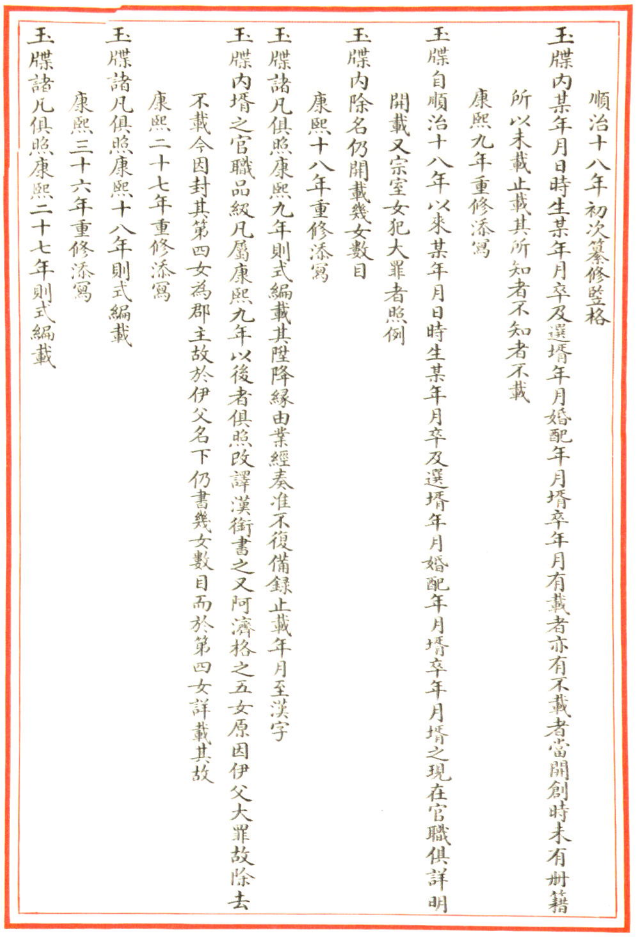

順治十八年初次纂修豎格
玉牒内某年月日時生某年月卒及選壻年月婚配年月壻卒年月有載者亦有不載者當開創時未有册籍
所以未載止載其所知者不知者不載
康熙九年重修添寫
玉牒自順治十八年以來某年月日時生某年月卒及選壻年月婚配年月壻卒年月壻之現在官職俱詳明
開載又宗室女犯大罪者照例
玉牒内除名仍開載幾女數目
康熙十八年重修添寫
玉牒諸凡俱照康熙九年則式編載其陞降緣由業經奏准不復備録止載年月至漢字
玉牒内壻之官職品級凡屬康熙九年以後者俱照改譯漢銜書之又阿濟格之五女原因伊父大罪故除去
不載今因封其第四女為郡主故於伊父名下仍書幾女數目而於第四女詳載其故
玉牒諸凡俱照康熙十八年則式編載
康熙二十七年重修添寫
玉牒諸凡俱照康熙二十七年則式編載
康熙三十六年重修添寫

20513　列祖女孫宗室豎格玉牒一卷　清乾隆四十三年（1778）玉牒館寫本　遼寧省檔案館

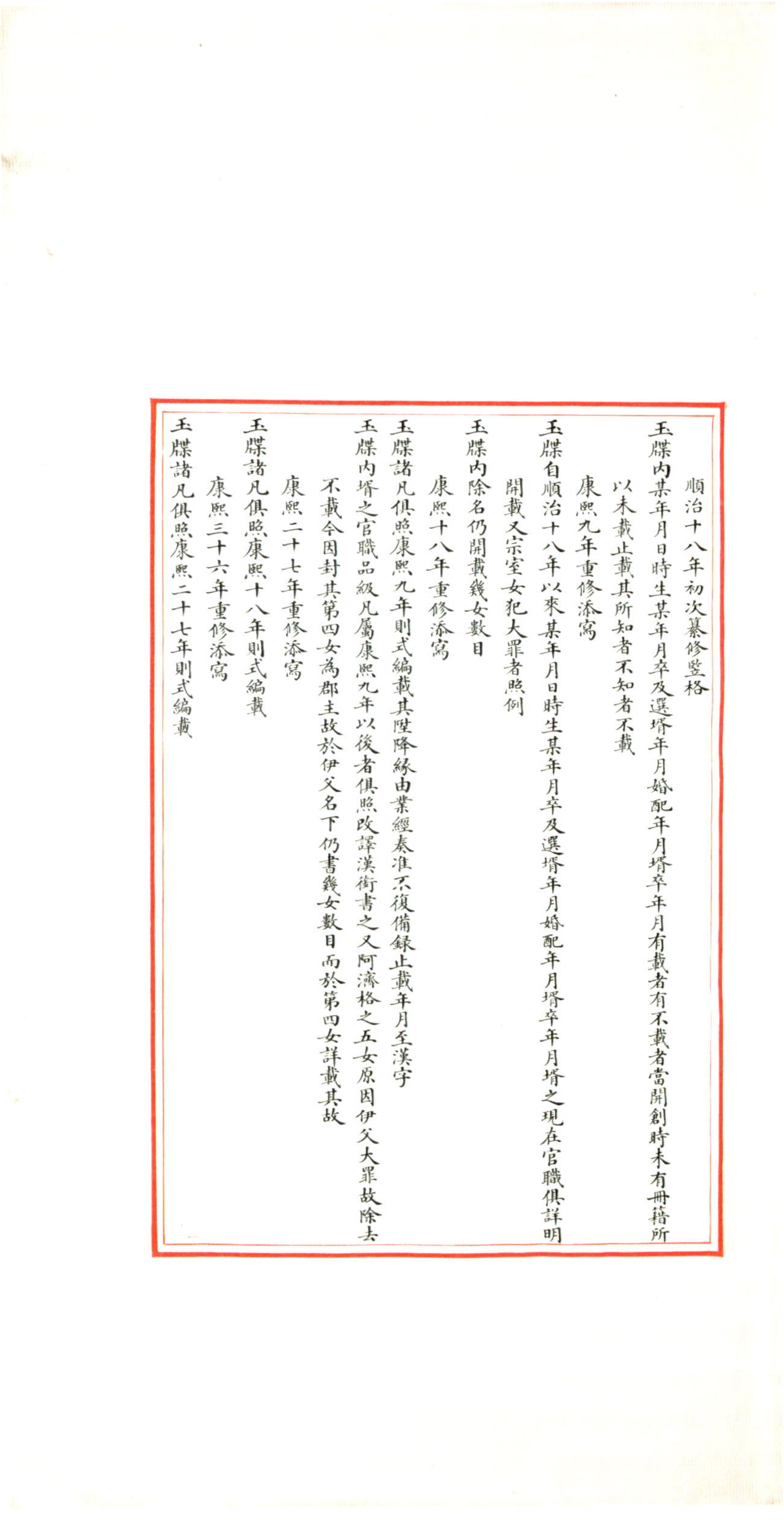
順治十八年初次纂修豎格
玉牒內某年月日時生某年月卒及選婿年月婚配年月婿卒年月有載者有不載者當開創時未有冊籍所
以未載止載其所知者不知者不載
康熙九年重修添寫
玉牒自順治十八年以來某年月日時生某年月卒及選婿年月婚配年月婿卒年月婿之現在官職俱詳明
開載又宗室女犯大罪者照例
玉牒內除名仍開載幾女數目
康熙十八年重修添寫
玉牒諸凡俱照康熙九年則式編載其陞降緣由業經奏准不復備錄止載年月至漢字
玉牒內婿之官職品級凡屬康熙九年以後者俱照改譯漢銜書之又阿濟格之五女原因伊父大罪故除去
不載今因封其第四女為郡主故於伊父名下仍書幾女數目而於第四女詳載其故
康熙二十七年重修添寫
玉牒諸凡俱照康熙十八年則式編載
康熙三十六年重修添寫
玉牒諸凡俱照康熙二十七年則式編載

20514　列祖女孫宗室豎格玉牒一卷　清乾隆五十三年（1788）玉牒館寫本　遼寧省檔案館

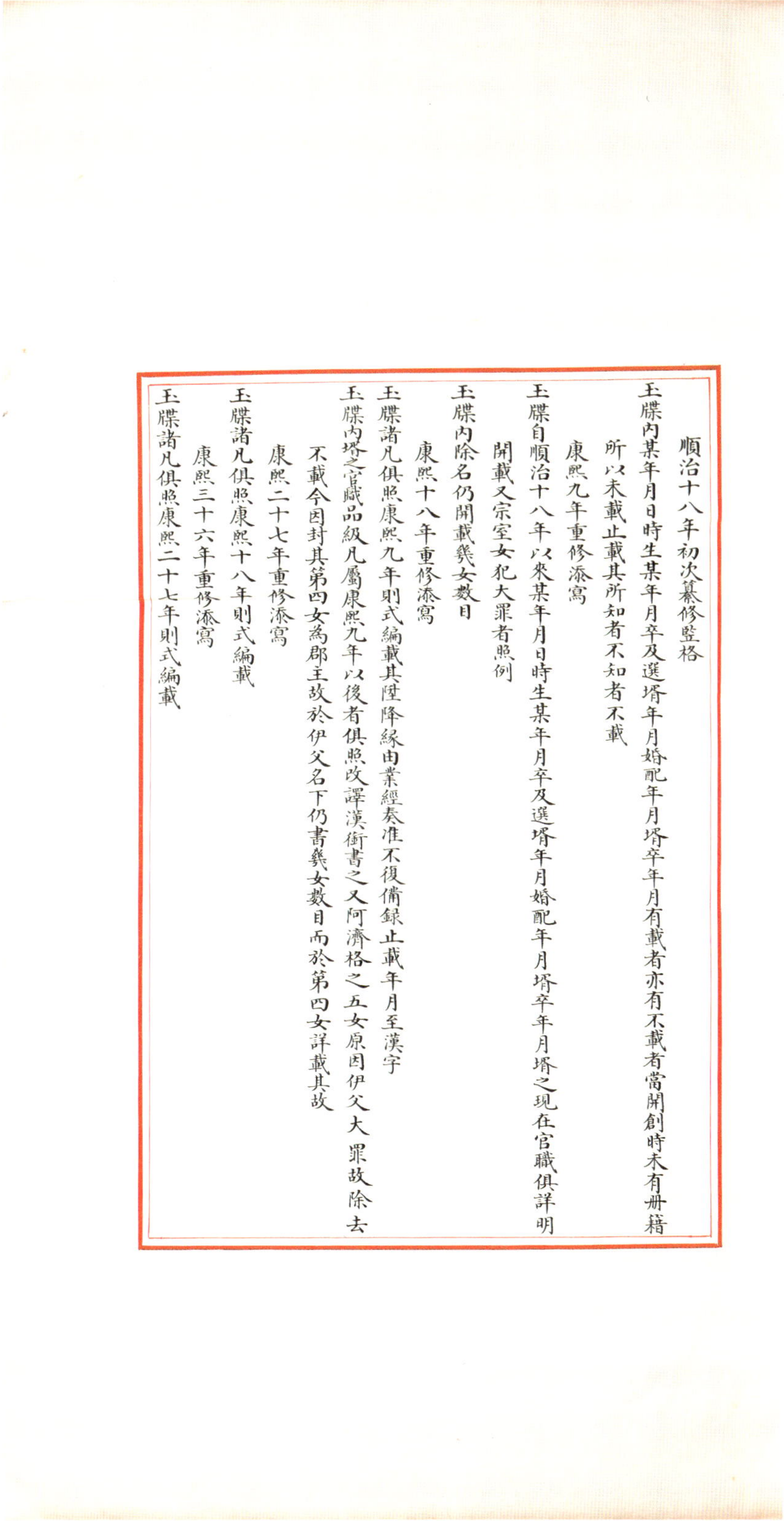
順治十八年初次纂修竪格
玉牒内某年月日時生某年月卒及選壻年月婚配年月壻卒年月有載者亦有不載者當開創時未有册籍
所以未載止載其所知者不知者不載
康熙九年重修添寫
玉牒自順治十八年以來某年月日時生某年月卒及選壻年月婚配年月壻卒年月壻之現在官職俱詳明
開載又宗室女犯大罪者照例
玉牒内除名仍開載幾女數目
康熙十八年重修添寫
玉牒諸凡俱照康熙九年則式編載其陞降緣由業經奏准不復備録止載年月至漢字
玉牒内壻之官職品級凡屬康熙九年以後者俱照改譯漢銜書之又阿濟格之五女原因伊父大罪故除去
不載今因封其第四女為郡主故於伊父名下仍書幾女數目而於第四女詳載其故
康熙二十七年重修添寫
玉牒諸凡俱照康熙十八年則式編載
康熙三十六年重修添寫
玉牒諸凡俱照康熙二十七年則式編載

20515　列祖女孫宗室竪格玉牒一卷　清嘉慶三年（1798）玉牒館寫本

遼寧省檔案館

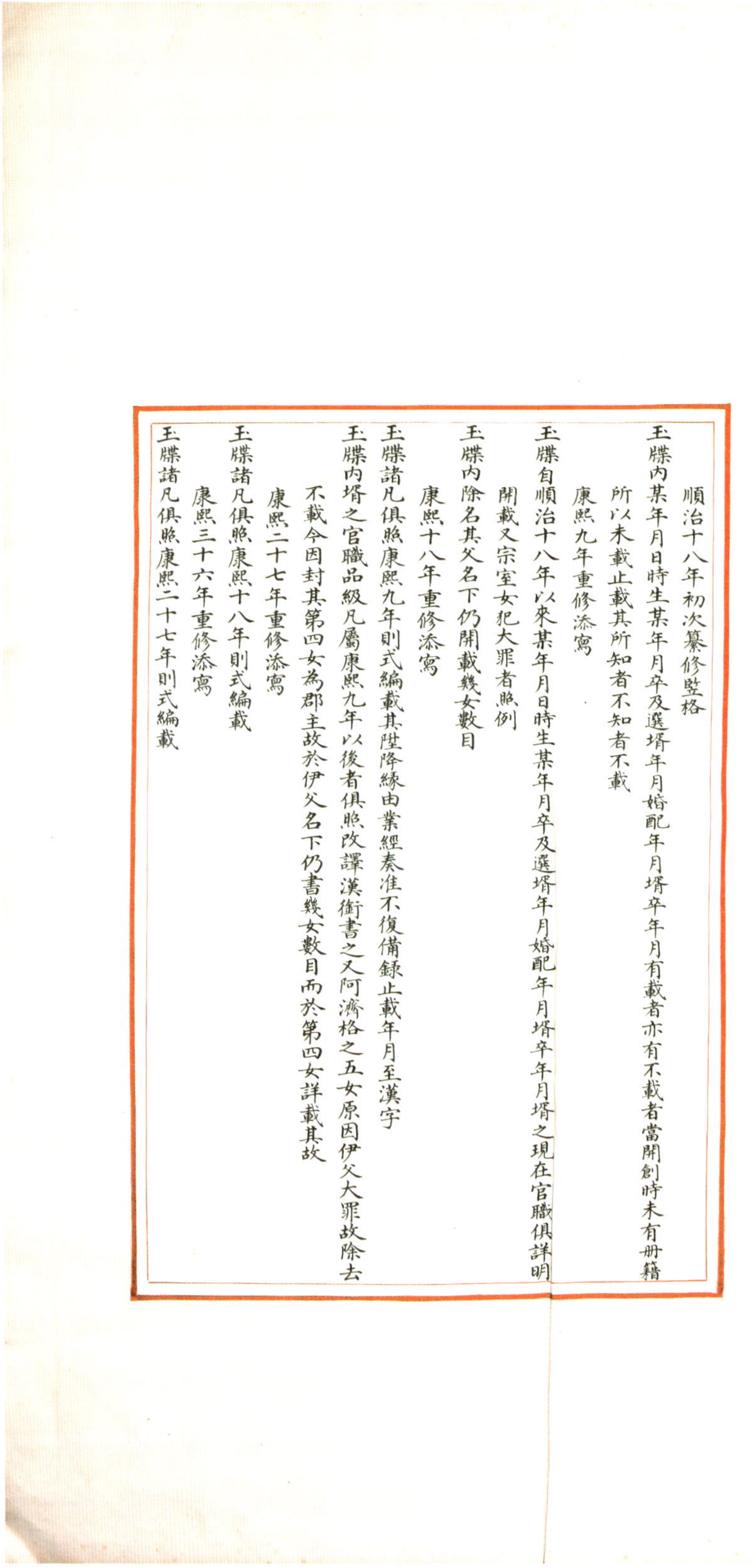
順治十八年初次纂修豎格
玉牒内某年月日時生某年月卒及選壻年月婚配年月壻卒年月有載者亦有不載者當開創時未有册籍
所以未載止載其所知者不知者不載
康熙九年重修添寫
玉牒自順治十八年以來某年月日時生某年月卒及選壻年月婚配年月壻卒年月壻之現在官職俱詳明
開載又宗室女犯大罪者照例
玉牒内除名其父名下仍開載幾女數目
康熙十八年重修添寫
玉牒諸凡俱照康熙九年則式編載其陞降緣由業經奏准不復備録止載年月至漢字
玉牒内壻之官職品級凡屬康熙九年以後者俱照改譯漢銜書之又阿濟格之五女原因伊父大罪故除去
不載今因封其第四女為郡主故於伊父名下仍書幾女數目而於第四女詳載其故
康熙二十七年重修添寫
玉牒諸凡俱照康熙十八年則式編載
康熙三十六年重修添寫
玉牒諸凡俱照康熙二十七年則式編載

20516　列祖女孫宗室豎格玉牒一卷　清嘉慶十二年（1807）玉牒館寫本　遼寧省檔案館

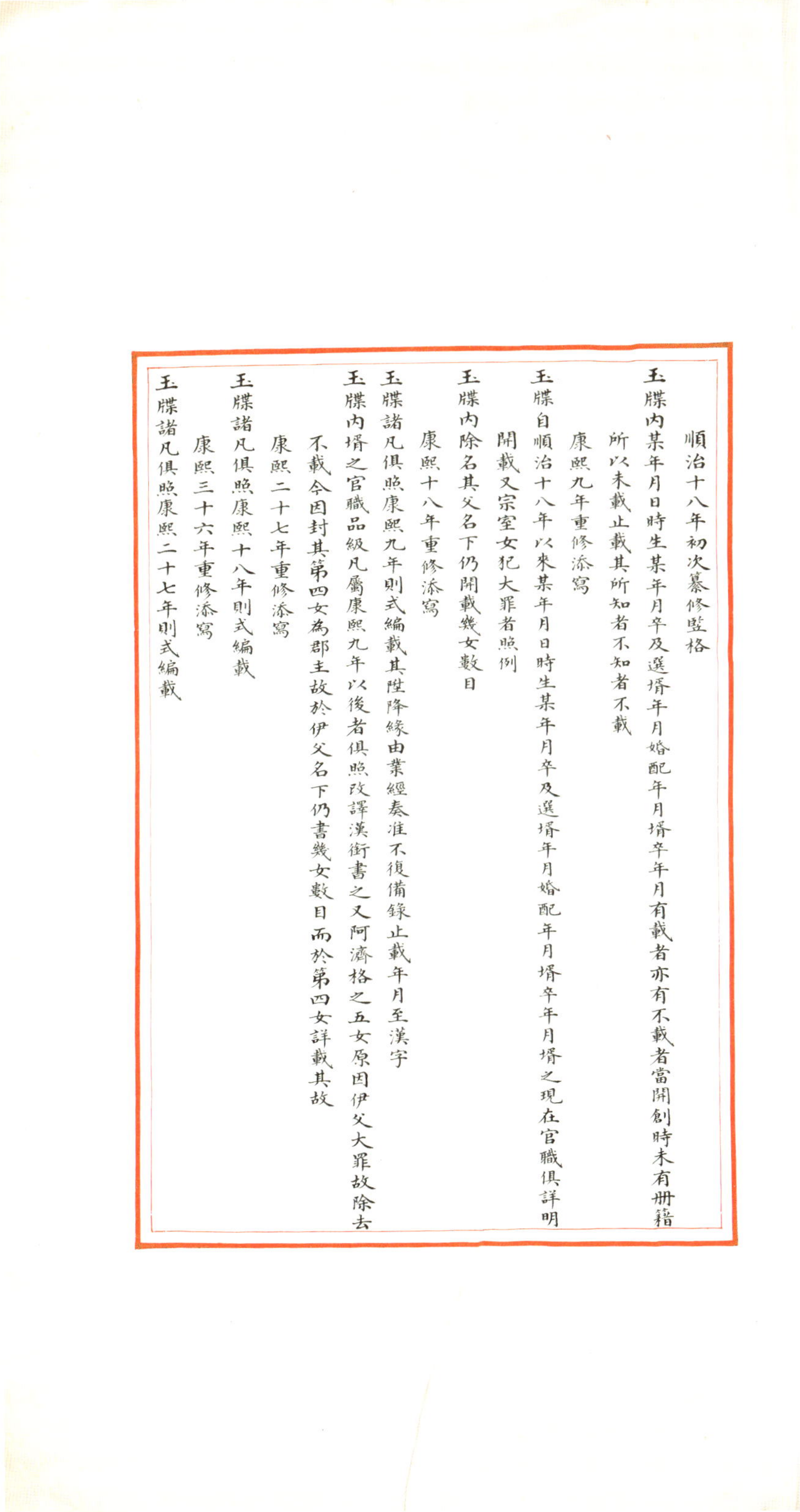

順治十八年初次纂修豎格
玉牒內某年月日時生某年月卒及選壻年月婚配年月壻卒年月有載者亦有不載者當開創時未有冊籍
所以未載止載其所知者不知者不載
康熙九年重修添寫
玉牒自順治十八年以來某年月日時生某年月卒及選壻年月婚配年月壻卒年月壻之現在官職俱詳明
開載又宗室女犯大罪者照例
玉牒內除名其父名下仍開載幾女數目
康熙十八年重修添寫
玉牒諸凡俱照康熙九年則式編載其陞降緣由業經奏准不復備錄止載年月至漢字
玉牒內壻之官職品級凡屬康熙九年以後者俱照改譯漢銜書之又阿濟格之五女原因伊父大罪故除去
不載今因封其第四女為郡主故於伊父名下仍書幾女數目而於第四女詳載其故
康熙二十七年重修添寫
玉牒諸凡俱照康熙十八年則式編載
康熙三十六年重修添寫
玉牒諸凡俱照康熙二十七年則式編載

20517　列祖女孫宗室豎格玉牒一卷　清嘉慶二十三年（1818）玉牒館寫本　遼寧省檔案館

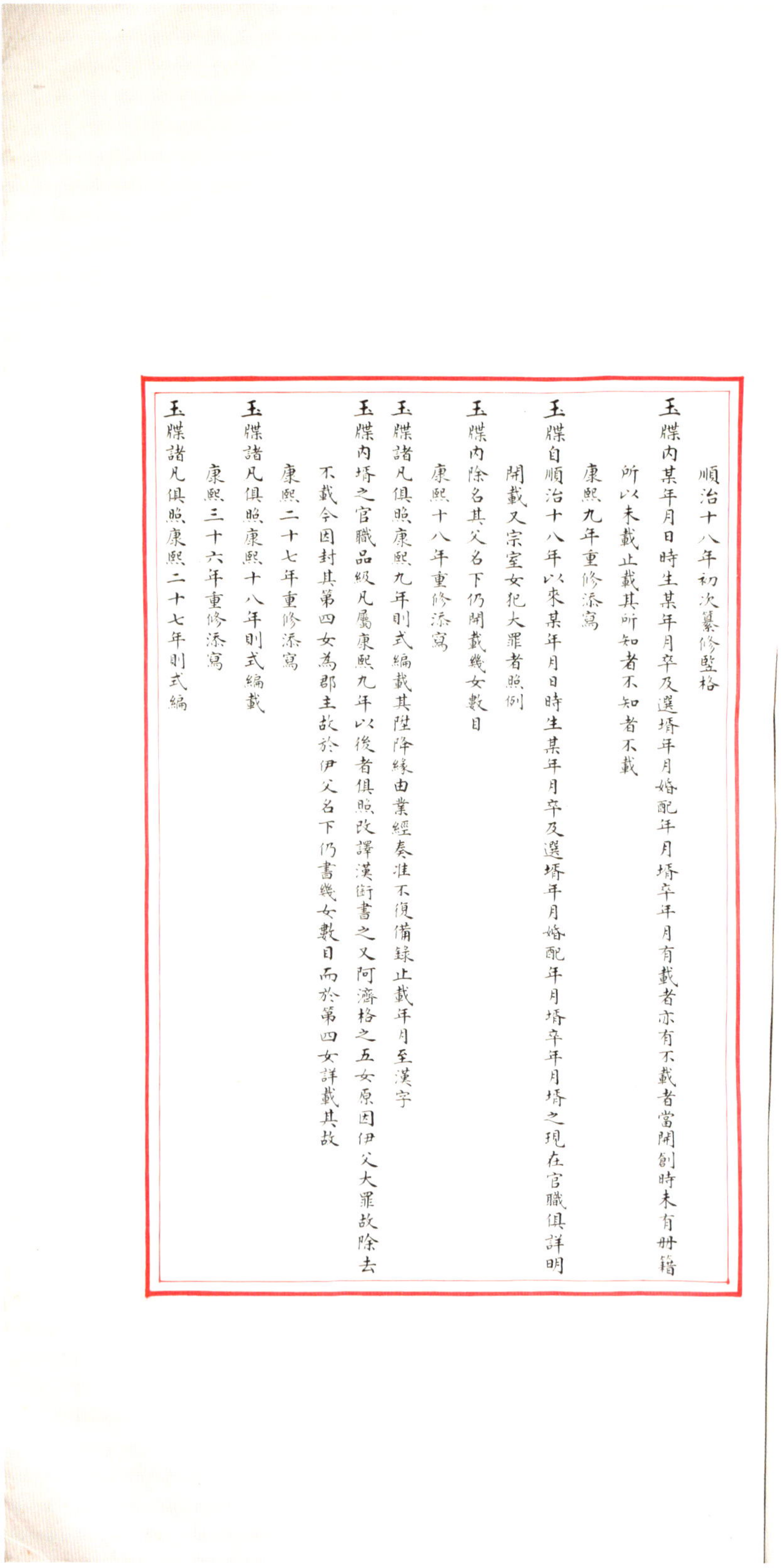
順治十八年初次纂修豎格
玉牒内某年月日時生某年月卒及選婿年月婚配年月婿卒年月有載者亦有不載者當開創時未有册籍
所以未載止載其所知者不知者不載
康熙九年重修添寫
玉牒自順治十八年以來某年月日時生某年月卒及選婿年月婚配年月婿卒年月婿之現在官職俱詳明
開載又宗室女犯大罪者照例
玉牒内除名其父名下仍開載幾女數目
康熙十八年重修添寫
玉牒諸凡俱照康熙九年則式編載其陞降緣由業經奏准不復備録止載年月至漢字
玉牒内婿之官職品級凡屬康熙九年以後者俱照改譯漢銜書之又阿濟格之五女原因伊父大罪故除去
不載今因封其第四女為郡主故於伊父名下仍書幾女數目而於第四女詳載其故
康熙二十七年重修添寫
玉牒諸凡俱照康熙十八年則式編載
康熙三十六年重修添寫
玉牒諸凡俱照康熙二十七年則式編

20518　列祖女孫宗室豎格玉牒一卷　清道光八年（1828）玉牒館寫本

遼寧省檔案館

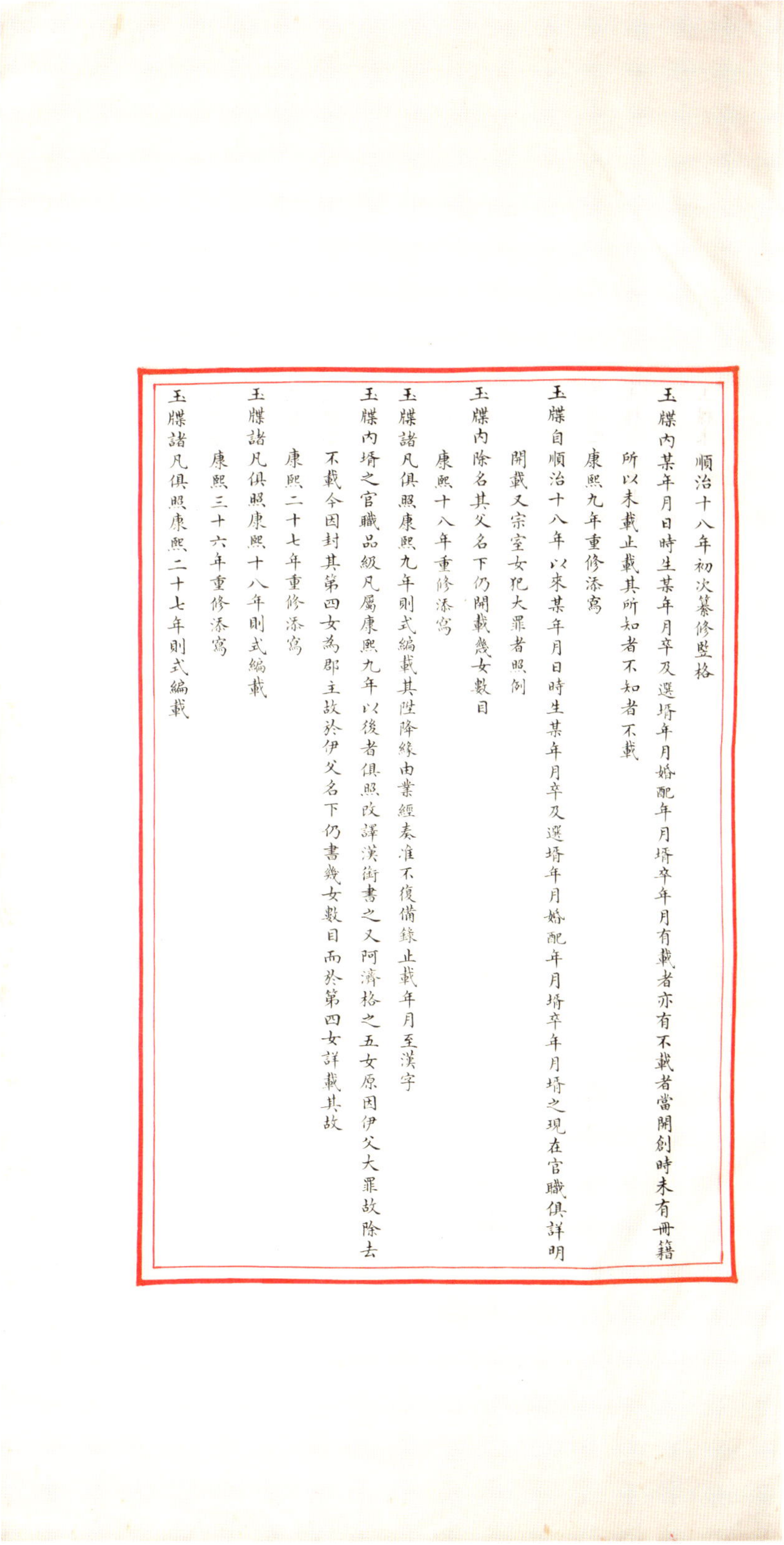
順治十八年初次纂修豎格
玉牒内某年月日時生某年月卒及選壻年月婚配年月壻卒年月有載者亦有不載者當開創時未有冊籍
所以未載止載其所知者不知者不載
康熙九年重修添寫
玉牒自順治十八年以來某年月日時生某年月卒及選壻年月婚配年月壻卒年月壻之現在官職俱詳明
開載又宗室女犯大罪者照例
玉牒内除名其父名下仍開載幾女數目
康熙十八年重修添寫
玉牒諸凡俱照康熙九年則式編載其陞降緣由業經奏准不復備錄止載年月至漢字
玉牒内壻之官職品級凡屬康熙九年以後者俱照改譯漢銜書之又阿濟格之五女原因伊父大罪故除去
不載今因封其第四女為郡主故於伊父名下仍書幾女數目而於第四女詳載其故
康熙二十七年重修添寫
玉牒諸凡俱照康熙十八年則式編載
康熙三十六年重修添寫
玉牒諸凡俱照康熙二十七年則式編載

20519　列祖女孫宗室豎格玉牒一卷　清道光十八年（1838）玉牒館寫本　遼寧省檔案館

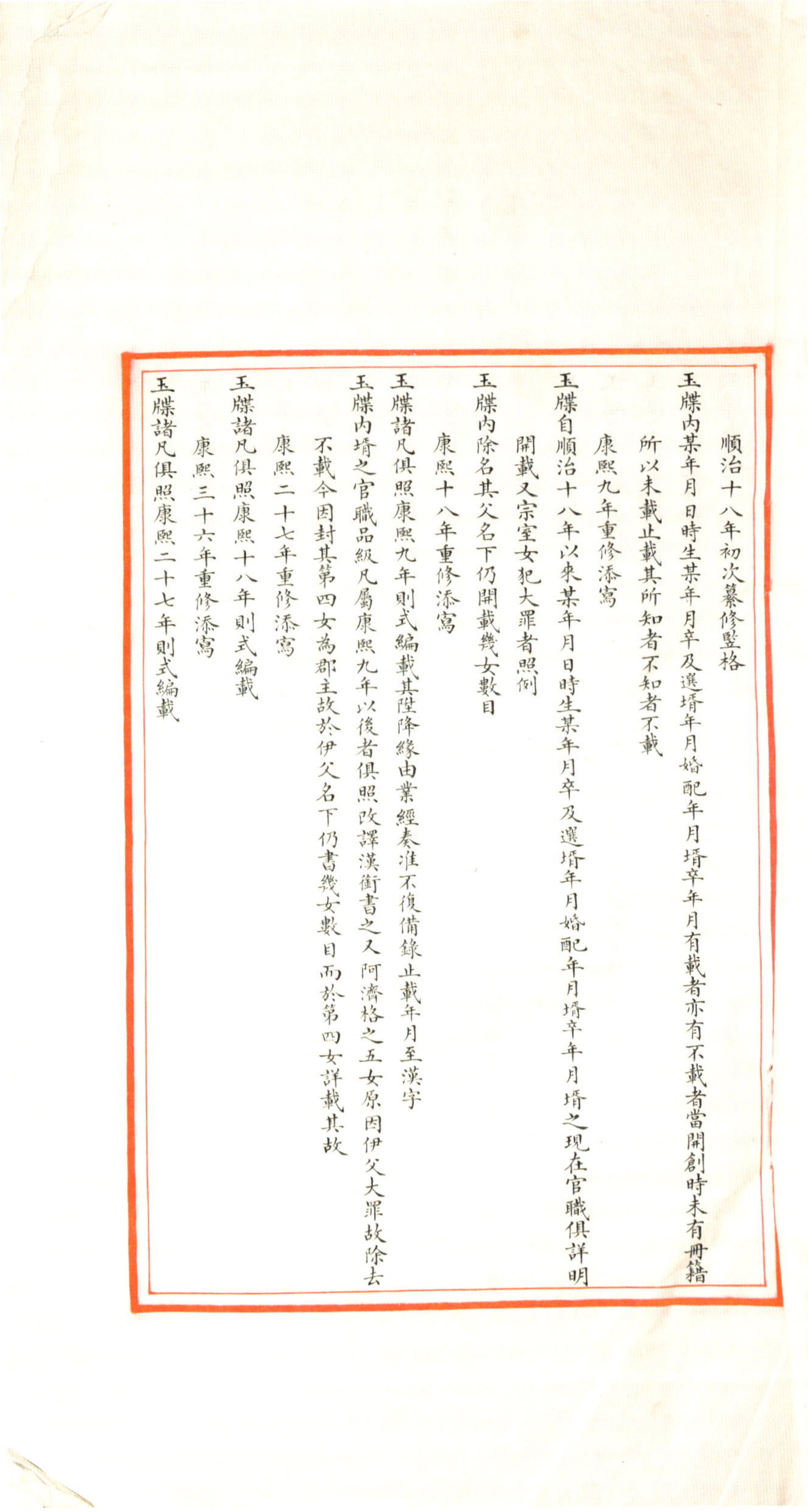
順治十八年初次纂修豎格
玉牒内某年月日時生某年月卒及選壻年月婚配年月壻卒年月有載者亦有不載者當開創時未有冊籍
所以未載止載其所知者不知者不載
康熙九年重修添寫
玉牒自順治十八年以來某年月日時生某年月卒及選壻年月婚配年月壻卒年月壻之現在官職俱詳明
開載又宗室女犯大罪者照例
玉牒内除名其父名下仍開載幾女數目
康熙十八年重修添寫
玉牒諸凡俱照康熙九年則式編載其陞降緣由業經奏准不復備錄止載年月至漢字
玉牒内壻之官職品級凡屬康熙九年以後者俱照改譯漢銜書之又阿濟格之五女原因伊父大罪故除去
不載今因封其第四女為郡主故於伊父名下仍書幾女數目而於第四女詳載其故
康熙二十七年重修添寫
玉牒諸凡俱照康熙十八年則式編載
康熙三十六年重修添寫
玉牒諸凡俱照康熙二十七年則式編載

20520　列祖女孫宗室豎格玉牒一卷　清道光二十八年（1848）玉牒館寫本　遼寧省檔案館

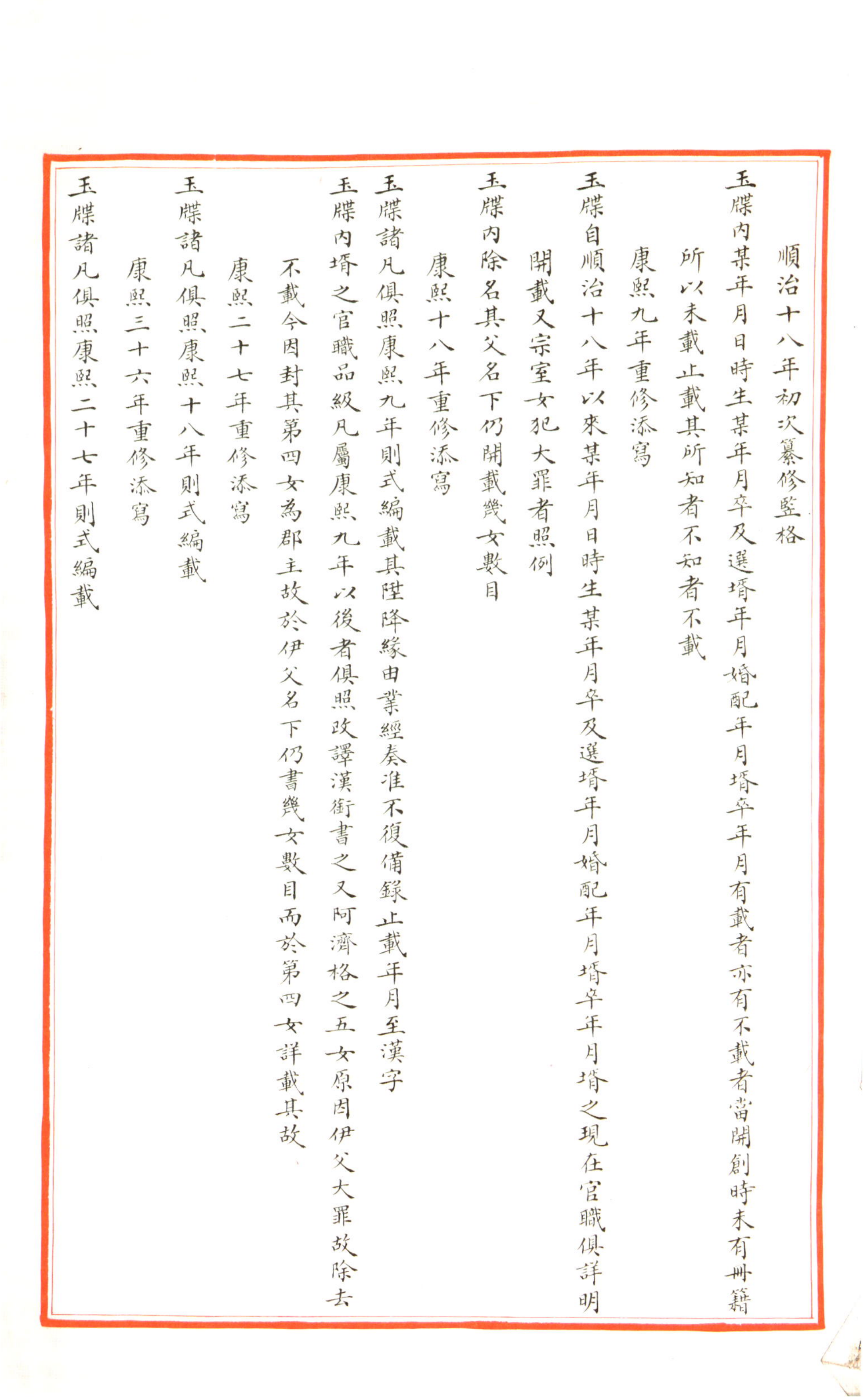
順治十八年初次纂修竪格
玉牒內某年月日時生某年月卒及選壻年月婚配年月壻卒年月有載者亦有不載者當開創時未有冊籍
所以未載止載其所知者不知者不載
康熙九年重修添寫
玉牒自順治十八年以來某年月日時生某年月卒及選壻年月婚配年月壻卒年月壻之現在官職俱詳明
開載又宗室女犯大罪者照例
玉牒內除名其父名下仍開載幾女數目
康熙十八年重修添寫
玉牒諸凡俱照康熙九年則式編載其陞降緣由業經奏准不復備錄止載年月至漢字
玉牒內壻之官職品級凡屬康熙九年以後者俱照改譯漢銜書之又阿濟格之五女原因伊父大罪故除去
不載今因封其第四女為郡主故於伊父名下仍書幾女數目而於第四女詳載其故
康熙二十七年重修添寫
玉牒諸凡俱照康熙十八年則式編載
康熙三十六年重修添寫
玉牒諸凡俱照康熙二十七年則式編載

20521　列祖女孫宗室竪格玉牒一卷　清咸豐八年（1858）玉牒館寫本

遼寧省檔案館

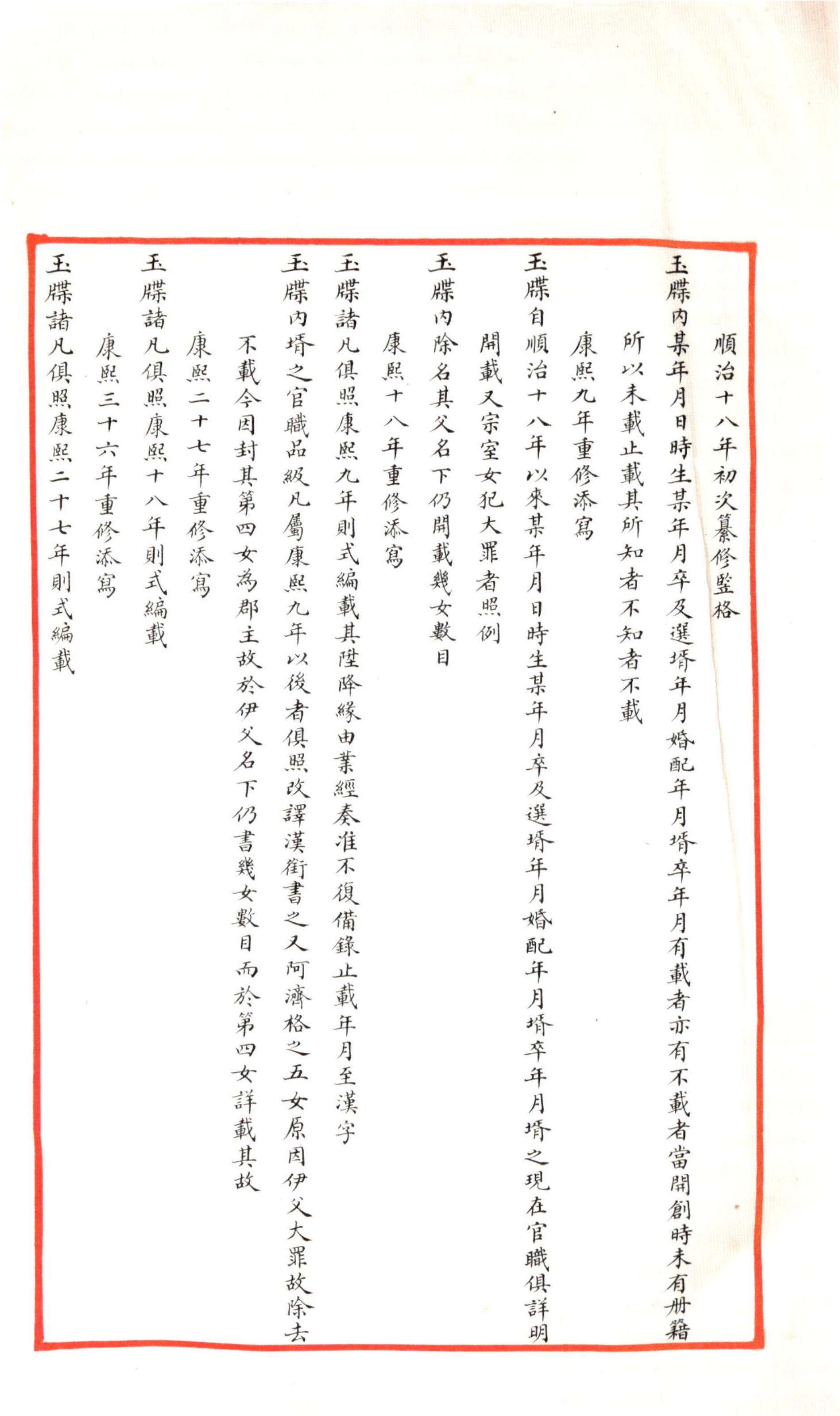

順治十八年初次纂修豎格
玉牒內某年月日時生某年月卒及選壻年月婚配年月壻卒年月有載者亦有不載者當開創時未有册籍
所以未載止載其所知者不知者不載
康熙九年重修添寫
玉牒自順治十八年以來某年月日時生某年月卒及選壻年月婚配年月壻卒年月壻之現在官職俱詳明
開載又宗室女犯大罪者照例
玉牒內除名其父名下仍開載幾女數目
康熙十八年重修添寫
玉牒諸凡俱照康熙九年則式編載其陞降緣由業經奏准不復備錄止載年月至漢字
玉牒內壻之官職品級凡屬康熙九年以後者俱照改譯漢銜書之又阿濟格之五女原因伊父大罪故除去
不載今因封其第四女為郡主故於伊父名下仍書幾女數目而於第四女詳載其故
康熙二十七年重修添寫
玉牒諸凡俱照康熙十八年則式編載
康熙三十六年重修添寫
玉牒諸凡俱照康熙二十七年則式編載

20522 列祖女孫宗室豎格玉牒一卷 清同治六年（1867）玉牒館寫本

遼寧省檔案館

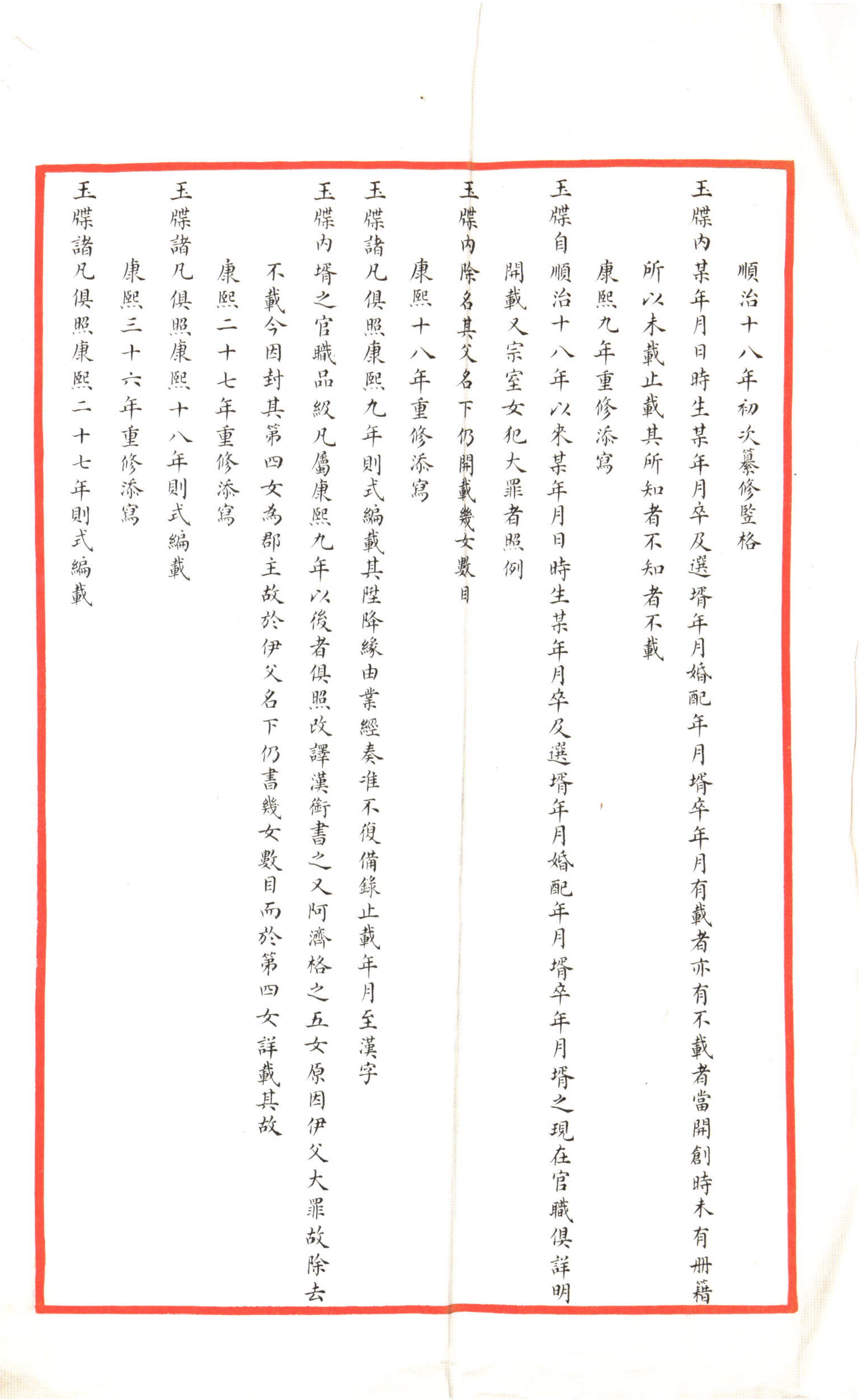
順治十八年初次纂修竪格
玉牒内某年月日時生某年月卒及選壻年月婚配年月壻卒年月有載者亦有不載者當開創時未有册籍
所以未載止載其所知者不知者不載
康熙九年重修添寫
玉牒自順治十八年以來某年月日時生某年月卒及選壻年月婚配年月壻卒年月壻之現在官職俱詳明
開載又宗室女犯大罪者照例
玉牒内除名其父名下仍開載幾女數目
康熙十八年重修添寫
玉牒諸凡俱照康熙九年則式編載其陞降緣由業經奏准不復備錄止載年月至漢字
玉牒内壻之官職品級凡屬康熙九年以後者俱照改譯漢銜書之又阿濟格之五女原因伊父大罪故除去
不載今因封其第四女為郡主故於伊父名下仍書幾女數目而於第四女詳載其故
康熙二十七年重修添寫
玉牒諸凡俱照康熙十八年則式編載
康熙三十六年重修添寫
玉牒諸凡俱照康熙二十七年則式編載

20523　列祖女孫宗室竪格玉牒一卷　清光緒三年（1877）玉牒館寫本

遼寧省檔案館

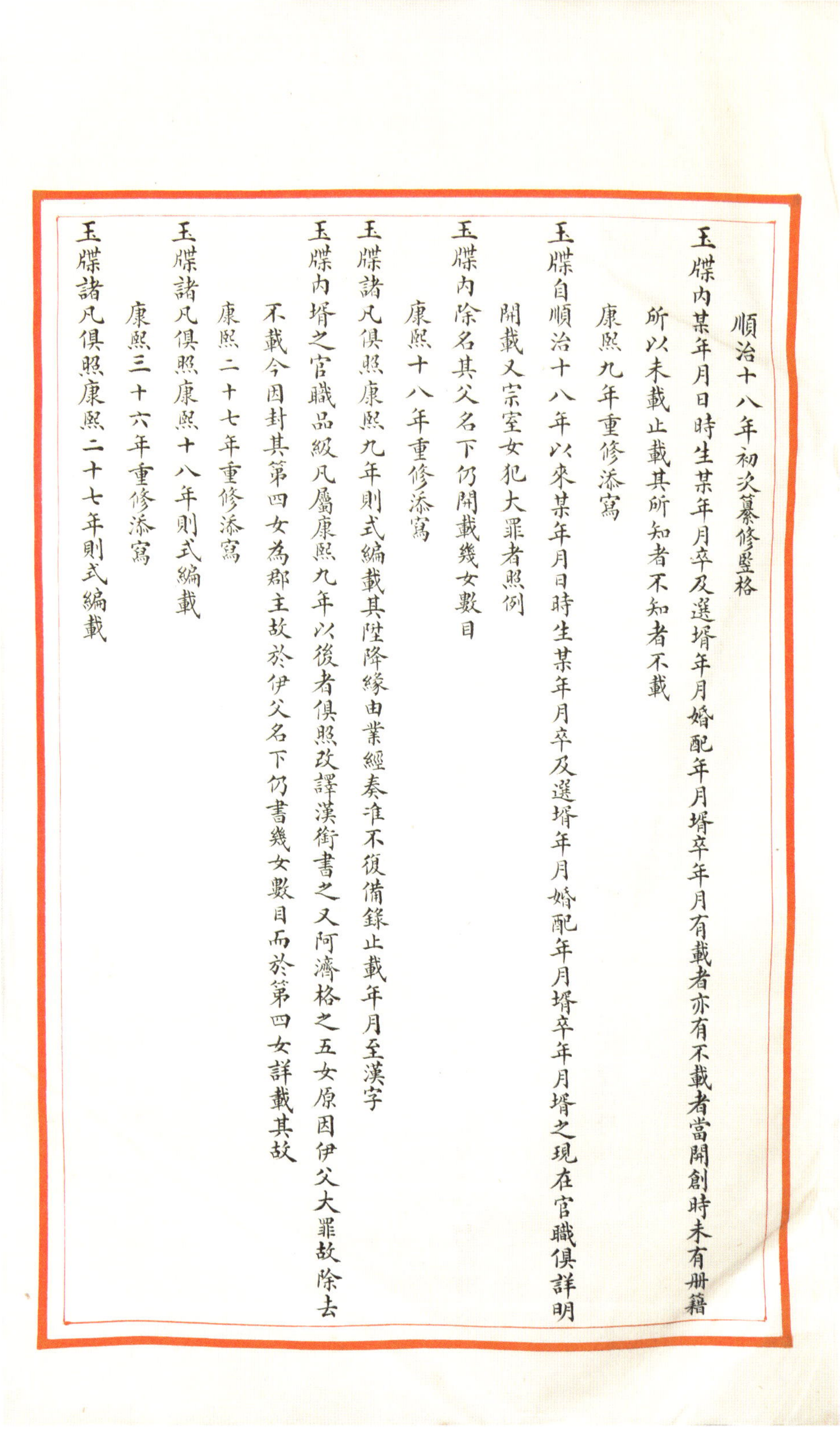
順治十八年初次纂修豎格
玉牒內某年月日時生某年月卒及選壻年月婚配年月壻卒年月有載者亦有不載者當開創時未有册籍
所以未載止載其所知者不知者不載
康熙九年重修添寫
玉牒自順治十八年以來某年月日時生某年月卒及選壻年月婚配年月壻卒年月壻之現在官職俱詳明
開載又宗室女犯大罪者照例
玉牒內除名其父名下仍開載幾女數目
康熙十八年重修添寫
玉牒諸凡俱照康熙九年則式編載其陞降緣由業經奏准不復備錄止載年月至漢字
玉牒內壻之官職品級凡屬康熙九年以後者俱照改譯漢銜書之又阿濟格之五女原因伊父大罪故除去
不載今因封其第四女為郡主故於伊父名下仍書幾女數目而於第四女詳載其故
康熙二十七年重修添寫
玉牒諸凡俱照康熙十八年則式編載
康熙三十六年重修添寫
玉牒諸凡俱照康熙二十七年則式編載

20524　列祖女孫宗室豎格玉牒一卷　清光緒十三年（1887）玉牒館寫本　遼寧省檔案館

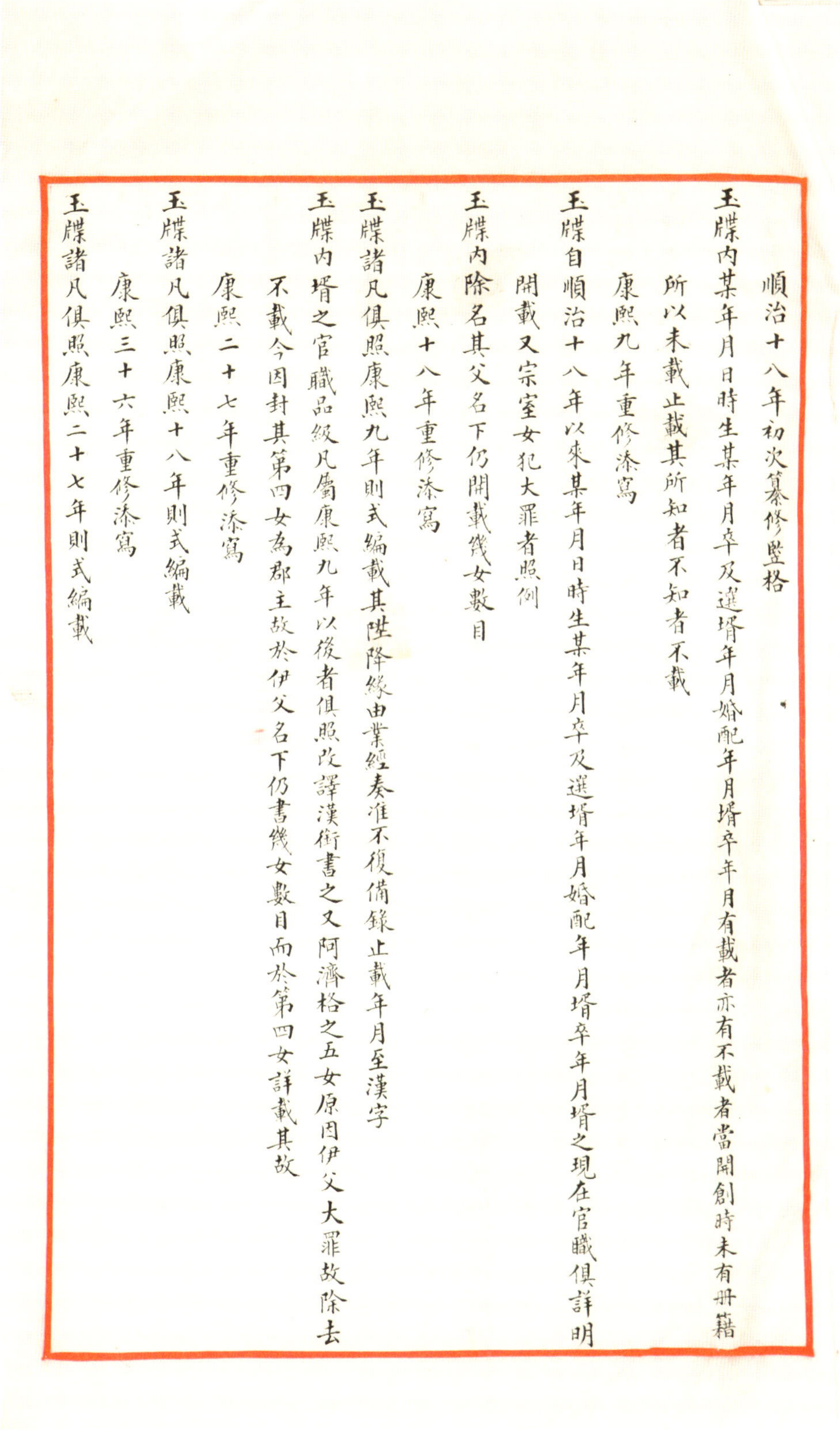

順治十八年初次纂修豎格
玉牒內某年月日時生某年月卒及選壻年月婚配年月壻卒年月有載者亦有不載者當開創時未有册籍
所以未載止載其所知者不知者不載
康熙九年重修添寫
玉牒自順治十八年以來某年月日時生某年月卒及選壻年月婚配年月壻卒年月壻之現在官職俱詳明
開載又宗室女犯大罪者照例
玉牒內除名其父名下仍開載幾女數目
康熙十八年重修添寫
玉牒諸凡俱照康熙九年則式編載其陞降緣由業經奏准不復備錄止載年月至漢字
玉牒內壻之官職品級凡屬康熙九年以後者俱照改譯漢銜書之又阿濟格之五女原因伊父大罪故除去
不載今因封其第四女為郡主故於伊父名下仍書幾女數目而於第四女詳載其故
康熙二十七年重修添寫
玉牒諸凡俱照康熙十八年則式編載
康熙三十六年重修添寫
玉牒諸凡俱照康熙二十七年則式編載

20525　列祖女孫宗室豎格玉牒一卷　清光緒二十三年（1897）玉牒館寫本　遼寧省檔案館

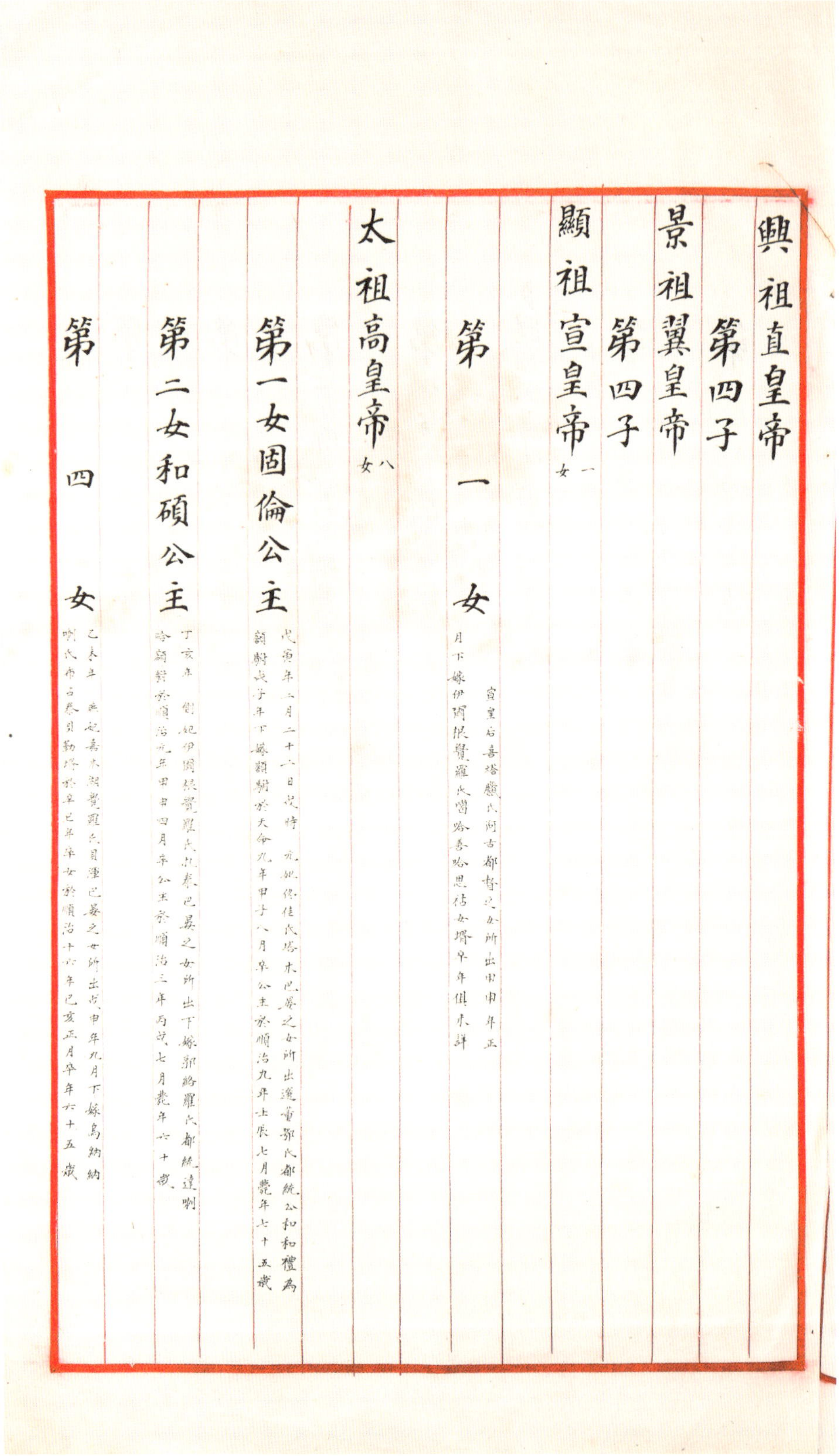

興祖直皇帝
第四子
景祖翼皇帝
第四子
顯祖宣皇帝一女
第一女 宣皇后喜塔臘氏阿古都督之女所出甲申年正月下嫁伊爾根覺羅氏噶哈善哈思祜女壻卒年俱不詳
太祖高皇帝八女
第一女固倫公主 戊寅年二月二十六日從特 元妃佟佳氏塔木巴晏之女所出適董鄂氏都統公和和禮為額駙戊子年下嫁額駙於天命九年甲子八月卒公主於順治九年壬辰七月薨年七十五歲
第二女和碩公主 丁亥年 側妃伊爾根覺羅氏扎泰巴晏之女所出下嫁郭絡羅氏都統達喇哈額駙於順治元年甲申四月卒公主於順治三年丙戌七月薨年六十歲
第四女 乙未年 庶妃嘉木瑚覺羅氏目湮巴晏之女所出戊申年九月下嫁烏納納喇氏布占泰貝勒於辛巳年卒女於順治十六年己亥正月卒年六十五歲

20526 列祖女孫宗室豎格玉牒一卷 清光緒三十三年（1907）玉牒館寫本 遼寧省檔案館